Hillel and Jesus

Comparative Studies of Two Major Religious Leaders

시돈
사렙다
아빌레네
댜마스쿠스
시리아

두로

헐몬산
가아사랴 빌립보

지중해

페니키아

갈릴리

프롤레마이스
고라신
가버나움
벧세다
마가단
갈릴리호수
갈멜산
가나
티베리아
나사렛
나인
다볼산
가다라

가이사랴
데가폴리스

살렘
애논
거라사

사마리아
사마리아
수가
마하나임
미스바

욥바
그리심산
필라델피아
+아리마대
에브라임
엠마오
여리고
+베다니
아스돗
예루살렘
쿰란
아스칼론
유 다
베다니
가자
베들레헴
마카이루스
드고아
헤브론
사 해
브엘세바
마사다
이두매아
나바테아

6-44년
팔레스틴지도

저자

P. S. 알렉산더(S. Alexander)
영국, 옥스포드. 옥스포드대학원히브리연구센터

J. P. 아놀드(J. P. Arnold)
미국, 텍사스, 휴스턴, 리유니온연구소

D. E. 오운(D. E. Aune)
미국, 일리노이즈, 시카고, 성사비에르대학교

J. H. 찰스워스(J. H. Charlesworth)
미국, 프린스턴, 뉴 저지, 프린스턴신학교

J. D. G. 던(J. D. G. Dunn)
영국, 더햄, 더햄대학교

C. A. 에반스(C. A. Evans)
캐나다, 브리티시 콜롬비아, 랭글리, 트리니티 웨스턴대학교

D. Q. 피엔시(D. Fiensy)
미국, 오하이오, 제임스타운, 그레이프 그로브 그리스도의 교회

데이비드 플루서(D. Flusser)
이스라엘, 예루살렘, 히브리대학교

A. 고센 고트슈타인(A. Goshen Gottstein)
이스라엘, 텔아비브, 텔아비브대학교

L. I. 레빈(L. I. Levine)
이스라엘, 예루살렘, 히브리대학교

H. 리히텐베르거(H. Lichtenberger)
독일, 튀빙겐대학교

S. E. 로빈슨(S. E. Robinson)
미국, 유타, 프로보, 브링험영대학교

C. 사프레이(C. Safrai)
네덜란드, 암스텔베인

슈무엘 사프레이(S. Safrai)
이스라엘, 예루살렘, 히브리대학교

D. R. 슈워츠(D. Schwartz)
이스라엘, 예루살렘, 히브리대학교

J. 시버스(J. Sievers)
이탈리아, 로마, 폰티피칼 성경연구소

J. F. 스트레인지(J. F. Strange)
미국, 플로리다주 탐파, 사우스플로리다대학교

B. T. 비비아노(B. T. Viviano)
프랑스 성서 및 고고학 학교, 예루살렘, 이스라엘

모셰 와인펠드(M. Weinfeld)
이스라엘, 예루살렘, 히브리대학교

B. 픽스너(B. Pixner)
성 베네딕도 수도회, 독일계 이탈리아계 미국인 수도사

힐렐과 예수

엮은이	제임스 H. 찰스워스, 로렌 L. 존스
옮긴이	Harry Kim
초판발행	2026년 2월 24일
펴낸이	배용하
책임편집	배용하, 최지우
등록	제364-2008-000013호
펴낸곳	도서출판 대장간
	www.daejanggan.org
등록한곳	충청남도 논산시 가야곡면 매죽헌로1176번길 8-54
대표전화	전화 : 041-742-1424 전송 : 0303-0959-1424
분류	종교	유대-기독교	비교종교
ISBN	978-89-7071-790-6 93230

 값 35,000원

힐렐과 예수

위대한 두 종교지도자 비교 연구

목/차

· ·

1부 • 서 론

2부 • 사회적-역사적 연구

한국어판 독자를 위한 일러두기

이 책은 하나의 질문에서 출발한다.

힐렐을 예수와 비교함으로써, 우리는 힐렐에 대해 그리고 예수에 대해
무엇을 더 알 수 있는가.

이 질문은 비교의 유익함보다 그 위험성을 먼저 자각한 자리에서 제기된다. 『힐
렐과 예수』는 비교가 언제나 불완전하며, 때로는 오해를 낳아왔다는 사실을 숨기지
않는다.

이 책은 장로 힐렐과 나사렛 예수를 나란히 놓고 우열을 가리려는 시도를 의도하
지 않는다. 기고자들은 두 인물에 대해 우리가 소유한 자료가 모두 후대의 전승이
며, 그 전승이 각 공동체의 기억과 해석을 반영하고 있음을 반복해서 강조한다. 이
로 인해 힐렐과 예수에 대한 완전한 객관적 전기를 복원하는 일은 처음부터 한계를
가질 수밖에 없다는 점 역시 분명히 드러난다.

그럼에도 이 책이 비교를 포기하지 않는 이유는 명확하다. 힐렐과 예수는 모두 기
원후 70년 예루살렘 성전 파괴 이전, 동일한 팔레스타인 유대 사회 안에서 활동한
실존 인물이었기 때문이다. 이 책은 두 인물을 분리된 종교 전통의 상징으로 다루기
보다, 그들이 속했던 사회적·역사적 맥락을 면밀히 검토함으로써 각 전승이 무엇

을 말하고자 했는지를 다시 묻는다.

　이 책은 세 부분으로 구성되어 있다. 제1부는 힐렐과 예수를 비교하는 작업이 직면하는 방법론적 문제들을 다룬다. 여기서 저자들은 '예수와 X'라는 비교의 관행이 종종 신학적 전제를 은폐해 왔음을 지적하며, 비교가 가능하기 위해 요구되는 조건들을 검토한다. 제2부는 고고학, 묵시론, 바리새파 연구, 사회경제사 등 다양한 접근을 통해 두 인물이 활동했던 시대의 복합적인 현실을 제시한다. 제3부는 이러한 연구를 토대로 힐렐과 예수의 말과 전승이 어떻게 형성되고 재해석되었는지를 구체적으로 살펴본다.

　이 책의 저자들은 과거의 많은 연구에서 힐렐이 예수의 가르침을 부각시키기 위한 대비물로 사용되어 왔음을 비판한다. 이러한 접근은 힐렐에 대한 이해를 제한할 뿐 아니라, 예수에 대한 이해 또한 단순화시켜 왔다. 『힐렐과 예수』에서 비교는 상대를 평가하기 위한 도구가 아니라, 각 전승의 독특성과 한계를 더 분명히 드러내기 위한 학문적 장치로 사용된다.

　『힐렐과 예수』는 명확한 결론을 제시하지 않는다. 대신 이 책은 몇 가지 합의점과 다수의 미해결 질문을 남긴다. 이는 이 연구의 미완성이라기보다, 비교 연구가 도달할 수 있는 지점을 신중하게 규정한 결과다. 이 책이 보여주는 것은 무엇을 확정할 수 있는가보다는, 어디까지 말할 수 있는가에 대한 학문적 절제이다.

이 한국어판은 이러한 문제의식을 가능한 한 충실하게 전달하고자 했다. 방대한 분량과 복잡한 논의를 옮기는 과정에서 역자는 독자의 이해를 돕기 위한 각주와 설명을 덧붙였다. 이 책은 한 번에 읽히는 책이 아니라, 필요할 때마다 다시 펼쳐 질문을 갱신하도록 요청하는 책이다.

『힐렐과 예수』는 힐렐과 예수 중 누구를 더 옳다고 말하지 않는다. 대신 이 책은 우리가 두 인물을 어떻게 비교해 왔는지, 그리고 그 비교가 어떤 전제 위에서 이루어졌는지를 묻는다. 이 질문은 이 책을 덮은 이후에도 쉽게 사라지지 않을 것이다.

－ 도서출판 대장간 편집부

추천사

이 책은 오랫동안 신약학의 핵심 주제로 논의되어 온 '역사적 예수 연구'를, 유대 역사 속의 실존 인물인 장로 힐렐과 신약성서의 예수를 비교하는 방식으로 재검토하려는 학문적 시도이다. 역사적 예수에 접근하는 방법론에는 다양한 견해가 존재하지만, 이 책에 참여한 20명의 학자들은 각자의 전문 영역에서 이 문제를 성실하게 다루며 중요한 기여를 하고 있다.

이 책은 1992년 예루살렘에서 열린 학술 심포지엄에서 발표·토론된 논문들을 바탕으로 1997년에 출판되었다. 기고자들이 공유한 기본 전제는 힐렐과 예수가 기원후 70년 예루살렘 성전 파괴 이전 팔레스타인에 살았던 역사적 인물이라는 점이다. 그러나 두 인물에 대해 우리가 얼마나 신뢰할 만한 서술을 할 수 있는가에 대해서는 저자들 사이에 견해 차이가 존재한다. 이는 예수 전승이 비교적 이른 시기에 문헌화된 반면, 힐렐 전승은 수백 년의 구전 과정을 거쳐 기록되었다는 자료적 차이에서 비롯된다.

책은 모두 세 부분으로 구성되어 있다. 제1부는 힐렐과 예수 연구에서 제기되는 핵심 질문과 방법론적 문제들을 다루고, 제2부는 두 인물이 활동한 사회적·역사적 맥락을 구체적으로 분석한다. 제3부는 이러한 연구를 토대로 힐렐과 예수의 발언(sayings)과 그 이후의 해석 전통을 검토한다.

이 책의 기고자들은 힐렐과 예수에 대한 완전한 객관적 역사 서술이 불가능한 이유를 각자의 전문 분야에서 설득력 있게 제시한다. 그럼에도 불구하고 J. H. 찰스워스는 에필로그에서 이 공동 연구가 도출한 아홉 가지 중요한 합의점을 제시하며, 이러한 비교 연구가 학제 간 연구와 종교 간 대화에 여전히 의미 있는 기여를 한다고 평가한다.

20명의 서로 다른 분야의 학자들이 참여한 이 연구는 문헌학적·역사학적 관점에서 오랫동안 참고될 학문적 가치를 지닌다. 방대한 분량을 우리말로 옮긴 역자의 노고와, 친절한 각주를 통해 독자의 이해를 돕고자 한 노력이 돋보인다. 이 책은 역사적 예수 연구, 유대 문헌, 힐렐 연구에 관심 있는 독자들에게 귀중한 학문적 자산이 될 것이다.

조 석 민

(기독연구원 느헤미야 초빙연구위원 / 에스라성경대학원대학교 신약학 은퇴교수)

편집자의 말

제임스. H. 찰스워스

이 책을 구성하고 있는 20장을 하나로 묶는 질문의 핵심은 어떻게 해야 "힐렐[1]을 예수와 비교함으로써 힐렐에 대해 더 많이 배울 수 있고 또 예수와 힐렐을 비교함으로써 예수에 대해 더 많이 배울 수 있는가?"이다. 이 책의 기고자들이 공유하는 전제는 힐렐과 예수는 기원후 70년(이하 70년으로 표기함–역자주) 이스라엘 민족이 멸망하고 성전이 불타기 전에 팔레스타인에 살았던 실존 인물이라는 것이다. 약 100년 전의 일부 출판물과 달리, 랍비의 저술들과 신약성경을 통해 힐렐에 대한 객관적인 전기를 만들 수 있다고 가정하거나 만들어내는 이는 없다. 힐렐과 예수에 대한 역사적 사실을 제시하기 위해 역사가들이 사용하는 출처는 분명 다 후대의 것이며, 이들을 기념하는 사람들이 신화적인 용어로 엮어낸 예도 있다.

힐렐이나 예수에 대한 신뢰할 만한 서술이 어느 정도 가능한지는 기고자마다 의견이 다르다. 대개의 젊은 학자들은 특히 힐렐에 대한 역사적 서술에 대해 회의적이다. 그 주된 이유는 예수에 대해서는 예수가 살았던 1세기뿐만 아니라 예수의 사역 당시로부터 10년–20년 밖에 지나지 않은 전승에서 유래한 기록이 있으나 힐렐에 대해서는 기원후 6세기인 힐렐 사망 후 약 500년이 지날 때까지 기록되지 않은 전승을 평가해야만 하는 경우가 있기 때문이다.

학자들은 역사 비판적 방법론을 사용하여 힐렐은 힐렐 학파가, 예수는 기독교인이 만든 허구의 인물이 아님을 명확히 밝혔다. 힐렐과 예수 모두 70년 예루살렘이 멸망하기 전에 가르친 팔레스타인 교사였다. 이 책의 목적은 힐렐을 예수와 비

---

1) (역주) 기원전 1세기 말에 활동 했던 힐렐(또는 힐렐 장로, 기원후 10년경 사망)은 미쉬나와 탈무드를 발전시킨 유대인 종교 지도자이자 현자, 학자이며 탄나임 학파의 창시자이다. 예수가 생전의 힐렐에게서 얼마나 영향을 받았는지 혹은 전혀 받지 않았는지는 단정할 수 없지만, 예수의 성장 배경과 사역의 환경에 끼친 힐렐 학파의 영향을 무시할 수는 없을 것이다.

교함으로써 힐렐에 대해 더 많이 알 방법을, 또 예수와 힐렐을 비교함으로써 예수에 대해 더 많이 알 방법을 분명히 하는 것이다. 이에는 역사적 인물에만 초점을 맞추는 것이 아니라 각 인물을 중심으로 발전한 전설과 신화에 대한 이해도 포함한다.

기고자들은 모두 힐렐과 예수에 대한 객관적인 역사적 기록이 불가능한 이유를 설명한다. 힐렐을 기념하는 작품이 늦게 쓰인 것 외에 두 번째 이유는 이들에 대한 전승을 기록한 사람들이 힐렐과 예수의 삶의 의미를 부각하는 데만 집중했기 때문이다. 냉정히 말해서, 힐렐과 예수에 관한 거의 모든 기록은 역사적 사실이 아닌 관심과 전망으로 제시된다. 이어 힐렐 또는 예수에 대한 전문가들이 랍비학이나 신약성경에서 역사적 자료를 분별하는 것이 왜 불가능한지 또는 왜 70년 이후의 필요와 관심사, 심지어 힐렐과 함께 5세기 이후의 공동체 이전으로 시간을 거슬러 올라가는 것이 왜 불가능한지를 설명한다. 동시에 이들은 랍비들이 힐렐을, 기독교인들이 예수를 칭송하는 것을 인정하고 감사한다.

이 책은 1992년 예루살렘에서 발표하고 토론한 논문집이다. 당시 나는 예루살렘 히브리대학교 역사학과 레이디 데이비스 교수[2]로 재직하면서 이스라엘의 기성세대가 은퇴하고 이스라엘에서 교육을 받은, 이스라엘에서 태어난 젊은이들이 등장하는 것을 지켜보았다. 두 세대 모두 고도로 훈련되고 재능이 뛰어났지만, 특히 데이비드 플루서, 모셰 와인펠드, 슈무엘 사프레이로 대표되는 기성세대만 유럽 문화에서 교육을 받았고, 어린 시절 고전과 히브리어를 배웠으며 독일어, 프랑스

---

2) (역주) Lady Davis Professor는 1973년에 설립되어 국적, 성별 또는 학문 분야와 관계없이 해외에서 온 방문 교수, 박사후연구원 및 박사과정 학생들이 예루살렘의 히브리대학교와 하이파의 테크니온공과대학에서 이스라엘에서 교육, 연구 및 연구에 참여할 기회를 제공하기 위해 설립된 The Lady Davis Fellowship Trust의 후원을 받은 방문 교수직을 말한다.

어 및 기타 언어를 유창하게 구사했다. 두 세대는 서로 다른 환경을 반영할 뿐만 아니라 고대 자료, 특히 랍비에 대한 관점도 상당히 다른 경향이 있었다. 나는 이스라엘 역사뿐만 아니라 학계에서도 이 중요한 시기를 담아낼 수 있는 주제에 집중하고, 다른 사람들, 특히 유대교와 기독교 기원에 관한 기독교 전문가들과 함께 유대교의 기원과 기독교 기원 이 두 가지를 함께 다루는 것이 현명하다고 생각했다. 최적의 장소는 예루살렘과 스코푸스산(Mount Scopus)에 있는 히브리 대학교이다. 1980년 이후 등장한 예수 연구는 고대 이스라엘의 지형과 고고학, 사해 두루마리에서 얻은 새로운 통찰과 관점, 그리고 신학적 의제에 따른 질문에서 벗어나 역사적 예수를 묘사하려는 이전의 시도들과는 다른 모습을 보였다. 1969년 봄, 예루살렘에서 G. 어니스트 라이트(Ernest Wright)가 내게 던진 질문은 심포지엄에 대한 내 생각에 집중하는 데 도움이 되었다: "우리는 힐렐에 대해 정말로 무엇을 알고 있는가?" 그래서 나는 힐렐과 예수에 초점을 맞추고 1992년 6월 8일부터 11일까지 예루살렘에서 국제 심포지엄을 소집하는 것이 현명하다고 생각했다.

심포지엄을 조직하고 출판을 위해 논문을 준비하는 과정에서 나는 많은 분, 특히 이브 마리 찰스워스(Eve Marie Charlesworth), 조엘 플레시먼(Joel Fleishman), 페트라 헬트(Petra Heldt), 테디 콜렉(Teddy Kollek), 헨리 루스 3세(Henry Luce III), 트루 매드센(Tru Madsen), 도론 멘델스(Doron Mendels)에게 큰 빚을 졌다. 이 책의 편집을 위해 나와 긴밀히 협력한 로렌 존스와 색인을 준비해 준 마이클 다비스(Michael Davis)에게도 감사의 마음을 전한다. 프린스턴 신학교, 예루살렘 하얏트, 히브리 대학교, 예루살렘 근동 연구 센터, 기독교 기원 재단의 지원, 헨리 루스 재단(Henry Luce Foundation, Inc.)의 주요 후원금 덕분에 심포지엄은 성공리에 마칠 수 있었다.

스탠리 하트(Stanley Hart) 부부의 솔선수범과 관대함이 없었다면 이 심포지엄은 탄생하지 못했을 것이다. 두 분은 조앤(Joan Hart)의 건강 악화로 인해 컨퍼런스에 참석하지 못했다. 따라서 이 책은 내가 기고문을 편집하는 동안 세상을 떠난 조앤 하트를 기리기 위해 헌정되었다. 조앤은 기쁨과 자비로운 사랑으로 넘쳐나는 풍요로운 사람이었다. 나는 조앤이 불친절하거나 사려 깊지 못한 말을 하는 것을 들어본 적이 없다. 조앤이 저 광활한 미지의 바다 이편에 남긴 격려의 온기는 내 삶이 가라앉는 순간마다 나를 일으켜 세울 것이다. 특히 두 가지 놀라운 기억이 떠오르는데, 막달라(Magdala)의 초기 분수 근처 고고학적 발판에서 고개를 들어 올려다보던 그녀의 흥분된 얼굴(그녀는 정확한 연대를 알 수 있는 1세기 항아리를 발견하여 오른손에 들고 있었다)과 히포스3에 올라 갈릴리 바다 건너로 지는 해를 보며 삶을 관조하던 그녀의 젊음이 넘치는 걸음걸이가 기억에 남는다. 이 책을 스탠리에게 건네주면 그녀도 이 책을 받기 위해 손을 뻗을 것 같다.

---

3) (역주) Hippus는 갈릴리 바다에서 동쪽으로 2km 떨어진 언덕에 위치한 고대 도시이자 고고학 유적지로, 골란 고원의 서쪽 경사면과 산등성이로 연결되어 있다.

서 문

로렌. L. 존스[4]

힐렐은 누구였을까? 그리고 예수는 누구였을까? 오늘날 많은 학자가 이 질문을 던지고 있지만, 상대적으로 주목을 덜 받는 질문이 있다. 우리가 예수에 대해 알고 있는 것이 힐렐을 밝히는 데 어떻게 도움이 되는가, 그 반대의 경우도 마찬가지인가? 서로 다른 전승을 비교함으로써 우리가 알 수 있는 것이 각 전승을 더 많은 밝혀 줄 수 있을까? 궁극적으로, 우리는 이러한 전승의 배후에 있는 역사적 인물들에 대해 더 잘 알 수 있지 않을까?

위의 질문들에 답하는 작업은 밝은 전망과 도전으로 가득 차 있다. 이러한 전승의 비교에는 관련된 모든 작업이 필요하다. 전승 비평 자체는 "역사적 힐렐"과 "역사적 예수"를 회복하려는 시도를 적절하게 특징짓게 한 다양한 역사 비평 방법론의 업적이 있어 가능하다. 그러나 이 프로젝트를 복잡하게 만드는 더 많은 고려 사항들이 있다. 역사적으로 이러한 프로젝트에는 숨겨진 신학적 의제, 즉 역사적 인물 중 하나(그리고 파생적으로 종교적 전승 중 하나)가 다른 인물보다 우월하다는 것을 입증하려는 의도가 숨겨져 있기 때문이다. 따라서 저자들이 이 글에서 공통의 역사적 이해를 향해 가는 동안에도 다른 저자들의 숨겨진 의도에 주의할 필요가 있다.

인물들을 비교하려는 과거의 시도는 이러한 문제 중 하나 또는 그 이상을 기반으로 했다. '편집자의 말'에서 찰스워스가 지적했듯이 힐렐 전승의 상대적 신뢰성에 대해 여러 세대의 학자들 사이에 차이가 있었다. 예수 전승을 포함하여 힐렐의 전승은 얼마나 신뢰할 수 있나? 기록된 예수 전승은 예수 사후 50년 이내에 기록되

---

4) (역주) Loren L. Johns(1955년 출생)는 프린스턴 신학교(Ph. D) 졸업 후 성경을 연구하고 가르치는 일에 열정을 쏟고 있으며 Anabaptist Mennonite 성경 신학교의 신약학 교수로 재직했다.

었다고 확신할 수 있지만, 기록된 힐렐 전승은 예수 사후 200년 또는 심지어 500년 후에 기록되었다.

이 책의 글들은 위의 문제를 인정하면서도 그 비교 대조의 가치를 보여준다. 이 주목할만한 두 유대인은 그 시대에 살았고 일했으며 수 세기에 걸쳐 두 가지 다른 전승이 생겨나게 했다.

1부

이 책에서 다루는 작업의 방법론적 복잡성 때문에 여기에 수록된 글들은 다양한 접근 방식을 취한다. 이 책은 세 부(parts)로 구성되어 있다.

1부에는 이 책의 중심 질문과 그러한 프로젝트가 직면한 방법론적 과제에 대한 소개가 포함되어 있다.

1장. J. H. 찰스워스는 이 프로젝트를 소개하고, 과거 힐렐과 예수를 비교하는 데 있어 몇 가지 단계와 잘못된 시작에 대해 다룬 후, 이러한 프로젝트에 필요한 몇 가지 기본적인 방법론적 고려 사항을 살펴본다. 마지막으로 그는 힐렐과 예수 사이의 일반적인 유사점과 차이점을 논의의 출발점으로 제시한다.

2장. A. 고센 고트슈타인은 예수를 다른 종교적 인물과 비교하는 것을 "예수와 X 토포스"로 규정한다. 고트슈타인는 이런 종류의 프로젝트는 비신학적, 역사만을 추구하는 것이 가능하지 않기에 특히 문제가 있다고 주장한다. 이러한 인물들을 같은 범주(예: 초기 팔레스타인 교사)에 넣는 것은 각 인물의 전승을 담고 있는 자료를 오용하는 것이다. 랍비 인물은 "유형화"에 저항한 독특한 개인이었다. 고센 고트슈타인은 힐렐과 예수 사이의 대조가 더 중요할 수 있다고 제시한다.

3장. M. 와인펠드는 50~100년 전의 기독교학자들이 힐렐과 공통시대5 1세기의 단일화된 것으로 추정되는 유대교를 특징짓고자 했던 시도를 따끔하면서도 적절

---

5) (역주) 세계에서 가장 널리 사용되는 달력 시대인 그레고리력(및 그 전신인 율리우스력)의 연도 표기법이다. 기원후(AD) 및 기원전(BC) 표기를 대체하는 표기법이다.

하게 폭로한다. 그 결과 유대교에 대한 조잡한 환원주의는 주로 예수의 탁월한 가르침에 대한 장식 역할을 하는 경향이 있는 풍자들로 이어졌다고 설명한다. 안타깝게도 이 학자들은 랍비 문헌 자체가 "바리새적 위선"에 대한 비판이 기원전 1세기와 기원후 2세기의 유대교 논쟁을 대표한다는 사실을 인식하지 못했다. 따라서 예수의 비난은 유대교 자체에 대한 상징적 거부라기보다는 유대교 내부의 논쟁으로 읽어야 한다.

4장. D. 플루서는 힐렐과 예수를 "자기 인식"과 관련하여 비교하며, 이 주제에 관한 이전 연구를 바탕으로 예수와 힐렐의 각자의 "자기 인식"이 달랐기에 이들의 각자의 자기 인식은 크게 다르다는 결론을 내린다.

두 사람 모두 자기 사명의 중요성에 대한 각자의 신념에서 비롯된 "높은" 자기 인식을 하고 있었다. 그러나 플루서는 신약성경의 기독론적 모티브의 대부분은 이미 "역사적" 예수 자신의 높은 자의식 속에서 증명되고 있기에, 자신의 이야기 속의 예수에서 신앙의 그리스도로의 이행은 생각만큼 어렵지 않다고 주장한다. 예수는 자신을 메시아이자 "사람의 아들"로 이해했을 것이고, 힐렐은 자신을 인류의 대표자, 즉 모범으로 이해했을 것이다.

2부

이 책의 2부에서는 힐렐과 예수가 활동했던 전후 관계를 명확히 하기 위한 구체적인 사회적-역사적 연구 모음으로 구성되어 있다.

5장. L. I. 레빈은 70년 이전 팔레스타인의 종교적 정신을 밝히는 데 있어 고고학의 중요성을 조사한다. 예컨대, 최근 고고학은 70년 이전 팔레스타인의 삶에서 제사장 계급뿐만 아니라 성전의 웅장한 중요성과 중심성을 명확히 밝혔다. 마찬가지로, 고고학적 증거는 70년 이후 새롭게 등장한 회당의 기능을 70년 이전 회당의 기능과 동일시하는 데 신중해야 함을 시사한다. 고고학은 또한 1세기 팔레스타인의 헬레니즘 환경, 즉 고고학이 점점 더 널리 퍼져 있는 것으로 밝혀지고 있는 환경 속에서 시대 전환기 유대인들이 전례적(ritual) 정결과 정결의 위기에 관한 유대교 내의 논쟁을 더욱 밝히고 있다.

6장. S. E. 로빈슨은 현대 학계가 제2성전 유대교의 묵시론[6]을 바라보는 "편견"을 평가하며, 비합리적인 사고방식과 그에 수반된 묵시론의 부정적인 정서적 가치에 대한 근대주의적 회의론을 추적한다. 묵시론 사상이 예수에게 미친 심오한 영향을 추적한 후, 로빈슨은 묵시론이 힐렐에게 큰 영향을 미치지 못한 이유를 묻고, 묵시론이 헬레니즘과 그 영향에 **저항하는** 다양한 방법을 대표하지만, 현자들은 헬레니즘에 **적응하기** 위해 다양한 방법을 모색했으며, 힐렐은 유대교가 헬레니즘의 일부 형태를 수용하도록 도움으로써 궁극적으로 유대교가 헬레니즘에서 살아남을 수 있도록 힘을 주었다는 결론을 내린다.

7장. J. 시버스는 "바리새인들은 누구인가?"라는 중요한 질문을 다시 한번 살펴본다. 시버스의 접근 방식은 누가 바리새인인지에 대한 통제를 강화하여 바리새인으로 명시적으로 확인된 사람, 그리고 바리새인임을 확실하게 확인할 수 있는 사람만 인정하는 것이다. 그리하여 4세기 이전에 알려진 바리새인의 수는 약 12명으로 크게 줄어든다. 힐렐은 바리새인이었을까? 아이러니하게도, 이 분야에 관한 최근 연구의 가장 큰 성과이자 "확실한 결과"는 우리가 바리새인에 대해 알고 있다고 생각했던 것보다 덜 알고 있다는 결론이다.

8장. J. D. G. 던은 제2성전 유대교와 기독교의 기원을 연구하는 학자들 사이에서 새롭게 떠오르는 두 가지 합의점을 상기시킨다. (1) 유대교는 기원전 1세기 초에 다양한 현상이었다는 점, 그리고 (2) 예수는 그 다양한 유대교 안에서 이해되어야 한다는 점이다. 던은 이러한 합의를 뛰어넘어 1세기 유대인들이 그 다양성을 어떻게 해석했을지 묻고자 한다. 즉, 예수 당시 유대교 내의 다양한 집단이 각자의 신학적 관점의 규범성을 주로 유지했을까? 그렇다면 예수는 이 모든 것에 어떻게 부합했을까? 이러한 질문에 답하기 위해 던은 당시 문헌에서 "죄인"이라는 명칭의 기

---

6) (역주) Apocalypticism. '묵시 신앙' 또는 '계시 신앙'으로 번역될 수도 있다.

능을 분석한다. E. P. 샌더스(Sanders)와는 반대로, 던은 "죄인"이라는 명칭은 "유대인"이라는 명칭과 비교할 때 사소한 문제가 아니었음과 **죄인**을 파벌적인 방식으로 사용하는 것에 대해 예수 스스로가 항의했음을 주장한다.

9장에서 D. E. 오운은 역사적 예수는 유대 묵시론의 배경이 아니라 유대 또는 헬레니즘 지혜 전승(예: 견유학파7 철학자)의 배경에서 가장 잘 이해된다는 최근 예수 연구에 참여한 일부 학자들의 합의를 검토한다. 이러한 합의를 다루기 위해 아오운은 먼저 기원전 1세기에 견유학파에 대해 우리가 알 수 있는 것이 무엇인지 평가한다. 기원전 1세기에 견유 "학파"가 있었을까? 그다음 오운은 1세기 세계의 말, 체계, 사고 구조에서 유사점을 평가하는 방법이라기보다는 방법론적으로 까다로운 문제를 다룬다. 그러면서 예수와 견유학파들 사이의 형식적 유사성은 놀랍고 자세한 연구가 필요하지만, 지금까지 제기된 유대인-견유학파 예수 **가설**은 역사적 예수에 대해 명확하게 설명할 수 있는 잠재력이 부족하다고 결론지었다.

10장. B. 픽스너(Pixner)는 예루살렘의 초기 기독교 공동체가 에세네 공동체와 가까운 곳에 살았다고 주장하며, 예루살렘 남서쪽 모퉁이에 있는 에세네 문을 발견한 것을 검토한다. 그런 다음 그는 1세기 에세네 인들과 기독교 유대인들 사이의 관계를 검토하고, 예컨대 최후의 만찬이 아마도 에세네 공동체의 게스트하우스에서 열렸을 것이라는 의견을 제시한다.

이러한 연결의 중요한 연결 고리는 예수의 형제 야고보다. 픽스너는 예수의 가족과 예루살렘 에세네파 사이의 다양한 연결 가능성을 탐색한 다음, 야고보가 죽은 후 더는 유지될 수 없었던 초기 기독교인과 예루살렘 에세네 사이의 미약한 관계를 3단계로 나누어 이해한다.

11장. D. Q. 피엔시는 예수가 살았던 고대 농경 사회에 대한 이해를 회복하기 위해 헤로디아 팔레스타인의 사회경제적 상황을 살펴본다. "안티파스 왕조 시대 갈릴리의 사회경제적 환경 구조는 어땠을까?"와 "예수는 어느 사회경제적 계층에

---

7) (역주) the Cynic Philosophers(犬儒學派)는 행복은 외적인 조건과 관계없다고 좌우되지 않는다고 여기고 무소유와 정신의 독립을 이상으로 삼은 고대 그리스철학의 한 파.

서 왔을까?"라는 두 가지 구체적인 질문이 피엔시 조사의 핵심을 이룬다. 피엔시는 예수 당시 팔레스타인 인구의 약 1%만이 엘리트 계층에 속해 있었다는 결론을 내린다. 숙련된 목수였던 예수는 팔레스타인의 장인 계층에서 왔을 것이다. 따라서 예수와 엘리트 계층 사이의 사회경제적 격차는 엄청났을 것이지만, 예수께서는 사역을 시작하기 전에는 경제적으로 빈곤하지 않았을 것이다.

12장. J. P. 아놀드는 바울과 예수 사이에 가정된 "불연속성의 패러다임"을 다룬다. 아놀드는 예수의 사상과 가르침에 정반대되는 바울 학파의 과거 특성화에 도전한다. 이러한 대립은 튀빙겐 학파에서 가장 잘 드러났으며, 가장 최근에 G. 뤼데만(Lüdemann)이 (수정된 형태로) 다시 정리했다. 이와는 대조적으로 아놀드는 바울과 예수 사이의 연속성을 강조하는데, 주로 예수에 대한 바울의 지식과 전승 자료의 사용과 관련하여 그렇다. 보다 구체적으로, 아놀드는 바울이 "예수에 관한 전승 자료의 전승, 이방인 개종자들의 필요에 대한 전승의 적용, '다른 예수'와 '다른 복음'을 대표하는 반대 예수 전승에 대한 전승의 옹호"에서 역사적 예수에 대한 바울 인식의 증거를 지적한다.

3부

3부에서는 이러한 사회적, 역사적 연구를 배경으로 힐렐과 예수의 말들(sayings)과 이후 학계에서 그 말들이 어떻게 사용되었는지를 보다 구체적으로 살펴본다.

13장. J. F. 스트레인지는 신약성경의 사회적, 역사적 맥락을 발전시키는 데 있어 고고학의 역할과 중요성에 대해 더 크게 인식해야 한다고 주장한다.

스트레인지는 일부 신약학자들이 팔레스타인의 지리와 고고학에 대한 지식이 부족하여 저지른 단순하고 불필요한 실수를 한탄한다. 학문으로서의 고고학이 저평가되는 것은 부분적으로 고고학의 과제를 너무 좁게 이해한 데서 비롯된다. 고고학은 유물을 발굴하는 것이 주된 업무는 아니지만, 이는 고고학의 한 가지 요소에 불과하다. 학문으로서 고고학의 더 깊고 중요한 층위는 과거 사회 시스템과 관계를 재구성하는 것이다. 이러한 언급을 배경으로 스트레인지는 1세기의 예수와 갈릴리 유대교를 이해하는 데 있어 갈릴리-세포리스 고고학이 가져다준 몇 가지 성과를 설명한다.

14장. C. 사프레이는 힐렐 전승에서 말(saying)과 전설의 본질과 기능을 살펴본다. 사프레이는 힐렐 격언의 네 가지 유형으로 시작한다: (1) 힐렐 자신에게서 직접 유래한 말은 m. AB 1과 2, 그리고 ARN에 나오는 말들, (2) 힐렐에 관한 이야기나 전설에 포함된 다른 사람들의 말들, (3) 다른 랍비 문헌에서 발견되는 힐렐의 말들, (4) 기존의 이야기와 전설에서 추출할 수 있는, 알려지지 않았거나 숨겨진 힐렐의 말들. 사프레이는 이러한 각 범주에 속한 말들을 형식 비판적으로 분석하여 문학적 역동성을 추적한다.

15장. S. 사프레이는 힐렐의 말 중 일부가 어떻게 전해졌는지, 그리고 후대에 어떻게 이해되고 해석되었는지에 대한 조사를 통해 C. 사프레이의 연구에 관한 후속 연구를 진행한다. S. 사프레이는 특히 후대의 현자들에 의해 그 격언이 어떻게 재해석되고 변화하는 상황에 맞게 적용되었는지에 관심이 있으며, 이 작업을 위해 사프레이는 랍비 전승 내에서 후대의 현자들이 그 격언들을 어떻게 사용하고 재해석했는지에 따라 몇 가지 격언들을 고려한다.

16장. D. R. 슈워츠는 힐렐의 성경 사용을 분석했다. 슈워츠는 힐렐이 텍스트 해석자가 아니라 구전 전승의 현자였다고 말한다. 힐렐의 윤리적, 율법적 가르침은 성경의 권위가 아니라 자신과 바리새 전승의 교사들의 권위에 가장 분명하게 근거를 두고 있다. 따라서 후대의 현자들이 성경의 해석자로서 힐렐에게 더 관심이 있었다는 증거에도 불구하고 구전 율법은 힐렐에게 우선권이 있다.

힐렐에게 있어 의견은 대개 주해에 선행하는 것이지 그 반대가 아니었다. 법적 판결에 성경적 근거가 반드시 존재한다고 가정하는 대신, "성경 읽기를 제한했던 것과 같은 유형의 상식적 접근 방식은 전승이나 자신의 권위에 근거한 판결에도 허용되었다." 야브네 시대(the time of Yavneh, 기원후 70~135년)에는 그러한 독서에 대한 더 큰 안정성과 통제가 필요했다. 따라서 힐렐의 해석학적/신학적 접근 방식은 영향력을 잃었다.

17장. P. S. 알렉산더는 황금률에 초점을 맞추고 있는데, 알렉산더는 황금률이 고정된 형태의 단어라기보다는 일반적인 명제라는 점을 분명히 한 후 황금률 전승의 신뢰성과 그 의미를 조사한다. 알렉산더는 힐렐과 황금률을 연결하는 전승의 이론적 신뢰성이 예수와 황금률을 연결하는 전승만큼 강하지 않다고 결론을 내린다. 사실, 역사적 힐렐과 역사적 예수가 황금률을 어떻게 사용했는지 비교하려는 시도를 무효로 할 만큼 연결 고리가 약하다. 황금률은 힐렐이나 예수가 살기 훨씬 전에 시작된 것이 분명하지만, 황금률이 중국, 그리스-로마, 유대 전승사이기에 어떤 경로로 전달되었는지 그 흔적이나 방향을 확실하게 추적할 수는 없다. 그러나 알렉산더는 전승이 역사적 인물로서 힐렐과 예수에 대해 신뢰할 만한 것은 없지만, 두 전승 모두에서 율법에 대한 호소력은 전승 자체를 유용한 방식으로 조명한다고 주장한다.

18장. H. 리히텐베르거는 프란츠 델리취(Franz Delitzsch)가 예수와 힐렐을 비교한 1865~66년의 운명적인 글을 다시 살펴본다. 리히텐베르거는 "유대인이나 유대교의 대표자를 경멸적인 방식으로 묘사한 다른 기독교학자들과 달리, 델리취는 힐렐을 호의적으로 묘사했지만, 이는 힐렐에 비해 예수가 얼마나 우월한 존재인지 보여주기 위해서였다."라고 지적한다. 그러나 이 책에서 다른 학자들이 그러한 비교의 신학적 동기에 대해 경고한 것을 반영하여 리히텐베르거는 사해 두루마리가 한때 고유한 것으로 여겨졌던 예수 전승을 밝히는 몇 가지 유망한 방법을 제시한다.

19장. C. A. 에반스는 예수의 가르침의 문제점과 장단점 또는 재구성에 초점을 맞추고 있다. 일부 전승 비평가들과는 달리, 에반스는, 가장 큰 도전은 어떤 말이나 전승이 예수에게 독창적인지를 결정하는 것이 아니라, 그 말이나 전승이 원래 무엇을 의미했는지를 파악하는 것이라고 주장한다. 에반스 글의 핵심은 "1세기 팔레스타인의 상황에 더 민감한 방식으로" 예수의 가르침을 재검토해야 한다는 그의 호소다. 격언의 원래 의미에 대해 부주의하거나 잘못된 가정은 종종 격언의 독창성에 대한 부정확한 역사적 평가로 이어지곤 한다.

많은 격언의 원어인 '삶의 자리(Sitz im Leben)'에 대한 오해 또한 이러한 부정확한 평가에 이바지했다. 에반스는 탕자의 비유와 므나의 비유를 재검토하여 자신의 논지를 설명한다. 그는 이 비유들의 의미에 대한 예수 자신의 이해가 누가의 후대 해석과 어떻게 달랐는지를 보여줌으로써 이 비유들이 어떻게 예수에 의해 그럴듯하게 말해졌을 수 있는지를 보여준다.

20장. B. T. 비비아노는 기도에 관한 힐렐과 예수의 비교 분석으로 3부를 마무리한다. 비비아노는 기도에 관한 20세기 연구의 핵심을 간략히 살펴본 후, 기도에 관한 힐렐과 예수의 전승을 비교하면서, 힐렐과 기도에 관한 증거는 희박하지만 두 사람 모두 신비롭고 예언적인 순간을 가졌으며 동시에 하나님을 사랑하고 씨름하는 사람이었다는 결론을 내린다. 그런 다음 비비아노는 "주기도문"을 분석하고 예수가 하나님을 "아바"라고 부른 것의 의미에 대한 요아킴 예레미아스(Joachim Jeremias)의 언급을 다시 살펴보고, 힐렐은 "기도에 대한 창조 중심적이고 지성적인 전망"을 나타내지만, 예수의 기도는 다가오는 구속에 대한 종말론적인 긴박감을 반영한다고 제시하며 결론을 맺는다.

마지막으로 J. H. 찰스워스는 이 프로젝트에 대한 회고와 전망적 성찰을 담은 에필로그에서 이 작업을 마무리하며, 이 프로젝트에서 나타난 9가지 긍정적인 합의점을 제시하고 그 결과가 이와 같은 학제 간 및 신앙 간 프로젝트의 가치와 필요성을 분명히 보여준다고 주장한다.

약 어(ABBREVIATIONS)

랍비 문헌[1]

미쉬나[2]

m. Ab	Pirqé ʿAbot[3]
m. ʾArak	ʿArakhim
m. AZ	ʿAbodah Zarah
m. BB	Baba Batra
m. Bek	Bekorot[4]
m. Ber	Berakot
m. Bik	Bikkurim
m. BMeṣ	Baba Meṣiah
m. BQam	Baba Qamma
m. ʾEduy	ʿEduyot
m. Gitt	Gittin
m. Hag	Hagigah
m. Kel	Kelim
m. Ket	Ketubbot
m. Kid	Kiddushin
m. Mak	Makkot
m. Meg	Megillah
m. Men	Menahot?[5]

---

1) (역주) 랍비 문헌(Rabbinic Writings)은 유대 역사 전반에 걸쳐 랍비들이 쓴 법률, 해석, 철학적 저작물의 모음다. 이 용어는 탈무드 시대(70-640년)의 저술을 설명하는 데 가장 자주 사용된다.

2) (역주) Mishnah는 구전 토라로 알려진 유대인의 구전 전승을 최초로 문서화한 선집으로 랍비 문헌의 첫 번째 작품으로, 현존하는 가장 오래된 자료는 기원전 6~7세기로 거슬러 올라간다.

3) (역주) 『피르케 아보트 Chapters of the Fathers』는 모세가 랍비들에게 전수한 윤리적 가르침과 격언을 정리한 책이다. 교훈적인 유대인 윤리 문학의 일부로 '아버지의 윤리', '선조들의 윤리', '아버지의 교훈(Saying of Fathers)', '아보트(Abot)' 등으로 불리기도 한다.

4) (역주) 베라코트(축복)는 미쉬나와 탈무드의 세데르 제라임(씨앗의 순서)의 첫 번째 소책자이다. 이 소책자에서는 기도 규칙, 특히 쉐마와 아미다와 다양한 상황에 대한 축복에 관해 설명한다.

5) (역주) Menahot(식사 제물)은 코다심의 두 번째이다. 여기에는 바빌로니아 탈무드의 게마라와 토세프타가

m.MK	Mo'ed Katan
m.Ned	Nedarim
m.Nid	Niddah
m.Pe'a	Pe'ah
m.Pes	Pesaḥim
m.RH	Rosh Ha-Shanah
m.Sanh	Sanhedrin[6]
m.Shab	Shabbat
m.Shevi	Shevi'it[7]
m.So	Sotah[8]
m.Suk	Sukkah[9]
m.Taan	Ta'anit
m.Yad	Yadayim
m.Yeb	Yebamot
m.Yoma	Yoma[10]
m.Zeb	Zebabim

토세프타[11]

t.BB	Baba Batra
t.Beṣ	Beṣah
t.Ber	Berakot
t.BMeṣ	Baba Meṣiah
t.'Eduy	'Eduyot[12]

있다.

6) (역주) 미쉬나 산헤드린(재판관 회의)은 사법 제도를 다루는 세데르 네지킨(손해배상 명령)의 소책자이다.

7) (역주) 셰비잇은 미쉬나의 세데르 제라임(씨앗의 명령)의 다섯 번째 소책자로, 7년마다 이스라엘 땅의 밭을 휴경하는 법, 안식년 동안 먹을 수 있는 농산물과 먹을 수 없는 농산물에 관한 법, 안식년 이후 채권자가 빚을 회수할 수 있도록 정한 랍비 법령인 Prozbol과 채무 취소에 대해 다루고 있다.

8) (역주) 소타는 랍비 유대교에서 탈무드의 한 부분으로 히브리어 성경(타나크어)의 민수기에 나오는 간음 혐의를 받는 여인의 시련인 쓴 물의 시련에 관해 설명한다.

9) (역주) 수카는 일주일 동안 열리는 유대인 축제인 수코트 기간에 사용하기 위해 건설되는 임시 오두막이다.

10) (역주) 미쉬나(Tractate) 요마('그날', 속죄일을 가리킴)는 세데르 모에드(축제의 순서)에 있다. 총 8장으로 구성되어 있으며, 처음 7장은 속죄일 당일 성전에서 대제사장을 위한 준비와 봉사에 대해 마지막 장에서는 금식의 법칙, 속죄일의 다른 금지 사항, 회개의 과정에 대해 설명한다.

11) (역주) 토세프타(보충, 추가)는 2세기 후반 미쉬나 시대와 타나임으로 알려진 유대 현자들의 구전 율법을 정리한 책이다.

12) (역주) 에듀요트는 미쉬나익 Nezikin 순서에서 일곱 번째 소책자(tractate)이다. 성전이 파괴된 후 가말리엘 2세가 의장직에서 제거되어 대다수의 의지에 따라 종교적 문제를 결정해야 할 필요가 생겼을 때, 공격할 수 없는 전승의 모음인 Eduyot 논문의 기초로 제작되었다.

t.Hag	Hagigah
t.Ket	Ketubbot[13]
t.Kid	Kiddushin
t.Maas	Ma'aserot[14]
t.Meg	Megillah[15]
t.Neg	Negaim[16]
t.Nez	Nezirot
t.Pe'a	Pe'ah
t.Pes	Pesaḥim
t.RH	Rosh Ha-Shanah
t.Sanh	Sanhedrin
t.Shab	Shabbat
t.Sot	Sotah
t.Suk	Sukkah
t.Taan	Ta'anit

팔레스타인 탈무드[17]

y.AZ	'Abodah Zarah
y.Ber	Berakot
y.Hag	Hagigah
y.Ket	Ketubbot
y.Ned	Nedarim
y.Pe'a	Pe'ah
y.Pes	Pesaḥim[18]

---

13) (역주) 케투봇(Ke)은 미쉬나와 탈무드의 나심 순서로 구성된 소책자이다. 특히 결혼 계약과 관련된 다양한 결혼 의무를 다루며, 케투바라고도 한다. 이 소책자에서 다루는 주제의 범위가 넓기에 케투봇은 종종 샤스 카탄(소형 탈무드)이라고도 한다.

14) (역주) 마아세롯(Ma'aserot, 십일조)은 미쉬나, 토세프타, 예루살렘 탈무드의 세데 제라임(씨앗의 순서)의 일곱 번째 절이다. 여기에는 십일조 의무가 있는 농산물의 종류와 농산물이 십일조 의무가 되는 상황과 시기가 설명되어 있다.

15) (역주) 메길라(두루마리)는 세데르 모에드(축제의 순서)에 있다. 처음 두 장에서는 부림절에 에스더 두루마리를 읽는 법에 대해 논의하고 두루마리의 이야기를 해석하고 자세히 설명한다. 나머지 두 장은 토라와 선지서를 공개적으로 읽는 법, 공개 기도, 성물과 회당의 취급 및 판매에 관한 설명이다.

16) (역주) 토세프타 네게임. 네게임은 미쉬나에서 토호롯의 세 번째 소책자이다. 14개의 장으로 구성되어 있다.

17) (역주) 탈무드는 율법, 철학, 성서 해석에 관한 랍비들의 여러 세대에 걸친 논쟁을 기록한 문헌으로, 3세기에서 8세기 사이에 편집되었으며 미쉬나에 대한 해설과 이야기를 엮은 구조로 되어 있다. 탈무드는 두 가지 버전으로 존재하는데, 일반적으로 더 많이 연구되는 바빌로니아 탈무드는 현재의 이라크에서, 팔레스타인(예루살렘) 탈무드는 이스라엘에서 편찬되었다.

18) (역주) 예루살렘 탈무드 페사힘. 페사힘은 미쉬나와 탈무드의 세 번째 절기인 시데 모에드(절기의 순서)의 세 번째 소책자이다.

y. Sanh	Sanhedrin
y. Shab	Shabbat
y. Shevi	Shevi'it
y. Sot	Sotah
y. Suk	Sukkah
y. Taan	Ta'anit
y. Ter	Terumot
y. Yoma	Yoma

바빌로니아 탈무드

b. AZ	'Abodah Zarah
b. BB	Baba Batra
b. BQam	Baba Qamma
b. Ber	Berakot
b. Beş	Beşah
b. BMeş	Baba Meşiah
b. 'Erub	'Erubin[19]
b. Hag	Ḥagigah
b. Hull	Hullin
b. Ket	KeŢubbot[20]
b. Kid	Kiddushin
b. Mak	Makkot[21]
b. Me	Meilah
b. Ned	Nedarim
b. Pes	Pesahim
b. Sanh	Sanhedrin
b. Shab	Shabbat
b. Sot	Sotah
b. Sukk	Sukkah
b. Taan	Ta'anit

19) (역주) 에루빈은 탈무드에서 모에드의 두 번째 소절로, 다양한 종류의 에루브를 다루고 있다. 이러한 의미에서 이 소절은 안식일의 자연스러운 연장선에 있으며, 한때는 이 소절이 합쳐졌다가 길이에 분리되었을 가능성이 크다.

20) (역주) 바빌로니아 케투봇. 케투봇은 가정법을 다루는 '여성의 질서'인 세더 나심(Seder Nashim)의 두 번째 소책자이다. 13개의 장으로 구성되어 있으며, 주로 결혼 계약서인 케투바와 결혼 중 및 결혼 해체 후 남편과 아내 사이의 의무에 대해 설명한다. 이 소책자는 또한 증언, 서약, 비방과 같은 주제에 대해서도 다루고 있다.

21) (역주) 마콧는 유대교에서 미쉬나와 탈무드에 속하는 경전이다. 네지킨의 다섯 번째 권이다. 마콧는 주로 베트 딘(할라카 법정)의 법과 그들이 집행할 수 있는 형벌을 다루며, 원래 그 일부를 구성했던 산헤드린의 연장선상에 있다고 볼 수 있다.

| b. Yeb | Yebamot |
| b. Yoma | Yoma |

시프라[22]

| SifQed | Qedoshim[23] |
| SifBehar | Behar |

시프레[24]

SifDeut	Deuteronomy
SifLev	Leviticus[25]
SifNum	Numbers

라바(Rabbah)

GenRab	Genesis Rabbah[26]
ExRab	Exodus Rabbah
LevRab	Leviticus Rabbah[27]
EcclRab	Ecclesiastes Rabbah[28]
Song Rab	Song of Songs Rabbah

나머지 랍비 문헌들(Other Rabbinic Writings)

ARN	Abot de–Rabbi Nathan[29]
Hillel	Midrash Hillel (Beit Hamidrash ; בית המדרש)
KalRab	Kallah Rabbati
PesRab	Pesiqta Rabbati[30]

---

22) (역주) 시프라는 레위기에 대한 미드라쉬 할라카이다.

23) (역주) 시프라 레위기의 미드라쉬 할라카이다. 케도심(Qedoshim, Kedoshim)은 유대인의 연간 토라 읽기 주기에서 30번째 주간 토라 부분이며 레위기의 일곱 번째 부분이다.

24) (역주) 시프레는 성경 민수기와 신명기를 바탕으로 한 미드라쉬 할라카, 즉 유대인의 고전적인 율법 성서 주석서 중 하나를 말한다.

25) (역주) sifre 레위기. 시프레는 미드라쉬 할라카의 두 작품 중 하나, 즉 민수기와 신명기에 기초한 고전 유 대교 율법 성경 주석을 가리킨다.

26) (역주) 창세기 라바는 창세기에 대한 대한 랍비의 강해 미드라쉬다.

27) (역주) 레위기 라바는 레위기에 대한 랍비의 강해 미드라쉬다.

28) (역주) 전도서 라바는 전도서에 대한 랍비의 강해 미드라쉬다.

29) (역주) ARN(Abot de Rabbi Nathan)은 탈무드의 소책자 중 최초이자 가장 긴 책으로, 기원전 700–900년 에 편집된 유대인의 아가드 저작물로 추정된다. 초기 형태의 미쉬나에 대한 해석서이다. ARN에는 초기 랍비 문헌에서 찾아볼 수 없는 많은 가르침, 격언, 사건들이 포함되어 있다.

30) (역주) Pesiqta rabbati(ותבר אתקיסס)는 845년 경에 작성된 오경과 예언서, 특별 안식일 등에 관한 아가드 미 드라쉬(강론)를 모은 책이다.

Neof	Targum Neofiti, Pseudo-Jonathan
SefMa'as	Sefer Ha-Ma'asiyyot
TanYash	Tanhuma Yashan

나머지 고대 문학들

Agr	Cato's De Agri Cultura
Ant	Josephus's Antiquities[31]
Dial Meret	Lucian's Dialogue with Meret.
GEgyp	Gospel of the Egyptians
Horace,	Sat Satires
Life	Josephus's Life[32]
Or	Dio Chrysostom's Orations
POxy	Oxyrhynchus Papyri
ProtJames	Protevangelium of James
War	Josephus's Jewish War[33]

현대 작품들

AB	Anchor Bible (commentaries)
ABD	Anchor Bible Dictionary
AGAJU	Arbeiten zur Geschichte des Antiken Judentums und des Urchristentums
AnBib	Analecta Biblica
ANRW	Aufstieg und Niedergang der Römischen Welt
BAR	Biblical Archaeology Review
BBB	Bonner biblische Beiträge
BETL	Bibliotheca ephemeridum theologicarum lovaniensium
BibOr	Biblica et orientalia
BJRL	Bulletin of the John Rylands University Lib Manchester
BJS	Brown Judaic Studies
CII	Corpus inscriptionum iudaicarum
CSEL	Corpus scriptorum ecclesiasticorum latinoru
DE	Eusebius's Demonstratio Evangelica
EAEHL	Encyclopaedia of Archaeological Excavation the Holy Land

---

31) (역주) 요세프스의 고대사, 이하 『고대사』로 번역함
32) (역주) 요세프스의 생애, 이하 『생애』로 번역함
33) (역주) 요세프스의 전쟁사, 이하 『전쟁사』로 번역함

ELS	Enchiridion Locorum Sanctorum
ET	English translation
FRLANT	Forschungen zur Religion und Literatur des und Neuen Testaments
GCS	Griechische christliche Schriftsteller
HE	Eusebius's Ecclesiastical History[34]
HeyJ	Heythrop Journal
HTKNT	Herders Theologische Kommentar zum Neue Testament?
HTR	Harvard Theological Review
HUCA	Hebrew Union College Annual
ICC	International Critical Commentary
IDB	Interpreter's Dictionary of the Bible
IEJ	Israel Exploration Journal
JBL	Journal of Biblical Literature
JE Jewish	Encyclopedia
JQR	Jewish Quarterly Review
JR Journal of Religion	
JSNT	Journal for the Study of the New Testament
JSNTSup	Journal for the Study of the New Testament Suplement Series
KJV	King James Version
LAB	Librorum Antiquitatum Biblicarum
LD	Lectio divina
LEP	Diogenes Laertius's Lives of Eminent Philosophers
LSJM	Liddell, H. G., and R. Scott. A Greek-English Lexicon, rev. by H. S. Jones and R. MacKen- zie, Oxford, 1940.
MGWJ	Monatsschrift für Geschichte und Wissenschaft des Judentums
NCB	New Century
NIBC	Bible New International Bible Commentary
NJBC	The New Jerome Bible Commentary
NJPS	New Jewish Publication Society translation of the Tanakh
NovT	Novum Testamentum
NTD	Das Neue Testament Deutsch
NTS	New Testament Studies
OBO	Orbis biblicus et orientalis

---

34) (역주) Eusebius의 『교회사, Ecclesiastical History』는 교회사나 교회사로도 알려져 있으며 1세기부터 4세기까지 초기 기독교의 발전에 대한 4세기 연대기로 가이사랴의 주교 유세비우스가 편찬한 역사서이다.

OCD	Oxford Classical Dictionary
OTP	Charlesworth, J. H., ed. The Old Testament Pseudepigrapha. 2 vols. Garden City, N.Y., 1983, 1985.
PE	Eusebius's Praeparatio Evangelica
PEFQS	Palestine Exploration Fund, Quarterly Statement
PG	J. Migne, Patrologia graeca
PJ	Palästina-Jahrbuch
PL	J. Migne, Patrologia latina
PW	Pauly-Wissowa, Real-Encyclopädie der classischen Altertumswissenschaft
RevScRel	Revue des sciences religieuses
S-B	H. L. Strack and P. Billerbeck, Kommentar zum Neuen Testament aus Talmud und Midrasch, 6 vols. (Munich, 1926)
SBF	Studii biblici franciscani
SBFLA	Studii biblici franciscani liber annuus
SBLDS	Society of Biblical Literature Dissertation Series
SBLMS	Society of Biblical Literature
SJ	Monograph Series Studia Judaica
SJLA	Studies in Judaism in Late Antiquity
SNTSMS	Society for New Testament Studies Monograph Series
StTh	Studia Theologica
TB	Tyndale Bulletin
TDNT	Theological Dictionary of the New Testament
TS	Theological Studies
TSAJ	Texte und Studien zum Antiken Judentum
TU	Texte und Untersuchungen
WUNT	Wissenschaftliche Untersuchungen zum Neuen Testament
ZDPV	Zeitschrift des deutschen Palästina-Vereins
ZNW	Zeitschrift für die neutestamentliche Wissenschaft
ZTK	Zeitschrift für Theologie und Kirche

Hillel and Jesus

1장 _ 힐렐과 예수: 비교가 중요한 이유

J. H. 찰스워스

거의 2,000년 동안 유대교 역사가들은 예수를 거의 언급하지 않고 힐렐을 연구했으며, 기독교 정통 예배에 비추어 볼 때 힐렐을 비역사적으로 여기기도 했다. 같은 기간 동안 기독교학자들은 힐렐을 거의 제외하고 예수를 연구했다.

힐렐은 예수의 선구자로 자주 언급되었다.[1] 1922년 유대교 전문가인 아돌프 뷜러(Adolph Büchler)는 나사렛 예수를 언급하지 않고 70년 이전의 유대−팔레스타인 경건에 대해 논할 수 있었다.[2] 기독교학자인 알베르트 슈바이처(Albert Schweitzer)와 루돌프 불트만(Rudolph Bultmann)이 쓴 예수에 관한 고전들은 예수가 당대 유대교 최고 스승인 힐렐로부터 어떤 식으로 어떻게 영향을 받았는지를 따지지도 않고 역사적 예수를 평가할 수 있었다.[3] 현재도 70년 이전의 유대교를 다루는 주요 책들은 팔레스타인 유대교에서 가장 영향력 있는 두 스승을 거의 언급하지 않는다.[4] 그 예로, 여러 권으로 구성된 『신약성경의 유대주의 개관』[5]은 필로(Philo)와 요세푸스(Josephus) 그리고 영지주의에 대해 자세히 다루고, 특히 사해 두루마리와 사본에

---

1) A. Danziger, *Jewish Forerunners of Christianity* (New York, 1903) 특히 1장. "Hillel, the Forerunner of Christ"을 보라.

2) A. Büchler, *Types of Jewish−Palestinian Piety from 70 B.C.E. to 70 C.E. : The Ancient Pious Men* (London, 1922)

3) A. Schweitzer, *The Quest of the Historical Jesus : A Critical Study of Its Progress from Reimarus to Wrede*, F. C. Burkitt의 인사말과 W. Montgomery의 번역, (New York, 1910, 1911 [second edition], reprinted many times) R. Bultmann, *Jesus and the Word*, trans. *L.P. Smith and E.H. Lantero* (London, 1958)

4) 예수 그리스도 시대의 유대교 역사에 관한 책이라고 주장하는 중요한 *New Schürer*에는 예수에 관한 부분은 없지만, 힐렐에 관한 주요 부분이 있다; E. Schürer, *The History of the Jewish People in the Age of Jesus Christ*, ed. G. Vermes, et a. (Edinburgh, 1979) vol. 2, 363−67을 보라.

5) (역주) *Compendia Rerum Iudaicarum ad Novum Testamentum*. 이 시리즈는 1960년대에 기독교의 기원을 조명하는 '유대인 문제'에 대한 체계적인 핸드북 세트로 기획되어 로마 통치하의 유대인과 기독교인의 역사와 문학에 대한 일련의 단행본과 공동 저작으로 발전했다. 유대교, 기독교, 로마 문학과 역사에 대한 전문 지식을 결합한 이 시리즈는 쿰란, 그레코 유대교, 초기 기독교나 랍비 사료를 다루는 것을 목표로 한다.

대해서는 많이 언급하지만, 힐렐이나 예수에 대해서는 일언반구도 없다.

이 두 위대한 스승을 다루지 못한 것은 현대 유대교와 기독교가 이제는 과거에 대한 묘사에 더이상 영향을 주어서는 안 된다는 인식 때문일 것이다. 이런 이유로 역사가들이 힐렐과 예수의 중요성을 외면하게 되었다. 70년 이후 랍비 학파는 힐렐을, 기독교학자들은 예수를 70년 이전 유대교 사회에서 힐렐과 예수의 중요성보다 훨씬 더 높이 평가했지만, 그렇다고 해서 바로 그 사실이 역사가가 힐렐과 예수를 무시하거나 역사적 인물 뒤에는 역사적 인물이 없는 것처럼 진행하는 것을 허용하지 않는다.6

이제 이 학문은 이러한 오해의 소지를 훨씬 뛰어넘었다. 역사적 힐렐을 예수와 비교함으로써 우리는 역사적 힐렐에 대해 또 역사적 예수에 대해 어떻게 더 많이 배울 수 있을까?

20세기가 끝나가는 시점에 초기 유대교 역사의 두 천재에 집중하는 것은 시의적절하고 현명하다.7 힐렐(기원전 60년경-기원후 20년경)과 예수(기원전 7년경-기원후 30년경)8는 독실한 유대인으로, 특히 헤롯 대왕(기원전 37~4년) 치세와 70년 예루살렘과 성전 파괴 사이의 유대 역사에서 중추적인 시기에 살았다. 소박하게 시작하여 평범한 노동에 종사한 것으로 보이는 이 둘은 위대하고 영향력 있는 학자들이었다. 70년 멸망에서 살아남은 두 유대인 그룹인 랍비 유대교와 기독교의 관점에서 볼 때9, 힐렐과 예수는 에스라부터 70년 멸망까지 가장 영향력 있는 유대인

---

6) C. A. Evans는 "현재 논의의 대부분은 역사, 유사 전승, 관련 인물과 사건에 관한 관심이 충분하지 않다." 라고 지적한다. Evans, *Jesus and His Contemporaries* (AGAJU 25; Leiden, 1995) Vii.

7) 힐렐에 대한 출처는 다음을 참고하라: J. Neusner, "Hillel", *The Rabbinic Traditions About the Pharisees Before 70*, 2권 (라이덴, 1971) 1부, 212-302; A. Hyman, *Toldoth Tannaim Ve' Amoraim* [히브리어], 3권 (예루살렘, 1987) vol.1, 362-73; M. Margalioth, ed., *Encyclopedia of Talmudic and Geonic Literature Being a Biographical Dictionary of the Tanaim, Amoraim and Geonim*, 2권. (Tel Aviv, 1987) 1권, 246-51 [히브리어].

8) 힐렐의 날짜는 논쟁의 여지가 있지만, 예수의 날짜는 널리 받아들여지고 있다.(확실하지는 않음) 후자에 대한 논의는 특히 J. P. Meier, *A Marginal Jew: Rethinking the Historical Jesus* 2권…,(AB;New York, 1991, 1994) vol. 1, 212-14, 229와 주(note)를 참고하라.

9) 탈무드에서 힐렐이 어떻게 기억되는지 주목하라. "고대 이스라엘에서 토라가 잊혔을 때, 에스라가 바빌론에서 올라와 토라를 다시 확립했다. 그 후 바빌로니아 사람 힐렐이 와서 토라를 다시 세울 때까지 또 잊혔다."

교사들이었다.[10]

처음에는 많은 그리스도인과 기성 교단에서 안수받은 목사들은[11] 힐렐과 예수를 균형 있게 비교할 수 없을 것으로 의심할 것이다. 많은 이들이 "힐렐을 깎아 내리면서 예수를 높이는 것은 아닐까?" 궁금해할 것이다. 솔직히 내 생각에는 역사적 힐렐이 역사적 예수보다 더 매력적인 면이 있다. 힐렐의 독창적인 토라 해석, 관대함, 유대교로 개종하는 자에 대한 개방성은 편집 비평이나 다른 형태의 고등 비평으로 설명할 수 없는 예수 생애의 어떤 이야기들보다 훨씬 더 매력적이다. 예수를 따르고 싶지만, 아버지의 장례를 치르기 위해 귀향해야 하는 한 청년에게 예수는 "죽은 자가 죽은 자를 장사하게 하라"고 말했을 가능성이 대단히 크다.[12] 예수는 또한 팔레스타인 북부 해안의 수로보니게 여인의 지혜롭고 간절한 요청을 자신에게 합당하지 않다고 거절했었을 가능성도 크다. 힐렐은 그렇게 날카롭고 가혹하고 실제로 무미건조한 말은 하지 않았다.

힐렐에게는 유대교 안에 이방인을 받아들일 공간이 있었던 것 같다. 반면에 예수는 공생애의 대부분 기간에 이방인 개종자를 거부하였다. 예수가 제자들에게 이스라엘에로만 가라고 명한 것은 부인할 수 없다.[13] 그런데도 오늘날 거의 모두가 이방인인 그리스도인들이 힐렐이 아닌 예수를 따르는 것은 역설적이지 않은가? 이방인이 예수를 따르는 이유에 대해 크리스터 스텐달(Krister Stendahl)의 말을 통해 지혜롭게 숙고해 보라:

---

10) Sirach는 기원전 2세기 예루살렘에서 중요한 유대교 교사였던 것은 분명하지만, 힐렐이나 예수만큼의 명성을 얻지는 못했다. 그의 가르침이 기원후 135년 이후의 유대교보다 초기 기독교 내에서 더 '정경'으로 간주하였다는 것은 이상한 일이다. 사해 두루마리를 제작한 공동체의 창시자인 의의 교사는 힐렐이나 예수만큼 중요한 인물로 묘사될 수 없다. Honi와 같은 갈릴리 기적의 사역자들도 지혜롭고 중요한 가르침으로 여겨졌다.

11) 나는 안수받은 감리교 목사이지만, 내 목회 경력 동안 질문하는 데 제약이나 한계를 느낀 적이 없다.

12) M. Hengel, *The Charismatic Leader and His Followers*, J. C. G. Greig 번역, (Studies of the New Testament and Its World; Edinburgh, 1981)을 보라.

13) 오늘날 예수 연구에 관여하는 대부분 전문가는 이방인 선교에 관한 많은 pericopes를 편집된 것으로 거부하는 경향이 있다. 이방인을 분명히 포함하는 지상명령(28:19)으로 결론을 내리는 마태가 친이방적(10:18; 3:9; 8:11; 21:43; 22:1-14; 23:38-39)이라 10:5의 예수의 말을 지어냈을 리는 없다. 이 말들은 예수의 초기 전승에서 유래했을 가능성이 크다.

메시아 예정자[14]인 주님이 "이방인에게 가지 말라"고 하신 말씀의 한계를 교회가 뛰어넘을 수 있는 충분한 기대감을 주는 것은 바로 예수의 부활이다.[15]

현대인에게는 임박한 묵시적(대참사의 도래를 예언하는) 대격변에 대한 예수의 강조보다는 힐렐의 종말에 대한 견해가 더 구미가 당긴다. 힐렐은 적어도 한 세기 동안 팔레스타인 유대교 내에서 형성되어 온 종말론적(eschatological)이며 묵시론적(apocalyptic) 열정에 사로잡히지는 않았다. 그러나 예수는 "여기 서 있는 사람 중에는 죽기 전에 하나님의 나라가 권능으로 임하는 것을 볼 자들도 있느니라"(막 9:1)를 한번은 말했을 것이다. 알베르트 슈바이처, 리처드 H. 하이어스(Richard Hiers)와 많은 학자에 의하면, 예수는 종말론과 또 자신의 생애에 세상이 끝날 것이라는 생각에 사로잡혀 있었을 수 있었다.[16]

예수 추종자들은 예수가 종말의 시간을 특정하지 않았고 그 시간은 하나님만이 아신다는 막 13:32을 언급할 수 있지만[17] 힐렐 추종자들은 예수의 종말론에 대한 오해(힐렐 추종자들의 시각에서-역자주)를 자신들이 해결하는 것을 부끄러워하지 않는다.

다소 광범위한 일반화이기는 하지만, 이러한 예비 관찰을 통해, 힐렐과 예수를

---

14) (역주) A. Schweitzer에 의하면 부활하신 그리스도인 메시아와 천국은 종말의 날에 같이 온다. 이런 의미에서 역사적 예수는 Messiah designatus(메시아 예정자)이다.

15) K.Stendahl, *The Scrolls and the New Testament*, ed. by K. Stendahl with J. H. Charlesworth, (New York, 1992) 17.

16) 특히 R. H. Hiers, *The Historical Jesus and the Kingdom of God: Present and Future in the Message and Ministry of Jesus* (Gainesville, Florida, 1973)을 보라.

17) 역사가들은 힐렐의 가르침에서 "불쾌한" 요소들이 랍비 전승이 발전함에 따라 억압되거나 제거되었을 가능성을 고려해야 한다. 그렇다면 이제 우리는 예수가 힐렐보다 우월하다는 것을 암시하는 것을 두려워하지 않고 다음과 같은 질문을 제기할 수 있다. "왜 기독교 전승자들은 힐렐 가문보다 더 문제가 있거나 '불쾌한' 전승이 살아남도록 허용했을까?"

비교-대조하는 유익함은 분명하다.[18] 폴리비우스[19]가 말했듯이,[20] 이 연구의 결실은 우리 자신의 편견과 약속을 극복하고 신뢰할 수 있는 역사적 평가를 목표로 글을 쓸 수 있는 능력에 달려 있다. '쿰란 에세네파의 스승과 예수', '견유학파와 예수', '열심당원과 예수', 특히 '바리새인과 예수'와 같이 다양한 주제로 많은 책이 나왔지만, 최근에 힐렐과 예수에 관한 책을 쓰려는 학자가 없는 이유를 궁금해하는 이들이 많다. 이스라엘, 특히 예루살렘과 갈릴리에서 당시의 고고학적 발견은 믿을 수 없을 정도로 놀라운 것이었음에도 이 두 위대한 사상가가 제기한 문제를 다루기 위한 심포지엄이나 콜로키움은 조직되지 않았다.

1940년대 이후 우리는 예수 사망 당시 십자가 처형에 대한 고고학적 증거를 얻었고, 빌라도의 이름이 새겨진 돌과 가이바스(Caiphas) 가족의 추정 무덤을 발견했다.[21] 또 수많은 비문, 특히 쿰란 동굴에 보존되어 사해 두루마리로 널리 알려진 문서들을 포함하여 힐렐과 예수 당시의 기록이 원상태로 보존된 문서 증거가 계속 늘어나고 있다. 차제에 힐렐과 예수를 비교함으로써 이들과 또 이들이 생존했던 시대에 대해 더 많은 것을 알 수 있는 다양한 방법을 모색해야만 한다.

오늘날 대부분 역사가는, 힐렐과 예수가 평범한 인물이었다는 P. 윈터(Winter)의 주장에 동의하지 않을 것이나,[22] 많은 이들이 예수와 힐렐이 자아가 상당히 발달하고 자기 인식이 높았다는 플루서의 주장에 깊은 감명을 받을 것이다.[23]

르낭(Ernest Renan)이 예수의 낭만적인 초상화[24]를 작품화한 것처럼 예수가 자

---

18) 이 진술은 우리가 역사적 힐렐과 예수에 대해 "확실한" 지식을 가질 수 있다는 것이 분명하지 않더라도 사실일 것이다. 더 많은 숙고를 원한다면 2장에서 A. Goshen Gottstein의 신중한 방법론적 논평을 참고하라.

19) (역주) Polybius는 기원전 2세기의 고대 그리스 철학자이다.

20) 특히 역사가들은 "가능한 한 많은 사람에게 물어보고, 믿을 만한 가치가 있는 것을 믿어야 하며, 자신에게 도달한 보고에 대해 적절한 비판자가 되어야 한다."라는 폴리비우의 말을 참고하라. *Histories*, 12.4.5.

21) Charlesworth, *Jesus Within Judaism: New Light from Exciting Archaeological Discoveries* (AB; New York, 1988)과 Charlesworth가 편집한 *Jesus and the Dead Sea Scrolls* (AB; New York, 1992)에 나오는 논의를 보라.

22) P. Winter, ⟨On the Trial of Jesus⟩, (Berlin, 1961), 148.

23) 이 자료집에 실린 Flusser의 논문과 그의 his "Hillel's Self-Awareness and Jesus," *Immanuel* 4 (1974) 31-36를 보라.

24) E. Renan, *The Life of Jesus*, (New York, 1863)

신의 "진정한 스승"이었던 힐렐을 애착했다고 주장할 이들은 거의 없다. 『힐렐과 예수』에서 "예수가 힐렐의 제자였음을 가장 높은 확률로 받아들여야 한다."라는 폴 리거(Paul Rieger)의 주장을 인정하는 이들이 과연 존재할까?[25] 또한 1864년의 저명한 가이거(Abraham Geiger)와 1985년의 하비 포크(Harvey Falk)의 주장처럼, 사해 두루마리 및 유사 사본 연구에 정통한 학자가 예수를 힐렐 계열[26]의 바리새인이라고 결론을 내릴 수 있을까?[27] 이러한 주장이 나오는 이유는 힐렐이 예수보다 먼저 태어났다는 증거에도 힐렐이 예수보다 먼저 죽었거나,[28] 예수가 힐렐과 너무 달랐기 때문이 아니다. 이 둘의 그 모든 유사점에도 불구하고 뚜렷이 다르기 때문이다. 힐렐과 달리 예수는 묵시론과 종말론의 영향을 많이 받았으며 이를 다른 유대인, 특히 사해 두루마리의 의의 교사[29]와 공유했다. "예수는 의의 교사와 힐렐 중 누구와 더 가까웠을까?" 이 흥미로운 질문을 이번 심포지움에서 다룰 것이다. 내 판단으로는 예수는 종말론과 유력한 제사장 가문에 대한 환멸에 대해서는 의의 교사에 더 가까웠으나 순결 문제와 성전과 예배에 대한 감사에 대해서는 힐렐에 더 가까웠다. 의의 교사와 달리 예수는 힐렐처럼 더 자유로웠고 이스라엘이라는 집 안에 모든 유대인을 위한 자리를 만들었다.

이제는 100년 전에 힐렐과 예수에 관한 책을 쓴 델리취의 방법을 따르거나 그의 결론을 옹호하는 이는 거의 없을 것이다.[30] 르낭의 낭만주의와 가이거의 힐렐에 대한 대중적인 상세 묘사와 고평가를 분명하게 반대하며 유대교보다 기독교가 더 우

---

25) "따라서 힐렐이 일반 달력이 시작된 지 최소 20년 후에 살았다면 예수는 힐렐의 제자였을 가능성이 크다." (P. Rieger, *Hillel und Jesus*, [함부르크, 1904], 7)

26) (역주) Hillelite는 랍비 힐렐이 개발하고 샴마이 학파가 반대하는 유대 율법 해석의 자유주의적이고 인도주의적인 원칙을 지지하는 사람을 뜻한다.

27) A. Geiger, *Vorlesunen über das Judentum und seine Geschichte*(1864): "das Jesus ein Pharis er war, der in den Wegen Hillels ging …", H. Falk, *Jesus the Pharisee: A New Look at the Jewishness of Jesus*(New York, 1984): "예수와 바리새인들과의 논쟁은 실제로 탈무드에 기록된 샴마이 학파와 힐렐 학파 사이의 논쟁이며, 예수가 힐렐 학파의 견해를 채택했다는 것을 입증하는 것이 이 책의 목표가 될 것이다."(8쪽) 이 방법은 귀납적 역사학의 방법이 아니다. 이 책에서 J. Sievers의 전승 연구 전체를 참조하라.

28) D. Flusser는 "힐렐은 예수가 태어나기 전에 죽었다."고 주장했다. Flusser의 "Hillel's Self-Awareness and Jesus," *Immanuel* 4 (1974), 31을 보라.

29) (역주) 의의 교사(Moreh has-Sedeq)는 쿰란의 사해 두루마리 중 일부에서 발견되는 인물로, 에세네파의 창시자로 알려졌다.

30) 특히 영어 번역본에 주목하라: F. Delitzsch, *Jesus and Hillel*, P. Monkhouse 번역, (London, 1877)

월함을 증명하려 한 델리취는 힐렐을 희생시켜 예수를 높이기 위해 노력했다. 델리취는 예수를 개혁자라고 주장하지만, 힐렐을 "모든 것을 발견한 그대로"(141쪽) 남겨두었다고 평가했다. 델리취에 의하면, 예수는 "기존의" 랍비 제도에서 벗어났으며 "신성한 성령의 충만함"을 받았지만,[31] 힐렐은 "쉐마이어(스마야)[32]와 아브탈리온(압탈리온)[33]의 형식에 치우친 구전을 단순하게 전파했을 뿐"이다.(141–49쪽) 또 델리취는 예수의 가르침은 "보편적으로 종교적, 도덕적, 인도적"인 것으로 평가하지만 힐렐의 가르침은 "법률적(juristic)이고 지나치게 정밀하며, 편협한 민족적"(161쪽)이라고 평가한다. 이러한 평가들은 힐렐과 예수를 비교하려는 우리의 시도에 전혀 도움이 되지 않는다. 이는 현 세기까지 그러한 비교가 우리 자신의 창조물이라고 생각해서는 안 되는 역사학의 표준을 위반했음을 밝힐 뿐이다. 헤로도토스[34], 투키디데스[35], 특히 폴리비우스의 비평들은 힐렐과 예수보다 시기적으로 분명히 앞섰다.

이 결론을 옹호하려는 학자들도 있었지만, 대부분의 역사 비판적 학자들은 예수를 미혹된 환상가나 마리아의 사생아로,[36] 또 힐렐을 예수의 선구자로 묘사하지 않을 것이다. 이 논쟁은 기독교 또는 유대교 변증과 논쟁의 유물 또는 왜곡된 방법론의 결과일 뿐이다.

20세기 후반의 가장 큰 혜택 중 하나는 경이로운 고고학적 발견이 학자들을 현대 학계, 특히 역사적 비관주의가 본산인 독일 학계에서 고대 팔레스타인과 70년 이전 팔레스타인 유대교의 창조적 세계에 대해 집중하도록 했다는 것이다. 예상치 못한 힐렐과 예수 시대의 고고학적 발견은 우리가 힐렐과 예수의 삶과 가르침을 이

---

31) 특히 이 책에서 H. Lichtenberger의 비판적 통찰을 참조하라.
32) (역주) Shemaiah는 기원전 1세기 중반의 유명한 율법학자였다. Shemaiah는 성경에서는 스마야로 번역되었고, 성경에 26명의 스마야가 등장할 정도로 많이 쓰이는 이름이다.
33) (역주) Abtalyon은 미쉬나 시대 이전의 초기 랍비 현자였다. 그는 기원전 1세기 바리새파의 지도자였으며, 전승적으로 예루살렘 산헤드린의 부의장이었다.
34) (역주) Herodotus는 기원전 5세기의 고대 그리스 역사가이자 지리학자이다.
35) (역주) Thucydides는 기원적 5세기의 아테네 철학자이다.
36) "Birth and Lineage" in *A Marginal Jew*, vol. 1, 208–52에 나오는 Meier의 유용한 통찰력을 참조하라.

해하려고 노력하는 고대 세계를 더욱 공감하는 데 도움이 된다.37

많은 조타수가 도와주면 진퇴양난인 학문적 극단을 지나 더 정확하고 신중하게 항해할 수 있을 것이다. 우리는 예수를 힐렐 학파로 몰아넣는 리거와 포크의 주장이나 예수를 힐렐 학파에서 내쫓는 델리취의 편향된 결론을 피해야 한다. 이 연구는 힐렐과 예수가 더 사실적이고 정확하게 서술될 수 있도록 진행되어야 하며, 예수에게 "힐렐 계열"이라는 수식어를 붙이지 않으면서도 여러 면에서 힐렐과 유사하면서도 (다른) 예수가 될 수 있도록 해야 한다. 우리는 실증주의적 역사 결정론(positivistic historicism)의 함정을 반드시 피해야 하며, 어떤 경우에도 이 두 거인들의 말을 **문자 그대로 인용하기**38로 복원시키려고만 해서도 안 된다. 이런 식으로는 힐렐과 예수가 한 말의 목적을 어림잡을 뿐이다.

이 연구에서 우리는 초기 유대교 내의 많은 그룹의 다양성, 그들 사이에 잦은 파벌주의,39 또 힐렐이 예수가 성숙하기 전에 이미 죽었을 가능성, 이들 사이의 지리적(그리고 아마도 문화적) 차이40, 이들이 대화했음을 증명하는 자료가 부족한 것을 인정해야 한다. 이러한 통찰력 또는 "사실"을 종합해 볼 때, 내 결론은 예수가 힐렐의 직접적인 영향을 받지 않았다는 것이다.

이 연구가 더 진행되기 전에, 힐렐과 예수와 관련된 전승을 어느 정도 신뢰할 수 있는지 숙고할 필요가 있다. 19세기 중반 프랑크푸르트−암−마인에 살았던 학식 있는 랍비 아브라함 가이거는 『유대교와 유대교의 역사 *Judentum und seine Geschichte*』에서 "힐렐은 엄연한 역사적 인물"이라고 주장했다.41 그는 예수와 같은 인물들과는 달리 힐렐은 전설 뒤에 숨어 있지 않았다고 주장했다.42 1922년 A. 뷔클

---

37) Charlesworth의 "The Jesus of History and the Archaeology of Palestine" in *Jesus Within Judaism*, 103–30와 N. Avigad, *Discovering Jerusalem* (Nashville, New York, 1983)을 보라.
38) (역주) the i psissima verba
39) 이 책에 실린 J. G. Dunn의 글을 참조하라.
40) 아마도 힐렐은 유대를, 예수는 갈릴리를 대표했을 것이다. 예수는 유대인들과 좋은 관계를 맺지 않았다.
41) "힐렐은 한 사람의 역사적 인물이다; ⋯." A. Geiger, *Das Judenthum und seine Geschichte bis zur Verstrung des zweiten Temples* (Breslau, 1865 [2판]) 1권, 100.
42) Geiger, *Das Judenthum und seine Geschichte*, 99–107. 예수에 대한 그의 논의에 대해서는 L. Geiger, ed., *Abraham Geiger's Allgemeine Einleitung in die Wissenschaft des Judenthums* (Berlin, 1875) 78–86 을 보라.

러(Büchler)는 미쉬나와 토세프타, 타르굼[43]들, 그리고 힐렐에게서 유래한 내용을 어느 정도까지 신뢰할 수 있는지를 평가하지 않고도 힐렐과 그의 가르침을 논의할 수 있다고 생각했다.[44] 이는 적대적인 기독교 문화 속에서 살아남으려는 소수 종교가 호된 시련 속에서 만들어낸 한물간 주장이다. I. 엘보겐(Elbogen)[45], A. 카민카(Kaminka)[46], J. 골딘(Goldin)[47], 특히 J. 노이스너(Neusner)[48]를 비롯한 많은 학자가 기원후 20년경 힐렐의 죽음 이후부터 200년경 힐렐의 삶과 가르침이 기록될 때까지 전승되는 과정에서 변질되었음을 보여주었다.[49] 힐렐의 삶은 편집과 전설적인 확장을 통해 칭송되었다. 후대의 바리새인들이 힐렐을 받아들였다는 이유만으로 힐렐이 70년 이전의 바리새인이었을 것이라고 가정할 수는 없다. 이에 대해 우리는 노이스너와 J. 시버스의 연구에 도움을 받는다.[50]

18세기 말 레이마루스(Reimarus) 시대부터, 1835년 다비드 슈트라우스(David Strauss) 이후, 슈바이처가 정확히 밝힌 것처럼, 복음서가 부활 신앙에 비추어 예수의 생애를 기념하는 책이라는 인식은 전 세계 대학과 신학교에서 특별한 것은 아니었다. 비록 M. 칼레(Kähle)와 불트만이 부활절 이후 공동체의 창조적 능력을 과

---

43) (역주) Targum(아람어: "번역" 또는 "해석")은 히브리어 성경 또는 그 일부를 아람어로 번역한 번역본 중 하나이다.

44) 예컨대, Büchler는 힐렐에 관한 기록이 신뢰할 만한 것인지 묻지 않고 힐렐의 겸손, 인내, 침착함을 묘사했다; *Types of Jewish-Palestinian Piety*, 특히 11, 16-17, 21을 보라. 때로 Büchler는 익명의 말을 힐렐에게 돌리기도 했다.(38, 3 참조) Büchler는 또한 힐렐이 겸손하고 하시딤의 위대한 도덕적 속성이 에세네인들에 의해서만 대표되는 것이 아니라는 것을 증명하고 싶었다.

45) I. Elbogen, "Hillel," *Encyclopaedia Judaica* vol. 8, cols.42-51: "Von seinem Leben sind nur wenige Einzelheiten Bezeugt,hingegen hat sich ein Legendenkranz um seine Person gebildet", (col. 42)

46) A. Kaminka, "Hillel's Life and Work", *JQR* 30 (1939-40) 107-22: "성전이 파괴되기 전 세기의 탄나임의 삶에 대한 사실을 도출할 수 있는 출처는 매우 빈약하다. 대부분 역사가처럼 전설에 의존해야 한다. 이러한 전설은 많지만, 불행히도 대부분 상상의 산물이다."

47) J. Goldin은 힐렐이 "전설에 둘러싸여 있다."(263)고 올바르게 말했다. Goldin, "Hillel the Elder", *The Journal of Religion* 26 (1946) 263-77.

48) J. Neusner, "The Figure of Hillel", *Judaism in the Beginning of Christianity* (Philadelphia, 1984), 63-88.

49) P. Schäfer의 유용한 통찰은 *Studien zur Geschichte und Theologie des Rabbinischen Judentums* (AGAJU 15; Leiden, 1978), 특히 1-44을 보라.

50) 노이스너는 "나의 유일한 확고한 결론은 힐렐이 성전 파괴 이전에 살았을 가능성이 크며 바리새파의 정치에서 중요한 역할을 했으리라는 것이다." (*Rabbinic Traditions*, 1편, 301)라고 결론지었다. 이 자료집에 실린 J. Sievers의 논문도 참조하라.

장하고 예수에 관한 많은 양의 신뢰할 만한 전승, 특히 예수의 행적을 놓쳤지만,[51] 복음서가 갈릴리 유대인의 삶을 묘사한 전기가 아니라는 것은 현재의 일치된 견해다. 설교자들은 (역사적 사실에 근거하기보다는-역자 주) 부활 신앙에 비추어 예수를 설교한다.

예수나 힐렐이 다윗의 후손이었을 가능성은 거의 없다.[52] 예수가 다윗의 후손이라는 주장은 기독교 선포에 너무 명확하게 포함되어 있으나 예수가 다윗 가문에 속했다고 단정 짓기가 어렵다. 힐렐이나 예수가 다윗의 후손이라는 이러한 주장은 그들에게서 유래된 일련의 전승에 나타난다. 두 경우 모두 역사적 인물이 전설로 미화됐다는 점을 고려할 때, 예수가 힐렐보다 다윗의 후손일 가능성이 훨씬 더 크다. 이러한 전승은 예수 사후 10년 이내에 나타나지만, 힐렐의 전승은 수 세기가 지난 후다.[53]

마찬가지로 샴마이[54]를 희생시키면서 힐렐을 찬양하고 "바리새인"을 희생시키면서 예수를 찬양하는 비사(秘史)는 역사적 확장 주의의 핵심이다.[55] 두 경우 모두 우리는 역사적 힐렐이나 예수가 아닌 전설적인 힐렐이나 예수와 마주하게 된다. 또 두 경우 모두 유대교 학파, 즉 한 경우에는 요하닌 벤 자카이 학파(Johannine ben Zakkai School)와 우샤[56]의 랍비 학교 다른 경우에는 마태복음의 배후에 있는 유대-기독교 학파로 인해 확장되었다.

51) M. Kähler, *The So-Called Historical Jesus and the Historic Biblical Christ*, trans. C. E. Braaten 번역, P. J. Tillich의 서문 (Philadelphia, 1964 [originally published in 1896]와 R. Bultmann, *History of the Synoptic Tradition*, J. Marsh 번역, rev. ed. (New York, 1963)을 보라.

52) *Pace Encyclopedia of Talmudic and Geonic Literature*, vol. 1, 246. Neusner, *History*, vol. 1, 190-91; Neusner, *Rabbinic Traditions*, part 1, 268.

53) 힐렐 전승의 신뢰성에 대한 자세한 내용은 H. L. Strack와 G. Stemberger, *Introduction to the Talmud and Midrash*, Markus Bockmuehl 번역 (Minneapolis, 1992), 66-68, 71-72을 보라.

54) (역주) Shammai(기원전 50년경-기원후 30년경)는 1세기 유대교 학자였으며 유대교의 핵심 랍비 문헌인 미쉬나에서 중요한 인물이었으며 힐렐과 가장 저명한 동시대 인물이었다. 샴마이의 가르침은 대부분 힐렐과 일치하지만, 축제일에 희생 동물을 안수하는 것을 포함하여 몇 가지 문제는 달랐다.

55) Strack와 Stemberger가 *Introduction to the Talmud and Midrash*, 129에서 보고한 대로 "샴마이 학파는 더 관대하게 해석하고 힐렐 학파는 더 엄격하게 해석하는 40가지 사례"가 m.Eduyot에 포함된 것은 사실이다.

56) (역주) Usha는 로마의 박해를 피해 유대에서 탈출한 랍비들이 설립한 갈릴리 서부의 유명한 유대인 대도시였다. 산헤드린은 하드리아누스 박해 이후 2세기에 우샤로 옮겨졌다. 산헤드린이 우샤에 정착한 것은 갈릴리가 유대보다 영적 우위에 있음을 의미했습니다.

그러므로 우리는 힐렐이나 예수에 대해 논할 때 역사적 인물과 시간과 공간적으로 크게 분리된 자료를 바탕으로 가설을 세우고 논문을 쓸 수밖에 없음을 인정해야 한다.[57] 2세기 이후의 전승에 아무 생각 없이 그려진 힐렐의 초상화와 70년 이후의 전승을 바탕으로 만들어진 예수의 초상화는 (예루살렘) 멸망 이전에 고대 팔레스타인에 살았던 이 두 유대인의 삶과 가르침을 재구성하려는 우리의 시도에 심각한 손상을 줄 수 있다. 우리는 힐렐과 예수의 전승이 포함된 모든 구절을 자세히 검토하여 그 구절이 정말로 힐렐과 예수로부터 유래한 것인지 확인해야 한다.

전환기와 표준화 시대

역사적 힐렐과 역사적 예수를 비교하여 표출되는 주요 유사점과 차이점을 평가하기 전에, 먼저 이들이 살았던 시대의 중요성을 강조해야 한다. 그 시대는 혼란스러웠다. 헤롯 대왕 시대에는 7인 이상의 제사장이 대제사장으로 봉사했다. 헤롯 대왕이 잔인함과 선동을 통해 이룩한 안정은 그가 죽자 사라졌다.[58] 유대 역사에서 이 시기는 상상하기 어려울 정도로 중요한 때였다. 전환기이자 표준화 시대로, 유대교 체계의 네 기둥이 오늘날과 같은 모양으로 다듬어지고 있었다.

히브리어와 아람어 문자는 울퉁불퉁한 고대 하스모니안(Hasmonean) 글체에서 헤로디아 시대의 우아하고 네모난 공식적 서필체로 발전했다. 이로 인해 히브리 문자는 수십 년 동안 탈무딤(Talmudim, 탈무드)을 공부한 사람도 이해할 수 없는 글체에서 이스라엘의 젊은이들도 쉽게 읽을 수 있는 글꼴로 변했다. 이것이 힐렐과 예수 시대부터 그대로 유지되었으며 현재까지 크게 변하지 않았다.

히브리어 성경의 본문도 힐렐과 예수 시대에 표준 형식으로 바뀌었다. 예레미

---

57) 역사적 힐렐이 랍비들이 기념하는 힐렐로 대체되는 에피소드는 이 글에서 생략하려고 했다. 나의 시도는 실제 팔레스타인 사람들의 그림자를 통해서만 역사적 힐렐과 역사적 예수를 어떻게 엿볼 수 있는지 살펴보고자 하는 것이다. 다음 장에서 Goshen Gottstein의 현명한 방법론적 논평을 참조하라.
58) 헤롯의 죽음에서 R.Fenn의 *The Death of Herod: An Essay in the Sociology of Religion* (Cambridge, New York, 1992)의 시사적인 연구를 참조하라.

야서와 사무엘서에는 텍스트가 매우 다양했으며, 전자의 경우가 더 심했다. 힐렐과 예수가 가르치던 1세기 수십 년 동안 히브리어 성경 본문은 오늘날 우리가 알고 있는 형태에 도달했다. 중세 초기에 모음이 추가되기 훨씬 전에 마소라 본문은 그 형태를 갖추게 되었다.

힐렐과 예수 시대에 정경들이 최종적으로 결정되었다. 에녹서와 솔로몬 시편, 쿰란 시편 두루마리 같은 다른 시편들이 소위 모세오경과 다윗의 시편에 대한 치열한 경쟁을 끝냈다. 토라와 선지서에 포함될 책에 대한 대부분의 논쟁은 힐렐과 예수 시대보다 적어도 2세기 이상 앞섰으며, 에스더서가 최종적으로 포함되고 집회서가 제외된 것은 한 세기 후에 우샤에서였다. 이렇게 힐렐과 예수 시대에는 정경은 이미 정해져 있었다. 예수가 율법과 선지서[59]를 언급할 때 율법과 선지자는 폐쇄된 모음집이었지만 그 기록물들은 개방된 상태로 남아있었던 당시의 상황을 반영한 것 같다. 히브리어 정경은 유대 역사에서 이 초기에 표준화되었으며, 구전 율법도 시내 산에서 주어졌고 지금은 미쉬나, 토세프타, 탈무딤에서 글로 구체화하였다는 랍비들의 합의에도 다시 논의되거나 다른 책이 추가되지는 않았다.

예전(liturgy)은 힐렐과 예수 시대에 공인된 형태로 발전했다. 즉흥 기도가 장려되기는 했지만, 유대교 역사상 처음으로 기도가 정해진 형식이나 법적인 형태로 나타난 것은 이 시기였다.[60] 일부 랍비들은 자발적인 기도만이 하나님을 기쁘시게 한다는 의견을 제시했지만, 그 말은 "법정 기도(statutory prayers)"가 회당 예전의 일부로 등장했음을 보여줄 뿐이며, 이 새로운 창조는 유대인 회당 예전의 가장 초기 형태인 유월절 하가다[61]와 같은 초기 예전에 의해 예고되었을 것이다. 쿰란 시편 두루마리에서 알려진 것처럼 외경이 없는 최종 형태의 텍스트와 모음집인 다윗 시편은 제2성전의 찬송가였던 것이 분명하다. 오늘날 전 세계 회당에서 낭송되고 있는 유대교 예전이 처음으로 인식 가능한 형태를 갖추게 된 것은 힐렐과 예수 시대

---

59) 특히 마 5:17; 7:12; 눅 16:16을 보라.
60) 특히 J. Heinemann, *Prayer in the Talmud: Forms and Patterns*, R. S. Sarason 번역 (SJ 9; Berlin, New York, 1977)을 보라.
61) (역주) haggada("이야기하다.", 복수형: 하가닷)는 유월절 식탁의 순서를 설명하는 유대교 텍스트이다.

였으며, 그 이후에도 계속 발전했다. 성전과 예전은 성전산 부근에 세워진 장엄하고 거대한 돌과 설치물이 오늘날 웅장함과 함께 그 정점에 도달했다. 힐렐과 예수 시대 이후인 70년 초가을 티투스[62]의 명령에 불복종한 로마 군대에 의해 성전이 파괴되지 않았다면 성전은 더 큰 의미를 지니게 되었을 것이다. 힐렐과 예수는 성전을 경외하고 그곳에서 예배를 드렸다는 사실을 강조할 필요가 없었다. 힐렐과 예수는 예루살렘에서 가르쳤고 성전을 경외했다.

폼페이우스[63]가 이스라엘 땅에 들어온 기원전 63년경부터 바르 코시바가[64] 패배한 132년까지 이 전환기에는 **표표준화된 필사본**(a standard script), **텍스트, 모음 또는 정경, 유대 예전의 첫 번째 '법정 기도문' 등**이 만들어졌다. 이렇게 누적되는 과정을 통해 유대인들은 명확한 규범적 자기 정의를 내릴 수 있는 데이터와 관점을 얻게 되었고, 이에 따라 유대인이라는 존재의 국경과 경계가 정해졌다. 이 과정에서 총 12개가 넘었던 초기 유대인 그룹은 힐렐의 가르침을 따르는 그룹과 예수의 가르침을 따르는 그룹으로 축소되었고, 결국 이 두 거인이 살았던 1세기의 후반에 그 경계가 명확해지면서 "그리스도인"은 유대인과 구별되었다. **비르카트 하미님**[65]이 완성되고 예수를 따르던 유대인들이 회당에서 추방되면서 이 경계가 확립되었다. 요한복음에 등장하는 **회당에서 추방**(ἀποσυνάγωγος)이라는 단어의 등장으로 대표되는 사회학적 현상은 역설적이나 당연하게도 복음서 중 가장 유대적인 복

---

62) (역주) Titus Flavius Caesar Vespasianus Augustus는 기원후 79년부터 81년까지 로마 황제였다. Flavian 왕조의 일원이었던 티투스는 아버지가 사망하자 그 뒤를 이어 친아버지의 뒤를 이은 최초의 로마 황제가 되었다.

63) (역주) Pompeius(기원전 106년 9월 29일-기원전 48년 9월 28일)는 영어로 Pompey 또는 폼페이 대왕으로 알려진 로마 공화국의 장군이자 정치가로 로마가 공화정에서 제국으로 변모하는 데 중요한 역할을 했다.

64) (역주) Bar Cosiba(bar Koseba)는 유대인의 군사 지도자였다. 바르 코시바와 그의 반군은 반란을 시작한 후 약 3년 동안 유대 국가를 수립하고 유지했다. 바르 코시바는 국가의 지도자로서 자신을 나시('왕자'라는 뜻)로 칭하며 당시 랍비 학자 중 일부는 그를 유대교가 오랫동안 기다려온 메시아로 상상했다. 135년 바르 코시바는 요새화된 베타르 마을에서 로마 군대에 의해 살해당했다. 그가 죽은 후 남은 유대인 반란군은 다음 해에 모두 죽거나 노예가 되었고, 로마 황제 하드리아누스는 유대인들에 대한 가혹한 탄압을 이어갔다.

65) (역주) Birkat haMinim(בִּרְכַּת הַמִּינִים)은 이단에 대한 저주로 유대교 랍비 예전의 일부를 구성한다. 이 축복은 유대인의 법정 입식 기도에서 기도 예배의 핵심을 이루는 18개의 축도 시리즈 중 열두 번째 축도이며, 유대인의 법정 입식 기도에서 가장 중요한 역할을 한다.

음서인 동시에 *Ιουδαῖοι(Ioudaioi)*가 일반적으로 진리의 적이자 예수님의 적인 "유대인들(Jews)"로 오역된 복음서이기도 하다.

전환기가 표준화 시대이기도 한 이유는 무엇인가? 초기 유대교가 랍비 유대교와 기독교로 넘어가는 시기가 표준화 시대인 이유는 무엇일까? 그 중 하나는 기원전 63년부터(적어도 그 이전은 아니더라도) 유대인들은 로마로부터 점점 더 많은 압력을 받고 있었고, 로마는 유대인들이 물려받은 자부심과 자기 이해에 위협을 가하고 있었기 때문이다. 많은 유대인 젊은이들에게 새로운 질문에 답을 제공하기에는 성경은 너무 복잡하고 '고리타분' 해 보였다. 기원전 63년부터 하스모네 왕조가 세운 왕국과 자유는 결국 로마에 의해 사라졌다. 많은 유대인이 에스라 4장에 기록된 것과 비슷한 말을 했을 것이며, 하나님의 약속이 어떻게 이루어졌는지에 대해 의문을 품었을 것이다.

둘째, 알렉산더의 정복 이후 인접 문화는 선조들이 사랑했던 전통의 효능과 힘을 위협하는 훨씬 더 강력한 방식으로 준동했다. 페르시아, 이집트, 그리스, 로마의 창의적인 통찰력과 에너지는 특히 팔레스타인과 젊은이들 사이에서 유대인 정신에 활기를 불어넣었다.[66] 그리스인처럼 되는 것이 무엇이 그렇게 잘못된 것인가? 할례의 흔적을 없애면 안 되는 이유는 무엇일까? 궁극적으로 "무엇이 유대인을 정의하는가?"라는 질문들이 제기되었다. 많은 유대인 남성들은 사회를 지배하고 자신들의 아버지와 할아버지를 정의했던(defined) 전통을 부끄러워했으며 할례의 흔적을 제거하기 위해 집착했을 것이다.[67] 분명히 전통은 도전받고 있었고 신성한 것은 불경한 것에 위협을 받고 있었다. 표준과 규범이 필요했다.

셋째, 대부분의 팔레스타인 유대인들은 예루살렘이 세계의 중심이자 하늘과 땅을 **연결하는 고리**라고 믿었지만, 이제 하나님은 역사에 관여하지 않고 당신이 선

---

66) Charlesworth, "Greek, Persian, Roman, Syrian, and Egyptian influences in Early Jewish Theology: A Study of the History of the Rechabites," in *Hellenica et Judaica: Hommage à Valentin Nikiprowetzky*, ed. A. Caquot, et al. (Leuven-Paris, 1986), 219-43을 보라.

67) R. G. Hall, "Epispasm and the Dating of Ancient Jewish Writings", *Journal for the Study of the Pseudepigrapha* 2 (1988), 71-86을 보라.

택한 사람들의 애통함으로부터 너무 멀리 떨어져 있기까지 하다는 두려움이 커지고 있었다. 하나님이 기도를 들으시는 것을 인정하는 묵시론자들조차도 하나님은 아브라함 시대와 달리 가장 높은 하늘 멀리 떨어져 계신다고 생각하기에 이르렀다. 유대인의 사상은, 점점 더 현재가 종말에 가까워지고 새로운 날, 즉 다가올 시대가 도래한다는 인식에 사로잡히게 되었으며 하늘이나 미래의 행위로 인해 하나님의 약속이 재확인될 수 있다는 전제에 몰두하게 되었다. 많은 유대인 학습 센터에서 역사에 대한 성찰과 토라 학습은 하늘 위나 다가올 미래 시대에 대한 추측으로 대체되었다. 이 두 가지 세력인 "종말론"과 "묵시론"[68]은 힐렐과 예수 시대의 **시대정신(Zeitgeist)**을 형성했으며, 전환기에 비슷한 방식으로 하나님의 뜻을 분별하고 순종하며 현재와 이 땅에서 믿음을 살아낼 수 있는 기준을 확립하려고 노력했다.

넷째, 아브라함에게 주어진 약속 중 특히 땅에 대한 약속이 상실된 경험과 시간과 공간 속에 약속된 오실 메시아가 나타나지 않자 많은 유대인 집단에서는 이 땅과 시간이 의미의 근원(the source of meaning)이 아닐 수도 있다는 가정이 생겨났다. 이는 일면 우리가 처한 지금과 비슷했다. 많은 학문의 중심에서는 전통이 그 힘과 가치를 상실했다는 두려움과 확신이 있었다. 힐렐과 예수 시대 직전에 가장 뛰어난 작가인 에녹의 저자 그룹은 하나님과 함께했던 놀라운 위격적인 존재인 지혜가 지상에 왔지만 집을 찾지 못해 하늘로 돌아갔다고 확신했다.(에녹전서 42)[69] 이러한 이데올로기적 환경에서 일반 민중은 삶과 전승에서 의미와 신성함을 찾고자 했으며, 암 하아레츠[70] 중 일부는 독실한 종교인이었다. 많은 유대인 집단들, 특히

---

68) 즉, 묵시론적으로 사고하는 과정과 그 사회학적 파급 효과.
69) "지혜는 자기가 거할 곳을 찾을 수 없었다;
　　그러나 하늘에서 (지혜를 위한) 장소가 발견되었다.
　　그런 다음 지혜는 사람들의 자녀들과 함께 살기 위해 나갔다.
　　그러나 지혜는 거처를 찾지 못했다.
　　(그래서) 지혜는 자기 자리로 돌아와 천사들 사이에 영원히 정착했다."
　　　－에녹전서 42: 1-2; Issac in OTP 1.33
70) (역주) Am ha'aretz는 문자적으로는 "땅의 사람들"이란 뜻이나 당시 이들은 "율법도 모르는 무식한 자들"로 천시받았다.

에세네파, 사두개파, 샴마이 학파와는 달리 힐렐과 예수는 소외된 사람들을 포용하는 메시지를 전한 것으로 보인다.

힐렐과 예수가 당대에 어떻게 부합했는지, 그리고 그들이 전환기가 표준화 시대가 되도록 어떻게 도왔는지는 명확하게 인식되거나 설명되지 않았다. 힐렐과 예수는 중요한 전환기에 살았다.[71] 이들은 문자나 본문을 표준화하는 데 도움을 주지는 않았고, 어떤 책을 정경에 포함하거나 제외할지 결정하지도 않았고 유대 예전의 형성에 도움이 되지 않았을 것은 분명하다. 그러나 힐렐과 예수 모두 에세네파 같은 종파 운동으로 인한 분열을 확고하게 반대했을 것이다. 두 사람 모두 동료 유대인들에게 공동체에 대한 충성심을 유지하라고 촉구했으며, 평화와 사랑을 주창하며 열광주의자들의 세력이 커지는 것에 저항했으며 또한 예루살렘의 제사장 귀족들의 경직성과 무감각함에 맞서 투쟁했다.[72] 힐렐과 예수의 말 중 어느 것이 진짜인지 분별하기는 어렵지만, 각각의 전승에서 유래한 광범위한 전승 집단은 그러한 일반화를 지지하는 경향이 있다. 어쨌든 힐렐과 예수의 추종자들은 그들의 스승이 그러한 관점을 가르치고 심어주었다는 것을 분명하게 이해했다.

힐렐은 전환기가 표준화 시대가 되도록 어떻게 도왔을까? 아직 명확하지는 않지만 몇 가지 성찰이 필요하다. 힐렐은 토라를 해석하는 정해진 방법을 강조하여 주해의 규범(표준 방법)을 준수할 수 있도록 했다.[73] S. 리버만(Lieberman)과 노이스너가 지적한 것처럼 힐렐에게서 유래한 다음의 일곱 개의 미닷[74]과 같은

---

71) 예컨대, N. N. Glatzer의 책 제목인 *Hillel the Elder: The Emergence of Classical Judaism*, revised edition (New York, 1956, 1966)을 보라.

72) A. Geiger, "Hillel's Kampf gegen das Priesterthum" in *Sadducäer* (Breslau, 1863), 36-48 그리고 E.P. Sanders, *Jesus and Judaism* (Philadelphia, 1985)을 보라.

73) J. Jeremias는 바울이 힐렐의 middot를 사용했다고 주장했다; Jeremias "Paulus als Hillelit" in *Neotestamentica et Semitica* (Edinburgh, 1974) 88-94. F. Manns는 요한복음의 저자가 미도트를 사용했다고 제시한다; Manns, "Exégèse rabbinique et exégèse johannique", *Revue biblique* 92 (1985) 525-38. Manns는 middot이 고대이며 힐렐과 올바르게 연결되어 있다고 확신한다.(527-28)

74) (역주) middot은 유대교 해석학 또는 성경 해석에서 새로운 상황의 긴급성에 맞게 성경 단어나 구절의 의미를 설명하는 데 사용되는 방법 또는 원칙이다.

것들은, 힐렐이 창조한 것이 아니라 물려받은 것일 수도 있다[75]: 포르티오리[76](קל וחומר), 유추(שוה גזרה), 한 구절에서 연역(אב בנין מב תוב אחד), 두 구절에서 연역(בנין אב משני כתובים), 개별에서 일반으로 연역(כלל ופרט וכלל ופרט), 다른 구절과의 일관성 (כיוצא בו במקום אחר), 문맥에서 연역[77].

사해 두루마리에서 볼 수 있듯이 **케네셋 회당**[78]과 **미드라쉬 공부방**[79]의 규범적 해석을 따를 것을 공식화한 것은 토라의 의미를 안정시키고 종파적 해석학의 원심력으로부터 공동체를 보호했다.[80]

힐렐 학파에 따르면 힐렐은 채무자와 재권자 모두를 보호하는 **프로스불**[81]을 개발했다.[82] 프로스불은 네로 2년의 와디 무라바아트[83]에서 발견된 문서로 보아 기원

---

75) S. Lieberman, *Hellenism in Jewish Palestine* (New York, 1950) 53-54; Neusner, *Rabbinic Traditions*, part 1, 241. middot에 대한 텍스트, 번역 및 주석은 D. I. Brewer, *Techniques and Assumptions in Jewish Exegesis Before 70 CE* (TSAJ 30; T bingen, 1992) 17-23을 보라.

76) (역주) a fortiori는 이전에 받아들여진 결론보다 더 강력한 증거가 있는 결론을 표현하는 데 사용된다.

77) t.San 7:11; ed. *Suckermandel*, 427, lines 4-8과 ARN ch. 37, Goldin 번역, 154을 보라. Neusner, *Rabbinic Tradition*, part 1, 240-42, 174-75과 G. Vermes, et al., *The History of the Jewish People in the Age of Jesus Christ* (175 B.C.-A.D. 135), by Emil Schurer (Edinburgh, 1979) vol. 2, 343-44을 보라.

78) (역주) Bet Kennesset 또는 Bet Kennesset은 유대인 공동체의 기도와 공부의 장소인 회당으로 유대인 공동체 생활의 핵심적인 부분이자 토라가 유대인에게 주어졌던 시내 산에서의 경험을 이어받은 것으로 여겨진다. 이곳은 유대인 공동체가 기도와 공부를 통해 하나님과 연결되고 하나님과의 관계를 선포하는 장소다.

79) (역주) 미드라쉬(שרדמ)는 토라 말씀의 의미를 파헤쳐 종교적 질문(실제적, 신학적)에 대한 답을 찾는 해석 행위이다. 미드라쉬 공부방은 토라 및 기타 종교 서적을 공부하는 장소로, 흔히 '공부방'으로 번역된다.

80) "Hermeneutical Systems of Hillel and the Tannaim: A Fresh Look," *HUCA* 53 (1982) 101-35에서 S. Towner의 관찰을 보라.

81) (역주) Prosbul 유대교의 법적 절차로, 안식년 기간동안 채권자가 채무를 변제하는 대신 법원에 채권을 이전할 수 있도록 허용하는 제도이다. 이 절차는 긴급하게 재정적 지원이 필요한 사람들이 안식년이 끝나면 법적으로 채무가 취소될 것을 걱정하지 않고 대출 기관을 이용할 수 있도록 돕기 위한 것이었다. 프로스불은 법을 우회한다는 비판을 받았지만, 긴급한 재정적 도움이 필요한 사람들에게 혜택을 주기 위해 유지되었다.

82) m.Sheb 10.3; Sifre Deut 113, ed. Friedman, 97b-98a. *The Sages: Their Concepts and Beliefs*, I. Abraham 번역 (Jerusalem, 1979) vol. 1, 580에서 E. E. Urbach의 논평과 R. Goldenberg, "Hillel/Hillelschule (*Schammaj/Schammajschule*)", *Theologische Realkenzyklopadie* 15 (1986) 326-30 특히 327을 보라. 매우 중요한 것은 J. Neusner, 〈Hillel〉, 1권, 212-302에서 인용한 본문과 비판적 논평이다; 특히 217-20, 262-62을 참조하라. Neuser는 두 개의 이야기가 합쳐졌을 가능성이 있음을 보여준다. 힐렐이 prosbul을 제정한 역사적 상황을 재구성하는 것은 불가능하지만 prosbul을 제정한 사람은 힐렐이 아니라 다른 사람이었을 가능성이 남아있다. 나는 힐렐이 prosbul을 제정했다는 사실을 확실하게 기억하고 있으며, 그 후 이 역사적 핵심에 다른 것들이 추가되었다고 확신한다.

83) (역주) Nahal Darga라고도 알려진 와디 Murabba'at는 베들레헴 동쪽 유대 사막에서 헤로데움을 지나 웨스트뱅크의 키르벳 쿰란에서 남쪽으로 18km 떨어진 사해까지 흐르는 계절에 따라 흐르는 계곡이다.

후 56년 이전의 것이다.[84] 이 법은 유대인들이 하나님의 약속으로 받은 땅을 로마와 헤롯에게 빼앗기고 있었기에 표준화 과정의 하나로 필요했다. 70년 이전의 팔레스타인 유대인들이 로마인과 헤롯을 죄 많은 지주이자 억압적인 통치자로 여겼던 이유를 쉽게 상상할 수 있다.[85] 예수의 비유는 유대인 소작인들이 직면했던 위협을 분명히 드러냈다.[86] **프로스불**은 주로 실질적인 해결책이 없는 소규모 지주와 사업가를 돕기 위해 고안되었다.[87]

힐렐이 일부 유대인들에게는 견디기 힘들었던 토라의 요구를 자유롭고 관대하게 해석하고 비유대인에 대한 현명한 태도를 길러주는 프로그램을 개발했다는 점이 가장 중요하다.[88] 이로 인해 경계 내부인들, 즉 종교적인 유대인들에게는 하나님의 말씀을 듣고 그 말씀에 짓밟히지 않는 것이 가능했고, 외부인들, 즉 이방인들에게는 삶이 덜 불안정하고 미래를 덜 위험하게 만드는 존중과 신앙의 자유(toleration)를 가지고 사는 것이 가능했다.

바로 이 지점에서 예수는 힐렐과 어깨를 나란히 했다. 두 사람 모두 유대 귀족의 정화와 수용을 위한 규칙 강화와 점령군인 로마 군대의 수탈과 과도한 세금을 통한 노예화라는 저주에 저항했을 가능성이 크다. 힐렐과 비슷한 맥락에서 예수는 토라는 부담이 아니라 기쁨이며 안식일과 같은 규칙은 인간이 인간을 위해 만든 것이 아니라 (하나님이) 인간을 위해 만든 것이라고 가르쳤다.[89] 힐렐과 예수는 로마에 대한 반란과 전쟁에 대해 경고했을 가능성이 크다. 전해지는 바에 의하면 예수는 칼로 사는 자는 칼로 죽는다고 가르쳤다.[90] 예수는 토라가 해석되는 방식과 과도하고 특이한 해석으로 사람들이 혼란스러워하는 방식에 주목하고, 토라가 신학

---

84) DJD 2, 100-104을 보라.
85) 예컨대, 예녹전서 1-37에서 발견된 그들에 대한 의견을 참조하라.
86) *Jesus Within Judaism*, 131-64에서 나의 논의와 참고 문헌을 보라.
87) Sanders는 prosbul이 "소규모 토지 소유자나 사업가를 돕는데 목적이 있다."고 정확하게 말한다. (*Judaism: Practice & Belief 63 B.C.E.-66 C.E.* [London, Philadelphia, 1992], 427)
88) 여기서 나는 토라의 기초가 무엇인가라는 질문에 대한 샴마이와 힐렐의 추정적 태도 사이의 대조에 관해 말하려 한다.
89) 특히 j.Pess. 6장과 막 2:27을 보라.
90) "칼을 잡는 자는 칼로 망한다."는 말은 마 26:52에서만 발견되지만, 다른 구절들에서 발견되는 예수의 의도를 전달하는 것으로 보인다.(참조: 요 18:11, 눅 1:79, 행 10:36, 롬 14:17-19, 고전 7:15)

적, 종말론적 주석을 통해 그 의미를 드러내는 살아있는 텍스트임을 확언했다.

주요 유사점

집중 비교를 통해 유익한 결과를 얻을 수 있을 만큼 충분하게 힐렐과 예수는 유사하다. 그 유익한 결과를 얻은 다음 두 사람이 공유한 것으로 보이는 주요 유사점에 초점을 맞춰 계속 살펴보자.

힐렐과 예수의 추종자들은 토라를 간결하게 요약할 수 있는 전승을 보존했다. 힐렐은 한 개종자에게 이렇게 말했다고 한다. "네게 싫은(hateful) 것은 네 이웃에게도 하지 말라, 이것이 바로 토라의 모든 것이다. 나머지는 해석이다. 가서 공부하라."[91] 예수는 표면적으로는 처음 두 계명을 인용하여 토라를 요약했으며, 소위 황금률도 긍정적인 형식("do"-역자주)으로 가르쳤을 것이다.[92] 예수가 힐렐로부터 이 금언을 물려받았을 가능성은 거의 없지만 상상은 가능하지 않은가. 이 유명한 지혜는 유대인 이전에도 있었고, 비유대 문화권에서도 발견되며, 아히카르의 이야기[93]를[94] 통해 유대교로 들어왔을 가능성이 있으며, 토빗서[95] 4:15의 저자는 부정적인 형식("do not"-역자주)으로 이 금언을 얻었을 가능성이 크다. 필로와 바울은 힐렐이 인용한 부정적인 형식으로 알고 있었을 가능성이 크다. 이는 유대 위경에 기록되어 있으며, 특히 필로의 위경 11:12에는 "주"로 잘못 표기되어 있고 시리

---

91) j. Shabb 31a. 이 서사적 격언은 초기 자료에는 나타나지 않으므로 (m.Ab 2와 대조하면) 역사적으로 정확한지는 확실하지 않다. E. P. Sanders는 "우리는 그것을 확신으로 그에게 돌릴 수 없다."라고 올바르게 말한다. Sanders, *Judaism*, 258.

92) 마 7:12, 눅 6:31.

93) Ahikar 8:88[Arm.].

94) (역주) Ahikar의 이야기는 기원전 5세기 이집트 엘레판틴의 파피루스에 제국 아람어로 처음 기록되어 중동과 근동 지역에 널리 퍼진 이야기다.

95) (역주) The Book of Tobit는 기원전 3세기 또는 2세기 초의 외경 유대인 작품으로, 하나님이 신자들을 시험하고 기도에 응답하며 언약 공동체 (이스라엘 사람들)을 보호하는 방법을 설명한다.

아 메난데르96 250-51에는 힐렐처럼 부정의 이상한 형식으로 반영되어 있다.97 힐렐의 전기 작가 람프리디우스(Lampridius)에 따르면 알렉산더 세베루스(Alexander Severus) 로마 황제조차도 **"자신에게 원하지 않는 것은 남에게도 하지 말라"**고 말했다.98 소위 황금률이라고 불리는 이 금언은 인류 보편적 학습의 일부이지 유대인이나 기독교인만의 특이한 것은 아니다.99

힐렐과 예수 모두 로마의 혹독한 점령기에 제자들을 모아 고대 팔레스타인에서 살았다. 둘 다 예루살렘에서 가르쳤고, 일반 대중의 언어를 구사한 것으로 유명하다.100 힐렐과 예수 모두 하나님을 경외하고 타인에 대한 사랑을 전파한 하시드로101 묘사할 수 있을 것 같다. 로마가 이 땅에서 하나님 통치의 적으로 인식되었음에도 로마에 대한 공개적인 반란을 원했던 유대인들의 세력이 커지는 것을, 힐렐과 예수는 지지하지 않았다. 또 이들은 예루살렘의 성직자 귀족들과 타협은 상상할 수 없다고 생각하는 부유한 사두개파 사람들과도 심각한 충돌을 겪었을 것이다.

1세기의 두 위대한 저술가인 필로와 요세푸스와 달리 힐렐과 예수는 유대 전승과 유대 신앙의 순수성에 훨씬 더 헌신적이었다. 힐렐과 예수와 관련된 전승의 힘은 두 사람 모두 글로 기록된 하나님의 뜻인 토라를 해석하는 유대인의 방법을 찾으려 했다는 것을 나타낸다. 필로와 요세푸스는 유대교를 헬레니즘 문화의 현실에 적응시키려고 노력했다면 예수와 힐렐은 유대교를 개혁하고 현대의 필요와 위기에 비추어 내면의 천재성을 다시 설명하려고 노력했다. 필로와 요세푸스는 유대교

---

96) (역주) Syriac Menander는 메난데르라는 현자의 문장 모음으로, 대영도서관에 7세기 필사본으로 보존되어 있다. 이 문장에는 격언, 도덕적 조언, 호머와 그의 친구들 간의 대화가 포함되어 있으며, 상류층 남성에게 보내는 편지 형식으로 되어 있다.

97) Philo, *Hypothetica* 7. Sanders는 롬 13:10이 "바울은 그 말의 부정적인 형태를 알고 있었고 그것이 유용하다는 것을 알았다."라는 것을 나타낸다고 주장한다. *Judaism*, 258.

98) 나는 OTP 2.587-88에 실린 T. Baarda의 학식과 통찰에 빚을 지고 있다.

99) P. Alexander도 다음 장에서 비슷한 생각을 공유한다.

100) j.Yev 15:3; j.Ket 4:8; 특히 Neusner, *Rabbinic Traditions*, 제1부, 251을 참조하라. 마가복음 4장에 관한 연구에 따르면 우화적 꾸밈은 예수 전승에 대한 편집의 전형이다. 예수가 분명한 그림 언어로 말했다는 것은 널리 받아들여지고 있으며, 나는 예수가 다른 사람들에 대한 자신의 감정 때문에 의사소통을 위해 그렇게 했다고 확신한다.

101) (역주) hasid는 기원전 2세기 헬레니즘 문화정책에 반대하고 완전한 헌신과 엄격한 종교 생활을 주장한 하시딤에 속한 자를 말한다.

와 비유대 세계 사이의 경계를 허물었다. 힐렐과 예수는 필로나 요세푸스보다 훨씬 더 이스라엘에 헌신했으며,[102] 두 사람 모두 토라와 구전 전승을 해석하는 데 주력했다.

사해 두루마리가 전 세계 대중의 의식 속에 다시 등장했다. 여러 방면에서 우주 시대의 미래 탐험에서 과거, 특히 힐렐과 예수의 시대에 관한 관심으로 관심이 옮겨가고 있다. 사해 두루마리가 힐렐과 예수를 이해하는 데 어떤 도움을 주었는지 간략히 언급하는 것이 도움이 될 것이다.[103]

사해 두루마리의 가장 중요한 공헌은 우리에게 당시의 실제 문서를 제공한 것이다. 사해 두루마리, 요세푸스, 신약성경, 그리고 모든 랍비 문헌을 연구할 때, 우리는 거의 늘 다른 시대의 관심사에 따라 크게 편집되고 형성된 후대의 문서를 접할 수밖에 없었다. 사해 두루마리는 힐렐과 예수 시대 유대인들의 강력한 종말론적 그리고 묵시론적 관심사를 분명하게 드러낸다.

토라의 더 많은 교훈(4QMMT)[104]은 미쉬나에서와 같이 소위 할라코트[105]에 대한 관심이 힐렐 시대보다 약 1세기 정도 앞선다는 것을 보여준다. 힐렐이 유대교의 이러한 주요 차원을 창조한 것은 분명 아니다.[106]

미공개 쿰란 문서 4Q521에는[107] "그의(또는 하나님의) 메시아"라는 단어가 분명히 포함되어 있다. 이 행(line)은 복원되어야 하지만 "하늘과 땅이 그의 메시아에게 복종할 것"이라고 명시되어 있는 것으로 보인다. 히브리어 사본은 힐렐이 태어날 무렵에 작성된 것으로 보인다. 당연히 기독교인뿐만 아니라 유대인 및 다른 사

---

102) 나는 힐렐과 예수가 팔레스타인에 살았고 머물렀다는 사실에 이 주장의 근거를 두고자 한다. Philo는 예루살렘을 한 번 이상 순례하기는 했지만, 알렉산드리아에 머물기로 했다. 요세푸스는 성전을 파괴한 사람들과 함께 그 땅을 떠나 로마에 거주했다.

103) Lichtenberger의 장(chapter)에서 더 많은 내용을 확인하라.

104) (역주) MMT 또는 할라카어 편지라고도 알려진 4QMMT는 유대 사막 쿰란에서 발견된 사해 두루마리의 일부였던 필사본에서 재구성한 텍스트다.

105) (역주) halachot는 랍비들이 토라를 해석한 것(미드라쉬)를 바탕으로 만든 규칙들이다.

106) T. Herford는 "아마도 힐렐, 그러나 더 가능성이 큰 아키바가 halachoth의 분류를 처음으로 시도했을 것"이라고 제시했다. Herford, *The Pharisees* (Boston, 1924, 1952, 1962), 84. 4QMMT에 대해서는 E. Qimron과 J. Strugnell, eds., 쿰란 동굴 4 V: Miqsat Ma' ase HaTorah (DJD 10; Oxford, 1994)를 보라.

107) (역주) 4Q521 또는 메시아 묵시록(the Messianic Apocalypse)은 쿰란 근처의 4번 동굴에서 발견된 사해 두루마리 중 하나다.

람들도 힐렐과 예수 시대의 메시아에 대한 추측에 관심을 가지게 되었다.[108] 랍비 자료에 따르면 힐렐은 메시아에 대한 유대인의 추측을 논의하거나 언급하지 않았다. 정경 신약성경 어디에도 예수가 메시아에 대해 언급하거나, 토론하거나, 질문에 답한 구절은 없다. 힐렐은 자신을 메시아라고 생각하지 않은 것은 분명하나 예수는 메시아적 자기 이해를 하고 있었을 가능성은 있다.[109] 그런데도 힐렐이나 예수의 가르침이 메시아론에 의해 정의되지 않았다는 점을 강조해야 한다.[110] 힐렐이 일부 동시대인들의 메시아론에 대한 집착을 피했다는 랍비 전문가들의 결론이 옳고,[111] 예수를 메시아라고[112] 고백한 베드로를 예수가 훈계했다는 학자들의 결론이 옳다면, 힐렐과 어쩌면 예수도 하나님만이 메시아가 누구인지 밝히실 것이라고 결론을 내렸을 것이 분명하다.[113]

사해 두루마리가 에세네파의 한 집단의 작품임은 분명한 것 같다. 에세네파는 단일 집단이 아니었고, 그중 쿰란 에세네파는 가장 엄격했을 것이다. 쿰란 에세네파는 기원후 68년에 북쪽에서 다가오는 로마 군대를 피해 사해 서쪽의 동굴에 고대 유대교 도서관을 보관했을 것으로 추정된다. 금세기 초 뵈처(Böcher)는 힐렐이 에세네파가 아니라는 것을 보여주기 위해 노력했다.[114] 사해 두루마리가 발견된 직후 저명한 학자 나훔 N. 글라처(Nahum Glatzer)는, 힐렐이 쿰란 에세네파의 가르침 중

---

108) 특히 J. J. Collins, *The Scepter and the Star: The Messiahs of the Dead Sea Scrolls and Other Ancient Literature* (AB; New York, 1995)을 보라.

109) *Jesus Within Judaism*의 결론 장에서 필자의 의견을 참고하라. 또한 Flusser가 예수가 메시아라고 주장했다는 결론을 명확하게 설명하는 장(chapter)도 보라.

110) N. Glatzer는 힐렐의 가르침에서 "메시아주의의 자리는 장차 올 세상의 삶이라는 개념이 차지한다."(244)고 제시했다. N. Glatzer, "Hillel the Elder in the Light of the Dead Sea Scrolls," in *The Scrolls and the New Testament*, 232-44을 보라.

111) Megillah 3a와 N. N. Glatzer, "Messianism," in *Hillel the Elder*, 69-71을 보라.

112) R. H. Fuller의 현명한 통찰은 "Foundations of New Testament Christology", (New York, 1965)을 보라.

113) 역사학의 한계를 넘어서서, 나는 그리스도인들이 하나님에 의한 예수의 부활이 그의 유일성을 증명하고 예수가 하나님의 기름 부음을 받았다고 주장한다는 점을 신학적으로 덧붙여야 한다. 하나님에 의한 예수 부활이 예수가 메시아이고 (였다)는 것을 드러내는 것은 논리적으로 그렇게 따르지 않을 수 있다. 이 제목은 유대교 가르침의 역사에서 가장 불투명한 제목 중 하나다. 요한복음의 저자에 따르면 도마는 예수가 메시아라는 사실을 인정하지 않고 "나의 주님, 나의 하나님"(요 20:28)이라고 고백했다. 그러나 요한복음 저자는 예수가 오랫동안 기다려온 메시아라고 확실히 믿었기에(특히 요 4:25-26 참조), 이 구절로 인해 복잡성은 거의 제거되지 않았다.

114) Bocher, *Types of Jewish-Palestinian Piety*, 34, 39.

일부를 채택했을 가능성이 있고, 에세네파의 종파적 배타성과 인간을 악인과 의인이라는 두 절대적인 집단으로 분리하는 것에 반대하는 자신의 가르침 중 일부를 힐렐이 직접 지시했다고 주장했다.[115] 성직자 탈무드 학자 E. E. 우르바흐(Urbach)의 주장에 따르면 힐렐이 쿰란 종파에 대해 가혹한 비판을 지시했다.[116]

힐렐이나 예수는 에세네파가 아니었음이 분명하고 영향을 강하게 받지도 않았다.[117] 그러나 필로와 요세푸스의 보고를 신뢰할 수 있다면, 내 생각엔 힐렐과 예수가 에세네파에 맞섰을 가능성이 있고, 그 가능성이 크다. 힐렐과 예수는 초기 유대교에서 지배적이었던 자유의지 개념을 받아들였을 것이고, M. 브로시(Broshi)가 지적했듯이 에세네파 특유의 가르침인 예정론에 동의하지 않았을 것이다.[118] 에세네파와는 달리 힐렐과 예수는 일반 유대인에 대해 큰 관심을 보이며 존중했다. 두 사람 모두 에세네파의 종파주의, 우월적 태도, 빛의 아들인 에세네파가 아니면 모든 사람을 미워하라는 권고를 혐오했다. 안식일에 대한 가르침은 다른 토라의 가르침을 배제하고 해치는 에세네파의 거룩한 날 격상과는 대조적이었다.[119] 의의 교사만이 토라의 의미를 설명하는 계시를 하나님으로부터 받았다는 주장을, 힐렐과 예수는 거부했을 것이다. 힐렐과 예수는 정해진[120] 절기 동안 성전에서 예배를 드렸기에 둘 다 에세네파의 태양력에 반대했을 것이다. 또한 예수뿐만 아니라 힐렐도 에세네파와 예루살렘의 지배 성직자 귀족들이 강조하는 극단적인 순결 요구에 저항했을 것이라 나는 확신한다.

---

115) *The Scrolls and the New Testament and in Hillel the Elder*의 Glazer, 특히 31–33을 보라.
116) Urbach, *Sages*, vol. 1, 585.
117) Charlesworth가 편집한 *Jesus and the Dead Sea Scrolls*의 기고문을 참조하라.
118) M. Broshi의 "종파를 구분하는 가장 중요한 신학적 개념이 '예정'이다."는 주장에 나도 동의한다. (M. Sekine, *The Dead Sea Scrolls*, 〈Tokyo, 1979, 16.〉)
119) 1QpHab 7.
120) (역주) 유대력(Jewish Calendar)에 따른…,

주요 차이점

이러한 성찰은 힐렐과 예수 사이의 차이점을 드러낸다. 힐렐은 바벨로니아 출신이었을 것이고, 예수는 팔레스타인 출신이었다. 힐렐은 쉐마이어와 아브탈리온의 문하에서 공부했다.[121] 예수가 현자 밑에서 공부했다는 초기 전승은 없지만, 그 전승은 (아마도 의도적으로) 사라졌을 수 있다. 힐렐은 가난하게 시작했고, 예수는 자신의 경력의 어느 한 단계에서 힘든 상황(비천한 조건)을 견뎌냈었을 것이다. 힐렐은 40년 동안 나시(Nasi, 산헤드린의 수장)[122]로 선출되었다는 거짓 보도가 나올 정도로 존경받았지만,[123] 예수는 점령군인 로마군에 의해 십자가에 처형당했다. 힐렐은 결혼했고 그의 후손들은 랍비 유대교의 창시자, 즉 행 22:3의 저자에 따르면 예수의 제자 바울이 공부한 그의 손자 가말리엘 1세, 가말리엘 2세, 특히 미쉬나의 편찬자인 왕자 유다 랍비로 유명하다.[124] 예수는 결혼하지 않았고 후손이 없었지만, 그의 친척 일부는 70년 이후 예루살렘과 그 주변에서 중요한 역할을 한 것으로 보인다.[125] 힐렐은 랍비 유대교 설립과 관련이 분명하고 그가 해석한 율법 중 일부를 가르쳤다. 예수는 랍비 유대교 설립과 갈등을 겪었으며 그의 죽음은 예루살렘을 중심으로 하여 서쪽 언덕의 궁전 저택에 사는 일부 성직자 귀족들에 대한 공격과 관련이 있을 수 있다.

힐렐과 예수는 레 19장에 나오는 이웃을 자기 자신처럼 사랑하라는 계명을 강조했지만, 예수만이 원수를 포함한 모든 사람을 포함하도록 확장했다.(마 5:44) 예수만이 로마와의 군사적 충돌의 위험에 대해 분명하게 경고한 것으로 알려져 있다. 예루살렘의 멸망에 대한 예수의 경고와 예언은 막 13장의 심하게 편집된 구절 뒤에 숨어 있을 것이다.

---

121) 이 전승은 랍비학에서 다른, 대개 훨씬 후대의 전승을 위한 공식과 중심으로 전승된다. 힐렐이 바빌론 출신이라는 것은 의심할 이유가 없으며, 대부분의 전문가들이 이 결론을 지지한다.

122) (역주) Nasi는 성경 히브리어로 "왕자", 미쉬나 히브리어로 "산헤드린의 왕자"라는 호칭이다.

123) 예컨대, Hyman, *Toldoth*, vol. 1, 362을 보라.

124) *Rabbinic Traditions*, part 1, 294에서 Neusner의 주의 사항을 보라.

125) R. J. Bauckham, *Jude and the Relatives of Jesus in the Early Church* (Edinburgh, 1990)을 보라.

힐렐과 예수가 토라에 접근하는 방식은 달랐다. 힐렐은 할라카(일상생활에 필요한 율법)126에 관심이 가장 많았지만, 예수는 하가다(haggadah, 이야기와 비유)에 관심이 많았던 것 같다. 힐렐은 행동 규칙을 제정하는 데 중점을 두었고, 예수는 묵시론적이며 종말론적 사고에 비추어 해석된 예언자들에 초점을 맞춘 것으로 유명하다.

힐렐과 예수가 했을 것으로 여겨지는 말의 형태도 뚜렷하다. 대부분의 신약 전문가들의 결론은 예수가 비유로 말했으며, 그 비유에서 예수의 고유하나 독특하지 않은 스타일과 메시지가 발견된다는 것이다. 힐렐의 비유는 유명하지 않았으며, 초기 탄나이틱 랍비127들이 비유로 유명하다는 점에 비추어 중요한 의미가 있다. 그중 주목할 만한 인물로는 장로 가말리엘, 랍비 요하난 벤 자카이(Yohanan ben Zakkai, 8개의 비유), 랍비 핀하스(Pinhas), 랍비 하니나 벤 가말리엘(Hanina ben Gamaliel), 랍비 엘르아살 벤 아자랴(Eleazar ben Azariah), 랍비 엘르아살 벤 아락(R. Eleazar ben Arak), 랍비 요세 제사장, 랍비 가말리엘 2세 (5개의 비유), 랍비 엘르아살 벤 자독, 젊은 랍비 사무엘과 랍비 아키바의 (7개의 비유) 등이다.

힐렐과 예수의 극단적인 차이는 이혼에 대해서다. 샴마이는 이혼에 대해 다소 개방적이었다. 전승을 신뢰할 수 있다면, 힐렐은 훨씬 더 자유로웠다. 아키바는 매우 자유주의적이었다. 마가복음에 따르면 예수는 이혼을 금지했고, 마태복음은 여자가 불충실할 경우 이혼을 허용하는 등 예수의 법을 완화했다. 지난 수십 년 동안 우리는 이혼에 대한 예수의 엄격한 판결에 필적할 만한 것이 없었다. 사해 두루마리 중 가장 큰 성전 두루마리에서 일부다처제를 금지하고 이혼을 금지하는 내용을 발견할 수 있다. 왕은 물론이고 다른 모든 이들도 아내가 살아 있는 한 다른 아내를 취해서는 안 된다. 따라서 힐렐은 이혼에 대한 유대인의 다수 의견과 일치하

---

126) (역주) halachah는 문서 및 구전 토라에서 파생된 유대 종교 율법의 집합체이다. 할라카는 성경의 계명(미츠봇), 탈무드와 랍비 율법, 슐찬 아루흐와 같은 여러 책에 정리된 관습과 전승에 기초하고 있다. 흔히 "유대인의 율법"으로 번역되지만, 더 문자 그대로 번역하면 "행동하는 방식" 또는 "걷는 방식"이 될 수 있다.

127) (역주) Tannaitic Rabbis는 예루살렘 성전이 파괴되기 직전과 그 후 1세기 반 동안 살았던 랍비 전승의 현자들을 말한다.

며, 1세기에 예수 학파 중 하나, 특히 마태 학파에서 대표되는 예수는 매우 엄격하며 성전 두루마리에 보존된 가르침과 비슷하기까지 하다.

랍비들은 그의 세대에 성령을 받을 자격이 있는 사람이 있다면 바로 자신이라고 주장했다. 그러나 전승에 대한 비판적 연대 측정에 따르면 힐렐의 집128과는 대조적으로 힐렐은 성령에 대해 가르치지도 성령을 받지도 않았던 것으로 보인다.129 이 후자의 랍비적 진술은 논쟁을 일으킨 사회적 배경을 설명할 능력이 없는 전문가들을 혼란에 빠트렸던 것 같다.130 이는 1세기 후반에 예수를 따르는 사람들의 주장에 대한 힐렐가의 반응일 수 있다. 힐렐이 당대에 성령을 받을 자격이 있는 유일한 사람이라고 말하는 것은 결국 힐렐 세대에 속한 예수가 성령을 받지 않았다는 것을 암시하려는 의도일 수 있다. 이 관찰은 우리를 1세기 초에서 그 말기와 그 이후의 세기, 즉 역사적 힐렐과 예수에서 그의 신화적 힐렐과 예수로 인도한다.

힐렐과 예수의 가장 큰 차이는 무엇일까? 이 차이가 힐렐과 예수를 구별하는 끝판이다. 힐렐이나 예수 모두 다윗 가문이나 제사장 가문 출신이 아니었고, 합법적인 대제사장으로 선출되지도 않았다. 전승에 따르면 힐렐은 거의 40년 동안 산헤드린의 나시 회장이었다고 하지만, 그 명예로운 최고 지위에 올랐을지는 의문이다.131

힐렐과는 대조적으로, 예수는 제사장 제도권에서 곤경에 처했다. 부유한 제사장 귀족들과 맞섰기 때문일 것이다. 예수는 로마에 대항한 평범한 반역자로 처형되었지만, 예수의 제자들과 예수를 따르는 일부의 여성들은 예수가 구원과 희망의 메시지를 가지고 부활하신 주님으로 다시 나타났다고 주장했다. 역사적 힐렐의 시

---

128) (역주) Beit Hillel, Academy of Hillel
129) 대부분의 힐렐 학자들은 힐렐이 남긴 성령에 관한 말씀이 그의 진심이 아니라고 생각할 것이다. Urbach, *The Sages*, vol.1, 576–77을 보라. 나는 Neusner의 힐렐 격언의 전승에 관한 연구에 영향을 받았다; 특히 *Judaism in the Beginning of Christianity*, 71–76, 특히 76, "이 중 어느 것도 역사적으로 사용할 수 있는 정보를 포함하고 있을 것 같지 않다."라고 참조하라. 나는 이것을 중요하게 여긴다; 특히 Pes 6:1 을 보라.
130) Neusner가 "그러나 나는 누가 힐렐의 이름으로 성령이 이스라엘 위에 있다고 주장하고 싶은지, 또는 그렇게 진술하는 데 어떤 논쟁이 관련되었는지 제시할 수 없다."라고 인정할 때 그것을 언급하고 있는 것 같다. *Judaism in the Beginning of Christianity*, 75.
131) Vermes도 힐렐이 Nasi가 되지 않았다고 확신한다; *History*, vol. 2, 364, 68.

신은 제자들에 둘러싸여 침대에서 나오지만,132 예수는 십자가에서 죽고 제자들은 나중에 빈 무덤을 마주하게 된다. 이것이 힐렐과 큰 차이다.

이 대조에서 우리는 힐렐의 추종자들과 예수의 추종자들 사이에 발생한 틈새의 주원인을 찾을 수 있다. 힐렐은 인간으로 기억되었고 신성한 인물로 환영받지 못했다.133 J. 페투초프스키(Petuchowski)의 주장을 지지할 수 있다면 힐렐은 유월절 하가다의 초기 축하 행사에서 기념되었을 수 있다.134 고전 11장에 나오듯 예수는 1세기 동안 유월절과 성찬식을 기념하면서 확실히 기억되었을 것이다.

힐렐과 예수의 추종자들은, 예수가 국가를 이기지 못했고, 장차 오실 분이 수행해야 할 어떤 일도 성취하지 못했으며, 이방인들, 특히 유대인들에게 멸시받고 영적으로 둔감한 로마 점령군이 세계의 중심인 예루살렘에 버젓이 주둔 중에 예수가 하나님에 의해 부활했다는 주장은 터무니없음을 알고 있었다.135 결국 힐렐을 따르는 일부 추종자들은 유대교 예전에 기독교인인 노쯔림136에 대한 저주를 포함했다. 그 결과 노쯔림은 회당에서 추방당하게 된다. 힐렐과 예수가 살았던 세기의 말기에는 후대의 힐렐 학파가 등장하여 예수의 동정녀 탄생은 마리아에게 애인이 있었다고 지적함으로써 설명되어야 한다고 주장하지만, 기독교인들은 예수가 하나님과 같다고 주장하면서 일부 제사장 귀족뿐만 아니라 "유대인"을 신성모독죄로 기소하게 된다. 이로 인해 문제는 더 악화하였다. 이 역사는 너무 잘 알려져 반복할 가치가 없다.

중요한 것은 힐렐 학파와 기독교인들 사이의 분쟁이 힐렐과 예수 사이의 적대감에서 비롯된 것이 아님을 이해하는 것이다. 힐렐과 예수는 여러 면에서 서로를 존

---

132) Glatzer의 기록은 놀랍도록 간략하고 사실과 허구가 섞여 있다; Glatzer, "Hillel's Death and the Rise of Johanan ben Zakkai," *Hillel the Elder*, 83-84.

133) A. Geiger에 의하면, "힐렐은 또한 많은 전설의 주제가 될 수 있지만, 그것은 전적으로 그의 본성과 일치하며, 그에 대해 기적적인 일이 보고되지 않았다. 힐렐은 여전히 사람, 건강하고 완전한 사람, 그것이 그가 되어야 할 전부이며, 따라서 그는 더 위대하다." *Judenthum und seine Geschichte*, 100.

134) J. Petuchowski, "이것을 행하여 나를 기념하라.(고전 11:24)", *JBL* 76 (1957), 293-98.

135) 메시아의 개념에 대해서는 시편 17편과 18편을, 예루살렘이 세계의 중심이라는 생각은 다른 본문 중에서 Jub를 참고한다.

136) (역주) Notzrim은 초대교회 시대에 유대인 기독교인(나사렛 기독교인)들을 칭하는 히브리어다.

경하고 토론을 즐겼을 것이라고 결론을 내릴 수 있는 충분한 이유가 있다. 힐렐은 예수의 카리스마와 강한 묵시론적이며 종말론적 설교에 불쾌감을 느꼈을 것이다. 예수는 환상을 보지 못하고 종말이 빠르게 다가오고 있음을 깨닫지 못한 힐렐을 꾸짖었을 것이다. 요약하자면, 힐렐의 가르침과 예수의 가르침을 구분하는 것은 종말론과 묵시론일 것이다.

결론

힐렐과 예수에 대한 역사적이고 명백한 개관은 이 책의 저자들이 대표하는 문화에 어떻게 이바지해야 할까? 우리는 모두 서구문화의 높은 가치가 한동안 침식됐다는 사실을 쉽게 인정한다. 시인과 위대한 사상가들은 이제는 유토피아에 대한 작품을 내놓지 않고, 마약에 취한 노숙자와 열광적인 하시딤만이 꿈에 관해 이야기할 뿐, 우리는 더 나은 미래에 관한 이야기는 거의 듣지 못한다. 다원주의 세계는 힐렐과 예수의 유익한 가르침인 **셰마**137에 경청해야 한다. 몇 가지를 예로 들을 수 있다:

힐렐: "내가 나를 위한 것이 아니라면 누가 나를 위한 것인가? 그러나 나 스스로만을 위한 것이라면 나는 무엇일까? 그리고 지금이 아니라면 언제인가?"**138**

예수: "첫째는 이것이니 이스라엘아, 들으라 주 곧 우리 하나님은 유일한 주시라. 네 마음을 다하고 목숨을 다하고 뜻을 다하고 힘을 다하여 주 너의 하나님을 사랑하라 하신 것이요 둘째는 이것이니 네 이웃을 너 자신과 같

---

137) (역주) The Shema, 즉 "셰마 이스라엘(이스라엘아, 들으라)"은 아침과 저녁의 중심이 되는 유대인의 기도 제목이다. 셰마는 모든 이스라엘 백성의 믿음의 선언이다, 셰마는 듣는 것이다. 단지 귀를 열어 청취하는 것이 아니라 순종하여 행한다는 의미의 경청이다.

138) m.Ab 1.14.

이 사랑하라."**139**

힐렐: "토라가 많을수록 삶이 많아지고; 더 많이 공부할수록 더 많은 지혜를 얻고; 더 많은 조언을 들을수록 더 많은 분별력이 생기고; 의가 많을수록 더 많은 평화가 있다."**140**

예수: "내가 율법이나 선지자를 폐하러 온 줄로 생각하지 말라 폐하러 온 것이 아니요 완전하게 하려 함이라."**141**

힐렐: "네가 죽는 날까지 회중을 멀리하고 너 자신을 신뢰하지 말며, 네가 그의 자리에 오기 전에는 네 동료를 판단하지 말라."**142**

예수: "네게 구하는 자에게 주며 네게 꾸고자 하는 자에게 거절하지 말라."**143**

힐렐: "아론의 제자가 되어 평화를 사랑하고 평화를 추구하며, 동족을 사랑하고, 그들을 토라에 가까이 오게 하라."**144**

예수: "화평하게 하는 자는 복이 있나니 그들이 하나님의 아들이라 일컬음을 받을 것임이요."**145**

힐렐: "사람이 좋은 이름을 얻었다면 그는 자신을 위해 (가치 있는 것을) 얻은 것이고, 토라의 말씀을 얻었다면 그는 다가오는 세상에서 생명을 얻은 것이다."**146**

예수: "내 아버지 집에 거할 곳이 많도다."**147**

우리와 같은 사람들이 오래전부터 간직해 온 이 말씀을 들으면 더 많은 사람이 뛰어난 스승이었을 뿐만 아니라 거룩한 사람이었던 힐렐과 예수를 존경하고 심지어

---

139) 막 12:29-31.
140) m.Ab 2.8.
141) 마 5:17.
142) m.Ab 2.5.
143) 마 5:42.
144) m.Ab 1.:12. "동료 피조물"은 br에서 파생된 여성 명사에서 유래되었다.
145) 마 5:9.
146) m.Ab 2.7.
147) 요 14:2.

경외하게 될 것이다.

힐렐과 예수는 오늘날 우리가 많은 희생을 치루어야만 보고 경험할 수 있는 것을 보고 경험하며 장엄한 헤로디아 성전[148]에 들어갔다. 예수는 성전을 극찬하며 사 56:7을 인용하여[149] "만민이 기도하는 집"이라고 불렀다. 둘은 정오의 햇살에 반짝이는 금빛을 보았다. 힐렐과 예수는 향냄새를 맡았고, 희생 제물의 연기가 하늘로 향하는 것을 지켜보았을 것이다.

힐렐과 예수는 같은 찬송가인 다윗의 시편을 불렀다. 그들은 레위인들과 함께 우리 각자에게 친숙한 시편을 "노래"했을 가능성이 크다. 2천 년이나 떨어진 곳에서 그들은 기도하는 방법을 알고 있었음을 우리에게 알려주고, 그들이 경험한 것, 특히 주 우리 하나님이 가까이 계시고 들으시는 것을 경험하라고 촉구한다. 힐렐과 예수는 자신들이 기도하는 법을 아는 사람들 가운데 살았다는 사실을 상기시켜 준다.[150]

---

148) (역주) Herodian Temple. 제2성전이라고도 하며 후에 헤롯의 성전으로 알려졌으며, 기원전 516년에서 기원후 70년 사이에 예루살렘에 재건된 성전이었다.

149) 막 11:17. 우리가 이사야의 인용문을 고집하거나 예수가 직접 한 말들(ipsissima verba Jesu)을 주장해서는 안 되지만 여기의 전승은 믿을 만해 보인다. 요 2:16에서 예수는 성전을 "내 아버지의 집"이라고 불렀다.

150) 힐렐과 예수는 새로운 것을 발명하지 않았으며, 하나님의 백성을 위대하게 만드는 전승을 회복하기 위해 노력했다. Neusner, *Judaism in the Beginning of Christianity*, 667. Charlesworth, *Jesus Within Judaism*, *passim*. Flusser, *Jesus' Jewishness*, 153-76.

2장 _ 힐렐과 예수- 비교는 가능한가?
"예수와 X" 토포스(topos)1와 신학적 의제

A. 고센 고트슈타인

예수-힐렐 질문은 일반적으로 종교의 역사, 특히 기독교의 역사에서 더 광범위한 토포스의 특정 표본으로 간주해야만 한다. "예수와 X 토포스"라는 병치의 궁극적인 목적은 어떤 식으로든 비교되는 두 당사자에 대한 더 나은 이해를 얻기 위함이다. 이 비교는 종교 역사가들이 사용할 수 있는 방법론 중 하나를 사용하여 수행되어야 이상적이다. 신학은 이러한 연구를 지배하는 요소 중 하나가 되어서는 안되며, 비교의 목적은 누가 더 나은지 "증명"한다거나 특이점이 없음을 입증하는 것이 아니라 단순 이해를 위함이다.

두 가지 유형의 "예수와 X" 비교가 가능하다. '예수' 와 '다른 전승과 시대의 종교적 인물' 과의 비교가 가능하다. 이러한 비교들이 실제로 수행됐었다. 예수와 부처를 비교하는 것은 예수와 바알 셈 토브2의 비교와 같은 의미다. 이 비교의 두 대상자는 같은 급(class)이어야 한다. 이 급은 종교의 창시자, 선지자, 교사, 구세주 등이 될 수 있다. 분명한 것은, 이 비교는 예수의 모습을 다루는 관점을 미리 결정한다는 것이다.

"예수와 X" 토포스를 사용하는 또 다른 비교 방법은 역사적 사용이다. 이 경우 우리는 예수의 역사적 배경과 예수에게 끼친 잠재적 영향 등에 관심을 가진다. 역사적 형태의 토포스를 사용한다고 해서 **선험적**으로 급이 같을 필요는 없다. 예수와 다른 인물 사이의 역사적 연관성을 명확히 하기 위해 두 인물이 같은 유형이거나 그들이 하는 일이 비슷한 유형이어야 할 필요도 없다. 예수의 사역을 팔레스타

---

1) (역주) 글쓴이는 예수를 다른 종교적 인물과 비교하는 것을 "예수와 X 토포스"로 규정한다.
2) (역주) 이스라엘 벤 엘르아살 또는 이스로 엘 벤 엘르아살로 알려진 the Baal Shem Tov 또는 "the BeShT"는 유대인 신비주의자이자 치료사였으며 하시디즘 유대교의 창시자로 알려졌다.

인 랍비의 사역과 연관 지어 조사하면 배경과 예수의 사역을 더 잘 이해할 수 있다.

"예수와 X"가 역사적으로 고유성을 갖는 방식이 항상 이 아이디어 설명과 일치하는 것은 아니다. 그 주된 원인은 조사에 동기를 부여하는 신학적 관심 때문인 것 같다. 신학적인 동기를 가진 학자가 수행했을 때, "예수와 X"라는 토포스는 이해를 위해서만 사용되는 것이 아니라 정신적 우월감을 확립하려는 시도에서 비롯되기도 한다.3 이 신학적 목표는 역사적 연관성과 무관하게 달성할 수 있다. 신학자는 모세보다 예수가 더 우월함을 주장하는 데 어려움이 없다. 이 주장은 두 인물 사이의 역사적 관계에 달린 것이 아니라 유형이 어느 정도 유사한가에 달려 있다. 이 비교가 의미가 있으려면 모세와 예수 사이에 어떤 유사점을 찾아야 한다. 그 유사점은 두 사람이 위대한 선지자 또는 종교적 인물이라는 점에 있을 것이다. 예컨대, 예수가 단순한 선지자가 아니라 메시아여서 모세보다 위대하다면, 유사성과 본질적인 차이점이 모두 이 비교에 사용된다. 유사성도 차이도 역사적 관계에 의존할 필요가 없다. 신학은 역사에 의존할 필요가 없다.

그러나 원칙적으로 **역사적** 비교가 신학적인 동기에서 비롯되었으면 오류가 발생할 수 있다. 시대적 배경에 따라 개인을 더 잘 이해하려면 역사를 살펴보아야 한다. 물론 그 사람이 그 시대보다 더 나은 사람이었음을 입증하는 데 역사적 배경을 사용하기도 한다. 이 경우 예수와 얼마나 비슷하든 다르든 상관없이 예수의 배경이 될 수 있는 것은 무엇이든 참고하게 된다.

이 이론적 진술에 대해 우리는 장로 힐렐의 사례에 대한 "예수와 X" 토포스의 적용과 그 가능성을 테스트해야 한다. "예수와 힐렐"이라는 토포스는 한 세기 이상 사용됐다.4 이 토포스의 적용에는 당연히 신학적인 색채가 짙게 깔려 있다. 프란츠 델리취는 토포스를 적용하여 예수가 최고의 랍비들보다 우월하다는 것을 설명했다. 그보다 조금 일찍 아브라함 가이거는 예수는 전혀 새롭지 않다는 분명한 신학적 이득을 염두에 두고 델리취와는 반대 방향으로 토포스를 사용했다.

---

3) X가 특정 인물이 아니라 유대교 전체를 가리킬 때 더욱 그렇다. E. P. Sanders, *Jesus and Judaism* (London, 1985), 1–2; 특히 E. Kasemann과의 암묵적인 차이점에 대해서는 356쪽 주(note) 19를 보라.

4) 이 책에 실린 J. H. Charlesworth와 H. Lichtenberger의 글을 보라.

힐렐과 예수 사이에 일련의 일치를 끌어내려는 찰스워스의 시도 역시 신학적 의제에게서 벗어나 있지 않다.("그리스도"에서 "예수"로의 복귀는 그가 당면한 운동의 신학적 전제 조건이다) 이 주장의 기본은 예수와 힐렐을 같은 기본 범주에 넣는 것이다. 찰스워스가 말했듯이, 힐렐은 단순히 예수의 역사적 배경의 일부가 아니라 본질적으로 비슷한 유형이기에 비교가 의미 있는 것이어야 한다.

공개적으로 언급하지는 않았지만, 찰스워스가 암시하는 것은 힐렐과 예수 사이의 다양한 차이점이 이들을 초기 팔레스타인 교사라는 같은 범주에 넣는 우리의 능력을 훼손하지 않는다는 것이다. 나의 주장은 힐렐과 예수를 같은 범주에 넣기로 한 결정이 학문적, 역사적 평가에만 그치지 않고 신학적인 이해도 반영된 것일 수 있다는 것이다. 이는 수 세기 동안 신학계의 흐름을 뒤집으려는 것일 수도 있다. 이러한 배경에 비추어볼 때 역사적 예수를 바라보는 해석학적 움직임에는 그에 상응하는 신학적 상관관계가 있다.

그렇다고 신학적 파급의 잠재력 때문에 예수에 대한 특정 역사적 견해가 배제되어야 한다는 것은 아니다. 다만 기독교인과 유대인이 함께 모여 "힐렐과 예수"라는 주제를 신학적 배경에 비추어 평가하고 특정 행동이나 선택의 이유를 평가할 때 신학적 배경을 완전히 무시할 수 없다는 뜻이다. 관찰력 있는 유대인으로서, 나는 뒤따르는 움직임과 표현된 입장에 대한 신학적 동기를 검토하지 않을 수 없다.

안타깝게도, 질문을 제기한 나는 명확하게 답할 수 없다. 내가 발표하려는 논문은 반대되는 신학적 이해관계와 꼭 들어맞을 수 있다. 이는 내 자신의 신학적 복잡성을 나타내는 것인지 신학적 의제로부터의 자유를 나타내는 것인지를 나는 모르겠다. 내가 제기한 질문에 대한 답을 제시할 수는 없더라도, 당면한 문제와 함께 고민하는 유대인과 기독교인으로서, 완전히 중립적이고 객관적인 담론에 참여하는 것이 불가능하지는 않지만 어렵다는 것을 인식하는 것이 중요하다.

개인적으로 나는 힐렐과 예수를 같은 범주에 넣는 것에 반대한다. 이는 현상학적 이유뿐만 아니라 랍비 사회의 본질, 반복, 문화에 대한 나의 이해에서 비롯되었기에 "힐렐과 예수"라는 주제를 제시하는 것 자체가 당면한 문제에 대한 편견일 뿐만 아니라 오판일 수도 있기 때문이다.

우리의 관심이 역사적 예수의 배경에 대해 더 많이 배우는 데 있다면 힐렐은 중요하다. 그러나 힐렐은 당대의 어떤 랍비보다 더 중요하지는 않으며 우리가 특정 기간을 정해 선택한 랍비 문헌 전체의 증거보다 더 중요하지 않을 수 있다. 그런데도 힐렐과 예수를 함께 묶는 것 자체는 역사적 배경 이상의 문제를 내포한다. 이러한 논의는 종교 현상학자가 논할 수 있는 유형의 유사성을 당연한 것으로 여기나 이는 힐렐에 관한 랍비 자료에 의해 입증되지 않는다.

질적으로 다른 출처

우리는 탈무드 문학의 본질과 복음서의 본질 사이에 기본적 차이 몇가지를 재고해야 한다. 우리에게는 그 어떤 랍비의 탈무드 복음서도 없다.[5] 탈무드 시대에는 후기 시대[6]와 달리 랍비가 존재하지 않는데, 이는 탈무드 문화에서는 랍비는 배타

---

5) 이 점은 이미 논의의 주제였다. P. Alexander, "Rabbinic Biography and the Biography of Jesus: A Survey of the Evidence" in *Synoptic Studies: The Ampleforth Conferences of 1982 and 1983*, ed. C. M. Tuckett (*JSNTSS* 7; Sheffield, 1984), 19-50을 보라. Alexander에 따르면, 랍비 문헌에 복음서 기록에 상응하는 것이 나타나지 않는 이유는 복음서 기자들에게 예수의 지위에 상응하는 지위를 가진 랍비가 없었기 때문이다.(41쪽) 랍비의 중심은 토라이지만 복음의 중심은 예수라는 인격이다. (또 M. Smith, *Tannaitic Parallels to the Gospels* [JBL Monograph Series 6; Philadelphia, 1951], 159을 보라.)

그런데도 Alexander 자신은 초기 기독교 역사서가 예수의 생애에만 국한되지 않기에 이 대답에 만족하지 않는다. 그렇다면 왜 유대 랍비들의 삶은 없는가? 알렉산더가 지적했듯이, 종교적 인물의 삶을 기록하는 것은 현대 로마의 관행에 의존하는 것이 아니라 궁극적으로 성경의 선례를 따른다는 점에서 이 질문은 특히 시급한 문제이다.

이 질문에 대한 보다 광범위한 논의는 J. Neusner, *Why No Gospels in Talmudi Judaism* (Brown Judaic Studies 135; Atlanta, 1988)에서 찾아볼 수 있다. 자신의 논의의 특정 지점에서 Neusner는 Alexander와 같은 대답을 제공한다.(45-47, 52, 72을 보라) 그는 당면한 질문을 직접적으로 다루려고 시도하지는 않지만, 그의 논의는 다른 방향으로 나아가는 것 같다. (복음서의 개별 저술과는 대조적으로) 집단적 저술의 한 형태로서 랍비 저술에 대한 그의 논의는 랍비 문헌의 집단적 성격을 다루고 있다.(70-72을 보라) Neusner의 논의는 랍비의 집단적 성격을 랍비들에게 토라의 중심성과 연관시키는 것 같다. 결과적으로 그는 후자의 요점을 랍비 문헌에서 성인전의 부족을 설명하는 데 사용하지 않는다. Neusner가 랍비 문화에서 토라의 중심성에 대한 상관관계로 제시하는 것을 우리는 랍비 문헌에서 성인전이 부재한 주된 이유로 사용할 것이다.

6) 후기 형태의 유대인 글에서 우리는 '찬양' (שבחים) 으로 알려진 장르를 구성하는 칭송 일색인 서적들을 발견한다. 이 장르의 예는 the Ari 또는 the Baal Shem Tov와 같은 인물에 대한 찬양에서 찾을 수 있다.

적으로 주목할 존재로 간주했기 때문이다. 이는 복음서의 본질과 분명하게 대조된다. 이는 각 문학의 특성뿐만 아니라 그 영웅들의 특성에도 반영된다.

복음서는 왜 쓰였을까?7 복음서는 독특하고 독보적인 것으로 이해되는, 그래서 그 특별한 이야기를 들려줄 가치가 있는 특별한 사람의 이야기를 담고 있다. 복음서를 한 특별한 성인의 전기(biographies)로 볼 때, 복음서는 성인전(hagiography)'일 수 있다. 다른 전기와 마찬가지로, 아니 어쩌면 그보다 더 많이, 성인전을 쓰려면 당대의 문화적 맥락에서 인정받고 구별되는 개인이 필요하다. 성인전은 존경받는 인물과 그의 주변 상황 사이의 일정한 거리를 기반으로 한다.

이 거리는 두 가지로 구성된다. 첫 번째는 존경받는 주체가 주변 상황과 크게 다르다는 인식이다. 그 주체는 다른 사람들과 차별화되는 특별한 힘, 지식, 미덕 또는 장점이 있을 수 있다. 존경받는 대상과 그의 맥락 사이의 거리에 이바지하는 또 다른, 아마도 더 기본적인 요소는 이 대상을 뚜렷하고 개별적인 관심을 기울일 가치가 있는 것으로 인식하는 것이다. 따라서 랍비 문헌에서 성서학의 전제 조건은 한 사람을 환경으로부터 격리하고 그를 별개의 존재로 취급하는 능력이다. 종교적 인물이 환경으로부터 고립되지 않으면 어떤 역사학도 나올 수 없다.

힐렐과 랍비들이 등장하는 탈무드 이야기에는 복음서, 즉 역사서 집필에 필요한 두 가지 조건이 다 없다. 탈무드 문학에 나오는 랍비들의 이야기가 항상 성인전인 것은 아니다.8 탈무드 이야기는 가르침과 도덕을 포함하고 특정 미덕을 찬양하

---

7) 이 질문은 분명히 문학 장르로서의 복음의 본질에 관한 질문과 관련이 있다. 이 질문에 대한 가장 최근의 논의에 대해서는 R. A. Burridge, *What Are the Gospels?* (Cambridge, 1992)을 보라. 지난 세기 동안 학계에서는 복음서를 일종의 전기로 보거나, 다른 어떤 문학 장르와도 닮지 않은 독특한 문학 작품으로 보았다. R. Bultmann이 강력하게 지지한 후기 입장의 신학적 경향은 분명하다.(R. Bultmann, "Evangelien," ET in J. Pelikan, ed., *Twentieth Century Theology in the Making* (New York, 1971), vol.1, 86–92)
   이 입장에 따르면, 복음서 기록은 예수의 메시아적, 따라서 구원적인 활동에 대한 특정한 종교적 이해의 산물이며, 랍비 문헌에 복음서가 없다는 것은 특정 랍비에게 구원적인 주장이 첨부되지 않기에 덜 중요한 문제가 될 것이다. Burridge의 제기에 따라 본 논의에서는 복음서 기록이 일종의 전기라고 가정한다. 따라서 랍비 전기의 사례가 없는 이유를 묻는다면 같은 대답을 얻을 수 있다.
8) 많은 랍비 이야기는 권력 투쟁과 인간적 유혹에 시달리는 랍비를 묘사하며, 성인의 이미지를 유지하려고 하지 않는다. 또한 Y. Frinkel이 밝힌 바와 같이 탈무드와 미드라쉬 문학에 등장하는 랍비 이야기는 특별한 특징을 가지고 있다. 이 이야기들은 역사적이거나 현실에 충실하기 위한 것이 아니다. 오히려 랍비 영웅에 관한 이야기를 통해 특정 세계관을 전달하려는 문학적 창작물이다.(Y. Frinkel, *Darchei Ha'agada ve 'Hamidrash* 1991], 9장, 235–85을 보라) 이 세계관은 어떤 랍비의 성스러움의 이미지가 아니라 이야

거나 투쟁을 전달하거나 특정 개인에게 부여된 특별한 힘을 드러낼 수도 있으나, **9** 탈무드 이야기는 기본적으로 영웅을 성인 이상으로 제시하지 않으며, 랍비를 모방하라는 의도로 랍비 이야기를 전하는 것도 분명 아니다.

더 중요한 것은 탈무드 문학에서 전기를 쓰는 데 필요한 두 번째 조건이 없다는 것이다. 랍비 문헌은 집단적 활동이다. 개인 랍비는 더 큰 랍비 집단에 동화된다. 개인 랍비 이야기는 랍비 문헌의 집단적 성격이라는 일반적인 배경에 비추어 평가되어야 한다. 개인 랍비의 성격이나 가르침을 묘사하려는 시도는 랍비 문헌의 역사와 관련된 문제 때문에 어렵다기보다는 전체 랍비 안에서의 랍비의 개별화 정도에 관한 보다 근본적인 질문 때문에 어렵다.

랍비 공동체 내에서의 개별화

랍비들은 분명 하나의 원형에서 나온 수많은 복제품들이 아니다. 인격, 덕, 이해력, 권력, 종교적 천재성 등이 한 랍비를 다른 랍비와 구별하지만, 랍비 문헌 전체의 상황에서 볼 때 힐렐과 랍비 요하난(Yohanan), 랍비 아키바(Akiba)와 랍비 압바후(Abbahu)는 근본적으로 얼마나 다른가? 아무리 뛰어난 랍비라 할지라도 다른 랍비들과 충분히 차별화되어 관심을 독차지할 수는 없다.

'아버지의 윤리'를 간략히 살펴보면 이를 알 수 있다. 아키바 랍비의 일부 공식

기꾼이 인식한 문화의 일반적인 종교적 진리이다. 따라서 랍비 이야기는 이야기의 실제 내용뿐만 아니라 랍비 이야기 전달의 문학적, 이데올로기적 특성 때문에 역사학의 원자료가 될 수 없다.

9) Neusner의 논의는 한때 복음서 기록을 기적을 행한 기록으로 축소하는 것처럼 보인다. 이것이 내가 복음서 기록에 대한 그의 논의의 맥락에서 랍비 기적 전설에 대한 그의 고찰을 이해하는 방식이다.(Neusner, *Why No Gospels?* 2장 참조) 내가 생각하기에 복음서 기록과 탈무드 전설 사이의 틈을 메우려는 이러한 시도가 설득력이 없다. 복음서는 역사서로서 기적 이야기 모음집 그 이상이다. 따라서 랍비 기적 이야기에 대한 검토는 이러한 맥락에서 무의미하다.

기적 이야기와 복음서 기록 사이의 틈을 잘 보여주는 예는 위대한 기적의 일꾼인 원제도사(Circle-drawer) Honi와 Hanina ben Dosa의 이야기에서 찾을 수 있다. 우리는 이 두 인물에 관한 기적 이야기를 가지고 있을지도 모른다. 그러나 우리는 그들의 가르침을 거의 알지 못하며, 전기를 쓸 수 있을 만큼 그들의 종교적 미덕에 대해 충분히 알지 못한다. 이 고대 유대인 인물들은 예수를 평가해야 할 유대인 배경의 일부이지만, 그들에게만 전념하는 문학 작품을 보증할 만큼 중요한 위치를 차지하지 않으며 그들에 대해 충분히 알려지지 않았다. G. Vermes, *Jesus the Jew* (London, 1976), 69~78을 보라.

에서 힐렐의 종교적 천재성을 지적할 수도 있고, **10** 그에게서 유래한 진술이 두껍게 집중되어 있음을 알 수 있지만, **11** 독자는 무엇보다도 다른 세대의 많은 다른 랍비들이 같은 일을 하는 것처럼 보인다는 사실에 깊은 인상을 받는다. 공동의 문제는 개인의 목소리가 합쳐지는 집단 문화에 대한 논의가 계속되고 있음을 나타낸다. 개인의 목소리는 절대로 사라지지 않으나 집단적 활동의 상황에서만 우리는 그 목소리를 알게 된다. 따라서 랍비 개인이나 가르침에 초점을 맞춘 연구의 성공은 늘 제한적이다. **12** 특정 랍비의 특징 중 일부를 발견할 수도 있으나 이러한 특징의 의미는 랍비를 어떤 맥락에서 보느냐에 따라 달라진다. 랍비들 모두는 같지는 않더라도 비슷한 경우가 많다.

랍비 문헌의 이러한 기본적 특성 때문에 랍비 문헌을 공부하는 학생이 기술적 어려움에 직면한다. 랍비 문헌의 많은 부분이 익명성을 띠고 있다는 것은 집단적 성격을 강조한다. 표면적으로는 개인 전승의 이름을 기록하기 위해 세심한 주의를 기울였지만, 본문 전승의 역사에는 개인 교사에 대한 설명뿐만 아니라 이러한 전승에 대한 창의적인 조작이 포함된다. **13** 이것은 역사적 책임에 대한 배신이 아니라 집단적 집단으로서의 전승에 대한 이해의 자연스러운 산물이다.

힐렐과 관련하여 지금까지 언급된 내용을 설명하겠다. '아버지의 윤리'의 첫 두 장은 전승의 역사다. 대공회의 **14** 현자들 세대부터 힐렐의 두 세대 후인 랍비 요하

---

10) m. Ab 3:17-20를 보라. (Abot의 진술 번호는 판본에 따라 다를 수 있다)

11) 힐렐 전승은 m. Ab 1:12-14; 2:5-8에서 찾을 수 있다.

12) 이 연구는 특정 현자에 기인한 많은 진술이 존재한다는 전제 조건이 있다. 이 연구는 당연히 공적 생활이 활발했던 인물에게 더 적합하며, 그들의 가르침, 행동, 정책이 특정 인물의 프로필을 그리는 데 도움이 된다.
   한 현자를 다른 현자와 구별하는 뉘앙스를 밝히는 더 유익한 방법은 논쟁을 분석하는 것이다. 논쟁에는 두 가지 입장, 즉 두 가지 성격이 병치되어 있다. 이러한 병치는 동질적인 전체가 될 수 있는 것을 구분할 수 있는 지점을 제공한다. 일부 학자들이 랍비 문헌의 인물과 학파를 파악하기 위해 이 방법을 선택한 것은 놀라운 일이 아니다. A. Marmorstein, *The Old Rabbinic Doctrine of God*, *Part 2*: *Essays in Anthropomorphism* (London, 1937), 29-42와 A. J. Heschel, *Theology of Ancient Judaism* (히브리어), vol. 1 (London and New York, 1962), 3-5을 보라.

13) H.L. Strack and G. Stemberger, *Introduction to the Talmud and Midrash* (Edinburgh, 1991), 60, 64-66을 보라.

14) (역주) 유대교 전승에 따르면 대공회(the great assembly, 대회당 또는 시나고그)는 120명의 서기관, 현자나 선지자로 구성된 모임이었다. 제2성전 시대(기원전 516년경)부터 헬레니즘 시대(알렉산더의 정복으로 시작된 기원전 333~332년)까지 존재했다. 위대한 회의의 사람들로 알려진 의회 구성원들로는 학개,

난 벤 자카이(Yohanan ben Zakkai)의 제자 세대까지 전승 역사의 단계를 기록하고 있다. 전승의 역사에서 힐렐이 차지하는 위치는 통상적으로 상황에 따라 달라질 뿐 절대로 두드러지지 않다. 힐렐을 독립적으로 바라보지 않는다는 것이 더욱 놀랍다. 힐렐은 다음과 같이 다른 현자와 함께 소개된다: "힐렐과 샴마이는 그들로부터 [율법]을 받았다."[15] 또 다른 고대 전승 목록에서도 두 현자를 나란히 배치한다.

요세 벤 요제르(Jose ben Joezer)가 말하기를: [절기 날에는] 사람이 제물이 도살하기 전에 [제물에 안수해서는 안 된다]; 요세 벤 요하난(Joseph ben Johanan)이 말하기를: 할 수 있다. 여호수아 벤 페라야(Joshua b. Per- ahyah)는 말한다 : 그는 할 수 없다; 아벨 사람 닛타이(Nittai the Arbelite) 는 말한다 : 할 수 있다. 유다 벤 타바이(Judah b. Tabbai)는 말한다 : 그 는 할 수 없다. 시므온 비 셰타(Simeon Shetah)가 말한다 : 그는 할 수 있 다. 쉐마이어가 말한다: 안 된다." 압틸리온이 말한다: "안 된다." 힐렐 과 메나헴(Menahem)은 다르지 않았으나 메나헴은 나가고 샴마이가 들 어왔다. 샴마이가 말한다: 안수하지 말라. 힐렐이 말한다: 해도 된다. 이 두 사람 중 전자는 [각 쌍의][16] 장(長)들이고, 후자는 공의회의 의장들이 다.[17]

이 전승 목록은 '아버지의 윤리' 의 첫 장의 것과 같으며, 할라카 논쟁[18]에 관한 최초기의 기록이다. 이 논쟁은 여러 세대에 걸쳐 계속된다. 이 목록에서 힐렐의 위치는 일반적으로 상황적이며, 그는 전승의 사슬에 동화되고 그의 위치는 모든 공

스가랴, 말라기, 에스라, 느헤미야, 다니엘, 하나냐, 미사엘, 아사랴, 모르드개, 스룹바벨과 같은 인물 이 포함되었다.

15) m.Ab 1:12.
16) (역주) pairs는 논쟁의 두 당사자들을 칭한다.
17) m.Hag 2:2.
18) (역주) a halakhic controversy, 할라카(유대 율법)의 해석을 두고 벌이는 율법사 또는 랍비들의 논쟁.

의회 의장들과 같다. 따라서 샴마이의 입장과 함께 볼 때만 힐렐의 입장을 온전히 이해할 수 있다. 이 논쟁의 역사에서 논쟁이 없는 유일한 지점은 메나헴이 힐렐과 짝을 이룰 때뿐이다. 그러나 우리의 자료는 논쟁의 부재가 힐렐의 저자 권위나 독점적 권력을 반영하는 것은 아니라고 말한다.

그렇다고 해서 힐렐이 중요하지 않다는 것은 아니나 힐렐이 '아버지의 윤리' [19] 에서 가장 자주 인용되는 권위자라는 사실은 중요하지 않다. 그러나 이 맥락에서 만은 중요하다. 이 맥락에서 힐렐을 분리할 때, 우리는 힐렐에 대한 이해가 이러한 랍비적 자기 이해를 배반한다는 것을 암시한다. 우리가 주장하는 것은 이 사람의 종교적 천재성이 그를 자신의 관점에서, 즉 자신의 문화의 산물로서, 그러나 어떤 중요한 방식으로든 그것을 초월하는 것으로 간주할 수 있게 해준다는 것이다. 힐렐의 삶이나 가르침에서 다른 랍비들은 말할 것도 없고 힐렐을 샴마이와 근본적으로 구별하는 것은 없다.

'아버지의 윤리 1'에서 가져온 이 두 현자의 진술을 비교하면 내 요점을 설명할 수 있다.

> 힐렐과 샴마이는 그들로부터 [율법]을 받았다. 힐렐은 말했다. "아론의 제자가 되어 평화를 사랑하고 평화를 추구하며 인류를 사랑하고 그들을 율법에 가까이 오게 하라."[20]

힐렐의 말에서 강조되는 두 가지 가치는 사랑의 친절과 토라 연구다. 힐렐의 말과 샴마이의 말을 대조해 보면, 샴마이의 인접한 말에서 정확히 같은 가치가 강조되고 있음을 알 수 있다.[21]

---

19) 'Abot의 첫 두 장에서 힐렐이 인용한 7개의 진술이 발견된다. 게다가 힐렐은 'Abot에서 다른 랍비가 인용한 유일한 랍비 권위자다.(4:5) 다음으로 가장 많이 인용된 랍비는 아키바로, 3장에서 4번 언급된다. 대부분 랍비는 한두 문장으로만 언급된다.

20) m.Ab 1:12.

21) 힐렐의 진술에 대한 특별한 관심 때문에 샴마이의 반박은 힐렐의 진술 바로 뒤에 나타나지 않았다. m.Ab 첫 장에서 볼 수 있듯이, 원래 논쟁하는 양자(쌍)의 목록에서 또 하나의 논쟁거리였던 것의 중간에 힐렐

샴마이가 말한다. "네 [율법] 공부를 고정된 습관으로 삼고, 적게 말하고 많이 행하며, 밝은 얼굴로 모든 사람을 영접하라."[22]

여기서도 우리는 토라와 사랑의 친절이라는 같은 기본 가치를 만나게 되는데, 단지 순서와 강조점이 다를 뿐이다. 여기에 요점은 개인 교사(이 경우 힐렐)는 같은 집단적 가치에 대해 다른 강조점을 제시할 수는 있지만, 우리에게 새롭거나 다른 가르침을 제시하지는 않는다는 것이다.

힐렐과 샴마이 이전 세대의 거의 모든 전승이 비슷한 가치를 강조하고 두 개의 기본 가치 개념의 함의와 우선순위를 제시하고 있는 '아버지의 윤리'의 첫 장을 살펴보면 이 점이 더욱 분명해진다. 두 개의 기본 가치는 토라와 사랑−친절이다.[23]

의 다른 두 진술이 삽입되었다. 힐렐과 샴마이를 한 쌍으로 보아야 한다는 것과 힐렐의 원래 진술이 우리의 논의에서 인용된 진술이라는 것은 미쉬나 12장의 첫 말인 "힐렐과 샴마이가 그들로부터 받았다."에서 분명하다.

22) m.Ab 1:15.

23) 이 두 가지 가치는 의인 시므온(Simeon the Just)의 가르침에서 m.Ab 1:2에 처음 등장한다. "의인 시므온은 대회당(the Great Synagogue)의 남은 자들 중 하나였다. 그는 이렇게 말하곤 했다: 세상은 율법, [성전] 봉사, 사랑의 친절에 의한 행위 등 이 세 가지로 유지된다." 시므온의 말에서는 성전 봉사가 토라와 사랑의 친절과 함께 등장하지만, 그 바로 뒤에 나오는 권위자들은 토라나 사랑의 친절 행위 중 하나를 강조하는 것처럼 보인다. 우리가 70년 이전의 권위자들을 다루고 있다는 사실에도 불구하고, 시므온을 따르는 논쟁의 두 당사자는 정확히 이 점, 즉 둘 중 어느 것이 더 큰지에 대해 이의를 제기하는 것처럼 보인다: 성전에 대한 언급이 없고 토라와 사랑의 행위에 대한 일관된 주제적 논의가 없다는 것은 분명히 우리 본문이 경향성, 편집 활동, 역사적 신뢰성에 대한 의문에 노출되어 있음을 드러낸다. 현재의 논의에서 이러한 질문은 그다지 중요하지 않다. 실제로 힐렐과 샴마이의 실제 진술이 동질화 편집자에 의해 도장 찍혀서 우리가 알 수 없다면, 이것은 우리가 주장하고 있는 요점을 강화할 뿐이다.

첫 번째 쌍은 두 가치 중 어느 것이 더 큰지에 대해 논쟁을 벌이는 것 같다. "Zeredah의 Jose b. Joezer와 Jerusalem의 Jose b. Johanan"은 그들로부터 [율법]을 받았다. Zeredah의 Jose b. Joezer가 말했다: 네 집은 현자들의 모임의 집이 되게 하시고 그들의 발 먼지 가운데 앉아서 목마른 마음으로 그들의 말을 마시게 하라. 예루살렘의 요세아 요하난이 말하기를: 네 집을 활짝 열고 궁핍한 자를 네 집식구로 삼고 여자들과는 많이 말하지 말라"(m.Ab 1:4−5)

두 현인은 모두 가정(home)의 영적 중요성이 가정에서 일어나는 활동의 함수라는 가정(assumption을 공유한다. 전자의 현자에게는 가정에 의미를 부여하는 것은 토라의 활동이다. 후자의 현자는 가난한 사람을 받아들이는 것과 같은 사랑의 행위를 하는 것이다.

다음 두 구절에서는 이 두 가지 가치에 대해 서로 다른 강조점을 발견할 수 있다. "Joshua b. Perahyah와 Nittai the Arbelite"는 그들로부터 [율법]을 받았다. Joshua b. Perahyah가 말했다: 네게 스승을 두고 네게 동료 [제자]를 얻어서 네가 어떤 사람을 판단할 때 그에게 유리하게 저울을 기울이도록 하라. 아벨 사람 니타이가 말하기를: 너를 악한 이웃에게서 멀리하고 악인과 동참하지 말며 보복에 대한 믿음을 잃지 말라"(m.Ab 1:6−7) 앞의 경우보다는 덜 분명하지만, 여기에서도 토라와 사랑의 행위를 각각 강조하는 점이 다르다. 전자의 현자는 토라와 관련된 문제, 즉 토라를 함께 공부할 수 있는 스승과 친구를 강조한다. 후자는 사회적 관계의 측면을 강조하며 피해야 할 것을 경고한다.

따라서 우리가 정치적 권력과 권위가 대해서가 아니라 종교적 성격과 가르침에 관해 묻는다면, 힐렐은 그의 문화와 상황에 맞는 인물이다. 힐렐은 랍비의 훌륭한 대표자이나 전혀 독특하지 않다. 높은 수준의 자기 인식을 나타내는 진술조차도[24] 힐렐을 집단의 범위 밖에 두지 않는다.

전승 역사에서 힐렐의 기능은 나의 주장을 뒷받침한다. 힐렐 이전의 거의 모든 전승은 익명이다. 초기 할라카의 익명성은 수용된 전승의 초기 단계에서 어떤 논쟁도 없었다는 사실과 일치한다.[25] 위에서 제물 안수에 관한 논쟁을 제외하고, 전승 역사에서 율법 문제에 관한 논쟁이 존재하는 가장 이른 시점은 힐렐과 샴마이 사이이다.[26] 이들의 제자들 사이에서는 더 많은 논쟁이 벌어졌었다.[27] 이 현상은 그 후 탈무드 문학의 특징이 될 정도로 널리 퍼졌다. 여기서 우리는 위대한 랍비들의 권위는 그 자체에 있는 것이 아니라 항상 논쟁과 이견의 맥락에서 보아야 한다는 것을 즉시 감 잡아야 한다. 이것은 그들의 독특한 권위가 부족하다는 것을 나타내는 것만이 아니다. 힐렐이 모든 사람에게 자신의 견해를 강요할 만큼 위대하지 않다는 것을 나타내는 것만도 아니다. 힐렐의 관점으로만 랍비들을 바라볼 때 우리는 동전의 한쪽 면만 바라본다는 것을 표현한 것이다. 랍비 아키바의 모든 위대함에도 그는 랍비 이스마엘과의 논쟁의 맥락에 묻혀 우리에게 다가온다. 그 어떤 랍비도 하나의 섬이 아니다.

목록의 다음 쌍은 두 진술이 서로 관련되어 있지만 토론 주제를 바꾼다. 힐렐과 샴마이 바로 앞의 한 쌍에 대해 우리가 지적했던 점을 다시 한번 강조할 수도 있다. 힐렐과 샴마이 자체에 대한 논쟁은 우리의 논의에서 알 수 있듯이 일반적으로 맥락에 따라 달라진다.

24) D. Flusser, "Hillel's Self-Awareness and Jesus", *Judaism and the Origins of Christianity* (Jerusalem, 1988), 509-14을 참조하라. Flusser는 예수와 달리 힐렐의 자각은 그에게만 국한된 것이 아니라 모든 인류에게 적용되는 자각의 일부라고 지적한다.(513쪽)

25) E. E. Urbach, *The Halakhah*, (1986), 93을 보라.

26) 'Eduyot'의 처음 세 mishnayot의 의미를 설명하는 b.Shab 14b-15a를 참조하라.

27) y.Hag 2:2, 77d를 보라.

랍비 전승에서 논쟁의 전개

논쟁의 문제는 전승 내에서 힐렐의 중요성을 이해하는 데 있어 더욱 중요하다. 전승 내에서 논쟁의 발전을 특정 형태의 학문의 성장과 발전에 수반되는 것으로 볼 수 있기에,[28] 이는 본질적으로 긍정적일 수 있다. 이러한 맥락에서 힐렐이 새로운 학문 방식을 전파하는 데 이바지한 것을 숙고할 수도 있다.[29] 그러나 탈무드 전승 자체는 시나이 계시에 뿌리를 둔 전승에 갑자기 논쟁의 문제가 들어오는 데 어려움을 겪는다. 샴마이와의 논쟁에서 힐렐은 이상(an ideal)이 아니라 문제가 된다.

위에서 힐렐과 샴마이가 가장 초기에 알려진 할라카 논쟁에 연루되어 있다고 언급했는데, 이는 전승의 무결성에 관련이 있다.

> 랍비 요시(Yossi)가 말했다. "처음에는 이스라엘에는 논쟁이 없었다. …
> 그러나 스승을 제대로 섬기지 않은 샴마이와 힐렐의 제자들이 많아지자
> 이스라엘에서 논쟁이 번져 두 개의 토라가 되었다."[30]

랍비 요시는 논쟁을 분명히 부정적으로 이해한다. 이제 하나의 확실한 하나님의 말씀 대신에 두 개의 상반된 의견이 종교적 진리를 놓고 경쟁하게 되었다. 랍비 요시는 논쟁의 확산에 대한 책임을 힐렐과 샴마이의 제자들에게 돌린다. 이는 힐렐과 샴마이 이후 할라카 논쟁이 확산된 것과 일치하며, 그 자체에 대한 논쟁의 책

---

28) 명확하게 명시되어 있지는 않지만, 이 사실은 Urbach의 저서 *The Halakha*의 일곱 번째 장에 나오는 그의 주장에 암시되어 있다. 미드라쉬적 해석의 기원은 기존의 규범에서 벗어나려는 시도와 관련이 있다. 미드라쉬가 전승을 수용하는 것이 아니라 권위의 원천이 될 때 할라카 자체는 변화를 겪게 되는데, 할라카가 위에서 언급한 변화를 겪는 동시에 논란이 만연하게 된다는 점에 주목할 때, 논란과 새로운 형태의 학습 사이의 관계를 인식할 수 있다.

29) 일반적인 입장은 힐렐이 자신이 사용한 해석학적 방법을 계승한 것이지 창조한 것이 아니라는 것이다. S. Lieberman, *Hellenism in Jewish Palestine* (New York, 1950), 54을 보라. 그러나 우르바흐는 힐렐과 샴마이 시대부터 새로운 학습 방법이 널리 퍼졌다고 지적한다.(*Halakha*, 94쪽) 힐렐이 새로운 학습 방법의 창조에 개인적으로 책임이 없더라도 그가 이 학습 방법을 배양했다고 보는 것이 타당해 보인다. 힐렐 시대부터 할라카 논쟁의 존재는 이 주장을 뒷받침한다. 이는 (Urbach, 93에서 암시하듯이) 명확한 권위가 없다는 증거일 뿐만 아니라 힐렐이 활동하는 새로운 형태의 학습이 등장했다는 증거이기도 하다.

30) t.Hag 2:9

임은 힐렐과 샴마이에게서 그들의 제자들에게로 전가되어 힐렐과 샴마이는 온전한 전승에서 위기의 전승으로 전환되는 지점에 서 있다.

랍비 요시는 자신이 설명하는 문제에 대해 어떤 긍정적인 해결책도 제시하지 않는다.[31] 다른 출처들은 논쟁을 전승의 자기 이해 안에 통합하려고 시도한다.

> 랍비 아바는 사무엘의 이름으로 다음과 같이 말했다: 3년 동안 샴마이 학파와 힐렐 학파 사이에 논쟁이 있었는데,[32] 전자는 '할라카가 우리의 견해와 일치한다' 라고 주장했고, 후자도 '할라카가 우리의 견해와 일치한다' 라고 주장했다. 그러자 하늘의 음성이 들렸다. '[두 학파의 발언은] 모두 살아 계신 하나님의 말씀이지만, 할라카는 힐렐 학파의 판결에 일치한다.'"[33]

이 본문이 채택한 전략으로 전승에 대한 이상적인 견해 속에도 논쟁할 수 있게 된다. 랍비 요시에게 논쟁은 하나님의 단일하고 분명한 말씀을 훼손하는 것이라면, 이 본문에서는 논쟁에 참여한 양측이 모두 하나님의 음성을 표현하고 있다. 논쟁에 참여하는 것은 하나님의 음성을 표현하는 것이다. 강조점은 진리가 아니라 논쟁에서 표현된 반대 관점의 종교적 가치에 있다. 종교적 가치는 하나님과 맺은 관계로 획득된다. 따라서 양쪽 모두 옳다고 선포하는 것이 아니라 살아 계신 하나님의 말씀을 표현하는 것이다. 실무적으로는 힐렐 학파의 입장을 선호하는 결정에 도달해야 하지만 종교적 의미에서 양 당사자는 하나의 신성한 현실의 충만함을 공유한다.

---

31) y.Hag 2 : 2 (77d)에서 그의 전승에 대한 정교함은 메시아적 해결책이 이 전승 문제에 대한 유일한 가능한 해결책이라는 의견을 표현한다.
32) (역주) 샴마이 학파와 힐렐 학파는 1세기에서 2세기까지 존재한 학파이다. 탈무드에는 60개 이상의 분쟁을 포함하여 샴마이 학파와 힐렐 학파 사이의 350개 이상의 논쟁이 있다. 다른 파에게는 토라지 가르치지 않을 정도로 엄격하고 제한적인 샴마이 학파와 관대한 힐렐 학파 사이의 논쟁은 끊임이 없었다. 예를 들어, 이들은 한 법규를 두고 3년이나 싸웠다. 탈무드에 의하면, 샴마이 학파 제자들과 힐렐 학파 제자들은 서로 사돈이 되는 것은 법을 금할 정도였다.
33) b.ʾErub 13b.

전승 내에서 논쟁에 대한 사후적 정당화 역할을 하는 본문은 양 당사자가 살아 계신 하나님의 말씀을 어떤 방식으로 표현하는지 설명하지 않는다. 서로 반대되는 의견이 하나의 신앙적 실재를 어떻게 표현하는지 이해하려고 시도할 때 몇 가지 가능성이 떠오른다.

> 어떤 사람은 '샴마이 학파는 부정하다고 하고 힐렐 학파는 정결하다고 하고, 이러한 사람은 금지하고 저러한 사람은 허용하는데, 내가 왜 토라를 배워야 하는가'라고 생각할 수 있다. 성경은 '말씀…, 말씀…, 이것이 말씀이다.(신 1:1) 이 모든 말씀은 한 목자, 한 하나님이 만드셨고 한 분이 주셨으며 모든 행위의 주(Lord), 복되신 그분이 말씀하셨다'라고 말한다. 그러므로 여러분은 마음에 많은 방을 열고 샴마이 집의 말과 힐렐의 집의 말, 부정한 것을 선언하는 사람들의 말과 깨끗한 것을 선언하는 사람들의 말을 그 방으로 가져와라.34

논쟁은 전승의 완전성에 위협이 된다는 인식에서 이 본문은 출발한다. 명확한 입장이 없는데 왜 토라를 공부해야 할까? 본문의 대답은 양쪽 논쟁 모두 하나님이 주신 것이기 때문이다. 이 대답은 앞의 본문에서 찾은 대답과 비슷하지만, 앞의 본문에서는 논쟁이 벌어진 후에야 하나님을 끌어들였다면, 이 본문은 하나님을 논쟁의 양쪽 모두의 역사적 기원으로 보고 있다.35 비슷한 방식으로, 토라의 여러 구성요소를 그 안에 배치하기 위해 마음의 여러 방을 열도록 부름을 받았다. 이 입장은 분명히 논쟁을 다루기 쉽지만, 왜 하나님이 계시의 일부로 모호한 진술을 선택했

---

34) t.Sot 7:12 (J. Neusner 번역 [New York, 1979], 179)

35) Neusner의 번역에서 대문자를 선택한 것은 그가 모세가 아닌 하나님이 이 진술의 대상이라고 생각하는 부분을 나타낸다. 그의 선택 중 일부, 특히 하나님과 관련하여 "목자"를 읽은 것에 대해 동의하지 않을 수도 있다. Tosephta의 사본 전승의 변형은 또한 같은 질문에 대한 다른 이해를 보여준다. (Lieberman's edition of the Tosephta, 194~95을 참조하라) Erfurt 사본에서는 "한 목자가 그들을 받았다."라고 적혀 있다. 어쨌든 이 구절에서 하나님과 모세가 모두 언급된 것은 분명하다. 전승 이론은 다양한 입장이 모두 토라의 원래 의미나 범위 일부일 뿐 아니라 역사적으로 전승된 지식 일부라는 것이다.

는지에 대한 근본적인 질문은 다루지 않는다.

이 구절에서도 샴마이와 힐렐 또는 그들의 학파는 랍비 논쟁의 예이며, 마음의 다른 방에 배치하는 것은 샴마이 학파와 힐렐 학파의 말이다.

랍비 논쟁의 양측에 종교적 의미를 부여하는 또 다른 방법은 분쟁 당사자의 의도를 다루는 것이다.

> 하나님을 위한 논쟁은 지속적인 가치가 있지만, 하나님을 위하지 않는
> 논쟁은 결국 지속적인 가치가 없다. 어떤 논쟁이 하나님을 위한 논쟁이
> 었을까? 힐렐과 샴마이의 논쟁이 바로 하나님을 위한 논쟁이었다.[36]

이상적인 논쟁의 원형은 힐렐과 샴마이의 학파가 아니라, 힐렐과 샴마이이다. 양측의 논쟁을 정당화하는 것은 분쟁 당사자의 의도다. 양 당사자는 하나님을 위해 논쟁하고 있으며 동기의 순수성은 종교적 진정성을 보장한다. 여기서 샴마니와 힐렐의 갈등을 정당화하는 것은 하나님의 개입이나 역사적 전승이 아니라 샴마이와 힐렐의 순수한 의도다.

우리가 방금 분석한 일련의 본문들의 공통점은 토라 내에서 논쟁의 존재를 정당화하려는 시도일뿐만 아니라, 힐렐과 샴마이가 랍비 전승의 이러한 특징을 대표하는, 어쩌면 상징적인 인물이라는 관점이다. 이러한 맥락에서,[37] 힐렐은 랍비 관계의 더 넓은 네트워크에 포함될 뿐만 아니라 랍비 권위를 위협하는 문제를 대표하는 것으로 우리에게 다가온다. 힐렐은 분명한 권위가 없으나 그의 가르침은 적어도 일시적으로는 토라 자체의 권위를 위협한다.

---

36) m.Ab 5:17.
37) 힐렐이 prozbul과 같은 takanna를 만드는 문맥과 달리.

힐렐과 랍비의 권위

집단적인 랍비 조직의 일원이 되면 힐렐의 권위에 대한 의문이 제기된다. 힐렐의 가르침의 근거가 되는 권위는 무엇일까? 내 생각으로는 힐렐의 가르침에 권위를 불어넣는 세 가지 요소를 꼽을 수 있다. 첫 번째는 전승 내에서 힐렐이 취하는 자세다. 두 번째, 힐렐은 지속적인 전승의 연결 고리다. 마지막으로, 힐렐의 가르침은 이전 세대의 가르침을 전승하기에 받아들여진다.[38] 이 세 가지 요소와 더불어 힐렐은 권위의 원천으로 경전 해석에 의존한다. 힐렐과 브네이 베테이라[39]의 이야기는 이 두 가지 요소 사이에 존재하는 관계와 긴장을 예시한다.

우리 랍비들이 가르쳤다: 이 **할라카**는 브네이 베테리아에 숨겨져 있었다. 한 번은 니산월 열네 번째 날이 안식일에 속했는데, 랍비들은 유월절이 안식일에 우선하는지를 잊어버리고 알지 못했다. 랍비들은 물었다. '유월절이 안식일에 우선하는지 아닌지 아는 사람이 있습니까?' 랍비들은 다음과 같은 말을 들었다. '바빌로니아에서 올라온 어떤 사람이 있는데, 그 이름은 바빌로니아 사람 힐렐이며, 당시 가장 위대한 두 사람을 섬겼는데, 그는 유월절이 안식일에 우선하는지 아닌지 알고 있습니다.' [그러자] 랍비들은 힐렐을 불러 [그에게] 말하기를, '유월절이 안식일에 우선하는지 아닌지 아십니까? 그러면 안식일에 우선하는 유월절이 일 년에 한 번뿐입니까?' 힐렐이 랍비들에게 답했고 '안식일에 우선하는 유월절은 일 년에 이백 번이 넘습니다.' 랍비들이 힐렐에게 물었다. '당신이 그것을 어떻게 아십니까?' 힐렐이 랍비들에게 답했다. '그 **정한 때에**' (민 28:2)는 유월절과 관련하여 언급되고, 그 **정한 때**란 타미드[40]와

---

38) 위에서 논의된 m.Ab과 m.Hag의 전승 목록을 보라.
39) (역주) Bnei Beteira는 제2성전 파괴 당시 종교 지도자였던 유대인 현자 가문이었다.
40) (역주) Tamid('매일 드리는 제물')는 미쉬나, 토세프타, 탈무드의 여섯 가지 명령 중 다섯 번째에 해당하는 코다심의 아홉 번째 소절이다.

관련하여 언급됩니다. 타미드와 관련하여 말한 그 정한 때가 안식일에 우선하는 것처럼, 유월절과 관련하여 말한 그 정한 때가 안식일에 우선합니다.' 랍비들은 즉시 힐렐을 자신들을 지도자로 모시고 총대주교로 임명했다. … 랍비들이 힐렐에게 말했다. '선생님, 안식일 전날에 어떤 사람이 칼을 잊고 가져오지 않으면 어떻게 합니까?' 힐렐이 답했다. '나는 이 율법을 들었지만 잊었습니다.' 그리고 …,[사람들의 행동을 보고 힐렐은] 할라카를 떠올리며 말했다. '나는 쉐마이어와 아브탈리온의 입에서 이렇게 전승을 받았습니다'[41]

이 구절에서 힐렐은 두 가지 칭찬을 받는다. 첫째는 그가 당대의 두 위대한 인물인 쉐마이어와 압달리온을 섬겼다는 것이고 둘째는 그가 전승 안에서 특별한 자세를 취했다는 점이다. 힐렐은 전승의 수혜자이기에 다른 사람들이 해결할 수 없는 난제를 해결할 수 있다. 이야기의 다음 부분은 힐렐의 해석 기술을 보여준다. 그의 해석은 전승을 전수한 것이 아니라 자신의 독창성을 발휘한 것으로 묘사된다. 그러나 우리가 힐렐을 지나치게 개인적으로 생각하지 않도록 이야기의 마지막 부분에서는 이전 섹션에서 브네이 베테이라가 묘사된 것과 같은 관점에서 힐렐을 묘사한다. 힐렐도 자신이 받은 전승을 잊어버린다. 거기에서 그의 주석적인 기량은 중요하지 않은 것 같고, 그는 규칙을 결정하는 방법으로 일반적인 관행에 의존한다. 이 구절의 마지막 단어로 이 이야기는 마무리된다. 사람들의 행동은 힐렐에게 쉐마이어와 아브탈리온의 가르침을 상기시킨다.

이 이야기는 서로 다른 형태의 권위를 확립하는 과정을 보여준다. 힐렐의 권위는 그의 해석학적 능력과 그가 받은 전승에 모두 근거를 두고 있다.[42] 이 논리는 힐

---

41) b.Pes 66a–b. 34
42) 이 이야기의 전승 역사 문제를 다루지 않고, 나는 내 주장을 설명하기 위해 팔레스타인 탈무드보다는 바빌로니아 탈무드의 버전을 제시하는 것을 선호했다. y.Pes 6:1(33a쪽)의 이야기 버전에 따르면, Bnei Beteira는 힐렐의 해석학적 연습을 거부하고 그가 이것이 Shemaiah와 Abtalyon으로부터 받은 전승이라고 발표할 때만 그의 가르침을 받아들였다. 따라서 전승은 권위의 주요 원천으로 제시되는 반면, 주석은 매우 경시된다.

렐의 해석학적 능력을 능가하는 궁극적인 권위의 원천으로 받은 전승을 제시하는 것 같다. 따라서 권위를 확립하는 이러한 서로 다른 방식 사이에는 긴장감 있는 균형이 존재한다.

전승의 전달자로서 힐렐은 전승에 자신의 흔적을 남기지 않는 단순한 전달자이다. 힐렐은 자신의 개인적인 방식으로 주석 활동에 관여한다. 해석은 성경의 권위에 의존하지만, 현자 자신의 권위에 의존하기도 한다.

현자로서의 랍비

따라서 우리는 권위의 세 번째 요소인 현자로서의 그 권위에 도달하게 된다. 이 요소는 법률적 성격이 없는 하가다 발췌에서 가장 분명하게 발견되는데, 하가다에서는 성경이나 전승에 의존할 필요성이 덜하다. '아버지의 윤리'에 나오는 말들은 전반적으로 성경의 증거 텍스트에 의존하지 않고 현자의 정체성을 구성하는 바로 그 지혜의 표현이다. 이러한 지혜는 현자들이 전승의 사슬을 잇는 고리라는 점에서 정당화될 수 있다. 이러한 방식으로 연결되어 있기에 현자는 전승뿐만 아니라 현자로서의 정체성을 반영하는 지위와 권위를 가지게 된다.

'아버지의 윤리'의 첫 장은 이어져 온 전승의 역사에서 한 자리를 차지한 것에 근거한 권위와 현자로서의 그 자율적 권위가 서로 얽혀 있음을 보여준다. 그러나 '아버지의 윤리'는 비법률적 진술만을 기록한다. 현자의 자율적 권위는 주로 하가다의 영역에 국한되어 있다. 할라카와 관련하여 힐렐과 브네이 베테리아의 이야기는 경전 해석과 권위의 원천으로서 받아들여진 전승 사이에 존재하는 미묘한 균형을 보여주는 전형적인 예라고 할 수 있다.

여기서 우리는 특정 사건의 역사성이 아니라 힐렐이 속한 특정 문화에서 권위를 확립하는 방법에 관심이 있다. 두 본문 모두 권위의 원천으로서 경전 해석과 수용된 전승 사이의 관계를 논의한다. 같은 이야기의 다른 버전이 같은 질문에 대해 다른 입장을 제시하더라도 우리가 관심을 두는 것은 질문의 존재 자체이다. 이는 랍비 문화 내에 다양한 권위의 원천이 존재한다는 것을 충분히 보여주는 증거이다. The Bavli(바벨로니아 탈무드)는 이 문화에서 권위의 이중적 원천을 더 명확하게 보여주는 예시일 뿐이다.

이 두 가지 권위의 원천에 명시적인 주의를 기울인다고 해서 현자의 역할이 제거되지 않는다. 현자에겐 궁극적으로 성경 해석에 대한 책임이 있기에 해석 과정은 어느 정도의 자율성을 기반으로 한다. 랍비 해석학에서 흔히 그렇듯이 해석의 과정을 통해서만 텍스트의 의미가 변형될 수 있지만, 해석이 아무리 독창적이고, 해석학적 전략이 아무리 혁명적이고 또는 현자의 성경 텍스트 이해의 근거가 아무리 어색한 경우라도 궁극적인 권위는 현자가 아니라 성경 텍스트에 있다. 미드라쉬 작품에 해석하는 현자의 힘과 권위에 대한 인정이 내포되어 있더라도 궁극적인 권위의 원천은 현자가 아니라 성경의 말씀이다. 마지막 인용문에서 볼 수 있듯이 힐렐의 할라카적 권위는 그 자신에게 있는 것이 아니라 보통 랍비 문화에서 권위의 원천이 되는 요소에 있다.

일반적으로 랍비 권위를 배경으로 힐렐을 분석할 때, 우리는 힐렐을 랍비 문화와 분리하여 독자적으로 볼 수 없다는 결론을 또다시 내릴 수밖에 없다. 힐렐은 랍비라는 더 넓은 맥락에서 분명히 구별될 수 있다. 그는 랍비 문화를 크게 발전시킬 수도 있다. 그런데도 힐렐은 그 집단적 노력의 일부이며, 힐렐의 권위는 전승적인 권위 승인 수단에 달려 있다. 랍비 자신의 자기 인식이 아무리 고도로 진화했다고 해도[43] 할라카적 과정에 직접적으로 걸러지지 않을 수도 있으며 기껏해야, 그의 비약적인 발언에 색을 입힐 뿐이다. 힐렐이 할라카 논쟁에 참여하면 전승이 위협을 받고 새로운 전승 역사 이론이 공식화되어야 한다. 따라서 힐렐은 랍비 집단 전체와 절대로 고립되지 않는다고 우리는 결론을 내린다.

이 모든 것이 예수의 경우와 너무 다르기에 두 인격 사이의 유의미한 비교가 불가능하다. 예수는 전적으로 그 자신만의 독특한 인격체이며, 신약성경의 다른 영웅과 혼동될 수 없다. 예수는 1세기 유대교에서 무엇을 끌어왔든 간에 특정 전승의 일부가 아니다. 예수는 성경 외에는 이전 세대의 가르침을 인용하지 않는다. 예수의 손에서는 성경조차도 (랍비들처럼) 원전의 역할보다는 그의 가르침에 대한 예

---

43) 위의 주 19를 보라.

시와 모범의 역할이 더 크다.**44** 예수의 가르침에 권위가 너무 많이 부여되었을 것이다.**45** 그러나 이 주제의 신학적 역사를 무시하고 예수를 당시의 배경에서 보려고 해도, 독자들은 예수가 1세기 랍비가 아니라는 분명한 인상을 받게 된다. 예수는 집단적 창조적 노력의 일부가 아니며 권위를 주장하는 수단에 의존하지 않고 다른 유형의 권위에 호소한다.

하나님

이 시점에서 우리는 예수와 힐렐의 가장 두드러진 차이점인 하나님에게 도달하게 된다. 예수의 삶과 가르침에서 하나님의 중요성은 아무리 강조해도 지나치지 않는다. 예수는 하나님과 특별한 관계를 누리고, 하나님의 존재를 강하게 인식하고, 하나님에 대해 끊임없이 언급한다. 하나님과 예수의 이러한 밀접한 관계는 예수의 개성과 그가 발산하는 권위 모두를 설명하는 것처럼 보인다.**46** 바로 여기에서 힐렐과 예수 사이의 가장 큰 차이가 드러난다. 노골적으로 말하자면, 우리는 힐렐을 언급하는 모든 전승에서 단 한 번도 하나님을 언급하는 힐렐을 찾을 수 없다.**47**

힐렐은 분명히 하나님을 두려워하는 사람이었다. 그가 하나님과 개인적인 관계를 누렸다는 것은 의심의 여지가 없다. 그는 제자들에게 하나님에 관한 무언가를 가르쳤을 가능성이 크다. 그러나 전승이 그의 이름으로 기록하기로 선택한 것은

---

44) M. Hengel은 *The Charismatic Leader and his Followers* 에서 예수는 자신의 권위가 도전받을 때 논쟁의 맥락에서만 원문을 사용했다고 주장한(ET [Edinburgh, 1981], 46와 47을 보라)

45) M. Hengel의 *Charismatic Leader*, 65–69에서의 광범위한 논의를 참조하라. G. Friedrich, Προφήτης, TDNT, 6.841; M. Y. H. Lee, *Jesus und die Jüdische Autorität: Eine Exegetische Untersuchung zu Mk 11,27–12,12* (Wurzburg, 1986); 또한 C. Marucci, S.J., "Die implizite Christologie in der sogenannten Vollmachtsfrage (Mk 11,27–33)", *Zeitschrift für katholische Theologie* 108 (1986) 292, 주–1에 있는 광범위한 도서목록 주–1을 참조하라.

46) M. Hengel, *The Charismatic Leader*, 69를 보라.

47) Flusser는 힐렐의 자기 인식에 대한 논의에서 Bavli가 힐렐의 말을 각색한 것에 따르면, 힐렐의 일부 말의 주체는 힐렐 자신이 아니라 하나님일 가능성을 제기한다.(513쪽) 그러나 Flusser의 논의에서 알 수 있듯이 이러한 가능성은 어느 정도 억지다.

그것이 아니다. 우리는 특정한 강조점으로 구별되는 전승의 중재를 통해 힐렐이 우리에게 다가온다는 사실에 제한을 받는다. 따라서 우리는 힐렐의 개인적인 종교 생활에 대해 우리가 알고 싶은 모든 것을 알지 못한다. 그러나 바로 이러한 한계가 우리의 주장을 설명한다. 힐렐은 집단적 활동의 일부로서 그 집단의 관심사를 공유하며 우리에게 다가온다. 70년 이전의 랍비들은 하나님에 대해 거의 이야기하지 않는다.[48] 다시 말하지만, 이것은 하나님이 그들의 삶에서 부재한다는 것을 의미하는 것이 아니라 가르치고, 기록하고, 전수하는 것이 중요하다고 여기는 집단 문화적 관심사가 다르다는 것을 의미한다. 이들은 토라와 하나님을 섬기는 삶의 방식에 집중한다. 하나님은 랍비 무대에서 배우 중 한 명이 아니다.[49]

기도

예수와 힐렐의 삶에서 하나님이 차지하는 위치와 밀접한 관련이 있는 것은, 그들의 가르침을 기록한 전승에서 묘사된 것처럼, 각자의 가르침에서 기도의 역할이다. 앞서 언급했듯이, 랍비 단계는 전심으로 하나님을 섬기기 위해 행동하는 단계이며, 그 중심 수단 중 하나는 토라 연구다.[50] 점차 기도가 랍비 종교성에서 중심 역할을 하게 되었다는 점에 유의해야 한다.[51]

---

48) 물론 70년 이전의 랍비들은 그 시기에 우리에게 전해진 자료가 거의 없기에 거의 아무 말도 하지 않는다. 70년 이전 자료의 침묵에 근거한 모든 주장은 이러한 본질적인 유보 때문에 분명히 방해를 받는다. 그러나 종교 문학을 다룰 때, 아무리 제한적이더라도 주어진 진술에서 하나님과 그의 작품에 대한 이해를 기대하는 것은 그리 무리가 아닐 수 있다. 소초의 안티고노스(Antigonos of Socho)가 주인을 섬기는 하인들에 대해 말했을 때, 인간과 신에 대한 이해가 분명히 그 안에 표현되어 있다. 그러나 이 진술의 초점은 인간의 바른 종교적 의도다. 비유 자체에서 드러나는 것을 제외하고 우리는 비유에서 하나님 자신과 그분의 일에 대해 거의 배우지 못한다. 이 점에서 후기 랍비 문헌과 분명한 대조를 이룰 수 있다.

49) 이에 대한 가장 명확한 표현은 랍비 토론의 맥락에서 하나님에 대한 명시적인 거부에서 찾을 수 있는데, 유명한 논쟁은 b.BMes 59b에서 찾을 수 있다. 이 구절에는 두 가지 의견이 표현되어 있으며 탈무드 문학의 다른 구절에서는 분쟁을 해결하기 위해 하늘의 음성이 사용된다.(b.'Erub 13b 참조) 그러나 일반적인 랍비들의 합의는 b.BMes에서 다수 의견의 입장에 반영된다. 이러한 합의는 현실과 토라의 구성에서 인간에게 매우 적극적인 역할을 부여하는 랍비 종교의 전형적인 모습이다.

50) 위에 인용한 m.Ab 1:2, note 18을 참조하라. 기도는 세상을 지탱하는 기본 가치 중 하나로 나열되어 있지 않다. 성전 예배가 언급되어 있기에 이것은 당연한 일이다. 기도는 성전이 파괴된 후에야 종교적 표현의 주요한 형태로 등장한다. 이어지는 주(note)를 참조하라.

51) 랍비들이 토라를 기도보다 선호했다는 한 가지 증거는 m.Ab에서 토라 연구를 장려하는 많은 진술에 비

성전의 그늘 아래 살았던 70년 이전의 랍비 권위자들은 규칙적인 기도를 하지 않았기에 기도에 대해 언급하지 않는다.52 그러므로 우리는 힐렐의 기도에 관한 어떤 진술도 가지고 있지 않다. 힐렐이 어떤 형태의 기도를 실천했다고 가정할 수 있지만, 우리에겐 힐렐의 기도 활동에 대한 증언이 없으며 그에게 특별히 기록된 기도도 없다.53 이런 점에서 복음서에 묘사된 예수는 힐렐이나 70년 이전의 다른 랍비들과는 다른 점이 다시 한번 두드러진다. 예수의 빈번한 기도와 기도에 대한 가르침은 예수의 삶과 가르침에서 하나님이 중심이심을 반영하는 것 같다.

이 시점에서 두 문화 또는 학파의 각각의 관심사에 대한 가치 판단을 자제하는 것이 현명할 것이나 특정 설명은 필요하다. 랍비 문화는 하나님을 섬기는 데 있어 인류에게 큰 책임을 부여하기 위한 의식적인 선택으로 구성된다. "현자는 선지자보다 위대하다."54 이 현자 문화에서 지혜(또는 후대의 형태인 토라55)는 하나님을 경외하는 문화의 초점이며, 성경의 지혜 문학의 연장선으로 보아야 한다. 이는 70년 이전의 랍비 유대교에서는 부분적인 사실이다. 하나님을 경외하는 문화만이 하나님의 지혜를 전파한다. 지혜와 토라는 어느 정도는 하나님으로부터 자율적이

해 이 소책자에서 기도에 대한 언급을 거의 찾아볼 수 없다는 사실에서 찾을 수 있다. '아보트의 랍비 칙령에서 기도에 대한 유일한 언급은 성전 파괴 후 1세대에 R. 시므온 벤 네타넬이 쓴 2:13에 있다. (위, 참고 18) 논의에 따르면, '아보트의 초기 전통에서 토라와 사랑의 친절 행위가 파괴된 성전을 자연스럽게 대체할 수 있다는 것을 알 수 있다. 그러나 점차 기도가 사랑의 친절 행위를 대신하게 되고, 사라진 성전 예배의 대체물로 등장하게 된다. ARN A 4(Schecter, 21쪽) 참조. 기도에 대한 새로운 강조는 고정된 정기 기도의 새로운 할라카적 의무와 일치한다. E. Fleischer, "On the Beginnings of Obligatory Jewish Prayer"(in Hebrew), *Tarbiz*, 59 (1990) 397–441를 참조하라.

52) 다시 말하지만, 70년 이전 권위자들의 자료와 진술은 일반적으로 부족하다: 랍비 문헌의 대부분은 그 이후의 것이다. 기도를 포함한 특정 주제에 대한 진술이 부족하다고 해서 해당 주제에 대한 성찰이 전혀 없다는 의미는 아니다. 이는 해당 주제가 그 시대의 교사나 그들의 가르침을 보존한 전승에 충분히 중심적이지 않았기에 문헌에 기록되거나 다루어지지 않았다는 의미일 뿐이다.

53) 70년 이전의 권위자들에 의한 기도문은 거의 없다.(랍비 사독의 이름으로 된(?) t.Ber 3:7 참조) 랍비 기도에 대한 초기 언급은 t.RH 5:17에서 찾을 수 있다. 그러나 이것은 기도 자체에 대한 기록이지 특정 기도문에 대한 기록이 아니다. 이 시기의 기도문이 없다는 것은 고정된 기도의 진화를 고려할 때 그리 놀라운 일이 아닐 수 있다. 성전이 파괴되기 전에는 고정된 의무 기도가 존재하지 않았다는 Fleischer의 입장(위, 주 43)에 따르면, 특정 랍비에게 기인한 기도의 부재는 놀랄 일이 아니다. 이 문화가 기록하고 중요하게 여기기로 선택한 것은 기도의 공식이 아니라 토라의 가르침이다.

54) b.BB 12a. Shimon Ravidovitc, *Iyunim Bemachshevet Israel*, vol.1 (Jerusalem, 1969), 34–36을 보라.

55) 지혜와 토라의 동일시는 이미 Ben Sir 24에서 찾을 수 있다. 랍비 자료에서 흔히 볼 수 있다. 예컨대, GenRab 1:1을 참조하라.

다.[56] 따라서 70년 이전의 유대교에서는 하나님과의 개인적인 관계가 우선시되지 않았고, 종교와 경건은 실제로 개인의 삶의 중심이었지만, 전승된 자료에 기록된 것처럼 지혜에 더 중점을 두는 것이 일반적이다.

성경적 예언 전승

예수의 가르침에 지혜적 관점은 만연하다. 예수는 지혜 전승의 지속과 함께 성경의 예언적 전승도 이어간다.[57] 예수의 묵시적이고 종말론적인 메시지는 예언 전승의 한 표현이다. 이는, 랍비들과 관련해서 볼 때 예언자로서의 예수에게만 고유한 것이 아니다. 랍비들의 다양한 묵시적 발언은 예수의 말씀과 유사하다.[58] 그러나 묵시론적 진술뿐만 아니라 예수와 랍비들의 가르침에서 종말론적 차원과 묵시론적 차원의 상대적 중요성을 고려해야 한다. 각각의 말에서 유사점이 있음에도 종말론적 차원이라는 의미에서 예언적 차원은 랍비들의 세계관보다 예수의 가르침에서 분명히 훨씬 더 중심적이다. 따라서 예수는 랍비 표현의 전체성과 구별된다.[59]

우리가 예언자라고 말할 때, 예언자의 내용과 메시지뿐만 아니라 예언자를 특징 짓는 하나님과의 관계의 질을 언급한다. 랍비들이 성경의 지혜 유형에 속하는 것처럼 하나님과의 친밀한 인격적 관계와 예수의 삶에서 하나님의 임재의 힘은 성

---

56) 흥미롭게도 토라와 그 연구의 중요성에 대한 수백 개의 랍비 문헌 중 토라가 하나님께 접근하는 수단으로 작용할 수 있는 방식에 대해서는 거의 언급하지 않으며, 대부분의 계명과 달리 토라 연구는 하나님과의 관계의 각도에서 볼 수 있으며, SifDeut 49와 같은 구절의 함의는 토라가 하나님과 동등하다는 것이다. 따라서 토라는 하나님의 표상이다. 하나님에 대한 집착이 불가능하다면 토라에 대한 집착은 종교적으로 동등하다. 그러나 이러한 동등성의 본질에 대한 정확한 이해는 제공되지 않는다. 하나님과 토라가 동등하다고 여겨지기에 토라는 하나님과의 관계와 같은 더 높은 측면으로 이끄는 도구로 인식되는 경우는 거의 없다. 따라서 토라는 성경적 사고의 특정 부분 내에서 지혜가 그러하듯 랍비적 사고의 구조 내에서 기능적으로 자율적이다.

57) 예수의 인격에서 지각적 차원과 예언적 차원의 관계에 대해서는 M. Hengel, *Charismatic Leader*, 47-49, 63을 참조하라.

58) b.Şot 48b; b.Sanh 68a, 98a-b를 보라. 또한 나의 *Testaments in Rabbinic Literature: Transformations of a Genre*, JSJ 25.2 (1994)를 참조하라.

59) Hengel, *Charismatic Leader*, 63-69을 보라.

경의 예언자 유형에 속하는 전형이다. 따라서 랍비 문화 전체를, 특히 70년 이전의 랍비주의를 바라볼 때, 우리는 이 집단이 그 앞에 놓인 과제와 유대 역사의 가장 넓은 맥락에서 그 기능을 살펴볼 수 있을 뿐만 아니라, 성경적 유형의 관계성 및 후기 제2성전시대의 후대적 표현을 배경으로 평가할 수도 있다.**60**

예수의 사역과 힐렐의 사역을 구별하는 또 다른 중요한 측면은 예수는 참 교사-선지자이지만, 복음서에는 랍비 사역의 필수적인 부분이 아닌 한 가지 특별한 활동이 예수의 삶에서 주요한 위치를 차지했다고 기록되어 있다. 나는 이를 치유자로서의 예수의 사역이라고 말한다. 복음서에 묘사된 예수의 치유 사역은 육체적 치유뿐만 아니라 영적 치유도 포함한다. 사실, 귀신축출(exorcism)은 예수에게 나타난 독특한 임재와 그분의 행동의 종말론적 중요성을 나타내는 역할을 한다.**61** 치유는 교사 예수에게 부수적인 것이 아니라 그분의 사역에서 독특하고 뚜렷하며 중심적인 측면을 나타낸다.

이를 랍비에 대해 우리가 알고 있는 것과 비교해 보면 대조가 분명하다. 우리에게는 랍비들이 치유 사역을 수행했다는 기록이 있다.**62** 드물게 랍비들의 귀신축출에 대한 언급도 있으나**63** 힐렐은 치유자로 여겨지지 않으며, 70년 이전의 다른 랍비들도 마찬가지다. 더욱이 치유는 어떤 랍비의 자기 인식이나 랍비 문화의 일부로 간주된 적이 없다. 치유는 특정 랍비들의 지혜의 부산물일 수 있으며 그들 안에 하나님의 능력이 있다는 증거로 작용할 수 있다. 그러나 그것은 그들의 자기 이해를 구성하는 것은 아니다. 예수의 삶에서 기도의 특별한 역할과 그에게 귀속된 치

---

60) 하시딤과 성경 선지자들 사이의 유형학적 유사성에 대해서는 G.B. Sarfatti, "Pious Men, Men of Deeds, and the Early Prophets" (in Hebrew), 〈Tabiz〉 26 (1957) 126-53을 보라; G. Vermes, *Jesus the Jew* (London, 1976), 76-7을 참조하라. 하나나 벤 도사는 자신이 선지자인지 물었을 때 "나는 선지자가 아니다. 선지자도 아니고 선지자의 아들도 아니다."(b.Ber 34b)라고 대답한다. 예언자 지위에 대한 이러한 부정은 사실 아모스 7:14에서 비롯된 것이다. 이 인용문은 하시딤과 초기 예언자 사이의 복잡한 관계를 잘 보여준다. 또한 하시딤의 행위에 나타난 고전적 랍비 권위와 권력 사이의 긴장은 유대 종교의 이 시기에 현자와 예언자 유형 사이의 긴장을 보여주는 또 다른 표현으로 볼 수도 있다. 이 긴장에 관해서는 b.Ber 34b; m.Taan 3:8, Vermes, *Jesus the Jew*, 80-82을 보라.

61) M. Hengel, *Charismatic Leader*, 65-67을 보라.

62) b.Ber 5a와 J. Preuss, *Biblical and Talmudic Medicine*, ET (1978), 21-23을 참조하라. 그러나 이 치유 대부분은 치료자 자신의 힘이 아니라 약초와 약품에 의존한다.

63) b.Me'17b와 Me'ir Bar Ilan, "Exorcism by Rabbis", *Da'at* (곧 출간될 예정)을 참조하라.

유 사역 사이의 관계는 분명해 보인다. 두 가지 유형의 활동 모두 랍비 문화의 배경에서 볼 때 힐렐과는 다른 사역 방법과 강조점을 나타낸다. 이 차이는 힐렐과 예수 사이의 주요 계급 구분을 다시 한번 지적한다. 이들은 사소한 차이점이 있는 두 유형이 아니다. 근본적으로 다른 두 가지 유형이다.

결론

이제 위의 논의가 우리의 주제인 예수와 힐렐에 미치는 영향에 대해 다시 살펴보자. 그러한 병치가 유형의 본질적인 정체성을 전제한다면 칭찬할 것이 거의 없다. 그러나 힐렐을 예수와 동시대인 70년 이전 랍비의 대표적인 예로 본다면 역사적 **비교**는 매우 중요한 의미가 있다. 이를 통해 두 인물은 각자의 고유성과 그들이 속한 문화와의 관계에서 더욱 명확하게 드러낸다. 그러나 힐렐은 예수의 더 넓은 역사적 배경을 보여주는 하나의 표현일 뿐이며, 예수를 이해하려면 바리새인, 하시딤파, 랍비뿐만 아니라 에세네파를 언급할 필요가 있다.

힐렐과 예수의 그룹화가 암시하는 특정 유형의 비유는 중요할 수 있지만, 그 의미는 제한적이다. 힐렐은 그의 집단 문화의 일부로 간주하여야 하며, 예수는 그가 접촉할 수 있었던 다양한 문화의 배경에 비추어보아야 한다. 모든 역사적 유사점을 찾아내면 예수와 기존의 팔레스타인 영성 사이에 본질적인 유사성이 있다고 가정할 수 없을지도 모른다. 예수는 다양한 역사적 출처에서 파생된 다양한 요소들을 다 합친 것을 넘어서는 존재로 드러날 수 있다. 이 정도의 **역사적** 고유성이라면 "예수와 X" 토포스를 예수의 역사적 배경에 적용하는 데 얼마나 의미가 있는지 의문이 든다.

앞으로 우리는 역사적 예수에 대한 유사점과 출처에 대한 탐구를 "예수와 X" 토포스와 분리해야 한다. 이 범주에 속하는 논의의 틀은 유형학적 비교가 가능한 사례에 한정되어야 한다. 예수가 그의 배경에 비추어 볼 때 독특하다면 유형론적, 현상학적으로 볼 때 비교의 관점에서 볼 수 있으며, 이 토포스를 다른 종교 전통뿐만 아니라 후기 유대 역사 속 인물들에게도 적용하는 것은 가능하고 유익하다.

3장 _ 힐렐과 현대 학계에서 유대교에 대한 오해

모셰 와인펠드

이 논의의 출발점은 유대교에 대한 J. 웰하우젠의 견해다. 웰하우젠은 구약과 신약의 뛰어난 학자로서 "언어학적 고찰에 기초한 역사적 해석(Historical Interpretation based on Philological Examination)"을 평생의 목표로 삼았다.[1] 그러나 웰하우젠은 제2성전시대의 역사적 재구성에 랍비 문헌을 포함하지 않았다는 사실을 주저 없이 인정했다. 그는 요세푸스만 읽었고 다른 신학자들은 그조차 읽지 않았다.[2]

브리태니커 백과사전의 "이스라엘"에 대한 항목에서 웰하우젠은 유대교를 다음과 같이 정의했다:

> 유대교는 역사적으로 이해할 수 있지만, 그것은 역설 덩어리이다.… 천지의 창조주가 사소한 구원 계획의 관리자가 된다; 살아 계신 하나님은 율법[예수 교육의 기초가 된 바로 그 율법!-M.W.]을 위한 길을 만들기 위해 보좌에서 내려오신다. 율법은 모든 곳에서 자신을 밀어붙이고, 하늘로 가는 길을 명령하고 막고, 지상에서 역사하시는 신성한 것에 대한 이해를 규제하고 한계를 설정한다. 그것은 종교에서 영혼을 빼앗고 도덕성을 망친다. 그것은 하나님을 섬길 것을 요구하는데, 비록 계시되기는 하지만 진리와 함께 스스로 선택된 부자연스러운 것이라고 할 수 있으며, 그 의미와 사용은 이해나 마음에 분명하지 않다. 노동은 수행이 목적이며, 누구에게도 유익을 주지 못하고 하나님도 사람도 기뻐하지 않

---

1) 주-12를 보라.
2) 위와 동일.

는다.… 이상은 이 땅에서 선을 행하는 긍정적인 것이 아니라 죄로부터 자신을 지키는 부정적이다. 손의 직업과 마음의 욕망이 무너진다.… 선한 자와 선함 사이에는 아무런 관련이 없다. 그리고 마음의 욕망은 무너진다.… 선한 자와 선함 사이에는 아무런 연관성이 없다.3

그는 계속해서 주장한다.

복음이 구약의 숨겨진 충동을 발전시키지만, 유대교의 지배적 경향에 대한 항의라고 주장한다. 예수는 동시대 사람들과는 다른 방식으로 일신론을 이해한다.… 그는 인생 전체를 지배하는 하나님의 현실을 느끼고 모든 무의미한 말에 대한 설명을 요구하는 심판자에 대한 두려움에 숨을 쉬고 있다. 이 유일신교는 규정된 봉사에 만족하지 않고, 얼마나 많고 위대한지, 온전한 인간을 요구하며, 이중적인 마음과 위선을 불가능하게 만든다. 예수는 율법의 행위, 손과 그릇을 씻는 것, 박하와 커민의 십일조, 안식일에 선을 행하는 것조차 금욕하는 것을 조롱한다. 무익한 자기 성화에 반대하여 그는 또 다른 도덕 원칙, 즉 이웃을 섬기는 도덕 원칙을 세운다.4

다음 내용도 같은 맥락이다. 웰하우젠은 계속해서 교회를 찬양하고 유대교를 폄하한다.

웰하우젠의 『이스라엘과 유대인의 역사(Israelitische und j dische Ges-

---

3) *Encyclopedia Britannica*, 9th ed., 1881, Vol XIII, 369-431.
4) Reprinted in J. Wellhausen, *Prolegomena to the History of Israel*, J. Black과 A. Menzies번역 (Edinburgh, 1885), 508-10. 이 연구의 독일어판은 J. Wellhausen, *Skizzen und Vorarbeiten: Erstes Heft* (Berlin, 1884)을 보라.

chichte)』에서도 편견의 일색이다.5 이 책에서 그는 신약성경은 "참 이스라엘"의 영적 창조성의 정점으로 제시하는 반면, 중세에 번성했던 방대한 히브리 문학은 이스라엘 전승의 진정한 뿌리에서 나온 것이 아니라고 주장한다.6 그의 결론은, 유대교는 구원을 개인의 종교적, 윤리적 행동과는 무관한 기적적인 사건으로 본다는 것이다. 하나님 앞에서 개인의 책임이라는 개념은 유대교에서 멀리 떨어져 있다.7

여기서 웰하우젠이 상황을 바라보는 시각은 완전히 왜곡되어 있다.8 유대인의 할라카가 그 신봉자들에게 노동인 것은 사실이지만,9 그 준수는 결코 "운동을 위한 노동"이 아니다. 할라카는 오히려 하나님을 위해 전인적으로 봉사하는 데 필요한

---

5) 7th ed. (Berlin, 1914; originally published in 1894)
6) "중세 후기의 광범위한 유대인 문학은 실제로 고대의 뿌리에서 성장한 것으로 볼 수 없다.(358)
7) "Israel", 364ff.
8) 그의 견해는 독일의 동시대 학자들, 특히 E. Schurer와 W. Bousset의 견해와 일치한다. 이들 중 상당수는 랍비 문헌을 연구하거나 유대인 학교와 회당의 문헌을 읽으려는 노력을 기울이지 않았다. 그런데도 그들은 자신감 있게 유대교를 정의했다. 예컨대, G. F. Moore: "Bousset은 지식이 부족한 부분을 자신의 의견에 대한 긍정성과 자신감으로 채웠다.… 근거 없는 주장을 억지로 반복함으로써…." ("Christian Writers on Judaism," HTR 14 [1921] 242)
      19세기 독일 신학자들의 반유대주의 분위기에 대해서는 J.Blenkinsopp, Prophecy and Canon (Notre Dame, 1977), 19-20와 또한 JSOT 17(1979) 66-67쪽의 W. MeKane과 그의 반응, JSOT 18(1980) 105-7쪽의 McKane에 대한 Blenkinsopp의 반응도 참조하라. Wellhausen 당시의 종교적 정서에 대해서는 최근의 글인 L. H. Silberman, "Wellhausen and Judaism: Julius Wellhausen"과 그의 Prolegomena to the History of Israel Semeia 25 (1982) 75-82을 보라.
      R. Smend는 그의 논문 "Wellhausen and Judaism"(ZTK 79 [1982] 249-82)에서 유대인과 유대교에 대한 Wellhausen의 태도에 대해 철저하고 가치 있는 논의를 제시했다. Smend는 당시에는 Wellhausen처럼 생각하거나 말한다고 해서 비난받을 사람은 아무도 없었다고 올바르게 결론지었다. 물론 그렇다고 해서 그와 그의 동시대 사람들이 반유대주의적 감정이 없었다는 것은 아니다. Wellhausen은 유대인의 생존에 대해 전혀 기뻐하지 않았고, 다른 경우에는 유대인에 대한 혐오감을 숨기지 않았다. (R. Smend, Wellhausen und das Judentum, 269, 주-95를 보라.)
      Nicoll이 Greifswalg 근처 Eldena에서 Wellhausen과 만난 의정서(1881년 3월 8일)에 따르면: "Wellhausen은 유대인을 증오한다."(T. H. Darlow, William Robertson Nicoll: His Life and Letters 〈London, 1925〉, 42을 참조하라) 그러나 ZTK 78 (1981) 165에서 R. Smend의 조건을 참조하라. 우리는 Wellhausen의 개인적인 감정은 학문적 문제에 있어서는 중요하지 않다는 것을 인정해야 하며, 우리가 보여주고자 하는 것은 Wellhausen이 유대인에 대한 개인적인 감정이 어떠했든 간에 그의 유대교에 대한 특성화는 거짓이라는 것이다.
9) 따라서 그 경직성, 경직성 등에 대한 다양한 불만들, 특히 Buber에 대한 불만들은 R. 스멘드, ZTK 79 (1982) 278, 140-41쪽의 참고 문헌을 참조하라. 제도화된 종교에 대한 Buber의 태도에 대해서는 Y.Amir, "Buber and the Synogue," Here and Now: Studies in the Social and Religious Thoughts of M. Buber (Jerusalem, 1982), 115-18 [히브리어]을 참조하라.

교훈적인 규율이다. 따라서 할라카가 마음의 계명과 "삶의 전체를 지배하는 하나님의 실재"를 무시한다는 주장은 대단히 잘못된 표현이다. "내가 여호와를 항상 내 앞에 두었나이다."(시 16:8)라는 말씀10이 모든 회당의 강단에 눈에 띄게 표시되어 있다는 사실을 웰하우젠은 전혀 알지 못했고, "암기로 배운 사람의 계명"에 맞서 투쟁하는 유대교에 대해서도 아는 바가 없었던 것 같다.(מצות אנשים מלומדה)11

웰하우젠 자신은 일부 미쉬나와 메킬타를12 제외하고는 랍비 문헌을 공부한 적이 없다고 고백한다.13 따라서 그는 바리새파 유대교가 무엇이고 무엇이 아닌지 말

---

10) 이 구절과 다른 성경 구절의 번역에서 나는 미국 유대인 출판협회에서 발행한 최근 번역 성경을 사용했으며, 문맥에 따라 협회의 번역에서 벗어난 부분을 사용했다.

11) 예컨대, Bahya ibn Paquda's *Duties of the Heart*, M. Hyamson 번역 (Jerusalem, 1962), 특히. Vol. II, 144-51 ("Repentence," Chapter V)와 198-201 ("Spiritual Accounting," III장)을 참조하라. 중세 철학자의 생각과 그 공식화는 사 29:13에서 파생되었다 (중세 유대인 저술의 뿌리가 부정확하다는 Wellhausen의 생각에도 불구하고!)

12) (역주) Mekhilta는 출애굽에 대한 미드라쉬(주석)이다.

13) 〈Die Pharisaer〉, 123, 주 1. 다른 주(note)에서 (19, 주-1)에서 그는 미쉬나는 처음부터 끝까지 바리새인들의 특징이며, 모두 같기에 자세히 설명할 필요가 없다고 말한다. 미쉬나를 제대로 공부한 사람이라면 누구도 그런 말을 하지 않았을 것이다. Wellhausen에 대한 자신의 연구 *Das Judentum im deutschen Geschichtsbild von Hegel bis Max Weber* (Tubingen, 1967), 245-68)에서 H. Liebeschutz가 지적한 것처럼, 랍비 문헌에 관한 면밀한 연구를 포기한 의식적인 결정은 문헌학적 고찰에 기초한 역사적 해석을 평생의 야망으로 삼았던 학자의 입장에서는 특히 놀랄만한 일이다. Liebeschutz의 연구는 고인이 되신 I. L. Seeligman 교수의 소개로 알게 되었다. Wellhausen의 바리새인에 관한 연구에 대해 그의 헌신적인 친구인 Wilamowtiz-Moelendorf는 자신은 랍비학에 대한 학습이 없이 이 작품을 썼다고 증언했다. Wellhausen은 "나는 요세푸스만 읽었고, 신학자들은 *Eriinerungen* (1848-1914; [Leipzig, 1928], 188) 조차도 읽지 않았다."라고 말했다.

유대인 자료에 대한 이러한 무지는 Wellhausen이 바리새인 시대 (즉, 예수 시대)에 대한 연구에서뿐만 아니라 오경의 제사장 법전에서 다루는 주제에 대한 평가에서도 마찬가지다. 예컨대, 제사장에게 주어진 "어깨, 두 뺨, 입"에 대한 논의에서 그는 요세푸스(*Prolegomena* 6, 14, 참고 8 (ET, 154)를 언급하지만 미쉬나(Hulin 10:1, Sifra 17:6 비교)는 언급하지 않았다. 다른 곳에서, 그는 성막을 세운 이래로 미쉬나가 성소를 불법화한 것을 논의하면서 Zebahim 14:4의 미쉬나를 (라틴어로!) 인용하지만, 그 뒤에 나오는 Mishnayot에 대해서는 언급하지 않고 그 이후의 성소 합법화에 대해 말한다.(*Prolegomena* 6, 37, 주 1 [ET에서는 찾을 수 없음]) Y. Kaufmann만은 Wellhausen이 고의로 왜곡했다고 비난하지만〈History of the Israelite Religion, vol. 1 [Tel Aviv, 1938], 132, 주-34 [Hebrew]〉, 이는 결함이 있고 불완전한 2차 자료를 인용한 것일 가능성이 크다. 랍비 자료를 다루는 Wellhausen의 피상성은 탈무드 주의자들에 대한 증오보다 훨씬 더 심각한 단점이며, 그에게 증오가 부족하지 않았다 (참조 : *Die Pharisaer*, 123)

Wellhausen 시대의 신약학자들 사이에서 유대교 자료에 대한 학습이 부족했던 것에 관해서는 *Christian Writers on Judaism* (주 4)의 G.F. Moore를 참조하라. "Schurer, Baldensperger, Weiss, Bousset 등 이 모든 저자들이 신학자였다는 것은 중요한 의미가 없는 것은 아니며, 이들 중 가장 나이가 많은 사람은 30세를 거의 넘기지 않았다. Schurer는 랍비 자료에 대해 알아야 한다고 생각한 유일한 사람이었고, 그는 Surenhusius' Mishnah에서 '율법주의'를 입증하기에 적합한 자료를 발견했다. 그 이후로는 다른 학자들은 이제는 나아가지 않았다."

Bousset의 예수에 관한 책에서 유대교에 대한 가장 큰 왜곡 중 하나는 예수에 관한 그의 책 (*Jesus Predigt in ihrem Gegensatz zum Judentum*, 1892)에서의 "나중에 유대교는 이름도 없고 실제로 아버지 하나님

할 자격이 없다. 웰하우젠이 확실히 배우지 않은 미쉬나 구절 중 현자가 한 말 중 하나는 **"사람은 마음을 하늘로 향하는 한** 헌금을 많게도 적게도 할 수 있다."(m. Men 13:11)는 격언이다. 웰하우젠이 이를 배웠다면 유대교는 율법적인 행위와 올바른 생각과 "마음의 이해"를 분리한다고 주장할 수 없었을 것이다.

또한 웰하우젠은 유대인의 종교적 경험이 계명을 성취하는 기쁨의 경험이라는 것을 모르는 것이 분명하다. 율법은 실천을 위해서가 아니라 창조주의 뜻을 수행하기 위해 준수된다. 웰하우젠은 유대교가 회당, 가정, 시장과 같은 삶의 모든 영역을 신성한 봉사의 지속적인 행위로 만들면서 종교로부터 율법의 분리를 근절함으로써 삶을 거룩하게 한다는 사실을 완전히 놓쳤다. 유대인이 내딛는 모든 발걸음은 하나님의 뜻을 실현하고 있다는 자각에서 비롯된다.

웰하우젠이 유대교의 정반대 개념으로 예수를 지목한 진정한 유일신교는 "규정된 예배에 만족하지 않고 전인적인 예배를 요구하는 것"이라는 개념은 사실 유대적 견해다. "너희의 모든 행위는 하늘을 위하여 행하라"(m.Ab 2:12)는 랍비 요세가 말한 것으로 인용되나 다른 곳에서는 장로 힐렐이 천국을 위해 먹고, 마시고, 목욕하는 등의 행위를 했다고 전해지는 데서 유래한 것이다.14 아모라 바르 카파라15(b. Ber 63a)의 말에도 다음과 같은 개념이 표현된다. "토라의 모든 율법은 어느 짧은 구절 아래에 요약되어 있는가? '네 모든 길에서 그를 알라'"(잠 3:6)

예수는 당시 유대교에 불고 있던 논쟁을 지속시키고 있었다. 힐렐은 모든 행위를 하늘을 향해 하라고 요구했다. 샴마이는 그러한 종교적 의도는 신성한 명령을

의 신앙도 없었기에 그것에 올라갈 수 없다." 라는 그의 언급이다. (G.F. Moore의 *Christian Writers on Judaism*, 242를 참조하라) 유대인 기도서를 펼치는 사람은 누구나 אבינומלכנו ("우리 아버지, 우리 왕") 또는 אבינו שבשמים ("하늘에 계신 우리 아버지")라는 문구를 거의 놓치지 않을 것이다.

14) ARN B 30 (ef. Schechter edition, p. 66)과 E. E. Urbach, *The Sages: Their Concepts and Beliefs*, vol. 1 (Jerusalem, 1975), 339–42을 보라. Urbach는 "힐렐의 입장에서 계율의 준수에 대한 위험을 간과할 수 없다. 왜냐하면 모든 행위가 하늘의 이름으로 행해질 수 있다면, 계율의 절대적 가치에서 무언가가 추상화되고 주에 대한 지식과의 연관성이 명확하거나 단순하지 않은 의식법들의 가치가 무효화될 가능성이 열려 있기 때문이다. 그리고 복음서에 기록된 것처럼 예수는 그러한 극단적인 결론에 도달하여 할라카에 대해 논쟁을 벌였다."(341)고 썼다. 어쨌든 이런 종류의 일신론을 창안한 이는 예수가 아니다.

15) (역주) Bar Kappara는 기원전 2세기 말에서 3세기 초(즉, 탄나임과 아모라임 사이의 시기)의 유대인 학자였다.

수행하는 행위에만 필요하고 다른 행위에는 필요하지 않다고 주장했다.[16]

웰하우젠은 힐렐이 아닌 샴마이를 인용했지만, 유대교는 힐렐의 견해를 채택했다.[17] 유대교는 계명을 몇 가지 윤리적 종교적 원칙의 구체화로 이해한다:

> 랍비 심라이가[18] 설교했다: 모세에게 6백 13개의 교훈이 내려졌다: 3백 65개의 금지는 태양의 일수에 해당하며, 2백 48개의 명령은 사람의 신체 기관의 수에 해당한다.··· 다윗은 기록된 대로 그 수를 11개로 줄였다: '다윗의 시편 '주님, 누가 주의 장막에 거할 수 있습니까?' 흠 없이 사는 사람, 옳은 일을 하는 사람···. 이웃에게 해를 끼친 적이 없는 사람' (시 15:1-5)···. 이사야는 '의로 행하는 자는 정직하게 말하며' (사 33:15)라고 기록된 대로 그 수를 여섯 명으로 줄였다. ···, 미가는 '사람아, 주께서 선한 것이 무엇이라고 말씀하셨나니···. 주께서 너희에게 요구하시는 것은 정의를 행하며···. 인자를 사랑하며···. 겸손히 행하는 것이니라' (미 6:8)라고 기록된 대로 그 수를 세 명으로 더 줄였다.··· 다시 이사야가 와서 '주께서 이같이 말씀하셨다' 라고 기록된 대로 그 수를 두 명으로 줄였다: 너희는 옳은 것을 지키며 공의로운 것을 행하라' (사 56:1)···. 아모스는 마침내 '주님께서 이스라엘 족속에게 이처럼 말씀하신대로 그 수를 한 명으로 줄였다: 나를 찾으면 살리라' (아모스 5:4)(b.Mak 23b-24a)

이 강론의 요점은 신성한 명령의 본질과 그에 수반되는 모든 개별 교훈은 아무리 작은 것이라도 일반적인 종교적-윤리적 요구로 표현될 수 있으며, 고전적 예언자들과 시편 기자들은 이 사실을 확인했다는 것이다. 탈무드의 또 다른 인물인 랍

---

16) Urbach, *Sages*, 450을 참조하라.
17) 웰하우젠은 바리새인의 태도를 특징짓기 위해 안식일에 대한 힐렐의 견해가 아닌 샴마이의 견해를 인용하여 그림을 왜곡했다.(*Die Pharisaer*, 19; ET, 116) 샴마이와 힐렐 사이의 논쟁의 신학적 측면에 대해서는 Urbach, *Sages*, 340을 참조하라.
18) (역주) 랍비 심라이는 3세기 이스라엘에 살았던 탈무드 랍비(아모라임의 2세대)였다.

비 나흐만 바르 이삭[19]은 아모스의 구절에서 심라이가 표현한 것처럼 계명의 수를 하나로 줄이는 것이 하박국의 "의인은 그의 믿음으로 살리라"(합 2:4)라는 말에 더 잘 표현되어 있다고 말한다. "의인의 믿음"이 율법 전체와 동등하다는 이 개념은 갈 3:11-12에서 찾을 수 있으나 탈무드 구절과는 달리 토라의 계율 준수와 관련한 바울 논쟁의 일부로 등장한다.

우르바흐(Urbach)는 심라이의 강론이 주로 인류가 공간적으로나 시간상으로 하나님 뜻의 성취에 전적으로 참여해야 한다는 생각을 표현하기 위한 것임을 깨달았다.[20] 따라서 개별 계명은 인간이 하나님에게 복종하고 하나님에 가까워지는 것을 자세히 설명하고 구체화한 것에 지나지 않는다. 이는 웰하우젠이 바리새인에 관한 저서에서 주장한 견해와 정면으로 반대된다:

> 파생물의 총합은 근원을 질식시켰고, 기록된 율법의 613개 계명과 기록되지 않은 율법의 수천 가지 계명은 양심의 여지를 남기지 않았다. 수단의 합이 목적이 되었고, 하나님은 토라 위에 잊히고 그분께 접근하는 것이 예절 위에 놓이게 되었다.[21]

같은 랍비 심라이도 토라는 친절의 행위로 시작하고 친절의 행위로 끝난다고 설교했다. 토라는 하나님께서 아담과 그의 아내에게 옷을 입히시는 것으로 시작하여 모세의 장례식에 참석하는 것으로 끝난다.(m.Sot 14a) 하나님이 직접 실천하신 사랑의 친절(חסד)이 율법의 알파요 오메가라는 교훈은 분명하다.[22] 바리새파

---

19) (역주) 랍비 Nahman bar Yishak은 Nehardea에서 뛰어난 판사였으며 귀족과의 혈연과 부를 바탕으로 학자들 사이에서 특별한 영향력을 행사했다.

20) Urbach, *Sages*, 343-45.

21) *Die Pharisäer*, 19. 대부분의 기독교학자들은 유대교의 본질에 대한 진정한 이해를 얻지 못했기에 이와 같은 견해를 가졌다. 영국의 성경학자 G. A. Smith는 신 4:7에 대해 이렇게 기록했다. "하나님을 가까이 모시는 위대한 민족이 어디 있겠는가…? 율법적 유대교는 하나님(즉, 신 4:7에서 활동하시는 분)이 항상 가까이 계신다는 감각을 잃었고, 그 상실을 종말론으로 보상하지 않았다." (*Deuteronomy*, Cambridge Bible [Cambridge, 1918], 60) 최근에야 기독교학자들이 유대교에 대해 알기 시작하면서 그 추세가 역전되었다; C. Klein, *Theologie und Anti-Judaismus* (Munchen, 1975)을 참조하라.

22) Pseudo-Jonathan과 신 34:6을 참조하고 마 25:31-39을 비교하라. 3세기의 현자인 랍비 Simlai는 일종의

유대교는 제사장 종교의 산물이다. 그러므로 도덕적 무감각이 특징이라는 웰하우젠의 주장은 타당치 않다. 따라서 도덕적 불감증은 용납될 수 없다.[23] 레위기 19장(특히 14, 18, 32-34 참조)과 25장(특히 1, 17, 36, 43 참조)은 도덕적 요구로 가득하다)에는 소경 앞에 걸림돌을 놓지 말 것(19:14), 이웃을 사랑할 것(19:18), 노인의 얼굴을 공경할 앞엣것(19:32), 외국인을 사랑할 것(19:39), 속이지 말 것(25:17), 이자를 받지 말 것(25:36), 노예를 엄하게 부리지 말 것(25:43) 등 도덕적 요구로 가득 차 있으며, 제사장 법이 도덕적으로 냉담하다는 생각은 바리새 유대교의 개념만큼 왜곡된 것이다. 웰하우젠은 유대교의 진정한 맥박을 느끼지 못했다. 랍비들에게 계명을 수행할 때 올바른 의도(kavvanah)는 항상 중요한 문제였다.[24] 웰하우젠의 주장대로 계명이 단지 실천에 불과했다면 이 주제에 대한 탈무드의 많은 논의는 있을 곳이 없었을 것이다.

기독교 도덕

웰하우젠에 따르면 종교는 기독교 도덕에서 정점에 도달했다. 그러나 이 기독교 도덕 자체는 복음서가 증명하듯이 바리새적 유대교에 뿌리를 두고 있다,

그 중의 한 율법사(νομικός)[25]가 예수를 시험하여 묻되 선생님 율법 중에

'사도' (또는 사자-현자)였다. 그는 설교를 통해 기독교인들과 논쟁을 벌였다.(cf. B.Z. Rosenfeld, "The Activity of Rabbi Simlai : A Chapter in the Relations Between Eretz-Israel and the Diaspora in the Third Century," Zion 48 [1983] 229-39) 이러한 배경에서 우리는 그의 설교와 신약성경의 유사성을 이해해야 한다.

23) "거룩함에 필요한 것은 선을 행하는 것이 아니라 죄를 피하는 것이었기 때문이다." "Israel",9 Encyclopedia Britannica, reprinted in ET of Prolegomena, 500.

24) 참조. Urbach, Sages, 390-95.

25) 눅 10:25 비교. 마카비4서 5:4에서 안티오쿠스 앞에 서 있는 엘르아살은 νομικός라 불렸다. 마카비2서 6:18에서 그는 "최초의 서기관 중 한 사람, 즉 토라의 해석에 종사하는 사람(התורה מדרש)" 이라고 불린다; tōpeś Torah(집회서 15:1)와 dōreś Torah(35:15, 쿰란 구절 참조)를 비교해 보라. 후자는 때때로 바리새파 서기관들 사이에서 간주하지만 그들과 같지는 않다; 예컨대, 눅 11:45에서 νομικός는 자신을 바리새인 중 한 명으로 보지 않는다. 바리새인은 종파의 구성원이고 soferim은 관리와 여러 성전 서기관이며 νομικός 배운 율법 설교자이자 해석가이다. νομικός로서의 모세에 대해서는 S. Lieberman, Hellenism in Jewish Palestine (New York, 1950), 81-82을 보라.

서 어느 계명이 크니이까 예수께서 이르시되 네 마음을 다하고 목숨을 다하고 뜻을 다하여 주 너의 하나님을 사랑하라 하셨으니 이것이 크고 첫째 되는 계명이요 둘째도 그와 같으니 네 이웃을 네 자신 같이 사랑하라.26 이 두 계명이 온 율법과 선지자의 강령이니라.(마 22:35-40)27

'큰 계명'에 대한 바리새인의 질문은 랍비 아키바의28 교훈인 "네 이웃을 네 몸과 같이 사랑하라'라는 율법의 주요 원칙이다."(SifLev 19:18)와 상당 부분 일치한다.29

반면에, 모든 율법과 선지자들이 이 두 계명에 달려 있다는 예수의 말은 힐렐이 "한 발로 서서" 토라 전체를 가르치는 조건으로 개종하고자 하는 이방인에 대한 힐렐의 반응과 일치한다." 힐렐은 "네게 싫은 것은 네 이웃에게 하지 말라"며 "이것이 토라 전체의 내용이며, 나머지는 모두 가서 공부하라(즉, 나머지는 모두 해석이다)"고 대답했다.(b.Shab 31a)30 이 말은 팔레스타인 타르굼에 "네 이웃을 네 몸과 같이 사랑하라."는 레 19:18의 번역으로 등장한다.31 막 12:28-33의 평행구절은 다음과 같다.

---

26) Ἀγαπήσεις κύριον τὸν Θεόν σου ἐν ὅλῃ τῇ καρδίᾳ σου ... ψυχῇ σου ... διανοίᾳ σου. διανοίᾳ(참조. 막 12:30; 눅 10:27)라는 단어는 히브리어 דעת로 LXX에는 나타나지 않는다. 나는 히브리어 יצר가 창 6:5; 8:21; 대상 29:18; "네 마음을 다하여"에 대한 미드라쉬 주석과 일치하다고 믿는다.(즉, 당신의 두 성향으로 יצרך; Sifre Debarim 32, 편집. Finkelstein, 55 및 참고 문헌) 대조적으로, 막 12:336의 σύνεσις(intelligence)는 랍비 히브리어에서 고전적 leb를 대체한 히브리어 da' at의 mada'와 동일하다.(A. Ben David, *Leshon Miqra Uleshon Hakamim*, Vol. 1 [Tel Aviv, 1967], 92를 보라; 또한 신 6:5에 대한 the commentary of Abraham Ibn Ezra을 참조하라. לבבך נפשך ומאדך는 Qumran에서 "지능[דעת], 힘[כח], 재산[הון]"으로 나타난다.(1QS 1.12; 3.2 참조) LXX는 신 6:5에서 מאד를 그리스어 *loxúc or Súvajus*로 번역했다.(아래 25번 참고) 아람어로는 מאד nks(재산) 또는 mmwn(돈; 아래 참조)으로 번역한다. CD 13.11과 나의 논문, *Iyunim bemigra: Sefer zikkaron le-Y. M. Grintz* (Tel Aviv, 1982), 41-47을 참조하라.

27) Sifra, Kedoshim 1:1 참조: "[이 장]이 온 백성에게 말한 이유는 무엇입니까? 율법의 핵심이 그 안에 포함되어 있기 때문입니다." D. Flusser, *Yahadut umeqorot hanatsrut* (Tel Aviv, 1979), 36을 보라.

28) (역주) 랍비 아키바라고도 함, 1세기 후반과 2세기 초의 탄나이트, 선도적인 유대인 학자이자 현자로 토사포트에서 "현자의 수장"으로 불린다.

29) D. Flusser, *Yahadut umeqorot hanatsrut*를 보라. 이하 역자 생략

30) 참고. ARN B 26 (Schechter ed.,53)

31) 이 격언과 그 출처에 대해서는 Urbach, *Sages*, 589과 955, 주-93을 보라.

서기관 중 한 사람이 그들이 변론하는 것을 듣고 예수께서 잘 대답하신 줄을 알고 나아와 묻되 모든 계명 중에 첫째가 무엇이니이까 예수께서 대답하시되 첫째는 이것이니 이스라엘아 들으라 주 곧 우리 하나님은 유일한 주시라 네 마음을 다하고 목숨을 다하고 뜻을 다하고 힘을 다하여 주 너의 하나님을 사랑하라 하신 것이요[32] 둘째는 이것이니 네 이웃을 네 자신과 같이 사랑하라 하신 것이라 이보다 더 큰 계명이 없느니라 서기관이 이르되 선생님이여 옳소이다 하나님은 한 분이시요 그 외에 다른 이가 없다 하신 말씀이 참이니이다 또 마음을 다하고 지혜(συνέσεως)를 다하고 힘을 다하여 하나님을 사랑하는 것과 또 이웃을 자기 자신과 같이 사랑하는 것이 전체로 드리는 모든 번제물과 기타 제물보다 나으니이다

눅 10:25-28과 마 22장에는 율법학자가 예수를 시험하기 위해 예수에게 다가갔고, 예수는 그 시험을 받으셨다고 분명하게 기록되어 있다. 따라서 예수는 언급된 두 계명이 바리새파 유대교의 기초라는 인식을 드러냈다.

예수는 바리새인들의 견해를 표현함으로써 자신의 의견도 드러낸 것이다. 기독교 주석가들은 바리새인들의 입장과 예수의 입장 사이의 차이를 강조해야 한다는 강박관념을 지속적으로 느껴왔지만, 항상 이 사실을 깨달았다. 예컨대 부셋(Bousset)은 다음과 같이 썼다:

> 그러므로 두 계명의 강조와 편집은 실제로 예수 자신의 생각으로 보이지는 않지만 구원을 원하는 정직한 서기관조차도 이것이 옛 언약의 가장 중요한 계명이라는 것을 알 수 있다…

---

32) 여기에선(12:30) ἰσχύος(strength)가 사용되었다. 신 6:5에서는 δύναμις로 나타난다.(LXX) 그러나 왕상 23:25에서는 ἰσχύος가 사용된다. 제 2성전시대(Second Commonwealth)와 그 이후에는 me'od가 "돈"으로 해석되었다. 신 6:5에 대해서는 CD 9.1; 12.10; m.Ber 9:5; Okelos 와 Yerushalmi를 보라. 쿰란의 서기관들은 명확하게 me'ot를 운(fortunes)으로 이해했다.(위의 주-18을 보라)

그러나 진지한 랍비들 개개인은 이 깨달음을 세상에 실현할 수 없었고, 예수님만이 이 견해를 옹호함으로써 옛 종교의 영혼을 발견하고, 말하자면 수천 가지 율법 전승의 손아귀에서 벗어나 그 가장 고귀한 내용을 새 종교로 옮길 수 있었다. 따라서 무수한 세부 사항이 있는 의식법의 전체 덩어리는 뒤로 밀려나서 죽도록 강요당했다.[33]

이러한 해석이 얼마나 부정확한지는 그 자체로 잘 드러난다. 바리새인이나 예수는 전승된 계명 준수가 하나님과 이웃 사랑의 교훈과 모순된다고 생각하지 않았고, 복음서 저자들도 마찬가지였다.(참조. 마 5:17-20; 눅 16:17) 우리가 강조했듯이 바리새인들은 계명 준수가 바로 이러한 이상을 실현하는 것이라고 생각했다. 레 19:18에 나와 있듯이 토라 전체의 근간이 되는 율법을 깨달은 사람은 바리새인 중 가장 위대한 사람 중 한 명인 힐렐이었다. 이 바리새인 힐렐이 "사람은 동료를 사랑하고 그들을 율법에 가까이 데려와야 한다."(m.Ab 1:12)고 가르쳤는데, 이 교훈은 예수는 죄인들을 믿음으로 인도하기 위해 친구가 되었던 것을 상기시킨다. 힐렐 학파는 실제로 "이스라엘의 많은 죄인이 토라를 배운 후 의롭고 경건하며 올바른 사람이 되었기에 토라는 죄인을 포함한 모든 사람에게 가르쳐야 한다고 주장했다." 이 견해는 "지혜롭고 겸손하며 뛰어난 혈통과 부유한 사람들만 가르쳐야 한다."고 가르친 샴마이 학파의 반대에 부딪혔다.[34]

형식과 예절에 관한 힐렐과 샴마이 학파의 태도 차이는 셰마를 암송하는 방식에서 분명하게 드러난다.[35] 샴마이 학파에 따르면, 신 6:7: ובקמך("네가 일어날 때에")에 기록된 대로 아침에는 셰마를 암송할 때 서서 암송해야 하고, 저녁에는 누운 채로(בשכבך) 암송해야 한다. 이와는 대조적으로 힐렐 학파는 "모든 사람이 자신만의 방식으로 암송한다."라며 "암송하는 동안 서서, 기대고, 걷고, 심지

---

33) W. Bousset and W. Heitmïller, *Die Schrifen des Neuen Testaments*, Band 1 (Gottingen, 1929), 186.

34) ARN A 3 (ed. Shechter, 14-15)

35) 참고. I. Knohl, "A Parasha Concerned with Accepting the Kingdom of Heaven," *Tarbiz* 53 (1983) 11-32.

68 · 힐렐과 예수

어 일할 수도 있다.”라고 말한다.

샴마이는 형식적인 행위, 즉 암송 의식을 강조한다. 힐렐은 의식을 완전히 무시하고 대신 마음의 의도를 강조한다. 랍비 메이어(Meir)는 신 6:6의 “내가 네게 명하는 말씀을 너는 마음에 새기고”(והיו הדברים האלה על לבבך)는 말씀은 마음의 의도를 따르는 것이라고 해석한다.

공식적인 복장과 에티켓에 대한 반대와 관련하여 가장 흥미로운 것은 랍비 문헌에서 위선에 대한 비판이다. 여기서 우리는 마 23장에서와 같은 비난을 발견한다. 복음서에서와 마찬가지로 랍비 문헌에서도 내가 다른 곳에서 보여주듯이 חנפי תורה “토라에 관한 위선자”에 대해 읽는다.[36]

나는 두 가지 비난, 즉 과시적인 정장 차림과 오만한 경건함의 과시에 대해 간략히 언급하겠다. 첫째, 과시적인 정장 차림은 망토를 두르고 행진하는 것을 가리킨다.(ev στολάς, 참조: 막 12:38, 눅 20:46) 이 비난은 랍비 문헌에서 매우 흔하다. 소타(Sotah) 22b의 구절에서 랍비 나만(Nahman)과 B. 이삭(Isaac)은 과시하기 위해 망토로 몸을 감싸는 사람들의 죄를 비난한다. 그래서 벤 아자이(ben Azzai)는 “망토를 두른 두 사람 앞에서 가르치는 것보다 세상을 다스리는 것이 더 쉽다.(בסדינם העטופים)”라고 말했다.[37] 시편 18:44의 미드라쉬에는 다소 다른 버전이 있다:

'주께서 나를 다툼에서 구해 주셨으니' – 그래서 나는 그들 앞에서 심판 받지 않고 구원받을 것입니다. 벤 아자이는 '세상을 다스리는 것이 망토를 두른 두 사람을 다스리는 것보다 더 쉽다'고 말했다.[38]

---

36) 나의 글 “The Charge of Hypocrisy in Matthew 23 그리고 in Jewish Sources”, *Immanuel* 24/25 (1992)을 참조하라.
37) ARN A 25 (끝, Schechter ed.) 랍비 학자들의 복장에 대해서는 S. Krauss, “The Cloak of Rabbinic Scholars” (히브리어), Jubilee Volume for M.S. Bloch (Budapest, 1905), 83-93을 참조하라.
38) Midrash on Psalms, 81(Buber ed.)

이는 사건을 맡기 전에 법복을 입고 자신을 감싸는 판사들을 가리키는 말이다.[39] 이런 훈계는 자신의 권위 있는 지위에는 관심이 있지만 도움이 필요한 억압받는 사람들에게는 관심을 기울이지 않는 판사들과 공직 지도자들을 향한 것이다.

여기서 비난받는 것은 공식적인 복장인 예복 그 자체가 아니라 그 남용이다. 그러므로 예복을 입었지만, 자신의 중요성을 과시하지 않는 사람들이 칭찬을 받는다. 오히려 "여호와 앞에 사는 자가 배불리 먹을 양식, 잘 입을 옷감이 되리라"(사 23:18)의 의미에 대해 현자는 랍비 이스마엘과 랍비 요세에게 이렇게 말한다. 당신과 당신의 친구들, 그리고 망토에 싸인 두 남자처럼 자신을 중요하게 생각하지 않는 당신과 같은 사람들을 말한다.[40]

둘째, 오만한 경건 과시는 의식 복장에 대한 과장된 세부 사항을 언급했다.(마 23:5) 마가복음과 누가복음은 "망토"에 대해 말하고 있지만, 마태복음에서는 [41] "경문 띠를 넓게 하며(תפלין)[42]"과 긴 옷술을(ציצית) 착용하는 것에[43] 대해 말하고 있다. 이러한 세부 사항 역시 바리새인의 "공작새"에 대한 랍비들의 비판에서 언급된다. "내가 모든 억압을 더 보았더니 …, 억압받는 자들의 눈물을 보라 그들을 위로할 자가 없더라"(전 4:1)라는 구절에 대해 전도서 랍비는 이렇게 언급한다:

> 랍비 벤야민은 이 구절을 토라와 관련하여 위선자들을 칭하는 것으로 해석했다.(תנפי תורה) 사람들은 경전과 미쉬나를 읽을 수 있다고 생각하지만 읽을 수 없으며, 그들은 망토로 몸을 감싸고 머리에 필리아를 씌운다. '보라, 억눌린 자의 눈물이여 위로할 자가 없도다' 라고 기록되

39) Buber, Ibid, notes.
40) EcclRab 1:9.
41) 마태복음의 *φυλακτήρι*은 תפלין와 같다. J.H. Tigay, "On the term Phylacterics (Mt 25:3)", HTR 72 (1978) 45–52.
42) 위선의 의미에서 תנפ에 대한 설명은 J. Barr, "the Background of 'Hypocrisy' in the Gospels," *A Tribute to G. Vermes*, ed. P. R. Davies and R. T. White (Sheffield, 1990), 307–26.
43) 111b, M. Friedmann ed.(Vienna,1880)

어 있습니다. '여호와의 일을 거짓으로 행하는 자는 저주를 받을지어다' (렘 48:10)라고 말씀하신 대로 벌을 내리는 것은 나의 몫이라고 하나님은 말씀하신다.

한편으로는 의식적인 경건 과시와 다른 한편으로는 약자에 대한 억압을 대치하는 것은 랍비 문헌에도 분명하게 반영되어 있다. 마찬가지로 하나님의 이름을 헛되이 부르지 말라는 계명을 해석할 때 페시크타 라바(PesRab) 22:5은 다음과 같이 말한다: "너희는 가면을 쓰고 술 달린 망토(טלית)로 몸을 감싼 다음 나가서 범죄를 저질러서는 안 된다."

가온 시대의[44] 응답에는 이 계명에 대한 정교한 해석이 포함되어 있다. 과시적인 성구함[45], 술. 망토 착용과 공관복음서(마 23:6; 막 12:39;; 눅 20:46)에서도 언급된 저녁 식사 자리에서 스스로 첫 자리를 차지하는 교만에 대한 비난이 추가되어 있다.

'하나님의 이름을 헛되이 여기지 말라'. 랍비 시몬은 '이것이 거짓 맹세를 가리키는 것이라면, 이미 "너희는 내 이름으로 거짓 맹세하지 말라"(레 19:12)고 했기에 불필요한 말이다. 그러나 여기서 의미하는 바는 망토로 몸을 감싸거나, 가장자리로 몸을 가리거나, 비밀리에 토라를 범하거나, 먼저 축도를 하거나, 먼저 [식사를] 시작하거나, 먼저 나누어 먹지 말라는 것이다."[46]

마 23:5에 나오는 것처럼 신분을 과시하는 표시로 문자를 넓게 쓰는 것은 기원

---

44) (역주) Gaonic period. 중세 유대인 신학자, 랍비, 학자로 11세기 초에 품베디타 탈무드 아카데미의 가온을 역임했던 랍비 Hai Gaon의 시기
45) (역주) 유대인 남성이 아침 기도 시간에 율법을 지키기 위해 착용하는, 양피지에 히브리어 본문이 적힌 작은 가죽 상자
46) J. Muller, *Tehuvot Ge'onei Mizrah u-Ma'arav* (Berlin, 1888), par. 132; cf. par. 171

후 10세기 랍비 하이 가온의 증언에 언급되어 있다:

> 아카데미의 관습은 학생들이 자신의 성구함을 손가락보다 크지 않게 작
> 게 만드는 것이었는데…. 위대한 랍비들은 손가락 세 개 정도 높이로 만
> 들어서 학생들이 그들과 동등해서는 안 된다는 것이었다.[47]

위에서 인용한 전도서 라바의 "토라에 관한 위선자"(תנפי תורה)라는 용어는
레위기 라바에서도 전 5:5을 해석하면서 "네 입으로 너를 불명예스럽게 하지 말
라"고 언급하고 있다. 랍비 벤야민은 이 구절을 "토라에 관한 위선자'를 가리
키는 것으로 해석했다."[48]

셋째, 온갖 사소한 것을 십일조하는 과시적인 행동은 박하, 딜, 커민을 십일조
하는 것과 같은 율법의 사소한 것을 지키면서 율법의 큰 원칙을 어기는 죄를 짓는
것을 말한다.(마 23:23, 왕 11:47) 이 역시 에서의 행동 패턴이 정확히 같다고 비난
하는 유대 바리새인 전승과 유사하다. 창 25:28에서 "사냥이 그의 입에 있었기
때문" [כי ציד בפיו]이라는 미드라쉬의 해석에 따르면, "그[에서]는 아버지에게 '
지푸라기로 십일조를 드리느냐'고 묻곤 했다. 소금이나 물로 십일조를 드리는
가?"[49] 이 해석에 따르면, 그런 질문을 하면서 에서가 매우 경건한 사람인 척하여
아버지의 존경을 "사냥"한 것이다.

복음서의 바리새인의 위선에 대한 비난에는 힐렐의 태도를 반영하는 랍비 자료
의 비난과 같은 주제가 포함되어 있다. (1) 설교 내용을 실천하지 않는 것, (2) 과시
적인 망토를 입는 것, (3) 자신의 성구함과 술을 과시하는 것, (4) 저녁 식사에서 상
석을 요구하는 것, (5) 사소한 일에 십일조를 드리는 것 등이 있다. 이 모든 것들은
랍비 문헌에서 비난받았는데, 이는 기독교가 형성되기 시작했을 당시 유대교에서
이러한 비판이 만연했음을 보여준다.

---

47) 참고. J. H. Tigay (위의 주-36)
48) Margulies ed., 357.
49) GenRab 63:10, 693 (ed. Albeak) 그리고 그곳의 주(note)를 참고하라.

바리새인의 위선에 대한 비판은 1세기 유대교에서 흔한 현상이었던 것으로 보인다. 공관복음서 저자들이 바리새파 위선자들에 대해 글을 쓰면서 바리새파 전승 자체, 특히 힐렐에 관한 문서에서 널리 퍼져 있던 자료를 사용했다.

4장 _ 힐렐과 예수: 자기 인식의 두 길

D. 풀루서

I

이 글의 바탕은 힐렐의 뛰어난 인격을 다룬 이전의 두 편의 내 연구다.1 이전 글에서 나는 힐렐의 자기 인식과 예수의 자기 인식을 비교했다. 여기서는 이 접근법을 좀 더 심도 있게 다루고자 한다.

힐렐과 예수 모두 유대인의 유산에서 모든 조상으로부터 유전된 퇴적물을 제거하려 한 동맹자로 유대교의 메시지를 지극히 인간적인 것으로 표현하고자 했다. 이들은 내가 "유대교의 새로운 감수성"2이라고 부르는 주요 대표자들이기도 하다. 힐렐과 힐렐 학파는 초기 유대인 사상에 지속적인 영향을 미쳤다. 힐렐은 예수의 신학적, 윤리적 가르침 등에 강력한 영향을 끼친 듯하다.

몇 가지 의문이 남아있다. 예수는 자신의 할라카적 입장을 발전시키는 데 힐렐과 힐렐 학파에 어느 정도 의존했나? 더 엄격한 샴마이 학파로부터 예수는 어떤 '할라카적 통찰'을 얻을 수 있었을까? 힐렐이 예수의 할라카적 가르침에 분명한 영향을 끼친 한가지 예만 인용하고자 한다.3

---

1) D. Flusser, *Judaism and the Origins of Christianity* (Jerusalem, 1988, "Hillel's Self-Awareness and Jesus", 509-14와 "I am in the Midst of Them (Mt 18:20)", 515-25에 실린 나의 두 가지 연구를 참조하라. 또 N.Glatzer, Hillel the Elder (New York, 1966)과 E. E. Urbach, *The Sages* (Jerusalem, 1979), 576-93도 보라.

2) D. Flusser, "A New Sensitivity in Judaism", *Judaism*, 469-89를 보라.

3) D. Flusser, "Did You Ever See a Lion Working as a Porter?" (Hebrew), *The Bible and Jewish History: Studies Dedicated to Jacob Liver* (Tel Aviv, 1971), 330-40와 *Immanuel* 3 (Winter 1973-74) 61-64의 기사 요약도 보라.

장로 샴마이에 관한 이야기다. 샴마이는 좋은 것을 발견할 때마다 "이것은 안식일을 위한 것이다."라고 말했고, 나중에 더 좋은 것을 발견하면 안식일을 위해 둘째는 제쳐두고 첫째를 먹었으므로, 샴마이가 무엇을 먹든지 안식일을 존중하기 위한 것이었다.

그러나 장로 힐렐은 그 방식이 달랐고, 그의 모든 행위는 천국을 위한 것이었으며, "날마다 주께 복을 받으라"라고 말하곤 했다.4

힐렐의 행동은 "날마다 여호와께 찬송을 돌릴지어다."(시 68:19)처럼 하루하루가 그 자체로 거룩하기에 현재를 위해 하나님을 찬양해야 한다는 자신의 견해에 따른 것이었다. 예수는 잘 알려진 아름다운 말로 같은 생각을 발전시켰다. "믿음이 작은 자들아 그러므로 염려하여 이르기를 무엇을 먹을까 무엇을 마실까 무엇을 입을까 하지 말라. … 너희 하늘 아버지께서 이 모든 것이 너희에게 있어야 할 줄을 아시느니라 …, 그러므로 내일 일을 위하여 염려하지 말라 내일 일은 내일 염려할 것이요 한 날의 괴로움은 그날로 족하니라"(마 6:25–34; 눅 12:22–31 참조)

주기도문(마 6:11)에서 예수는 현재가 그 자체로 축복이라는 의견에서 훨씬 더 급진적인 결론을 이끌어냈다. 예수는 제자들에게 "오늘(this day) 우리에게 일용할 양식을 주시옵고…,"라고 기도하라고 가르쳤다. 기도할 때도 현재의 양식만을 위해 기도해야 한다. 눅 11:3은 예수가 사용한 '힐렐계열의 역설적 형식'을 이해하지 못하고 "우리에게 날마다(each day) 일용할 양식을 주시옵고…,"5라고 기록했다:

---

4) 시편 68:19을 인용한 b.Bes 16a와 Glatzer, 34을 보라.
5) 제롬(마 6:11에 대한 주석과 시편 cxxxv에 대한 주석)은 본문의 변형된 독해를 발견했다고 언급한다. 히브리서에 따르면 복음서에서 그는 "일용할 양식"이라는 단어 대신 "내일을 위한 우리의 양식"(히브리어로 마하르, 내일)이라는 표현을 발견했다. "그러므로 그 의미는 '내일을 위한 우리의 빵', 즉 미래를 위해 '오늘 우리에게 주옵소서'라는 뜻이다." W. D. Stroker, *Extracanonical Sayings of Jesus* (Atlanta, 1989), 204, P. Vielhauer and G.Strecker in W. Schneemelcher, *Neutestamentliche Apokryphen 1*, *Evangelien* (Tübingen, 1987), 130, R. McL. Wilson의 영역과 편집 *New Testament Apocrypha* (Louiville, 1991), rev. ed., vol.1, 160. 제롬의 유대-기독교 복음은 또한 마 6:11에서 예수의 힐렐 계열적 역설을 이해하지 못했다. "오늘"이라는 표현은 바꾸지 않았지만, "일용할 양식"이라는 원래의 독해는 "내일의 양식"으로 변경되었다. 유대교와 기독교의 복음에 따르면, 내일의 양식을 위해 오늘 기도해야 한다.

내일에 대해 불안해하는 믿음이 작은 사람들에 대한 예수의 비판은 랍비 유대교의 한 경향이다.6 예수의 말은 모디인 랍비 엘르아살7의 말을 떠올리게 한다: "어떤 사람이 오늘 먹을 양식이 있는데도 '내일은 무엇을 먹을까' 라고 말한다면, 그는 믿음이 부족하다." 대랍비 엘르아살은 이렇게 말했다. "아직 바구니에 빵을 가지고 있으면서 '내일 무엇을 먹을까' 라고 말하는 사람은 믿음이 작다."

예수의 말에서도 "내일"과 "믿음이 작은 자"라는 표현이 등장한다. 이 모든 이데올로기적 복합체는 현재의 거룩함에 대한 힐렐의 태도를 설명한다.8 이 전개 과정에서 인간의 삶과 활동에서 실제 하나님이 존재한다는 힐렐의 강조가 약화하였음을 부인할 수는 없을 것 같다. 힐렐의 가르침에 의존하는 다른 랍비들의 말에서도 힐렐의 "실존적" 태도가 비슷하게 약화하는 것이 관찰된다. 이 독특한 실존적 요소는 예수의 가르침이나 자기 인식에는 나타나지 않는다.

반면에 힐렐이 오늘의 축복에 대해 강조하는 것은 하나님에 대한 확고한 믿음과 끊임없는 신뢰를 포용하고 있음을 부인할 수 없다. "날마다 여호와께 복이 있도다."(시 68:19)에 대한 힐렐의 해석은 시편의 다른 구절에 대한 힐렐의 창의적인 주석과 잘 어울린다:

---

6) 위에서 언급한 나의 연구인 "Did You Ever See a Lion Working as a Porter?" 332–34; b.Sot 48b; 그리고 *Mekhilta d Rabbi Ismael*, ed. H. S. Horovitz와 I.A. Rabin (Jerusalem, 1960), 161 (on Ex 16:4)을 참조하라. 또한 H. L. Strack와 P. Billerbeck, *Kommentar zum Neuen Testament* vol. 1, (Munich, 1922), 438–39; 그리고 W. D. Davies and D. C. Allison, *The Gospel According to Saint Matthew* (Edinburgh, 1988), vol. 1, 646, 654 등과 비교하라.

7) (역주) Rabbi Eleazar of Modiin, 대랍비, "Eleazar 하가돌"(위대한)로 알려졌지만, 일반적으로는 "랍비 엘르아살"이라는 호칭으로 불린 엘르아살 벤 후르카누스 또는 히르카누스는 1–2세기의 전승을 암기하고 반복함으로 후대에 전하여 미쉬나를 완성한 tannaim 중 가장 위대한 현인이다.

8) 자세한 내용은 위에 인용한 나의 연구, "Did You Ever See a Lion Working as a Porter?"를 참조하라. 이 전체 복합체는 출 16:4의 창의적인 주석과 연결되어 있다. 만나의 기적이 선포되었을 때, 백성들은 "나가서 매일 그날의 몫을 모으라"라는 명령을 받았다. B. J. Bamberger의 ("Philo and the Agaddah," *HUCA*, vol. 48 [Cincinnati, 1977], 171)는 Mekhilta에 나오는 랍비. 엘르아살의 말을 필로와 적절하게 비교하고 있다. All. III, 164. 매일 만나를 모으는 것은 신앙표현으로 이해된다. 필로는 말한다. "일시에 모든 것을 가지기를 원하는 사람은 희망과 신뢰가 부족하고 감각이 크게 부족하다. 지금의 것에도 만족하고, 미래에도 하나님이 좋은 것을 내려주실 것이라고 기대한다면 희망이 부족하여, 현재와 항상 하나님의 좋은 선물이 합당한 사람에게 아낌없이 주어질 것이라는 믿음이 없다면 그는 믿음이 부족하다." 이 구절은 마 6:28–34의 유대인성에 중요한 구절이다.

장로 힐렐은 이렇게 말하곤 했다. "그(즉, 의로운 사람)는 나쁜 소식은 두려워 하지 않을 것이다. 그의 마음이 굳건하고 하나님을 신뢰하기 때문이다. (시 112:7) 주님을 신뢰하는 사람에게는 두려움이 없고, 나쁜 소식에도 두려워하지 않는다."[9]

힐렐에 의하면, 하나님을 신뢰하는 사람은 나쁜 소식에 면역이 되며, 나쁜 소식이 사실인지 아닌지는 중요하지 않다. 하나님을 신뢰하는 사람은 "내일 일을 염려" 할 수 없다.(마 6:34) 이 의로운 사람은 믿음이 작은 사람에게 속하지 않는 것이 분명하다. "마음이 굳고 주님을 신뢰하는 사람에게 부여되는 능력은 얼마나 위대한가." 그러므로 이 격언의 특성은 힐렐의 독특한 천재성과 예수의 윤리적 메시지에 대한 친밀감을 모두 드러내고 있다.

여기서 우리의 과제는 예수의 높은 자기 인식과 힐렐의 자기 인식을 비교하는 것이다. 이 시점에서 나는 이들 사이에 소크라테스를 포함하고 싶다. 소크라테스는 예수와 비교되었지만 내가 아는 한 힐렐과는 비교되지 않았다.[10] 윤리 분야에서도 이 세 사람 사이에는 유사점이 있다. 세 사람 모두 상호 사랑의 뛰어난 스승이었다. 예수와 힐렐은 모두 유대인 중심 윤리의 "진보적" 흐름에 속하지만, 소크라테스는 그리스 인본주의의 창시자라고 할 수도 있다.[11]

세 사람 모두의 인격에는 신성함이 있다. "신앙의 그리스도" 뿐만 아니라 역사적 예수의 "카리스마적" 측면을 언급할 필요는 없을 것이다. 이 점은 나중에 더 자세히 설명하겠다. 힐렐과 관련하여 여리고에 있는 가디야(Gadya)의 집 윗방에 함

---

9) MS Vatican 133에 나오는 힐렐의 말의 인용이다. 이것은 m.Ber 9:3이 끝난 후 y.Ber 14b에서 발견된다. 바빌로니아 탈무드(b.Ber 60a)에는 m.Ber 9:3의 끝부분과 힐렐의 말이 융합되어 있다. 그 결과 본문에서 힐렐은 일종의 카리스마 넘치는 신기한 일꾼으로 등장한다.

10) Glatzer(50쪽)는 힐렐과 관련하여 소크라테스를 언급한 적이 있다.

11) 전승 윤리와 관련된 Sophocles의 인지 부조화에 대해서는 A. Dihle, Die Goldene Regel (Göttingen, 1962), 56-59을 보라. Sophocles는 그의 안티고네(518-525절)의 유명한 구절에서 친구를 사랑하고 적을 미워하라는 공리가 얼마나 문제가 있는지를 보여준다.(Dihle, 22-36) 이 추론은 마 5:43-48의 전체 구절과 간접적으로 관련이 있다. 예수님은 세리와 이방인의 이름을 명시적으로 언급함으로써 이 공리를 "천박한 윤리"로 특징지었다. 아래에 인용된 Ab 2:5에 나오는 힐렐의 말을 참조하라.

께 모인 현자 그룹에 대한 전설적인 기록이 있다.: 그때 하늘의 음성이 들려왔다. "너희 중에 신령한 영이 임하시기에 합당한 사람이 한 사람 있지만, 이 세대는 그럴 자격이 없다." 그러자 모든 시선이 장로 힐렐에게 고정되었다.[12]

소크라테스가 두드러지게 '신비로운' 기질을 지녔다는 증거는 풍부하다. 플라톤은 참호(trenches)에서 24시간 동안 넋을 잃고 서 있었던 소크라테스의 신기한 '몰입'에 대해 이야기한다. 이 철학자의 '신의 계시'에 대한 기록도 같은 이야기를 들려준다. 플라톤에 따르면, 이것은 소크라테스가 어린 시절부터 자주 들었던 목소리로, 이 목소리는 그가 하는 일을 금지했지만, 긍정적인 격려를 한 적도 없다.[13]

랍비 문헌에 보면 힐렐이 어떻게 다른 사람들을 토라에 가까이 데려다주었는지에 관한 이야기가 나온다:

힐렐은 예루살렘 성문에 서서 일하러 가는 사람들을 만났다. 힐렐은 그에게 "오늘 하루 수입이 얼마입니까?"라고 물었다. 한 사람은 '한 데나리온'이라고 했고, 다른 사람은 '두 데나리온'이라고 했다. 힐렐은 그들에게 물었다. "그 돈으로 무엇을 할 것입니까?" 그들은 "생필품을 사겠습니다."라고 대답했다. 힐렐이 그들에게 말했다. "차라리 나와 함께 가서 토라에 대한 지식을 얻어 이 세상의 생명과 오는 세상의 생명을 얻지 않겠습니까?" 이렇게 힐렐은 평생에 걸쳐 많은 사람을 하늘의 날개 아래로 인도했다.[14]

12) Glatzer, 32-32, t.Sot 13:3, b.Sot 48b, and A. B chler, *Types of Jewish-Palestinian Piety* (New York, 1968), 8, 주-4 등을 보라.
13) A. E. Taylor, "Socrates" in *Encyclopaedia Britannica* (Chicago, 1974), vol. 16, 1003.
14) Glatzer, 50-51, ARN A 27;B 26, ed. S. Schechter (New York, 1945), 54-55.

이 이야기를 어디까지 믿어야 할까? 후기 랍비 자료가 소크라테스의 방법에 영향을 받았을 가능성도 있다.[15] 복음서에서 이 이야기와 정확히 일치하는 내용은 찾을 수 없지만, 눅 9:57-62(마 8:19-22)에 예수를 따르고자 하는 이들에 관한 내용을 잊어서는 안 된다.

힐렐이 행인들과 나눈 대화가 힐렐의 소크라테스적 아이러니를 보여줄 수 있을까? 힐렐의 말에 이러한 태도가 실제로 존재했다는 것은 분명하며,[16] 이를 설명하는 추가적 예를 인용할 것이다. 나는 사람들이 예수의 말이나 적어도 유머에 내재된 일종의 소크라테스적 아이러니에 대해 말할 수 있다고 믿는다.[17] 어쨌든. 예수의 권위에 대한 논쟁(마 21:23-27)은 플라톤의 『변명』에서 소크라테스의 아이러니한 어조와 닮았다.

소크라테스와 힐렐의 아이러니는 겸손과 자기 인식 사이에 긴장의 산물이며, 예수의 기본 성품에서도 비슷한 역설을 발견할 수 있다. 예수의 겸손은 자기 인격의 중요성에 대한 예수의 지식이 있어 가능하다. 적어도 예수의 고귀한 자기 인식을 가장 잘 표현한 마 11:28-30에 따르면[18], 예수는 "나는 마음이 온유하고 겸손하니 나의 멍에를 메고 내게 배우라"고 말한다.

힐렐의 온유함은 격언에 나오는 인내로 나타났다. 유대인이 되고자 하는 이방인들에 대한 힐렐의 무한 관용이 그들을 개종자로 만들었다.[19] 그들 중 한 사람이 힐렐에게 "제가 한 발로 서 있는 동안 토라 전체를 가르쳐 주시면 저를 유대인으로 만들어 주실 수 있습니다."라고 말했다. 힐렐은 화를 내는 대신 이방인에게 소위 황금률이라고 불리는 토라를 한 문장으로 요약하여 가르쳤다.[20]

---

15) Plato, *Apology of Socrates*, 29d-30b을 보라.

16) 소크라테스의 아이러니는 Leviticus Rabbah에 나오는 힐렐과 그의 제자들에 관한 두 가지 이야기에서 볼 수 있다. 34 (Glatzer, 36)

17) 특히 Jakob Jónsson, *Humour and Irony in the New Testament Illuminated by Parallels in Talmud and Midrash* (Reykjavik, 1965)를 보라.

18) 마 11:25-30 및 눅 10:21-22. 예수의 온유함에 관한 구절(마 11:28-30)은 누가복음에는 나타나지 않는다.

19) Glatzer, 74-76; b.Shab 31a. 19

20) 위에 인용한 나의 연구, "A New Sensitivity in Judaism", 478-80과 부록, 479; 그리고 H.W. Kuhn, "Das Liebesgebot Jesus als Tora und als Evangelium" *Vom Urchristentum zu Jesus*, fur Joachim Gnilka

힐렐의 인내심에 관한 또 다른 유명한 이야기도 있다.**21** 두 남자가 서로 내기를 걸었다. 힐렐을 화나게 하는 사람이 내기에서 이기고 4백 주즈**22**를 받기로 했다. 두 사람 중 한 사람은 자신이 내기에서 이길 것이라고 확신했다. 그는 힐렐을 귀찮게 하려고 가장 불편한 시간을 선택했다. 안식일 준비를 위해 예약된 시간인 금요일 오후에 그는 랍비의 인내심을 시험하기 위해 힐렐의 집에 왔다. 그는 정기적으로 힐렐의 문 앞에 나타나 현자의 지혜를 얻기 위해 엉뚱한 질문을 했다: "바빌로니아 사람들의 머리는 왜 둥글까요?" 또 그가 물었다. "왜 바빌로니아 사람들의 머리는 왜 부풀어 있는가?", 그리고 "왜 팔미레아인들의 눈은 왜 충혈되어 있는가?"라는 또 다른 질문이 이어졌다. 마지막으로 그는 "왜 아프리카인의 발은 넓습니까?"라고 힐렐을 괴롭혔다.

힐렐은 침착함을 잊지 않았다. 인내심을 가지고 각 질문에 대답했다. 세 번째 답이 끝난 후, 그 남자는 힐렐에게 말했다. "선생님께 질문할 것이 더 많이 있지만, 화내실까 두렵습니다." 힐렐이 말했다, "묻고자 하는 것을 다 질문하세요." 힐렐의 인내심을 다 소진시킬 수 없다고 생각한 그는 다시 물었다. "당신이 이스라엘의 왕자라고 불리는 힐렐입니까?" "그렇습니다." 힐렐이 대답했다. "그렇다면 이스라엘에 선생님과 같은 분들이 많지 않기를 바랍니다." "왜 그러십니까?" 힐렐이 물었다. 그가 대답했다. "당신 때문에 400주즈를 잃었으니까요." 힐렐이 말했다. "조심하십시오, 당신이 400주즈, 아니 800주즈를 잃어도 내가 화내는 일은 없을 겁니다."

우리의 목적을 위해 힐렐의 인내심에 대한 전체 에피소드를 인용할 필요가 있었다. 이 이야기는 힐렐의 극도 관용을 보여줄 뿐만 아니라, 그가 어리숙한 뒷골목

(Freiburg, 1989), 204-7을 보라. 덧붙여서, "한 발로 서있는 동안"이라는 표현을 문자 그대로 받아들여서는 안 된다. 힐렐과 동시대인 Horace의 시에도 같은 이미지가 등장한다; Horace, Sat 1.4.10. 이 구절은 A. Otto, *Die Sprichwörter der Römer* (Leipzig, 1890; reprint Hildesheim, 1965), 275와 ARN (위의 주 13), B 26, 53을 참조하라. Horace는 종종 한 시간에 200구절을 받아 적는 시인에 대해 "한 음식 위에 서 있는 동안"(stans pede in uno)이라 이야기한다.

21) Glatzer, 38-39; b.Shab 30b; ARN(위의 주 11), 60 그리고 A. Büchler, ⟨Types⟩, (위의 주-10), 10-12.
22) (역주) zuz는 탈무드에서 등장하나. 그 가치가 어느 정도인지는 알려진 바 없다.

사람에 불과한 바빌로니아의 '정통파'가 아니었음을 보여준다. 힐렐은 당대 대중 문화의 최신 관심사인 다양한 주제에 정통했다.[23]

더 중요한 것은 힐렐의 유언이다. 힐렐은 자신의 개인적인 가치와 높은 자존감에 대한 예리한 이해를 표현하고 있다. 이 이야기는 힐렐의 온유함과 자기 인식이 서로 연결되어 있음을 또 분명하게 보여준다. 예수도 그렇지만, 힐렐의 숭고한 자기 인식은 그 자체로 뚜렷한 특성이 있다. 힐렐은, "나의 낮아짐이 곧 나의 높아짐이요, 높아짐이 곧 나의 굴욕이니, 이는 '높은 자리에 앉은 자가 자신을 낮추어 보는 것'(시 113:5b)이라는 뜻이다."[24]라는 역설을 의식하고 있었다. 이와 관련하여 우리는 쿰란 동굴에서 발견된 종파적 두루마리의 한 구절을 인용해야 한다. 1QH[25] 9.24-25의 감사 두루마리의 에세네 저자는 자신에 대해 이렇게 말한다. "나를 향한 주님의 꾸짖음이 기쁨으로 바뀌었고, 대적들의 조롱이 영광의 면류관으로 바뀌었고, 나의 실패가 영원한 힘으로 바뀌었다."

힐렐의 말의 의미는 자신을 낮추면 실제로는 높아지는 것이고, 자신을 높임으로써 굴욕을 당한다는 것이다. 그 격언의 숨겨진 신학적 함의는 하나님이 직접 말씀하시는 시 113:5b의 인용으로 표현된다. 그러나 힐렐이 이 격언이 모든 사람에게 적용될 수 있다고 믿더라도, 힐렐의 다른 많은 말과 같이, 그 말 자체는 동시에 개인적인 고백이다. 개인적 고백은 힐렐의 말에 나오는 온유함의 본질을 배반한다. 개인적인 고백은 온유해지기로 한 그의 자유로운 결정과 동시에 자신에 대한 고귀한 견해에 뿌리를 두고 있다

더욱이 힐렐이 자신을 높이거나 낮추려는 개인적인 차원의 인간적 결정에 관해 이야기하고 있다는 강조가 필요하다. 이 말은 "가난하게도 하시고 부하게도 하시며 낮추기도 하시고 높이기도 하시는"(삼상 2:7) 하나님의 신성한 개입을 가리키는

---

23) 바빌로니아 사람들의 머리에 대한 힐렐의 말의 배경에 관해서는 M. Sachs, *Beiträge zur Sprach- und Altertumsforschung* (Berlin, 1852), vol. 1, 49-50을 보라.

24) LevRab 1:5, Glatzer, 45; D. Flusser, "Hillel's Self-Awareness", *Judaism*, 512 그리고 W. Bacher, *Die Agada der Tannaiten* (Strassburg, 1903, reprint, 1965), vol. 1, 5-6.

25) (역주) 이 추수감사절 두루마리는 1947년 베두인이 발견한 최초의 사해 두루마리 7점 중 하나이다. 이 두루마리의 이름은 많은 시에서 "감사합니다."라는 문구가 반복적으로 사용되기에 붙여진 이름이다.

것이 아니다. 힐렐의 자기 굴욕과 높임에 대한 말이 교만한 자를 낮추시고 겸손한 자를 높이시는 하나님에 대한 진리로 해석되는 것은 거의 불가피했다.[26]

이 새로운 의미는 복음서 이전에도 이미 존재했다.[27] 복음서에는 "누구든지 자기를 높이는 자는 낮아지고 자기를 낮추는 자는 높아지리라"(눅 14:11, 18:14, 마 23:12, 참조. 마 18:4 및 약 4:10)라는 형태로 이 말이 등장하기 때문이다. 그렇다고 해서 예수가 힐렐의 이 말을 원어로 잘 몰랐다는 뜻은 아니다. 살펴보겠지만, 예수는 자신의 고귀한 가치를 표현하기 위해 힐렐의 자랑스러운 말을 사용했기에 힐렐의 높은 자기 인식에 익숙했던 것이 확실해 보인다.

이제 우리는 복음서에서 유례를 찾아볼 수 없는 힐렐의 말에 대해 논하고자 한다. 이 말은 바울이 로마인에게 보낸 서신(12:8-13:7)의 유명한 구절 일부가 되었다. 로마서의 전체 구절이 에세네 훈계(Essene Homily)에서 비롯되었다는 것을 다른 글에서 밝힌 바 있다.[28] 롬 12:8-13:7과 유사한 구절이 특히 쿰란의 규율서(1QS[29] 9.21-26; 10.17-20; 11.1-2)에 많이 나타난다.

이 에세네 본문과 로마서 서신의 구절의 유사한 특징을 이해하기 위해, 나는 이 본문들의 관련 구절에서 그들의 사상과 정신을 보여주는 몇 가지 공통된 표현을 지적하고자 한다. 먼저 롬 12:11의 마지막 구절에 주목해 보자.

정독(定讀, the accepted reading)에 따르면, 신자들은 "열정에 불타지 말고 영에 불타서 주님을 섬기라"라고 권면하고 있다. 그러나 다른 사본에는 κυρίω(Lord, 주)

---

26) Bacher, Agada, 6, 주 1; H.L. Strack and P. Billerbeck, *Kommentar*, 774, 921를 보라. 특히 D. Flusser, *Die rabbinischchen Gleichnisse und der Gleichniserzahler Jesus* (Bern, 1981), 94-96, 114, 주 95-96을 보라.

27) M. Higger, ed., *The Treatises Derek Erez* (New York, 1935), vii장, 36, vol, 1, 146 〈the variants〉를 보라)

28) 전체 구절과 그 에세네 배경에 대해서는 D. Flusser, "A Jewish Source for the Attitude of the Early Church to the State," *Jewish Sources in Early Christianity* (Sifriat Poalim, 1979), 397-401(히브리어)을 보라. 롬 12:19-21에 대해서는 나의 연구, "Did You Ever See a Lion Working As a Porter?", 122-24와 K. Stendahl, "Hate, Non-Retaliation and Love," *HTR* 55(1962), 343-55을 보라.

29) (역주) 공동체 규칙의 가장 완전한 사본은 제1 동굴에서 발견되었으며, Millar Burrows가 처음으로 '규율의 매뉴얼'이라고 불렀다. 현재는 1QS로 지정되어 있다.

대신 καιρῷ라는 중요한 이독(異讀, 변형판독)이[30] 있다.[31] 이 증거는 관례로 **렉시오 디피실리어**라고[32] 한다.[33] 사해 두루마리의 발견으로 이 더 어려운 판독은 거의 확실해졌다. 1QS의[34] 롬 11:8-13:7과 유사한 구절에는 "각 시대의 규칙"에 따라 행동하라는 권면이 들어 있다.[35] 이 유사점은 권징 설명서(1QS 9.12-14,21-26;10.16-20;11.1-2)에도 나타난다. 이들 본문 중 일부만 인용한다.

> 이것은 교사가 각 시대의 규칙과 각자의 형편에 따라 살아가는 모든 사람과 함께 걸으며 때때로 계시되는 모든 것을 따라 하나님의 뜻을 행하고 시대와 시대의 법과 관련하여 발견된, 모든 지혜를 배우기 위한 법규이다.… 사랑하고 미워하는 것에 관한 그 시대의 교사를 위한 법규이다: 은밀한 정신으로 멸망의 사람들을 영원히 미워하고, 주인을 위해 노예처럼 재산과 손의 수고를 그들에게 맡기고, 그것을 다스리는 자 앞에서 온유하며, 복수의 날을 위해 의식과 그때를 위해 열심인 사람이 돼라.… 그에게 닥치는 모든 일에서 그는 기꺼이 기뻐하고 하나님의 뜻을 구하며 기뻐하지 않을 것이다.… 나는 환난이 닥칠 때 하나님을 찬양하고 구

---

30) (역주) 변형판독(variant reading)은 텍스트의 단어에 대해 일반적으로 받아들여지는 해석과 다른 해석을 의미하며 이문(異文) 또는 이독(異讀)으로 문자적으로는 '달리 읽는 법'을 뜻하기도 한다. '변형판독'은 다른 원고나 초기 인쇄본 등 같은 원본 텍스트의 다른 버전 간에 차이가 있는 것을 말한다. 변형판독에는 빠진 단어, 단어의 다른 해석 또는 다른 철자가 포함될 수 있다.

31) B. M. Metzger, *A Textual Commentary on the Greek New Testament* (London, 1975), 528 그리고 U. Wilckens, *Der Brief an die Römer* (Neukirchen-Vluyn, 1982), vol. 3, 21을 보라. 이 독서의 의미에 대해서는 O. Michael, *Der Brief an die Römer* (Göttingen, 1963), 304을 보라.

32) (역주) lectio difficilior은 "읽기 어려울수록 더 강하다."는 뜻의 라틴어이다. 18세기부터 시작된 텍스트 비평의 한 분야로, 서기관이 낯선 단어를 익숙한 단어로 대체함으로써 오류를 범할 가능성이 높다는 가정에 근거한다.(https://hmmlschool.org/lexicon/14607/)

33) 관련 정의는 V. Taylor, *The Text of the New Testament* (New York, 1961), 4, "Of two other or more alternative readings, that one is more likely to be right which most easily accounts for the origin of the others.(두 가지 이상의 대체 판독값 중 다른 판독값의 출처를 가장 쉽게 설명할 수 있는 판독값이 맞을 가능성이 더 높다.)"를 참조하라.

34) (역주) 공동체 규칙은 1QS로 지정되어 있으며 이전에는 규율서라고도 불렸으며, 쿰란 유적 근처에서 발견된 최초의 두루마리 중 하나이다.

35) 다음 평행은 이그나티우스가 폴리캅에게 보낸 편지이다.(3:1-2): "특히 하나님을 위해 우리는 모든 것을 인내하여 그분이 우리를 참아 주실 수 있도록 해야 합니다. 당신은 당신보다 더 부지런히(σπουδαῖος) 살아야 합니다. 시대를 이해하십시오." 마 16:2-3; 눅 12:56을 참조하라.

원의 때에 하나님의 찬양을 부를 것이다. 나는 누구에게도 악의 보상을 주지 않을 것이며, 선으로 그를 추구할 것이다. 살아있는 모든 것에 대한 심판은 하나님께 있으며, 사람에게 그의 보상을 주실 분은 그분이기 때문이다.… 나는 복수의 날까지 멸망의 사람들과 씨름하지 않을 것이다.… [나는] 정신이 거만한 사람 앞에서는 온유함을, 손가락질하고 죄악을 말하며 부를 위해 열심인 권위자들에게는 상한 심령으로 온유함을 베풀 것이다.**36**

에세네 규율서**37**의 유사 구절을 주의 깊게 살펴보면 롬 12:11의 당시 율법에 순종하라는 명령과 롬 12:8-13:7에서 독자들이 따르라고 권장하는 윤리적, 정치적 태도 사이의 내적 연관성을 이내 발견할 수 있다.

이제 한 가지 추가 설명이 필요한 질문이 있다: 롬 12:15에 나오는 힐렐의 이 말이 어떻게 로마서 서신에 있는 이 "에세네" 강론에 마치 전체 강론의 유기적인 부분인 것처럼 포함되게 되었을까? 바울 서신에서 이 말은 "기뻐하는 자들과 함께 기뻐하고 우는 자들과 함께 울라"는 형식으로 되어 있다.

힐렐의 표현을 빌리자면, 이 말은 랍비 문헌에 다음과 같이 등장한다:

옷을 입은 자들 사이에서는 벌거벗은 채로 나타나지 말고, 옷을 입지 않은 자들 사이에서도 옷을 입은 채로 나타나지 마라.**38**

앉아 있는 사람들 사이에서도 서 있는 모습을 보이지 말고, 서 있는 사람

---

36) 여기서는 A.R.C. Leaney, *The Rule of Qumran and Its Meaning* (London, 1966)를 부분적으로 번역한 것을 따랐다. 최근 E. 키몬은 규율서 4QS 9.15-10.2의 본문을 출판했다. 그 텍스트는 1QS의 텍스트와 거의 동일하다.(Qimron, *Tarbiz* 60 [1991] 436 보라)

37) (역주) Essene Manual of Discipline은 기원전 2세기 초 유대 사막 쿰란에 정착한 에세네 유대인 공동체가 만든 가장 중요한 문서 중 하나인 규율서이다.

38) Flusser, *Judaism*, XVI, nn. 7-8을 보라. 한때 나는 이 말의 시작 부분이 Derek Erez 논문의 유사점에서 누락 되었기에 원래 힐렐의 말 일부가 아니라고 믿었다. 이제 나는 힐렐의 말의 시작이 부차적으로 추가된 것이라고 확신하지 못하는데, 우리가 보게 될 것처럼 힐렐은 목욕을 그의 Weltanschauung의 일부로 여겼다. (LevRab 34; Glatzer, 36)

들 앞에서 앉아 있는 모습을 보이지 마라.

우는 사람에게 웃는 모습을 보이지 말고, 웃는 사람에 대해 울지도 마라.

전도서 3:4~5에 "울 때가 있고 웃을 때가 있으며, 포옹할 때가 있고, 포옹하지 말아야 할 때가 있다."[39]

이 말의 마지막에 나오는 전도서 인용문은 이 말의 윤리적 배경을 설명한다. 사람은 현재와 그 상황의 요구 사항에 순종해야 한다는 요청을 받는다. 롬 12:11에 기록된 대로 "(현재)를 섬겨야 한다."라는 것이다. 이제 우리는 왜 힐렐의 말 일부가 그리스도교 이전 단계의 강론에 삽입되었는지[40] 이해하게 되었다. 이 전개를 이해하는 또 다른 중요한 측면은 전체 모티프를 비교하는 것에서 나타난다. 즉, 바울 서신, 에세네 이데올로기, 힐렐의 가르침 사이에 강한 연관성이 있음을 알게 된다.

우리는 이미 에세네 규율서에서 당시의 율법에 대한 종파의 순종에 관한 관련 구절을 인용했다.[41] 이 두 가지 출처인 에세네 규율서와 로마서 강론은 잘 알려진 에세네 교리인 통치 권위에 대한 순종(요세푸스, 『전쟁사』 2.140 참조)에 대한 같은 이념적 배경을 배반한다. 요세푸스의 글에 나오는 에세네인들에 대한 설명과 바울의 "에세네" 강론의 마지막 말 사이의 유사성은 이미 인정되었다.

---

39) P. Billerbeck, *Kommentar*, vol. 3, p. 398을 보라. 힐렐의 말 자체에 대해서는 t.Ber 2:21 (S. Lieberman, *The Tosefia*, Order Zeraim [New York, 1953], 11)과 M. Higger, *The Treatises Derek Erez*, vol. 1, 221의 주석과 Masekhtot Zeirot (Jerusalem reprint, 1950), 88; 그리고 M. van Loopik, *The Ways of the Sages* (Tübingen, 1991), 120, 271-72. 또 *Flusser, Judaism*, XIV-XV와 522, 주 36 그리고 Glatzer, *Hillel*, 38을 보라. 고전 9:19-23에 나오는 바울의 유명한 말은 힐렐에 대한 우리의 말로 대표되는 유대인 모티브의 영향을 받았다고 제시되었다 (H. Conzelmann, *Der erste Briefan die Korinther* [Göttingen, 1969], 189, 특히 주-19와 21 참조) 이것은 롬 12:15에서 보았듯이 바울이 이 사상에 대해 확실히 알고 있었기에 가능하다. 반면에 바울의 경향은 힐렐이 말하고자 하는 것과는 완전히 달랐다. 바울은 다른 사람들의 방식에 자신을 맞추면서 자신의 복음 메시지로 그들을 얻고 싶었다: "내가 모든 사람에게서 자유로울지라도 모든 사람에게 종이 된 것은 더 많은 사람을 이기게 하려 함이니라"(고전 9:19).

40) 롬 12:15의 "때를 따라 봉사하라"라는 구절을 받아들이지 않더라도, 롬 12:15은 힐렐의 말에 의존한 것이며, "우는 자를 피하지 말고 우는 자들과 함께 슬퍼하라"라는 비슷한 구절인 서 7:34에서 가져온 것이 아니라는 것은 확실하다. Ben Sira는 대조적으로 힐렐과 바울(롬 12:15)은 모두 기뻐하는 것에 대해 이야기한다.

41) 위에서 인용한 나의 연구, "A Jewish Souce for the Attitude of the Early Church to the State," and D. Flusser, "The Sect of the Judaean Desert and its Beliefs" (히브리어), *Zion*, 19 (1954) 89-103, 특히 98; 그리고 D. Flusser, "The Social Message from Qumran" *Judaism*, 112-14를 보라.

쿰란의 규율서의 도움으로 에세네 평화주의와 통치 당국에 대한 순종의 요구가 독특한 성격임을 발견한다. 에세네인들의 복종적인 태도에 두 가지 공산주의 슬로건을 적용하는 것이 허용될지도 모른다. 에세네인들은 "전투적 패배주의"[42]와 "평화적 공존"[43]를 가르쳤다. 이러한 개념은 원래 증오의 이데올로기뿐만 아니라 종말론적 예정 교리에 기반을 두고 있다. 처음에 이 천년왕국설(chiliastic) 이데올로기는 에세네의 빛의 자녀들이 전 세계를 정복할 종말론적 전쟁에 대한 갈망을 불러일으켰다. 이 초기 단계는 쿰란의 전쟁 두루마리로 대표된다. 이 희망이 사라지자, 똑같은, 오래된 전제에서 새로운 이데올로기가 개발되었다. 에세네파는 이중 예정 교리나 악인에 대한 하나님의 복수라는 종말론적 전망을 포기하지 않았다. 반면에 종말은 미래에 있기에 원수 갚는 날까지 멸망의 사람들과 싸우는 것은 금지되어 있다. 이것이 에세네의 평화주의적 온유함과 시간의 법칙에 복종하는 에세네 교리의 비밀이다.

내 생각에, 힐렐이 평화주의를 강조하고 지금 여기에서 결정해야 한다는 긴급성을 강조한 것은 당시의 율법에 순종해야 하는 에세네의 요구 사항에 영향을 받았다. 우리는 이미 힐렐이 적절한 시간과 상황에 따라 사람들의 관행에 적합한 적절한 행동을 권장하는 힐렐의 말에 대해 논의했다. 앞서 살펴보았듯이 이 말의 성경적 근거는 전 3:4-5의 "울 때가 있고 웃을 때가 있다."에서 찾을 수 있다. 이 맥락에서 시간 규칙에 따른 적절한 행동은 성경에 명시적으로 명령되어 있다. 따라서 롬 12:15에 "에세네" 강론(12:11)에서 백성들에게 "(현재의) 시간을 섬기라"라고 가르치는 힐렐의 말에 대한 언급이 삽입된 것은 놀라운 일이 아니다.

다른 한편으로 힐렐이나 예수 모두 증오의 교리에 기초한 에세네파의 "전투적 평화주의(militant pacifism)"를 받아들이지 않았다는 사실을 잊지 말아야 한다. 이 교리는 이 두 유대인 교사의 본질에 결정적으로 반대되는 것이었다. 두 교사 모두

---

42) militant defeatism는 레닌이 제1차 세계대전(1918년 3월 3일) 당시 소련과 독일, 그리고 그 동맹국 간의 평화 조약을 정당화하기 위해 만든 용어이다.

43) '평화적 공존' 이라는 용어는 1952년 스탈린이 미국 언론인과의 인터뷰에서 처음 사용했다. 1956년 Nikita Khrushchev가 이 슬로건의 의미를 정의했다.

보편적이고 조건 없는 사랑을 설교했다. 그들의 온유함은 어떤 정신적 유보도 없이 진정한 것이었다. 힐렐과 달리 예수는 당시의 율법에 대한 교리조차 가르치지 않았다. 이는 예수의 종말론적 "시간표"가 교리를 허용하지 않았기 때문이다.**44** 그런데도 예수와 힐렐 모두 모두 바로 지금 행동해야 한다는 시급성을 인정했다. 예수도 힐렐과 마찬가지로 "추수할 일은 많으나 일꾼은 적다."(마 9:37-38, 눅 10:2)고 강조했다.

힐렐의 독특한 개성이 이 사상이 힐렐의 철학 내에서 다른 의미로 받아들여졌다고 해도 당시 율법의 에세네 개념과 접촉하는 등 외부로부터 영향을 받았을 가능성을 배제하지 않았다. 본질적으로 힐렐의 마음속에 있는 현재의 긴박함에 관한 생각은 임박한 행동의 힘과 행동하기로 한 개인과의 일치를 형성한다. 현대 용어로 힐렐의 "지금 여기"와 그의 "나와 너"에 대해 말할 수 있다. 여기서 "나와 너"는 서로 바꿔 사용할 수 있다. 또는 다른 시대착오적인 정의를 사용할 수도 있다: 힐렐의 결정에 대한 요구는 실존주의자의 요구다.

여기서는 힐렐의 모든 말을 언급하지는 않겠다. 대신 힐렐의 자기 인식을 직접적으로 표현하거나 관련된 말만 언급하겠다.**45** 우리는 이미, "나의 굴욕이 나의 높임이요, 나의 높임이 나의 굴욕이라는 뜻으로, '높은 자리에 앉는 사람은 자신을 낮추어 보나니'(시 113:5f)라는 뜻이다."라는 힐렐의 심오한 개인적 말 중 하나를 인용했다.**46**

힐렐이 본문에서 화자가 하나님인 성경 구절을 인용한 유일한 예는 아니지만, 힐렐은 겸손한 자신에게 대담하게 적용한다. 힐렐의 높은 자기 인식을 보여주는

---

44) 예수의 메시아적 시간표에 관해서는 D. Flusser, "Die jüdische Messiaserwartung Jesu", *Das Christen-tum-eine jüdische Religion* (Munich, 1990), 37-52을 참조하라.

45) m.Ab 2:5에 따르면, 힐렐은 "네가 그의 자리에 오기 전에는 네 이웃을 판단하지 말라"고 말했다. 나는 이것이 힐렐이 직접 인용한 황금률에 근거한 유익한 결론이라고 생각한다: "네게 싫은 것은 네 이웃에게도 하지 말라"(b.Shab 31a) Billerbeck(위, 주 6), 441-43쪽은 "이웃을 판단하지 말라"는 힐렐의 말을 마 7:1과 (그리고 눅 6:37의) "너희가 판단을 받지 않기 위해 판단하지 말라"는 말씀과 연결한다. Billerbeck는 다른 랍비 자료도 인용한다. 어쨌든 힐렐의 말은 신적 응보의 개념과는 거리가 멀다. 이 점에서 다른 모든 유사 사례와 다르다.

46) 77쪽을 참조하라.

또 다른 표현은 '아버지의 윤리' 1:14에 있다. "내가 나를 위한 것이 아니라면 누가 나를 위한 것인가? 그리고 내가 나 자신만을 위한 존재라면 나는 무엇인가? 그리고 지금이 아니라면 언제인가?" 여기서 그는 사람의 임무와 현재 순간 결정의 긴급성을 모두 강조한다. 힐렐의 이 말은 예수의 지극히 개인적인 말의 첫 부분과 비슷하다: "나와 함께하지 않는 자는 나를 대적하고 나와 함께 모이지 않는 자는 흩어지느니라"(마 12:30, 눅 11:23) 이 유사성은 우연이 아니다. 예수의 후반부의 말은 힐렐이 말한 다른 문장의 변형이기 때문이다.**47** 이 유사 구절은 힐렐의 일련의 세 구절로 이루어진 일부를 형성한다:

"주를 위해 행동할 때가 되었나이다 그들이 주의 율법을 어겼나이다."(시 119:126) "그들이 주의 율법을 어겼나이다."라는 말씀을 읽어야 한다.─주님을 위해 행동할 때입니다. 힐렐도 이렇게 말한다: "사람들이 흩어지는 때에 모으라!"**48** "수요가 없을 때는 그때 사라! 사람이 없는 곳에**49** 사람이 있어라!"**50**

시 112:7에 대한 해석과 같이**51**, 여기에서도 힐렐은 성경 구절의 두 반쪽을 뒤집는다.(시 119:126) 이러한 변화를 통해 그는 흔치 않은 개인적 행동의 긴급한 필요성을 강조한다. 세 개의 짧은 문장이 충격적으로 작용한다. 이 말과 랍비적 유사성에서 첫 번째 문장은, "사람이 모일 때는 흩어지고, 사람이 흩어질 때는 모인다."와 같이 확장된 형태로 나타난다. 더 긴 형태의 격언은 심오한 의미를 지니고 있고 내용을 드러내는 것으로 해석될 수 있지만, 나는 이 확장된 형태가 대비와 대

---

47) Billerbeck, *Kommentar*, 635-36 그리고 힐렐의 자아 인식에 관한 나의 연구 Flusser, *Judaism*, 510-11을 보라.

48) Flusser, *Judaism*, 510, 주-3.

49) Sifre Zutta의의 비판적 장치(apparatus critus)를 참조하라. 이 격언은 m.Ab 2:6에도 나온다.

50) Sifre Zutta, *Pinchas*, ed. H.S. Horovitz (Leipzig, 1917; Jerusalem reprint, 1966), 316-17.

51) y.Ber 14b. 위의 주 8을 참조하라.

칭을 위해 만들어졌다고 생각한다. 시프레 주타52의 더 간단한 형태의 격언은 시 119:126에 대한 힐렐의 주석과 다음 두 문장 모두에서 문맥에 훨씬 더 잘 맞는다.

이 단원 전체가 율법 연구의 위기에 대한 반응이다. 율법은 만만해졌고(cheap) 지금 이 율법을 "받아들일 수 있는(to buy)" 가장 좋은 기회다. "사람이 없는 곳에 사람이 있으라!" 그리고 율법이 깨어지고 있을 때(즉, "흩어져 있을 때"), 율법을 "모아야" 한다. 율법의 구전 전승을 수집하고 발전시킬 때가 바로 지금이다. 이 격언의 확장된 형태에서, 이 용어들은 시프레의 전체 단위에서 그 의미와는 다른 새로운 의미를 얻었다.53 더 긴 형태의 말이 독창적일 수 있는지는 당연히 의심스럽다.

나는 힐렐의 말과 마 12:30과 눅 11:23의 예수의 말 사이의 친화성이 시프레 주타에서 힐렐의 말의 원형을 찾는 데 도움이 되었을 뿐만 아니라 힐렐의 높은 자기 인식을 발견하는 길을 열어주었음을 고백한다. 또 "사람이 흩어질 때 모이라!"라는 힐렐의 말의 원문이 마 12:30(및 눅 11:23)의 "나와 함께 모이지 않는 자는 흩어진다."와 가깝다는 것을 깨달을 수 있었다. 예수의 높은 자기 인식과 힐렐의 자기 인식 사이에 유사점이 있을 뿐만 아니라, 예수는 힐렐의 말을 채택하여 자신의 용도에 맞게 바꾸어 사용한다. 이러한 변화는 두 사람의 기본적인 성격 차이와 목표라는 두 사람 사이의 차이점을 배반한다.

예수의 말에서 가장 중요한 변화는 "나와 함께"라는 구절에 있다. 힐렐의 높은 자의식은 자신만이 위기를 막고 새로운 현실을 창조할 운명이라는 확신과는 거리가 멀었다. 힐렐은 자신에 대해 이야기하고 때로는 상대방("나" 또는 "너")에게 호소했다. 예수도 행동을 요구했지만, 자신만이 이 임무를 수행하도록 선출되었다고 확신했다. 이스라엘에서 "부흥"의 운동이 시작되었다. 이 부흥은 이 땅의 하늘나라에서 실현된다. 그러나 이제 이 운동은 예수의 인격이 중심이 되어야 한다. 예수와 무관한 개별적인 주도권들은 모이지 않고 흩어질 것이다. 예수와 힐렐 사이

---

52) (역주) Sifre Zutta는 민수기에 대한 미드라쉬다.
53) 이 말의 확대된 형태는 t.Ber 6:24에서 정식으로 논의된다.

의 또 다른 점은 힐렐이 율법과 관련된 구전 전승의 증가에 대해 가르치지만, 예수는 자신의 부르심에 응답할 사람들이 모이는 것에 관심을 가졌다.**54**

일부에 따르면, 초막절 기간에 힐렐의 가장 대담한 두 가지 말이 선포되었다고 한다:**55**

> 내가 여기 있으면 모든 것이 여기 있고, 내가 여기 없으면 무엇이 [또는
> : 누가]**56** 여기 있습니까? 내 마음이 사랑하는 곳으로, 내 발이 나를 인
> 도합니다. 당신이 내 집에 오면 나도 당신의 집에 오겠지만, 당신이 내
> 집에 오지 않으면 나는 당신의 집에 오지 않을 것입니다." 내 이름이 기
> 억되는 모든 곳에서 나는 당신에게 와서 당신을 축복할 것입니다."(출
> 20:24)라고 말한 것처럼.

첫 번째 구절은 다른 형태로도 전승에 등장한다.**57** 그 버전에서는 이 말이 초막절과 연결되어 있다. 이 축제가 열릴 때 힐렐은 성전에 있었고 거기에서 다음과 같이 선언했다: "우리가 여기 있으면 무엇이 [또는: 누가] 여기 있고, 우리가 여기 없으면 무엇이 [또는: 누가] 여기 있는가?" 두 출처에서 구절과 그 주장의 힘은 비슷하다. 가르침의 요점은 "우리가 여기(예배) 있다면 무엇이(또는: 누가) 여기 있는가?"라는 점을 강조한다. 하나님은 인간의 찬양이 필요하지 않기에 "우리가 여기 없다면 무엇이 (또는 : 누가) 여기 있는가?"-하나님은 인간의 찬양을 원하시기 때문이다.**58**

전해지는 이러한 결론이 힐렐 자신의 정확한 말을 대변한다고 확신하지는 않지

---

54) 예수의 말에서 "모으다."의 의미에 대해서는 마 23:37(및 눅 13:34)과 요 11:52도 보라.
55) b.Suk 53a 그리고 y.Suk 55b(두 격언 모두)가 이에 해당한다. 그러나 t.Suk 4:3(두 번째 말과 관련해서만)도 보라. 다른 자료들에서는 힐렐이 어떤 상황에서 이 말을 했는지에 대한 언급이 없다: ARN(위 11번), 55쪽, 두 버전 모두(첫 번째 격언 앞에 두 번째 격언); Mekhilta(위, note 6), 234, 출 20:24에서 랍비 엘리에셀 b. Jacob의 이름으로(두 번째 격언)
56) 아람어 '사람'은 두 가지 의미가 있다: M. Jastrow, *Dictionary* (New York, 1950), 727을 QH라.
57) y.Suk 55b and ARN, p. 55, ARN B 27을 보라.
58) 두 출처에서 모두 "이스라엘의 찬양"을 읽는다:

만, 그의 생각을 어느 정도 반영하는 것은 그럴듯하다. 전체적으로 역설적인 말 자체는 힐렐의 성격에 훌륭하게 부합한다. 그러나, 힐렐이 그의 더 특징적인 말하기 방식인 "나" 대신 "우리"라고 말했을 가능성은 작다. 원래 형태는 초막절 동안 성전에서 예배하는 사람들에 대한 설명에 맞게 조정되었을 것이다.

힐렐의 말을 "내가 여기 있으면, 여기 있는 것이다.…"라는 단수형으로 반복한다면, 후반부에서는 "내가 여기 있으면 모든 것이 여기 있고, 내가 여기 없으면 무엇이(또는: 누가) 여기 있는가?"라는 변형과 같다.[59] 그런데도 이 두 가지 말 중 하나는 힐렐이 직접 한 말이고 다른 하나는 후에 첫 번째 말을 바탕으로 만들어졌다는 것이 놀랍다. 분명히 두 격언 모두 장점이 있다. 방금 인용한 격언은 논쟁의 상대보다 더 대담하다. 이는 인간 성격의 우주적 가치에 대한 극단적인 표현이다. 힐렐 자신으로 대표되는 개인은 어떤 의미에서 우주 전체다. "역사적" 예수가 어떻게 말했는지 아는 모든 사람은 예수가 비슷한 방식으로 자신을 언급하지 않았을 것이라는 데 동의할 것이다. 예수는 높은 자기 인식을 표현하는 다른 방법이었다. 그것은 십자가 사건이었고, 그 이후 분위기가 급변했다.

유대 현자의 이 말을 외경 복음서의 한 구절로 대표되는 우주적인 비정경적 그리스도와 비교하는 것은 너무 쉬운 일이다: "예수가 말했다. '나는 그들 위에 있는 빛이며, 나는 모든 것이다. 모든 것이 내게서 나왔고, 모든 것이 내게로 확장되었다. (나무 조각을) 쪼개라, 그러면 내가 거기에 있다. 돌을 들어 올리면 거기서 나를 찾을 수 있을 것이다.'"[60] 이 비교에는 오해의 소지가 있다. 예수의 외경과 힐렐의 놀라운 말 사이의 외형적 유사성은 한편으로는 초자연적인 그리스도의 신과 같은 본성과 다른 한편으로는 모든 개인이 하나님의 형상대로 창조되었다는 힐렐의 이해에 기인한다. 힐렐의 두 가지 평행한 말을 분석하면 둘 다 개인과 사회 사이의 상호 관계에 관한 그의 견해를 가르치고 있음을 알 수 있다. 개인과 공동체 사이의 이러한 관계는 그의 유명한 선언에 나타난다: "내가 나 자신을 위한 것이 아니라면

---

59) 이 형식은 다음의 두 개의 출처에도 나타난다: b.Suk 53a와 ARN (위의 주-11) A, 55.

60) 위에서 언급한 W.D. Stroker, *Extracanonical*, 177의 GThom 77을 보라. 기타 정경 외의 유사성 참조; Epiphanius의 인용문도 같은 책, 177-78 보라.

누가 나를 위한 것인가? 내가 나만을 위한 것이라면 나는 무엇인가?**61** 그리고 지금이 아니라면 언제인가?"(m.Ab 1:14)

이 시점에서 앞서 인용한 힐렐의 다른 말로 돌아가자.**62**

> 내 마음이 사랑하는 곳으로 내 발이 나를 인도하리니 너희가 내 집에 들
> 어오면 나도 너희 집에 들어가겠고 너희가 내 집에 들어오지 아니하면 나
> 도 너희 집에 들어가지 아니하리라(출 20:24): "내가 내 이름을 선포하는
> 곳마다**63** 내가 너희에게 임하여 너희에게 복을 주리라."

이 말이 힐렐의 수수께끼 같은 말 중 하나인 것은 의심할 여지가 없다. 해결해야할 주요 문제는 분명하다. 성경의 맥락에서 하나님은 출 20:24에서 말씀하신다. 그러나 힐렐의 말에서 화자가 누구이며 그가 누구를 초대하는지 이해해야 한다. 화자는 하나님이 아니라 힐렐 자신이다. 우리는 이미 힐렐이 하나님이 말씀하시는 성경 구절을 자신에게 적용하는 데 주저하지 않는다는 것을 보았다.**64** 예수도 같은 전략을 사용했다는 증거는 없다. 예수는 하늘에 계신 아버지와의 특별한 관계를 표현하기 위해 구약성경의 하나님 말씀 인용문을 자신에게 적용하지 않았다. 힐렐은 그러한 행위에서 물러서지 않았다. 반면에 힐렐이나 다른 유대인 현자는 하나님의 이름으로 말하지 않았다.**65** 힐렐의 말에 대한 그러한 해석은 비현실적이다.

---

61) 힐렐은 또한 "공동체로부터 자신을 분리하지 말라"(m.Ab 2:4)고 말했다.

62) 위의 주 46을 보라.

63) 또는 "내 이름이 기억되게 하소서." 이 성경 구절에는 "내가 선포한다." 대신 "네가 선포한다."라는 중요한 변형이 있다. 이 변형은 시리아어 번역본, Targ. Jer. Targum Neofiti, Ms. A of the Samaritan Targum(S. Tal, *The Samaritan Targum of the Pentateuch* (part 1 [Tel Aviv, 1980], 307을 보라)에 있다. 그리고 일부 미드라심에서 나타난다.(참조) 이책 39과 40에서 S. Safari의 작업을 참조하라. 힐렐이 출 20:20[24]을 이 변형으로 사용했거나 이런 식으로 구절을 해석했을 가능성이 있다.

64) Bacher, *Agada*, 5, 주–6.

65) 공관복음에 따르면, 예수는 실제로 서론 없이 하나님의 이름으로 한번 말했을 가능성이 있다. 마 23:34의 "그러므로 내가 선지자들을 너희에게 보냄이라"가 이에 해당할 수 있다. 이 말씀과 비슷한 구절이 욥 1:12에 있는데, 여기서 화자는 하나님이다. 누가는 이상함을 느꼈다.(11:49) 오해를 피하려고 그는 하나님의 말씀 앞에 서론 공식을 넣었다: "그러므로 하나님의 지혜도 말씀하시되…" 이 경우 예수는 유대 현자가 아니라 종말론적인 예언자로서 말씀하신 것이다. 아래의 주–84를 참조하라.

우리는 이 말에서 하나님이 말씀하시는 것이 아니라 힐렐 자신이 말하는 것임을 입증했다. 따라서 사람들이 초대받은 집은 힐렐의 집, 즉 비유적으로 말하면 현자의 영역이어야 한다. 이 정도는 분명하나 힐렐이 누구를 초대하는지에 관한 의문을 해결하기는 더 어렵다. 힐렐은 하나님이나 동료 인간에게 자신의 영역에 들어오라고 요청하는가? 어쨌든 이 격언은 일상생활과 관련이 있다. 이 말은 "나는 내가 가고 싶은 곳으로 간다."로 시작된다.

격언 뒤에는 사회적 행동 규칙이 이어진다: "나는 당신이 나를 방문한 후에야 당신의 집을 방문합니다." 그런 다음 힐렐은 성경의 증거로 하나님이 하신 말씀을 대담하게 추가한다! 힐렐이 하나님께 초대장을 보낸다면, 외인의 집(the foreign house)은 하나님의 영역, 성전 또는 다른 예배나 배움의 장소이다. 이것은 분명히 하나님이 우리의 영역에 들어 오지 않으시면 우리도 그의 영역에 들어가지 않을 것임을 의미한다. 거의 그렇지 않으면 결론을 피하기는 어렵다. 힐렐은 하나님 앞에서 일종의 최후통첩을 하고 있었다.

덜 불경스러운 형태로도 이 말은 다음을 의미할 것이다. "당신이 내게 다가오면 나도 당신에게 다가갈 수 있지만, 당신이 내게 다가오지 않으면 나도 당신에게 다가갈 수 없다." 이러한 추론은 유대인뿐만 아니라 이 고대 시대의 비유대인에게는 상상할 수 없는 것이다. 또한 그러한 해석은 격언 소개의 내용에도 맞지 않는다. 게다가 이 격언이 하나님에게 직접 말한 것이라면 힐렐이 이런 식으로 하나님을 언급하는 유일한 경우일 것이다.

결론적으로, 가장 좋은 해결책은 다른 말과 마찬가지로 여기에서도 힐렐의 전형적인 "나와 너" 구조, 즉 두 인간 사이의 대립을 발견할 수 있다고 가정하는 것이다. 물론 이 말에 묘사된 두 사람은 특정 인물이 아니다. 힐렐의 가르침에서 항상 그렇듯이 극적 페르소나는 일반적으로 사람들을 나타낸다. 힐렐은 각 사람이 자신의 메시지의 힘을 느끼기를 원한다.

힐렐의 말의 배경을 명확히 하기 위해『조로아스터 금언집(a collection of Zoroastrian apophthegms)』에 나오는 격언을 인용한다.:

그들은 이것도 붙잡았다: 사람들에게 문을 열어 두는 것이 필요하다. 남
자가 사람들에게 문을 열어 두지 않으면 사람들이 그의 집에 오지 않기
때문이다. 집에 사람들이 오지 않으면 신들이 그 집에 오지 않는다. 신들
이 누군가의 집에 오지 않으면 그에게 재산이 붙지 않는다. 사람은 빵을
쫓고, 신은 사람을 쫓고, 행운은 신을 따르기 때문이다.**66**

페르시아어 텍스트와 유대인 현자의 말 사이의 유사성은 분명히 우연이 아니
다. 페르시아 종교와 사상이 유대교에 영향을 미쳤다고 추정할 수 있는 사례는 이
뿐만이 아니다. 페르시아 금언은 신이 우물에 들어갈 수 있도록 집을 사람들에게
개방해야 한다는 생각을 표현한 것이다. 페르시아의 현자는 예배당이나 사원이 아
니라 평범한 집을 가리킨다. 결과적으로 페르시아 전승은 힐렐의 말에 대한 우리
의 해석을 지지한다. 조로아스터교의 가르침과 마찬가지로 힐렐은 사람들을 자신
의 집으로 초대한다.

우리는 또한 힐렐의 말에서 힐렐의 논쟁 상대가 인간이 아니라 하나님이라고 믿
기 어렵다고 주장했다. 연구 결과, 힐렐 말의 더 깊은 의미가 더 명확해졌다: "나는
내 성향에 따라 자유롭게 행동할 수 있다. 당신이 내 영역에 들어갈 준비가 되어 있
다면 나는 당신의 영역에 들어가기 쉽지만, 당신이 나에게 적응하기를 원하지 않
는다면 나는 당신을 도울 준비가 되어 있지 않다."

이 말에 대한 우리의 설명이 모든 어려움을 제거하지는 않지만 다른 어떤 해결
책보다 훨씬 더 그럴듯하다. 우리의 이해에 따르면 힐렐은 다른 말보다 다른 사람
들과의 관계에서 더 완고하다. 그러나 같은 힐렐은 "더하지 않는 자는 끝이 있고**67**,

---

66) *The Wisdom of the Sasanian Sages* (Denkard VI), S. Shaked 번역, Persian Heritage Series, 주 34 (Boul-
   der, Col., 1979), No. 187 (73); a parallel saying in E 10 (191)에도 비슷한 말이 있다. Flusser, *Judaism*,
   519-20을 보라.
67) 즉, 그의 배움은 끝난다.

배우지 않는 자는 죽여도 마땅하다."**68** 또 "사람이 없는 곳에 사람이 있어라!"**69**고 말하곤 했다. 이것은 특이한 종류의 온유함이다. 힐렐의 인내심은 타협에 안주할 줄 모른다. 따라서 그는 다른 사람들에게 자신을 향해 반쯤만 가자고 요청하여 나머지 길을 만날 수 있게 했을 수도 있다.

힐렐의 말을 좀 더 조명하기 위해, 마 10:12-14에서 예수가 제자들을 보내어 천국을 선포할 때 제자들에게 한 지시와 비교해 볼 가치가 있다:

> 그 집에 들어가면서 평안하기를 빌라 그 집이 이에 합당하면 너희 빈 평
> 안이 거기 임할 것이요 만일 합당하지 아니하면 그 평안이 너희에게 돌아
> 올 것이니라 누구든지 너희를 영접하지도 아니하고 너희 말을 듣지도 아
> 니하거든 그 집이나 성에서 나가 너희 발의 먼지를 떨어 버리라

힐렐의 집의 말은 좀 더 비유적이고 문자적 의미는 덜하지만, 가르침의 제안과 수락(또는 불 수락)의 역설은 비슷하다.**70**

우리는 힐렐의 높은 자기 인식의 온유함과 내면의 힘 사이의 일치로 설명하려고 노력했다. 그는 말에 나오는 인내심을 키울 뿐만 아니라 타고난 대담함을 발휘할 수 있는 길을 열어야 한다고 확신했다. 그는 지금이 위기의 시기이며 즉각적인 결정이 시급하다고 확신했다. 따라서 적재적소에 적임자가 절실히 필요했다.

우리의 목적을 위해 힐렐의 근본적 발언은 다른 사람의 행동을 요구하기 위해 이인칭으로 나타나거나 일인칭으로 나타난다는 점을 반복하는 것이 중요하다. 후자의 말에서 그의 사람은 다른 모든 사람에게 모범이 된다. 이런 식으로 힐렐은 그와 같은 많은 위인의 특징적인 실수를 공유한다. 겸손한 동시에 위대한 개인은 자신이 다른 사람에 비해 재능이 뛰어난 천재임에도 불구하고 모든 인간이 자신과 같은 수준의 성취를 이룰 수 있다고 생각할 수 있다. 힐렐은 타인에 대한 열린 마음가

---

68) m. Ab 1:13.
69) 위의 주 39와 40을 참조하라.
70) Flusser, *Judaism*, 520.

짐에서 소크라테스를 닮았다. 그의 역설에도 교육적 목적이 있다. 어쨌든 인간 본성에 대한 힐렐의 의견은 덜 낙관적이었던 예수보다는 소크라테스의 의견에 더 가까웠다.

우리는 힐렐의 흔치 않은 가르침을 형성한 역사적, 심리적 충동을 설명하려고 노력했다. 힐렐이 인간의 존엄성을 높이 평가한 데에는 어떤 철학적 근거가 있었을까? 다음 이야기는 인간의 존엄성에 대한 힐렐의 견해에 대한 신학적 배경을 설명한다.

> 한번은 힐렐이 제자들을 떠나보낼 때 제자들이 힐렐에게 말했다: "스승님, 어디로 가십니까?" 힐렐은 대답했다: "경건한 의무를 수행하러 간다." 제자들은 "하시려는 경건한 의무가 무엇입니까?"라고 물었습니다. 힐렐이 대답했다: "목욕하러 간다." 그들이 말하였다: "그것도 경건한 의무입니까?" 그는 대답했다. "그렇다. 극장과 서커스에 세워진 왕의 동상을 지키고 씻어 주는 임무에 임명된 사람도 관리비를 받고 있고, 게다가 그는 정부 관리다, 하나님의 형상과 모양대로 창조된 나는[71] 얼마나 더 내 몸을 돌볼 의무가 있겠는가?"[72]

모든 개인이 하나님의 형상대로 창조되었다는 성경적 가정은 힐렐이 인간을 개인으로 보는 관점의 기본이다. 인간이 하나님과 같다는 개념은 힐렐의 추종자들, 특히 랍반[73] 요하난 벤 자카이와 랍비 아키바의 사상에 담긴 교리다. 이것은 "인간 중심적 신중심주의(anthropocentric theocentrism)"와 힐렐 학파의 인본주의적 접근법의 뿌리 중 하나다. 힐렐이 고귀한 자기 인식을 소중히 여길 수 있었던 것은 그것이 자신의 인본주의 신학과 맞았기 때문이다.

---

71) "우리"보다 "나"가 문맥에 더 잘 맞는다. Margoulies' edition의 참고자료를 보라.
72) LevRab 34:3, ed. M. Margoulies (Jerusalem, 1958), 776; Glatzer (위의 주 1), 36; Flusser, *Judaism*, 513 그리고 Büchler, *Types*, 19.
73) (역주) Rabban은 산헤드린 의장의 명예 호칭이다.

예수는 다른 사람에 대한 힐렐의 인도주의적 접근 방식을 전심으로 받아들였을 뿐만 아니라, 자신에 대해 말할 때 힐렐의 말 중 적어도 두 가지를 자신의 메시지에 포함했다.[74] 마 18:20에서 예수는 이렇게 말했다. "두세 사람이 내 이름으로 모인 곳에는 나도 그들 가운데 있느니라." 이전 연구에서 나는 이 말이 실제로 "역사적" 예수의 말이라고 확신하는 이유를 설명하려 했다. 분명히 예수는 이 메시지나 그의 가르침을 듣기 위해 함께 모이는 가장 적은 수의 사람들 사이에도 자신이 존재한다고 말하고 싶었다. 우리는 힐렐의 말 사이에 두 가지 유사점이 있음을 보여 주었다. 첫 번째 유사점은 다음과 같다. "당신이 내 집에 오면 나도 당신의 집에 가겠지만 당신이 내 집에 오지 않으면 나도 당신의 집에 가지 않을 것이다." 힐렐의 다른 말은 훨씬 더 대담하다. "내가 여기 있으면 모든 것이 여기 있고, 내가 여기 없으면 무엇이 여기 있겠는가?" 이 경우 힐렐의 두 말과 마 18:20의 예수의 말의 내용과 경향 사이에는 본질적인 차이가 없다. 우리는 이미 힐렐의 두 번째 말이 너무 대담해서 예수가 그런 식으로 자기 인식을 표현하지 않았을 것이라고 주장한 바 있다.[75]

힐렐의 말을 반영하는 예수의 두 번째 말은 마 12:30(그리고 눅 11:23)에서 찾을 수 있다. "나와 함께 아니하는 자는 나를 반대하는 자요 나와 함께 모으지 아니하는 자는 헤치는 자니라." 힐렐의 "내가 나를 위하여 있지 아니하면 누가 나를 위하여 있으리요?"라는 말에도 격언의 첫 부분과 유사한 구절이 나온다. 앞서 언급했듯이, 예수의 말의 두 번째 부분과 거의 비슷한 내용이 힐렐의 말에도 등장한다. "사람들이 흩어지는 때에 모이라!"

여기서 우리는 예수의 자기 인식과 힐렐의 자기 인식 사이에 기본적인 차이가 있음을 알 수 있다. 예수는 힐렐의 격언에 한 가지를 덧붙인다. 예수는 **나와 함께 (with me)** 모이는 것에 대해 말할 때 자신을 언급한다. 예수의 "나"는 힐렐의 "나"와 결코 같지 않다. 힐렐의 "나"는 힐렐의 "너"와 상호 교환 가능하며, 힐렐의 인간

---

74) 위의 notes 42-45, 50와 D. Flusser, "I am in the Midst of Them," *Judaism*, 515-25를 보라.
75) 위의 주-51을 보라.

개개인의 신격화 신학에 따르면 우리 모두에게 적용될 수 있지만, 예수의 "나"는 자기 자신에 대한 인식을 표현하는 것으로 오로지 예수에게만 속한다. 따라서 자신에 대한 예수의 말에는 힐렐의 많은 중요한 말들처럼 강한 실존적 측면이 없다.

II

힐렐과 예수의 목표 사이의 차이점을 설명하기 전에, 나는 그의 숭고한 자기 인식과는 다소 독립적인 예수에 대한 몇 가지 의견을 바로 잡아야 할 의무가 있다. 자유롭고 충분한 정보를 바탕으로 한 자료 조사를 통해 예수가 "'변두리 유대인(marginal Jew)' 이었음을 정말로 확인할 수 있는가?"[76] 여기서 이러한 오류를 조장하는 기득권을 설명할 의무가 내게는 없다. 예수에 대해 "이 사람이 성경을 공부하지 않았는데 어떻게 성경을 알 수 있는가?"(요 7:5)라고 말하는 '유대인'을 진지하게 받아들일 수 있을까?

한 번은 내가 예수의 랍비 훈련이 바울의 훈련보다 뛰어나다고 말하자 한 진지한 학자[77]가 정말 놀라워했다. 유대교, 특히 랍비 자료에 대한 철저한 지식 없이 예수의 말을 읽으면 잘못된 인상을 받게 된다. 예수의 말은 대부분 매우 단순하다. 그러나 그 단순한 말 이면에는 최고 수준의 학문적 훈련과 연결된 또 다른 복잡한 사고의 흐름이 흐르고 있다. 따라서 배우지 못한 군중은 한 차원 높은 예수의 심오한 단순함을 즐길 수 있었고, 당시의 지식인들은 더 높은 차원에서 예수의 다양한 힌트에 내재된 가르침의 더 깊은 의미를 파악할 수 있었다. 예수의 독특한 가르침 방식은 정교했다.

오늘날 예수 설교의 이러한 숨겨진 내용은 예수 시대에는 존재하지 않았던 이해

<hr />

76) J. P. Meier, *A Marginal Jew: Rethinking the Historical Jesus*, The Anchor Bible Reference Library (New York, 1991)

77) R. Riesner, *Jesus als Lehrer*, WUNT, 2d series 7 (Tubingen, 1981) 예수님 당시 갈릴리의 랍비 학문에 대해서는 특히 S. Safrai, "The Jewish Cultural Nature of Galilee in the First Century," in *The New Testament and Christian Jewish Dialogue*, *Studies in Honor of David Flusser*, *Immanuel*, 24/25 (Jerusalem, 1990), 147-86을 보라.

의 어려움을 일으킨다. 그 이유는 현대의 박식한 독자조차도 예수가 청중들의 마음속에 불러일으키고자 했던 모든 연상을 포착할 수 없기 때문이다. 여기서 예수의 학식에 대한 일반적인 오류에 대해 논의할 필요가 있다 "하부 갈릴리[78][79]에서 온 이 시골 촌뜨기"와 뛰어난 유대 현자 사이의 기본적인 차이가 그들의 교육과 관련이 있다는 오해의 여지가 있는 견해는 피해야 한다. 두 사람의 차이는 다른 영역에서 찾을 수 있다.

힐렐은 현자들 사이에서 선도적인 인물이었다. 힐렐이 기원후 10년경에 죽었다고 가정할 수 있다. 그렇다면 예수가 열두 살 때 성전 지역의 현자들 사이에서 힐렐을 만났을 가능성이 있다. 그 소년은 현명한 율법 교사들 한가운데 앉아 그들의 말을 듣고 영리한 질문을 던졌다.(눅 2:46-47) 힐렐의 높은 자기 인식은 당시의 다른 랍비 학자들과 비교할 수 없는 것이 사실이다. 예수는 자신의 사역에 대해 말할 때 힐렐의 말을 사용했을 것이다. 비록 그 임무가 힐렐의 임무와 전혀 같지 않더라도 말이다. 예수와 힐렐 모두 세상을 급진적으로 변화시키기를 원했고, 이러한 강한 성향은 그들의 자랑스러운 말과 행동에 반영되어 있다. 온유함과 연결된 그들의 자신감은 그들의 사역을 위한 이상적인 전제였다. 둘 다 자신의 행동이 전체 미래를 위해 매우 중요하며 개인적인 주도권이 필요하다고 믿었다. 그들은 바로 행동해야 하는 순간의 긴박함을 감지했다. 둘 모두에게 '지금 여기'가 중요했다.

우리는 이미 결정의 긴급성에 대한 힐렐의 말을 인용한 바 있다. 예수가 다른 사람들에게 즉시 그를 따르라고 초대한 방법은 잘 알려져 있다. 초대에 응한 사람들은 예수의 제자가 되기 위해 모든 소유물을 버리고 가족을 떠났다. 힐렐도 비슷한 방법으로 새로운 제자를 얻었을 것이라고 상상하기는 어렵다. 예수는 이스라엘 한가운데서 운동을 일으켜야 했지만, 힐렐은 유대인 전체에 직접적인 영향을 미치는 변화를 일으키고 싶었다.

또한 힐렐은 자신의 개인적 가치를 예민하게 의식하면서도 이러한 관점을 자신

---

78) (역주) Lower Galilee. 갈릴리는 해발 610m 이상인 레바론 산맥 남단인 상부 갈릴리와 해발 610m 이하인 하부 갈릴리로 나뉜다.
79) Meier, *Marginal*, 277.

에게만 국한하지 않고 모든 사람의 인간 존엄성에 대한 높은 존중을 강조했다. 힐렐은 자신을 바라보는 방식으로 다른 사람을 바라보았다. 반면에 예수는 자기 자신의 고유한 중요성을 인식하고 그 자신이 자신의 계획을 실현하는 데 없어서는 안될 존재라고 믿었다. 현대 용어를 사용하자면 힐렐은 실존 철학자였고, 예수는 유대인 '메시아 운동'의 화신이었다. 반면에 힐렐의 특징 중 하나는 종말론에 대한 언급이 없다는 것이다. 분명 힐렐에게 종말론은 큰 문제가 아니었다.

예수의 메시아 계획은 흔히 생각하듯이 급박한 종말론과는 거리가 멀다.[80] 오히려 예수는 세례 요한과의 만남에서 직면했던 에세네파의 종말론까지 포함하여 모든 종류의 종말론에 단호하게 반대했다. 요한은 "이미 도끼가 나무뿌리에 놓였으니 좋은 열매를 맺지 아니하는 나무마다 찍혀 불에 던져지리라."(마 3:10; 눅 3:9)고 선포했다. 요한은 재림에 대해 "손에 키를 들고 자기의 타작마당을 정하게 하사 알곡은 모아 곳간에 들이고 쭉정이는 꺼지지 않는 불에 태우시리라"(눅 3:17, 마 3:12)고 설교했다.

예수는 그런 급진적인 해결책을 고수하지 않았다. 그의 견해는 "둘 다 추수 때까지 함께 자라게 두라 추수 때에 내가 추수꾼들에게 말하기를 가라지는 먼저 거두어 불사르게 단으로 묶고 곡식은 모아 내 곳간에 넣으라 하리라."(마 13:30)는 것이다. 예수의 눈에는 현재가 구원의 과정 중 특정 단계에 속하기에 과거와 다른 시간이다. 이는 사실이지만, 현재를 종말이라고 보지는 않는다.[81]

예수는 에세네파와 세례 요한의 종말론과는 이질적이었던 랍비들의 천국 개념을 도입하고 수정했다. 그러나 구원의 역사에서 요한의 중요성을 예수가 거부하지 않았다. 오히려 예수는 이렇게 말했다,

> 내가 진실로 너희에게 말하노니 여자가 낳은 자 중에 세례 요한보다 큰
> 이가 일어남이 없도다. 그러나 천국에서는 극히 작은 자라도 그보다 크

---

80) 나의 연구 "Die jüdische Messiaserwartung Jesu"을 보라.
81) 바로 직전의 note와 Flusser, *Gleichnisse*, 265-81 "Jubelruf und selige Augenzeugen"를 참조하라.

니라 세례 요한의 때부터 지금까지 천국은 침노를 당하나니 침노하는 자

는 **빼앗느니라.**(마 11:11−12)

세례 요한은 "모든 선지자가 요한까지 예언"(마 11:13)했기에 이전의 "성경적" 시대의 종말을 알렸다. 이전에 보내심을 받은 시대는 천국 시대다. 요한은 천국의 길을 열었지만, 그 자신은 새로운 시대에 속하지 않았고 오히려 메시아의 선구자로서 엘리야의 역할을 행했다.

인류 역사의 시대는 세례 요한 시대 이전의 성경 시대부터 시작되었다. 그것은 예수 자신의 사역과 현재의 천국 시대로 이어졌다. 인류 역사의 구분에 대한 이러한 이해는 예수의 "구원의 시간표"에 대한 진정한 이해의 기초를 형성한다. 반면에 예수는 인자의 미래 재림을 천국 확장의 고정된 또는 최종 단계와 연결하지 않았다.[82] "번개가 하늘 아래 이쪽에서 저쪽으로 비침 같이 인자도 자기 날에 그러하리라"(눅 17:24 및 마 24:37)[83]

이처럼 예수는 구원의 역사를 세 가지로 나누었다. 첫 번째는 세례 요한의 사역으로 절정에 달한 "성경적" 시기다. 두 번째 시기는 예수 자신의 사역으로 시작되었으며, 좋은 씨앗이 잡초와 함께 자랄 때 천국이 현존하는 힘으로 경험된다. 세 번째 시기는 누구도 알 수 없는 미래의 시간에 인자의 오심과 최후의 심판으로 시작될 것이다.[84] 이 계획에 따르면 우리는 여전히 중세(Middle Ages)에 살고 있다. 전체 삼중 계획은 두 번째 시대가 그리스도의 초림과 재림 사이의 과도기라는 초기

---

82) P. Vielhauer의 중요한 연구, "Gottesreich und Menschensohn in der Verkungdigung Jesu" in *Aufsatze zum Neuen Testament* (Munich, 1965), 55−91을 보라. 나는 이 연구의 모든 결론을 받아들이지 않는다. 저자는 58쪽에서 공관복음에 인자, 천국에 관한 말씀이 언급되지 않았다고 올바르게 지적한다. 그는 또한 랍비 문헌에서 하늘나라와 메시아의 개념 사이에 유기적인 연관성이 없다고 말한 것도 옳다.(87)

83) 참조: 막 13:32; 마 24:36; 행 1:7. 이 말씀들은 예수의 의견을 표현한 것이지만 진짜인지는 확실하지 않다.

84) 십자가의 대속 제물은 예수의 종말론적 계획에서 전환점을 의미하지 않는다. 현대 유대인 종교 사상에서 나의 "Christianity" in *Contemporary Jewish Religious Thought*, ed. A. A. Cohan and P. Mendes−Flohr (New York, 1988), 62−63 그리고 역시 나의 "The Last Supper and the Essenes" in Flusser, *Judais*, 203−4 를 보라.

교회 자료의 계획과 다르지 않다.[85]

　이 여담은 예수가 역사에서 자신의 중심 임무에 대해 어떻게 생각했는지 더 잘 이해하기 위해 반드시 필요했다. 예수의 경력은 지상의 사역에만 국한된 것이 아니라 종말론적 미래에도 역할을 해야 했다. 내가 맞다면, 이미 "역사적" 예수는 종말에 자신이 종말론적 신적 심판자, 곧 다가오는 인자로 나타날 것이라고 믿었다.[86] 이러한 예수의 희망은 현대 학자들이 흔히 생각하는 것보다 더 높은 자기 인식을 배반하는 것이다. 또한 예수 생전에 자신의 임무와 관련하여 한 말을 진지하게 받아들일 때 예수 성품의 이러한 측면을 볼 수 있다.

　우리는 이미 예수가 힐렐의 두 가지 말을 자신에게 어떻게 적용했는지 살펴보았다.(마 12:30, 눅 11:23)[87] 이 시점에서 이 말을 다시 논의할 때는 복음서에서 이 말이 더 폭넓게 쓰인 배경에 초점을 맞추겠다. 이 말은 귀신의 왕자 바알세불이 예수가 귀신을 쫓아낸다는 비난에 대해 예수가 했던 대답의 일부다. 예수는 "내가 하나님의 손을 힘입어 귀신을 쫓아낸다면 하나님의 나라가 너희에게 임하였느니라."(눅 11:20; 참조, 마 11:28)라고 말했다.

　"하나님의 손"이라는 단어는 출 8:15에서 이스라엘이 이집트에서 구원받기 전의 기적적인 표적 중 하나를 묘사하는 것을 암시한다. 예수 당시에는 메시아의 구속이 이스라엘이 애굽의 멍에에서 해방되는 것과 유사할 것이라는 유대인의 일반적인 의견이 있었다. 이 생각은 예수의 말 뒤에 숨어 있다. 그가 귀신을 쫓아낼 때 "하나님의 손가락"을 본다는 것은 "하나님의 나라"가 이미 "너희에게 임했다."라는 것을 보여주는 메시아적 표징이다. 따라서 예수의 귀신축출은 하늘나라의 새 시대가 이미 도래했음을 보여주는 신성한 표징이다.

　더 강한 자에게 제압당하는 "강한 자"에 관해 사용한 비유(눅 11:21-22)에서 예

---

85) F. Graus, in K. J. Ploetz, *Grosse Weltgeschichte* (Darmstadt, 1989), 319을 보라.
86) D. Flusser, "Jesus and the Sign of the Son of Man" in *Judaism*, 526-34 그리고 "Jewish Messianic Figures in Primitive Christianity" (Hebrew), *Messianism and Eschatology*, ed. Z. Baras (Jerusalem, 1983), 103-34; 특히 105-13, 115를 보라.
87) 위의 주 39-41을 보라.

수는 분명히 자신이 구세주임을 간접적으로 고백하고 있다.[88] 예수는 귀신축출을 통해 사람들을 강한 자, 즉 마귀의 지배에서 해방시켜 준다. 신성한 경륜에서 자신의 고귀한 임무를 숨겨 놓은 후, 예수는 힐렐의 말을 인용하여 자신의 목적에 맞게 적용한다: "나와 함께하지 아니하는 자는 나를 반대하는 자요 나와 함께 모으지 않는 자는 헤치는 자니라."(눅 11:23, 마 12:30)[89] 앞에서 살펴본 것처럼, 이 말의 두 부분 모두에서 "나"는 예수 자신에게만 속한다. 오직 예수와 (예수를 따르는 자들)만이 천국 확장의 사역에 투입된다. 예수와 협력하지 않는 모든 사람은 예수와 함께 모이지 않고 흩어지기에 사실상 예수의 활동에 해를 끼친다.

예수의 높은 자기 인식은 자신에 대해 말하는 방식에서도 분명하게 드러난다.[90] 하나님에 대해 말할 때도 예수는 자신과 다른 사람을 구별했음을 잊지 말아야 한다. 예수는 다른 사람들과 하나님과의 관계를 언급할 때 "너희 아버지"에 대해 말했지만, 자신과 관련해서는 "내 아버지"에 대해 말함으로써 하나님과의 자신의 구

---

88) 우리는 이제 눅 11:21-22의 메시아 비유 전체를 인용하고자 한다: "완전히 무장한 강한 자가 자기 궁전을 지키면 그 재물이 제자리에 있지만, 그보다 더 강한 자가 그를 공격하여 이기면 그가 믿었던 갑옷을 빼앗고 전리품을 나눈다." 막 3:28은 이 말씀의 "메시아적 비밀"을 놓쳤고, 마 12:29는 마가복음을 자세히 따른다.

이 본문을 훨씬 더 일찍 검토한 알프레드 플러머는 사 53:12과 비교했다.(Gospel According to St. Luke, ICC [Edinburgh, 1901], 303) 이사야에서 종은 "전리품을 강한 자들과 나누어야 한다."라고 기록되어 있다.

그리스어 번역에서는 히브리어를 "종은 강한 자의 전리품을 나눌 것"이라는 의미로 해석했다. 사 53:12에 대한 이러한 해석은 헬레니즘 유대교에만 국한되지 않았는데, 이는 이 구절의 아람어 타르굼에서 증명되기 때문이다. 이 구절의 의역("그가 강한 성읍의 재물을 전리품으로 나누리라")은 종들이 "강한 자들의 전리품을 나눌 것"이라는 가정에 근거한다. 타르굼의 아람어 의역은 이사야 53:12에 대한 이러한 해석이 예수의 고향에서 알려져 있었음을 보여준다. 예수는 눅 11:21-22에서 이 전승을 암시하며 자신을 사 53장의 구속자(또는 적어도 사 53:12에 묘사된 인물)와 동일시한다. 그는 성경 구절의 "강한 자"를 단수로 해석한다. 강한 자는 이제 마귀이며, 그 전리품은 더 강한 자, 즉 예수에게 나누어진다.

화자의 고귀한 임무에 대한 그러한 힌트가 예수 자신에게서 나왔다는 것은 부인할 수 없다. 소박한 사람들은 눅 11:21-22의 이 말씀을 단순한 은유적 비유로 이해했지만, 사 53:12의 극적인 힌트를 포착한 학식 있는 구경꾼들은 "예수라는 사람이 누구인가?"라고 자문하지 않을 수 없었다.

89) 이 확실한 말씀은 눅 9:49-50(그리고 막 9:38-41)과 일정한 긴장 관계에 놓여 있다: "너희를 대적하지 않는 자는 너희를 위하는 자니라."

90) 예수가 인자와 메시아에 대해 말할 때 삼인칭을 사용한 이유를 설명하는 몇 가지 가능한 원인에 관해서는 Flusser, *Judaism*, 93-98과 위에 인용한 나의 히브리어 연구, 75, 특히 113-16을 참조하라. 예수는 오실 구세주를 언급할 때 삼인칭으로 말했지만, 그런데도 자신이 메시아라는 것을 암시했다. 삼인칭을 사용한 주된 이유는 자신이 아직 메시아의 임무를 완수하지 못했다는 의미와 관련이 있다. 엄밀한 신학적인 관점에서 볼 때, 어떤 사람도 기름 부음 받은 자의 임무를 온전히 완수하기 전까지는 메시아로 정의될 수 없다. 따라서 현재까지는 메시아를 가장한 사람만 존재할 수 있다.

체적인 관계를 표현했다. 예수는 제자들에게 "하늘에 계신 우리 아버지"[91]로 시작하는 주기도문(마 6:9)을 가르치실 때를 제외하고는 "우리 아버지"라고 언급한 적이 없다. 예수가 하늘에 계신 아버지와의 인격적 연합은 그 자신의 결정적인 체험에 근거한 것이 분명하다. 그의 다른 모든 속성과 활동은 이 압도적인 느낌에서 비롯되었으며, 그의 메시아 의식도 포함되었을 것이다.[92]

이러한 아들 됨의 느낌을 가장 강하게 표현한 것은 예수가 하나님과의 특별한 관계에 대해 말한 짧은 찬송가다.(눅 10:21-22, 마 11:25-27):

> 천지의 주재이신 아버지여 이것을 지혜롭고 슬기 있는 자들에게는 숨기시고 어린 아이들에게는 나타내심을 감사하나이다 옳소이다 이렇게 된 것이 아버지의 뜻이니이다 내 아버지께서 모든 것을 내게 주셨으니 아버지외에는 아들이 누구인지 아는 자가 없고 아들과 또 아들의 소원대로 계시를 받는 자 외에는 아버지가 누구인지 아는 자가 없나이다

나는 이미 다른 작품에서 예수의 이 시를 분석했다.[93] 여기서는 몇 가지 언급만으로 충분할 것이다. 사해 두루마리가 발견될 때까지 예수의 찬송가의 문학적 장르에 대한 실제 유사점은 알려지지 않았다. 이제 이 시적 형식이 추수감사절 두루마리에 포함된 에세네 찬송가의 한 유형에 속한다는 것이 분명하다. 예수의 찬송가는 내용이 비슷하고 같은 자유 리듬으로 작곡되었으며 쿰란 대부분의 추수 감사 찬송가와 마찬가지로 같은 공식 ("나는 주님께 감사합니다.")으로 시작된다. 또한, 찬송가의 에세네 저자는 주로 단순한 사람들의 이익을 위해 주어진 하나님의 신비

---

91) 하늘 아버지에 대한 예수의 이러한 호칭의 차이를 교회의 후대 교리적인 발명으로 간주할 수 없는 데에는 여러 가지 이유가 있다. 예컨대, 예수가 우리의 공통된 아버지에 대해 말했다면 기독교 독자들에게 심각한 어려움을 초래하지 않았을 것이다. 이런 이유로 예수의 말에서 "내 아버지"는 큰 의미가 있다.

92) 메시아로서의 예수에 대해서는 아래, 86쪽(끝), 특히 M. Hengel의 중요한 공헌인 "Jesus der Messias Israels: zum Streit über das 'messianische Sendungsbewußtsein,'" in *Jesu: Messiah und Christos* (Tübingen, 1992), 155-76을 보라.

93) Flusser, *Gleichnisse*, 265-69과 279-80을 보라.

를 종말론적으로 계시하는 자신의 중심 사역을 보여준다. 그러나 예수와 달리 쿰란의 추수감사절 두루마리의 작가는 하나님과의 특별한 관계를 아들과 아버지의 관계로 묘사하지 않는다. 아버지에게 아들의 하나님. 그의 자랑스러운 말에서 예수는 주로 자신의 열망과 높은 자기 인식, 심지어 하나님과의 관계에 부합하기에 에세네 찬송의 형식을 선택한 것 같다. 예수는 아들인 자신과 아버지이신 하나님에 대해 말하면서 자신의 인격에 대한 신비를 드러낸다.

지금까지 관찰된 모든 것을 종합해 볼 때, 예수는 자신을 하나님의 아들이라고 믿었지만, 하나님과의 효도 관계는 하나님의 자녀인 다른 사람들과는 다르다는 결론을 내릴 수 있다.(참조: 요 10:31-36) 예수 자신의 아들 됨은 다른 종류다. 이러한 인상은 예수가 임박한 죽음의 그림자 속에서 선포하신 악한 품꾼의 비유(눅 20:9-19; 막 12:1-12; 마 21:33-46)를 통해 확인된다. 포도원 주인이 자신의 종들을 차례로 자기 땅에 사는 소작인들에게 보냈다. 주인은 하인들에게 소작인들에게서 자기 몫의 소출을 거두어들이는 임무를 맡겼다. 그러나 소작인들은 하인들을 때려서 빈손으로 돌려보냈다. 그들은 아들이 포도원의 상속자라는 것을 알았기에 그를 죽였다. 비유에 나오는 포도원은 이스라엘의 집[94]이고 그곳으로 보내진 종들은 선지자들이다.[95] 예수를 아들로 보아야 하므로, 이 비유는 그 이야기를 들었을 다른 많은 사람처럼 예수도 자신을 선지자[96]로 여겼다는 증거다.[97] 그러나 이 비유

---

94) 사 5:1-7.84

95) 이 평범한 사실은 이미 희년서 1:12에서 증명되었다. "내가 증인을 그들에게 보내어 그들에게 증거할 것이나 그들은 듣지 아니하리라. 그리고 그들은 율법을 찾는 자들을 핍박할 것이다." 위의 주-56도 참조하라.

96) 또한 "Jewish Messianic Figures in Primitive Christianity" (히브리어), 116-20을 참조하라. 악한 탕자의 비유에 관해서는 B.H.Young의 *Jesus and His Jewish Parables* (Mahwah, N.J., 1989), 282-316에서의 취급도 비교하라.

97) 악한 종들의 비유를 보면 예수는 자신을 선지자들의 계보를 잇는 직접적인 후계자라고 생각한 것처럼 보일 수 있다. 그러나 랍비 유대교와 에세네파에 공통된 견해인 성경 예언이 중단되었고 종말론적 예언자에 의해서만 갱신될 것이라는 견해를 예수가 거부했다는 것은 확실하지 않다. 이 문제에 대한 명확한 해결책은 예수의 자기 인식 문제에 큰 영향을 미칠 것이다. 어쨌든 다른 사람들은 예수가 참으로 마지막 날의 선지자라고 믿었다.

이에 대한 기록은 눅 9:18(막 8:27-28, 마 16:13-14)에 포함되어 있으며, 눅 9:7b-8(막 6:14b-15)의 유사 구절은 부차적이며 마태복음에는 나타나지 않는다. 예수께서 제자들에게 "사람들이 나를 누구라고 하느냐?"라고 물었다. 제자들은 "어떤 사람은 세례 요한이라고 하고, 어떤 사람은 엘리야라고 하고, 어떤 사람은 옛 선지자 중 한 사람이 살아났다고 합니다."라고 대답했다. 예수가 죽은 자 가운데서 부활

는 예수가 자신을 하나님의 사자뿐만 아니라 하나님의 외아들로 여겼다는 것을 보여주기 때문에 더 나아간다. 예수는 지상 사역이 끝날 무렵 자신이 곧 죽으리라는 것을 깨달았을 때도 이를 확신했다.

따라서 예수의 높은 자기 인식과 힐렐의 자기 인식 사이의 주요 차이점은 힐렐의 자랑스러운 말이 자신을 인류의 대표자로 보여주는 방식에서 찾을 수 있다. 이와는 대조적으로 예수는 자신의 특별한 임무에 비추어 자기 자신의 고유한 중요성을 인정했다. 힐렐은 뛰어난 유대인 현자이자 사상가였으나 예수는 카리스마 넘치는 지도자이자 치유자, 그리고 – 내가 말하는 것이 허용된다면 – 성인(聖人)이었다. 힐렐과 마찬가지로 예수도 지금 여기에서 개인적인 행동이 매우 중요하다고 확신했다. 반면에 예수는 오직 자신만이 메시아 운동의 전달자가 될 수 있다고 믿었다. 이 일을 맡겨주신 하늘 아버지에 대한 책임은 오직 예수 자신에게만 있었다. 다시 말해, 예수는 자신이 메시아라는 결론에 도달한 것 같다. 복음서 이야기 전개에 담긴 증거를 올바르게 이해한다면, 예수는 마지막 심판의 숭고한 심판자의 아들과 자신을 동일시했을 수도 있다.

힐렐의 성격과 마찬가지로 예수도 높은 자기 인식의 보완적인 특징으로서 온유함을 지녔다. 예수는 "인격 숭배"에 초점을 맞추는 것을 좋아하지 않았다.[98] 마 7:21에 따르면(참조. 눅 6:46) "나더러 '주여, 주여' 하는 자마다 천국에 다 들어갈

한 세례 요한이라는 대중적인 믿음은 잘 알려져 있다.(마 14:1-2;막 6:14; 눅 9:7) 세례 요한은 또한 엘리야로 믿어졌다. 세 번째 의견("옛 선지자 중 한 사람이 일어났다.")의 배경에는 신 18:15의 본문("주 너희 하나님 나 같은 선지자를 너희를 위하여 일으키시리라")에 대한 암시가 더 원래의 형태로 존재했다. 신 18:15은 일반적으로 종말론적 선지자에 대해 말하는 것으로 이해되었다. 행 3:22과 7:37에서는 이 말씀이 예수에게 적용되었습니다.

눅 8:18의 이 세 가지 의견은 사실 예수에 대한 한 가지 대중적인 의견, 즉 그가 마지막 날의 선지자, 즉 "세상에 오실 선지자"(요 6:14)라는 의견의 세 가지 변형이다. "큰 선지자가 우리 가운데 일어났다."(눅 7:16) 당시 사람들이 그렇게 믿었다면, 토론 후 이어진 모든 이야기는 의미가 가득하다. 예수가 말했다. "너는 나를 누구라고 하느냐?" 베드로는 "하나님의 메시아"(눅 9:20)라고 대답했다. 베드로는 자신의 스승이 선지자일 뿐만 아니라 메시아 그 자체임을 인정한 사람이었다. 베드로의 계시에 대한 예수의 긍정적인 반응(마 16:17~19)은 예수 당시의 유대교와 완전히 일치한다. 눅 9:18-19을 마 16:15-19와 함께 자세히 분석해 보면 전체 기록의 역사성을 부정하기는 매우 어렵다는 것을 알 수 있다. 이 기록의 역사성이 유지된다면, "역사적" 예수의 메시아적 열망은 매우 그럴듯해 보인다. Brad Young, "Messianic Blessings in Jewish and Christian Texts" in Flusser, *Judaism*, 280-300을 보라.

98) 나의 연구 "Two Anti-Jewish Montages in Matthew" in Flusser, *Juaism*, 554-58을 보라.

것이 아니요 다만 하늘에 계신 내 아버지의 뜻대로 행하는 자라야 들어가리라"고 말했다. 예수는 공허한 "인격 숭배"에 반대했다. 예수는 오히려 사람들에게 하나님의 뜻을 행할 것을 요구했다. 기독교 교회의 역사는 예수의 우려가 정당했음을 보여준다. 다른 한편으로, 이 경고는 예수가 추종자들 사이에서 얼마나 높은 평가를 받았는지를 보여준다.

또 다른 말씀(눅 20:41-44, 막 12:35-37a, 마 22:41-46)은 예수 자신이 "주(Lord)"로 불리는 것을 반대하지 않았음을 나타낸다. 예수는 "어떻게 메시아가 다윗의 아들이라고 말할 수 있느냐?"고 말했다. 다윗 자신도 자신을 '주(Lord)'[99]라고 부른다. 다윗은 시 110:1에서 자신을 이렇게 선언한다. "여호와(The LORD)께서 내 주(Lord)에게 말씀하시기를 …, 너는 내 오른쪽에 앉아 있으라." 그렇다면 "어떻게 그가 그의 아들이 될 수 있는가?" 예수의 제자들은 예수의 뜻을 따랐다. 누가복음에서 예수는 외부 세계에서는 일반적으로 '랍비'로 불렸지만, 내부 서클과 예수에게 도움을 요청한 사람들[100]은 항상 "주(Lord)"로 호칭했다." 이러한 구분이 가설적이고 수수께끼 같은 누가 신학에 따라 발명되었을 가능성은 매우 낮다.[101]

공관복음 자료를 비판적으로 분석한 결과, 신약성경의 기독론적 모티브의 대부분은 이미 "역사적" 예수 자신의 높은 자의식 속에서 입증되었다고 결론지었다.[102] 이 자료들을 자세히 조사할 때 출발점은 본문과 그 문학적 전개에 대한 객관적인 평가였다. 편집 비평과 언어분석이 우리의 문학 연구를 이끌었다. 우리는 가능한 한 우리의 결과를 편견적으로 바라보게 하는 긍정적이거나 부정적인 종교적 신념

---

99) 예수가 70인 역이 아닌 히브리어 성경을 인용했다는 사실을 누가 의심하겠는가? 히브리어 본문에서 첫 번째 "주"는 하나님의 이름이다.

100) 눅 5:12; 7:6; 9:61; 18:41; 19:8을 참조하라.

101) 이 사례는 누가복음의 높은 역사적 중요성을 인정한 많은 사례 중 하나일 뿐이다.

102) 중요한 예외는 그리스도의 선재, 동정녀 탄생, 그리스도의 죽음에 의한 속죄(위의 주 73 참조), 승천이다. 이 불완전한 목록은 우리가 역사적 예수의 문자 그대로 인용(ipsissima verba)로 인정하지 않는 말들과만 관련이 있다. 반면에 우리가 믿는 것처럼 예수의 진정한 말씀에 그리스도의 부활에 대한 명확한 힌트가 없더라도 예수를 따르는 사람들이 실제로 부활하신 주님을 경험했다는 것을 부정하는 것은 어리석은 일이다.

을 배제했다. 볼테르(Voltaire)가 이미 현대의 편견을 표현했다.[103] 볼테르는 예수는 모세의 율법 아래서 태어났고 그 모든 교훈을 성취했다고 주장한다. 볼테르에 따르면, 예수는 도덕 이외의 다른 메시지를 전하지 않았다. 예수는 유대인들에게 기독론과 유사한 어떤 것도 말하지 않았다. 이것은 나중에 교회에 의해 이루어졌으며, 오늘날까지 많은 기독교 신학자들이 볼테르의 노선을 추구해 왔다.[104]

사해 두루마리가 발견되기 전에도 이러한 견해를 옹호하기가 쉽지 않았다. 묵시록의 저자들은 하나님의 비밀을 계시한 사람들이 성경에 나오는 먼 과거에 살았기에 실제로 영향을 미치지 못했다. 쿰란의 발견물로 인해 상황이 바뀌었다. 결국 에세네의 창시자인 의의 교사는 "하나님께서 그의 종 선지자들의 말의 모든 비밀을 알려주신"(1QpHab[105] 7:4-5) 최근 역사에서 영감을 받은 인물이었다. 에세네 감사 두루마리(1QH)의 저자가 의의 교사와 동일 인물이라고 생각하지는 않지만, 영감받은 시인으로서 이 강력한 찬송가의 저자는 공동체에 대한 하나님의 계시를 전달하는 독특한 중재자였음을 확신한다. "주께서 나를 통하여 많은 사람의 얼굴을 비추셨고 주께서 무한히 강성하셨으니 이는 주께서 주의 기이한 신비를 내게 알려 주셨고 주의 기이한 비밀로 나와 함께 권능을 행하셨으며 주의 영광을 위하여 많은 사람 앞에서 기이한 일을 행하셨고 주의 권능을 모든 산 자에게 알리셨음으로다."(1QH 4.27-29)

로마 시대 유대의 허다한 거짓 선지자들에 대한 요세푸스의 언급을 여기서 모두 반복할 필요는 없다. 1세기 유대 역사가 요세푸스는 "사기꾼과 사기꾼들이 신의 영감을 빙자하여…. 군중을 미치광이처럼 행동하도록 설득하고 하나님이 그곳에서 구원의 징조를 줄 것이라는 믿음 아래 그들을 사막으로 이끌었다."라고 불평했다.(『전쟁사』 2.258-260) 이 운동은 펠릭스(Felix)에 의해 붕괴하였다. 이 무렵 이집트 출신의 한 선지자가 이끄는 또 다른 기이한 운동이 진압되었는데, 그 선지자

---

103) Voltaire, *Dictionaire philosophique*, ed. R. Naves, (Paris, 1967), 111-12, s.v., "Christianisme."
104) Flusser, *Judaism*, XX-XXI.
105) (역주) 하박국 주석 또는 Pesher 하박국(1QpHab(동굴 1, 쿰란, 페셔, 하박국))으로 표시된 하박국 주석은 1947년에 발견되어 1951년에 출판된 사해 두루마리 원본 7권 중 하나였다.

는 도망쳤지만(『전쟁사』 2.261-263), 후에 신원 착오로 인해 사도 바울이 그토록 많은 문제를 일으킨 자로 고발당했다.(행 21:38) 나중에 성전이 파괴되는 동안 어떤 선지자는 "하나님께서 성전 뜰에 올라가서 구원의 표적을 받으라고 명하셨다고 도시 사람들에게 선포했다."(『전쟁사』 6.285-286) 그 전에 언젠가 파두스(Fadus)가 유대의 총독이었을 때, 테우다스(Theudas, 드다)라는 사람이 대중을 설득하여 요단강으로 따라오도록 했다. "그는 자신이 예언자이며 자신의 명령에 따라 강이 갈라져 그들에게 쉬운 통로를 제공할 것이라고 말했다." 이 이상한 운동은 로마인들에 의해 진압되었다. 테우다스도 로마인들에게 체포되어 처형당했다.(『고대사』 20.97-98)[106] 잘 알려진 대로, 행 5:35-38에는 갈릴리 사람 유다와 함께 이 테우다스가 언급되어 있다. 사도행전에서 테우다스는 "자신이 어떤 사람"이라고 주장한 사람으로 묘사된다. 예수 자신이 추종자들에게 그러한 "천년왕국" 운동들에 대해 경고했다는 것은 일반적으로 받아들여지고 있으며, 이는 당시에 확실히 만연했다.[107]

고대 유대교에서 이러한 모든 현상을 언급한 것은 예수의 특별히 높은 자기 인식을 제2성전시대의 이해할 수 없는 예외로 간주해서는 안 된다는 것을 보여주기 위해서다. 당시 유대교는 흔히 생각하는 것처럼 엄밀히 말해 합리주의의 '현실적' 종교가 아니었다. 이 시기에 현실에 대한 "신화적" 이해가 생겨났는데, 이는 구약 성경의 종교적 전망과 같지 않다. 기독교가 탄생한 열광적인 분위기는 바리새파 랍비주의에도 널리 퍼져 있었는데, 이는 흔히 묘사되는 것만큼 합리주의적이지는 않았다. 이러한 실수는 오늘날에도 여전히 반복되고 있다.[108]

볼테르가 교회의 신성한 그리스도와 '역사적'이고 단순하며 소박한 예수를 엄

---

106) 사마리아인들 사이에서 비슷한 "천년왕국" 운동이 비슷한 선지자에 의해 선동되었고 빌라도에 의해 분쇄되었다 (Ant 18.85-87) 로마 시대의 유대인 "거짓 선지자"에 대해서는 David Flusser, "Caiaphas in the New Testament," *Atiqot*, vol.21 (Jerusalem, 1992), 84-85을 보라.

107) 마 24:22-26; 막 13:21-23; 눅 17:23. 또한 I. H. Marshall, *Commentary on Luke* (Grand Rapids, 1979), 659-60을 보라.

108) Flusser, *Judaism*, XXI.

격하게 분리한 것이 부당하다는 것이 분명해졌다고 해도109, 이러한 편견이 실제적이고 객관적인 문제에 근거하고 있음을 부인할 수 없다. 첫 번째 문제는 눅 12:49-53의 종말론적 논쟁(참조, 마 10:34-36)과 마 11:25-30의 자랑스러운 찬송(눅 10:21-22)이 산상수훈의 윤리적 가르침과 같은 강력한 도덕적 메시지를 설교한, 같은 인물이 말했다는 것이 어떻게 가능한가 하는 점이다. 나는 뛰어난 창조적 인격의 복잡성을 고려한다면 이는 실제로 존재하지 않는다고 생각한다.

두 번째 문제는 훨씬 더 심각하다. 오늘날 예수에 대한 최고의 자기 인식을 받아들이는 사람조차도 "역사적" 예수와 신성한 그리스도의 인물 사이의 본질적인 차이를 부인할 사람은 아무도 없다. 예수라는 역사적 인물은 바울 서신이나 요한복음에서 묘사되는 방식이나 후대에 교회 교리의 대상으로 취급되는 방식과는 상당히 달랐다.110

기독론의 발전에는 기본적으로 세 단계가 있다. 그 기원은 제2성전 유대교의 신화적 요소에 있으며, 그 일부는 메시아의 모습과 관련이 있다. 예수의 숭고한 자기 인식은 이러한 신화적 분위기에서 자양분을 얻었다. 예수는 자신의 개인적인 경험을 메시아적 개념뿐만 아니라 이러한 신화적 개념으로도 표현했다. 십자가 이후 초기 기독교인들은 예수의 높은 자기 인식과 그의 지상 역사를 초기 제자들이 이해했던 방식으로 해석했을 뿐만 아니라 이러한 가르침에 다른 유대 신화 사상을 추가하여 그림을 완성했다. 따라서 유대인의 현대 메타 역사학적111 모티프는 초기 예수 추종자들의 기독론에 두 번 영향을 미쳤다. 한 번은 예수 자신이 받아들인 모티프에 의해, 그리고 나중에는 십자가 이후에 추가된 메타 역사학적 주제들에 의해 영향을 미쳤다. 때때로 전체 과정에서 받아들여진 기독론적 유대교 개념과 예수

---

109) 이 이분법은 G. E. Lessing, "Die Religion Christi," in *Gotthold Ephraim Lessings sämtliche Werke*, ed. K. Lachmann, F. Muncker, (Leipzig, 1902), vol. XVI, 518-19 그리고 Lessing이 번역한 H. Chadwick (Stanford University Press, 1957), 106에 나온다. 또한 나의 글, "The Jewish-Christian Schism," reprinted in my collected writings, Flusser, *Judaism*, 621-25을 보라.

110) 이 점에 대해서는 나의 두 연구, "Messianology and Christology", Flusser, *Judaism*, 245-79 그리고 "The Jewish-Christian Schism," Ibid., 621-25을 보라.

111) (역주) 메타역사학(meta-history)은 역사의 본질, 역사의 의미, 역사적 변화의 원인과 의의에 관한 학문이다.

및/또는 교회가 만든 신학 또는 혁신을 구별하기가 어렵다. 이러한 새로운 기독교적 모티프조차도 유대교의 정신 속에서 잘 등장했다.

이러한 발전과 함께 전체 우주 드라마가 탄생했다. 그 드라마는 십자가의 비극에서 절정에 이르렀다.[112] 그 중요성은 주로 매듭의 형성에 책임이 있다. 다른 기독론적 실타래를 단단히 묶고[113] 대부분 신자의 기독교 종교적 경험에 결정적인 역할을 한다.[114] 그런데도 후에 기독론의 꽃이 피었다고 해서 "역사적" 예수와 교회의 하늘에 계신 그리스도 사이의 자기 인식이 단절된 것이 정당화되지는 않는다. 오히려 예수의 높은 자기 인식이 교회의 그리스도상을 위한 길을 열었다. 소박하고 지역적이며 이상주의적인 랍비가 나중에 신성한 영예의 대상이 될 수 있다는 것은 상상할 수 없는 일이다.

III

본 연구의 초점은 거의 같은 시기에 살았던 두 명의 유대인 남성, 즉 힐렐과 예수의 높은 자의식에 맞춰져 있다. 힐렐은 예수가 어렸을 때 죽었다. 두 사람 모두 자존감과 개인적 존엄성이 높았다. 이러한 높은 자기 인식은 자신에 대한 지나친 감사의 결과가 아니었다. 오히려 자신의 사명이 결정적으로 중요하다는 확신에서 비롯된 것이었다. 따라서 그들의 높은 자기 인식은 그들의 유명한 온유함과 연결되었다. 그러므로 예수께서 힐렐에게서 빌려온 색채로 구원의 역사에 개인적으로 관여하는 모습을 묘사하려는 경향이 있었던 것은 당연한 일이다.

---

112) 위의 주 73과 91을 보라.

113) 이 용어는 마틴 부버에 의해 만들어졌다. *"Ragaz und Israel" Pfade in der Utopia* (Heidelberg, 1985), 378. "그러나 나는 우리가 예수님을 오신 메시아로 절대로 인정하지 않을 것이라고 굳게 믿는다. 시나이 반석에 묶인 메시아에 대한 우리의 믿음의 강력한 밧줄은 아직 보이지 않지만, 세상의 기초에 박힌 말뚝까지 뻗어 있는 매듭이 묶여 있지 않다."

114) 눅 24:13-35(엠마오로 가는 길)은 십자가의 비극이 예수를 따르는 제자들의 마음에 심각한 인지 부조화를 일으키는 과정을 시각화한다. 제자들은 "예수가 백성을 구속함으로써, 즉 원수로부터 해방하고 하나님 나라를 개국함으로써 예언자적 업적을 완성하기를 바랐지만, 그의 죽음으로 그 희망은 산산조각이 났다. 그럼에도 … 예수가 죽은 지 사흘째가 되었지만 이제는 아무 일도 일어나지 않았다."(Marshal, 위의 주-96), 895.

반면에 예수의 자기 인식과 힐렐의 자기 인식 사이에는 분명한 차이가 있다. 예수는 하늘에 계신 아버지께서 자신에게 최고의 사명을 부여하셨다고 믿었다. 힐렐은 현재가 위기의 시기이며 따라서 지금 여기에서 행동해야 한다고 믿었다. 그는 자신이 다른 사람들에게 모범이 되는 사람이라고 생각했다. 예수의 자기 인식이 카리스마 넘치는 지도자의 자기 인식이었다면 힐렐은 실존주의 철학자였다. 힐렐이 예외였던 고대 랍비주의의 한가운데서 힐렐의 독특한 철학의 가능한 전제를 발견하는 것보다 예수의 자기 인식을 설명하기가 더 쉽다.

내가 믿기는, 예수에 대한 높은 자기 인식이 교회의 기독론으로 전환되는 것이 오늘날 일반적으로 받아들여지기보다 훨씬 쉬웠다. 그리스도에 대한 믿음이 기독교 종교 경험에서 지배적인 위치를 차지하게 된 것은 그리스도의 대속적 고난과 부활에 대한 믿음을 통해 기독론적 실타래가 결합한 결과일 뿐만 아니라 예수의 메시지가 상대적으로 덜 중요해졌기 때문이기도 하다. 이미 신약 시대에는 예수의 윤리적 가르침이 훨씬 덜 강조되었다. 이러한 발전은 예수의 기독론적 변화와 관련이 있는 것으로 보인다.

힐렐의 가르침은 유대인의 종교 생활을 변화시켰지만, 각 개인의 진정한 위대함에 대한 그의 다소 급진적인 철학적 접근과 개인의 인간 존엄성에 대한 높은 존중은 이후 유대 철학과 종교 사상에 미미한 영향을 미쳤을 뿐이다. 힐렐의 대담한 견해는 분명 너무 흔치 않은 것이었다. 하지만 예수가 전한 사랑의 복음은 어떻게 되었을까? 이 질문을 다루는 것은 지금 내가 할 일이 아니다.

Hillel and Jesus

5장 _ 고고학과 70년 이전의 종교적 사조

ㄴ. ㅣ. 레빈

고고학과 고대 팔레스타인의 종교적 정신 사이의 연관성을 찾는다는 것이 언뜻 보면 이상해 보일 수 있다. 고고학은 특정 유적지의 물질문화, 예술, 건축, 도시 계획, 서사적 증거를 취급하는 학문으로 모자이크 돌, 도자기, 화폐학 및 기타 작은 유물을 다룬다. 유물은 특정 사회의 제도, 신념 및 관습을 조명할 수 있는 정치적, 사회적 또는 경제적 상황에 배치되지만, 종교적 배경에 배치되는 경우는 드물다.

반면에 특정 시대의 종교적 정신을 떠올리면 문학 자료에 보존된 다양한 종교적 전승을 자동으로 떠올리게 된다. 고고학적 발견은 특정 사회의 종교적 분위기, 즉 종교적 리더십, 제도적 틀, 신념 및 관습의 특정 측면을 드러내는 데 분명한 가치가 있다.[1]

헬레니즘과 초기 로마 시대의 고고학적 유물을 연구할 때는 몇 가지가 주의해야 한다. 우선, 70년 이전 팔레스타인에 대한 고고학적 자료는 매우 제한적이다. 로마 말기와 비잔틴 시대의 인구 증가로 인해 이전 시대의 유적을 상당 부분 또는 완전히 없애버리고 새로운 유적을 만든 경우가 많다. 도시와 농촌 모두에서 후기 고대의 문화는 초기 문화의 물질적 유적을 기반으로 구축되었으며 그 위에 세워지기도 했다.

둘째, 유물이 발견되면 그 유물이 얼마나 대표성이 있는지에 대한 의문이 생긴다. 70년 이전 팔레스타인의 일부만이 고고학자의 삽에 의해 어떤 형태로든 밝혀졌기에, 우리는 밝혀진 유적의 범위와 규범성을 평가할 때 신중해야 한다.

마지막으로, 유적의 지리적 분포를 고려해야 한다. 70년 이전 갈릴리 유적은 극

---

1) J. Charlesworth, *Jesus Within Judaism: New Light from Exciting Archaeological Discoverie* (Garden City, 1988), 103-30.

도로 빈약하지만 예루살렘 유적은 우리가 바라는 것과는 거리가 멀어도 양과 질, 다양성 면에서 훨씬 더 광범위하다. 여리고, 쿰란, 마사다 또는 당대에 하스모네와 헤로디아가 지은 다른 요새 궁전과 같은 유대 사막 지역의 발견도 마찬가지다. 상대적으로 고립되어 있기에 그 상당수가 대단히 잘 보존되어 있다. 그러나 이 유적들이 유대 사회 전반, 심지어 이 시기의 상류층 유대 사회를 얼마나 잘 보여주는지는 여전히 수수께끼로 남아있다.

이 장에서 논의할 자료는 크게 몇 가지 범주로 나눌 수 있다. 첫 번째는 지난 한두 세대에 걸친 보다 혁명적인 고고학적 발견으로 구성된다. 이러한 발견은 70년 이전 팔레스타인의 종교 기관과 지도력에 대해 일반적으로 받아들여지는 가정에 의문을 제기했다. 고고학만이 이러한 재평가의 책임이 있는 것은 아니다. 이 문제는 다양한 학문의 학자들의 의제에 독립적으로 등장하기도 한다. 그 기원에 무관하게 70년 이전 팔레스타인의 종교 생활의 특정 측면에 대한 평가는 9-16세기와 20세기 초반에 널리 퍼진 것과는 상당히 다른 양상을 보였다.

예루살렘 성전과 제사장 리더십은 기원전 1세기 후반에 이르러 쇠퇴한 것으로 묘사되곤 한다. 하스모니아 시대부터 시작된 성전의 정치화, 헤롯에 의한 대제사장의 고압적이고 때로는 경멸적인 채용과 해임, 그리고 1세기 성전과 제사장 인사(人事)에 기인한 부패가 모두 이러한 평가에 영향을 미쳤다.[2] 사실 사해 두루마리, 랍비 문헌, 신약성서, 요세푸스의 저술 등 우리가 이용할 수 있는 주요 자료들은 제사장/사두개 성전 지도부에 대해 다소 부정적으로 평가하고 있다. 하지만 고고학적 발굴 결과는 다소 다른 인상을 준다.

성전 유적지에 대한 최초의 고고학적 조사가 19세기에 영국 고고학자 워렌(Warren)과 윌슨(Wilson) 등에 의해 이루어졌다. 이후 1967년 6일 전쟁 이후 성전산의 남

---

2) 대제사장이나 제사장/사두개 계급에 대한 비판은 요세푸스 Ant 13.11.1-3(§§ 301-19), 13.13.5(§§ 372-76), 13.14.2(§§ 379-83), 18.1.4(§§ 16-7), b.Pesah 57a, 그리고 물론 사해 두루마리 전체에 반영되어 있다. 또한 M. Hengel, *The Zealots* (Edinburgh, 1989), 210-13, 319-20; S. J. Cohen, "The Significance of Yavneh: Pharisees, Rabbis, and the End of Jewish Sectarianism," HUCA 55 (1984) 43-45; M. Goodman, *The Ruling Class of Judaea* (Cambridge, 영어, 1987), 109-11,124-25을 보라.

쪽과 서쪽 구역에 대한 광범위한 발굴이 진행되었다. 성전의 중심성, 웅장함, 중요성을 강조하는 그림이 드러났다.(그림 1)3 거대한 돌, 기념비적인 입구, 넓은 광장, 성전산에 접한 일련의 거리, 그리고 성전산 남쪽 구역의 다양한 건축 및 서사 유적─מקוואות(*miqva'ôth*, 의식용 목욕탕)과 많은 군중을 수용하는 기념비적인 계단 등은 모두 이곳의 인상적인 특징을 말해준다.(그림 2)

그 결과 20세기 후반에 유대 사회에서 성전의 기능에 대해 근본적으로 다시 생각하게 되었다. 예루살렘과 유대뿐만 아니라 팔레스타인과 디아스포라 전역의 유대인들에게 성전의 중요성과 그 매력과 의미는 무엇이었을까.4 제사장, 순결, 희생 숭배와 같은 성전 문제는 70년 이전 팔레스타인의 유대 종교 의제의 핵심으로 지정됐기에5 당시의 다양한 종파 및 이념은 모두 이 중심 유대 기관과 대조적으로 자신을 정의하려고 노력했다.6

고고학은 또한 제2성전시대의 회당에 대한 우리의 지식에 상당히 이바지했다. 70년 이전 기관은 과거에 사두개파가 지배하는 성전과 경쟁하는 바리새파 기관으로 묘사됐다.7 주로 제1 성전 후기 또는 제2성전 초기에 등장한 종교 기관으로 간주하였다. 그것은 지금까지 팔레스타인에서 알려진 것과는 완전히 다른 예전 의제를 가지고 있었다고 한다. 그러나 70년 이전의 회당으로 비교적 확실하게 확인된 세 곳, 즉 감라8, 마사다, 헤로디움9은 모두 사실상 종교적 의미가 두드러지지 않는 공

---

3) B. Mazar, *The Mountain of the Lord-Excavating in Jerusalem* (Garden City, 1975); M. Ben-Dov, *In the Shadow of the Temple: The Discovery of Ancient Jerusalem* (Jerusalem, 1982), 73-147; M. Ben-Dov et al., The Western Wall (Jerusalem,1983), 41-62.

4) M.D. Herr, "Jerusalem, the Temple and Its Cult-In Reality and ConsciousnessDuring Second Temple Times", *Jerusalem in the Second Temple Period: Abraham Schalit Memorial Volume*, eds. A. Oppenheimer ct al (Jerusalem, 1980), 166-77(히브리어)

5) G. Alon, *Jews, Judaism and the Classical World* (Jerusalem, 1977), 146-234; B. Gartner, *The Temple and the Community in Qumran and the New Testament* (Cambridge, Eng., 1965); E. P. Sanders, *Jewish Law from Jesus to the Mishnah* (London and Philadelphia, 1990)

6) Cohen, "The Significance of Yavneh," 45-48; 같은 책, *From the Maccabees to the Mishnah* (Philadelphia, 1987), 106-07.

7) 예컨대, R.T. Herford, *The Pharisees* (London, 1924), 88-103을 보라.

8) (역주) Gamla는 낙타의 혹처럼 생긴 언덕에 위치하여 gamal (히브리어로 낙타를 뜻함)에서 유래한 지명이다.

9) (역주) Herodion은 기원전 23년에서 15년 사이에 유대 왕 헤롯이 건설한 유적지로 알려져 있다. 해발 758m에 있다.

동 모임 장소였다.[10] 이 건물 중 어느 것도 예루살렘을 향한 것이 분명하지 않았다. 토라 신전을 위한 영구적인 장소도 없었고, 건물의 종교적 분위기를 나타내는 예술 작품도 없었으며, 성지임을 드러내는 비문도 없었다.

팔레스타인에서 일반적으로 사용되는 이름 בית הכנסת(벳 케네셋)[11]과 συναγωγή(시나고게)에서 알 수 있듯이, 회당은 주로 종교적 목적뿐만 아니라 사회, 정치, 사법, 법률 등 다양한 공동 목적을 위해 모이는 장소였다. 이 모든 건물의 중심은 방의 중앙에 있었으며, 네 벽면에는 헬레니즘 시대의 회의 장소인 βουλευτήριον(불레우테리온)과 ἐκκλησιαστήριον(에클레시아스테리온)[12]과 유사한 벤치가 늘어서 있었다.(그림 3 a,b)[13]

예루살렘에서는 회당이 다른 방식으로 많은 공동의 필요를 충족시켰기에 회당은 종교적 의미가 다소 컸을 것이다. 특히 디아스포라 유대인들은 디아스포라 전역에서 그랬던 것처럼 회당의 종교적 요소를 강조하는 경향이 더 컸을 수 있다. 이것은 회당을 토라를 읽고 공부하는 장소이자 외국에서 온 방문객을 위한 숙소로 묘사한 유명한 테오도투스 비문으로[14] 대표되는 회당에서 그랬던 것 같다.(그림 4)[15] 테오도투스 비문은 성전 파괴 이후 수 세기 동안 발전하게 될 회당과는 상당히 다른 70년 이전 시대의 회당 유형을 가리키는 것으로 보인다.

최근 고고학적 발견의 영향을 받은 세 번째 영역은 70년 이전 팔레스타인의 종교적, 정치적 세력으로서의 제사장과 사두개파와 관련이 있다. 잘 알려진 바와 같

---

10) Ma'oz, Yadin, *Gutman, and Foerster in Ancient Synagogues Revealed, ed. L. I. Levine* (Jerusalem, 1981), 19-41을 보라.

11) (역주) 유대인의 예배 장소

12) (역주) 고대 그리스에서 ἐκκλησιαστήριον은 민주적인 그리스 도시 국가의 민회(에클레시아)의 회의 장소였다.

13) Levine, *Ancient Synagogues*, 20, 26, 44. Dura에서 발견된 집회소가 이 회당에 미칠 수 있는 영향에 대해서는 26-29을 보라.

14) (역주) The Theodotus Inscription은 회당에서 발견된 가장 오래된 비문이다. 1913년 12월 Raymond Weill이 다윗의 도시로 알려진 Wadi Hilweh에서 발견한 것으로 팔레스타인 지역에서 회당 건물에 대해 알려진 가장 오래된 증거이다. 10줄로 된 비문은 75×41cm(30인치×16인치) 크기의 애슐라(ashlar) 돌에 새겨져 있다.

15) L.I.Levine, "The Second Temple Synagogue: The Formative Years," *The Synagogue in Late Antiquity*, ed. L. I. Levine (Philadelphia, 1987), 20-23; M. Hengel, "Proseuche und Synagoge," *The Synagogue: Studies in Origin, Archaeology and Architecture*, ed. J. Gutman (New York, 1975), 27-54.

이, 이 그룹은 이 시기부터 우리에게 내려온 자료에서 언론에 보도되지 않았거나 매우 나쁜 평가를 받았다. "기성"으로 간주하는 이들은 팔레스타인 내의 다른 모든 집단으로부터 비판적인 시각을 받았으며 부패, 무지, 대중으로부터의 소외, 거만함 등의 비난을 받았다. 이러한 묘사에는 진실의 핵심이 담겨 있을 수도 있지만, 어쨌든 본질적으로 경향적인 것으로 간주하여야 한다.

최근의 고고학적 발견은 사제 계급에 대한 추가 정보를 제공한다. 시온산 서쪽 경사면과 여리고(두 곳 모두 기원전 1세기 유적지)에서 발굴된 결과들은 보통은 많은 논의를 불러일으키지 않았을 것이다.(그림 5) 그러나 이 유적지에서 묘지를 통과하는 수로가 발견되었다는 사실16은 미쉬나에 기록된바, 바로 이 문제가 바리새파와 사두개파 사이의 논쟁 주제였음을 보여준다.17 사두개파는 묘지 사이를 통과하는 물이 순도를 유지하기에 묘지를 통과하는 수로 건설이 허용된다고 주장했다. 바리새인들은 이 관행에 반대했다. 위의 고고학적 발견에 따르면, 이 논쟁은 이론적이거나 학문적인 것이 아니라 실제로 힐렐이 예루살렘에 와서 바리새인들 사이에서 지도자 역할을 맡았던 것으로 알려진 헤로디아 이전 또는 헤로디아 시대의 현실을 반영한 것임이 분명하다. 실제로 이 결론이 받아들여진다면 사두개인들이 예루살렘과 여리고의 시 정치를 통제했고, 시 정무 담당자들이 사두개인들의 할라카(율법해석/관습법)적 결정에 따랐다는 뜻이 된다.

고 나만 아비가드(Nahman Avigad) 교수가 구시가지 유대인 구역(요세푸스는 상부 도시〈Upper City〉라고 불렀다)에서 행한 광범위한 발굴 작업은 사제 계급에 대해서도 많은 것을 밝혀냈다.18 이 주거 지역은 예루살렘 사회의 상류층을 대표하는 제사장들이 주로 거주했다는 사실은 이제 의심의 여지가 없다. 성전 구역으로 이동할 수 있는 특별한 다리가 건설되었기 때문이다.19 이 사실은 요세푸스와 랍

---

16) L. Roth-Gerson, *The Greek Inscriptions from the Synagogues in Eretz-Israel* (Jerusalem, 1987), 76-86(히브리어)

17) J. Patrich, "A Sadducean Halakha and the Jerusalem Aqueduct" *The Jerusalem Cathedra*, ed. L.I. Levine (Detroit, 1982)

18) m.Yad 4:7.

19) N. Avigad, *Discovering Jerusalem* (Nashville, 1983), 64-203.

비 문헌을 통해 우리에게 알려진 대제사장 가문의 이름인 "바르 카트로스(Bar Qa-tros)"[20]라는 문구가 새겨진 유대인 구역의 번트 하우스[21]에서 작은 돌 추가 발견됨으로써 극적으로 확인되었다.(그림 6)[22]

아비가드의 발굴에서 발견된 이 집은 거주자들이 종교적 규범을 얼마나 엄격하게 준수했는지를 보여준다. 이 집들은 화려함에도 불구하고 이 시대 유대인들이 금기시했던 형상 예술품이 없었다.[23] 각 가정에서 발견된 많은 수의 수영장은 의식용 목욕탕(ritual baths)으로 사용되었으며, 많은 사람이 그곳에 사는 사람들이 정결례를 준수했음을 증명한다.[24] 부정의 위험이 없는 석재 도구를 광범위하게 사용한 것도[25] 지역 주민들의 종교적 꼼꼼함에 대한 놀라운 증거다. 제사장 계급, 특히 사두개파에 대한 미래의 모든 평가는 이러한 자료를 고려해야 한다.(그림 7, 8, 9)

*　　*　　*

고고학이 70년 이전 팔레스타인에 대한 이해에 이바지한 두 번째 주요 영역은 그레코-로마 시대의 유대인 사회에서 때때로 어긋나는 두 가지 태도, 즉 교구주의와 배타주의(parochialism and particularism) 대 보편주의와 국제주의(universalism and cosmopolitanism)와 관련되어 있다. 고고학 자료는 이와 관련하여 두 가지 뚜렷한 메시지를 전달한다. 한편으로는 의식용 목욕탕의 발견과 형상 예술의 부재는 유대 사회가 주변 문화와 얼마나 달랐고, 분리되어 있었는지를 보여준다. 다른 한

---

20) Josephus, *War*, 1.7.2 (§ 143); Ant, 14.4.2 (§ § 58-59) 와 J. Simons, *Jerusalem in the Old Testament* (Leiden, 1952), 364-69을 보라.

21) (역주) the Burnt House는 70년 로마가 예루살렘을 멸망시킬 때 불에 탄 것으로 추정된다. 요세푸스에 따르면 이 집은 제2성전과 가까운 부촌에 있었으며 성전에서 봉사하는 제사장 가족들이 거주했다.

22) Avigad, *Discovering Jerusalem* 129-31.

23) M. Stern, "Aspects of Jewish Society: The Priesthood and Other Classes", *The Jewish People in the First Century-Compendia*, eds. S. Safrai et al (Philadelphia, 1976) 2. 608.

24) Avigad, *Discovering Jerusalem*, 99-103, 144-46; R. Hachlili, *Ancient Jewish Art and Archaeology in the Land of Israel* (Leiden, 1988), 65-83.

25) Avigad, *Discovering Jerusalem*, 139-43; R. Reich, "Mishnah,Sheqalim 8:2 and the Archaological Evidence" *Jerusalem in the Second Temple Period*; *Abraham Schalit Memorial Volume*, eds, A. Oppenheimer et al. (Jerusalem, 1980), 225-56(히브리어)

편으로, 대부분의 고고학적 발견은 주변 문화가 유대인의 관습에 미친 영향을 증언한다. 우리는 이러한 현상들을 순차적으로 다룰 것이다.

19세기 말과 20세기 초에 이루어진 A. 뷜러(Büchler)의 획기적인 연구 이후, 제2성전 후기 유대교 종파의 중심 이슈는 의식적 정결이었다는 것이 분명해졌다. 그의 연구는 G. 알론, J. 노이스너, 그리고 가장 최근에는 샌더스에 의해 계속되었다.26 학자들 사이에서는 이것이 실제로 유대 종파주의의 중심 문제였다는데 보편적인 동의가 있지만, 이 현상의 연대와 그것이 얼마나 독특하고 바리새적 행동의 결정적인 요인이었는지에 대해서는 이견이 있다. 사해 두루마리는 유대 종파주의자들 사이에서 율법 준수에 대한 이러한 측면의 중요성을 확인시켜 주었다.27 또한, 문학 자료에 근거하여 기원전 2세기 중반에 하스모네 왕조가 부상하면서 이러한 우려가 나타난 시기를 확실하게 알 수 있다. 힐렐과 신약성경 전승에서 알 수 있듯이 이러한 우려는 여전히 핵심적인 관심사였다.

고고학이 확인한 바와 같이, 쿰란 자료와 초기 바리새파 현자들이 내린 다양한 결정은 이 시기에 나온 것이다.(그림 10)28 최초의 의식용 목욕탕은 기원전 2세기 중반 게저(Gezer)에서 발견되었고, 기원전 2세기 말과 기원전 1세기 초에 쿰란에서 그 뒤를 이어 발견되었다.29 목욕탕 설치가 이스라엘에서 혁명적이었다는 것은 성경 시대나 초기 제2성전시대에는 이러한 의식용 목욕탕이 발견되지 않았다는 사실에서 확인할 수 있다. 여리고의 하스모네 궁전에서도 의식용 목욕탕이 발견되었다.30 나중에 제2성전시대에는 예루살렘, 특히 상부 도시와 성전입구 근처, 그리고

---

26) Avigad, *Discovering Jerusalem*, 165-83; cf. Ben-Dov, *Shadow*, 149-67.

27) Alon, *Jews*, 146-234; Sanders, *Jewish Law*. A. Büchler, "The Levitical Impurity of the Gentile in Palestine before the Year 70" *JQR* 17 (1926-27) 1-81; J. Neusner, *The Idea of Purity in Ancient Judaism* (Leiden, 1973), 32-71.

28) L. Schiffman, *Sectarian Law in the Dead Sea Scrolls* (Chico, Cal., 1983), 215-16; 같은 저자, *The Eschatological Community of the Dead Sea Scrolls* (Atlanta, 1989), 38-42.

29) 쿰란 자료는 R. de Vaux, *Archaeology and the Dead Sea Scrolls* (London, 1973); NEAEHL 4.1235-41. 랍비 자료는 A. Gutman, *Rabbinic Judaism in the Making* (Detroit, 1970), 40ff를 보라. L. Ginzberg, *On Jewish Law and Lore* (Philadelphia, 1955), 79-86를 보라.

30) Reich, "Mishnah, Sheqalim 8:2 and the Archaeological Evidence," 225-56 (Hebrew); 같은 저자, "Jewish Ritual Baths at Tel Gezer," *Qadmoniot*, 15/58-59 (1982) 74-76 (히브리어)

마사다에 많은 수가 발견되었다.(그림 11)**31**

종교적 보수주의의 두 번째 징후는 유대인 예술에서 얻을 수 있다. 성경 시대와 초기 제2성전시대에 걸쳐 유대인 미술은 비록 그것이 반드시 주요 모티브는 아니었지만, 형상적 대상을 표현하는 데서 위축되지 않았다. 성막궤와 이후 성전의 그룹들, 솔로몬의 왕좌를 둘러싼 사자, 성전 뜰의 큰 대야를 들고 있는 소, 청동뱀, 이스라엘 유적지에서 발견된 수천 개의 다산상 조각상과 인형은 모두 제1 성전시대에 형상 예술이 사용되었음을 증명한다.**32** 페르시아와 초기 헬레니즘 시대에도 기원전 4세기와 3세기에 예루살렘 당국이 주조한 예후드 주화에는 형상적 표현이 등장한다.**33** 2세기 후반에는 요단강 동쪽에 있는 이라크 엘-에미르(el-Emir)에 있는 토비아드 히르카누스(Hyrcanus the Tobiad)의 궁전(사원?) 외관과 분수대에 동물의 표현이 등장한다.**34**

하스모네 왕조의 출현과 함께 이 그림은 극적으로 바뀌었다. 기원전 2세기 중반까지 약 300년 동안 유대인들은 동전, 모자이크 바닥, 프레스코화, 램프 및 기타 작은 유물에서 알 수 있듯이 어떤 종류의 형상적 표현도 의도적으로 피한 것으로 보인다.(그림 12a,b)**35** 유대인은 주변 세계에서 모티프를 선택적으로 차용했지만, 형상화나 이교도적 이미지를 피했다.**36** 따라서 고고학적 유물은 요세푸스, 필로 및 기타 후기 제2성전 자료에서 얻은 인상을 확인시켜 주었고 이러한 표현을 피하는 것이 이 기간에 유대 사회에서 "규범적"인 것이 되었다.

---

31) E. Netzer, "Ancient Ritual Baths (Miqvaot) in Jericho," *Jerusalem Cathedra*, ed. L.I, Levine (Detroit, 1982) 2.106-19.

32) Avigad, *Discovering Jerusalem*, 139-43 그리고 Reich, "Mishnah, Sheqalim 8:2 and the Archaeological Evidence", 225-56 외에도 Ben-Dov, *Shadow*, 150-53과 Y. Yadin, *Masada* (New York, 1966), 164-67을 보라.

33) N. Avigad, *Beth She'arim* (Jerusalem, 1976) 3.275-77.

34) Y. Meshorer, *Ancient Jewish Coins*, 2 vols. (New York, 1982) 1.13-34; U. Rappaport, "Numismatics," *Cambridge History of Judaism*, ed. W. D. Davies and L. Finkelstein (Cambridge, Eng., 1984) 1.25-31.

35) NEAEHL 2.646-49.30

36) Avigad, *Discovering Jerusalem*, 99-103, 144-46; R. Hachlili, *Ancient Jewish Art*, 65-83; M. Kon, "Jewish Art at the Time of the Second Temple", *Jewish Art: An Illustrated History*, ed. C. Roth; rev. ed., B. Narkiss (Jerusalem,1971), 51-64.

* * *

위의 영역에서 고고학 자료가 유대인 사회에 적지 않은 수준의 배타주의가 있었다는 점이 명확하다. 논란의 여지가 없다면, 헬레니즘의 영향이 이 시기에 심각한 사회적, 문화적, 종교적 현상이었음도 분명하다.[37] 예루살렘의 많은 건물이 헬레니즘 모델을 차용했다. 예컨대, 헤롯이 궁전 근처에 세운 탑 중 하나는 알렉산드리아의 파루스 등대를 모방한 것이었다.(그림 13)[38] 또한 예루살렘에는 그리스-로마 세계에서 유행했던 세 가지 주요 오락 기관인 극장, 경마장, 원형극장이 있었다.(그림 14)[39] 심지어 성전산은 당시 동부 지중해 전역에서 볼 수 있었던 전형적인 헬레니즘-로마 τέμενος(temenos, 신성한 구역)와 비슷하게 건축되었다.(그림 15)[40]

예루살렘의 장례식 유적들 역시 이 시기에 헬레니즘의 영향이 상당했음을 보여준다. 키드론 계곡의 장례식 기념물은 유사한 헬레니즘 기념물의 전형이다. 그러나 어떤 종류의 상(image)이나 조각상도 없다.(그림 16)[41] 제2성전 후기 예루살렘에서 가장 널리 퍼진 매장 형태였던 납골당 매장조차도 유골을 항아리 및 유사한 돌 상자에 넣어 2차 매장을 하는 로마의 관습에서 유래했을 수 있다.[42] 마지막으로, 제2성전 후기 예루살렘에서 발견된 비문에서 최대 35%가 그리스어를 사용한 것은 예루살렘에서 원주민과 디아스포라 거주자 모두 그리스어를 널리 사용했음을 증명한다.[43]

따라서 고고학은 헬레니즘 문화에 대한 제2성전 후기 예루살렘의 상반된 태도

---

37) A. Kindler, "The Hellenistic Influence in Hasmonean Coins" *The Seleucid Period in Eretz Israel*, ed. B. Bar-Kochva (Tel Aviv, 1980), 289-308 (히브리어)

38) 가장 최근의 U. Rappaport, "The Hasmoneans and Hellenism" *Tarbiz*, 60(1991)447-503(히브리어)을 보라.

39) Josephus, *War* 5.3(§ § 166-69)

40) Josephus, *Ant* 15.8.1 (§ § 267-76); 또 Ben-Dov, *Shadow*, 169-83; L. I. Levine, "Roman Rule" *History of Eretz Israel*, ed. M. Stern (Jerusalem, 1984) 4.61-70 (히브리어)을 보라.

41) J. B. Ward-Perkins and M. H. Ballance, "The Caesareum at Cyrene and the Basilica at Cremna" *Papers of the British School at Rome*, 26 (1958) 137-94. 참고. C. Foerster, "Art and Architecture in Palestine" *The Jewish People in the First CenturyCompendia*, eds. S. Safari et al. (Philadelphia, 1976) 2.980

42) N. Avigad, *Ancient Monuments of the Kedron Valley* (Jerusalem, 1952; 히브리어)

43) Levine, "Roman Rule", 66-67.

를 분명히 드러낸다. 어떤 이들은 의식의 순수성과 주변 사회의 규범과의 차별화를 강조했다. 다른 이들은 사회와 문화의 흐름을 통합하고 수용하며 적응했다.

이 두 가지 현상을 어떻게 조화시킬 수 있을까? 한 가지 가능성은 유대인 사회 내에서 상충되는 경향을 다른 계급, 다른 종교 집단, 다른 사회 계층 또는 다른 지리적 위치에 할당해야 한다는 것이다. 그러나 이 두 가지 현상은 서로 연관되어 있으며 함께 고려해야만 헬레니즘 세계의 보편주의 성향에 대한 이해를 높일 가능성도 있다. 이러한 보편주의는 모방을 불러일으켰을 뿐만 아니라 동시에 특수주의를 향한 급증을 자극했다. 지난 세대에 걸친 여러 연구에 따르면 배타주의는 지배적인 헬레니즘 문화에 대한 피지배 집단의 국가적, 종교적 주장의 표현이었기도 했다.[44]

세 번째 가능성은 이러한 어긋나는 경향을 반드시 다른 집단이나 다른 계층에 할당할 필요는 없는 복잡한 상황의 일부로 보는 것이다. 같은 사람들이 삶의 특정 측면에서는 헬레니즘 관습을 채택하고 다른 측면에서는 특정 유대인 행동 양식을 수용했을 수 있다. 위에서 언급했듯이, 예루살렘의 상부 도시에 살았던 제사장들은 집을 장식하는 그레코-로마 패턴을 채택했다. 그들은 형상적 표현을 피하고 의식 순결의 법칙을 엄격하게 따르면서도 시돈의 애니온(Anion of Sidon)에서 유리 화병과 같은 많은 고급스러운 물건을 수입했다.(그림 17) 예술적 표현도 마찬가지다. 제2성전의 유대인 예술의 모든 잔재 모티프는 주변 그리스-로마 문화에서 차용한 것이지만,[45] 선별적이고 신중하게 선택되었다.[46] 마찬가지로, 2차 매장을[47] 위한 납골당의 사용은 헬레니즘 동방의 예술적 레퍼토리의 일부였던 것처럼, 납골당의 모티프 대부분이 외국의 관습을 유대적으로 변형한 것일 수 있다.[48]

---

44) J.-B. Frey, *CII*, vol. 2(Rome, 1952)

45) 예컨대, S. Eddy, *The King is Dead* (Lincoln, Neb., 1961); J. J. Collins, "Jewish Apocalyptic against Its Hellenistic Environment", BASOR 220 (1975)27-36을 보라.

46) Levine, "Roman Rule" 66-67.

47) (역주) 모든 뼈가 해부학적으로 올바른 위치에 있으면 일차 매장임을 의미한다. 뼈가 어떤 식으로든 뒤섞여 있거나 특정 뼈가 빠져 있다면 다른 곳에서 어느 정도 부패가 진행되었음을 의미한다. 2차 매장의 예로는 납골당이 있다.

48) M. Avi-Yonah, *Oriental Art in Roman Palestine* (Rome, 1961), 13-27을 보라.

바리새인들 사이에서도 같은 유형의 문화적 종합이 입증되며, 특히 힐렐 전승과 관련하여 더욱 그렇다. 한편으로 힐렐은 바리새인들 사이에서 규범이 된 할라카 논쟁의 모든 영역과 연관되어 있다.[49] 다른 한편으로, 힐렐과 관련된 다소 중요한 단계는 상당한 정도의 헬레니즘 영향을 반영한다. 한 가지 예를 들자면, 탈무드 전승은 스토아학파 및 다른 학파에서 사용되던 것과 유사한 해석학적 주석 규칙을 힐렐과 연관시킨다.[50] 그 영향이 용어에만 국한되었든[51] 아니면 방법론 자체에 국한되었는지에 관계없이,[52] 예루살렘과 알렉산드리아 사이의 접촉이 풍부하고 다양했다는 것은 분명하다.[53]

결론적으로, 고고학적 발견이 70년 이전 팔레스타인 유대 사회의 물질적 차원을 이해하는 데 막대한 이바지를 했다는 것은 보편적으로 인정되는 사실이다. 또한 고고학은 그 사회의 문화적, 종교적 차원에 대한 우리의 지식에도 중요한 역할을 한다는 점을 여기서 제시한다.

---

49) Guman, *Rabbinic Judaism*, 59-61.

50) t.Sanh 7.11.

51) S. Lieberman, *Hellenism in Jewish Palestine* (New York, 1950), 47ff.

52) D. Daube, "Rabbinic Methods of Interpretation and Hellenistic Rhetoric", *HUCA* 22(1949)239-64.

53) 알렉산드리아 관습이 시므온 비 셰타(주전 1세기 초)의 Ketubah 변화에 미친 영향에 대해서는 b. Shetah's (early first century B.C.E)를 참조하고, M. Geller, "New Sources for the Origin of the Rabbinic Ketubah", HUCA 49 (1978) 227-45를 보라. 그리고 E. Bickerman, "La chaine de la tradition Phariseene," RB (1952) 44-54와 M. Smith, "Palestinian Judaism in the First Century" *Israel : Its Role in Civilization*, ed. M. Davies (New York, 1956) 67-73를 보라.

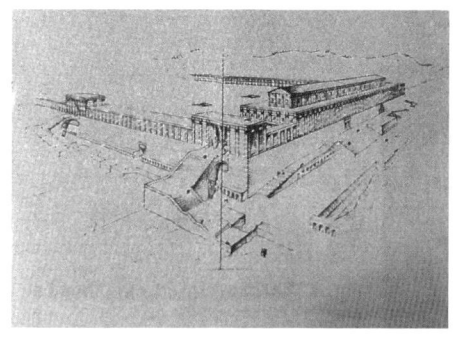

그림 1. 성전산 재현도: 남서쪽에서 본 모습

그림 2.성전산 남서쪽 모퉁이에 원래 설치되어
있던 비문:"나팔을 부는 곳으로"

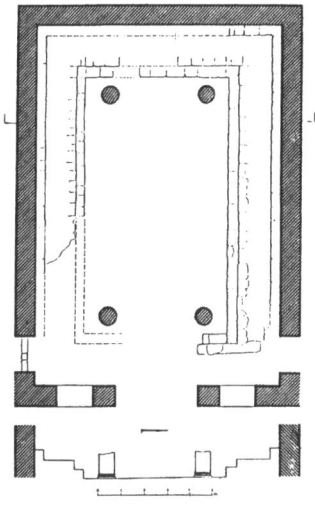

그림 3a. 헤로디움 회당의 평면도

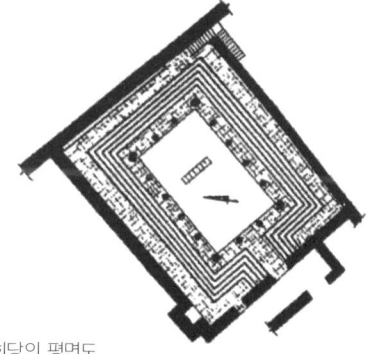

그림 3b. 감라 회당의 평면도

그림 4. 예루살렘에서 발견된 테오도토스 비문

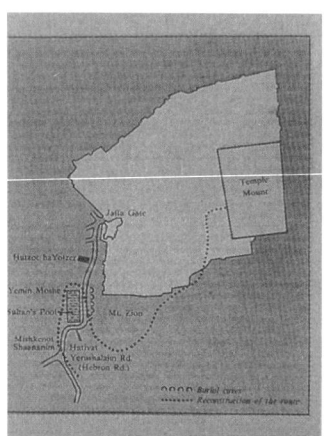

그림 5. 시온산 서쪽 사면의 무덤 지역을
통과하는 하부 수로의 경로

그림 6. 불탄 집(Burnt House)에서 발견된 히브리어 비
문이 새겨진 석제 하중추: "[바르 카토르의] 것",
예루살렘 유대인 지구

그림 7. 예루살렘 유대인 지구 헤로디아누스
시대 주택에서 발견된 모자이크 바닥

그림 8. 예루살렘 유대인 지구에서 발견된
계단식 아치 구조의 정결 목욕탕

그림 9. 예루살렘 유대인 지구 불탄 집에서
출토된 석제 용기 일괄

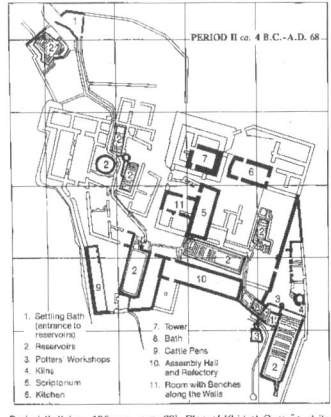

Period Ib-II (ca. 135 B.C.–A.D. 68). Plan of Khirbet Qumrân at its
height. During Period II, the basic structures of Ib were retained
except for buttressing the buildings that were damaged by an earth-
quake (after a plan by R. de Vaux, L'Archéologie et les manuscrits
de la Mer Morte [1961])

그림 10. 키르벳 쿰란(Kh. Qumran)
제1기 평면도

그림 11. 마사다 남쪽 성벽에 있는
미크베(정결 목욕탕)

그림 12a. 닻 문양과 "알렉산더 왕의 것"이라는 명문이
새겨진 알렉산더 얀네우스의 주화

그림 12b. 풍요의 뿔(cornucopia)이 묘사된
유다 아리스토불로스의 주화

그림 13. 헤롯이 자신의 궁전 근처에 건설한
세 개의 탑에 대한 복원도; 예루살렘
'성지 모형(Holy Land Model)'에서

그림 14. 헤로디아누스 시대 경마장(히포드롬)과
성전산: 남서쪽에서 본 모습; 예루살렘
'성지 모형'에서

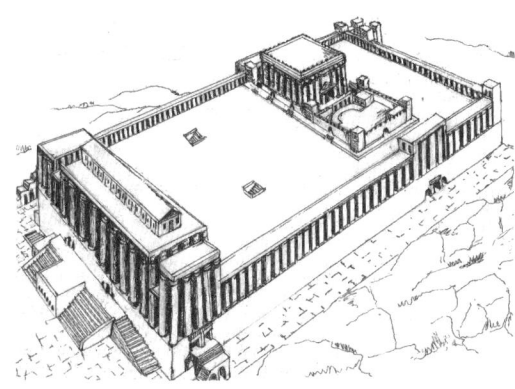

그림 15. 성전산 복원도: 남동쪽에서
본 모습

그림 16. 2차 매장을 위해 사용된 예루살렘
출토 납골함(오수아리)

그림 17. 예루살렘 유대인 발굴 현장에서 발견된,
아니온(Anion)이 제작한 유리 물병

6장 _ 힐렐과 예수 시대의 묵시론

S. E. 로빈슨

현대 성경학계는 70년 이전 유대인과 기독교인의 경건에서 묵시론[1]의 역할을 서서히 인식하게 되었다. 최근까지도 학계는 성경 세계의 묵시 문학과 묵시론을 다소 편견적으로 바라보았다. 대부분 학자는 성경학에서 묵시 신앙에 대한 보다 긍정적인 평가로의 변화를 성경학 내부의 진화 과정으로 받아들였다. 그러나 나는 적어도 하나의 외부 문화적 요인도 중요한 역할을 했을 수 있다고 제안한다.

20세기 초, 모더니즘 운동이 학문 분야에서 가져온 패러다임의 변화와 함께 많은 신학과 종교학은 합리적 사고, 윤리에 대한 강한 관심, 광범위하고 유익한 인본주의에 기초한 자유주의적 종교관을 중시하는 편견을 갖게 되었다.[2] 현대 자유주의는 마침내 많은 교회와 대학 대부분에서 자리를 잡는 데 성공했지만, 여전히 강력한 보수의 반발과 씨름하고 있다.[3] 근대 자유주의자들이 보수적 반대자들을 극복하려고 노력하면서 보수적 반대자들을 보수 신학과 구별하기가 점점 더 어려워졌다. 그 결과 근대 자유주의자들은 현대의 문자주의, 초자연주의, 종말론에 대한 극심한 혐오감을 느끼게 되었다. 그들의 논쟁적 상황, 즉 그들 자신의 **시대정신**은 고대 세계의 문자주의, 초자연주의, 종말론에 대해서도 편견을 가질 수밖에 없었

---

1) 여기서는 묵시론을 정확하게 정의하려고 시도하지 않는다. 묵시론(또는 인상주의, 휴머니즘, 페미니즘, 보수주의 등)과 같은 지적 추상 개념이 학술적 담론에서 제대로 사용되기 위해서는 수학적 접근에 가까운 정밀도로 체계적으로 정의되어야 한다는 주장이 제기되어 왔다. 나는 이러한 접근 방식은 피해야 할 방법론적 블랙홀이라고 생각한다. 추상적이고 주관적인 것을 다룰 때, 학문적 잣대를 들이대려면 모호한 모서리를 어느 정도 용인해야 한다. 묵시론에 대한 좋은 일반적 설명은 P. D. Hanson et al., "Apocalypses and Apocalypticism", ABD, vol.I (New York, 1992), 279-92에서 찾을 수 있다.

2) 모더니즘의 영향에 대해서는 William R. Hutchison, *The Modernist Impulse in American Protestantism* (Cambridge, 1976) 그리고 Sydney E. Ahlstrom, *A Religious History of the American People* (New Haven, 1972), 763O24, 904-15을 보라.

3) G. Marsden, *Fundamentalism and American Culture* (Oxford, 1980), 171-75.

다.4 그리하여 20세기에 접어들면서 초자연적 세계관에 대한 경멸은 1세기에 접어들 당시의 초자연적 세계관에 대한 경멸로 전환되었다.

성경학이나 신학보다 규모가 더 컸지만, 모더니즘 운동은 이러한 학문과 직접적으로 연관되어 계몽주의 이후의 과학적 발전의 관점에서 자신을 재평가하고 종교적 초자연주의로부터 자신을 방어하기 위해 거리를 두도록 강요했다. 모더니스트 논쟁의 불행한 희생자 중 하나는 종말론을 포함한 비합리주의적 관점이 우호적 대우받고자 하는 단기적 희망이었다. 게다가 그러한 역사적 인물과 단체와 운동을 긍정적으로 평가하기가 더욱 어려워졌다. 묵시 문학을 가장 가까이에서 연구한 학자들조차도 안심하고 연구할 수 없었던 때들이 있었다. T. W. 맨슨(Manson)은 R. H. 찰스(Charles)에 대해 이렇게 말했다. "그는 묵시론자들의 세계에서 편히 있을 수 없었다. 그래서 그는 지식뿐만 아니라 동정심을 요구하는 완벽한 이해에 도달하는 것이 불가능했다."5

계몽주의 이후의 과학과의 충격적인 충돌을 겪은 후 종교의 최우선 과제는 피해를 최소화하는 것이었다. 자유주의에게 종교는 초자연적인 것에서 벗어나 합리주의, 윤리, 인본주의라는 방어 가능한 성벽 뒤로 최대한 물러나는 것을 의미했다. 그것은 사회적 복음과 탈신화를 위한 시간이었다. 자유주의적 관점에서 종교가 화려한 신세계에서 존경받을 수 있으려면 '미신', 즉 비과학적 세계관에 오염되지 않아야 한다.

역사의 시대화, 하나님 나라의 임박, 우주 이원론, 메시아적 기대 등과 같은 묵시론적 요소는 대학에서 반지성적인 '근본주의'와 같이 여겨졌다.6 이는 부분적으로는 모더니즘을 방어하기 위해 성경의 계시록을 보수적으로 많이 사용했기 때문

---

4) 묵시론적 저술이 "기독교인들이 유대인들로부터 물려받은 사악한 유산"(〈History of Dogma〉, [London, 1894]1:101)이라는 A. Harnack' 의 주장은 당시의 반 묵시론적 편견과 반유대주의적 편견을 모두 보여준다.

5) Dictionary of National Biography 1931-1940, 170, James Barr, "Jewish Apocalyptic in Recent Scholarly Study" BJRL 58 (1975) 32에서 인용. Barr는 Charles nor Rowley가 묵시론을 공정하게 다루기 위해 현대 학문의 합리주의에서 완전히 벗어날 수 없다고 제시한다.

6) Obadiah Holmes, "The Threat of Millennialism" Christian Century 38 (April 28, 1921) 10-13과 같은 자유주의적 반응을 참조한다.

이기도 하다. 이러한 인식은 불공평하게도 고대 세계의 묵시론적 사고에 대한 학문적 평가를 오염시킬 수밖에 없었다.7 20세기 전반기의 묵시에 대한 많은 논의의 이면에는 "존경할 만한" 종교, "합리적인" 종교("현대적" 기준으로 판단할 때)는 비합리적이고 미신적인 것들과의 연관성으로부터 보호되어야 한다는 무언의 신념이 있었다.8 많은 자유주의 신학자들은 알베르트 슈바이처의 종말론적 예수를 어떤 대가를 치르더라도 저항해야 할 심각한 위험으로 여긴 것은 묵시론에 오염된 예수는 연구나 예배에 부적합한 예수이기 때문이다.9 묵시론적 오염으로부터 성경을 보호하기 위해, 한 명 이상의 저자들은 다니엘서와 요한 계시록이 "일반적인" 의미에서 묵시론이 아니라고 주장했다.10

자유주의 사상가들이 자유주의, 초자연주의, 묵시론에 부여한 부정적인 감정적 가치는 비성경적 묵시론이 매우 존경받는 학자들에게도 불러일으킨 적대감에서 잘 드러나며, 이들은 이러한 묵시론을 20세기 중반까지도 주변 연구(peripheral study)에도 부적합하다고 보기도 하였고,11 그 이후에도 마찬가지인 경우도 있었다.12 위트니스 G. F. 무어(Witness Moore)의 유명한 정죄 묵시록(condemnation apocalypses)에서 이렇게 말했다. "역사가가 유대교의 종말론을 주요 자료로 삼아 그 신학을 오염시키는 것은 방법의 오류다."13

---

7) Marsden, *Fundamentalism*, 48을 보라. 그것은 과학 이전의 민족과 문화에 과학 이후의 기준을 부과했기에 불공평했다.

8) James Barr는 이미 "Jewish Apocalyptic in Recent Scholarly Study" *BJRL* 58(1975), 28-30에서 현대 신학적 관심사가 묵시론 연구에 미치는 영향에 대해 언급했다.

9) Hutchison, *Modernist*, 221 그리고 W. Fenn, "Modern Liberalism" *American Journal of Theology* 17(Oct 1913) 509-13.

10) K. Koch, "The Agonized Attempt to Save Jesus from Apocalyptic" in *The Rediscovery of Apocalyptic* (SBT 2.22; Naperville, Ⅲ., 1970), 57-73(그리고 126-29)의 참고 문헌을 보라.

11) 예컨대, R. T. Herford는 묵시론을 바리새파의 야곱에 대해 에서라고 언급하면서 묵시론을 강력히 싫어했다(*BJRL* 58 [Autumn 1975] 10) Louis Ginzberg는 "기독교가 부상할 당시 이스라엘의 종교적 삶에 대한 진정한 그림을 우리에게 제공하지 못한 것은 몇몇 위대한 학자들이 묵시록의 증거를 기꺼이 고려하지 않았기 때문"이라고 비난했다.("Some Observations on the Attitude of the Synagogue Towards the Apocalyptic-Eschatological Writings" JBL 41 [1922] 115) J. Bloch는 Montefiore와 Schechter가 취한 유사한 태도를 인용한다.(*On the Apocalyptic in Judaism* [Philadelphia,1 952], 132-33)

12) G. B. Caird는 일반적으로 묵시록을 "대부분 모방적이고 보행자(pedestrain)"라고 말했고, *The Revelation of St. John the Divine* (New York, 1966), 10에서 요한 계시록을 묵시론의 오염에서 구하려고 노력하면서 에녹서 1장을 "세계 6대 최악의 책 중 하나"라고 불렀다.

13) G. F. Moore, *Judaism*, Vol. 1 (New York, 1971), 127.

I. 힐렐과 예수의 시대: 묵시론의 시대

현대주의 논쟁의 문화적 후유증에도 불구하고 고대의 증거는 그대로 남아있다. 몇몇 학자들은 이러한 증거를 당시의 편견에서 분리하여 70년 이전의 유대교와 초기 기독교에서 묵시론의 부정할 수 없는 중요성에 주목하게 되었다. 20세기 중반 사해 두루마리가 발견되고 지난 20년 동안 구약성경 외경에 관한 연구가 활발해지면서 힐렐과 예수 시대의 묵시론적 **시대정신**을 이제는 부정할 수 없게 되었지만, 이에 대한 일부의 완강한 저항이 계속되고 있다.

적어도 포로기 이후부터 고대 유대교는 우주를 바라보는 시각이 점점 더 묵시론적으로 변해갔다.[14] 힐렐과 예수 시대에 이르러 묵시론은 유대교 사상의 주요 흐름에서 중요하고 심지어 근본적인 요소가 되었다. 묵시론의 역할을 평가하는 것은 초기 기독교를 포함하여 70년 이전 유대교를 연구하는 데 있어 필수적인 측면이라는 데 일반적으로 동의한다.

유대교와 기독교에 대한 70년 이전의 대부분의 문학적 증거는 새로운 증거에 비추어 재평가할 때 묵시론적 요소의 영향을 어느 정도 받은 것으로 밝혀진다. 예컨대, 플라비우스 요세푸스는 후대의 이점을 활용하여 1차 반란을 묵시론적으로 해석하지 않고 오히려 유대인들의 묵시론적 견해를 청중으로부터 숨기려고 노력했다. 그런데도 그의 역사는 묵시론적 요소, 특히 메시아적 기대가 70년 이전에 어떻게 유대인의 사고에 영향을 미치고 역사적 사건을 형성했는지에 대한 몇 가지 예를 제공한다. 요세푸스는 여러 곳에서 "사기꾼"과 거짓 선지자들이 어떻게 대중의 종말론적 기대를 이용하여 로마에 대한 정치적 행동을 촉발할 수 있었는지 설명한다.[15] 또한 요세푸스는 복음서를 통해 우리에게 묵시론적 설교자로 알려진 세례 요

---

14) 예컨대, the research in J.H. Charlesworth의 연구인 *The Pseudepigrapha and and Modern Research with a Supplement* (Chico, 1981); J. J. Collins, *The Apocalyptic Imagination: An Introduction to the Jewish Matrix of Christianity* (New York, 1984); P. D. Hanson, *The Dawn of Apocalyptic* (Philadelphia, 1975); C. Rowland, *The Open Heaven: A Study of Apocalyptic in Judaism and Early Christianity* (London, 1982); 그리고 M.E. Stone (ed.), *Jewish Writings of the Second Temple Period* (Assen, 1984)을 보라.

15) *War*, 2.259-64, 6.285-99와 6.312-15. 사마리아인들도 이와 비슷한 소란을 일으키기 쉬웠다.(예: *Ant*,

한 같은 교사들의 엄청난 대중적 성공에 대해 알려준다.16

1세기 유대교의 묵시론에 대한 최고의 증거 중 일부가 쿰란에서 나왔다.17 에녹서의 여러 사본은 묵시론의 할아버지라고 불리는 에녹의 인기를 증명한다. 예컨대, 전쟁 두루마리는 새로운 시대의 도래와 선과 악의 종말론적 갈등에 대한 믿음을 나타낸다. 여러 문서에서 우주 이원론(예: 1QS 3.18-4.26)이나 역사의 시대화(4Q180;11QMel)가 드러난다.18

최근 J. H. 찰스워스는 유대인 민속과 민속 전승이 묵시 문학의 중요한 부분임을 보여주었다. **신화**(Urzeit/Endzeit, etc)가 종말론에 미치는 영향은 오랫동안 주목되어 왔다. 신화와 민속의 존재에서 알 수 있듯이 묵시록이 어느 정도 민중의 문학이었다면 문화적 주류에서 멀어질 수 없었을 것이다.19

신약성경은 종종 그 자체의 종말론적 세계관뿐만 아니라 때때로 더 큰 현대 문화의 묵시론적 세계관도 드러낸다. 예컨대, 행 5:36-37은 갈릴리 지역에서 대중적인 메시아적 관심이 존재했음을 증언하는데, 이는 막 11장과 그 병행본들이 유대 지역에서 그러했음을 보여주는 것과 마찬가지이다. 최근 사도 바울을 해석하는 학자들은 묵시론이 바울 신학의 근본이었음을 입증했으며,20 요한 계시록은 물론 기독교 최고의 묵시록이다.

구약성경의 외경과 위경 역시 후기 제2성전 유대교의 묵시론적 **시대정신**을 드

18.85-87)를 참조하라.

16) *Ant* 18.116-19. 여기서 힐렐과 예수는 요세푸스에 의해 무시(또는 Testimonium Flavianum에 대한 평가에 따라서는 거의 무시)되었다는 공통점이 있음을 지적할 수 있다. 후대의 유대인과 기독교인들은 이 동시대 작가가 역사적으로 거의 또는 전혀 중요하지 않다고 판단한 창시자들을 존경하는 묘한 당혹감을 공유하게 된다.

17) 예컨대, John J. Collins, "Was the Dead Sea Sect an Apocalyptic Community?" in *L. Schiffman* (ed.), *Archaeology and History in the Dead Sea Scrolls* (Sheffield, 1990), 25-51을 보라.

18) John Collins는 *The Apocalyptic Imagination*, 115-41에서 사해 두루마리에서 발견되는 묵시론적 요소들을 잘 요약해 놓았다. F. Garc a Mart nez, *Qumran and Apocalyptic: Studies on the Aramaic Texts from Qumran* (Leiden, 1992)

19) 가장 최근의 자료인 J. H. Charlesworth, "Folk Traditions In Jewish Acpocalyptic Literature" in Charlesworth and Collins (eds.), *Mysteries and Revelations:Apocalyptic Studies Since the Uppsala Colloquium* (Sheffield, 1991), 91-113을 보라.

20) 예컨대, J. Christian Beker, *Paul the Apostle: The Triumph of God in Life and Thought* (Philadelphia, 1980), 181 : "묵시론적 세계관은 바울 사상의 근본적인 운반자이다."

러낸다. 이 문서 중 상당수는 힐렐과 예수 시대에 작성되었다. 많은 문서가 팔레스타인 유대인의 출처를 가지고 있으며 묵시론적 성격을 띠고 있다. G. W. E. 니켈스버그(Nickelsburg)가 다음과 같이 요약했다.

> 예컨대, 에녹서 1장의 본문을 특징짓기 위해 '묵시적'이라는 용어를 적절하게 사용할 수 있는데, 그 이유는 계시에 관한 주장 또는 실제로 이 주장을 제시하는 문학적 형식이 본문에 우연이 아니라 그 세계관 또는 현실 구성에 필수적이기 때문이다. 저자의 계시는 독자들이 현실을 이해하고 경험할 때 현실의 본질인 이원론을 연결하고 극복하는 구원적인 수단이다.[21]

다시 말해, 저자와 청중 모두 심오한 묵시론적 세계관을 공유했다.

따라서 힐렐과 예수 시대에 묵시론적 신앙은 주요 정치적 사건에 영향을 미치고 촉발하며, 방대한 대중 문학을 생성하고, 민중의 설화를 반영하고, 대중의 경건에 정보를 제공하고, 유아기 기독교를 비롯한 여러 주요 종파에 동기를 부여했다. 그러므로 힐렐과 예수의 시대가 묵시론의 시대였다거나 묵시론이 그 시대의 시대정신이었는 주장은 편파적이지 않다.

II. 묵시론에 깊은 영향을 받은 예수

예수가 묵시론에 깊은 영향을 받은 것은 분명하다. 막 1:15에서 "때가 찼고 하나님의 나라가 가까이 왔다."라고 선언한 것은 하나님의 통치가 확립되고 현시대가 종말을 맞이할 새로운 시대가 임박했음을 분명하게 보여주는 말씀이다. "여기 서 있는 자 중에 하나님의 나라가 권능으로 임하는 것을 보기 전에는 죽음을 맛보

---

21) G. W. E. Nickelsburg, "The Apocalyptic Construction of Reality in 1 Enoch" in Charlesworth와 Collins(eds.), *Mysteries*, 62.

지 아니할 자가 있느니라"(막 9:1 및 유사 구절)라는 예수의 추가 선언은 후대 교회를 계속 당혹스럽게 만들며 세상의 임박한 종말에 대한 믿음을 더욱 확고히 보여준다. 또한 "권능으로 오시리라"라는 문구 자체가 묵시록 다니엘서에서 따온 것으로 요한 계시록, 에스라서 4장, 바룩서 2장과 같은 작품에 다시 등장한다.

오실 분 또는 인자에 대한 예수의 믿음은 예수 자신에 대한 이해 여부와 상관없이 예수 이전과 이후의 묵시록에서도 발견되는 기대이다.[22] 다른 묵시론자들과 같이 예수도 현재의 사회 질서를 보존하는 데 관심이 없으며, 오히려 현재의 사회 질서에 대한 철저한 비관주의와 적대감이 분명하게 드러난다. 그의 적대감은 부자에 대한 화(눅 6:24-25)와 사회적 권력을 가진 사람들에 대한 일반적인 경멸로 표현된다. 예수에게는 다가올 왕국에 속하게 되지 않을 것들은 중요하지 않았다. 예수의 역사적 이원론은 서로 완전히 양립할 수 없는 두 시대에 대한 그의 믿음에서 분명하게 드러나며, 그중 하나는 심지어 그 당시에도 다른 시대를 침범하고 있었다. 예수는 종말론적으로 땅이 정화되어 온유한 자들이 살게 될 것을 고대한다.[23] 마지막으로 예수는 눅 10:18에서 사탄이 하늘에서 번개처럼 떨어지는 것을 보았다고 보고하는 종말론적 환상을 묘사할 수 있었다.

예수의 가르침은 분명히 묵시론적 세계관에 기반을 두고 있지만, 예수 자신은 좁은 의미의 묵시론자가 **아니**었다. 묵시록은 문학적 장르이며 예수가 땅에 낙서한 것 외에 글을 썼다는 증거는 전혀 없다. 물론 예수는 묵시록을 쓴 적이 없다. 글쓰기는 묵시록의 매개체, 즉 필수 불가결한 요소이다. 예수의 매개체는 글보다는 말이었다. 게다가 신약성경에는 예수가 선견자 역할을 했다는 종말론적 환상이 기록되어 있지 않다.[24]

---

22) 1En 1:9/Jude 14-15/4QEn° 51. 그리고 2Bar 70-73; 4Ezra 13:29-40; TLevi 18:1-10; TJud 24:1-6; SibOr 3:49도 보라.

23) 모든 학자가 동의하는 것은 아니다. 예컨대, R. Fuller, "Jesus, Paul, and Apocalyptic" 〈Anglican Theological Review〉 71/2 (1989) 134-42; 그리고 M. Borg, *Conflict, Holiness and Politics in the Teachings of Jesus* (New York, 1984)를 보라.

24) 비록 변형(막 9:2-10 및 유사)과 사탄의 타락에 대한 예수의 언급(눅 10:18)이 모두 묵시적으로 해석되어야 하지만, 기독교 묵시록이 기록되기 시작할 무렵에는 예수를 선견자로 묘사하는 것이 신학적으로 비하되는 것이었을 것이다.

신약성경에 기록된 예수에게서 유래된 120여 개의 격언에는 묵시론적 요소가 현저히 없다. 이는 예수가 급진적인 의미에서 묵시론자라는 결론에 반하는 것이다.[25]

또한 일반적인 종말론적 관점과 어긋나는 것은 예수가 천국이나 다가올 세상보다는 지금 여기에 관심을 가졌다는 점이다. 현세에 대한 예수의 종말론적 비관주의는 현재의 사회적 관심사로부터 일반적인 분리로 이어진 것이 아니라 분명하고 놀라운 사회적 행동주의로 이어졌다. 이 점에서 예수는 힐렐과 함께 가난하고 억압받는 사람들에 대한 관심을 공유한다. 예수는 천국이 가까이 왔다고 가르쳤지만, 그 가장 중요한 의미는 회심한 사람들에게 지금 이 세상에서 천국이 요구하는 준비된 변화가 필요하다는 것이었다. 예수에게 중요한 시간(καιρός)은 종말론적 미래가 아니라 결정적인 지금이었다. 예수는 체념한 운명론자가 아니었다. 그는 더 나은 세상을 인내심을 가지고 기다리지 않았다. 오히려 다가올 세상을 기대하며 이 세상을 바꾸라고 요구했다. 따라서 예수를 급진적 묵시론자나 묵시론의 근원으로 만드는 것은 실수이지만, 예수가 묵시론적 세계관을 전적으로 수용하고 그 안에서 활동했다는 사실을 부정하는 것 역시 마찬가지로 실수일 것이다.

초기 기독교는 묵시론의 영향을 많이 받았다. 적절한 상황에서는 후에 주권적 묵시론이 만들어지기도 했다. 하지만 예수는 묵시록을 직접 쓰지 않았다. 묵시론은 예수가 헤엄치던 물줄기였지 예수에게서 나온 것은 아니다.

III. 묵시론에 영향을 받지 않은 힐렐의 전승

G. 보카치니(Boccaccini)에 따르면, 후기 제2성전시대의 묵시론은 여러 사상가 사이에서 하나의 학파에 불과했다. 묵시론은 사상이라기보다는 "이스라엘 국경을 넘어 널리 퍼진 광범위한 문화 현상의 표현이었다. 묵시론은 형식뿐만 아니라 내

---

25) 이 통찰력 있는 관찰에 대해 D. Aune에게 감사를 표한다.

용도 증거한다."[26] 그렇다면 예수와 동시대인 힐렐은 어떻게 같은 "광범위한 문화 현상"과 같은 "결정적인 세계관"의 영향을 피할 수 있었을까? 전승 속의 힐렐은 묵시론의 영향을 거의 받지 않았다.[27] 그는 다가오는 시대와 종말론적 하나님 나라에 대한 예수의 관심이나 오실 메시아에 관한 관심을 공유하지 않는다. 이 엄청난 차이를 단순히 불충분한 출처에 근거한 왜곡으로 치부할 수는 없다. 나훔 글라처(Nahum Glatzer)가 지적했듯이, "메시아론이 뜨거운 이슈였던 시대에 힐렐이 메시아론에 대해 침묵한 것은 자료의 부족으로 적절히 설명할 수 없다."[28] 힐렐에 묵시론이 없는 이유는 무엇일까?

첫째, 학자의 상아탑이 일반 대중이 품고 있던 관심사로부터 힐렐을 보호했을 가능성이 있다. 힐렐의 동료들은 주로 힐렐과 같은 학자였던 것으로 보인다. 예수는 학자라기보다는 주로 거리 설교자이자 활동가였지만, 학파의 방법을 모르는 것은 아니었다.[29] 신약성경에 따르면 예수의 친구 집단은 바리새인들과는 매우 달랐다. 또 예수와 예수의 사람들, 반대로 힐렐과 힐렐의 사람들 사이에는 분명 계급적 차이가 있었을 것이다. 계급에 따라 관심사와 열망이 다른 경우가 많다. 게다가 갈릴리는 예루살렘보다 학교의 공식적인 교육과 장학 혜택을 덜 받았을 것이다.[30] 공식적인 교육은 세계관에 차이를 만들었을 수 있다. 예컨대, 현자나 필로나 요세푸스와 같은 당시의 다른 지식인들에게는 묵시론이 많이 나타나지 않으며 사두개파 사람들에게도 묵시론이 일반적이었던 것 같지는 않다.

둘째, 예수는 팔레스타인 유대인이자 갈릴리 사람이었다. 힐렐은 바빌로니아 출신의 유대인이었다. S. 사프레이에 따르면, 갈릴리는 더 열정적이고 보수적인

---

26) G. Boccaccini, "Jewish Apocalyptic Tradition: The Contribution of Italian Scholarship" in Charlesworth and Collins (eds.), *Mysteries*, 35.

27) J. Neusner는 역사적 힐렐의 문제점을 분명히 보여주었는데, 여기서 역사의 힐렐과 전승의 힐렐을 구별하려는 시도는 하지 않겠지만, 힐렐과 힐렐 학파의 차이는 예수와 초대교회 사이의 차이와 매우 유사하다는 점에 주목해야 한다.

28) Nahum Glatzer, "Hillel the Elder in the Light of the Dead Sea Scrolls" in K. Stendahl(ed.), *The Scrolls and the New Testament* (London, 1957), 242.

29) W. D. Davies, *Christian Origins and Judaism* (New York, 1973), 20-21.

30) R. Otto, *The Kingdom of God and the Son of Man* (London, 1943), 13-15; W. D. Davies, *Christian Origins*, 20-21도 보라.

바리새파에 "하시드 분파"를 제공했을 수 있다. 갈릴리 예수와 그의 갈릴리 운동은 신흥 바리새파 유대교의 "하시디즘" 또는 "열광주의" 분파였을 수 있으며, 힐렐과 "랍비주의" 분파는 다른 방향으로 나아가고 있었다.[31]

일부 학자들은 묵시론에 대한 거부가 늘 바리새파의 특징이었기에 힐렐에는 묵시론이 없었다고 제시했다.[32] 그러나 이는 이제는 지속되지 않는다. 바리새파는 원래 대중의 묵시론적 열정에 힘입은 로마와의 두 전쟁을 모두 지지했다. 그리고 아키바 학파는 70년의 재앙 이후에도 묵시론적 관심에 적대적이지 않았으며, 심지어 요하난 자카이(Johanan b. Zakkai) 조차도 메시아의 오심을 믿었다.[33] 1차 반란 이후 묵시론의 특정 측면이 일부에서 매력을 잃었지만, 묵시론적 메시아주의는 2차 반란 이후까지 주류에서 그 신뢰를 잃지 않았다.[34] 더욱이 에녹서 3장과 헤칼롯 문학[35], 유대인 메르카바 신비주의[36], 후기 카발라[37], 심지어 사바타이 스비[38]의 모습에서 묵시론적 모티프가 지속되고 있다는 점은 바르 코크바[39] 이후에도 묵시론이 완전히 폐기되었다는 주장에 반한다.[40]

---

31) S. Safrai, *The Literature of the Sages* (Assen, 1987) 13과 주 82-83.

32) 예컨대, Bousset, Box, Charles, Herford, 그리고 Moore.

33) b.Ber 28b. 그는 메시아를 히스기야 왕과 동일시했다.(ARN 25)

34) y.Taan 68d: "R. Simeon b. Johai가 가르쳤다: 내 선생님 아키바는 야곱에게서 별이 나올 것이라고 해석했다. Koseba는 야곱에게서 나왔다. 아키바는 그를 보고 외쳤다, 이것은 왕 메시아이다. 요하난이 말하기를, "네 뺨에서는 아직도 풀이 자라고 다윗의 아들은 오지 않았을 것이다. 라고 하였다."

35) (역주) "궁전"을 뜻하는 The Hekhalot literature은 하늘 궁전으로 올라가는 환상과 관련되어 있다. 헤칼롯 문학은 탈무드 시대 또는 그 이전으로 추정되는 고대 후기부터 중세 초기까지 제작된 유대인의 난해하고 계시적인 텍스트의 한 장르이다.

36) (역주) Merkavah mysticism(전차 신비주의)는 기원전 100년에서 기원후 1000년경의 초기 유대 신비주의 학파로, 겔 1장이나 헤칼롯 문학("궁전" 문학)에 나오는 하늘의 궁전과 하나님의 보좌로 올라가는 이야기와 같은 환상을 중심으로 한다.

37) (역주) "신비주의" 또는 '신비로운 지식'으로 번역되기도 하는 kabbalah는 신의 본질을 다루는 유대인 전승의 일부다.

38) (역주) Sabbatai Svi(1626년-1676년)는 오스만 유대인 신비주의자, 서머나(현재 터키 이즈미르)에서 안수 받은 랍비였다.

39) (역주) Bar Kokhba 반란은 132년 사이먼 바르 코크바가 이끄는 유대인들이 로마 제국에 대항하여 일으킨 대규모 무장 반란이었다. 135년 또는 136년 초까지 지속된 이 전쟁은 유대-로마 전쟁의 세 번째이자 마지막으로 확전이었다. 이 반란은 유대인의 완전한 패배로 끝났으며, 바르 코크바는 135년 베타르에서 로마군에 의해 살해되었고 이후에 남은 유대인 반군은 다음 해에 모두 죽거나 노예로 잡혀갔다.

40) J. Gruewald, *Apocalyptic and Merkavah Mysticism* (Leiden, 1980); G. Scholem, *Major Trends in Jewish Mysticism* (New York, 1941); 그리고 W. D. Davies, "From Schweitzer to Scholem: Reflections on Sabbatai Svi" JBL 95/4 (1976) 529-58.

비록 할라카 문학에는 묵시론적이라고 할 수 있는 내용이 현저히 적지만, 미쉬나의 할라카 묵시적 자료는 그 기능에서 비롯된 것으로 보이며, 반드시 랍비들의 전체 사상 세계를 정의하는 것은 아니다.[41] 할라카는 묵시론의 영향에서 현저히 자유로울 수 있지만, 할라카(율법해석/관습법)가 생산되고 보존된 하가다(유대교 비율법적 전승인 설화, 도덕 이야기) 문학은 묵시론의 지속적인 대중적 영향력을 보여주는 충분한 증거를 제시한다. 할라카의 묵시론적이지 않은 특성은 단순히 신학의 차이가 아니라 장르와 기능의 차이일 뿐이다. L. 긴즈버그(Ginzberg)가 말했듯이, "할라카의 태도가 묵시론적이라고 토라에 대한 묵시록 저자들의 태도가 랍비들이 취한 태도와 달랐다는 주장을 증명하는 것은 매우 어려울 것이다."[42] 그리고 스펙트럼의 다른 끝에서, G. F. 무어(Moore)와 J. 블로흐(Bloch)는 묵시록의 종말론이 후대 랍비들의 종말론과 유사하다는 것을 인정했다.[43]

힐렐과 예수 당시 5개의 주요 종파 중 4개 종파에 묵시론이 존재한다는 사실이 알려주듯이, 제2성전 유대교에서 묵시론의 근원을 한 종파 안에서 찾으려는 것은 실수였다. 때때로 개별 묵시론이 유대교의 한 종파 또는 다른 종파에서 비롯된 것으로 식별할 수 있지만, 묵시론적 세계관 자체나 묵시론 전체에서 비롯된 것은 아니다. 실제로 묵시론에 특정 종파적 관심사가 없다는 것은 묵시론이 일부 종파적 변방이 아니라 유대교의 주류에서 시작되었음을 나타낸다. 묵시론의 근원을 한 종파에서만 찾는 것은[44] 70년 이전에 바리새파를 포함한 모든 종파에 공통된 문화적 배경으로서 묵시론이 널리 퍼져 있었다는 것을 정당화할 수 없는 환원주의적 관점을 채택하는 것이다. 묵시론은 제우스의 머리에서 나온 아테나[45]처럼 한꺼번에

41) C. Rowland, *The Open Heaven*, 271의 주(notes)들을 보라. 또 P. Henry, *New Directions in New Testament Study* (Philadelphia, 1979), 88과 W. D. Davies, *Christian Origins*, 19–30도 보라. 나는 예루살렘에서 "할라카는 종말론이나 신비주의의 자리를 거의 남기지 않는다."라는 사프레이 교수의 관찰에 빚을 지고 있다.

42) Ginzberg, "Some Observations,", 134.

43) Moore, *Judaism*, 2:285; 그리고 Bloch, *On the Apocalyptic*, 58.

44) 예컨대, Bloch, *On the Apocalyptic*, 20 그리고 전체(et passim)

45) (역주) Athena는 지혜, 전쟁, 수공예와 관련된 고대 그리스 여신으로 후에 로마 여신 미네르바와 혼성화되었다. 아테나는 그리스 전역의 여러 도시, 특히 아테네의 수호신으로 여겨졌으며 아테네의 아크로폴리스에 있는 파르테논 신전이 Athena에게 헌정되어 있다.

완전히 옷을 입고 도착한 것이 아니기 때문이다. 묵시론은 수 세기에 걸쳐 주류 유대교에서 발전했다. 20세기의 묵시론이 주로 종파적 신앙과 관련이 있다고 하더라도, 초기 유대교와 기독교의 묵시론을 이제는 별도의 종파적 문학으로 생각할 수는 없다. 묵시론은 1세기에 제한된 종파적 일탈이 아니었다.

마지막으로, 우리는 역사적 힐렐이 묵시론의 영향을 어느 정도 받지 않았다고 확실하게 말할 수 없다. 그에 관한 모든 전승은 후대의 랍비들에 의해 통제되고 그들의 논쟁적인 상황을 통해 걸러졌다.**46** 힐렐의 사상에 조금이라도 묵시론적 요소가 존재했다면, 그것은 후대에 편집되었을 것이다. 힐렐도 당대의 다른 유대인들과 마찬가지로 메시아의 오심을 위해 기도했을지 모르지만, 그의 이름을 딴 학교는 그러한 정보를 보존하지 않았을 것이다.

힐렐이 단순히 묵시론을 편집한 묵시론 교사였을 가능성은 극히 낮다. 학파는 설립자를 재해석할 수는 있지만, 정반대로 반대하는 경우는 드물기에 힐렐과 그의 이름을 딴 학파 사이에는 불연속성보다는 연속성이 더 클 가능성이 크며, 따라서 힐렐이 묵시론적 세계관을 가지고 있지 않았을 가능성이 크다는 것은 역사적 확률의 문제로 받아들여야 한다.

힐렐의 추종자들이 궁극적으로 유대교에서 승리한 것은 그가 1세기에 2세기까지 살아남을 수 있는 유일한 신학을 제공했기 때문이다. 힐렐의 방법, 즉 당대의 위기에 대처하는 그의 전략만이 후대의 위기에 대처하는 데 유용하다는 것이 입증되었다.

그렇다면 장로 힐렐이 여러 가지 해답 중 하나만 제시했던 기원전 1세기의 위기는 무엇이었을까? 우리 시대의 모더니스트 논쟁에서와 마찬가지로 그것은 새로운 학문에 대한 도전이었다. 그리스적 사고의 장점은 2세기 동안 유대인 지식인들에게 나타났고, 헬레니즘은 산발적으로 저항을 받았지만, 힐렐 시대에 이르러 헬레니즘적 사고의 엄격함과 헬레니즘화 된 환경에서도 똑같이 존중받을 수 있는 토라

---

46) J. Neusner, *Judaism in the Beginning of Christianity* (Philadelphia, 1984), 63-88을 보라.

학문을 일치시킬 필요가 생겼다.47

핸슨(Hanson) 박사는 "정치적 음모, 군사적 파괴, **헬레니즘이라는 상징적 세계** 의 강요는 압도적인 소외감을 불러일으켰고, 이는 지배적인 사회 및 종교 구조의 생존 가능성에 의문을 제기했다."48 전승에 따르면 이러한 소외감과 헬레니즘의 지 적 도전에 대응하여 "토라의 해석과 적용 범위를 일상생활로 넓힌 새로운 해석학 을 정립한 사람은 힐렐이었다."49 그러한 일상생활이 헬레니즘화 된 세계에서의 삶 이었음을 기억해야 한다.

다시 원점으로 돌리자면, 기원전 1세기에도 유대교에는 일종의 근대주의 논쟁 이 계속되고 있었다. 마카비 가문의 군사적, 정치적 성공에도 불구하고 헬레니즘 의 새로운 학문은 유대교에 계속해서 지적 압력을 가했다. 헬레니즘은 점점 더 유 대인들에게 수용과 적응 또는 저항과 거부의 선택을 제시했다.

외세의 점령이라는 정치적 도전과 새로운 학문의 지적 도전으로 인해 후기 제2 성전시대의 유대인들은 자신들의 전승적인 신학 세계가 현대 현실과 양립할 수 없 다는 것을 인식하게 되었다. 이것이 바로 모더니즘의 위기다. 이에 대응하여 힐렐 과 같은 자유주의자들은 자신들의 신학을 현대 현실에 맞게 수정한 반면, 보수주 의자들은 그러한 현실을 부당한 것으로 거부하고 자신들의 이상, 즉 현 세계의 악 에 대한 종말론적 비관주의와 더 나은 세상에 대한 기대에 대한 묵시론적 증명을 찾았다.

헬레니즘과 로마의 지성계와 정치계가 유대교에 제시한 선택은 "싸우거나 굽히 거나" 였다. 묵시론자들은 양쪽 모두에서 싸우는 쪽을 선택했고, 현자들은 굽히는 쪽을 선택했다. 이것이 두 세력 사이의 분수령이었다. 바리새파가 메시아를 계속 믿고 종말을 믿었다는 충분한 증거가 있는 것처럼 묵시론자들이 율법을 거부했다

---

47) N. Glatzer도 "Hillel the Elder in the Light of the Dead Sea Scrolls", 232-34에서 마카비 시대 이후 토라 연구의 이러한 위기를 지적한다.

48) P.D. Hanson, "Apocalypticism," in *IDBS* (Nashville,1976), 33.

49) L. Ginzberg, "The Significance of the Halachah for Jewish History," in *On Jewish Law and Lore* (New York, 1955), 95.

는 증거는 없다. 그러나 종말론자들은 다가올 세상과의 대결에 초점을 맞추지만, 현자들은 세상에서 살아남아 살아가는 데 초점을 맞춘 비참한 결과를 선택했다. 힐렐은 현실 세계에서 살아남기 위해서는 시대에 적응하고 그리스적 사고의 이점을 취해야 한다고 생각했다. 그러나 보수주의자들은 새로운 학문과 그 학문을 생산한 이방 세계를 모두 저주하며 발목을 잡았다. 이는 묵시론이 "순교의 신학"이라고 불렸던 이유를 설명하는 데 도움이 된다.50 또한 이 땅에서 묵시론이 복수심에 불타고 타협하지 않는 특성을 설명할 수 있는데, 묵시론은 대개 피포위의식51에서 탄생했다.

지적 소수였던 힐렐과 같은 '모더니스트' 들은 새로운 학문을 수용하면서 새로운 것의 장점과 옛것의 장점을 종합하여 그 장점을 보존하려고 노력했다.

> 데이비드 도브(David Daube)는 힐렐과 다른 랍비들이 헬레니즘 사상을 채택하면서도 본질적으로 유대교적 관념을 주입하여 유대교 전승의 본질은 보존하되 그 전승을 널리 퍼진 헬레니즘 교리에 수용하는 '헬레니즘 교리의 유대화' 전략을 '헬레니즘 교리의 유대화' 라고 부른다. 힐렐의 '새로운' 헬레니즘적 접근 방식과 아무 관련이 없는 브나이 바티라(B'nai Bathyra)같은 열성파는 길가에 버려졌다.52

비커만, 리버만, 노이스너, 스미스는 모두 힐렐 이후 바리새주의의 헬레니즘적 성격이 심오하게 변질하였음을 지적했다.53

바리새파의 이론은 그리스철학 학파의 이론이었을 뿐만 아니라 그 실천

---

50) I.e. by Beker, *Paul*, 136.
51) (역주) siege mentality은 '포위 심리' 라고도 부르는 군사학 용어다. 실제로 적에 의해 포위된 상태에서 느끼는 피해의식과 수동성 같은 감정이다. 전체주의 국가나 사이비 종교 집단에서는 권력층들이 체제 유지를 위해서 외부정보를 차단한 상태에서 일부러 조성한다. (나무위키)
52) D. Daube, "The New Testament and Rabbinic Judaism," *Liberal Jewish Monthly*, 28(1957) 8.
53) Cf. Neusner, *From Politics to Piety* (New York, 1979), 7-11.

도 마찬가지였다. 바리새파의 교사들은 철학자들처럼 무보수로 가르쳤고, 철학자들처럼 자신을 따르고 섬기는 특별한 제자들을 두었으며, 철학자들처럼 은사를 통해 지원을 받았고, 철학자들처럼 세금을 면제받았으며, 철학자들처럼 거리에서 걸음걸이, 말투, 독특한 옷차림으로 구별되었고, 철학자들처럼 고행을 실천하고 찬양했으며, 마지막으로, 문제의 핵심인 철학자들이 논의한 질문을 토론하고 철학자들이 내린 결론에 도달했다.54

이 모든 헬레니즘화 과정에서 힐렐은 **프로스불** 제도에서와 마찬가지로 "세계의 질서(또는 '보존' 또는 '개선')"에 동기를 부여했다. 즉, 힐렐은 변화하는 사회적 조건에 맞게 율법의 외적 요구를 조정했다.55 따라서 힐렐은 묵시론자들이 공유하지 않은 현재 세계와 그 필요성에 관한 관심을 보여주었다. 진정한 모더니스트였던 힐렐은 "세상의 질서"(즉, 현재의 경험 세계)를 위해 종교적 전승의 이상적인 세계를 기꺼이 희생하려는 의지를 보여주었다.56 유다 골딘(Judah Goldin)은 힐렐 이후 "사회적 복지의 목표"가 "전승적 율법과 성경을 변화하는 상황에 맞게 조정함으로써" 달성되었음을 관찰했다.

힐렐이 전수한 방법론은 "독립적 사고의 가능성을 높이고 기강을 잡아 유대인의 정신을 자유화"하기 위해 고안되었다. 골딘은 힐렐에 대해 "윤리적 열심, 학문에 대한 사랑, 사회복지에 대한 민감성이 그의 삶에서 반복되는 모티브였다."고 평가한다.57 그러나 이러한 가치들은 현대의 갈등 합리주의, 윤리학, 인본주의에서 자유주의자들이 가장 높이 평가하는 가치다. 따라서 힐렐을 "법에 새롭고 중요한 변화를 가져왔으며 법을 일상생활의 조건에 맞게 조정"한 모더니스트 자유주의자

---

54) Neusner, *From Politics to Piety*, 9에서 Smith가 인용함.

55) 예컨대, Gitt 4:3.49.

56) Hutchison은 모더니즘을 "가장 먼저 그리고 가장 눈에 띄게" "현대 문화에 대한 종교 사상의 의식적이고 의도적인 적용"으로 정의한다. (*The Modernist Impulse*, 2)

57) Judah Goldin, "Hillel the Elder" *Journal of Religion*, 26 (1946) 263

로 볼 수 있다고 나는 주장한다.**58**

이러한 조정 능력은 힐렐의 가장 큰 공헌이었다. 힐렐 이후 현자들은 "세상의 질서를 위해" 상황에 따라 율법이 요구하는 바에 대한 이해를 바꾸면서도 시내 산에서 모세에게 주어진 하나의 토라 전체에 충실할 수 있었다. 이를 통해 힐렐의 추종자들은 헬레니즘이라는 새로운 학문에 대처할 수 있었다. 훗날 더 큰 유대교가 성전 상실, 주권 상실, 토지 상실에 대처하는 데에도 같은 원칙이 적용될 수 있었다. 힐렐의 모더니즘은 당대 헬레니즘의 도전에 대한 여러 가지 해답 중 하나일 뿐이었지만, 두 번의 반란에서 살아남을 수 있는 유일한 토라 개념이었음을 증명했다. 고정된 토라를 변화하는 현실에 적응할 수 있는 수단을 제공한 힐렐은 결국 제2의 에스라로 인정받을 만했다.**59**

두 번째 반란의 결과와 랍비 아키바의 운명은 이후 유대교에서 묵시론의 운명을 결정지었다. 노이스너가 메시아적 추측에 대해 말했듯이, "바르 코크바 전쟁 패배"의 여파로 [묵시론적 메시아에 대한] 침묵은 명확한 판단을 표현하는 역할을 했다."**60** 묵시론은 기독교에서 살아남았지만, 기독교 묵시론은 결코 유대교와 같은 위기에 직면하지 않았다. 기독교 신학은 성전이나 땅이 있어야 하지 않았기 때문이다. 궁극적으로 정치적 묵시론을 물리친 기독교는 **구속사**(Heilsgeschichte)의 성공으로 기독교 교회에서 묵시론이 쇠퇴하였다.**61** 따라서 아이러니하게도 정치적 패배는 유대교에서 묵시론의 명목상 종말(end)을 의미했으나 정치적 승리가 기독교에서는 같은 종말(the same end)의 시작을 의미했다.

---

58) J. Neusner, *Judaism in the Beginning of Christianity*, 64.

59) Glatzer, "Hillel the Elder," 244.

60) J. Neusner, *Judaisms and Their Messiahs* (Cambridge, 1987), 275.

61) 유대교에서와 마찬가지로 완전히 중단되지는 않았다. Norman Cohn, *The Pursuit of the Millennium* (Oxford, 1970.2)

7장 _ 누가 바리새인들이었나?

J. 시버스

아브라함 가이거와 율리우스 웰하우젠 시대부터 바리새인이 실제로 누구였는가는 학자들 사이에서 뜨거운 논쟁거리였다.[1] 바리새인의 역사, 가르침, 기능을 묘사하려는 최근의 시도 중 노이스너, 리브킨(Rivkin), 살다리니(Saldarini), 그리고 메이슨(Mason)의 연구가 가장 중요하다.[2] 저자들은 각자의 특별한 방식으로 이바지하여 바리새인에 대한 이해를 높여왔다. 노이스너는 랍비 문헌에 대한 새로운 비판적 탐구 방식을 시작한 공로를 인정받는다. 리브킨은 바리새인을 정의하는 데 사용할 수 있는 자료의 범위를 구분하는 데 도움을 주었다. 살다리니는 1세기 '종파'에 대한 연구에 사회과학 모델을 도입했다. 메이슨은 요세푸스의 바리새파에 관한 모든 구절에 대해 면밀한 학문 연구를 수행했다.

20년이 넘는 연구 끝에 적어도 한 가지 확실한 결과는 우리가 바리새인에 대해 이전 세대가 "알았던" 것보다 훨씬 덜 알고 있다는 것이다.[3] 분명한 것은 답보다 더 많은 질문이 존재한다는 것이다. 다양한 자료의 유용성과 신뢰성, 바리새파의 기

---

1) 이 에세이의 예비 버전은 "Chi erano i farisei? Un nuovo approccio a un problema antico", Nuova Umanità 75-76 (1991) 53-68이다. 바리새인, 특히 요세푸스에 관한 학문의 역사에 대해서는 S. Mason, *Flavius Josephus on the Pharisees: A Composition-Critical Study* (Leiden, 1991), 1-39을 보라.

2) J. Neusner, *The Rabbinic Traditions About the Pharisees Before 70*, 3 vols.(Leiden, 1971)에는 초기 문헌에 대한 전체적이지만 때로는 지나치게 논쟁적인 검토가 있다.(3권, 320-68); Neusner, *From Politics to Piety: The Emergence of Pharisaic Judaism* (Englewood Cliffs, N.J., 1973); E. Rivkin, "Defining the Pharisees: The Tannaitic Sources," *HUCA* 40-41 (1970) 205-49; Rivkin, *A Hidden Revolution: The Pharisees' Search for the Kingdom Within* (Nashville, 1978); A. J. Saldarini, *Pharisees, Scribes, and Sadducees in Palestinian Society: A Sociological Approach* (Wilmington, Del., 1988); Mason, *Flavius Josephus* In addition. 그리고 A. Michel and J. Le Moyne, "Pharisiens" *DBSup* 7 (1966) 1022-1115; M.Pelletier, *Les Pharisiens:Histoire d un parti méconnu* (Paris, 1990) D. B. Gowler, Host, Guest, Enemy, and Friend: Portraits of the Pharisees in Luke and Acts. Emory Studies in Early Christianity (New York,1991); D. Goodblatt, "The Place of the Pharisees in First Century Judaism: The State of the Debate" JSJ 20 (1989) 12-30.

3) 참조. L. Finkelstein, *The Pharisees: The Sociological Background of Their Faith, 3rd ed.* (Philadelphia, 1962); L. Finkelstein, *The Cambridge History of Judaism*, vol.2 (Cambridge, 1989), 229-77.

원과 역사, 그들의 가르침, 랍비 유대교를 비롯한 다른 현대 집단과의 관계 등이 여전히 중요한 문제로 남아있다.

이러한 질문의 그 복잡성으로 상반되고 모순적인 답변이 나왔다. 상당한 연구와 노력으로 인해 바리새인이 누구이며 우리가 바리새인에 대해 무엇을 알 수 있는지에 관한 질문이 오늘날처럼 광범위하게 화제가 된 적이 없었다. 이 새로운 상황은 스템버거(Stemberger)의 소책자에 분명하게 드러난다. 스템버거는 바리새인에 대한 많은 일반적인 가정이 얼마나 근거가 없는지를 밝혀내지만, 일관성 있는 새로운 대안을 제시하지는 못한다.[4]

바리새인에 대해 알아내기 위해 거의 활용되지 않은 한 가지 방법은 스스로를 바리새인이라고 밝히거나 다른 사람들에 의해 바리새인으로 인정된 사람들에 관한 연구다. 그 수는 4세기 이전에 입증된 자료에서 12명을 넘지 않는 매우 적은 수다.[5] 이는 특정 기간의 전체 그룹을 대표하는 표본이 아니며, 전체 역사에 대한 표본은 더욱 아니다. 그러나 바리새인들을 다소 무정형적인 집단이 아니라 우연히 같은 집단의 일원이었던 개인으로 취급하는 것이 유익할 수 있다. 이러한 접근 방식을 통해 우리는 바리새인들에 대한 현재 이론을 검증하거나 위조할 수 있는 요소를 찾을 수 있다. 이 제한적인 연구는 바리새인들이 누구였는지, 그들이 무엇을 지지했는지, 그리고 후대의 랍비 유대교와의 관계에 대해 우리가 알 수 있는 것에 대한 더 큰 질문에 유용할 수 있는 몇 가지 부정적인 결과와 긍정적인 결과를 도출해

---

4) G.Stemberger, *Pharisäer*, *Sadduzder*, *Essener*, SBS 144 (Stuttgart, 1991)

5) S. J. D. Cohen ("The Significance of Yavneh: Pharisees, Rabbis, and the End of Jewish Sectarianism" HUCA 55 [1984] 36, 주 20)은 이 중 11개를 나열한다. 외경 복음서 단편(POxy 5.840.10-11)에는 ". … 이라는 이름의 어떤 바리새인 대제사장"이 언급되어 있다. 안타깝게도 편집자들이 조심스럽게 레위라고 제시하고 있지만, 매우 의심스럽다. 이 제사장은 성전 구역에서 예수와 정결 요건에 대해 논쟁을 벌인 것으로 묘사된다. 기원후 400년경의 사본으로만 보존되어 있지만, 이 본문은 유대인의 전결 규정에 대해 의외로 자세하게 알고 있다.(예: 의식 목욕에 사용되는 이중 계단) 그러나 이 사실이 기록된 사건에 역사적 확률을 부여하는 것은 아니다. A. Bühler, "The New Fragment of an Uncanonical Gospel," *JQR* 20 (1908) 330-46; J. Jeremias, *Unbekannte Jesusworte*, 3rd ed. (Gutersloh, 1963), 50-60을 보라. Arimanius 또는 Arimanias라는 이름의 또 다른 바리새인은 영지주의 텍스트에 언급되어 있다.(ApocJn II.1.1.5-17; 참조, Papyrus Berolinensis 8502 19.12) 세베대의 아들 요한에게 던진 "네가 따랐던 스승은 어디 있느냐?"라는 질문은 이 소책자의 신학적 설명의 실마리를 제공한다. 여기서 Arimaius는 역사적 인물이라기보다는 문학적 장치로 보인다.

냈다.

첫 번째 부정적인 결과는 노이스너가 『70년 이전의 바리새인에 관한 랍비 전승』에서 연구한 현자 중 서너 명만이 본 연구의 대상에 해당한다는 것이다. 나머지는 고대 자료에서 바리새인으로 확인되지 않으며 오늘날 왜 그렇게 확인되어야 하는지도 명확하지 않다. 예컨대, 힐렐과 샴마이는 5세기 초반에 쓰인 사 8:14에 대한 제롬의 주석에 인용된 유대-기독교 종파에 의해 처음으로 바리새인과 명시적으로 연결된다.6 랍비 문헌에서는 어떤 명명된 개인도 바리새인으로 식별되지 않는다.7 바리새인과 후대의 랍비들 사이에 중요한 연결 고리가 있음에도, 탄나임 현자들8이 반드시 바리새인이나 바리새인의 직접적인 후계자가 아니었다는 인식이 점점 더 커지고 있다.9

여기서 나의 목적은 힐렐, 샴마이 또는 기타 70년 이전의 랍비들이 바리새인이었다는 사실을 부정하려는 것이 아니라, 그 집단과 명백히 관련된 개인에 대한 자료를 하나로 모으는 것이다. 이는 '바리새인'에 대한 확신에 보다 안전한 토대를 제공할 수 있으며 또한 우호적이든 비우호적이든, 이 집단에 대한 고정관념에 의문을 제기하는 데 도움이 될 수 있다.

1. 바리새인으로 간주할 수 있는 첫 번째 인물은 엘르아살이다. 그는 요세푸스(『고대사』 13.288-98)가 전하는 요한 히르카누스(John Hyrcanus, 기원전 135/4-104)와 바리새파 사이의 단절에 관한 유명한 전설의 핵심 인물이다. 히르카누스가 바리

---

6) Ad 사 8:14: *Duras domus Nazaraei ….duas familias interpretantur, Sammai et Heleel, ex quibus orti sunt scriba et pharisaei* ("The Nazareans는 [사 8:14의] 두 집을 서기관과 바리새인의 원조인 샴마이와 힐렐의 두 가문으로 해석한다." CCSL 73, ed. M. Adriaen (Paris-Turnhout, 1963), 116; *PL* 24.119. Cf. A. F. J. Klijn, "제롬의 Nazareans의 이사야서 주석 인용" in Judeo-Christianisme: Rechercher …, offertes …, a J. Danielou (= *RSR* 60 [1972] 249-51) S. J. D. Cohen, *The Significance of Yavneh*," 52-53.

7) Judah ben Gedidyah에 대해서는 아래를 보라.

8) (역주) tannaim은 70-200년경 미쉬나에 기록된 랍비 현자들로, 율법과 관련된 구전을 편찬한 수백 명의 유대인 학자들이기도 하다. 미쉬나 시대라고도 불리는 탄나임의 시대는 약 130년 동안 지속되었다. 이 현자들을 탄나임 현자들(the tannaitic sages)이라 부른다.

9) E.P. Sanders, *Paul and Palestinian Judaism* (Philadelphia, 1977), 60-62; J. Neusner, *Judaism: The Evidence of the Mishnah* (Chicago, 1981), 70-71; S. J.D. Cohen, "The Significance of Yavneh" 36-42; Stemberger, *Pharisäer*, 40, 129-35.

새인 친구들을 위해 베푼 연회에서 바리새인 친구들은 히르카누스를 비난할 만한 어떤 것도 찾지 못한다. 오직 엘르아살만이 히르카누스에게 대제사장직을 내려놓으라고 요구한다. 히르카누스는 당연히 화가 나서 바리새인들에게 그러한 오만함에 대한 형벌을 결정해달라고 요청한다. 바리새인들은 엘르아살을 채찍질하자고 제안하지만 히르카누스는 그런 가벼운 형벌은 자신의 존엄성에 대한 모욕이라고 생각한다. 따라서 그는 자신이 제자였거나 제자였던 바리새인과의 관계를 끊고[10] 사두개인과 합류한다.(또는 '편을 들다') 전체 이야기는 상당히 전설적이나 역사적 자료로 신뢰할 수 없다.[11] 엘르아살은 바리새인과 함께 언급되지만, 바리새인 중 한 명으로 명확하게 식별되지는 않는다. 만약 그가 바리새인이었다면 대제사장에 대한 그의 무례함이 극심했기에 언급된 것이다.[12]

바빌로니아 탈무드(b.Kid 66a)의 평행 이야기에서는 이름과 다른 세부 사항이 다르다. 여기서는 장로 유다 벤 게디야(Judah ben Gedidyah)가 얀나이(Yannai) 왕(!)에게 대제사장직을 포기하라고 요구한다. 이야기의 악당은 다시 특정 엘르아살 (여기서는 포이라〈Poirah〉의 아들로 확인됨)이다. 특히 요세푸스에게 비추어 볼 때 유다 벤 게디야가 바리새인의 관점을 대변하기 위한 것인지는 명확하지 않다.

2. 여기서 우리가 염려하는 두 번째 인물은 헤롯 대왕 시대에 등장한다. 요세푸스는 그를 "바리새인 폴리온(Pollion the Pharisee)"이라고 부른다. 폴리온과 폴리온의 제자 "사마이아스(Samaias)"는 헤롯이 아직 평민이었을 때 그에게 도움을 준 공로로

---

10) *Ant* 13.289. 동사의 시제와 관련하여 MSS가 다르다. 이 문맥에서 μαθητής 의 의미는 불분명하다. 한편 *Ant* 13.296에서 유추할 수 있는 것처럼 Hyrcanus 스스로가 바리새인이라고 말하는 어색한 방법으로 받아들여질 수 있으며, 그에 따르면 그는 사두개인이 되기 위해 바리새인을 버렸다. 반면에 Hyrcanus는 "모든 바리새인"(*Ant* 13.292)과 분명히 구별된다. 문제는 무엇보다도 문학적 문제이다: 요세푸스 및/또는 그의 출처는 Hyrcanus에 대해 어떤 생각을 전달하고자 했을까? 기껏해야 그는 바리새파의 제자 또는 지지자로 제시된 것 같고, 결코 그룹의 일원으로 제시된 적이 없다.

11) *Ant* 13.288-98; b.Kid 66a. 참조. J. Sievers, *The Hasmoneans and Their Supporters: From Mattathias to the Death of John Hyrcanus* (Atlanta, 1990), 147-50.

12) 참조. S. Mason, *Flavius Josephus on the Pharisees: A Composition-Critical Study* (Leiden,1991), 229-30.

헤롯으로부터 존경을 받았다.13 이름이 비슷하기에, 랍비 문헌에 나오는 압타리온 (Avtalyon)과 사마이아스(Samaias)는 동일한 아브탈리온으로 간주하기도 한다.14 요세푸스가 압타리온과 사마이아스를 함께 언급할 때, 그는 두 번이나 압타리온을 바리새인으로만 불렀다. 이 구분을 심각하게 받아들여야 한다. 요한 히르카누스(John Hyrcanus)와 사마이아스가 바리새인의 제자라고 불린다고 해서 그들이 바리새인이 되는 것은 아니다.

요세푸스에 따르면 폴리온은 헤롯을 도왔던 중요한 인물로 많은 추종자를 거느린 사람이었다. 이 때문에 그와 그의 추종자들은 충성 맹세에서 면제되었다.15

폴리온/압타리온이 바리새파의 권위있는 대표였을 가능성이 있다. 『고대사』 14.172−76에 따르면, 그의 제자 사마이아스는 산헤드린의 일원이었으며 헤롯이 유일하게 살려준 사람이었다. 요세푸스는 헤롯과 관련된 두 사람의 역할을 혼동한다. 훨씬 후 랍비 전승에서는 압타리온과 사마이아스를 당대의 가장 위대한 두 사람이라고 불렀다.16

3. 요세푸스가 바리새인으로 묘사한 다음 인물은 사독(『고대사』 18.4)으로, 그는 퀴리누스(Quirinus) 인구조사(6년경) 당시 갈릴리 유다(또는: 갈릴리 사람)와 함께 소위 제4철학17을 창시한 인물이다. 요세푸스는 사독에 대해 더 이상 언급하지 않고 "유다와 사독이 젊은 층에 불어넣은 열심이 우리 대의의 파멸을 의미했다."라고 주

---

13) *Ant* 15.3−4, 370. 요세푸스는 헤롯의 과실치사 재판에 대한 보도에서 일관성이 없다. 전쟁에서 그는 사마리아의 오염에 대해 아무 말도 하지 않는다. *Ant*에서 그는 Samaias의 개입을 처음 보고하지만(14.172−76), 오히려 Pollion의 공로를 인정한다.(15.4; 370 참조) *Ant* 15.3−4에 나오는 대부분의 사본은 Pollion에게 주인공 역할을 부여하고, 일부는 *Ant* 14장과 이야기를 조화시켜 Samaias를 대신 언급한다.

14) m.Hag 2:2; m.Ab 1:10−11. L. Feldman, "The Identity of Pillio, the Pharisee" JQR 49 (1958−59) 53−62, 이에 반대 주장은 Neusner, *Rabbinic Traditions*, 1.159을 보라.

15) *Ant* 15.370: …, ("[헤롯은] 바리새인 Pollion과 사마리아 사람들과 그들과 가까운 대부분의 사람들에게도 맹세를 하도록 설득하려고 노력했다.")

16) 5b.Pes 66a. 이들에 기인한 다른 전승에 대해서는 Neusner, *Rabbinic Traditions*, vol. 1, 142−58을 참조하라.

17) (역주) Fourth Philosophy는 이스라엘 땅을 지배하는 외세를 전복하는 것이 공통의 목표였던 여러 개별 그룹을 지칭한다. 이 그룹들은 외국 당국에 대한 무장 반란을 선호했다. 이 그룹 중에는 시카리인(Sicarii, 단검잡이)과 열심당원들이 있었다.

장한다.[18]

요세푸스에 의하면, 특징적인 모순으로, 먼저 사독이 다른 유대인 집단과 공통점이 없다.(『전쟁사』 2.118) 그러나 나중에 그는 "자유에 대한 정복할 수 없는 열정을 가지고 있다는 점을 제외하고는 다른 모든 것에 관해서는 바리새인들의 의견에 동의한다."(『고대사』 18.23)라고 주장한다. 메이슨은 고대에도 자유에 대한 열정(the Antiquities)이 이 그룹의 주요 이슈라고 정확하게 지적한다. 가르침의 비차별적 영역에서 바리새파와의 유사성은 두 그룹의 실제 친밀성보다 바리새파에 대한 요세푸스의 태도에 대해 더 많은 것을 알려줄 수 있다.[19] 따라서 사독은 요세푸스가 (『전쟁사』가 아니라 『고대사』에서) 제4 철학이 바리새파에 빚진 것을 인정하지만 그 그룹을 대표하지 않는 또 다른 바리새파 사람이다. 그렇다고 해서 제4 철학의 창시자들에 대한 요세푸스의 부정적이고 편향된 판단이 완화되는 것은 아니다.

복음서에서 바리새인에 대한 수많은 언급에서 개별 바리새인에 대한 언급은 거의 없다. 누가는 예수가 바리새인의 집에서 세 차례에 걸쳐 식사했다고 기록한다.(아마도 매번 다른 바리새인이었을 것이다)[20]

4. 이 중 첫 번째인 시몬의 이름만 언급된다.(눅 7:40-44) 누가는 이 이야기를 갈릴리를 배경으로 한다. 문둥병자 시몬은 예루살렘 근처 베다니에 살았고 바리새인이라고 불리지 않았음에도 막 14:3에서 이 이름이 부차적으로 소개되었을 것이다. 누가는 긴장과 논쟁에도 불구하고 예수가 여러 바리새인과 접촉하고 있었다는 점을 분명히 지적하고 싶었던 것 같다.[21] 그들은 모두 자신의 집에서 여러 손님을 수용할

---

18) *Ant* 18.10 (Feldman 번역, LCL)

19) Mason, *Flavius Josephus*, 282-85을 보라.

20) 눅 7:36; 11:37; 14:1; 이 연회 이야기보다 바리새인과 통행료 징수원의 비유(눅 18:9-14)에 나오는 이름 없는 바리새인은 개인이 아니라 한 유형을 나타낸다.

21) 많은 저자들은 누가의 연회 이야기는 그 역사적 근거가 전혀 확실하지 않다고 지적한다. 다음을 참조하라. G. Ross , *Il Vangelo di Luca: commento esegetico e teologico* (Rome, 1992), 274, 주 150; M.A. Powell, "The Religious Leaders in Luke: A Literary Critical Study," *JBL* 109 (1990) 93-110; J. T. Carroll, "Luke's Portrayal of the Pharisees," *CBQ* 50 (1988) 604-21.

수 있는 집주인으로 묘사된다.22

5. 니고데모는 복음서에 등장하는 유일한 개인 바리새인이다. 그는 요한복음에만 등장하며, 처음에는 밤에 예수와 대화하고(3:1–15), 산헤드린에서 예수를 변호하지만 실패한다.(7:50–52) 마지막으로 그는 예수의 장례식에 참석한다.(19:39) 이 정보의 역사적 신뢰성을 평가하기는 어렵다. 문제가 있었지만, 예수와의 지속적인 관계를 제외하면 니고데모는 평면적이고 정형화된 인물이 아니라 진리와 정의를 추구하고 긍휼을 베푸는 지배 계층의 저명한 구성원(ἄρχων τῶν Ἰουδαίων;3:1)이다.23

6. 누가는 사도행전에서 두 명의 개별 바리새인을 언급한다: 바울(아래 참조)과 그의 스승으로 추정되는 가말리엘이다. 가말리엘은 두 차례에 걸쳐 두드러지게 인용된다.(5:34–39, 22:3) 요세푸스가 언급한 바울과 가말리엘의 아들 시몬은 바리새인으로 명확하게 식별되고 랍비 문헌에 인용된 유일한 인물이기에 바리새 운동의 평가에 있어 매우 중요한 인물이다. 따라서 이들은 한편으로는 바리새인들과 다른 한편으로는 랍비 문헌의 현자들 사이의 유일한 확실한 **개인적** 연결 고리다. 그러므로 m.Ab 1의 일련의 전승에서 가말리엘과 그의 아들은 힐렐과 샴마이 다음에 나열되어 있지만 "[그들은] 그들로부터 [토라]를 받았다."라는 일반적인 공식이 없다는 점을 명심해야 한다. 이 구절은 "힐렐과 샴마이에게서 받은" 요하난 벤 자카이와 관련하여 m.Ab 2:8에 다시 등장한다. 실제로 ARN은 힐렐과 샴마이 바로 다음에 요하난 벤 자카이에게 전수한다.24 따라서 많은 학자는 가말리엘과 그의 아들이 왕자 유다 가문의 왕조 주장을 강화하기 위해 기존 텍스트에 나중에 삽입되었다고 결론지었다.25 이 때문에 가말리엘의 가족과 다른 현자들 사이의 연결은 흔히 가정하는 것

---

22) 참조. 눅 7:49;11:45;14:7.
23) 참조. J. M. Bassler, "Mixed Signals: Nicodemus in the Fourth Gospel," *JBL* 108 (1989) 635–46. "Acts of Pilate"으로 알려진 소위 "Gospel of Nicodemus"은 요한복음에 나오는 니고데모에 대한 회상에서 영감을 받았지만 니고데모와 역사적 연관성은 없다. 참조. *Apocrifi del NT*, vol. I/2, (Genova, 1981), 233.
24) ARN A 14 (Schechter, 57)
25) K. Marti and G. Beer, ⟨ Abot (Väter)⟩, (Giessen, 1927), 30을 보라.

보다 더 미약하다.26

사도행전에서 가말리엘은 바리새인으로 산헤드린의 일원이었으며 "모든 백성
이 존경하는 율법 교사"(5:34)로 묘사된다. 그의 지혜롭고 관용적인 태도는 잘 알
려진 "이 사상과 이 소행이 계획이 사람으로부터 났으면 무너질 것이요 만일 하나
님으로부터 났으면 너희가 무너뜨릴 수 없겠고 도리어 하나님을 대적하는 자가 될
까 하노라!"(행 5:38-39) 라는 말로 드러난다. 누가는 산헤드린의 비공개회의에서
가말리엘이 한 실제 연설을 재구성했을 가능성이 거의 없다. 사실, 테우다스(드다)
의 반란에 대한 시대착오적인 언급(5:36)은 이 연설이 극적인 날(반란)로부터 한참
후에 작성되었음을 보여준다.27 여기서도 누가복음에서보다 더 예수를 따르는 사
람들과 바리새인들 사이의 긍정적인 관계를 강조하는 누가의 경향을 발견할 수 있
다.28

랍비 문헌에서 이 가말리엘 1세(장로)에 관한 전승과 그의 손자 가말리엘 2세의
전승을 구별하기는 쉽지 않다. 가말리엘 1세에게 어느 정도 자신감을 가지고 부여
할 수 있는 전승은 매우 다양한 주제를 다룬다.29 그의 결정 중 몇 가지는 특히 과
부나 이혼의 경우 여성의 지위를 개선하기 위한 것으로 보인다. 가말리엘은 갈릴리,
남부, 바빌론의 여러 유대인 공동체에 십일조와 달력의 윤달에 관한 편지를 쓴 것으
로 알려졌다. 여러 이야기에서 그는 겸손하고 다른 사람의 의견에 귀를 기울였다는

---

26) 대제사장 가말리엘의 아들 예수(*Ant* 20.213,223)가 동시대 가말리엘의 아들 시몬의 형제가 아니었던 것
으로 보이기에 1세기 중반에 저명한 가말리엘이 한 명 이상 있었던 것일 수 있다. 아마도 요세푸스가 대
제사장의 아버지 이름을 잘못 보고한 것 같다.

27) Schurer-Vermes, *History*, Vol. I, 456, 주-6을 보라.

28) 일부 영지주의 텍스트에서 가말리엘은 천사의 이름이다 (참조 : GEgyp III.2.57.6 및 passim), 천사의 이
름은 일반적으로 인간 이름과 쉽게 구별할 수 있는 반면. Pseudo-Cementine *Recognitiones* (GCS 51,
I.65.2 and passim) Pseudo-Cementine은 비밀 기독교인으로 묘사된다. 5세기 또는 6세기에 쓰인 외경
복음서 전체가 가말리엘에게 기인하기도 하다.(신약성경 외경, I/2권, 346-66) 그는 다른 신약 외경에도
인용되어 있다. 이 본문 중 어느 것도 역사적 가말리엘에 대한 신뢰할 수 있고 독립적인 정보를 추가하지
않는다.

29) Neusner, *Rabbinic Traditions*, 1.364-67을 보라. 가말리엘 1세에 기인한 26개의 전승에 대해 편리하
지만 불완전한 목록인 I. Konovitz (*Tannaitic Symposia, Vol. 1: R.Abba-Rabban Gamliel bar Yehudah
ha-Nasi* [Jerusalem, 1967] pp.269-74) cites 45 different traditions (히브리어/아람어)는 45개의 다른 전
승(히브리어/아람어)을 인용하고 있지만, 노이스너가 나열한 일부 전승은 생략하고 Yavneh를 언급하는
다른 전승을 포함하므로 가말리엘 2세에 기인한 것으로 간주해야 한다.

점이 강조된다. 그러나 그는 욥기 타르굼의 사용을 허용하지 않는 데 엄격했다. 훗날 "장로 랍반 가말리엘이 죽자 율법의 영광이 사라지고 순결과 금욕(פרישות)이 사라졌다."[30] 따라서 누가복음과 랍비 문헌 모두 가말리엘이 소외되고 박해받는 사람들을 옹호하는 사람으로 매우 호의적인 이미지를 그려내고 있다.

7. 행 22:3에 따르면 바울은 가말리엘의 제자였다. 이 주장에 대해서는 심각하고 의구심이 드는데 그 근거가 있다. 그러나 바울이 적어도 그의 생애의 어느 기간은 자신을 바리새인으로 이해했다는 것은 의심할 여지가 없다. 바리새인에 대한 가장 오래된 언급은 빌 3:5-6으로 여기서 바울은 자신의 초기 생애의 주요한 요소들을 간략한 이력서 형식으로 소개한다:

팔일 만에	할례를 받고
이스라엘	족속이요
베냐민	지파요
히브리인 중의	히브리인이요;
율법으로는	바리새인이요
열심히는	교회를 박해하고
율법의 의로는	흠이 없다.

신약성경에서 바리새인에 대한 99개의 언급(네슬-알랜트, 26판) 중 복음서와 사도행전 외에는 이 단어가 유일하다. 바울 계열의 문서들에는 바리새인에 대한 언급이 이제는 없다. 바울은 바리새인임을 이제는 명시하지 않고 "율법"과 연관시키지만, 문맥상 이러한 신분이 청중의 눈에 자신의 자격을 강화해야 함을 나타낸다.

---

30) m.Sot 9:15. פרישות는 "바리새인"과 같은 언어 어근에서 나온 추상 명사로, 여기서는 바리새파와의 연관성을 나타내지 않는 것 같다. 이 본문은 미쉬나의 주요 편집자인 족장 유다보다 늦은 자료를 담고 있는 미쉬나 트랙 날짜의 부록에서 발견된다. "바리새인"이라는 명칭의 기원에 대해서는 A.I. Baumgarten, "The Name of the Pharisees," *JBL* 102 (1983) 411-28을 참조하라.

바울은 분명히 바리새인들이 토라에 대한 특정한 견해나 태도를 보인다고 말한다. 갈 1:14에서 바울은 자신의 과거에 대해 가장 길게 설명한다. 거기서 그는 "나는 조상의 전승에 대해 훨씬 더 열심이었기에 같은 나이대의 많은 사람들보다 유대교에서 더 발전했다."라고 주장한다. 다른 바리새인들은 이러한 평가에 동의하지 않았을 수도 있지만,31 다메섹 경험 이전의 바울이 진정한 바리새인으로 간주하여야 한다는 데는 의심의 여지가 없다.32 그가 바리새파 유대교를 이해하는 데 토라와 조상 전승의 중요성을 강조하려는 의도가 분명하다. 후대의 랍비들이 흔히 그러했듯이 바울은 토라 연구에 전념하지 않았다. 그는 선교 여행 중에도 생계를 유지할 수 있는 직업을 배웠던 것으로 보인다.33

바울은 자신이 "열심 때문에" "교회를 핍박하는 자"였다는 것 외에는 누가 또는 무엇 때문에 예수를 따르는 사람들을 핍박하게 되었는지 설명하지 않는다. 또한 어디서 어떻게 핍박했는지도 언급하지 않는다. 그가 예루살렘에서 그렇게 했을 가능성은 거의 없어 보인다. 바울 자신은 자신의 출신 지역과 회심 경험 전 예루살렘에서의 체류에 대해 침묵하고 있다. 그는 예루살렘의 게바를 방문한 후에도 여전히 "그리스도 안에 있는 유대의 교회들이 나를 얼굴로는 알지 못하고"(갈 1:22)로만 언급하고 있다. 바울은 자신의 저서에서 다메섹 도상 이전 시기에 대해 좀 더 분명하게 자서전적인 정보를 제공한다.34

사도행전은 바울과 바리새인들의 관계에 대해 더 많은 세부 사항을 추가한다. 이 자료의 대부분은 누가의 관심사를 반영한다. 누가는 바울이 "나는 유대인으로

---

31) 요세푸스도 Life 8-9에서 비슷한 주장을 한다.
32) "예수는 바리새인이었고 바울은 비 바리새인이었다."라는 H. Maccoby의 주장(Paul and Hellenism [London and Philadelphia, 1991], 153)은 흥미로우나 근거가 없다. Maccoby는 바울이 바리새인의 가르침에 대한 지식이 부족했기에 바울이 (선한?) 바리새인이 될 수 없었다고 생각한다. 이 접근 방식은 바리새인에 속하는 기준이 무엇이었는가라는 질문을 던진다.
33) 살전 2:9; 고전 4:12; 9:6; 참조, 행 18:3.
34) A. F. Segal, Paul the Convert: The Apostolate and Apostasy of Saul the Phrarises (New Haven, 1990), 26. 바울의 바리새주의에 상세한 논의는 M. Hengel과 R. Deines, The pre-Chriatian Paul (London과 Philadelphia, 1991), 27-5; K.W. Niebuhr, Heidenapostel aus Israel: Die judische Identitat des Paulus nach ihrer Darstellung in seinen Briefen, WUNT 62 (Tübingen, 1992), 48-57, 108-9. 그리고 내가 아직 읽지 못한 G. Carras, Paul, Josephus and Judaism: The Shared Judaism of Paul and Josephus (미간행 Oxford D. Phil. thesis, 1989)을 보라.

길리기아 다소에서 났고 이 성에서 자라 가말리엘의 문하에서 우리 조상들의 율법의 엄한 교훈을 받았고 오늘 너희 모든 사람처럼 하나님에 대하여 열심이 있는 자라."(행 22:3)라고 말하게 한다. 누가는 바울의 바리새주의의 핵심 요소인 토라 준수와 열심을 다시 한번 강조한다. 그는 요세푸스가 토라를 해석하고 바리새인들의 철저함과 정확성을 언급할 때 자주 사용하는 단어인 아크리베이아(ἀκρίβεια)를[35] 덧붙인다.[36]

가장 놀라운 주장은 나중에 바울이 자신을 변호하는 연설에서 "형제들아 나는 바리새인이요 또 바리새인의 아들이라"(행 23:6)라고 말하는 대목에서 나온다. 바울은 정말 바리새인으로 남아있었을까? 예수를 따르는 동시에 바리새인이 되는 것이 가능했을까? 적어도 누가의 경우 그 대답은 '그렇다' 인 것 같다. 소위 예루살렘 공의회가 열렸을 때 누가는 "바리새파에 속한 일부 신자들"을 언급한다.[37] 앞서 언급했듯이 누가는 (일부) 바리새파와 초기 기독교 공동체 사이의 친밀함을 강조하는 데 중점을 둔다. 행헨(Haenchen)에 따르면 누가는 바리새인과 기독교인 사이의 다리가 아직 끊어지지 않았으며 그들 사이의 친교가 여전히 가능하다고 확신했다.[38] 바울이 (누가의 반대 주장에도 불구하고) 전 바리새인으로 간주하여야 하지만, 바울 자신의 글과 사도행전은 바리새인의 몇 가지 측면에 대한 귀중한 정보를 제공한다.

8. 일반적으로 바리새인으로 간주하는 다른 작가는 플라비우스 요세푸스뿐이다. 그러나 바리새파에 대한 그의 회원 자격은 바울만큼 문제가 되지 않는다. 그 역시 바리새파와의 관계에 대해 밝히지 않는다. 그는 자서전에서 이 바리새파와의 관계를 단 한 번만 명시적으로 언급한다: "이제 열아홉 살이 된 나는 그리스인들이 스

---

35) (역주) ἀκρίβεια은 정확함(accuracy), 꼼꼼함(precision), 엄밀함(exactness)을 뜻한다.
36) War 2.162; Ant 17.41; Life 191.
37) Acts 15:5; τινες τῶν ἀπὸ τῆς αἱρέσεως τῶν Φαρισαίων πεπιστευκότες
38) E. Haenchen, Die Apostelgeschichte 7th ed. (Gottingen, 1977), 615. F. Mussner, Apostelgeschichte, Neue Echter Bibel (Wurzburg, 1984), 138.

토아학파라고 부르는 학파와 매우 유사한 바리새파를 따라 공적 생활에 참여하기 시작했다."[39] 문제의 핵심은 표시된 두 동사의 의미에 있다. 태커레이(Thackeray, LCL)와 다른 학자들은 전자를 "자신의 삶을 다스리다."라는 의미로 해석하지만, 일부 학자들(가장 최근에는 메이슨)은 "공적 생활에 참여하다."로 번역해야 한다고 주장한다. 메이슨에 따르면 요세푸스는 자신이 바리새인이 되었다고 주장한 적이 없으며, 오히려 공적 생활에 진출하는 데 필요한 한도 내에서 바리새파의 정치 프로그램을 "따랐을 뿐"이라고 한다.[40]

이 가설은 흥미롭고 바리새파에 대한 요세푸스의 양가적이거나 명백히 부정적인 주장을 설명하는 데 큰 도움이 될 것이다. 이러한 맥락에서 요세푸스가 바리새파를 스토아학파와 비교하고 있다는 점이 흥미롭다. 요세푸스가 이 주장을 썼을 가능성이 가장 큰 도미티아누스(Domitian) 통치하는 동안(참조.『생애』429), 그들은 박해받는 반대파를 대표했다. 메이슨조차도 바리새파와 스토아학파 사이의 비교 지점은 그들의 가르침, 특히 운명에 대한 이해에서 찾을 수 있다고 인정한다.[41]

요세푸스는 바리새파의 교리를 일부 수용한 것처럼 보이지만, 바리새파의 일원으로서 기대할 수 있는 방식으로 글을 쓰지는 않았다. 그는 자신이 바리새파 사람들과 교류한 것을 단 두 번만 언급한다. 그는 반란이 시작되던 66년에 "성전 밖으로 나가 대제사장들과 바리새파의 으뜸가는 사람들과 다시 한번 모여"(『생애』21) 그들과 함께 전면전을 피하려고 헛되이 노력했다고 보고한다.[42]

요세푸스가 바리새인들을 언급하는 유일한 다른 사건은 다소 복잡하다. 그는 기살라 요한의 요청에 따라 바리새인 시몬 벤 가말리엘이 사두개인 대제사장 아나

---

39) *Life* 12.
40) Mason, *Flavius Josephus*, 342-56.
41) *Flavius Josephus*, 140; 메이슨은이 질문에 대해 354, 주-37에서 더 어려움을 겪고 있다.
42) 자유의지와 섭리: *Ant* 16.398; 참조. *War* 2.163; *Ant* 13.172; 18.13. H. W. Attridge, "Josephus and His Works," in *Jewish Writings of the Second Temple Period*, ed. by M. Stone, CRINT, Section 2, Vol. II (1984), 226-27. H.W. Attridge, *The Interpretation of Biblical History in the Antiquitates Flavius Josephus* (Missoula, 1976), 178-79. S. Schwartz (Josephus and Judaean Politics [Leiden, 1990], 172-208)는 토라 준수가 *Ant* 1.14에서 두드러지게 언급된 *Ant*의 중심 주제임을 지적한다. 우리가 보았듯이, 이것은 바울의 바리새주의의 중심이기도 하다. 또한 후기 랍비 유대교의 주요한 측면 중 하나이기도 하다. 슈워츠에 따르면 *Ant*는 이러한 바리새주의 이후의 유대교를 선전하는 책이다.

누스를 유도하여 4명으로 구성된 대표단(이 중 3명은 바리새인)을 보내 요세푸스를 갈릴리군 대사령관직에서 해임하도록 했다는 사실을 보고한다. 결국 요세푸스는 대표단 중 두 명을 체포한 후 네 명 모두를 예루살렘으로 돌려보낸다.[43] 같은 구절에서 시몬 벤 가말리엘에 대한 그의 묘사에서도 알 수 있듯이, 비록 나중에 관계가 개선되기는 했지만, 당시에는 몇몇 바리새인들과의 관계가 좋지 않았던 것은 분명하다.

9. 요세푸스는 시몬 벤 가말리엘을 다음과 같이 묘사한다:

> 매우 저명한 가문의 예루살렘 사람으로, 바리새인 학파(αἵρεσις, 하이레시스)에 속해 있었으며, 조상의 관습에 관해서는 다른 모든 사람을 능가하는 것으로 명성이 높았다. 이 사람은 지성과 추리력이 충만했다. 그는 실용적인 지혜로 곤란한 상황을 바로 잡을 수 있었다. 그는 [기샬라의] 요한과 오랜 친밀한 우정으로 묶여 있었지만, 그 당시에는 나와는 어긋났다. (『생애』191-92)

요세푸스가 왜 자신을 체포하려고 한 사람에게 그런 감사의 말을 했는지는 불분명하다. 메이슨은 여기서 요세푸스가 정적의 잘 알려진 자질을 마지못해 인정했다고 보지만, 코헨은 "그 당시"(τότε)로 입증되는 화해가 이루어졌을 것으로 생각한다.[44] 시몬이 저명한 사람이었다는 것은 확실하다. 요세푸스가 갈릴리 출신의 파렴치한 반군 지도자로 묘사한 기스칼라 요한과의 오랜 우정은 주목할만하다.[45]

그러나 시몬은 고향 예루살렘에서 인맥이 두터웠다. 그는 사두개파 대제사장 아나누스와 그의 일당에게 요세푸스를 해임하기 위해 대표단을 보내도록 영향력

---

43) *Life* 191-332; 참조. *War* 2.627-31.
44) Mason, *Flavius Josephus*, 365. S. J. D. Cohen, *Josephus in Galilee and Rome* (Leiden, 1979), 144-45.
45) *War* 2.58와 도처에.

을 행사했다.46 그는 아나누스와 함께 열심당에 대한 반대를 주도한 것으로 보인다.47 같은 서클에는 가말라스(Gamalas)의 아들 예수라는 대제사장이 속해 있었는데,48 가말리엘의 아들 예수와 같은 인물로 여겨지기도 했다.49 이들 사이의 개인적, 정치적 관계에 대한 정보는 불완전하지만, 바리새인들은 사두개파나 다른 사람들과는 달리 순수성을 유지하거나 통일된 전선을 형성하지 않았다는 것이 분명하다.50 특히 시몬은 적어도 한 명의 사두개파를 포함하는 제사장 서클과 연결되어 있었다. 그는 영향력이 있었지만, 정치적 의사 결정권을 갖고 있지는 않았다.

시몬 벤 가말리엘을51 언급하는 랍비 문헌에서 우리는 그의 아버지와 같은 어려움, 즉 그의 이름이 같은 가문에서 여러 세대에 걸쳐 반복되었다는 점에 직면하게 된다. 시몬 벤 가말리엘에 관한 대부분의 전승은 일반적으로 2세기에 활동한 그의 손자에게 부여된다. 장로 시몬에게 전승을 부여하는 주된 기준은 성전의 존재에 대한 명시적 또는 암묵적 언급이다. 따라서 시몬 벤 가말리엘 1세는 희생 제물로 바치는 비둘기의 가격을 대폭 낮춘 것으로 알려져 있다.52 요세푸스의 기록에 비추어 볼 때, 그의 가르침이 이 사례에서 묘사된 것처럼 즉각적이고 결정적인 영향을 미쳤을지는 매우 의심스럽다.

또 다른 짧은 이야기는 세 가지 서로 다른 출처에서 약간씩 다르게 전해지는데, (초막절 축제 기간에) 시몬이 불이 붙은 횃불 여덟 개를 저글링하던 모습과, 아무도

---

46) (Life 193-96) 아나누스는 거의 2세기 전 요한 히르카누스의 친구 요나단(Ant 13.293-98)에 이어 요세푸스(Ant 20.199)에 의해 사두개인으로 불린 유일한 인물이다.

47) War 4.159-60. 여기서 이름의 철자는 가말리엘의 아들 시므온이지만, 그의 신원을 의심해서는 안 된다. 적어도 겉으로는 John of Gischala은 잠깐 Ananus와 시몬의 편을 들었다 (War 4.209-15)

48) Life 193와 도처에.

49) War 20.213, 223. Schurer-Vermes (History, vol. 1, p. 431, note 5)는 이 둘을 구별하지만, 다른 한 편(2권, 232쪽)에서는 같은 사람으로 간주하여 감라의 아들 여호수아와 벤 감라(Joshua son of Gamla and Ben Gamla)로 동일시한다. L. Feldman (Josephus, LCL, General Index, s.v. "Gamaliel")은 대제사장 예수 벤 가말리엘을 시몬의 형제로 간주하지만 그를 가말라의 아들 예수와 구별한다. 요세푸스는 가말라스의 아들 예수와의 우정을 언급하지만 (Life 204) 후자와 시몬 사이의 가족 관계에 대해서는 암시하지 않는다.

50) 예루살렘의 권력관계에 관한 자세한 연구는 M. Goodman, The Ruling Class of Judaea: The Origins of the Jewish Revolt Against Rome A.D. 66-70 (Cambridge, 1987), 특히 164, 83~87을 보라.

51) (역주) Simon ben Gamaliel(기원전 10년-70년)은 탄나의 현자이자 유대 민족의 지도자로 대제사장 오아난 벤 오아난과 예호수아 벤 감라와 동시대 사람이었다.

52) m.Ker 1:7; Neusner, Rabbinic Tradition, vol. 1, 377-78.

그의 이 묘기나 다른 곡예를 따라할 수 없었다는 내용을 전한다.**53** 유력한 바리새인이 대중적인 연예인의 역할을 맡을 것이라고는 아마도 예상하지 못했을 것이다. 이것이 바로 이 이야기가 전해져 내려온 이유 중 하나일 수 있다.

두 가지 추가 전승이 때로는 시몬에게, 또 때로는 그의 아버지에게서 유래한다. 하나는 달력과 십일조에 관해 여러 유대인 공동체에 편지를 쓴 일이고, 다른 하나는 아름다운 이방인 여성을 축복한 일이다.**54** 시몬 벤 가말리엘에게서 유래한 랍비 자료는 방대하지 않다. 그의 이름으로 할라카 결정들(halachic decisions)이 거의 보존되어 있지 않다는 것은 그와 특히 그의 가족에게 부여된 중요성을 고려할 때 의아하다. 노이스너는 시몬이 샴마이 학파와 가까웠기에 할라카 자료가 억압되었을 수 있다고 주장하지만, 샴마이 학파의 견해는 나중에 힐렐 학파의 견해에 의해 무시되었다.**55** 그의 이름에 전승이 부족한 이유에 대한 설명은 매우 추측적이지만, 가장 좋은 설명은 시몬 벤 가말리엘이 직접 한 말에서 찾을 수 있다.: "나는 평생 현자들 사이에서 자랐고 침묵보다 더 좋은 것은 없다는 것을 알았다. 가장 중요한 것은 공부가 아니라 행동이며, 말을 너무 많이 하는 사람은 죄를 짓게 된다."**56**

10-12. 나머지 알려진 바리새인 3명은 모두 요세푸스를 축출하기 위해 파견된 4인 대표단에 속해 있었다. 『생애』에서 요세푸스는 그들을 다음과 같이 소개한다:

> 그들(아나누스와 그의 측근들)은 사회 계층은 다르지만, 교육 수준은 비슷한 사람들을 보내기로 했다. 그들 중 두 명인 요나단과 아나니아는 평신도였으며,**57** 바리새인(Φαρισαῖοι την αἵρεσιν) 세 번째 요자르 (?)는 제사장 가문에 속해 있었고 그도 바리새인이었고 막내 시몬은 대제사장의 후손이었다. (『생애』 197)

---

53) t.Suk 4:4; y.Suk 5:4; b.Suk 53a을 보라.

54) 서신들: Letters: t.Sanh 2:6; Midr. Tannaim to Deut 26:13; beautiful Gentile: y.AZ 1:9; b.AZ 20a

55) Neusner, *Rabbinic Traditions*, vol. 1, 387.

56) m.Ab 1:17.

57) Thackeray가 번역한(LCL) δημοτικοι는 "낮은 계급에서"로 번역된다." 이 용어는 "공통" 또는 "보통"의 의미를 지닌다. 그러나 여기서는 주로 사제가 아닌 사람과 사제를 구별하는 데 사용되는 것으로 보인다.

이 대표단의 이야기는 요세푸스의 자서전(『생애』189-332)의 3분의 1을 차지하지만, 이전 기록에서는 전체 에피소드(『전쟁사』2.626-31)에 단 몇 단락만 할애하고 있다. 전쟁에서 네 명 모두 "저명한 사람들…, 매우 유능한 연설가"라고 불린다. 같은 구절이지만 대표들의 이름을 비롯한 다른 중요한 세부 사항에서 『생애』와 다르다.58 여기서 우리의 목적은 이 구절들을 자세히 분석하는 것이 아니라 바리새인으로서 이들에 대해 무엇을 알 수 있는지 살펴보는 것이다.

10. 제사장 요자르(Jozar)는 요나단이 이끄는 대표단에서 하위 직책을 맡았다. 『전쟁사』2.628에서 우리는 요자르와 동일인인 요에스드루스(Joesdrus)가 그리스어로 매우 특이한 이름을 가진 사람 또는 율법 전문가인 한 율법교사(νομικοί)의 아들이라는 것을 알게 된다.59 요자르는 요세푸스와 함께 갈릴리로 파견된 제사장 요(아)자르와 동일인일 수 있다.(『생애』29) 요세푸스는 이 요자르가 제사장의 십일조와 뇌물을 통해 부당하게 부를 축적했다고 비난했다.(『생애』63, 73)

11. 요세푸스는 아나니아와 요나단 모두를 관용적(δημοτικοί)이라 묘사한다. 이 표현은 사제적 배경을 자랑스러워했던 요세푸스의 눈에 비사제적 신분과 낮은 사회적 지위를 암시한다. 『전쟁사』에서 아나니아는 태커레이가 "사독의 아들"로 번역한 에아두키(Εαδουκι)으로 확인된다.(『전쟁사』2.451, 628 [LCLJ]) 이 명칭과 번역의 적절성에 대한 의구심은 에아두키를 성 또는 칭호(사두개인)로 간주한 슐라터(Schlat-

---

58) *War* 2.628
59) 이 단어는 대부분 번역가에 의해 인명으로 사용되었지만, "율법을 배운", "서기관", "변호사"와 같은 보통명사로도 사용될 수 있다.(참조. K.H. Rengstorf, et al., *A Complete Concordance to Flavius Josephus*, 4 vols. [Leiden, 1973-83], s. v. νομικός, 앞의 정관사가 이 해결책을 다소 어색하게 만들기는 하지만 (참조. 그럴지라도, Mt 13:55) 누가복음(7:30; 11:45-52; 14:4)과 달리, 요세푸스는 바리새인과 νομικόι를 연결하지 않는다. J. Jeremias (Jerusalem in the Time of Jesus [Phiadelphia,1969], 234)는 더 이상의 증거 없이 Jozar/Joezer와 그의 아버지가 모두 서기관이었다고 가정한다. νομικός는 비잔틴 시대에만 자주 사용되는 개인 이름이지만, W. Pape and G. Benseler, Worterbuch der griechischen Eigennamen, 3d ed., vol. 2 (Braunschweig, 1911)에는 등재되어 있지 않다. 아버지는 그리스 이름을 사용할 수 있지만, 아들은 히브리 이름을 사용했다. 이 현상은 다소 드물지만 실제로 발생했다. 따라서 요자르 아버지의 헬라어화(그리스 이름?) 또는 직업적 위치(서기관/변호사?)에 대한 결론을 내리는 것은 불가능하다.

ter)에 의해 제기되었다. 이는 『전쟁사』 2.451.56에서 잘못 소개된 것이다.**60** 요세푸스가 초기 보고서에서 바리새인을 사두개파로 표현하려 했던 것일까?

요세푸스는 아나니아를 매우 적대적으로 대한다. 아나니아는 요세푸스를 체포할 종교적 구실에 대해 아무런 거리낌이 없는 사악하고 장난기 많은 사람으로 묘사된다.(『생애』 290) 별도의 사건에서 아나니아는 다른 사람들과 함께 전쟁 초기에 예루살렘에서 로마 수비대의 철수를 협상하기 위해 파견되었다. 그들은 로마인들에게 안전을 보장하겠다는 서약을 했지만, 그들이 무기를 내려놓자마자 그 서약은 깨졌다. 사령관을 제외한 주둔군 전체가 전사했다.(『전쟁사』 2.451-53) 요세푸스의 개인적인 논쟁을 고려할 때 요세푸스의 말을 진지하게 받아들이면 처음부터 특정 바리새인들이 반란에 적극적으로 참여한 것으로 보인다. 동시에 일부는 전쟁을 막으려고 노력했다.**61**

12. 요세푸스의 이름이 50번이나 언급된 『생애』에서 대표단은 요나단이 이끌었다. 요세푸스는 실제로 "요나단과 그와 함께한 사람들"로부터 받은 두 통의 편지를 인용하고 있다.(『생애』 217, 229) 요세푸스는 또한 요나단이 티베리야회당에서 안식일 예배를 계기로 대중을 선동했다고 비난하고 있다.(『생애』 277, 302) 이러한 비난의 진위를 가늠하기는 어렵지만, 종교적 고려보다 정치적 고려가 우세했음을 시사한다.

『전쟁사』 2.628에서, 대표단의 마지막 멤버는 요나단이 아니라 요나단의 아들 유다이다. 문법적으로 유다는 『생애』에서 대제사장 가문에 속했던 시몬의 형제로 등장한다. 요나단의 아들인 같은 유다가 수비대 사건에서 아나니아 사두키(Ana-

---

60) A. Schlatter, Die hebräischen Namen bei Josephus (Gütersloh, 1913), 93 (repr. In Schlatter, *Kleinere Schriften zu Flavius Josephus*, ed., by K. H. Rengstorf [Darmstadt, 1970], 205); 참조. Cohen, *Josephus*, 224, note *88*; J. Price, Jerusalem Under Siege: The Collapse of the Jewish State 66-70 C.E. (Leiden, 1992), 44.

61) 요세푸스는 로마 수비대의 학살과 Menahem이 살해된 직후에 "대제사장들과 최고의 바리새인들과의 만남"(*Life* 21)을 묘사한다. 그는 본격적인 전쟁을 막으려는 시도에서 "우리는 그들[즉, 혁명가들의] 의견에 동의한다고 공언했다."(*Life* 22)라고 인정하기에, 아나니아가 혁명가들과 협력하여 더 나쁜 일이 일어나지 않도록 막으려는 시도였을 가능성이 있다. 그러나 요세푸스는 이것을 명확하게 밝히지 않는다.

nias Sadouki)와 함께 등장한다. 어떤 전승을 믿어야 할지 결정하기는 어렵다: 평신도 바리새인 요나단과 요나단의 아들로 시몬의 형제(대제사장 가문?)이자 반란군의 대변인인 유다 중 어느 쪽을 믿어야 할지 결정하기 어렵다. 요나단과 시몬의 형제(대제사장 가문 출신?)이자 반란군의 대변인. 아마도 티베리아스(Tiberias, 디베랴)의 유스투스가 구체적인 비난에 대응하기 위해 쓴 『생애』의 자세한 기록(『생애』336)이 우선시되어야 할 것이다. 조나단과 주고받은 편지(『생애』217-18, 226-27, 229)가 진짜임을 보여줄 수 있다면 가장 유리한 주장이 되겠지만, 가능할지는 의문이다.

결론

여러 출처를 통해 조사한 결과, 우리는 불과 십여 명의 바리새인 개개인을 확인할 수 있었다. 그들은 약 2세기 동안 살았으며 통계적 결론을 도출하기에 충분한 숫자가 아니다. 자료의 특성으로 인해 이들이 대표적인 표본이라고 추정할 수 없다. 열두 명 중 두 명은 다른 상충되는 그룹(사독, 바울)에 합류하기 위해 떠난 것으로 알려져 있다. 바리새파의 정체성이나 다른 몇몇 역사성조차 의심스럽다. 두 명은 사제다.(요세푸스, 요자르)[62]

요세푸스에 언급된 모든 바리새인과 적어도 니고데모는 정치적으로 활동했지만, 대부분 소수의 입장을 대변하거나 다른 사람의 권위를 받아들여야 했다. 바울(그리고 누가의 시몬)을 제외한 모든 인물은 유대에서 활동했거나 유대 출신이다. 바울, 니고데모, 가말리엘과 그의 아들 시몬은 리더십을 발휘한다. 마지막 두 사람은 한 가족 구성원 중 한 명 이상이 바리새인으로 알려진 유일한 경우다.[63] 살로메 알렉산드라나 이름 없는 여인조차도 바리새인으로 불린 적이 없다. 사두개파는 바리새파보다 잘 알려지지 않았지만, 사두개파 여성은 미쉬나에 언급되어 있다.[64] 어

---

62) POxy 840에 언급된 바리새인 대제사장에 대해서는 위의 주-5를 참조하라.
63) 그러나 행 23:6에서 바울이 "나는 바리새인이요 바리새인의 아들이라"라고 주장한 것을 참조하라.
64) 종종 אשה פרושה(바리새파 여인)으로 번역되는 m.Sot 3:4의 용어는 "금욕하는 여인"(결혼 성교를

떤 경우에도 바리새파를 따르기로 했다는 요세푸스의 문제 제기를 제외하고는 어떤 사람이 어떻게 바리새파가 되었는지에 대한 정보가 없다.

왜 우리가 개별 바리새인에 대해 아는 바가 그렇게 적은지 의문이 생긴다. '바리새인'은 스스로를 지칭하는 것이 아니며 '현자' 또는 '서기관'과 같은 다른 용어가 일반적으로 대신 사용되었다는 것이 표준적인 답변이다. 히브리어와 아람어 자료에서 이 용어("분리된")가 부정적인 의미로 사용되기도 했다는 것은 분명하다.[65] 그러나 바울과 요세푸스는 이 용어를 자기 식별을 위해 사용했다. "대다수 사람으로부터 분리되는 것"은 4QMMT[66]의 저자들이 자발적으로 행한 행위로 묘사되기도 한다.[67] 에세네파로 추정되지만, 그들은 미쉬나에서 사두개파에 속하는 할라카적 입장을 옹호한다.[68] 따라서 "분리된 자"(바리새인)가 반드시 경멸적인 용어였다고 단순하게 단정할 수는 없다.

요세푸스는 그의 전체 저작에서 사두개파는 두 명, 에세네파는 네 명만 언급한다. 신약성경에서는 행 5:17에서만 대제사장(및 그의 측근)이 사두개파 사람으로 언급되어 있다. 잘 알려진 바와 같이 에세네파는 신약성경나 랍비 문헌에서 언급된 적이 없다. 따라서 기원전 66년 이전의 모든 유대인 그룹 중에서 (예수를 따르는 사람들을 제외하고) 바리새파는 알려진 개인 회원 수가 가장 많다!

이러한 다소 간략한 결론에도 불구하고 이 인물사적 연구(prosopographical investigation)가 바리새파와 제2성전 유대교에 대한 보다 일반적인 연구를 다양한 방식으로 발전시킬 수 있기를 바란다. 첫째, 우리는 실제 바리새인에 대한 우리의 지식이 극히 제한적이라는 점을 인정해야 한다. 둘째, 전승적 접근을 통해 바리새인

금하는 여인?)으로 이해되어야 한다; 참조, E. Rivkin, "Defining the Pharisees" 240–41. 사두개파 여성들(더 정확하게는 "사두개파의 딸들")은 민 4:2과 다른 곳에 등장한다.

65) Rivkin, "Defining the Pharisees", 234–38.

66) (역주) MMT 또는 할라카어 편지라고도 알려진 4QMMT는 유대 사막 쿰란에서 발견된 사해 두루마리의 일부였던 필사본에서 재구성한 텍스트다.

67) 이 텍스트는 E. Qimron과 J. Strugnell, "An Unpublished Halakhic Letter from Qumran", The Israel Museum Journal 4 (1985) 10에서 인용했음; 그리고 E. Qimron and J. Strugnell, eds., Qumran Cave 4 V: Miqsat Ma'ase HaTorah (DJD 10; Oxford, 1994)을 보라.

68) Qimron and Strugnell, "An Unpublished Halakhic Letter", 12.

의 가르침과 준수에 대해 거의 배울 수 없지만, 바리새인 전체의 삶이 아닌 일부 바리새인의 삶을 엿볼 수 있다. 개인에 대한 이러한 관점은 부정적 고정관념과 긍정적 고정관념 모두에 도전을 준다.

셋째, 일반화하기는 어렵지만, 연구 대상자 모두는 어느 정도 저명한 인물이다. 그러나 많은 사람이 소수자의 위치에 있거나 다른 사람들의 권위에 굴복해야 했다.

넷째, 노이스너는 획기적인 연구인『70여 년 이전의 바리새인에 관한 랍비 전승』에 50명 이상의 "바리새인"을 포함했다. 이 중 서너 개만 명확하게 식별할 수 있다. 목록에서 제외된 사람 중 일부(예: 힐렐, 샴마이, 시몬 벤 셰타흐〈Simon ben Shetach〉)는 바리새인이었을 수도 있지만, 이 그룹과의 관계는 5세기 이후의 자료에서만 증명되며 이제는 당연한 것으로만 간주할 수 없다.[69]

다섯째, 한 인물, 교리 또는 문학적 작품을 바리새주의적으로 식별하는 전체 방법론이 바뀌어야 한다. 이전 세대와 달리 오늘날 학자들은 70년 이전의 어떤(any) 문서도 자신 있게 바리새파 저자의 것이라고 단언할 수 없다.[70] 따라서 바리새인을 이해하려면 먼저 우리가 생각했던 것보다 훨씬 덜 알고 있다는 사실을 인정해야 할지도 모른다.

---

69) 70년 이전의 현자들은 모두 바리새인이었다고 가정하는 경우가 많으며, Rivkin("Defining the Pharisees," pp. 214-20)도 이를 입증하려고 시도했다. 이 주장은 비판적으로 자세히 검토해도 타당하지 않다. Stemberger, *Pharisäer*, 50을 보라.

70) 솔로몬의 시편에 관한 J. H. Charlesworth in *OTP*, vol. 2, 642, "이 시편들을 바리새적이나 에세네적으로 분류하는 것은 현명하지 못하다."를 참조하라. 실제로 *OTP*에 수록된 문서 중 어느 것도 바리새파 문서로 분류되어 있지 않다.

8장 _ 예수와 초기 유대교의 파벌주의

후기 제2성전 유대교의 파벌주의는 얼마나 심각했나?

J. D. G. 던

현재 제2성전 후기 유대교와 기독교의 기원을 연구하는 학자들 사이에는 두 가지에 대해 폭넓은 합의가 이루어지고 있다. 첫째는 **유대교는 그 시대에 다양한 현상이었으며**, 유대교의 다양한 줄기나 해석 중 어느 하나도 당시 유대인들에게 "규범적(normative)"으로 널리 인정받지 못했다는 것이다.[1] 물론 이우다이오스 (Ἰουδαῖος)[2]는 의미 있는 개념이었으며(이미 마카비 2서 2:21; 8:1; 14:38에 등장한다.), 종교적 확신과 실천의 범위를 잘 드러내는 단어였다.[3] 이스라엘 땅에 사는 대부분 유대인이 실천하는 "공통 유대교"가 있었다.[4] 그 용법으로 볼 때, Ἰουδαῖος라는 단어는 비록 종교적 정체성과 민족적 정체성의 상관관계가 문제를 일으켰더라도(지금과 마찬가지로 그때도 마찬가지였다!) 민족적 측면과 종교적 측면에서 분명한 정체성의 지표였다.[5]

역사적 분석의 문제로서 '유대교'(단수)가 아닌 '유대교들'(복수)라고 말하는 것이 더 정확한지를 따지는 것은 당연하다.[6] 유대교 내의 다양한 하위 그룹을 "종

---

1) 예컨대. G. W. E. Nickelsburg, "The Modern Study of Early Judaism" 그리고 G. G. Porton, "Diversity in Post-biblical Judaism", *Early Judaism and its Modern Interpreters*, ed. R. A. Kraft and G. W. E. Nickelsburg (Atlanta, 1986), 1-30와 57-80를 보라.

2) (역주) Ἰουδαῖος는 그리스어로 고전 및 성경 문학에서 사용되는 고대 그리스 민족명으로, 일반적으로 "유대인"으로 번역된다.

3) Y. Amir, "The Term Ἰουδαῖος (IOUDAISMOS): A Study in Jewish-Hellenistic Self-Identification", *Immanuel* 14 (1982) 34-41.

4) E. P. Sanders, *Judaism: Practice and Belief 63 B.C.E.-66 C.E* (London과 Philadelphia, 1992)

5) M.Casey, *From Jewish Prophet to Gentile God: The Origins and Development of New Testament Christology*, (Cambridge, 1991)은 제2 성전 유대교의 자기 정체성을 구성하는 8가지 "정체성 요소"를 제공한다. (2장) 나의 *The Parting of the Ways between Christianity and Judaism* (London과 Philadelphia, 11991) 2 장과 143-46을 보라.

6) 예컨대, J. Neusner, et al., ed., *Judaisms and their Messiahs at the Turn of the Christian Era* (Cambridge, 1987); A. F. Segal, *The Other Judaisms of Late Antiquity*, BJS 127 (Atlanta, 1987)을 보라.

파" 또는 "분파" 또는 "학파"로 표현하고 정의하는 가장 좋은 방법, 즉 요세푸스와 사도행전의 용어 αἱρέσεις(하이레세이스, 요세푸스, 『고대사』 13.171; 『전쟁사』 2.118; 행 5:19, 15:57)[8]의 정확한 번역에 대한 논란의 여지가 있다. 그런데도 후기 제2성전 유대교에 αἱρέσεις가 포함된 것은 분명하다.[9]

두 번째 합의점은 1세기 유대교 내에서 예수와 그의 측근들의 지위에 관한 것이다. 최근 수십 년 동안 유대인 측과 기독교 측 모두[10]에서 예수의 유대인성 뿐만 아니라 **'예수와 그 주변의 운동이 우리가 방금 말한 더 넓고 다양한 유대교**("나사렛 이단⟨αἱρέσις⟩", 행 24:5) 내에서 그리고 그 일부로' 인정되어야 한다는 사실을 받아들이려는 경향이 점점 더 커지고 있다.[11] 예수와 바리새인과의 정확한 관계는 계속 논쟁의 대상[12]이며, 본 논문이 이바지하고자 하는 논쟁이다. 그러나 예수와 그의 초기 추종자들이 유대교의 표현 중 하나 또는 당시의 유대교들 중 하나로 공정하게 분류될 수 있다는 점은 논란의 여지가 훨씬 줄어들었다. 유대교가 기독교와 예수를 드러내기 위한 장식으로만 여겨지던 시대는 영원히 사라졌으면 좋겠다. 또한 L. 고펠트(Goppelt)처럼 지나치게 단순하거나 신학적으로 문제가 많은 주장, 즉 "예수가 실제로 유대교를 그 뿌리에서 대체했다."라는 주장도 사라지기를 희망한다.[13] 우리 컨설테이션의 주요 주제 중 하나는 유대교 **내에서의**(within) 예수이다.

---

7) (역주) 행 5:19에는 이 단어가 쓰이지 않았고 15:5절에서는 αἱρέσεως τῶν Φαρισαίων(바리새파)로 쓰였다.

8) S. J. D. Cohen, *From the Maccabees to the Mishnah* (Philadelphia, 1987), 125–27; A. J. Saldarini, *Pharisees, Scribes, and Sadducees* (Wilmington과 Edinburgh, 1988/1989), 70–73, 123–27; Sanders, *Judaism*, 352–64 등의 논의를 보라.

9) 이것은 제2성전 유대교에서 그러한 종파의 중요성을 편견하는 것은 아니지만, 기원전 2세기~70년 어간의 출처의 높은 비율이 종파적 성격이라는 사실은 놀랍다.

10) 이러한 맥락에서 나는 유대교와 기독교라는 용어를 반드시 종교적 헌신이나 소속이 아니라 개별 학자들이 이러한 질문에 처음 접근했던 관점을 나타내기 위해 사용한다.

11) 예컨대, J. H. Charlesworth, ed., *Jesus' Jewishness: Exploring the Place of Jesus in Early Judaism* (New York, 1991)을 보라.

12) H. Falk, *Jesus the Pharisee* (New York, 1985); E. P. Sanders, *Jesus and Judaism* (London, 1985), 특히 색인의 "Pharisee"; S. Westerholm, *Jesus and Scribal Authority* (Lund, 1978); M. J. Borg, *Jesus, A New Vision* (San Francisco, 1987), 158–60; G. Stemberger, *Pharisder, Sadduzäer, Essener* (Stuttgart, 1991), 24–39 등을 보라.

13) L. L. Goppelt, *Theology of the New Testament, Vol. 1: The Ministry of Jesus and Its Theological Significance* (Grand Rapids, 1981), 97; J. Moltmann, *The Crucified God* (London and New York, 1974), 32을 참조하라. 이 시점에서 Neusner가 기독교와 유대교를 마치 완전히 별개의 두 실체인 것처럼 말하는 것은 이 논의에 도움이 되지 않았다.(J. Neusner, *Jews and Christians: The Myth of a Common Tradition* [Lon-

이 점에 대해 충분한 공감대가 형성되어 있기에 진행할 수 있다.

그러나 이러한 합의를 뒷받침하는 여타의 구체적 질문들은 여전히 논쟁의 여지가 있다. 특히 유대교 내의 다양한 하위 집단들은 서로를 어떻게 받아들였을까? 그들은 예수를 어떻게 이해했으며, 예수는 그들을 어떻게 인식했을까? 다양한 유대교들에 대한 그림은 현대 사회-역사적 관점, 즉 시간과 역사적 맥락에서 충분히 제거되어 "객관적" 관점에서 적절하게 그려진다. 하지만 내부에서 바라보는 관점은 어떨까? "다른 유대교들"이 내부에서 인정되고 받아들여질까? 아니면 적어도 일부 하위 그룹은 자신들이 믿음만이 유일한 합법적인 유대교라고 생각했을까?

하나의 "규범적" 유대교에 대한 광범위한 합의는 없었을 수도 있다. 하지만 각파벌이나 종파는 유대교에 대한 이해와 실천이 사실상 '규범적'이라는 가정하에 행동하지 않았을까? 종교적이든, 사회적이든, 정치적이든 종파주의의 역사는 분명히 이러한 질문에 대한 긍정적인 대답을 선호한다. 이것이 실제로 사실이라면 '이러한 의견 불일치와 논쟁과 비방은 어떤 영향을 미쳤을까?' 14 유대교의 지위나 유대교 내에서의 상대의 지위를 상호 부정하는 집단들의 상호 배타적인 정통성과 정통주의에 대해 말해야 할까, 아니면 수사학적으로 천둥 번개와 불꽃이 튀는 논쟁 놀이에 불과한 것을 말해야 할까? 이 모든 상황에서 예수는 어디에 서 있을까? 예수는 그러한 태도나 수사(rhetoric)에 어떤 영향을 받았을까?

이 질문은 특히 이 분야의 대논쟁에 누구보다 귀중하게 이바지한 두 학자에 의해 제기되었다. E. P. 샌더스는 바리새인들에 대한 초기 학자들의 지나치게 과장되고 적대적인 묘사와 바리새인들과 예수 사이의 대립에 대해 지속적으로 반박해 왔다. 특히 샌더스의 주장에 따르면, 부정(impurity)에 관한 주제에서 그는 시체 부

---

don and Philadelphia, 1991]) 이 주장은 기독교와 유대교가 이후에 발전했을 때만 유효하며, 예수에 대해서는 유효하지 않다. 예수와 바울의 관계에 대한 오래된 질문을 다시 제기하지만 여기서는 다룰 수 없다. A. F. Segal, *Rebecca's Children: Judaism and Christianity in the Roman World* (Cambridge, 1986)와 나의 〈Partings〉를 비교하라.

14) 고대 논쟁의 치열함에 대해서는 특히 L.T. Johnson, "The New Testament's Anti-Jewish Slander and the Conventions of Ancient Polemic", *JBL* 108(1989)419-41을 보라.

정15 및 미드라스 부정16에 대한 그들의 다양한 규칙은 단순히 "추가 부정에 대한 사소한 제스처"17에 불과하고 "예수와 바리새인들 사이에 실질적인 갈등"이나 실제로 "예수와 누구 사이에 실질적인 분쟁, 즉 정상적인 불일치 범위를 넘어서는 분쟁이 없다.". 힐렐 학파와 샴마이 학파 사이의 분쟁처럼, "어느 쪽도 상대방이 **범법한 것**으로 여기지 않았고 단지 자신들의 관행을 옹호하는 정도의 느슨한 주장을 한 것으로 보인다."18 나는 나의 책 『갈림길(*Partings of the Ways*)』에서 이 주장에 대한 간략한 의문을 제기했다.19 이제 나는 그 주장에 대해 더 완전한 비판을 전개하고자 한다.

내가 의문을 제기할 필요가 있다고 생각하는 것은 L. H. 쉬프먼(Schiffman)의 입장이다. 쉬프만은 유대인과 『그리스도인의 자기 정의(*Jewish and Christian Self-Definition*)』에 기고한 글에서 이 시점에서 내 관심을 불러일으키는 문제를 제기한다: "왜 유대교는 제2성전시대 내내 종파주의와 분열을 용인하다가 기독교를 완전히 다른 종교로 취급하기로 했는가?"20 이 문제를 해결하려는 그의 시도는 내게 많은 도움이 되지만, 예리한 의문이 제기되기도 한다. "제2차 공관시대21와 그 전후의 다양한 문서에서 발견되는 모든 종파적 적대감에도 불구하고, 가장 악랄한 사람조차도 다른 집단의 구성원이 유대 공동체를 떠났다고 비난하지 않는다. 같은 유대인이었기 때문이다." "유대인의 지위는 유대인의 율법과 교리에 대한 가장 극

---

15) (역주) 시체 부정은 유대교 할라카 율법에 묘사된 의식적 부정 상태다. 시체 부정은 가장 높은 등급의 부정 또는 더럽힘으로, 죽은 사람의 사체를 직접 또는 간접적으로 만지거나 옮기거나 유대인의 시체가 누워있는 지붕이 있는 집이나 방에 들어갔을 때 감염된다.

16) (역주) 미드라쉬 부정은 유대교에서 물체나 사람에 의해 전염될 수 있는 의식적 부정의 형태 중 하나다. 이 용어는 압력 부정으로 번역될 수 있다. 미드라('짓밟힌' 물건)는 의식적 불순물의 매개체가 될 수 있는 물건이다.

17) E. P. Sanders, *Jewish Law from Jesus to the Mishnah: Five Studies* (London과 Philadelphia, 1990), 232-35.

18) *Partings*, 300, 주-19, 첫 번째 Sanders, *Jesus and Judaism*, 291 인용과 개인 서신

19) 특히 *Partings*, 110과 아래의 주-36을 보라.

20) L. H. Schiffman, "At the Crossroads: Tannaitic Perspectives on the Jewish-Christian Schism", *Jewish and Christian Self-Definition, Vol. Two: Aspects of Judaism in the Graeco-Roman Period*, ed. E. P. Sanders, et al. (London, 1981), 115-56, 특히 115를 보라. *Who was a Jew? Rabbinic and Halakhic Perspectives on the Jewish-Christian Schism* (Hoboken, N.J., 1985), 4장도 보라.

21) (역주) 기원전 530년과 70년 어간의 유대 역사 시기로 제2성전시대라고 한다.

악한 범죄를 저질렀다고 해도 절대 취소될 수 없었다." "아무리 대단한 이단도 유대교와의 관계를 끊는 이단으로 여기지 않았다."[22] 실제로 그랬을까? 일부 분파가 유대인의 신앙과 실천에 관한 특정 사안을 실제로 분파를 시작할 정도로 특별하게 중요하게 여겼을 때, 그들은 이러한 사안을 무시하거나 가볍게 여기는 사람들을 어떻게 여겼을까? 이 모든 것이 자유주의적 관용의 문제였을까?

죄인의 문제

우리의 질문은 다음과 같이 아주 간단하고 직설적으로 초점을 맞출 수 있다. 한 그룹이 다른 그룹을 "죄인"이라고 불렀을 때 그것이 얼마나 심각했는가? 물론 이 질문은 예수와 관련하여 제기되는데, 예수는 기독교 전승에서 '죄인'과 어울렸다는 비판을 받았기 때문이다.(막 2:16, 마 11:19/ 눅 7:34, 눅 15:1-2, 19:7) 무엇 때문에 예수는 비판을 받았는가? 질문을 다른 방식으로 바꾸어 보자. 예수가 동료 유대인 중 일부가 '죄인'으로 칭하는 것에 대해 반응했다면, 왜 그랬을까? 일부 유대인을 "죄인"으로 지칭한 것은 단순히 해가 없는 호칭이었을까, 아니면 회개를 촉구하는 경건한 권고였을까?

일부 유대인들을 "죄인"이라 칭하는 것이 단순히 죄인이라 부른 것에 지나지 않는다면 예수가 죄인들과 어울린 것은 가벼운 사회적 항의에 지나지 않았거나 죄인들과 어울린다는 비판에 대한 과잉 반응일 수 있다. 그러나 일부 유대인들이 다른 유대인들을 "죄인"이라 부른 것이 실제로 그들을 완전히 거부하고 정죄하는 것이었다면 이는 심각한 문제였지 않았을까? 예수는 어떤 경우에 급진적인 반응을 보였는가?

위에서 인용한 샌더스와 쉬프만의 의견은 이 모든 것이 근본적인 의견 차이와 비난보다는 논쟁과 논쟁의 수사학에 불과하다는 것을 시사한다. 전체 문제는 그보다 훨씬 더 심오하고 그 파급 효과는 훨씬 더 광범위하지 않았을까?

---

22) Schiffman, "Crossroads", 116, 147, 152.

사용된 언어, 특히 죄인이라는 단어와 같은 비방하는 표현을 조사하는 것이 분명한 방법이다. 샌더스는 이미 자신의 책『바울과 팔레스타인 유대교』에서 이 작업을 수행한 바 있다.[23] 그러나 이 책에서 대부분의 논의는 개신교가 유대교를 깎아내리는 것에 대한 샌더스 자신의 정당한 논쟁에 초점을 맞추고 있다. 샌더스가 『예수와 유대교』에서 예수를 구체적으로 언급할 때, 그의 논의는 주로 예레미아스(Jeremias)에 대한 그리고 '죄인'과 '암 하아레쯔'를 동일시하는 것에 대한 것이다. 그는 이전의 통찰을 통합하지 못했으나[24] '죄인'은 노골적인 율법 위반자(샌더스의 표현에 따르면 "진정한 악인")[25]를 향한 도덕적 혐오의 용어일 뿐만 아니라, 파벌 논쟁의 용어였다는 점이 문제의 핵심이다.[26] 즉, 유대교를 다르게 실천하고 그로 인해 "죄인"으로 판단되는 유대인에 대해 다른 유대인 그룹이 사용한 용어였다. 이제 더 명확한 설명이 필요한 질문은 "이 책망 또는 정죄는 무엇에 해당하는가?" 이다.

물론 히브리어의 기본 용어는 레샤(רשע)이며, חבה 와 누나(חטא) 같은 동의어에 가까운 단어가 있다. 이 용어의 주요 그리스어 번역은 ἁμαρτωλός(죄인, 벧전 4:18–역자주), ἀσεβής(경건하지 아니 한, 롬 4:5–역자주)와 ἄνομος(불법자, 눅 22:37–역자주)이다.[27] 이 용어들, 특히 첫 번째 용어가 자주 대치되는 주요 반의어는 짜디크 (צדיק)이며, 일반적으로 그리스어로 δίκαιος(의로운 자, 히 11:4–역자주)로 번역되며 εὐσεβής(경건하여, 행 10:2–역자주)는 후에 대안으로 사용된다. 그러나 특히 시

23) E. P. Sanders, *Paul and Palestinian Judaism* (London,1977) 특히 색인에 있는 "The Wicked"을 보라.
24) *Jesus and Judaism*, 6장. 예레미아스에 대한 초기 비평은 특히 J. R. Donahue, "Tax Collectors and Sinners: An Attempt at Identification", *CBQ* 33 (1971)39–61.J. Gibson, "OI TEAONAI KAI AI IIOPNAI", *JTS* 32 (1981)429–33와 비교하라.
25) *Jesus and Judaism*, 210.
26) J. D. G. Dunn, "Pharisees, Sinners and Jesus", *The Social World of Formative Christianity and Judaism: Essays in Tribute to Howard Clark Kee*, ed. J. Neusner, et al (Philadelphia, 1988), 264–89, 나의 Jesus 에 리프린트된 *Paul and the Law: Studies in Mark and Galatians* (London and Louisville, 1990), 61–88, 71–77; 또 Partings, 102–6을 보라. D. A. Neale (*None But the Sinners: Religious Categories in the Gospel of Luke*, JSNTSup 58 [Sheffield, 1991], 68–75)은 샌더스의 예레미아스에 대한 비판을 공유하지만, 그 용어의 분파적 사용의 중요성을 인식하지 못하고 있다.
27) 이 시점에서 DNTT 기사의 약점은 논의를 전적으로 "죄"라는 제목 아래에 포함하고 "죄인"이라는 개념 자체에 대해서는 너무 적은 관심을 기울인다는 것이다.(W. Günther, "Sin," DNTT, ed. C. Brown, vol. 3 [Exeter, 1978], 577–83)

편에서 일반적으로 헬라어 ὅσιος(거룩한 자, 행 13:34-역자주)로 번역되는 하시드(חסיד)은 짜디크(צדיק)의 동의어로 기능하는 것도 고려해야 한다.

한 유대인이 다른 유대인에 대해 그러한 부정적인 용어를 사용한다는 것은 무엇을 의미할까? 의인이라는 수식어에 대한 배타적 주장은 그 수식어가 보류된 사람들에게 어떤 의미였을까? 증거는 두 가지 답을 제시한다. 첫째, 죄인이라는 용어와 그 반대말인 의인이라는 용어의 "언약적 의미"와 둘째, 유대인 성경이나 성경 이후 전승에서 "죄인"에 대해 상상하는 결과의 측면에서 볼 수 있다.

언약을 배제하는 용어로서의 죄인

이 제하의 주제에 관해 이미 행해진 연구를 요약하는 것이 가장 간단하다.[28] 이전의 연구 결과는 언약의 관점에서 가장 간단하게 재정리할 수 있다.

성경과 그 이후의 전승에서 신약성경에도 반영된바, 죄인은 "이방인"과 동등한 의미로 사용되었다는 점은 중요하다.(시 9:17; 토빗 13:8[6]; 희년서[29] 23:23-24; 솔로몬시편 1:1; 2:1-2; 눅 6:33=마 5:47; 막 14:41 및 단락들; 갈 2:15) 이방인은 정의상 "죄인"이었다. 이방인이 본질적으로 모두 범죄자라는 것이 아니다. 오히려 이스라엘의 토라에 따라 언약 백성 구성원의 관점에서 의가 정의되었다는 것이다. 그 정의상, 이방인(타국인)은 이스라엘 백성 밖에 있었고 따라서 율법 밖에 있었다. 그들은 말 그대로 "무법자"였다. 솔로몬지혜서 17:2, 행 2:23, 고전 9:21에서와 같이 이방인을 "무법자"로 언급하거나, 마카비 3서 6:9에서 "무법한 이방인"이라고 말하는 것은 이러한 맥락에서이다.

죄인이라는 용어의 이러한 언약적 차원은 유대교 내에서 파벌적 용어, 즉 일부 유대인들이 다른 유대인들을 칭하는 용어로 사용되었음을 고려할 때 중요해진다. 죄인이라는 용어는 **다른 유대인들의 언약적 지위를 부정**하는 의미로 사용되기 때

---

28) 위의 주-21을 보라.
29) (역주) JUB, Book of Jubilees.

문이다. 예컨대, 마카비1서에서 이방인과 배교한 유대인 모두를 폄하하는 세 가지 용어(무법자, 죄인, 경건하지 않은 자)가 사용된 것을 보면 알 수 있다.(1:10, 34; 2:44, 48, 62; 3:5-6, 8, 15; 6:21; 7:5,9 등) 충성스러운 유대인들의 관점에서 볼 때, 헬라파 유대인들은 언약을 버렸으므로 모든 의도와 목적에 따라 이방인이 되었다.[30] 마카비 반란 이후 이어진 파벌 논쟁의 전형은 저자의 파벌에 동의하지 않는 사람들을 이방인처럼 행동하는 것으로 묘사한 것이었다. 잘못된 달력을 지키는 것은 "언약의 절기를 잊고 이방인의 절기를 지키는 것"(희년서 6:35)이었다. 성전을 지배하는 잘못된 파벌은 "이방인을 능가하는 죄를 범하지 않았다."(솔로몬시편 8:13) 게바(베드로)가 음식법을 가볍게 여기고 이방인과 함께 식사하는 것은 "이방인처럼 사는 것"(갈 2:14)이었다.

죄인과 의인의 잦은 대조에서도 같은 점이 분명해진다. 물론 아래에 인용된 시편(1:5-6; 7:9; 34:21; 37:12-21, 32, 40 등)과 지혜 문학(잠 10:2; 11:9,31; 12:3,13 등)에서도 이러한 대조가 전형적으로 나타난다.(잠 12:4; 13:7; 16:13; 33:14; 41:5; 지혜서 5:14-15)[31] 그러나 무엇보다도 에녹서와 솔로몬시편에서 대조가 파벌 분쟁의 모든 억양과 쓰라림을 모았다. 에녹서 1-5장에서 이스라엘 내의 "의인/선택받은 자"는 "죄인/불경한 자"(1:1, 7-9; 5:6-7)와 구별되는데, 여기서 "죄인"은 "인내하지도 않고 여호와의 율법을 지키지도 않은 자"(5:4)를 의미한다. 분명히 이 글을 쓴 사람들은 자신들만이 언약에 충실하다고 여겼다. 그들은 자신들만 의롭다고 여겼으며 그들이 죄인이라고 묘사하는 동료 유대인들은 사실상 언약 밖에 있는 것으로 여겼다. 솔로몬시편은 철저하게 자신의 언약적 지위를 확신하는 사람들의 태도로 가득 차 있으며, 반대하는 유대인 파벌은 하나님이 용납하지 않으실 것이라고 확신하는 태도로 가득 차 있다.

이러한 태도와 언어는 유대 공동체가 외부인(이방인)으로부터 자신을 구분할 뿐만 아니라 스스로 규범에서 벗어난 공동체 구성원을 배제하거나 "파문"함으로

---

30) 특히 D. Garlington, *The Obedience of Faith*: *A Pauline Phrase in Historical Context*, WUNT 2.38 (Tubingen, 1991), 91-102을 보라.

31) Sirach서 본문에 대해선 Garlington, *Obedience*, 55을 보라.

써 경계를 정의하고 유지해야 할 필요성을 인식한 특별한 표현이라고 판단될 수 있다. 이러한 관행은 포로기 이후 초기 공동체에 대해 입증된다.(슥 10:8, 느 13:3) 다른 방법으로 잘 증명되지는 않았고 우리 시대의 종파의 특징에 더 가깝지만, W. 호버리(Horbury)는 "종파들이 그것(파문 관행)을 창안한 것이 아니라, 언약에 대한 강렬한 공동체의 충성심이라는 유배 후 공통된 유산 안에서 기존의 관습에서 파생된 것"이라고 효과적으로 주장했다.[32]

종파적 태도는 항상 자신의 의에 대한 자기 확신 또는 적어도 자기주장과 다른 사람들에 대한 그 의를 부인하는 것으로 특징 지어졌다. 의를 보다 명확하고 뚜렷하게 정의하고 더욱 완전하고 헌신적으로 실천하려는 시도가 바로 개인이 종파를 형성하게 만드는 것이다. 의를 실천하는 데 있어 의가 무엇을 포함하는지에 대한 명확한 정의가 바로 의를 실천하고자 하는 다른 사람들을 포함한 다른 사람들과 구별되는 경계를 만든다. 그보다 더 정확한 정의와 실천에 동의하지 않는 사람들은 경계 밖에서 파문당하고 불의한 것으로 판단되어야 한다는 것은 필연적인 결과다. 한마디로 불의한 "죄인"으로 판단해야 한다. 종파가 하나님이 용납할 수 없다고 판단하는 것은 인정하거나 실천하기를 거부한다. 그는 그것을 죄라고 부르고 그것을 실천하는 사람들을 죄인이라고 부른다.[33]

요컨대, 동료 유대인을 "죄인"으로 규정하는 것은 그 사람이 언약 안에서 하나님의 구원의 의를 받을 수 있는 지위를 부정하는 것과 다름없었다.

---

32) W. Horbury, "Extirpation and Excommunication", VT 35 (1985) 13-38, 여기서 30. 구약성경, 사해 두루마리, 랍비 유대교에서 제명을 당한 일탈/이탈에 대한 요약 진술은 G. Forkman, *The Limits of the Religious Community: Expulsion from the Religious Community within the Qumran Sect, within Rabbinic Judaism, and within Primitive Christianity* (Lund,1972), 27-28, 59, 97-98을 보라.

33) 기독교 내에서 죄인이라는 용어를 너무 아무렇지 않게 사용하는 것도 같은 문제로 제기된다. 근본주의 그룹에서 "구원받은 자"는 다른 사람들(특히 다른 기독교인)을 구원의 바깥에 있는 것으로 간주한다. 덜 검열적인 보수적 복음주의 단체의 신학 논리는 (아직) 그 단체의 복음 이해를 받아들이지 않은 사람들은 아직 복음에 도달하지 못했다는 것이다.

유대 전승에서 죄인이 받는 결과

성경이나 성경 이후의 유대 전승에서 죄인과 죄인의 종말론적 전망을 어떻게 묘사하고 있는지 생각해 보면, 다른 사람을 "죄인"으로 칭하는 것의 심각성은 더욱 극명하게 느껴진다.

죄인의 전형적인 예는 이스라엘의 초기 역사에서 찾아볼 수 있다. 소돔 사람들의 사악함(창 13:13)은 속담이 되었고 그들의 운명은 최종 심판에 대한 영원한 경고가 되었다.(사 3:9, 애가 4:6, 납달리서 4:1, 마 11:24/눅 10:12, 벧후 2:6, 유다 7) 고라와 다단과 아비람은 죄에 대한 형벌로 "살아서 스올로 내려가 …, 회중 가운데서 죽었다."(민 16장)라고 기록되어 있다. 그들은 죄의 결과로 멸망한 광야 세대(민 32:14-15, CD[34] 3.7-10)와 같이 끔찍한 경고로 회상된다.(시 106:16-18, 필로의 위서 16:3-6) 유명한 미쉬나 산헤드린(m.Sanh) 10장은 이 세 가지 사례, 즉 소돔의 사람들, 광야 세대, 고라의 일행을 다가올 세상에 참여할 몫이 없는 사람들의 대표적인 예로 제시한다.(10:3)[35]

죄의 심각성과 죄인의 장래에 대한 다른 예들도 간략하게 열거할 수 있다.: 금송아지 문제에서 죄를 지은 사람들과 관련하여 주님은 모세에게 이렇게 말씀하신다,

누구든지 내게 범죄하면 내가 내 책에서 그를 지워 버리리라.(출 32:33)

다른 신들을 섬기기 위해 돌아서서 마음의 완악함 가운데 행하면서도 자신이 안전하다고 생각하는 [죄인]은 '주께서 그를 용서하지 않으시고 오히려 …, 이 책에 기록된 저주가 그에게 임할 것이며 주께서 그의 이름을

---

34) (역주) Damascus Document는 카이로 제니자와 사해 두루마리에서 알려진 고대 히브리어 문서로, 고대 유대 공동체 쿰란의 기초 문서 중 하나로 간주한다. 다마스쿠스 문서는 단편적인 텍스트이며, 완전한 버전은 남아있지 않다.

35) E.E. Urbach, *The Sages: Their Concepts and Beliefs* (Jerusalem, 1979), 462-63을 보라.

하늘 아래에서 지우실 것' (신 29:18)이라고 경고하신다.**36**

시편 1편은 의인과 죄인을 고전적으로 대조하고 있다,

의인은 바람에 날리는 겨와 같도다

그러므로 악인은 심판을 견디지 못하며

의인의 모임에 들지 못하리로다

무릇 의인들의 길은 여호와께서 인정하시나

악인의 길은 망하리로다. (시 1:4-6)

악인은 스올로 돌아감이여

하나님을 잊은 모든 이방 나라들이 그리하리이다. (시 9:17)

악인은 영원히 멸망하리라. (시 92:7)

죄인들은 땅에서 소멸되고,

악인은 다시 있지 못하게 하시리로다. (시 104:35)

여호와는 자기를 사랑하는 자들은 다 보호하시고

악인들은 다 멸하시리로다.**37**(시 145:20)

패역한 자와 죄인은 함께 패망하고

여호와를 버린 자도 멸망할 것이다. (사 1:28)

---

36) D와 P에서 רחת를 반드시 파괴로 이끄는 것으로 사용하는 것에 대해서는 TDOT 4.315의 K. Koch를 참조하라.

37) Neale, *Sinners*, 82-83:, 82-83을 참조하라: "시편에서 '죄인'과 관련하여 가장 중요한 주제는 정죄이다."(82) "그리스 시편의 '죄인'은 그러한 회복의 범위를 완전히 벗어난 것이었다."(86)

보라, 여호와의 날 곧 잔혹히 분냄과

맹렬한 노하는 말이 이르러

땅을 황폐하며

그 중에서 죄인들을 멸하리니.(사 13:9)

악인은 그의 죄악 중에서 죽으리니 [즉, 그의 생명은 구원받지 못할 것이다].(겔 3:18-19 및 33:8-9)

주 여호와께서는 나의 삶을 두고 맹세하노니 나는 악인이 죽는 것을 기뻐하지 아니하고 악인이 그 길에서 떠나 사는 것을 기뻐하노라.(겔 33:11)

만군의 여호와가 이르노라 보라 용광로 불 같은 날이 이르리니

교만한 자와 악을 행하는 자는 다 지푸라기 같을 것이라

그 이르는 날에 그들을 살라 그 뿌리와 가지를 남기지 아니할 것이로다.(말 4:1)

주님의 진노는 죄인들에게 있다.(집회서 5:6)

불경건한 자들은 그들이 살아있는 한 죄책감을 느끼지 않을 것이다.(집회서 9:11-12)

지극히 높으신 분은 죄인을 미워하시며 벌을 내리실 것이다. 불경건한 자에게(집회서 12:6)

죄인의 길은 돌로 매끄럽게 포장되어 있지만 그 끝에는 음부의 구덩이가 있다.(집회서 21:10)

정경과 정경에 가까운 본문을 넘어서면서 종말론적 기대가 점점 더 명확해짐에 따라 죄인의 결과를 더 선명하게 정의할 수 있다는 점을 제외하면 그림은 같다.[38]

그는 악한 자들을 멸망시키고 그들이 행한 모든 일, 즉 죄인들과 악한 자들이 그에게 저지른 모든 일로 인해 모든 육체를 보장할 것이다.(에녹 1 서 1:9)

죄인들아, 너희가 살기를 바라지 말라,
떠나서 죽을 당신,
당신은 어떤 [이유]로 준비되었는지 알고 있다.
큰 심판의 날을 위해,
당신의 영혼에 대한 고통과 큰 수치의 날을 위해
…,
너희는 생명의 소망이 없을 것이다.(에녹 1서 98:10-16)

죄인들아, 화 있을진저 너희 손의 행위로 말미암아 너희에게 화가 있도다!
너희 악한 자들의 행위 때문에,
불보다 더한 타오르는 불꽃으로 타오를 것이다.(에녹 1서 1:100:9)

죄인들아, 너희는 영원히 저주를 받았으니 너희에게는 평안이 없다!(에

---

38) "'죄인'은 회개와 구원이 가능한 사람으로 묘사되지 않는다."(Neale, *Sinners*, 83-86) E. Sjoberg의 초기 처치도 참조하라,

녹 1서 102:3)

그들은 어둠과 그물, 타오르는 불꽃과 같은 악과 큰 환난을 경험하게 될
것이다. 너희 영혼은 큰 심판에 들어갈 것이며, 그것은 세상의 모든 세대
에 큰 심판이 될 것이다. 화 있을진저 너희에게 평화가 없도다!(에녹 1서
103:7-8)

형제에 대해 악을 계획하는 사람은 누구든지
그의 손에 넘겨져 산 땅에서 뿌리 뽑히고
그의 자손은 땅에서 멸망할 것이다. …
그는 필사자의 책에서 지워질 것이다.
필사자의 징계, 그리고 생명책에 기록되지 않고
오히려 멸망하도록 정해진 것에서;
그리고 그는 떠날 것이다.
영원한 처형으로-그래서 그들의 정죄가 항상 있을 수 있도록
증오와 처형과 진노와 고통과 분노와 분노로 새로워지고
그리고 재앙과 질병에 영원히 갇히게 하려 하심이라.**39**(희년서 36:9-10)

[주님의 심판:] 죄인들의 행동에 따라 영원히 갚아 주시는 것이다.(솔로
몬시편 2:34)

죄인의 멸망은 영원하다,
그리고 그는 [하나님]께서 의인을 돌보실 때 기억되지 않을 것이다.
이것이 죄인의 영원한 몫이다.(솔로몬시편 3:11-12)

---

39) 여기에는 죄인이라는 용어가 없지만, 본질은 같다.

의인의 생명은 영원히 계속되지만

죄인은 멸망으로 끌려갈 것이며

그들에 대한 기억은 결코 발견되지 않을 것이다.(솔로몬시편 13:11)

죄인의 유업은 멸망과 어둠이다,

그리고 그들의 불법적인 행동은 그들을 아래 음부로 쫓아갈 것이다.

…,

그리고 죄인들은 주님의 심판의 날에 영원히 멸망할 것이다,

…,

그러나 죄인들은 영원히 멸망할 것이다.(솔로몬시편 15:10-13)

넓은 문은 죄인들의 문이며, 멸망과 영원한 형벌로 인도한다.(아브라함

전서[40] 11:11)

죄인들의 장소, 가장 쓰라린 형벌의 장소.(아브라함전서 13:12)

사해 두루마리에서는 죄와 비방에 관한 어휘가 더욱 다양하다. 저주는 먼저 '벨리알 제비의[41] 사람들'에게, 그리고 기만적이고 완고한 마음으로 언약에 들어가는 사람의 머리에 내려진다:

[벨리알 제비의 사람들에 대해 말하자면:] 너희의 모든 죄악으로 인해 저

주를 받으라! 복수심에 불타는 복수자들의 손에서 고문을 당하게 되기

를! 그분이 여러분을 구해 주시기를! 모든 복수의 파괴자들의 손에 의해

---

40) (역주) 아브라함 전서(TAb)는 구약성경의 위경이다.
41) (역주) the lot of Belial에서 벨리알은 "악인이나 무가치한 사람을 묘사하는 데 사용되는" 히브리어로 어원상 의미는 "가치가 없다"이라는 뜻이다.

파괴되어 그분이 당신을 방문하시기를! 너희 행위의 어둠 때문에 자비 없이 저주받으리라! 영원한 불의 그늘진 곳에서 저주를 받으라!…,

[기만적이고 완고한 언약자에 대해 말하자면:] 그의 영혼은 용서 없이 파괴될 것이다. 하나님의 진노와 그의 교훈에 대한 열심이 그를 영원한 멸망으로 삼킬 것이다.

언약의 모든 저주가 그에게 달라붙을 것이며 하나님께서는 그를 악을 위해 구별하실 것이다. 그는 모든 빛의 아들들 가운데서 끊어질 것이며, 우상과 죄의 걸림돌 때문에 하나님을 외면했기에 그의 제비는 영원히 저주받은 자들 사이에 속할 것이다. (1QS 2.5-18)

초기 랍비 시대의 m.Sanh 10:1-4에 다시 주목할 필요가 있다. "모든 이스라엘 백성은 다가올 세상에서 몫이 있다."라는 단호한 첫 문장은 부차적일 것이다.[42] 실제로는 다가올 세상에서 몫이 없는 여러 범주의 사람들(유대인 이단자)을 정의하는 순서로 구성되어 있다.[43] 또한 가장 작은 수의 유대인이라도 그들이 "생명책에서 지워지고 의인들과 함께 새겨지지 않도록" 요청하는 유명한 열두 번째 축도의 맹렬함도 주목할만하다.[44]

---

42) Schiffman, *Who was a Jew?*, 90, 주-1.
43) Schiffman, *Who was a Jew?* 45는 사두개파 또는 헬라파 유대인들을 대상자의 10:1로 본다. 그는 또한 t.Sanh 13:5를 인용한다. "그러나 이단자(*minim*), 배교자 (*meshummadin*), 정보 제공자, '아피코심(*apiqorsim*, 율법을 대중 지키거나 유대교를 믿지 않는 유대인), 토라를 부인 한 자, 공동체의 길에서 분리된 자, 죽은 자의 부활을 부인 한 자, 범죄하고 대중을 범죄하게 한 모든 사람에 관해서는 다음과 같이 말한다. …, 지옥(*Gehenna*)는 그들의 얼굴 (또는 '그들 앞')에 닫히고 그들은 그 지옥 안에서 영원히 벌을 받는다."(46) 또한 Sjöberg, *Sünder*〉117-24을 보라.
44) 열두 번째 축도의 형식에 대한 논의는 예컨대, R. Kimelman, "*Birkat Ha-Minim* and the Lack of Evidence for an Anti=Jewish Prayer in Late Antiquity", *Jewish and Christian Self-Definition*, Vol. 2, ed에 나오는 후기 고대의 반유대인 기도에 대한 증거의 부족을 참조하라. E. P. Sanders, et al. (London, 1981), 226-44. 같은 책에서, E. E. Urbach는 "유대인을 이단으로 만든 것은 계율을 지키는 데 게으르거나 전승에서 멀어진 것이 아니라 유대인의 선택을 부정하는 행위였다."라고 주장하며, 현자들은 "자기고립을 목적으로 그렇게 [토라 주변에 울타리와 울타리를 세운 것이 아니라] 자기 확신을 위해 그렇게 했다."("Self-Isolation or Self-Affirmation in Judaism in the First Three Centuries: Theory and Practice",

그렇다면 죄인은 생명책에서 지워질 것이라는 사실보다 더 분명한 그림은 없을 것이다. 죄인들은 영원한 멸망을 겪을 것이며 영원한 불에 태워질 것이다. 그들은 생명의 소망도 평안도 없으며 영원히 저주를 받아 영원히 멸망할 것이며 영원한 형벌에 처할 것이다. 그들은 다가올 세상에서 설 자리가 없을 것이다. 물론 이것은 논쟁의 언어이며 많은 경우 훈계와 권면의 언어이다. 회개를 촉구하기 위해 많은 경우 청중 앞에서 두려운 전망을 제시한다. 사람들을 죄에서 돌이키게 하기 위해 죄인이라고 부르는 것은 수천 년 동안 이어져 온 전도 전략이었다. 그런데도 **초기 유대 전승에서 누군가를 "죄인"이라고 지칭하는 것은 그 사람을 하나님으로부터 버림받은 사람, 그리고 죄인의 신분으로 위에서 설명한 두려운 심판을 받을 책임이 있는 사람으로 지칭하는 것이었음**은 변하지 않는 사실이다.

이어지는 "예수와 죄인"과 "결론"의 내용을 고려하면 그 결과는 더욱 분명해진다. 제2성전시대의 마지막 2세기 동안 **다른 유대인들을 "죄인"으로 여기고 언약 밖의 존재로 간주하여** 따라서 구원에서도 제외된 존재로 선을 그은 유대인들이 있었다는 것이다.

예수와 죄인

위의 발견에 비추어 볼 때, 예수가 "죄인"과 어울렸다는 비판을 받은 전승을 어떻게 이해해야 할까?

우리는 이 문제의 예리함에서 쉽게 벗어날 수 없다는 점에 주목해야 한다. 이 전승이 70년 이전 팔레스타인에서 예수와 그의 첫 제자들에 대한 비판을 반영하고 있음을 부인하기는 사실상 불가능하다. "Q" 전승의 상호 지지 증언과 일반적으로 마가복음(일반적으로 가장 초기의 복음서로 인정됨)에 미리 형성된 자료[45]로 인정되는 내용은 대단히 설득력이 있다.

Jewish and Christian Self-Definition, 269-98, 여기 292와 298)

45) 나의 "Mark 2:1-3:6: A Bridge between Jesus and Paul on the Question of the Law," NTS 30 (1984) 395-
   415, reprinted in *Jesus, Paul and the Law*, 10-36을 보라.

게다가 막 2:17에서 "의인"과 "죄인"을 명확히 대조하고 있다는 사실은 이 대화가 당시 유대인 집단 간의 내부 논쟁이라는 맥락에서 이루어졌다는 것을 확실히 보여준다. 이러한 내부 논쟁은 특히 에녹 전승, 솔로몬의 시편, 사해 두루마리에 반영되어 있다. 즉, 샌더스가 가정한 것처럼 문제의 "죄인"이 1세기 팔레스타인의 범죄자 계급이었다고 가정할 수 없다. 사용된 언어는 오히려 의를 자신의 용어로 정의하고 (종파는 "하나님의 용어로"라고 말할 것이다) 그 의로운 실천 규범을 위반한 다른 유대인을 "죄인"으로 분류한 것과 같은 종파적 사고방식을 나타낸다. 위에 인용한 두 문서(솔로몬 시편과 사해 두루마리)에서 바리새인 또는 바리새인과 유사한 집단이 그 논쟁의 양쪽, 즉 자칭 의인인 경우와 자칭 의인으로부터 공격을 받는 경우의 어느 한쪽에 있는 것처럼 보이기에 이 점에서 예수에 대한 비판 중 몇 가지가 바리새인(막 2:16, 눅 15:1-2)에게서 유래한다는 것은 확실한 증거를 제공한다. **46**

반면 막 2:17 자체가 그러한 논쟁에 관여하지 않는 것은 사실이다. 예수가 "건강한 자에게는 의사가 필요 없다."라고 말하고 "의인을 부르러 온 것이 아니라 죄인을 부르러 왔다."라고 말한 그 자체로 의인에 대한 비판이 아니다. 오히려 병치된 말의 의미는 의인은 강하고 건강하다는 것, 즉 영적 또는 종교적 건강이 좋다는 것을 암시한다. 그런데도 이 시점에서 죄인과 의인이 서로 대결하는 방식에는 몇 가지 중요한 의미가 있다. 그 의미는 서로에 대한 그들의 처지가 바뀌고, 의인이 자신만을 위한 것으로 생각할 수있는 축복을 죄인이 받을 수 있다는 것이다. 의인이 하나님이 덜 받아들일 수 있다는 것이 아니라 의인이 도출한 결론 (따라서 죄인으로 간주하는 사람들은 하나님이 받아들일 수 없다는 결론)이 잘못되었다는 것이다.

이 말(막 2:17)의 문맥이 식탁 교체(막 2:15-17)라는 점을 상기하면 요점이 더 명확해진다. 복음서 전승에서 예수가 죄인들과 교제한 것과 관련된 모든 언급도 마찬가지다. 예수의 "부름"에 대한 이야기에서 연상되는 이미지는 식사나 연회에 대

---

46) 나는 이 문서에서 공격받은 사람들에 대한 일반적인 견해를 따른다. 예컨대, 나의 *Jesus, Paul and the Law*, 75-76에 인용한 내용을 보라.

한 초대 또는 소환의 이미지이다.(마 22:3-4, 9; 눅 14:7-17, 24에서와 같이) 한편으로 이것은 파벌 분쟁의 맥락과 잘 맞는데, 일반적으로 알려진바 식탁 교제는 예수님 당시의 하위 그룹들이 스스로 그은 가장 명확한 경계선 중 하나였기 때문이다.47 다른 한편으로, 그것은 위태로운 일의 심각성을 강조한다. 식탁이나 연회는 적어도 예수와 쿰란 공동체 모두에게 다가올 시대의 이미지로 받아들여졌기 때문이다. (눅 14; 1QSa)48, 49

예수의 말(막 2:17)은 이렇게 더욱 비판적으로 들리기 시작한다. 죄인은 의인이 아니라 새 시대의 연회에 초대받은 예수다! 그렇다고 해서 의인이 연회에서 제외된다는 의미는 아니며, 의인에게 초대장을 발부할 다른 사람들이 있다는 것을 부정하는 것도 아니다. 그러나 예수의 다른 유사한 말과 더하면 비판적 주석이 강화된다. 특히 탕자의 비유에서 형의 역할에 대해 생각해 본다. 아버지는 "아들아, 너는 항상 나와 함께 있고, 내 것은 모두 네 것이다."라고 안심시키신다. 하지만 여기에는 동생에 대한 원망과 정죄의 태도에 대한 분명한 질책이 내포되어 있다. 더 중요한 것은 마 21:32의 "세리와 창녀는 너희보다 먼저 하나님 나라에 들어간다."라는 말(특정 집단을 겨냥한 말은 아니지만)이다. 그리고 (메시아적) 연회에 초대를 받을 것이 분명하지만 여러 가지 이유로 초대를 거부하는 사람들에 대해 이미 언급한 비유(마 22장/누가복음 14장)도 똑같이 비판적이다.

모든 경우에 함축된 의미는 의인들이 있음에도 불구하고 죄인들이 초대되었다는 것이다. 실제로 죄인에 대한 의인의 태도는 하늘 연회 참여와 관련하여 불이익을 당할 위험이 있었다. 그들이 하나님을 기쁘시게 하는 의로움을 강화하거나 보

---

47) Sanders, *Judaism*은 이 주제에 대한 바리새인들의 여전히 큰 합의 견해에 계속 의문을 제기한다 (위, 159-159 참조) 1), 그는 순결을 의식하는 사회에서 바리새인들이 왜 "분리된 자들"이라는 별명을 얻었는지 묻지 않고, 복음서의 증거에 충분한 무게를 두지 않고, 여전히 "정결한 바리새인이라면 평범한 사람과 함께 식사하지 않을 것이며…,[그리고] 일상적으로 미드라스 부정(midras impurity)을 가진 사람들과 함께 식사하지 않는 것을 선호했다."(437)고 결론을 내린다.

48) (역주) 회중의 규칙(1QSa)은 1946년 쿰란 유적지 인근 동굴에서 발견된 최초의 사해 두루마리 7개 중 하나에 부록으로 수록된 문서다.

49) 나의 "Jesus, Table-Fellowship, and Qumran", *Jesus and the Dead Sea Scrolls*, ed과 J. H. Charlesworth (New York, 1993), 254-72을 보라.

호하기 위해 식탁 교제에 대한 매우 엄격한 제한은 바로 그 은혜로부터 자신을 차단할 위험에 처해 있었다.

죄인에 대한 이러한 긍정적인 관점은 죄인에 대한 유대인의 전승적인 이야기에서 완전히 구별되는 것은 아니며, 죄인은 돌아와서 자비를 찾을 수 있다.(사 55:7) 죄에서 돌이켜 율법을 지키고 옳은 일을 행한다면 그는 살 것이다. 주님은 불경건한 자의 죽음을 기뻐하지 않으시고 오히려 그가 그 길에서 돌이켜 살기를 원하신다.(겔 18:21-23, 27;33:11) "죄인아 돌이켜 그 앞에서 바르게 행하라"라고 토빗(Tobit)은 기도한다. "그가 너희를 받아 주시고 자비를 베푸실지 누가 알겠느냐?"(13:6) 쿰란 찬송가 작사자는 "범죄에서 돌이키는 자, 죄를 버리는 자에게는 소망이 있다."(1QH 6.6)라고 기뻐한다.

마찬가지로 이방인은 죄인이라는 등식은 자동적이거나 보편적이지 않다. 랍비 유대교에서 의로운 이방인에 대한 긍정적인 견해는 잘 알려져 있다.[50] 그 말에서 긍정적인 점은 다음과 같다. "죄인"이라는 지위가 남아있거나 남아있는 한에서만 존재한다. 긍정적인 태도는 회개하는 죄인, 의로운 이방인을 향한 것이다.[51] 대조적으로, 막 2:17의 초대는 자격이 없다. 물론 눅 5:32에 "나는 의인을 부르러 온 것이 아니라 죄인을 **회개하게 하러** 왔다."라는 εἰς μετάνοιαν(에이스 메타노이안)이 추가되지만, 이는 누가가 죄인을 악인이나 범죄자와 같은 비사실적인 의미로 이해했음을 나타낼 뿐이다. 이와 대조적으로, 막 2:17에 나오는 이 말의 이전 형태는 죄인이 자칭 "의인"에 대한 사실적 대척점으로 이해되고 있었기에 자격 없이 죄인이 사용되었음을 암시한다.

요컨대, 죄인이 예수의 초대를 받는 자로서 자격 없는 용어로 묘사되는 방식과 죄인에 대한 의인의 태도에 대한 비판을 분명히 암시하는 의인과 죄인의 병치는 유대 전승에서 막 2:17을 두드러지게 한다. 한 가지 주목할 만한 예외를 제외하면, 의인과 죄인에 대한 유대인의 광범위한 이야기에서 성경과 성경 이후를 통틀어 이와

---

50) G. F. Moore, *Judaism in the First Centuries of the Christian Era* (Cambridge, Mass., 1927) 1.279; 2.386을 보라.

51) 또 Sjöberg, *Sünder*, 5-8장; Urbach, *Sages*〉462-71을 보라.

유사한 예는 찾을 수 없다.[52] 다른 곳에서 **의인**은 명백히 긍정적인 범주이고 **죄인**은 **의인**과 병치될 때 명백히 부정적인 범주다.[53] 이 말을 한 예수는 그 전승 안에서 전승과 현재의 사용과 태도에 대해 독특한 견해를 밝히고 있었다.

결론

결론은 분명하고 간단해 보인다.

첫째, 한 유대인이 다른 유대인을 '죄인'이라고 칭하는 것은 유대 전승의 맥락에서 상상할 수 있을 만큼 심각한 혐의 또는 비난이었다. "죄인"은 율법 밖에서, 언약의 경계 밖에서 살고 있었기 때문이다. 그런 "죄인"은 하나님의 언약을 통해 하나님으로부터 하나님의 백성에게 주어진 모든 특권과 축복을 완전히 상실할 책임이 있었다. 죄인은 멸망과 영원한 형벌만을 기대할 수 있었다.

따라서 샌더스이 주장처럼, 한 사람의 유대인을 "죄인"이라고 비난하는 것은 "사소한" 문제라 할 수 없다. 어떤 언쟁에서 "죄인"이 사용되었다는 사실 자체가 그 용어를 사용한 사람의 관점에서 볼 때 그 문제가 사소한 것과는 거리가 멀다는 것을 나타낸다.[54] 오히려 죄인이 나타내는 모든 심각성을 가지고 있었다. "그들은 죄인이지만 유대인은 모두 똑같다."라는 쉬프만의 항변도 말이 되지 않는다. 그들이 "죄인"이었고 따라서 다가올 세상에서 금지되었다면, 그들이 여전히 유대인인 것이 무슨 차이가 있을까? 유대인의 종교적 정의가 하나님의 언약과 약속을 받은 사람이라면, '죄인'은 '유대인'이 아니거나 명목상 "유대인"일 뿐이다.

---

52) 예외는 PrMan 8이다: "의인의 하나님이신 주님, 주님께 죄를 짓지 않은 아브라함과 이삭과 야곱과 같은 의인에게는 은혜를 지정하지 않으셨지만, 죄인인 저에게는 은혜를 지정하셨습니다." 이 구절은 막 2:17와 매우 유사하지만, 예수 이전 시대의 유대인 자료에서 찾아볼 수 없는 독특한 구절이라는 점에서도 주목할만하다. (Neale, *Sinners*, 86-95의 자세한 논의 참조)

53) 위에서 인용한 예들을 다시 한번 보라. Neale, *Sinners*, 85를 참조하라: "기원전 2세기부터 시대가 바뀌면서 시편에서 '의인'과 '죄인'에 대한 이념적 표현과 기본적으로 조화를 이루는 '죄인' 관점에 대한 강력한 문학적 증거가 존재한다. '죄인'에 대한 보상은 고려되지 않았으며 심판만이 유일한 전망이었다."

54) Kraft and Nickelsburg, *Early Judaism*, 18은 다음과 같이 지적한다: "이 경우, 법에 대한 해석의 차이와 분쟁은 절대적인 진리와 거짓의 수준으로 올라가며 그 결과로 구원과 저주를 초래한다."

위의 내용에서 도출할 수 있는 또 다른 분명한 결론은 막 2:17에서 예수는 사실상 파벌적인 방식으로 죄인을 사용하는 것에 대해 항의하고 있었다는 것이다. 예수는 이 단어의 사용에 내포된 정죄의 심각성, 즉 유대교 내 분열의 심각성을 인식했다. 한 유대인 집단이 다른 유대인들이 할라카의 독특함에 동의하지 않고 무시한다는 이유만으로 그들의 언약적 지위와 유대인 지위를 부정할 수 있다는 것은 예수에게는 분명 혐오스러운 일이었다. 따라서 이것은 또한 하나님의 은혜를 축소하는 것에 대한 항의였으며, 하나님의 뜻을 지나치게 정의하고 지나치게 제한하여 말이나 행동으로 그 정의에 이의를 제기하는 사람들을 "죄인"으로 정죄해야 하는 것에 대한 항의였다. 예수에게 메시아 연회를 상징하는 식탁은 자칭 "의인"만을 위한 것이 아니라, 하나님의 은혜의 표현으로서 의인들이 "죄인"이라고 폄하하는 사람들에게도 열려 있었다.

바울이 "이방인 죄인"(갈 2:15-16)에게도 같은 은혜가 확장되어야 한다고 변호한 것은 단순히 막 2:17에 명시된 원칙의 연장선상에 있는 것이었다. 따라서 막 2:17에 표현된 예수의 말과 행동은 유대인의 전승뿐만 아니라 그 이후 유대인과 기독교의 정의와 실천에 대한 도전을 제공한다.

9장 _ 1세기 팔레스타인에서 예수와 견유학파
몇 가지 중요한 고려 사항들

D. E. 오운

서론

최근 예수의 생애와 가르침에 관한 연구에서, 특히 미국에 많은 학자는 역사적 예수는 유대 **묵시론**의 맥락적 관련성에 대한 이전의 (여전히 지배적인) 강조보다 유대 또는 헬레니즘 **지혜** 전승의 배경을 통해 가장 잘 이해될 수 있다고 제시했다. 이러한 관점 변화의 한 가지 징후는 초기 형태의 Q(주로 마태복음과 누가복음 사이의 비마가적 유사성에 기초하여 재구성된 가상의 '예수의 말의 출처⟨Logienquelle⟩ (또는 격언의 출처)가 주로 지혜적 성격을 띠고 있었으며, 후에 예언적이고 묵시적 격언이 추가되었다는 주장이다.[1]

물론 지혜의 스승으로서 예수와 견유학파 사이에는 필연적인 연관성은 없다.[2] 그런데도 역사적 예수의 삶과 가르침을 재구성하는 데 묵시론의 주석적 중요성을 거부한 일부는 예수와 견유학파 현자 사이의 유사점을 강조하면서 예수가 견유학파의 영향을 받았다고 주장했다. 예컨대, 버튼 맥(Burton Mack)에 의하면 다음과 같다.[3]

---

1) H. Koester, *Introduction to the New Testament*, (2 vols.; Berlin and Philadelphia, 1982) 2.147-49; J. S. Kloppenborg, *The Formation of Q: Trajectories in Ancient Wisdom Collections* (Philadelphia, 1987)

2) 예컨대, Kloppenborg는 그가 Q로 가정하는 가장 초기의 지혜 연설 모음집이 예수의 진정한 말을 대표한다고 가정하지 않도록 주의한다. 그는 또한 Q의 말과 견유학파 크리아이 사이의 유사성에도 불구하고 Q 공동체가 견유학파를 모방했거나 그들의 이데올로기를 차용하거나 각색했다고 제시하지 않도록 경계한다.(Formation of Q, 324)

3) B.L. Mack, *A Myth of Innocence: Mark and Christian Origins* (Philadelphia, 1988), 68.

예수가 비유, 격언, 교묘한 반어법을 사용한 것은 견유학파들의 말하기 방식과 매우 유사하다. 예수의 많은 주제는 친숙한 견유학파 주제다. 또한 당당하고 모호한 그의 사회 비판 스타일도 전형적인 견유학파의 입장과 일치한다. 학자들은 이러한 유사점 중 일부를 오랫동안 알고 있었다.

이러한 '유사성'은 무엇을 의미할까? 1세기 팔레스타인에 유행했던 견유학파의 한 형태가 예수와 그의 추종자들에게 미친 역사적 영향의 결과일까? 아니면 도미닉 크로산(Dominic Crossan)이 "인간 정신의 위대하고 근본적인 선택지 중 하나"라고 부르는, 역사적 연관성이 없는 현상학적 유사성일까?[4] 역사적 예수가 1세기 팔레스타인에 존재했던 견유학파의 영향을 받았다고 주장하는 맥은 이 문제에 대해 분명한 입장을 취한다. "견유학파의 비유는 역사적 예수를 특정한 유대 종파적 환경에서 벗어나 갈릴리에서 널리 퍼진 것으로 알려진 헬레니즘 정신으로 재배치한다."[5]

예수와 견유학파 사이의 연관성에 대해 가장 집중적으로 연구한 학자는 F. 제럴드 다우닝(Gerald Downing)이다.[6] 다우닝은 많은 논문과 두 권의 주요 저서에서 "예수 전승과 **대중적** 견유학파 사이에 적어도 명백한 '유사점'이 많다는 것은 나사렛 예수가 견유학파의 영향을 받아들였을 가능성을 시사한다."[7] 같은 책에서 다우닝은 예수가 의식적으로 견유학파의 영향을 받아 행동하고 가르쳤다고 주장한다. 다른 책에서 다우닝은 초기 기독교가 대중적인 견유학파와 "닮았다."라고 주장했고 더 나아가 2세기 이후의 초기 기독교 작가들이 이 유사성을 받아들였다고 했다.[8] 다우닝을 지지하는 많은 주장과 제안에 치명적인 약점이 있다고 생각하지만, 관심

---

4) J.D. Crossan, *The Historical Jesus: The Life of a Mediterranean Jewish Peasant* (San Francisco, 1991), 76.

4) J.D. Crossan, *The Historical Jesus: The Life of a Mediterranean Jewish Peasant* (San Francisco, 1991), 76.

5) Mack, *Myth of Innocence* 73.

6) F. G. Downing, *Christ and the Cynics: Jesus and Other Radical Preachers in First Century Tradition* (Sheffield, 1988)와 *Cynics and Christian Origins* (Edinburgh, 1992) 다우닝이 쓴 많은 글은 후자의 책의 참고 문헌에 나열되어 있다.

7) Downing, *Cynics and Christian Origins*, 3.

8) 위의 책, 302.

있는 학자들은 그의 자세한 주장을 읽고 자기만의 결론을 도출하는 것이 중요하다.

견유학파의 관련 측면

견유학파는 기원전 4세기부터 기원후 4세기까지 "견유학파"("개 같은〈like a dog〉", "개〈canine〉")9라는 명칭을 주장했거나 다른 사람들에 의해 "견유학파"로 분류된 고대인들 사이에서 유사성(학자들이 인식하는)을 나타내는 추상 명사다. 견유학파는 매우 복잡한 역사적 현상으로, 이 용어는 그레코-로마 문화의 규범과 가치에 반대되는 삶을 살았던 사람들이 다양한 방식으로 사용했으며, 파격적인 외모와 행동으로 극화되었다.

지난 20년 동안 견유학파 현상은 집중적인 학술적 조사의 대상이다. 학자들은 한 세대 전보다 견유학파에 대해 "덜" 알고 있다. 고대 자료가 더 비판적인 관점에서 읽히고 있어 견유학파와 견유학파라는 칭호 사용과 관련된 복잡성과 불연속성이 이전보다 더 완전하게 인식되었다는 의미에서 그렇다. 현재의 맥락에서 고대의 견유학파에 대한 미묘한 논의를 완전히 제시하는 것은 불가능하다. 예수와 견유학파를 비교할 때 고려해야 할 고대 견유학파의 몇 가지 특징을 강조하겠다.

첫째, 견유학파들의 무게 중심은 자유 또는 해방이었는데, 이는 **자유**(ελευθερια)와 **독립**(αυτάρκεια)10와 같은 용어가 포착된 개념이다. 견유학파의 대부분 실천가가 일관되게 사용한 **견유학파 용어**라고 말할 수는 없음에도 말이다.11 견유학파들은 자유를 주로 부정적이고 실용적인 방식으로 이해했다. 즉, 의식주, 결혼, 자녀에 대한 걱정으로**부터**(from)의 자유, 법적, 도덕적, 정치적, 지적, 종교적,

---

9) 고대인들은 개를 일반적으로 경멸적으로 보았기에 κυνικός는 초기 냉소주의자들이 개가 공공장소에서 행동하는 완전히 자연스럽고 영향을 받지 않는 방식과 관련하여 비판하는 사람들이 견유학파에게 붙인 부정적인 칭호인 것 같다.

10) A. M. Rich, "The Cynic Conception of Autarkeia," *Mnesonyne*, 9 (1956) 23-29.

11) F. G. Downing, *Cynics and Christian Origins* (Edinburgh, 1992), 45-50.

사회적 의무로**부터**의 자유, 욕망, 감정(απαθεια), 야망으로**부터**의 자유, 심지어 자살을 통한 삶 자체로**부터**의 자유였다.12 견유학파적 생활 방식은 독립, 즉 '자급자족'의 원칙을 중심으로 한 육체적 금욕주의를 인간 삶의 완전한 잠재력을 실현하는 유일한 수단으로 인정한 전승에 기반을 두고 있다.

견유학파 금욕주의는 영혼이 신에게만 집중할 수 있도록 육체와 자아를 억제하는 스토아적 금욕주의와 기독교적 금욕주의와 구별된다.13 대개 견유학파들은 자유에 대한 금욕적 접근 방식에 대해 이론화하지 않았지만, 많은 저명한 스토아학자들은 자신의 통제하에 있지 않은 것들로부터의 분리를 뒷받침하기 위해 정교한 윤리적 이론을 개발했다. 견유학파의 목표는 미덕의 삶, 즉 τὸ κατ' αρετην ζην(디오게네스 라에르티우스〈Diogenes Laertius〉, 6.104)를 사는 것이었지만, 미덕의 삶과 습관과 규범이 확립된 도시의 삶을 대립적인 것으로 간주했다.

견유학파들은 일상생활의 제약에서 해방되기 위해 의식적으로 박탈과 고통, 괴로움을 견디며 **단순한 삶**(아테나이우스 데이프네 4.156c-159d)과 덕(13.566e-571a)을 중요하게 여겼다. 줄리우스에 따르면 견유학파의 목표는 '감정으로부터의 자유'(Or. 6.192A)인 아파세이아(απαθεια)였다. 그는 자연에 따른 삶과 문화에 따른 삶을 대조하는 Or 6.193D에서 이에 대한 다른 면을 표현한다:

모든 철학이 그렇듯이 견유학파 철학의 목적과 목표는 행복이지만, 다수의 의견에 따르는 것이 아니라 자연에 따라 사는 것으로 구성된 행복이다.

문화가 아닌 자연에 따라 살며 고통을 통해 신격화된 영웅 헤라클레스는 견유

---

12) R. Höistad, *Cynic Hero and Cynic King* (Lund, 1948), 15-16.
13) 냉소적 금욕주의의 주제에 대한 가장 중요한 공헌은 M.-O. Goulet-Cazé, *L' ascèse cynique: un commentaire de Diogène Laërce VI 70-71*, Histoire des doctrines de l'antiquite classique, 주-10 (Paris, 1986)

학파적 삶의 방식의 모범이었다.**14**

둘째, 디오게네스 라에르티우스는 헬레니즘 시대 견유학파의 특징에 대해 거의 외면하면서 다음과 같이 언급한다. 그는 철학 학파로서의 견유학파의 독특한 가르침을 요약할 수는 없다고 언급하면서 견유학파와 스토아학파의 공통적 특징들을 강조한다.(6.103-5): (1) 그들은 물리학과 논리학을 배제하고 윤리를 강조한다. (2) 그들은 일반적으로 가르치는 과목들(예: 기하학과 음악)에 반대한다. (3) 인생의 목표는 미덕에 따라 사는 것이다. (4) 그들은 단순하게 먹고 입는다; 일부는 채식주의자이고 일부는 찬물만 마신다. (5) 부와 명예, 고귀한 출생을 경멸한다. (6) 덕은 가르칠 수 있고 한번 배운 덕은 잃을 수 없다. (7) 현명한 사람은 사랑받을 만한 가치가 있으며 동료들의 친구이다. (8) 어떤 것도 운에 맡겨서는 안 된다. (9) 미덕과 악덕의 중간은 무엇이든 무관심하다.

디오게네스는 견유학파 개개인에 대해 이야기할 때 그들의 인생관을 드러내는 일화를 강조한다. 말허베(Malherbe)에 따르면,**15**

> 견유학파를 만든 것은 그의 옷차림과 행동, 자급자족, 과잉으로 보이는
> 것에 대한 가혹한 행동, 실용적인 윤리적 이상주의였지 소크라테스-반
> 티스테네스 원칙에 기반한 체계의 세부적인 배열이 아니었다.

셋째, 디오게네스 라에르티우스에 따르면 (일반적으로 고대 사상과 일치하는) 철학 학파(αιρεσις)는 중심 원리를 따르며 일관된 교리를 가지고 있다.(디오게네스 라에르티우스 1.20) 다른 헬레니즘 철학 학파와 달리 견유학파는 조직적 구조와 중심 교리가 없었다.**16** 헬레니즘 시대에는 견유학파가 되고자 하는 이들이 가입해야

---

14) D. E. Aune, ˝Heracles and Christ: Heracles Imagery in the Christology of Early Christianity,˝ *Greeks, Romans and Christians: Essays in Honor of Abraham J. Malherbe*, ed. D. L. Balch, E. Ferguson과 W.A. Meeks (Minneapolis, 1990), 3-19.

15) Malherbe, ˝Self-Definition among Epicureans and Cynics,˝ 49-50.

16) M.-O. Goulet-Caze, *L'ascese cynique: un commentaire de Diogene Laerce VI 70-71*, (Paris, 1986), 28-31.

하는 공통 교리 체계가 없었다. 따라서 철학 학파 또는 "학파"라는 용어는 "지적 전승"의 의미로만 견유학파에 사용될 수 있다. 이런 이유로 마리-오딜-굴렛-카제(Marie-Odile GOULET-CAZÉ)는 제국 시대에 "견유학파"보다는 개별 견유학파에 대해 말하는 것을 선호한다.[17]

바로(Varro)에 따르면, "견유학파"는 다양한 철학적 입장에 적용되는 용어로, 유일한 공통분모는 견유학파적 삶의 방식이었다.(시민으로서의 아우구스티누스, 19.1.2-3)[18] 히포보투스(Hippobotus)는 잃어버린 작품인『페리 아이레세온($\pi\epsilon\rho i$ $\alpha\iota\rho\epsilon\sigma\epsilon\omega\nu$)』에서 9개의 철학 학파를 논의했지만, 견유학파, 엘리안주의(Elianism), 변증법주의는 무시했다.(디오게네스 라에르티우스 1.19) 디오게네스 라에르티우스가 견유학파의 창시자와 그 이후의 주요 인물들을 소개할 때 사용한 $\delta\iota\alpha\delta\delta\chi\alpha\iota$(계승) 장르는 특히 문제가 있다.[19] 스승과 제자 관계를 가정한 오래된 $\delta\iota\alpha\delta\delta\chi\alpha\iota$ 목록에 의존한 것일 수도 있지만, 견유학파 계승은 난점으로 가득 차 있으며 명백히 허구다.[20]

디오게네스는 몇 가지 이유로 기원전 200년경에 견유학파들에 대한 논의를 종결한다: (1) 후계자 명단은 기원전 1세기 초에 이미 사용되지 않았고, 정보에 공백이 있었기 때문이다. (2) 그는 철학의 로마적 특성이 아닌 그리스적 특성을 강조하고 싶었다. 그리고 (3) 그와 동시대 사람들은 주로 고전과 초기 헬레니즘 시대에 관심이 있었다.

그리스 주석적 전승(doxographical tradition)은 혼돈에서 질서를 창조하는 데 천재적인 재능을 가졌다. 또한 다른 모든 철학 학파와 마찬가지로 견유학파에 대한

---

17) M-O. Goulet-Cazé, "Le cynisme à l'époque impériale", *ANRW*, Part II/36.4,2817.

18) M.-O. Goulet-Cazé, *L'ascèse Cynique*: *un commentaire de Diogene Laërce VI 70-71* (Paris, 1986), 20-37.

19) 계승 목록 형식에 대해서는 V. Egger, *Disputationis de fontibus Diogenis Laerii paricula de successionibus philosophorum* (Bordeaux, 1881), 32-63을 보라.

20) Diogenes Laertius의 출처의 의도, 신뢰성 및 사용과 관련된 많은 문제는 J. Mejer, *Diogenes Laertius and His Hellenistic Philosophy* (Wiesbaden, 1978)과 "Diogenes Laertius and the Transmission of Greek Philosophy", ANRW, II. 36. 5, 3556-3602에서 논의된다. Diogenes는 전기적 전승을 논의할 때 출처를 언급하는 경향이 있지만, 독소론적 부분에서는 생략한다.

디오게네스의 관심은 주로 헬레니즘 시대(기원전 450~200년경)에 국한되어 로마 제국 시대를 완전히 무시한 결과를 낳았다. 반면에 줄리우스는 견유학파가 창시자는 없지만 헤라클레스 시대(기원전 6.182C-D) 이전에 행해졌던 보편적인 철학(또는 6.182C-D)이라는 사실을 강조한다. 사실, 줄리우스에 따르면 견유학파들은 책을 읽거나 다른 철학 학파에 입문하는 초심자들이 흔히 겪는 입문 과정을 거칠 필요가 없으며, "너 자신을 알라"와 "공용 화폐를 위조하라"라는 두 개의 델포이 격언[21]에만 유의하면 된다.(Julian Or. 6.187D-188A)

그러나 두 '이즘'을 연결하는 실제 또는 상상의 역사적 연관성에도 불구하고, 견유학파는 스스로를 견유학파로 식별한 사람들과 다른 사람들에 의해 견유학파로 식별된 사람들의 구체적인 사상과 라이프 스타일의 관점에서 분석되어야 한다. 어원이 단어의 의미에 대한 완벽한 가이드가 아니듯, 단어의 의미에 대한 완벽한 가이드는 없다. 그렇듯 견유학파와 같은 특정 철학적 경향의 기원은 기원전 1세기 후반의 견유학파의 성격에 대한 확실한 지침이 될 수 없다. 실제 문제는 자신을 견유학파로 간주하는 사람들 사이에서 널리 공유되었던 냉소적인 세계관에 대해 말할 수 있는가 이다.

넷째, 고대에 견유학파와 스토아학파가 밀접한 관련이 있다는 가정이 널리 퍼져 있었다.(디오게네스 라에르티우스 6.104) 스토아학파와 다양한 견유학파들 사이에는 일정한 연관성이 있으며, 헬레니즘 말기와 로마 초기에는 스토아학파와 견유학파들 사이에 상호 영향이 있었지만, 현대 학계에서는 두 전승 사이의 상당한 차이를 모호하게 만드는 역할을 하는 "Cynic-Stoic"이라는 복합 형용사를 사용함으로써 이 문제가 되는 개념이 지속되어 왔다.

스토아학파의 창시자인 제노(Zeno)는 견유학파 크레이트(Crates the Cynic)의 제자로 알려져 있다.(디오게네스 라에르티우스 7.2) 제노 당시(기원전 335~263년)

---

21) (역주) Delphic maxims은 고대 그리스 델포이의 아폴로 신전에 새겨져 있던 도덕적 교훈들이다. 가장 잘 알려진 세 가지 격언인 "너 자신을 알라", "과유불급", "서약을 하면 고난이 다가온다."라는 신전 입구에 눈에 띄게 새겨져 있다.

견유학파에는 두 가지 주요 특징이 있었다.**22** (1) 현명한 사람은 미덕을 제외한 그 어떤 것에도 가치를 부여하지 않는다는 점에서 어리석은 사람과 구별된다. (2) 현명한 사람은 관습적인 것을 받아들이지 않고 자연스러운 것을 받아들인다.(디오게네스 라아르티우스 6.71)

다섯째, 견유학파는 고대에 걸쳐 변함없이 유지된 사고와 행동의 체계가 아니었다. 어떤 역사적 사고와 행동 체계도 오랫동안 고정적으로 유지될 수는 없지만, 견유학파의 통일성은 독단적 전승보다는 반문화적 자세에 있다. 최근까지 학자들 사이에서는 증거가 부족함에도 디오게네스 이후의 견유학파를 동시대적으로 취급하는 경향이 있었다. 증거가 너무 희박하여 견유학파를 극단적으로 의심스러운 전재로 취급하는 것조차도 매우 문제가 있으므로, 우리에게 알려진 범위 내에서 개별 견유학파들의 견해가 연구의 적절한 초점이다.**23**

여섯째, 견유학파 창시자의 정체성에 관한 고대의 논쟁이 있었다. 이 논쟁은 현대 학자들 사이에서도 계속되고 있다. 일부 고대인들은 안티스테네스나 디오게네스를 견유학파의 창시자로 간주했지만, 가다라의 오에노마에우스(Oenomaeus of Gadara, 기원전 2세기의 저명한 견유학파)는 "견유학파 철학은 안티스테네스주의도 아니고 디오게네스주의도 아니다."(줄리우스 오 6.187C)라고 관찰했다. 디오게네스 라에르티우스는 안티스테네스를 견유학파의 창시자로 여겼기에 견유학파의 특징을 안티스테네스로 거슬러 올라가 추적하기 위해 노력했다. 줄리우스는 견유학파가 안티스테네스나 디오게네스에 의해 창시된 것이 아니라 헤라클레스(Or. 6.182C-D) 이전의 보편적인 철학이라고 생각했다. 더들리(Dudley)에 따르면, 안티스테네스(Antisthenes)와 디오게네스의 관계는 스토아학파가 자신과 소크라테스 사이의 연속성을 확립하기 위해 사용한 허구이기에 안티스테네스가 아닌 디오게네스가 견유학파의 진정한 창시자라고 한다.**24**

---

22) J. M. Rist, *Stoic Philosophy* (Cambridge, 1969), 62.

23) 예컨대, M. Billerbeck의 연구인 *Der Kyniker Demetrius: Ein Beitrag zur Geschichte der frühkaiserlichen Popularphilosophie*(Leiden, 1979)을 보라.

24) D. R. Dudley, *A History of Cynicism* (Hildesheim, 1967; originally published in 1937), 1-16. 안티스

안티스테네스와 디오게네스, 그리고 디오게네스를 따르는 대부분의 견유학파들 사이의 주요 차이점 중 하나는 사회에 대한 각자의 태도에 관한 것이다. 안티스테네스는 민주주의 정치에 비판적이었지만 고대 도시(아테네)의 틀 안에 머물렀다. 반면 디오게네스와 후대의 견유학파들은 도시 국가의 관습을 거부했다. 그러나 안티스테네스와 디오게네스는 동료들 사이에서 명예를 얻는 영광이라는 고대 영웅적 이상을 거부하고 선행으로 이루어진 아페른을 선호한다는 점에서는 일치했다.25

일곱째, 견유학파들은 외모와 행동에서 파격적인 것을 추구했다. 견유학파의 복장은 실이 없는 망토, 가죽 파우치, 지팡이, 흐트러진 머리(줄리우스 오. 6.201A) 등 고대에 걸쳐 비교적 일정하게 유지되었다고 널리 알려져 있다. 그러나 주머니와 지팡이는 여행자들이 널리 사용했으며 낡은 망토와 흐트러진 머리카락은 비자발적인 빈곤의 표시였다. 이러한 특징들은 자신을 견유학파라고 여기는 사람들에게 항상 나타나는 것은 아니며, 그러한 특징에만 국한된 것도 아니다.

여덟째, 디오게네스(기원전 404-323)는 전형적인 견유학파였다. 그에게서 유래한 일화는 견유학파가 어떻게 행동해야 하는지에 대한 고대의 개념에 이바지했다. 그는 인생에서 가장 중요한 것은 언론의 자유와 행동의 자유라고 강조했다.(디오게네스 라에르티우스 6.69,71) 현명한 사람은 도시 생활의 관습, 즉 그리스-로마 문화의 규범과 가치를 거부한다.(184 6.38)26 현명한 사람은 다른 사람으로부터 완전히 독립적이다. 공공장소에서 자위행위를 하는 그의 행위는 다른 사람에게 의지하지 않고 자연의 요구를 충족시켜야 한다는 관점을 극화했다. 그는 전통적인 결혼을 거부했지만, 남성과 여성이 원한다면 상호 동의하에 성관계를 가질 수 있다고 생각했다.

그러나 많은 고대 권위자들은 견유학파를 철학이라기보다는 "라이프 스타

테네스와 디오게네스의 관계가 허구였다는 것은 Sayre, *Diogenes of Sinope: A Study of Greek Cynicism* (Baltimore, 1938)에서도 주장한다: Sayre는 Crates를 견유학파의 창시자로 인정한다.

25) H. D. Rankin, *Anthisthenes Sokratikos* (Amsterdam, 1986), 183-84.

26) Suida, s.v. αἵρεσις; A. Adler, *Suidae Lexicon* (Leipzig, 1928-38) 2.177

일"로 정확히 간주했다.(디오게네스 라에르티우스 1.19-20, 6.103, 율리우스 오 6.181D, 189B 참조)**27** 견유학파에 대한 우리 지식의 대부분은 안티스테네스(약 기원전 446~66년) 같은 과거의 저명한 견유학파에 대한 일화나 **크레이아이28**로 주로 구성된 독서 전승에 기초하고 있다. 안티스테네스(기원전 446-366년), 디오게네스(기원전 404-323년), 모니무스(Antisthenes, 기원전 4세기), 오네시크라투스(Onesicratus, 기원전 4세기 후반), 크레이트(Crates, 기원전 4세기 후반) 등의 일화가 주로 디오게네스 라에르티우스, 6권에 보존되어 있다. 이 일화들은 또한 선집으로 모아져 여러 유형의 고대 전기 중 하나를 형성했다.(예: Lucian, Demonax) 견유학파가 아니어도 견유학파에 대한 재치 있고 문화적으로 비판적인 일화를 읽거나 듣는 것을 즐길 수 있었다. 사실 견유학파 일화의 많은 주제는 고대 그리스-로마 사피엔스 전승의 일부였지 다양한 견유학파 실천가들의 독점적 영역은 아니었다.

아홉째, 제국 시대의 견유학파에 대한 우리의 지식은 문제가 있다.**29** 견유학파들은 철학적 논문을 거의 쓰지 않았다.(율리우스 오. 6.186B-C) 또한 기원전 첫 3세기의 견유학파는 두 학파의 차이를 최소화하거나 개별 견유학파들의 차이를 최소화하는 경향이 있는 스토아학파 저자들을 통해 굴절되었다.**30** 『가짜 견유학파 서신』**31**은 제국 초기 견유학파의 주요 1차 사료다. 에픽테토스는 이상적인 견유학파를 매우 금욕적인 초상화로 제시한다.(아리우스 디스 3.22) 루시안(Lucian)은 페레그리누스(Peregrinus)를 극도로 부정적으로 묘사했다.(De morte Peregrini) 제국

---

27) Diogenes Lacrtius (6.15, 19)는 Antithenes가 견유학파와 스토아학파에 영향을 미쳤다고 주장한다.

28) (역주) 교화를 목적으로 특정 캐릭터에 대한 짧고 간단하고 유용한 담화나 행동을 언급하는 일화인 chrei-ai(χρεία)는 고대 세계의 대중적인 문학적 형식에 적용되었다. 농담이나 격언 또는 예시일 수 있으며, 이를 구성하거나 간결한 크레이아를 전체 단락으로 확장하는 것은 학생들의 교육의 일부다.

29) 이 기간에 견유학파에 대한 최근의 가장 포괄적인 논의는 Goulet-Caze, *Le cynisme a l'epoque imperiale*, 2720-2833에서 찾을 수 있다.

30) A. J. Malherbe, "Self-Definition among Epicureans and Cynics," *Self-Definition in the Greco-Roman World*, Vol. 3 of Jewish and Christian Self-Definition (ed.B.F.Meyer and E. P. Sanders; Philadelphia, 1982), 48-49.

31) (역주) Cynic Epistles는 대부분 로마 제국 시대에 작성, 재작성, 번역된 견유학파 철학의 원칙과 실천을 설명하는 편지 모음이나, 훨씬 이전의 철학자들이 쓴 것으로 알려져 있다.

시대의 견유학파는 거의 알려지지 않았는데, 그중 하나가 시눌쿠스(Cynulcus)다.[32]

가설의 문제적 특징

고대 현상을 비교하는 작업은 유사점뿐만 아니라 차이점도 고려해야 하는 매우 복잡한 작업이다. 더욱 문제가 되는 것은 이러한 현상은 결코 독립적으로 존재하는 것이 아니라 더 큰 체계 일부라는 점이다. 현상의 체계적 맥락을 제대로 파악하려면 두 개 이상의 서로 다른 시스템에서 나타나는 현상들을 비교해야만 하고 그래야 의미 있는 결론에 도달할 수 있다. 예컨대, 예수의 가르침에서 강조되는 것(즉, 심지도 거두지도 않지만, 하나님의 보살핌을 받는 새의 예)은 마태복음에서 예수의 가르침에서 인간과 하나님의 관계에 대한 더 큰 관점 일부일 것이며, 견유학파라고 알려진 저자들의 예는 자유에 대한 강조의 한 측면일 수 있다.

첫째, 예수와 견유학파들 사이의 유사점을 탐구하는 프로그램의 핵심은 유사점의 중요성을 평가하는 방법론적으로 까다로운 문제다. 이러한 유사점을 가장 체계적으로 정리한 사람은 다우닝이다.[33] 다우닝은 정경 복음서에 나오는 예수의 가르침과 견유학파 자료에서 가져온 것으로 추정되는 다양한 문학적 증언들 사이의 수백 가지 유사점을 나열한다.(다우닝은 유사점이 스스로를 대변한다고 주장하기에 별다른 언급은 하지 않음) 고립된 유사점은 현상학적 관점에서 흥미롭지만, 사고와 행동의 평행 구조만이 역사적 또는 유전적 관계가 있는 것으로 간주할 수 있다. 특히 6세기에 걸친 실제 또는 상상 속의 견유학파들과 견유학파들에 대한 역사적 보고서에서 무차별적으로 도출된 고립된 유사점은 거의 입증되지 않았다.

또 다른 문제점은 다우닝이 예수의 가르침과 비교하여 견유학파들의 가르침을

---

32) R.F. Hock, "A Dog in the Manger: The Cynic Cynulcus among Athenaeus's Deipnosophists, *Greeks, Romans, and Christians: Essays in Honor of Abraham J.Malherbe*, ed. D. L. Balch, E. Fergusonrhk W. A Meeks (Minneapolis, 1990), 20–37.

33) F. G. Downing, *Christ and the Cynics: Jesus and Other Radical Preachers in First Century Tradition* (Sheffield, 1988)

강조하는 것이다. 견유학파는 일관된 교리가 아니라 삶의 스타일이었기에 가르침에 대한 이러한 강조는 견유학파의 본질적인 특성을 왜곡하는 경향이 있다. 다우닝의 유사점이 자유나 독립과 같은 구조적으로 중심이 되는 견유학파의 강조점이나 심지어 솔직함(παρρησία)이나 무관심(αδιάφορα)과 같은 개념에 초점을 맞출 것으로 생각했을 수도 있지만, 그는 그렇게 하지 않는다.[34] 다우닝의 이러한 유사성 표현에 대한 원자론적[35] 접근은 본질적으로 문제가 있는데, 그 이유는 많은 유사성들이 그리스-로마 세계에서 널리 통용되는 일반적인 토포이[36]에 불과하기 때문이다.

표 약식(in table form)으로 유사점을 제시하는 것이 원자론적이라고 하더라도, 유사점이 실제로는 냉소적 출처에서 도출된 것이어야 한다고 생각할 수 있다. 그러나 어떤 저자를 견유학파로 간주하고 어떤 저자를 그렇지 않은 것으로 간주해야 하는지를 결정하는 문제는 매우 복잡하다. 일부 학자들은 견유학파로 간주하는 고대인의 목록을 매우 제한적으로 가지고 있지만, 다우닝은 가능한 한 광범위하게 가능성을 열어 둔다.[37] 또 다른 문제는 견유학파라고 주장하는 개인의 모든 발언을 견유학파로 간주해야 하는지 여부이다. 다우닝은 이에 대해 확신을 하고 있다. "자칭 견유학파가 발표하는 견해는 모두 견유학파다."[38] 더 나아가 다우닝은 이를 뛰어넘기까지 한다. "그러나 우리는 견유학파적 헌신에 대한 명백한 주장이 없는 경우에도 견유학파로 명시적으로 분류된 것과 유사한 견해를 표현하는 것도 견유학파로 허용한다."[39] 다우닝은 무소니우스 루퍼스(약 30-100년경)조차 견유학파로 간주하는데, 이 판단은 방법론적으로 문제가 있다.[40]

---

34) *Cynics and Christian Origins* 45~50에서 다우닝은 견유학파들에게 귀속된 캐치워드(catchwords) 중 냉소주의자라고 할 수 없을 정도로 견유학파들에게 광범위하게 나타나는 것은 거의 없다고 인정한다. 다우닝이 인정하지 않는 것은 이러한 개념이 헬레니즘 세계에서 매우 널리 사용되었기에 특정 지적 전승과만 연관시킬 수 없다는 것이다.

35) (역주) atomistic(많은 구성 요소로 이루어져 복잡한)

36) topoi, 전승적이거나 전승적인 문학적 또는 수사학적 주제 또는 토픽

37) 이 문제는 Downing, *Cynics and Christian Origins*, 26-56에서 완전하고 솔직하게 논의된다.

38) 위의 책, 55.

39) 위와 같음.

40) 위의 책, 69-70.

다우닝이 다른 많은 사람과 함께 스토아학파에서 견유학파(또는 견유학파 성향)로 옮겼다가 다시 스토아학파로 돌아간 것으로 간주하는 디오 크리소스톰의 경우는 더 어렵고 더 결정적이다.(후기 연설에서 그는 34장에서 견유학파들을 공격한다)[41] 디오의 연설은 다우닝에게 정경 복음서들과 많은 유사점을 제공한다. 그러나 디오가 견유학파가 아니었다는 사실이 점점 더 분명해지고 있다. 디오가 도미티아누스에게 추방당하는 동안(기원전 82~96년), 그의 방랑과 초라한 옷차림, 도덕적인 연설은 견유학파만의 특징이 아니었다. 또한 디오게네스에 대한 존경은 헤라클레스, 오디세우스, 소크라테스에 대한 존경과 마찬가지로 견유학파들만의 전유물이 아니라 스토아학파를 비롯한 다른 학파의 특징이기도 했다. 디오 역시 에픽테토스와 마찬가지로 스토아학파의 이상을 동경하면서도 스토아학파의 이름을 내세우는 사기꾼들을 거부한 스토아학파였을 것이다.[42]

둘째, 맥은 자신의 특정한 버전의 견유학파 가설을 뒷받침하기 위해 갈릴리에서 "널리 퍼진 헬레니즘 정신"에 대해 이야기한다.[43] 맥이 견유학파 철학자의 존재를 가정하는 데 필요한 문화적 맥락으로 판단하는 것은 바로 이 헬레니즘 정신이다. 기원전 1세기 팔레스타인에서 그리스어, 문학, 교육이 널리 사용된 것을 조사한 후 마틴 헹겔은 "팔레스타인 유대교"와 "헬레니즘 유대교"를 구분하는 오래된 구분이 이제는 유용하지 않다고 주장한다. 그는 "팔레스타인" 유대교를 오히려 "헬레니즘" 유대교라고 불러야 한다고 제안한다.[44] 갈릴리의 두 주요 헬레니즘 도시인 세포리스와 티베리아스, 그리고 트랜스 요르단 도시 중 더 북쪽에 있는 데카폴리스(예:, 안티오키아 하마, 아빌라, 가다라, 펠라, 벳세안 또는 스키토폴리스)[45], 기원후 1세기 갈릴리에서 유대인과 헬레니즘 문화 세계 사이의 복잡한 관계

---

41) 이 견해는 이미 고대에 시네시우스가 지지했던 것으로, H. von Arnim, *Leben und Werke des Dio von Prusa* (Berline, 1898), 245, 464에서 제시되었다.

42) C. P. Jones, *The Roman World of Dio Chrysostom* (Cambridge, Mass., 1978), 45-55.

43) Mack, *Myth of Innocence*, 68. 39

44) M. Hengel, *The "Hellenization" of Judaea in the First Century after Christ* (London과 Philadelphia, 1989)

45) 이 도시들에 대해서는 E. Stern, ed. *The New Encyclopedia of Archaeological Excavations in the Holy Land* (Jerusalem and New York, 1993) 4.1324-28 (Sepphoris), 4.1464-73 (Tiberias); 2.634-36 (Hip-

에 대해서는 아직 명확한 그림이 나오지 않았다. 헬레니즘은 시골보다는 팔레스타인의 도시에서 더 많이 증거가 되었다. 실제로 두로와 같은 헬레니즘 도시와 그 도시가 식량 공급에 의존하던 갈릴리 내륙 지역 사이에 긴장 관계가 있었다는 증거가 있다.[46]

유대교의 헬레니즘적 측면에 대한 헹겔의 유능한 연구는 자주 유대교의 혼합주의적 성격을 주장하는 데 사용되었지만, 헹겔 자신은 유대교 신앙의 중심적 특징이 이스라엘-유대교 전승의 전승적인 매개 변수 내에서 뚜렷하게 유지되었다는 점을 분명히 하고 있다. 또한 1세기 갈릴리에 견유학파들이 존재했다는 문학적 또는 고고학적 증거는 없다. 유명한 두 명의 견유학파 메니푸스[47]와 오에노마우스[48], 그리고 견유학파에 동조한 헬레니즘 시인 멜레게르[49]는 가달라(갈릴리 바다에서 남동쪽으로 7.5km 떨어진 데카폴리스의 중요한 도시 중 하나) 출신이었다. 메니푸스는 페니키아인으로 폰투스의 바톤에 노예로 팔려 갔다가 나중에 테베에 정착했으며, 일부 학자들은 남아있는 그의 글 조각에서 셈족의 영향을 발견했다.[50] 멜레게르는 가다라에서 태어났지만 티레에서 자랐고 코스에서 은퇴한 후 그곳에서 사망한 것으로 추정된다. 그러나 두 인물 모두 가다라에서 냉소적인 삶의 방식을 실천한 것 같지는 않다. 결국, 랍비 현자들이 견유학파를 인식했다는 최근의 증거가 있다.[51]

셋째, 견유학파들이 반대했던 그레코-로마 규범과 가치관은 고대 도시 국가의

---

pos), 1.1-3 (Abila), 3.1174-80 (Pella), 1.223-35 (Beth-Shean)을 보라. Gadara에 대해서는 U. Wagner-Lux와 K. J. H. Vriezen, "Gadarenes," ABD 2.866-68을 보라.

46) G. Theissen, *The Gospels in Context: Social and Political History in the Synoptic Tradition* (Minneapolis, 1991), 61-80.

47) 기원전 3세기 초(Strabo 16.2.29)의 Menippus는 페니키아 사람 또는 시리아 사람이었다고 Diogenes Laertius(6.99)는 말한다. Menippus에 대해서는 R. Helm, 〈PW〉, 15.888-94; D.R. Dudley, *A History of Cynicism* (Hildesheim, 1967), 69-74; L. Paquet, *Les Cyniques Grecs: Fragments et témoinages* (Ottawa, 1975), 122-24을 보라.

48) Oenomaus는 2세기 초 사람이었다. Oenomaus에 대해서는 Dudley, *Cynicism*, 162-70; J. Hammerstaedt, "Der Kyniker Oenomaus von Gadara," *ANRW*, II. 36/4 (1990) 2834-65을 보라.

49) Meleager는 기원전 1세기 동안 번성했다.(Anth. Graec. 7.417-19)

50) Martin Hengel, *Judaism and Hellenism*, (2 vols.; Philadelphia, 1974) 1.84

51) M.Luz, "A Description of the Greek Cynic in the Jerusalem Talmud," *JSJ* 20 (1989) 49-60.

사회 및 정치 제도에 초점을 맞추었기에 견유학파들은 도시 환경에서 거의 독점적으로 활동했으며, 그들의 순회 생활조차도 주로 한 도시 환경에서 다른 도시 환경으로 이동하는 수단이었다. 반면에 예수 운동은 주로 시골에서 일어났으며, 예수는 헬레니즘 도시인 갈릴리와 그 주변 지역을 의식적으로 피하기까지 한 것 같다. 역사적 예수에 대한 자신의 주요 저작에 사용한 역사적 배경의 일부로 견유학파에 대한 오래된 종합 발표를 포함한 도미닉 크로산[52]은, 일반적인 의미로 "견유학파"라는 용어를 사용하지는 않은 것은 분명하지만 예수가 "농민 유대인 견유학파"였을 가능성을 기꺼이 받아들인다.[53]

> 그러나 그레코-로마 견유학파들은 주로 농장보다는 시장에, 농민보다
> 는 도시 거주자에게 집중했다. 그리고 그들은 한편으로는 집단적 규율
> 이나 공동 행동에 대한 감각을 거의 보여주지 않았다. 예수와 그의 추종
> 자들은 이러한 배경과 잘 어울리지 않는다.

여기서 크로산은 예수와 견유학파들 사이의 두 가지 주요 차이점, 즉 활동의 주요 배경(예수는 도시를 피했지만, 견유학파들은 주로 도시에 있었다)과 활동의 특정 사회적 맥락(예수는 사회-종교운동에서 중심 역할을 하지만 견유학파들은 확신에 찬 개인주의자였다)에 초점을 맞추고 있다.

넷째, 복음서는 팔레스타인 유대 기독교, 헬레니즘 유대 기독교, 헬레니즘 이방인 기독교 등 후대 기독교의 관심사가 겹쳐진 예수의 가르침과 활동에 대한 진정한 회상을 담고 있는 복잡한 문서. 예수 전승이 헬레니즘화되면서 견유학파의 영향은 점점 더 커졌을 것이다.

---

52) Crossan의 견유학파에 대한 종합적인 논의는 그가 밀레니엄 운동의 일곱 가지 유형학을 사용하여 견유학파를 내향 주의자로 분류했다는 점에서 문제가 있다. B. Wilson, *Magic and the Millennium: A Sociological Study of Religious Movements of Protest among Tribal and Third-World Peoples* [New York, 1973], 16-30을 보라. "견유학파"(개별 견유학파들의 공통된 특징을 나타내는 명칭)는 사회 운동도 종교도 아니기에 윌슨의 유형학을 사용하는 것은 본질적으로 문제가 있다.

53) Crossan, *The Historical Jesus*, 421.

다섯째, 예수나 초기 그리스도인들을 이해하는 데 있어 견유학파들의 관련성을 논의하는 대부분의 신약학자는 한 세대 이상 전에 형성된 견유학파의 종합에 의존하는데, 이는 견유학파가 지금 안전하게 가정할 수 있는 것보다 더 많은 통일성과 일관성을 전제하고 있다.54

여섯째, 예수의 가르침과 **금언**과 냉소(cynic)적 **크레이아이**(chreiai) 사이의 형식적 유사성은 논의가 필요하다.55 공관복음서에서 예수의 금언 또는 선포된 이야기들과 견유학파 철학자들에게서 유래한 **크레이아이**56 또는 일화 사이의 관계는 일부 논의의 대상이 되어 왔다.57 격언 다음으로 공관복음서에서 가장 빈번하게 발견되는 문학 형식은 **크레이아이**이다. 클라우스 버거(Klaus Berger)는 정경 복음서에 65개 이상의 **크레이아이**를 나열했다.58 그리스어 **크레이아이**가 랍비 문헌에 미친 영향은 일찍이 피셸(H. A. Fischel)이 탐구했다.59 크레아이의 사용은 분명히 견유학파들에만 국한된 것은 아니지만, 가치관의 갈등을 중심으로 하는 경향이 있기에 일반적으로 도시 사회에 대한 견유학파들의 비판에 적절한 수단임이 입증되었다.

견유학파 **크레이아이**와 공관복음서의 **크레이아이** 사이에는 유사점뿐만 아니라 차이점도 있다. 첫째, 일반적으로 **크레이아이**와 특히 냉소(견유)적 **크레이아이**는 재치 있는 경향이 있다. 이 유머러스한 요소는 예수에게서 유래한 **크레이아이**에서 거의 빠져있다. 둘째, 냉소(견유)적 **크레이아이**의 대화 상대는 완전히 익명이거나 알렉산더 대왕과 같은 유명한 인물이다. 공관복음에 등장하는 대화 상대는 바리새인, 사두개인, 서기관과 같은 정형화된 집단인 경향이 있다. 예수 자신조차도 개인 현자보다는 집단의 대표로서 기능한다. 갈등은 현자와 사회 일반 사이의 갈등이

---

54) 주요 예외로는 F.G.Downing과 A. Malherbe가 있다.

55) Hengel, *Hellenization*, 44.

56) (역주) Chreia란 한 사람에 관한 이야기를 말이나 행동의 형태로 간략하게 전달하는 일화이다. 이 단어는 "유용하다."는 뜻의 그리스어 chreiodes에서 유래했다.

57) 간략한 내러티브 틀 안에서 제시된 예수의 특정 말들의 형태를 이해하면서 크레아이의 관련성은 M. Dibelius)에 의해 강조되었다. *Die Formgeschichte des Evangeliums*, 6. Aufl. (Tübingen, 1971), 149-64.

58) K. Berger, *Formgeschichte des Neuen Testaments* (Heidelberg, 1984), 80-82.

59) H.A. Fischel, "Studies in Cynicism and the Ancient Near East: The Transformation of a *Chria*", *Studies in Antiquity:Essays in Memory of Erwin Ramsdell Goodenough*, ed. J. Neusner (Leiden, 1968), 372-411.

아니라 두 사회 집단 사이의 갈등이다. 따라서 갈등은 사회적 정체성을 정의하는 수단으로 기능한다.**60**

결론

예수의 삶과 가르침의 독특한 성격을 조명하기 위해 견유학파들에 대한 다양한 증언을 사용하려고 시도할 때 관련된 문제점을 논의하면서 그러한 비교를 극도로 어렵게 만드는 몇 가지 문제가 나타났다.

첫째, 이 제시는 기원전 1세기 초 갈릴리에 영향력 있는 견유학파들이 존재했다고 가정하며, 아마도 "유대인 견유학파"의 변형된 형태일지도 모른다. 갈릴리나 데카폴리스에 견유학파가 존재했다는 문학적 또는 고고학적 증거는 없으며, "유대인 견유학파"의 혼종이 존재하거나 발전했다는 증거도 없다.

둘째, 그레코-로마 문화의 정치적, 사회적 규범과 가치에 대한 견유학파들의 항의는 그레코-로마 도시의 상황에서만 가능했다. 이와 대조적으로 예수 운동은 주로 시골 농민들의 가정에서 일어났다.**61**

셋째, 견유학파들은 고대 세계에서 일반적으로 이해되는 개념인 '철학 학파'에 속하지 않았다. 디오게네스 라에르티우스는 주요 철학 학파와 유사하게 '견유학파'를 개념화하려는 고대의 시도를 바탕으로 스승과 제자의 관계에 대해 상당히 허구적으로 설명한다. 주요 철학 학파와 유사하게 견유학파에 창시자를 제공하려는 시도조차도 문제가 있다. 견유학파는 지적인 측면과 행동적인 측면을 모두 갖춘 매우 다양한 전통이었다. 이 전통은 디오게네스를 비롯한 문화적으로 주변적인 현자들의 패러다임적 역할에 의해 유지되었으며 일화와 전기를 통해 전승되었다.

---

60) Theissen, *Gospels in Context*, 113-16.
61) 다음의 최근 논의를 참조하라: K.Berger, "Hellenistische Gattungen im Neuen Testament," *ANRW* II. 25/2 (1984) 1092-1110 (with an extensive bibliography); V. K. Robbins, "The Chreia," *Greco-Roman Literature and the New Testament*, ed. D. E. Aune (Atlanta, 1988), 1-24; B.L. Mack and V.K. Robbins, *Patterns of Persuasion in the Gospels* (Sonoma, Cal., 1989)

넷째, '견유학파'는 고대에 걸쳐 매우 다양하기에 동시다발적으로 논의할 수 없으며, 스스로를 견유학파라고 생각했거나 다른 사람들에 의해 견유학파로 간주한 개인의 사고와 행동에 관한 연구를 통해 접근해야 한다.

다섯째, 견유학파 사상의 구조적 핵심은 **자유**라는 주제다. 이 주제는 솔직한 말투, 반문화적인 복장(일반적으로 주머니, 지팡이, 누더기 망토), 행동으로 특징적으로 표현된다. 예수와 견유학파들 사이의 현저한 차이점은 사고와 행동의 체계적 구조를 비교할 때 분명해진다. 이러한 차이점은 비교 대상으로 제시된 평행 자료를 개별 주제와 모티프로 세분화할 때 가려진다.

여섯째, 견유학파로 추정되는 저자와 증언자의 명단을 매우 신중하게 검토해야 한다. 디오 크리소스톰과 같은 중요한 저자들이 실제로는 그렇지 않았는데도 견유학파로 추정된다면 이 비교 작업은 무효로 한다. 또한 냉소(견유)적으로도 추정되는 모든 진술이 견유학파의 특징이라고 단순히 가정할 수도 없다.

일곱째, 붙임표로 연결된 복합 형용사 "Cynic-Stoic"은 두 전승 사이의 상당한 차이를 모호하게 하기에 문제가 있다.

마지막으로, 예수와 견유학파들의 일화 또는 **크레이아이** 사이의 형식적 유사성은 놀랍고 자세히 연구할 가치가 있다.

10장 _ 예수와 그의 공동체: 에세네파와 바리새파 사이

B. 픽스너

서론

1. 제2성전 유대교의 다원주의

제2성전시대의 유대교, 특히 예수와 원시 교회 당시의 유대교는 종교적 태도가 획일적이지 않고 오히려 다원주의적이었다. 유대교에 대한 다양한 표현이 있었지만, 플라비우스 요세푸스가 묘사한 당시의 세 가지 주요 토라 그룹인 사두개파, 바리새파, 에세네파(『전쟁사』 2.119-166, 『고대사』 18.12-22)에 기반한 주요 종교관이 있었다.

네 번째 그룹으로는 바리새파에서 나온 열심당(『고대사』 18.23-25)이다. 이들은 급진적 신정주의를 표방하며 군사적 수단을 동원해 이를 실현하려고 노력했다. 기원후 6년 인구조사를 계기로 설립된 이 단체의 목적은 로마 군주들에 대항하기 위함이었다. 창시자는 감라의 학자 예후다(Jehudah)와 바리새파 랍비 사독(Zaddok, 『고대사』 18.4)이었다. 감라의 예후다 왕조가 이끄는 그들의 종교적이고 종종 폭력적인 극단주의는 결국 로마와의 전쟁 중에 갈릴리 정복으로 인한 끔찍한 주민 학살, 예루살렘과 성전 파괴, 감라파 엘르아살의 마사다 함락 등 비참한 재앙을 연달아 초래했다.

세 가지 주요 종교운동은 예루살렘이 멸망하기 전 2세기 동안의 종교적 행동을 결정했다. 필립 세이덴스티커(Philipp Seidensticker)가 강조했듯이, 종교 생활에 적극적인 사람은 누구나 세 가지 그룹 중 하나에 의해 어떤 식으로든 영향을 받았다.1 세 그룹 모두 토라를 최고의 법으로 여겼지만, 그룹마다 율법 해석이 달랐다. 그 차이의 핵심은 할라카, 즉 율법을 실제 생활에서 어떻게 지켜야 하는가에 있었다. 달력은 분열의 주원인 중 하나였다. 필로와 요세푸스가 언급하지 않았지만, 쿰란 두루마리를 자세히 연구한 결과 이 문제가 밝혀졌다.2 달력 논란이 에세네 분열의 강력한 모티브가 되었다는 사실은 쿰란 동굴에서 여러 사본으로 발견된 '의의 교사' (4QMMT3)의 할라카 편지(the halakhic letter)를 통해 확인되었다.(1QpHab4 11.4-8 참조)5

오늘날 유대교의 바리새적 표현만이 변형된 형태로 남아있지만, 이 형태를 "규범적 유대교(normative Judaism)"로 분류하고 에세네파가 고백한 것을 "종파적"으로 분류하는 것은 잘못된 것이다. 대부분의 쿰란 학자들은 쿰란 에세네파를 종파라고 부르는 관행을 포기했다. 제2성전 당시에는 세 운동 모두 유대인 생활의 형태로 인정되었다.

플라비우스 요세푸스의『생애』는 이러한 "규범적 다원주의"를 잘 보여준다. 그는 예루살렘의 사두개파 귀족 제사장 가문의 후손이었다.(『생애』1-6),

열여섯 살 무렵 나는 우리 민족이 분열된 여러 종파[여기서는 경멸적인 의미로 사용되지 않았다!]에 대해 개인적으로 경험하기로 했다. 내가 자주 언급했듯이 바리새파, 사두개파, 에세네파의 세 가지 종파가 있다. 나는 철저한 조사 끝에 최고를 선택할 수 있는 위치에 있어야 한다고 생각했다. 그래서 고된 훈련과 고된 연습에 몸을 맡기고 세 가지 과정을 통

---

1) "Die Gemeinschaftsform der religiösen Gruppen des Spätjudentums und der Urkirche", SBFL4 9 (1958/59) 94-198.
2) J. A. Fitzmyer, The Dead Sea Scrolls: Major Publications and Tools for Study (SBL Resources for Biblical Studies 20; Atlanta 1990), 180-182. 특별히 Dr. Rainer Riesner (University of Tübingen)의 문헌 참고와 유용한 비평에 감사를 표한다.
3) (역주) MMT 또는 할라카어 편지라고도 알려진 4QMMT는 유대 사막 쿰란에서 발견된 사해 두루마리의 일부였던 필사본에서 재구성한 텍스트다.
4) (역주) 하박국 주석 또는 페셰 하박국(1QpHab)으로 표시된 하박국 주석은 1947년에 발견되어 1951년에 출판된 사해 두루마리 원본 7권 중 하나였다.
5) E. Qinron and J. Strugnell, eds., Qumran Cave 4 V: Migsat Ma' ase HaTarah (DJD 10; Oxford, 1994)

과했다. (『생애』 9-10)

이 세 그룹에서 훈련을 받은 후 그는 사막에서 세례 요한을 연상시키는 생활 방식을 가진 반누스(Bannus)라는 이름의 고행자(『생애』 11-12)와 합류했고, 3년 후 바리새파 할라카(『생애』 12)를 따르기로 한다.

2. 제시된 논제

위의 서론에 비추어 볼 때, 이 세 개의 종교 집단 중 어느 집단이 예수와 그의 공동체에 영향을 주었는가? 이 질문에 대한 답으로 나는 다음과 같은 논제를 제시한다: 예루살렘 남서쪽 언덕에 있던 원시 기독교 공동체는 에네세 지구 근처에 살았다. 그곳에 "에세네의 문"(『전쟁사』 5.145) 옆에 청동 두루마리(3Q156 1.9-12, 2.13-15)에 익시올리리온(כחלית)이라 불리는 세 개의 수도원 센터 중 하나가 있었다.

그룹 간의 긴밀한 접촉에 가장 큰 책임이 있는 인물은 내 생각에는 "주의 형제"인 야고보였다. 그의 주변에는 갈릴리에서 온 예수의 친척들로 구성된 영향력 있는 그룹이 있었다. 내 생각에 이 친척들이 나사렛인에 속해 있었고 에세네 성향이 있었다. 이 나사렛인들은 기원전 100년경 바빌로니아 디아스포라에서 온 사람들로, 예수는 친척들이 자신을 간섭하려 한다고 느꼈기에 그들을 떠나 가버나움에서 바리새인 모델에 기초한 자신만의 그룹을 형성했다. 가버나움에 있는 동안 예수는 토라와 할라카, 특히 힐렐 학파로 대표되는 할라카에 관한 바리새파의 가르침에 더 가까이 다가갔다. 그러나 바리새인들과의 대화 시도는 많은 논쟁을 불러일으켰고, 결국 열매를 맺지 못했다.

요단강 건너편 베다니와 예루살렘 근처 베다니에서 마지막 몇 달 동안 예수는 에세네파 동조자들에게 다시 둘러싸여 있었다. 당시 에세네파와 성전 충성파는 서로 다른 두 가지 절기 달력을 따랐다. 예수의 최후의 만찬은 남서쪽 언덕에 있는 에

---

6) (역주) 청동 두루마리(3Q15)는 키르벳 쿰란 근처의 제3 동굴에서 발견된 사해 두루마리 중 하나이지만, 다른 두루마리들과는 크게 다르다. 다른 두루마리는 양피지나 파피루스에 쓰여 있지만, 이 두루마리는 금속에 쓰여 있다.

세네 공동체의 방문자 숙소에서의 유월절 식사였다. 이날은 에세네인들이 유월절
유월절을 기념하는 수요일 전야였다. 그날 밤 예수는 감옥에 갇혔다. 그리고 마침
내 유월절(토요일) 전날 성전에서 유월절을 지내던 중 십자가에 못 박혔다.

1. 예루살렘의 남서쪽 언덕

1. 시온산, 기독교의 요람

교부들의 고대 전승과 고고학적 증거에 근거하여 예루살렘 지형에 대해 가장 잘
입증된 사실 중 하나7는 예루살렘에 원시 기독교 공동체가 있었다는 것이다. 이곳
은 오늘날 시온산이라고 불리는 도시의 남서쪽 언덕이다. 베네딕트 도미션 수도원
옆에는 마가의 다락방과 다윗의 무덤이 있다. 다윗 왕의 기념비는 십자군이 오순
절에 대한 성 베드로의 설교를 잘못 해석하여 그곳에 세워졌다.(참조, 행 2:29) 시
간이 지나면서 유대인과 무슬림에 의해 다윗의 무덤이 있는 진짜 장소로 채택되었
다. 나는 이 지역의 건축 발전과 전승에 대해 다른 곳에서 글을 썼다.8

2. "에세네 문"

1973년 시온산에 있는 우리 수도원에서 가톨릭과 개신교 신학생들을 위한 독일
어권 신학교육을 시작했을 때, 나는 성경 고고학과 지형학을 가르치는 일을 맡게
되었다. 당시 수도원장은 내게 시온산의 고고학과 전승에 관해 특별 연구를 해달
라고 요청했다.9

---

7) D. Baldi, *Enchiridion Locorum Sanctorum: Documenta S. Evangelii Loca Respicientia* (Jerusalem, 31982), 473ff.

8) *The Apostolic Synagogue on Mount Zion*, BAR 17/3 (1990) 16-35, 60; *Die apostolische Synagoge auf dem Zion" in Wege des Messias und Stätten der Urkirche: Jesus und das judenchristentum im Licht neuer archäologischer Erkenntnisse*, R. Riesner, ed. (Studien zur Biblischen Arch ologie und Zeitgeschichte 2; Gießen, 4 1994) 287-326; "Archäologische Beobachtungen zum Jerusalemer Essener-Viertel und zur Urgemeinde" in B. Mayer, *Christen und Christliches in Qumran?* (Eichstätter Studien NF 32; Regensburg, 1992), 89-113.

9) "An Essene Quarter on Mount Zion?" in *Studia Hierosolymitana in onore di P. Bellarmino Bagatti I: Studi archeologici* (SBFCMa 22; Jerusalem, 1976), 245-85 (also printed separately)

쿰란에서의 발견은 유대 사막의 에세네파 수도원과 관련하여 전 세계를 양극화 시켰다. 초기 기독교인들과 에세네파 사이의 접촉 가능성에 대한 논의가 활발하게 이루어졌다. 나는 로마 전쟁(66-70년) 당시 예루살렘 성벽에 대한 요세푸스의 설명에 특별한 관심을 가졌다. 바로 이 부분이 내 관심을 끌었다.

> 같은 지점[히피쿠스 탑]에서 시작된 성벽은 이제 서쪽을 향하고 있으며,
> 벳소(bethso)[10]라는 곳을 지나 에세네 문까지 다른 방향으로 진행되어 남
> 쪽을 향하고 실로암 샘 위로 연장되었다. (『전쟁사』 5.145년)

시온산의 성전에서 남쪽으로 약 210m 떨어진 곳에 오래된 개신교 공동묘지가 있다. 1890년대에 프레드릭 J. 블리스(Frederick Bliss)와 아치볼드 C. 디키(Archibald Dickie)가 발굴한 고대 지도를 연구한 후,[11] 나는 요세푸스의 문이 그곳 어딘가에 있을 것이라고 짐작했다. 소유주와 이스라엘 고대 유물부의 허가를 받은 후 나는 문을 찾기 시작했다. 1977년에 표면 약 3.6m 아래에서 갑자기 매끄러운 석회암 석판에 부딪혔는데, 고대 성벽의 문틀 중 하나에 속한 것으로 밝혀졌다.[12] 나중에 두 명의 이스라엘 고고학자인 도론 첸(Doron Chen)과 스로모 미갈릿(Shlomo Margalit)이 합류했다. 우리는 세 개의 서로 다른 시대에 속하는 세 개의 중첩된 문턱을 구별할 수 있었다.[13]

수년에 걸친 철저한 조사 끝에 세 개의 문턱의 연대를 알아낼 수 있었다. 위쪽은

---

10) (역주) 벳소는 요세푸스(『전쟁사』, 5:4, 2)가 명명한 곳으로, 예루살렘의 옛 성벽 또는 첫 성벽이 시온산 주변의 겐나스 문에서 남쪽으로 이어져 에세네의 문에 도달하기 전에 통과하는 지점이었다. 이 문을 통해 힌놈 계곡으로 의식이 옮겨졌던 것으로 보인다. (www.biblicalcyclopedia.com)

11) F. J. Bliss, "Second Report on the Excavations at Jerusalem", PEFQS (1894) 243-57 (242-54); "Third Report on the Excavations at Jerusalem", PEFQS (1895) 9-25 (12); Excavations at Jerusalem (London, 1898), 16-20, 322-24.

12) B.Pixner, D.Chen, and S. Margalit, "Har Zijon" [히브리어], Hadashot Arkheologiyot, 72 (1979) 28-29.

13) B. Pixner, D. Chen, and S. Margalit, "The 'Gate of the Essenes' Re-Excavated", ZDPV 105 (1989) 85-95 and Plates 8-16; B. Pixner, "The History of the 'Essene Gate' Area," ZDPV 105 (1989) 96-104; R. Riesner, "Josephus' 'Gate of the Essenes' in Modern Discussion", ZDPV 105 (1989) 105-9.

비잔틴 시대의 것으로, 예루살렘에서 한동안 살았던 유도키아(Eudokia) 황후[14]의 일꾼들이 지은 것으로 추정된다.[15] 중간 문턱은 모양이 좋지 않고 다른 유적지에서 수집한 석판으로 만들어졌으며, 아엘리아 카피톨리나(Aelia Capitolina) 시대의 것으로 시온산을 둘러싸고 있는 벽, 이른바 보르도 순례자의 무루스 시온(기원후 333년)의 문이었을 것이다.[16] 세 번째이자 가장 낮은 문턱은 잘 지어졌지만, 성문으로는 크기가 다소 작았다. 오랫동안 사용되었던 것으로 보이며, 석회암 석판은 발이 지나가면서 잘 닳았다. 성문의 날개는 기둥에 달려 있었는데, 그 기둥은 금속으로 만들어진 것으로 보인다.(여전히 보존된 소켓의 모양으로 보아) 우리는 문 아래에서 좋은 재료로 지어졌으며 이후의 전 기간 동안 수로 역할을 한 하수도를 발견했다. 문지방 아래에서 발견된 도자기는 이 문이 헤로디아-로마 시대의 것임을 증명했다. 요세푸스가 "에세네 문"(『전쟁사』 5.145)이라고 불렀던 이 문은 의심의여지가 없었다.

3. 에세네 지구

힌놈 계곡으로 이어지는 가파른 경사를 걸어서 올라가야만 닿을 수 있는 절벽 끝에 성문을 세운 데에는 특별한 이유가 있었을 것이다. 에세네인들이 근처에 살면서 농경지와 사막의 거처로 갈 때 이 문을 이용했기에 "에세네 문"이라고 불렸다고 할 수도 있다. 실제로 발굴이 시작되기 훨씬 전부터 몇몇 학자들은 요세푸스 플라비우스의 묘사에 주목하고 에세네인들이 요세푸스의 "에세네 문"과 가까운 곳에 거주지를 두었을 것이라고 결론지었다.[17] 이러한 의견은 에밀 슈러(Emil

---

14) (역주) the Empress Eudokia, 기원전 450년경.

15) "Pilgrim of Piacenza", *Itinerarium* 25 (D. Baldi, *Enchiridion Locorum Sanctorum*, 469)

16) *Iinerarium* 16 (Ibid. 474)

17) 성문의 이름이 항상 마을 밖의 지역을 가리킨다고 주장하는 이들도 있었다. 따라서 예루살렘 "에세네 문"은 에세네인들이 도시를 떠나 쿰란에 도착하기 위해 통과한 문이었다 (B. Schwank, *Gab es zur Zeit der öffentlichen Tätigkeit Jesu Qumran-Essener in Jerusalem?*, B. Mayer, *Christen und Christliches in Qumran?*, 115-30 [115-21]) 그러나 다른 역사적 시대의 예루살렘 성문들에 대한 그러한 규칙은 존재하지 않는다. 참조. R. Riesner, "Das Jerusalemer Essenerviertel: Antwort auf einige Einwande" in Z. J. Kapera, *Intertestamental Essays in honour of Jósef Tadeusz Milik*. Qumranica Mogilanensia 6, vol. 1 (Kraków, 1992), 179-86 (180-82) 1991년 10월 독일 아이히슈타트 가톨릭 대학교에서 열린 쿰란 심포

Schürer)[18], 마리-조제프 라그랑주(Marie-Jos phe Lagrange)[19], 오토 미셸(Otto Michel)[20] 등이 이렇게 주장했다. 구스타프 달만(Gustaf Dalman)은 에세네의 순수성 규정이 그들만의 문을 가져 달라고 요구한다고 주장했다.[21] 필립 세이덴스티커(Philipp Seidensticker)는 1958년에 이렇게 말했다. "예루살렘에는 분명히 에세네인 그룹이 살았는데, 그들의 이름을 딴 문이 있었기에 그 근처에 그들의 '수녀원'이 있었을 것이다."[22] 쿰란의 전쟁 두루마리에는 그들의 "예루살렘 공동체"(1n7yn 〈1QM 3.10-11〉)에 대한 언급이 나온다. 거룩한 도시에 대한 엄격한 순결 규정(CD 12.1, 11Q성전 45.11, 레 15:18 참조)을 고려할 때, 이 공동체는 금욕적인 수도사들로 구성되어 있었을 것이다.[23]

저명한 학자들의 의견을 입증하기 위해 우리는 에세네 문 주변 지역을 조사했다. 이를 통해 에세네파의 예루살렘 숙소의 위치에 대해 상당히 명확한 아이디어를 얻을 수 있었다.[24] 에세네인들의 저서에서는 "마카네(מחנה, makhané, camp, 진영)"라고 불렸다.[25] 성문에서 북동쪽으로 약 45m 떨어진 곳에는 여전히 바위에 깎인 36개의 계단이 있으며, 성벽 모서리에 있는 작은 테라스까지 이어져 있다. 이 높은 바

지엄에서 Herbert Hunger 교수(University of Vienna)는 비엔나의 "Schottentor"를 지적했다. 이 도시에 있는 중세 시대의 "Iro-Scottish" 수도원의 이름을 따서 붙여진 이름이다. 예루살렘의 예로는 1967년 이전에는 현지 아랍인들에 의해 bab el-magharibe "Gate of the Moors,"으로도 알려졌으며 성벽 내부 북아프리카 아랍인들의 거주지로 연결되는 Dung Gate가 있었다. 참조. B. Meistermann, *New Guide to the Holy Land* (London 1923), 213. 일반적으로 위치의 이름을 딴 성문은 성문에서 그 위치로 이어지는 도로가 있다는 사실을 가리키고, 사람들의 이름을 딴 성문은 그 사람들이 성문 근처에 거주했음을 나타낸다고 할 수 있다.

18) *Geschichte des Jüdischen Volkes im Zeitalter Jesu Christi*, vol. 2 (Leipzig 41907), 657-58 주 5 (ET G. Vermes, F. Millar, and M. Black, *Emil Schurer: The History of the Jewish People in the Age of Jesus Christ*, vol. 2 [Edinburgh, 1979], 563 주 5)

19) *Le Judaisme avant Jesus-Christ* (Paris, 1931), 317.

20) *De Bello Judaico: Der Judische Krieg: Griechisch und Deutsch*, vol. II/1 (Munich, 1963), 246. 주 41.

21) *Jerusalem und sein Gelände*. Schriften des Deutschen Palästina-Instituts 4 (Gütersloh, 1930), 86-87.

22) *SBFLA* 9 (1958/59) 129 [translation mine].

23) B. Pixner, "The Jerusalem Essenes, Barnabas and the Letter to the Hebrews", in Z. J. Kapera, *Intertestamental Essays*, 167-78.

24) B. Pixner, "Das Essener-Quartier in Jerusalem", in *Wege des Messias*, 180-207을 참조하라. 또 J. H. Charlesworth, *Jesus and the Dead Sea Scrolls* (New York, 1993), 198-234에 수록된 R. Riesner, "Jesus, the Primitive Community, and the Essene Quarter of Jerusalem,"을 보라.

25) 참조. J. H. Charlesworth, *Graphic Concordance to the Dead Sea Scrolls* (T bingen/Louisville, 1991), 392.

위 난간은 특별히 의식 세척을 위해 준비되었다.26 두 개의 계단식 의식 욕조가 보인다. 한 계단에는 (다른 예루살렘 목욕탕과 쿰란에서와 마찬가지로) 내려가는 계단과 올라가는 계단을 구분하는 전형적인 돌출부가 있다.

목욕탕 옆에는 벽을 통해 마카네(진영)로 들어가는 (아마도 비밀) 입구의 유적이 있다. 내 생각에는 이 입구는 쿰란의 청동 두루마리(3Q15 1,13-15)에 언급된 "비상구(מגוא, manos, 마노스)"이다. 나는 청동 두루마리에 관한 기사에서 처음 보물을 숨긴 열일곱 곳(3Q15 1,1-4,2)이 시온산이나 그 주변에 있었다는 의견을 피력한 바 있다.27 신비한 그리스 문자가 새겨진 17개의 은신처는 숨겨진 자산의 소유자 또는 감독자의 이름을 가리키는 것으로 추정된다. 이 은신처 중 몇 곳은 오늘날에도 추적할 수 있는 지역 조건에 완벽하게 들어맞았다.

위에서 언급한 성벽 밖의 의식용 목욕탕은 내가 알기로는 쿰란의 그것과 실제로 유사한 단 하나이다. 쿰란에서도 수도원 건물 밖에 특별한 미크베(מקוה)28 (위치 138)를 찾을 수 있다.29 이러한 시설을 통해 토라를 엄격하게 준수하는 사람들은 "너희 중에 누구든지 야간에 부정하게 된 사람이 있으면 진영 밖으로 나가서 다시는 진영 안으로 들어가지 말고, 저녁이 되면 목욕을 하고 해가 지면 진영으로 돌아와야 한다."(신 23:11-12)라는 명령을 이행할 수 있었다.

예루살렘 이중(double) 미크베에 대한 또 다른 근거는 에세네 화장실이 근처에 있었다는 것일 수 있는데, 에세네 문 근처의 벳스소30에 대한 요세푸스의 신비한 언급은 이제 성전 두루마리(11QTemple 46,13-16)의 구절을 통해 그러한 시설로 확인할 수 있기 때문이다.31 "정결한 물"(1QS 5,13)을 운반하던 바위를 깎은 수로가

---

26) 참조. B. Pixner, *Studia Hierosolymitana*, vol. 1, 269-71; *Wege des Messias*, 197-201.

27) "Unraveling the Copper Scroll Code: A Study on the Topography of 3Q15", *RQ* 11 (1983) 323-66 (342-47) 이제 점점 더 많은 학자가 청동 두루마리가 후대의 민속학적인 허구가 아니라 진짜 쿰란 문서라고 주장하고 있다. B. Pixner, "Copper Scroll", *ABD*, vol. 1 (New York, 1992), 1133-34을 보라.

28) (역주) miqveh, 유대인들이 종교적으로 사용하는 정결례 욕조 또는 정결례 목욕탕

29) 참조. R. de Vaux, *Archaeology and the Dead Sea Scrolls* (Oxford, 1973), 9 그리고 Plate XXXIX.

30) (역주) bethso(Βηθσώ)는 요세푸스(『전쟁사』, 5:4, 2)가 "그렇게 명명"(καλούμενος)한 곳으로, 예루살렘의 옛 성벽 또는 첫 성벽이 시온산 주변의 겐나스 문에서 남쪽으로 이어져 에세네의 문에 도달하기 전에 통과하는 지점이었다. 이 문을 통해 힌놈 계곡으로 의식이 옮겨졌던 것으로 보인다.

31) Y. Yadin이 처음 지적했듯이, "The Gate of the Essenes and the Temple Scroll" [히브리어], *Qad* 5/3-4

도시 외부의 진영에서 이중 미크베로 흐른다. 이 물은 정회원들만 사용할 수 있기에(1QS 5.13ff; 참조.1QS 6.16-17; CD 10.10-13;『전쟁사』2.137-142), 이 수로는 에세네 수도원의 중심지, 즉 예루살렘 성벽 안쪽 지역을 가리키는 것이 분명하다. 이 지역은 오늘날 그리스 정교회와 도미션 수도원 정원의 일부다. 바로 그 지역에서 우리는 여러 개의 의식용 목욕탕을 발견했는데, 그중 두 개는 꽤 큰 규모였다.[32] 그 크기로 보아 개인이 아닌 공동체 전체를 대상으로 한 것으로 보인다.

II. 시온산의 두 이웃 공동체

기원후 30년(일반적으로 예수가 죽은 것으로 알려진 해)부터 70년까지 시온산에 두 종교 공동체가 나란히 살았다는 강력한 증거가 존재한다는 사실은 기독교학자들에게 큰 관심을 끌 것이다.(에세네파는 성전이 파괴되면서 사라진 것으로 보인다) 두 그룹 사이에 접촉이 있었을까? 많은 학자는 원시 기독교와 쿰란 에세네파의 사회 구조가 유사하다고 언급했다.[33] 예수도 사도들도 에세네파는 아니었으나 신약성경의 일부 구절은 접촉 가능성을 시사한다.

1. 상호 접촉

행 6:7에는 "하나님의 말씀이 점점 왕성하여 예루살렘에 있는 제자의 수가 더 심히 많아지고 허다한 제사장의 무리가 이 도에 복종하니라"고 기록되어 있다. 이 유대인 사제들은 어디에서 왔을까? 바리새파는 대부분 평신도였지만, 사두개파와

(1972) 129-30 (ET in Y. Yadin, 〈Jerusalem Revealed〉, [Jerusalem,1976], 90-91)

32) 참조. B. Pixner, *Studia Hierosolymitana*, vol. 1, 271-73; *Wege des Messias* 201.

33) 참조. S. E. Johnson, "The Dead Sea Manual of Discipline and the Jerusalem Church of Acts" in K. Stendahl, *The Scrolls and the New Testament* (New York, 1957), 129-42, 273-75; H. Kosmala, *Hebräer, Essener,Christen:Studien tur Vorgeschichte der christlichen Verkindigung*(SPB 1; Leiden, 1959); W. S,LaSor, *The Dead Sea Scrolls and the New Testament* (Grand Rapids, 1962), 368-78; K. Schubert, in J.Maier and K. Schubert, *Die Qumran-Essener* (München, 1973), 127-37; R. Riesner, "Essener und Urkirche in Jerusalem" in B. Mayer, *Christen und Christliches in Qumran?*, 139-55; O. Betz, "Kontakte zwischen Essenern und Christen," Ibid., 157-75.

에세네파의 중심은 제사장들[34] 그룹으로 구성되었다. 사두개파의 귀족 제사장들은 원시 교회의 적대자이자 박해자였기에 학자들은 오랫동안 이 제사장들 그룹이 에세네 제사장 출신일 것이라 주장해 왔다.[35]

또한 초대 그리스도인들이 실천한 유무상통 공동체(행 2:44ff; 4:43ff)는 에세네파의 영향을 받은 것으로 추정할 수 있는데,[36] 에세네파는 모든 재산의 공유가 그들의 설립, 특히 수도원 구역 내에서 이루어졌다.(1QS 1.7ff;6. 16ff;7.6ff;『전쟁사』2.122)

초대 예루살렘 교회가 그런 관습을 따랐다는 것은 놀라운 일이다. 그러한 관습에 대한 주의 일반적인 명령은 존재하지 않았고, 그리스도교 교회의 다른 곳에서도 소개되지 않았다. 예루살렘에서도 이 관습이 곧 버려졌다. 시온산의 공동체가 이 관심을 자신들의 관행의 일부로 삼은 이유는 이웃인 에세네의 사회 제도의 영향 때문일 수 있다. 그리스도인들은 "거룩함"에 뒤처질 수 없었다. 마지막 날에 살고 있다는 확신(행 2:17)이 불러일으킨 열정이 두 공동체를 장악한 것이 그러한 독특한 행동의 자극이 되었을 수 있다. 베드로가 아나니아와 삽비라에게 한 말("땅이 그대로 있을 때에는 네 땅이 아니며 판 후에도 네 마음대로 할 수가 없다더냐")을 보면 알 수 있다. 행 5:4는 이 기독교 히브리인들의 종교적 공산주의가 자발적이었던 반면, 에세네파의 종교적 공산주의는 모든 정회원에게 의무적이었음을 시사한다.

도시 전역에 살았던 헬라파 기독교인들은 공동 소유권을 채택하지 않은 것 같다. 그래서 그들은 과부들이 시온산 공동체에 속한 사람들처럼 돌봄을 받지 못한다고 불평했을 수도 있다.(행 6:1) 새로 뽑힌 헬라파 집사들이 이 문제를 담당하게 되었다.(행 6:2-6) 예컨대, 마가의 어머니 마리아는 헬라어를 사용하는 사람들이

---

34) (역주) kohanim(제사장)은 아론 신권을 가리키는 히브리어로 "사제"를 뜻한다. 이들은 전통적으로 모세의 형제인 아론의 직계 부계 혈통으로 여겨지고 있다.

35) 참조. H. Braun, *Qumran und das Neue Testament*, vol. 1 (Tübingen, 1966), 153.

36) 참조. B. J. Capper, "In der Hand des Ananias…' Erwagungen zu *1QS* VI, 20 und der urchristlichen G tergemeinschaft," *RQ* 12 (1986) 223–36; O. Betz, in B. Mayer, *Christen und Christliches in Qumran?*, 165–65.

기도하기 위해 모이곤 했던 집에서 바깥문으로 통하는 뜰이 있는 편안한 집을 가지고 있었다.(행 12:12ff)

기독교 세례는 에세네파의 세례 관습과 요단 계곡의 유사한 운동에서 발전했을 수도 있다.[37] 세례의 진화 단계는 세 단계로 볼 수 있다. 첫 번째 단계는 에세네인들이 거의 매일 행하는 개인적 죄의 용서를 위한 의식적인 목욕으로 구성되었다. 그들은 "생수"에 몸을 담그거나 적어도 뿌려서 목욕을 했다.(1QS 3.4ff) 두 번째 단계는 세례 요한이 직접 세례자로 나서서 죄를 회개하고 메시아 왕국을 위해 마음을 열 준비가 된 사람들을 물에 담그는 행위였다.(막 1:4-5;『고대사』 18.117) 더 발전한 것은 예수를 주님과 메시아로 받아들이는 사람들에게 입문 의식으로 행해지는 기독교 세례였다.(행 2:38) 기독교 초기에 시온산에 여전히 남아있는 의식용 목욕탕 중 일부가 그러한 목적으로 사용된 것은 분명했다.(참조, 행 2:40)

누가가 예루살렘을 방문했을 때(행 21:15ff), 그는 시온산에 있는 그룹들과 긴밀하게 접촉했을 것이다. 에세네파라는 단어는 신약성경이나 쿰란 두루마리에서 직접 언급된 적이 없지만 누가는 에세네파와의 관계에 대해 어느 정도 알고 있었을 수 있다. 누가가 네 번이나 사용한 핵심 단어는 εὐλαβής(에우라베스)다. Essene(에세네)라는 별명의 유래를 설명하는 많은 제안이 있었지만, 가장 유력한 것은 'essaios (에싸이오스)' 또는 'essenos(에쎄노스)'가 그리스인들이 아람어 חסא을 발음하는 방식이라는 것이다. 히브리어 동음이의어는 코세프(חסיד)로 "경건한 사람(khosekh)"이다.

누가는 이중 저작을 위해 의도적으로 70인역의 언어를 사용했다. 70인역은 חסיד라는 단어에 εὐλαβνς(레 15:31, 미 7:2, 시 11:17)라는 표현을 세 번 사용했고, 더 일반적인 εὐσεβης(시 43:33)를 한 번만 사용했다. 누가가 사람이나 그룹에 대해

---

37) 참조. O, Cullmann, "The Significance of the Qumran Texts for Research into the Beginnings of Christianity" in K. Stendahl, *The Scrolls and the New Testament*, 18-32, 251-52 (21,28-29); O. Betz, in B. Mayer, *Christen und Christliches in Qumran?*, 158-60. 요단 계곡의 침례교 그룹의 역사에 대해서는 J. Thomas, *Le mouvement baptiste en Palestine el Syrie*, (150 av J.C.-300 ap. J. C) (Gembloux, 1935)을 보라.

εὐσεβης 또는 ελαβεis를 사용할 때 그는 "에세네인들"을 의미했을 수 있다. 그렇게 언급된 네 사람 또는 그룹은 다음과 같다:

(1) 한나와 함께 "예루살렘의 구원을 고대"(눅 2:38)했던 성전의 늙은 시므온(눅 2:25)

(2) 다메섹의 아나니아(행 22:12), 바울에게 세례를 주고 그를 아라비아의 어떤 은신처로 보내어 그곳에서 한동안 지내다가 다메섹으로 돌아오기 전에 아마도 바타니아에서 보냈던 사람(갈 1:17)

(3) 오순절 절기를 맞아 예루살렘에 모인 유대인 경건한 사람들(행 2:5)(이러한 모임은 성전이 아닌 시온산에 있는 그들의 숙소에서 있었던 에세네 오순절을 기념하는 모임이었을 수 있다)[38]

(4) 스데반을 묻고 그를 애도한 경건한 사람들(행 8:2)이 있다.

2. 주의 형제 야고보의 위치

원시 교회와 에세네 그룹 사이의 접촉을 담당했던 인물은 어떤 성격이었을까? 나는 "주의 형제"(갈 1:19)인 야고보를 꼽고 싶다. 세베대의 아들 야고보가 처형되고 시몬 베드로가 예루살렘에서 도망친 후(행 12:1-17), 이 야고보는 예루살렘 교회의 수장이 되었다.[39] 가톨릭 교회의 전례력에서 그는 일반적으로 여전히 열두 사도 중 하나로 간주되며 알패오의 아들 야고보와 동일시된다.(마 10:3, 막 3:18, 눅 6:15, 행 1:13) 그럼에도 오늘날 학계에서는 그가 열두 제자에 속하지 않았으며, 오히려 예수의 혈족 중 **부리더(sheikh)**라는데 동의하고 있다. 그는 예수의 형제들 중 최연장자로 보이며 누가복음에 여러 번 언급되어 있다. 그는 부활 후 주님의 특

---

38) 참조. B. Pixner, "Essener-Viertel und Urgemeinde," in *Wege des Messias*, 327-34 (328-31); M. Delcor, "A propos de l'emplacement de la Porte des Esseniens selon Josephe et de ses implications historiques, essenienne et chretienne: Examen d'une th orie," in Z. J. Kapera, *Intertestamental Essays*, 25-44 (35-42)

39) 참조. B. Pixner, "Jakobus der Herrenbruder," in *Wege des Messias*, 335-447.

별한 나타나심으로 특권을 받았기에 사도로 불린다. 바울이 전한 전승에 따르면, 이렇게 특권을 받은 사람은 시몬 베드로(케바스)와 야고보뿐이었다: "그(예수)가 게바에게 나타나시고, 그 다음에 열두 제자에게 나타나시고…, 그 다음에 야고보에게 나타나시고, 그 다음에 모든 사도에게 나타나시니라"(고전 15:7)

부활하신 주님과의 이 두 번의 개인적인 만남은 복음서에 기록되어 있지 않다. 그러나 야고보에게 나타나신 흔적은 제롬이 히브리인들에게 보낸 복음서에서 인용한 내용을 통해 우리에게 전해져 왔다:

> 주께서 세마포 천을 제사장의 종에게 넘겨 주셨을 때 야고보에게 가서 그에게 나타나셨다. 야고보는 주님의 잔을 마신 후 주님이 잠자는 자들 가운데서 살아나시는 것을 보기 전까지는 빵을 먹지 않겠다고 맹세했다. 얼마 지나지 않아 주께서 그에게 말했다: "여기 빵이 담긴 상을 가져와라." 곧바로 [복음서]는 덧붙입니다: 주님은 빵을 가져다가 축사하시고 의인 야고보에게 주시며 말씀하셨다: "내 형제여, 인자가 잠자는 사람들 가운데서 살아났으니 네 빵을 먹으라."[40]

이 유대-기독교 전승에는 어느 정도 진실이 있을 수 있다. 이 맹세는 야고보의 급진적 금욕주의와 잘 어울린다. "잔을 마신 후에"라는 말은 야고보가 열두 제자 중 한 명은 아니지만 최후의 만찬에 참여했음을 나타낸다. 그렇다면 시온산에서 예수의 유월절 식사를 준비한 사람이 바로 그 사람이라는 사실에 놀라지 않을 것이다. 베다니에서 온 두 제자가 영빈관으로 안내할 수 있는 마부가 필요했기에 열두 제자 서클 외부의 누군가가 예수와 동의하여 그 일을 했을 것이다.(참조, 막 14:12-16)

예루살렘 공의회에서 그리스도를 믿는 이방인들의 상황을 고려해야 할 때 베드

---

40) *De viris illustribus* 2; A. F. J. Klijn and G. J. Reinink, *Patristic Evidence for Jewish Christian Sects* (NovTSuppl 36; Leiden, 1973), 208-11을 보라.

로 외에 결정적인 말을 한 사람은 야고보였다. 그가 암 9:11-12의 예언을 근거로 자신의 주장을 펼쳤음을 알 수 있다:

> 이후에 내가 돌아와서 다윗의 무너진 장막을 다시 지으며 또 그 허물어
> 진 것을 다시 지어 일으키리니 이는 그 남은 사람들과 내 이름으로 일컬
> 음을 받는 모든 이방인으로 주를 찾게 하려 함이라 하셨으니 즉 예로부
> 터 이것을 알게 하시는 주의 말씀이라 함과 같으니라(행 15:15-18)

자신과 동생이 다윗의 가문에서 내려온 것을 확신한 그는 자신이 예루살렘 모교회의 지도자로 등극하는 것을 통해 이 예언의 성취를 보았다. 아모스의 이 본문이 쿰란 에세네파들에게 매우 중요했다는 것은 놀랍다. 다마스쿠스 문서(CD 7.16)와 동굴 IV의 선집에서도 찾을 수 있다. 이 인용문에 대한 페셔[41]는 우리 주제에 특별한 관심이 있다:

> 주님은 당신에게 "집을 지어 주겠다고 선언하십니다. 그리고 당신이 (
> 죽은 후에) 나는 당신의 씨를 높이고 그의 왕좌를 영원히 강화할 것입니
> 다. 그에게 나는 아버지가 되고 그는 내 아들이 되리라"(삼하 7:1-14) 이
> 것이 다윗의 지파이며, 그는 마지막 날에 시온에서 토라의 스승과 함께
> 일어날 것입니다. 기록된 대로 "내가 쓰러진 다윗의 집을 일으키리라"(
> 아모스 9:11) "이스라엘을 구원하기 위해 이 무너진 집을 내가 일으키리
> 라."(4QFlor[42] 1.10-13)

시온산에서 두 종교운동이 근접했다는 우리의 논문은 원시 교회의 또 다른 수수

---

41) (역주) '해석'을 뜻하는 히브리어 어근에서 유래한 pesher는 경전에 대한 해석적 주석의 집합체이다. 페셔림 주석은 사해 두루마리가 발견되면서 알려지게 되었다.

42) (역주) 쿰란의 동굴 4에서 발견된 종말론적 주석의 일부이다. 저자는 다양한 성경 본문(예: 삼하 7장, 시 1, 2, 출 15장, 겔 37장, 사 8, 65장)을 인용하여 다윗의 메시아를 하나님의 아들로 묘사한다.

께끼 같은 사실을 설명할 수 있다. 친밀한 열두 사도 그룹 밖에 있던 사람이 어떻게 모교회의 지도력을 맡을 정도로 높은 평가를 받을 수 있었을까? 모교회? 예루살렘 교회의 세 기둥을 언급할 때 바울조차 야고보를 첫 번째로 꼽을 정도로 야고보는 높이 평가받았다: "또 기둥같이 여기는 야고보, 게바, 요한도 …, 나와 바나바에게 친교의 악수를 하였으니 우리는 이방인들에게로, 그들은 할례자에게로 가게 하려 함이라."(갈 2:9) 기원후 43년 유월절 축제 기간에 베드로가 예루살렘에서 도망친 후 사도 요한은 예루살렘에 계속 머물렀던 것으로 보인다. 예루살렘 공동체의 수장을 맡은 사람은 요한이 아니라 야고보였다.(참조, 행 12:17) 야고보와 예수와의 친밀한 관계는 예루살렘 형제단에서 야고보가 권위를 갖게 된 주요 요인이었다. 다른 사도들의 권위는 교회 전체로 확장되었다.

쿰란 에세네파들의 기록은 다윗 가문의 메시아에 대한 그들의 기대가 얼마나 강렬했는지를 보여준다. 최근에 발표된 사 11:1을 의역한 동굴 4의 양피지 조각은 여기에 새로운 무게를 더한다.(4Q285) 옥스퍼드 대학교의 게자 베르메스(Geza Vermes)가 본문을 번역한다.(2-5행): "그리고 다윗의 가지인 이새의 그루터기에서…, 싹이 나와서(717n3)…, 회중의 왕, 다윗의 가지가…, 치거나 상처로 그를 죽일 것이다."[43] 야고보는 자신이 다윗 왕조의 후손이라고 주장할 수 있다. 그러한 예언에 높은 가치를 두는 사람들에게 야고보는 사도들과 같은 단순한 설교자보다 열정과 신뢰를 불러일으킬 가능성이 더 컸을 것이다.

공동체에서 야고보의 지위는 에세네 공동체에서 "감독자"의 지위와 여러 면에서 같았다.(참조, 1QS 6.12ff; CD 9.18ff) 정확히 일치하는 것은 그리스어 에피스코포스(επίσκοπος, 교회 지도자 또는 감독)이며, 실제로 이 단어에서 파생되었을 수 있다.[44] 메바커(지도자)[45]의 관습대로 야고보도 바울이 장로들과 함께 예루살렘을 마지막으로 방문했을 때(행 21:18) 등장하며(파피루스 74 및 코덱스 시나이티쿠스에

---

43) "The 'Pierced Messiah' Text-An Interpretation Evaporates," BAR 18/4 (1992) 80-82(81)

44) H. Braun, *Qumran und das Neue Testament*, vol.2 (T bingen, 1966), 328-32에 수록된 작품을 참조하라.

45) (역주) 쿰란 공동체는 지도자에 대해 mebaqqer라는 동등한 용어를 사용했다.(1QS 6.12.20)

46 따르면) "많은" 장로(πληθος〈행 21:19〉)의 모임에 대해 말하며 쿰란 문서에서 코세프(הרבים)와 같다.**47**

야고보를 더욱 받아들일 수 있었던 것은 그의 금욕적인 생활 방식이었다. 그는 토라를 충실히 지켰기에 '의인'(ὁ δκο)이라는 별칭을 얻었다. 뿐만 아니라 그의 삶은 경건함과 성실함을 보여주었다. 기원후 180년경의 유대 기독교 작가 헤게시푸스(Hegesippus)가 기록한 내용 중 일부만 사실이라고 해도 야고보는 매우 금욕적인 유대인임에 틀림없다.**48** "그는 어머니 뱃속에서부터 거룩한 사람이었다."라고 저자는 말한다. "그는 독주를 마시지 않았고 고기도 먹지 않았다. … 양털옷을 입지 않고 흰 베옷만 입었다. 그리고 그는 홀로 성전에 들어가 무릎을 꿇고 사람들에게 용서를 구하는 모습을 볼 수 있었다."(HE 2.23.4-6)

야고보의 율법에 대한 확고한 신념과 거룩함 덕분에 그는 사람들의 존경을 받았고, 백성들의 방패 역할을 했다. 유세비우스는 그를 "백성의 울타리-벽"(περιοχη του λαου [HE 2.23.7])이라고 불렀다.**49** 헤게시푸스(Ibid.)와 에피파니우스는 사람들이 그에게 "예언자들이 그를 그렇게 불렀기에 오블리아스(Ωβλίας)"라는 이름도 붙였다고 언급한다. 이것은 분명히 미가의 예언에 대해 암시한다. "그리고 양 떼의 탑, 시온의 딸 오펠(עצל) 너에게 이전의 주권과 이스라엘 집에 대한 왕권을 돌려 줄 것이다. 왜 울고 있느냐? 너희 안에 왕이 없느냐?"(미 4:8-9)

헤게시푸스(Hegesippus)는 야고보의 순교에 대해 자신만의 버전을 가지고 있다.(HE 2.23.10-19) 그는 일곱 종파 중 하나에 속한 일부 사람들이 야고보의 설교를 듣고 회심하여 그리스도를 고백했기에 예루살렘에 경각심이 있었다고 말한다.(HE 2.23.8-9) 요세푸스는 페스투스가 죽고 알비누스가 도착한 사이에 사두개

---

46) (역주) Codex Sinaiticus는 세계에서 가장 중요한 책 중 하나이다. 1600여 년 전에 손으로 쓴 이 사본에는 가장 오래된 신약성경 사본을 포함하여 그리스어로 된 기독교 성경이 포함되어 있다. 심하게 수정된 본문은 성경의 역사에서 매우 중요하며, 고대에서 가장 오래 살아남은 실질적인 책인 이 사본은 성경의 역사에서 가장 중요한 책이다.

47) 참조. J. H. Charlesworth, *Graphic Concordance*, 483.

48) 참조. J. Dani lou, *The Theology of Jewish Christianity* (London과 Philadelphia, 1964), 370-71.

49) AdvHaer 78.7.7.See A. F. J. Klijn and G. J. Reinink, *Patristic Evidence*, 196

파 종파에 속한 대제사장 아나누스가 산헤드린을 소집하여 야고보를 율법을 어겼
다고 고발하고 돌로 쳐 죽였다고 말한다.(『고대사』 20.200) 이 사건은 62년에 발생
했다.

3. 야고보의 순교 이후

주의 형제 야고보는 큰 권위를 바탕으로 예루살렘 교회를 구성하는 여러 분파를
하나로 묶는 데 성공했다. 그의 죽음과 함께 유대인 신자 공동체에는 중요한 시기
가 시작되었다.

헤게시푸스는 야네스(Jarnes) 실종 이후 일어난 사건들을 이해하는 데 중요한 공
헌을 했다.[50] 안타깝게도 그의 기념비적인 저작인 『회고록(Hypomnemata)』의 짧은
단편만이 가이사랴의 유세비우스의 저서에서 인용되어 우리에게 전해지고 있다.

> 헤게시푸스는 야고보가 죽은 후 살아남은 주님의 제자들이 한곳에 모였
> 다고 말한다. 그들은 주님의 혈족들과 함께 모였는데, 그 중이 많은 사
> 람이 아직 살아 있었다. 그들은 함께 야고보를 대신할 자격이 있는 사람
> 에 대해 의논했다. 모두 만장일치로 복음서(눅 24:18, 요 19:25 참조)에
> 언급된 클레오파의 아들 시므온이 감독직을 맡기에 합당하다고 생각했
> 다. 그는 구세주의 사촌이었다. (HE 3.11)

우리는 그의 아버지 클레오파가 나사렛 요셉의 형제였다고 들었다. 비슷한 구
절에서 헤게시푸스의 말에 의하면, "'의인'이라고 불렸던 야고보가 주님처럼 자신
의 교리를 선포하다가 순교를 당한 후, 그의 사촌 중 한 명, 즉 클레오파의 아들 시
므온이 감독으로 선출되었다."(HE 4.22.4) 문학 자료에서 클레오파의 아들 시므온
의 선출이 예루살렘이 멸망되기 전인지 후에 이루어졌는지는 분명하지 않다.(HE
3.11 참조) 최초의 선거는 야고보가 죽은 후에 이루어졌고, 흩어진 공동체가 요단

---

50) 참조. L. Herrmann, "La Famille du Christ d'après Hégésippe", RUB 42 (1936/37) 387-94.

강 건너의 피난처에서 돌아온 예루살렘 멸망(70년) 후에 확인되었을 가능성이 있다.[51] 알렉산더 수도사(540년)가 언급한 전승에 따르면, 시므온의 선거 장소는 시온산이었다.[52]

이 선거의 결과는 예루살렘 교회에 매우 심각한 영향을 미쳤다. 헤게시푸스의 보고에 의하면, 자신이 감독이 되기를 희망했던 테부티스(Thebutis)라는 사람이 선거를 거부하고 반란을 일으켰고, "그때까지 손길이 닿지 않은 처녀 상태였던"(*HE* 4.22.4) 교회의 일치가 깨진 것은 이번이 처음이었다. 따라서 테부티스는 최초의 분열주의자이자 최초의 이단자가 되었다.

테부티스는 누구였는가? 그는 자신을 감독 후보로 고려할 수있을 정도로 교회의 주요 인물이었을 것이다. 헤게시푸스에 의하면, 그는 원래 유대교 종파 중 하나 출신이었다.(HE 4.22.5) 헤게시푸스는 일곱 유대 종파를 열거하면서 유다 지파와 그리스도에 대한 그들의 태도에 근거하여 소설 시퀀스(novel sequence)를 따른다. 그는 유다 지파와 그리스도를 가장 긍정적으로 대하는 에세네파부터 시작하여 가장 극단적인 적대자인 바리새파(HE 4.22.7)로 끝을 맺는다. 이로부터 우리는 테부티스가 예수를 메시아로 받아들이기 전에는 에세네파의 중요한 인물이었을 것이라는 결론을 내릴 수 있다.

테부티스라는 이름은 한 가지 예외를 제외하고는 당시의 문학에서 전혀 알려지지 않았다. 요세푸스는 그의 "유대 전쟁"에서 사제인 테부티스의 아들 예수(『전쟁사』 6.387)에 대해 언급한다. 예루살렘이 함락된 후 코헨 테부티스의 아들은 숨겨진 보물을 찾아냈고, 그것으로 최고 사령관 디도로부터 자유를 얻었다. 연대기적으로 이것은 시온산의 상황과 일치한다. 따라서 나는 헤게시푸스의 테부티스와 요세푸스의 테부티스가 동일 인물이라는 이전 학자들의 의견에 동의하는 편이다.[53]

테부티스의 아들은 쿰란의 청동 두루마리(3Q15 1.6-4.5)에 묘사된 대로 에세네

---

51) 참고. B. Pixner, "Simeon Bar-Kleopha, zweiter Bischof Jerusalems," in *Wege des Messias*, 358-64 (360-63)

52) D. Baldi, *Enchiridion Locorum Sanctorum*, 486.

53) 참조. N. Hyldahl, "Hegesipps Hypomnemata," *StTh* 14 (1960) 70-113 (97)

지구 근처에 숨겨져 있던 보물 일부를 찾아냈었을지도 모른다. 요세푸스가 묘사한 귀중품과 청동 두루마리에 열거된 보물이 얼마나 잘 일치하는지 보는 것은 매우 흥미롭다. 더욱 놀라운 것은 은신처 중 하나(시온산에 있는 은신처 중 하나)에 θE라는 이니셜이 표시되어 있다는 점이다.(3Q15 2.3-4) 이는 테부티스가 그 지역의 책임자임을 나타낼 수 있다.[54]

내 주장이 옳다면, 이것은 로마와의 대전쟁(66-70년) 발발 직전 원시 교회의 상황에 대한 중요한 통찰력을 제공한다. 테부티스의 반란은 그의 라이벌 시므온 바르 클레오파를 선출하는 데 성공한 다윗 가문의 영향력에 대항하기 위한 것이었다. 이 반란의 배후에는 에세네의 리더십 개념과 예수의 혈족인 나사렛파의 리더십 개념 사이에 첨예한 불화가 있었을 수 있다. 그리고 예수의 혈족인 나사렛파의 공동체가 있었다. 에세네파의 관점에서 볼 때 지도자 역할은 제사장에게 속해 있었다. 성전 두루마리에서 볼 수 있듯이 이스라엘 왕조차도 제사장들의 조언을 듣고 축복을 받을 의무가 있었다.(11QTemple[55] 56.20-21; 58.18; 59.12-21) 에세네파들의 의견에 따르면, 다윗의 혈통 메시아(Davidic messiah)[56]도 마찬가지였다.(4QpIsa[57] 161 22-24)

4. 유대-기독교 공동체의 분열

원시 유대 기독교의 다양한 그룹 사이의 이러한 긴장에는 나사렛파와 에세네의 영향을 받은 에비온(Ebionites)파 사이 분열의 씨앗이 있을 수 있다. 전승주의 에세네 유대교에서 온 메시아 예수를 믿는 사람들은 하나님의 선재한 아들(a preexistent Son)이 성육신했다는 사상을 견딜 수 없었다. 이것이 나사렛파의 가족 전승이었

---

54) 참조. B.Pixner, *RQ* 11(1983) 344-46.

55) (역주) 성전 두루마리(11QTemple 스크롤라 『11Q19 [11QTa]』)는 쿰란에서 발견된 것 중 가장 긴 것으로 지정되어 있다. 이 문서에는 유대인 성전에 대한 설명과 함께 제사 및 성전 관습에 관한 광범위한 세부 규정이 기록되어 있다.

56) (역주) 유대 종말론에서 '메시야' 라는 용어는 다윗 혈통의 미래 유대인 왕을 가리키는 말로, 메시아 시대에 거룩한 기름 부음을 받고 유대 민족을 다스릴 것으로 예상되는 왕을 말한다.

57) (역주) 쿰란4동굴에서 발견된 이사야 페쉐르 이사야. '해석' 을 뜻하는 히브리어 어근에서 유래한 페쉐르(Pesher)는 경전에 대한 해석적 주석의 집합체이다.

다.

테부티스가 이 분열의 주동자였나? 그의 이름은 나중에 잊히고 쿰란 계약자들이 사용했던 히브리어 אביונים(가난한 자들)에서 이름을 따온 최초의 이단자이자 에비온파의 창시자 에비온으로만 막연하게 알려졌는가?[58] 에비온파는 예수가 요단강에서 세례를 받을 때 하나님에 의해 입양되었기에 하나님의 아들이 되었다고 주장했다. 마찬가지로 그들은 동정녀 탄생을 부인하고 예수가 요셉과 마리아에게서 태어났다고 말했다. 그들은 또한 강한 반 바울적 태도를 보였다. 이전 연구에서 나는 누가가 예루살렘 지형에 대한 탁월한 지식을 바탕으로 그가 늦어도 75년경에 예루살렘을 직접 방문했다는 사실을 증명하려고 했다.[59] 그곳에서 그는 예수 가족들 사이에서 마리아가 가족들에게 들려주었을 수도 있는 예수의 어린 시절 이야기가 담긴 히브리어로 쓰인 하가다를 발견했다.(참조: 눅 2:19,51) 그는 에비온파 이단에 대항하기 위해 복음서에 이 이야기를 삽입했다. 마태복음에서도 에비온파에 대한 비슷한 반응을 발견할 수 있다.(마 1:18-25)

두 전도자가 보기에 에세네파의 상당 부분이 이단적인 방향으로 개종했기에 예수와 그의 가족에 대한 에세네파의 영향은 조용히 넘어갔다. 예수가 최후의 만찬을 베풀었던 게스트 하우스의 책임자를 대하는 마태의 태도가 대표적인 예다. 마태는 그를 단순히 "어떤 사람"이라고 부른다: "성읍에 있는 아무에게로 가라"(마 26:18) 이것은 중요한 인물의 **기록 말살**(damnatio memoriate)처럼 보인다. 테부티스, 그였을까? 유대-기독교의 나사렛 분파는 보편 교회에 가까운 기독론을 유지했지만, 대다수의 에세네 신자들은 점차 에비온주의로 표류했다. 그들은 요단강 동쪽과 아랍 반도에서 오랫동안 발전하고 생존했다. 그들의 교리 중 많은 부분이 이슬람 사상 속에서 살아남았다.[60]

---

58) 참조. Epiphanius, AdvHaer 30:1-30:33; sA. F. J. Kljn 그리고 G. J. Reinink, *Patristic Evidence*, 174-93을 보라.

59) "Lukas und Jerusalem," in *Wege des Messias*, 372-81.

60) 참조. J. Magnin, "Notes sur l'Ébionisme: Dernières traces de l'Ébionisme (Ébionisme et Islam)", *POC* 28 (1978) 220-48; R. Riesner, "Adolf Schlatter und die Judenchristen Jerusalems" in K. Bockmühl, *Die Aktualität der Theologie Adolf Schlatters* (Gießen, 1988), 34-70 (67-68)

5. 랍비 바리새주의와의 단절

예루살렘의 함락으로 유대교에 닥친 재앙은 율법에 대한 다양한 해석이 공존할 수 있었던 유대인의 삶의 방식을 종식했다. 성전이 파괴되고 그곳에서 전례 예배가 끝남에 따라 사두개파는 그 주요 기반을 잃고 사라졌다. 에세네파 역시 강한 종말론적 기대에 좌절하여 이 사태에서 살아남지 못했다. 쿰란(원래 이름은 "sekha-kha")과 (3Q15 4.13–5.14, 수 15:61–62[ססכד] 참조)[61] 시온산에 있는 그들의 중심지는 파괴되었다. "빛의 아들들과 어둠의 아들들 사이의 전쟁"은 그들이 그토록 열렬히 바라던 대로 진행되지 않았다. 청동 두루마리(3Q15 12.10–13)의 해석에 따르면 바산(바타니아)[62]에 있었던 수도원 센터(כחלית)는 계속 존재했지만 에비온주의에 의해 상당 부분 흡수되었을 수 있다. 이는 그 지역에 에비온주의와 영지주의 그룹이 만연한 이유를 설명해 줄 수 있다.[63]

유일하게 살아남은 유대교의 표현은 바리새 브랜드(Pharisaic brand)였다. 얌니아(Jamnia, 현재의 야브네/Yavneh–역자 주)에서 바리새파 할라카의 추종자들은 요하난 벤 자카이의 지도력 아래 모여 산헤드린을 재조직했다. 그들은 유대-기독교 운동에서 비롯된 강한 경쟁심을 느꼈다. 그때까지 유대교에 대한 관용적인 표현이었기에 메시아닉 유대인들이 회당 예배에 계속 참여할 수 있었으나 이제 근본적으로 단절되어야 했다. 이를 위해 쉐모네 에스르에[64] **비르카트 하미님**을 추가하고 노쯔림(נצרים)에 대한 특별한 언급을 추가했다. 현대 연구에 따르면 이 얌니아 칙령(Decree of Jamnia)이 모든 지역에서 급진적으로 적용된 것은 아니었지만, 메시아닉 유대인들이 랍비 회당에서 예배를 드리지 못하게 된 결정적인 사건임은 분명하다.

유대-기독교인들이 충분히 강한 곳에서는 그들만의 회당을 세웠다. 최후의 만찬 장소가 메시아 공동체의 모임 장소가 되었던 시온산(행 1:13 참조)이 70년에 디

---

61) 참조.O. Keel and M. Küchler, *Orte und Landschaften der Bibel 2: Der Süden* (Zürich, 1982), 452.

62) RQ 11 (1983) 350–53.

63) 참조. H. J. Schoeps, *Theologie und Geschichte des Judenchristentums* (Tübingen, 1949), 270–77.

64) (역주) shemoneh esreh(הרשע הנמש, 십팔)는 유대인 전례의 중심 기도문으로 아미다(Amidah)라고도 불린다. 평일 아침(샤차리트), 오후(민차), 저녁(마아리브) 세 차례의 기도 예배에서 아미다를 암송한다. 아미다의 중요성 때문에 랍비 문헌에서는 아미다를 간단히 "하이트필라"(הליפתה, 기도)라고 부른다.

도 군대에 의해 철거된 것이 그 사례다. 1세기 후반 펠라(Pella)에서 돌아온 그들은 그 폐허 위에 회당을 세웠다.[65] 후에 이 교회는 "모든 교회의 어머니"[66]라고 불렀다.[67]

나사렛에는 두 개의 메시아 회당이 있었는데, 하나는 전승적인 마리아의 집이 있던 곳에 있는 나사렛 회당이고 다른 하나는 오늘날 성 요셉 교회가 있는 에비온파 회당이다.[68] 가버나움에는 바리새파 유대인과 메시아닉 유대인이 일종의 공생 관계에 있었던 것처럼 보인다.[69] 후자들은 베드로의 집을 성찬식에 사용했고 안식일에는 백부장이 지은 일반 회당에서 계속 예배를 드렸다.(눅 7:5) 회당 예배는 4세기 말까지 계속되다가 오늘날과 같은 웅장한 회당으로 재구성되었다.

바리새주의와 기독교가 강하게 경쟁하던 이 시기는 복음서가 쓰인 **삶의 자리**로서, 바리새주의에 대한 저자들의 편견이 분명하게 드러나는 시기이기도 하다. 1세기 말 공동체의 적들은 주님 당시에도 이미 적으로 등장한다. 하지만 앞으로 살펴보겠지만, 예수와 일부 바리새인들 사이에는 이미 몇 가지 갈등이 있었다.

III. 바리새파와 에세네파 사이의 예수 자신

원시 교회와 에세네파의 사회 구조가 유사하기에 많은 학자는 에세네 운동이 처음부터 기독교 운동에 강한 영향을 미쳤을 것이라고 믿게 되었다. 두 종교 공동체가 시온산에 나란히 살았다는 내 논문을 받아들인다면 이는 더욱 분명해진다.

그렇다면 에세네파와 바리새파가 예수에게 미친 영향은 무엇이었을까? 나는 예수의 태도에서 세 가지 발전 단계를 본다:

---

65) 참조. B. Pixner, *Wege des Messias*, 303–05.

66) (역주) μntip πανTων εκκλησιων—mater ecclesiarum

67) 이 명칭은 460년에서 490년 사이에 투르의 성 마틴 교회에 있는 비문에 처음 등장한다.(D. Baldi, *Enchiridion Locorum Sanctorum*, 483, 주 1)

68) 발굴에 대한 요약은 B. Bagatti, *The Church from the Circumcision* (SBFCMi 2; Jerusalem, 1971), 122–29을 보라.

69) 참고. B. Pixner, "Ratsel um die Synagogen von Kafarnaum" in *Wege des Messias*, 114–26.

(1) 예수는 에세네 운동과 강한 유대 관계를 가진 가정에서 태어났다.

(2) 예수는 가버나움에 머무는 동안 바리새인들과 더 가까워지면서 거리를 두었지만, 자신만의 할라카를 발전시켰다.

(3) 예루살렘으로의 마지막 여행과 예루살렘 자체 안에서 다시 한번 에세네파를 향해서 일어났다.

1. 첫 번째 단계: 에세네 영향을 받은 예수의 가족

"주의 형제들"의 의미에 대해 많이 논의되는 질문에서 나는 야고보서(약 9:2, 17:1-2, 18:1)와 초대교회 교부들에서 찾을 수 있는 가장 오래된 전승을 선호한다.[70] 이 입장은 오리엔탈 교회들에서[71] 여전히 유지되고 있는데, 즉 예수의, 네 이름 있는 형제들과 이름 없는 자매들이(막 6:3) 첫 결혼에서 요셉의 자녀였다는 것이다.[72] 이 전승에 따르면 요셉은 홀아비였다. 그의 두 번째 아내인 마리아는 요셉의 자녀 양육을 도왔고 한 명의 자녀를 낳았다.

나는 제롬이 그의 "형제들"이 실제로는 예수의 사촌이라는 새로운 개념을 도입했을 때 가톨릭교회에서 널리 퍼진 견해가 옳았다고 생각하지 않는다. 요셉은 나사렛 출신으로 그의 형 클레오파(Cleopha)도 그곳에 살았다. 클레오파는 다른 마리아와 결혼했다. 이들의 아들 시므온은 예루살렘의 두 번째 감독(bishop)이었다.

프란치스코회 고고학자 벨라르미노 바가티(Bellarmino Bagatti)가 발굴한 자료에 따르면 나사렛은 120~150명 정도의 작은 마을이었다.[73] 바가티는 개인적으로 기원전 700년에서 대략 100년 사이에 정착지에 공백이 있었던 것으로 보이며 페르시아, 시리아, 초기 헬레니즘 도자기는 발견되지 않았다고 말했다. 이 현상은 많은

---

70) 참조. 예컨대, Clement of Alexandria, *Adumbratio in epistula Iudae* (*GCS* 17, 206-7; cf. Epiphanius, AdvHaer 29.4.3); Hippolytus of Rome, *De benedictione Moysis* (*TU* 26:1a, p.59); Origen, 〈CommJn〉, I 4 (*GCS* 10, p. 8); Eusebius, *HE* 2.1.2; *Epiphanius*, *AdvHaer*, 28.7.6 (*GCS* 25, 319-20)

71) (역주) the oriental churches은 우리에게 익숙하지도 우리말로 용어화가 안 된 교회나 서방에서는 Eastern Church(동방정교회)와 Oriental Church를 구별하여 Oriental Church는 칼케톤 공의회를 따르지 않는 비갈케톤 교회들로 아르메니안 정교회, 곱트 정교회, 시리아 정교회가 이에 속한다.

72) 참조. R. J. Bauckham, *Jude and the Relatives of Jesus in the Early Church* (Edinburgh, 1990), 19-32.

73) *Excavations in Nazareth 1: From the Beginnings till the XIIth Century*. SBFCMa 17 (Jerusalem, 1969)

갈릴리 유적지에서 발견된다. 티글랏-필레세르 3세(Tiglat-Pileser III, 왕하 15:29)에 의한 추방(주전 732년) 이후, 갈릴리는 하스모네가 정복할 때까지 600년 동안 이방 국가가(사 9:1) 되었다.(『전쟁사』13.318-319)

기원전 100년경, 완전히 새로운 집단이 이 버려진 산악 마을에 정착했다. 그들은 누구이며 어디에서 왔을까? 나는 이 가설을 제시한다: 그들은 바빌로니아 디아스 포라에서 온 다윗 가문의 일족이었다.[74] 그중 일부는 바타니아(Batanea)의 코차바 (Kochaba, "별 마을", 참조 민 24:17)에 정착했다. 스불론 지파에 속해 있던 빈터에 작은 지파가 살고 있었다. 그들은 유다 지파 출신이었으며 자신들이 이사야 예언의 전달자라는 신념으로 자신을 "나사렛 사람"이라고 불렀다: "이새의 그루터기에서 싹이 나고 그의 뿌리에서 한 자손이(נצר) 솟아나리로다." (사 11:1) 그 이름을 따서 마을 이름은 나사렛("별 마을")이 되었다. 기원후 200년 직후 복음서의 족보를 기록한 율리우스 아프리카누스는 예수 친척들의 원래 정착지에 대해 알려준다:

> 그들[족보 보관자들] 중에는 이미 언급된 '주의 백성'(δεσποσύνοι)이 있
> 었는데, 그들은 구세주의 가족과의 관계 때문에 소위 '주님의 백성'이었
> 다. 나자라(Nazara)와 코차바(나사프브 카이 코차바)의 유대인 마을에서
> 시작된 그들은 다른 지역으로 퍼져나갔다.(HE 1.7.14)

나는 이들 나사렛인들이 요르단강 너머 코차바에 있는 동안 그곳에 살고 있던 에세네 집단과 접촉했다고 생각한다. "다메섹 땅"으로 향하는 그들의 이주(CD 7.15ff) 추수 감사 찬송에서 נצר라는 단어는 공동체를 의미한다.(1QH 6.15, 8.6,10)[75] 나사렛인들이 어떤 토라파에 속해 있었는지에 대한 또 다른 단서는 세례 요한과의 관계에서 찾을 수 있다. 고대 전승에 따르면 예수의 어머니 마리아는 다윗 족

---

74) 참조. B. Pixner, "Die Batanaa als judisches Siedlunsgebiet," in *Wege des Messias*, 159-65.
75) 참조. B. Gartner, *Die ratselhaften Termini Nazoraer und Iskariot*, Horae Soederblomianae 4 (Uppsala, 1957), 5-36.

속이었으며,[76] 세례 요한의 제사장 집안과도 친척 관계에 있었을 가능성이 있다.(눅 1:5, 36) 성전 두루마리(11QTTemple 53.16-54.3)의 구절에 비추어 볼 때, 일부 사제들의 생각[77]처럼 마리아는 자발적으로 동정녀 서약을 했을 수도 있다.(눅 1:34 참조)[78] 고대 전승에 따르면 마리아는 베데스다 못 근처 예루살렘에서 태어났으며,[79] 이는 쿰란 청동 두루마리(3Q15 11.11-14)에도 언급되어 있다. 마리아는 요한이 태어난 제사장 집에 자주 방문했었을 것이다. 세례 요한에 대해 어린 시절부터 "아이는 이스라엘에 나타나는 날까지 빈 들에 있으니라."(누가 1:80)고 한다. 그의 첫 번째 활동이 쿰란과 여리고 지역의 다른 에세네 은둔 거주지들과 가까웠기에 그가 에세네 운동에서 왔거나 적어도 그 정신에 가까웠다고 결론을 내리는 것이 합리적이다.[80] 그러나 어느 순간 그는 에세네 관행과는 달리 모든 사람에게 공개적으로 자신의 사역을 시작하기 위해 그곳을 떠났음이 틀림없다.

요한의 생각이 에세네파 사람들과 얼마나 가까웠을지는 감옥에 갇힌 세례자가 보낸 자들이 예수를 찾아왔을 때의 예수가 한 대답을 통해서도 유추할 수 있다. : "가서 보고 들은 것을 요한에게 전해라: 소경이 보며, 앉은뱅이가 걸으며, 문둥병 자가 깨끗함을 받으며, 귀머거리가 들으며, 죽은 자가 살아나며, 가난한 자에게 복음이 전파된다."(눅 7:22 참조. 사 61:1-2) 이 말은 쿰란에서 발견된 제4 동굴의 (4Q521) 조각에서 발견된 말씀과 매우 유사하여, 요한이 광야에서 어린 시절부터 익숙한 말씀을(눅 1:78 참조) 떠올리게 하는 데 실패할 수 없었을 것이다.(참조. 눅 1:78): "주께서 경건한 자를 찾아오시며, 의로운 자의 이름을 부르시리라. … 포로 된 자를 놓아주시고 눈먼 자를 보게 하시며…, 상처 입은 자를 고치시고 죽은 자를

---

76) ProtJames 10:1; Ignatius, *To the Ephesians*, 18:2; Justin, *DialTrypho*, 45:4.

77) Gregory of Nyssa, *In diem natalem Christi* (PG 46, 1140ff); Augustine, *De sacra virginitate*, 4 (PL 40, 398); 〈Sermo〉, 291:5 (PL 38, 1318)

78) 참고. B. Pixner, "Maria im Hause Davids," in *Wege des Messias*, 42-55.

79) D. Baldi, *Enchiridion Locorum Sanctorum*, 720ff.

80) 참고. W. H. Brownlee, "John the Baptist in the Light of Ancient Scrolls" in K. Stendahl, *The Scrolls and the New Testament*, 33-53, 252-56; O. Betz, in B. Mayer, *Christen und Christliches in Qumran?*, 159-64.

살리시며 가난한 자에게 기쁜 소식을 전하실 것이다."(5, 8, 12행)**81**

세례를 받은 후 예수는 요한과 몇 달 동안 교제했다. "요단강 건너 베다니"에서 요한과 가까운 곳에 살면서 첫 제자들을 만났다.(요 1:28-42) 이 기간에 예수가 새로 얻은 제자들은 요한과 함께했던 것처럼 오고 갔다. 일부는 예루살렘에서 열린 첫 유월절 절기에 예수와 함께했다.(요 2:13-17) 성전 정화는 찬성과 반대 등 많은 열정을 불러일으켰을 것이다. 예수의 이 용기 있는 행동은 성전이 불법 제사장의 활동으로 더럽혀졌다고 생각했던 예루살렘 에세네파 사람들에게 깊은 인상을 남겼을 것이다. 이것이 제4 복음서의 발언 뒤에 있는 것 같다: "유월절에 예수께서 예루살렘에 계시니 많은 사람이 그의 행하시는 표적을 보고 그의 이름을 믿었으나 예수는 그의 몸을 그들에게 의탁하지 아니하셨으니 이는 친히 모든 사람을 아심이요"(요 2:23-24) 이 복음의 말씀을 분석하려고 할 때, 특정한 반성전 세력이 지원을 제안했을 가능성이 있다. 예수는 그러한 제안을 받아들이지 않았다.

그런 다음 사건의 흐름을 바꾸는 일이 일어났다. 세례 요한이 투옥된 것이다. 예수는 자신이 직접 나서야 할 때가 왔다는 것을 깨달았다: "예수께서 유대를 떠나사 다시 갈릴리로 가시매"(요 4:3) 이내 예수는 나사렛에서 자신의 동족과 결별했다.(눅 4:16-29) 그들의 에세네 중심적 시각은 예수의 메시지에 비해 너무 좁고 제한적이었다.**82** 나사렛인들은 예수에게서 발견한 치유 능력을 자신들의 목적을 위해 사용하고자 했다. 예수는 그들의 야망에 자신을 내맡길 생각이 전혀 없었다: "의사야, 우리가 들은바 가버나움에서 행한 일을 네 고향 여기에서도 행하라."(눅 4:23) 이 싸움은 마침내 이 반항적인 친척을 린치하려는 격렬한 시도로 변질하였다. 마을에서 추방되었다는 것은 곧 자신의 씨족에게서도 추방되었다는 것을 의미했다.

---

81) R. H. Eisenman, "A Messianic Vision," *BAR* 17/6 (1991) 65.
82) Cf. B. Pixner, *Wege des Messias*, 336-39.

2. 두 번째 단계: 가버나움의 바리새인들과의 접촉

나사렛 가문의 폭력적인 반응은 결국 나사렛에 있는 예수의 친족들로부터 계속 소외된 결과였다. 예수가 가버나움(눅 4:31)을 선택한 것도 이와 관련이 있을 수 있다. 가버나움은 바리새인들의 영향력 아래 있었다. 예수는 그곳에서 바리새인의 견해와 그에 상응하는 생활 방식을 채택했다. 가버나움은 갈릴리의 주요 도시 중 하나였다.[83] 기원전 100년 직전에 갈릴리는 하스몬 족에 의해 정복되어 그들의 연방의 일부가 되었다. 600년에 걸친 이방인의 점령은 그 흔적을 남겼다. 이스라엘의 전승은 거의 남아있지 않았다. 기원전 1세기 동안 이스라엘 땅에 머물기를 원하는 이방인들은 강제로 그 땅의 종교를 받아들여야 했다.(『고대사』 13.318) 다른 유대인들은 디아스포라에서 돌아왔다. 따라서 예수 당시 갈릴리 주민의 대다수는 2세대 또는 3세대 유대인이었다. 바리새파 설교자들은 때때로 예루살렘에서 갈릴리까지 와서(누가 5:12 참조) 이들에게 조상들의 전승을 소개하는 것이 큰 장점이었다. 그래서인지 예수는 마을과 마을에 갈 때마다 서기관과 바리새인들을 만났고, 그들은 안식일에 회당에서 사람들을 가르치거나 베다 미드라쉬(공부방)[84]에 모여 많은 토론이 이루어졌다. (가버나움에도 분명히 하나의 회당이 있었을 것이다. 비록 거기에 표시된 것은 나중에 나온 것이지만)

반면에 에세네인들은 비슷한 생각을 하는 끼리끼리만 모였다.(1QS 6.6-8) 그들은 일반 민중을 가르치는 데 관심이 없었다. 그들은 자신들만의 마을에서 살기도 했다.[85] 그중 하나가 나사렛이었을 수도 있다.

가버나움은 특별했다. 가버나움에서 멀지 않은 곳에 열심당의 발상지인 감라가 있었다. 바위 꼭대기에 자리 잡은 이 마을은 호수 주변 마을에 영향을 미쳤다. 열심당은 감라의 서기관 예후다(『전쟁사』 2.433)와 바리새파 랍비 사독(『전쟁사』 2.11)에 의해 창시된 바리새파의 한 분파였다. 로마의 친구였던 헤롯 안티파스는 로마

---

83) 참고. S. Loffreda, *Recovering Capharnaum* (Jerusalem, 1985)
84) (역주) 배스 미드라쉬(배움의 집)는 베이스 미드라쉬 또는 베이트 미드라쉬라고도 하며, 토라 연구 전용 홀이며 종종 "공부방"으로 번역된다.
85) 참고. Philo, *Apologia pro Iudaeis*, 1 (Eusebius, PE 8.6); Josephus, War 2.24.

에 대항하는 이들의 급진적 신정주의를 매우 위험하다고 생각했다. 그래서 그는 국경 마을 가버나움에 백부장이 이끄는 군대를 주둔시켰다.(마 8:5, 눅 7:1-2) 가버나움은 예수가 선택한 마을이 되었다.(마 9:1) 바리새인들의 관습에 따라 예수는 자신을 중심으로 열두 제자 그룹을 형성했다.(막3:13-19) 열두 제자는(막 3:13-19) 예수를 랍비로 모신 바리새파의 하부라[86]처럼 보였다.(요 1:38 참조)

갈릴리로 돌아가기 전에 예수는 이미 예루살렘에서 저명한 바리새인들과 접촉한 적이 있었다. 그중 한 사람이 니고데모였다.(요 3:1ff) 니고데모는 친구 아리마대 요셉처럼 산헤드린에 속해 있었다.(요 19:38-39) 산헤드린의 또 다른 구성원은 바리새인 장로 가말리엘이었다.(참조, 행 5:34) 가말리엘은 힐렐 학파를 고수했으며 율법을 더 자유롭고 인도적으로 해석한 대표적인 인물이었다. 예수는 제자들과 함께 비밀리에 모인 세미나에서 가르치기만 하지는 않았다. 예수는 또한 힐렐의 할라카적 가르침에 대해서도 많은 것을 알게 되었다. 이러한 접촉은 가버나움에서도 계속되었다.[87] 예수는 바리새인 시몬의 집에 초대받기도 했다.(눅 7:36) 헤롯 안티파스의 음모에 대해 예수에게 경고한 것은 바리새인들이었다.(눅 13:31ff) 초봄 아다르월(Adar)에 사자(messenger)들이 가버나움을 지나며 모든 성인 유대인으로부터 성전을 위한 헌금을 모았을 때 예수께서는 의무감을 느끼지 않았지만, 의무를 다했다.(참조, 마 17:24-27) 에세네인들은 불법으로 여겨지는 예배의 헌금을 단호히 거부했다.

복음서에서 바리새인과 에세네인의 할라카적 가르침의 흔적에 대해서는 이미 많이 기록되어 있다. 예수는 모든 자료에서 가장 좋다고 생각되는 것을 취하고 자신의 것을 많이 추가했다. 바리새인들처럼 예수도 모세 율법의 신성함을 지켰다.("일점일획도 결코 없어지지 아니하리라."〈마 5:18〉) 가버나움에 머무는 동안 예수는 자신만의 할라카를 개발했다.

---

86) (역주) haburah는 같은 생각하는 유대인들이 모여 안식일과 명절 기도회를 진행하고 생애 주기별 행사나 학습과 같은 공동 경험을 공유하는 소그룹이다.
87) 이 책의 다른 기고자들이 힐렐이 예수의 가르침에 끼친 영향에 관한 주제를 다루었으므로 이 문제에 대해서는 다시 다루지 않겠다.

한 에피소드는 예수가 가버나움에 머무는 동안 자신의 나사렛 가족의 관습과 거리를 두었음을 확인하는 것 같다. 7장에서 요한은 예수의 형제들이 예수에게 와서 초막절에 예루살렘으로 함께 가자고 간청했다고 말한다. 그 형제들은 예수가 유대에 있는 "그의 제자들"을 소홀히 하지 말라고 상기시키려고 했다.(요 7:2-3) 분명히 그들은 유월절 절기 동안 "그의 이름을 믿는 많은 사람"(요 2:23)을 언급하고 있었다. 이 초기 신자 중 많은 수가 에세네인들 가운데서 나왔을 수 있다. 예수의 형제들은 쿰란에서 발견된 이후 우리가 알고 있듯이 에세네인들의 초막절에 참석하기 위해 예루살렘으로 올라가고 있었다. 이 절기는 항상 수요일에 열렸으며 보통 성전 절기 날짜 이전에 열렸다.[88] 그 형제들은 쿰란 에세네인들과 다른 유사한 종교 집단들의 태양력을 따르고 있다. 이를 염두에 두고 예수의 대답을 읽어보자. "예수께서 이르시되 내 **때**는 아직 이르지 아니하였거니와 너희 때는 늘 준비되어 있느니라 세상이 너희를 미워하지 아니하되 나를 미워하나니 이는 내가 세상의 일들이 악하다고 증언함이라 너희는 명절에 올라가라 내 때가 아직 차지 못하였으니 나는 이 명절에 아직 올라가지 아니하노라"(요 7:6-8) 예수는 자신이 이제는 카이로스, 즉 가족의 태양력 절기를 따르지 않고[89] 사도들과 함께 성전에서 지내는 절기를 지키고 있음을 나타내고 싶었을 것이다. 그래서 예수의 형제들은 자신들이 초막절을 지내기 위해 예루살렘으로 갔다. 이 절기는 성전 구역에서 거행된 것이 아니라 에세네인들의 숙소가 있던 도시의 남서쪽 언덕에서 거행된 것으로 추정할 수 있다. 예수도 자신의 때(kairos)가 예루살렘에 가까워졌을 때 성전 구역의 예배자들과 함께했다.(요 7:14)

마침내 가버나움에서 바리새인들과 대화를 시작하려는 시도는 성공하지 못하고 끝났다. 논쟁은 점점 더 격렬해졌고 양쪽 모두 적대감을 느끼게 되었다.(참조,

---

88) 참고. S. Talmon, "The Calendar of the Covenanters of the Judean Desert" in *The World of Qumran from Within* (Jerusalem, 1989), 147-85.

89) 카이로스(kairos)라는 단어는 70인역 다니엘서에서도 이런 의미로 사용되었는데, 유대인의 삶에서 매우 파괴적인 역할을 했던 Antiochus Epiphanes(기원전 175~167년)을 암시하는 환상에서 사용되었다. 이 환상은 정해진 시간(koupoi)과 율법을 바꿀 네 번째 왕의 도래에 관해 이야기한다.(단 7:25)

막 2:1ff) 독재자 헤롯 안티파스의 압력도 점점 더 위험해졌다. 예수를 "저 여우"(눅 13:32)라고 부르는 헤롯이 자신을 죽이려 한다는 경고를 받은 예수는 "갈릴리를 떠나 요단강 건너 유대 지경으로 들어갔다."(마 19:1; 막 10:1)

3. 세 번째 단계 : 마지막 날의 에세네인과의 접촉

"요단강 너머의 유대"(Ιουδαα πέραν τοῦ Ἰορδάνου)는 때때로 가르치셨던 페레아[90]가 아니다.[91] 예수는 안티파스의 위험 지대를 벗어나기 위해 갈릴리를 떠났다. 페레아 역시 안티파스가 다스리는 영토였다. 페레아는 유대라고 불리지 않았다. 요세푸스는 바타니아(Batanea)를 유대에 속한 지역으로 말한 적이 있다.(『전쟁사』 3.54-58) 그 지역의 통치자는 온화하고 평화를 사랑하는 빌립이었다.(『고대사』 18.106-107) 예수는 그곳에서 조용한 활동의 시기를 경험했다: "무리가 다시 모여들거늘 예수께서 다시 전례대로 가르쳤다."(막 10:1, 참조. 요 10:40-42)

므낫세 지파의 고대 땅은 예루살렘으로 가는 순례자의 길목에 있었다.(『생애』 17.26) 하스몬 족이 정복한 후(마카비1서 5:9ff, 『고대사』 12.330ff), 동쪽과 남쪽에서 온갖 난민들이 몰려들었다.[92] 청동 두루마리(3Q15 8.1-10.4)에 대한 나의 해석에 근거하여, 나는 야묵(Yarmuk)의 이 지역이 아마도 CD 6.15,19; 7.15,19; 8.21; 19.34; 20.12에 쿰란 언약자들의 피난처로 언급된 "다마스커스 땅"이었을 것이라고 믿는다.[93]

예수는 그곳에 머무는 동안 결혼, 이혼, 독신 생활에 관해 말했다.(막 10:2-12) 결혼과 이혼의 문제에서 예수는 에세네파의 할라카에 찬성한 것으로 보인다.(참조, 11QTemple 57.17-19; CD 4.20-21) 그곳에 에세네 수도사들이 있었기에 예수

---

90) (역주) Περαία(Perea)는 로마 시대 초기에 주로 고대 트랜스 요르단의 일부를 지칭하는 용어였다. 페레아는 헤롯 대왕과 그의 후손 왕국의 일부였으며, 이후에는 유대를 포함한 로마 지방의 일부였다.

91) 참고. R. Riesner, "Bethany Beyond the Jordan' (요 1:28): Topography, Theology and History in the Fourth Gospel", TB 38 (1987) 29-63; B. Pixner, "Behtanien jenseits des Jordan" in Wege des Messias, 166-79.

92) 참고. B. Pixner, Wege des Messias, 161-65.

93) RQ 11 (1983) 350-53.

는 "하나님 나라를 위한 고자들"(마 19:12)에 대한 말을 했다. 우리는 또한 예루살렘으로 향하는 길에 누가가 기록한 예수의 말을 가지고 있다: "이 세대의 아들들이 자기 시대에 있어서는 빛의 아들들보다 더 지혜로움이니다."(눅 16:8) 예루살렘 히브리 대학교의 데이비드 플루서 교수는 예수가 말한 "빛의 자녀"가 에세네파를 가리킨다고 확신한다.94

예수는 "요단강 너머 베다니"(요 1:28), 즉 바타니아(Batanea)에서 예루살렘으로 올라가 죽었다. 예루살렘 지역에서 마지막 날 동안 예수는 주로 예루살렘 근처의 베다니에 거주했다.(참조: 막 11:11-12; 눅 19:29; 요 12:1) "성전 두루마리"의 발견으로 우리는 이제 베다니의 주민 구성을 더 잘 이해하게 되었다.95 두루마리를 출판한 이가엘 야딘96은, 베다니가 두루마리에 언급된 세 마을 중 하나이며, 에세내인들이 성지와 성전을 방문할 수 있을 만큼 의식적으로 부정한 사람들을 가두었던 곳이라고 생각했다. 거룩한 도시와 그 성전을 방문하라.97 에세네인들은 그 두루마리에서 하나님이 주신 이 명령을 발견할 수 있었다.: "너희는 성읍 동쪽에 세 곳을 따로 만들어 나병환자와 사형수들이 …, 오게 할 것이다."(11QTemple 46.16-17) 야딘은 막 14:3("예수께서 베다니 문둥이 시몬의 집에 계실 때에")에 언급된 문둥이 시몬이 예수께서 제자들과 함께 식사하러 갔던 에세네 문둥병 환자 중 한 명일 수 있다고 생각한다.98 예수께서는 또한 베다니에 사는 나사로, 마리아, 마르다.(요 11; 참조 눅 10:38-42) 가족과 매우 친밀했다. 여기서 나사로가 두 명의 독신 자매와 함께 살고 있다는 사실이 우리를 놀라게 한다. 동정녀로 사는 것은 바리새파나 사두개파에서는 거의 알려지지 않았지만, 에세네파 사람들에게는 흔했던 생활 방식을 나타내는 것 같다.99

---

94) "Jesus' Opinion about the Essenes" in *Judaism and the Origins of Christianity* (Jerusalem, 1988), 150-68.

95) B. Pixner, "Bethanien bei Jerusalem-eine Essener-Siedlung?" in *Wege des Messias*, 208-18.

96) (역주) Yigael Yadin(1917년 3월 21일 예루살렘 출생, 1984년 6월 28일 이스라엘 하데라 사망)은 사해 두루마리 연구로 유명한 이스라엘의 고고학자이자 군사 지도자였다.

97) *The Temple Scroll I: Introduction* (Jerusalem, 1983), 305

98) *The Temple Scroll: The Hidden Law of the Dead Sea Sect* (London, 1985), 176-77.

99) 참고. B. Schwank in B. Mayer, *Christen und Christliches in Qumran?* 129.

이러한 에세네 환경에서 살았기에 예수가 에세네 달력에 따라 유월절 식사를 했던 것은 놀라운 일이 아니다. 여기에 오랫동안 주석가들을 흥미롭게 했던 퍼즐의 해답이 있을지도 모른다.[100] 공관복음서에 따르면 예수의 최후의 만찬은 유월절 식사(막 14:12, 마 26:16, 눅 22:15)였으며, 전도자 요한에게는 유월절 전의 식사(요 13:1)였다. 요한에 따르면 예수에 대한 재판은 유월절 전에 일어났고, 공관복음서에 따르면 유월절 이후에 일어났다. 요한이 보기에 (1) 대제사장들과 서기관들은 "더럽혀져 유월절을 먹을 수 없게 되지 않기 위해"(요 18:28), (2) 빌라도는 유월절을 맞아 죄수를 석방할 준비를 하고 있었다고 회상한다.(요 18:39-40) (3) 성금요일은 "준비의 날($\pi\alpha\rho\alpha\sigma\kappa\epsilon\upsilon\eta$)"이었고 안식일 동안 시신이 십자가에 남아있는 것을 방지하기 위해-안식일은 특별한 엄숙함의 날이었기에(요 19:31)-그날 저녁에 장례가 치러졌다.

예수가 십자가에 못 박혔던 30년은 성전 유월절이 안식일이었던 때였다. 성전에서 양을 도살하는 동안 (하나님의 어린 양으로서) 예수가 죽었다는 점을 지적하는 것은 요한복음의 기독론에 매우 중요했다.(참조, 요 19:36) 요한이 보기에 문둥병자 시몬의 집에서의 식사는 이미 '유월절 6일 전(요 12:1)'에 이루어졌지만, 공관복음에서는 '유월절 이틀 전(막 14:1)'에 이루어졌다. 공관복음과 요한복음은 서로 다른 두 가지 유월절을 염두에 두고 있는데, 첫 번째는 수요일 전날에 시작되었고, 다른 하나는 안식일 전날에 시작되었다.

복음서에 나오는 두 개의 **페리코프**(pericopes)는 원시 교회의 일부 에세네 집단에서 유래했을 수 있다. 하나는 벳바게에서 나귀를 타신 예수에 관한 이야기이다. "주가 필요로 하신다."(막 11:3)라는 간단한 말과 함께 제자들은 당나귀를 타도록 허락받았다. 누가 길을 준비했을까? 벳바게에 예수에게 친구가 있었나? 또 다른 흥미로운 이야기는 예수의 두 제자가 예수의 유월절 식사를 위한 장소를 찾고 있었다는 것이다. 위에서 언급했듯이 나는 주의 형제 야고보가 어떻게 든 그 준비에 관여했다라고 강력하게 추측한다. 제자들이 유월절 식사를 어디서 준비해야 하는지

---

100) 참고. R. E. Brown, *The Gospel According to John* (*XIII-XXI*) (New York, 1966), 555-56.

물었을 때 예수는 베다니나 그 근처 어딘가에 머물고 있었을 것이다. 예수가 그들에게 말했다.

> 성내로 들어가라 그리하면 물 한 동이를 가지고 가는 사람을 만나리니 그를 따라가서 어디든지 그가 들어가는 그 집 주인에게 이르되 선생님의 말씀이 내가 내 제자들과 함께 유월절 음식을 먹을 나의 객실이 어디 있느냐 하시더라 하라 그리하면 자리를 펴고 준비한 큰 다락방을 보이리니 거기서 우리를 위하여 준비하라 하시니 제자들이 나가 성내로 들어가서 예수께서 하시던 말씀대로 만나 유월절 음식을 준비하니라.(막 14:13-16)

유월절의 장소를 파악하기 위해서는 유월절은 성전 근처의 도시에서 먹어야 했다는 사실을 기억하는 것이 중요하다. 여기서 위에서 인용한 본문을 분석하려는 것은 아니다.[101] 그보다는 몇 가지 질문을 제기하고 몇 가지 답을 제시하고자 한다.

(1) 예루살렘 사람들은 어디서 좋은 물을 구할 수 있었는가? 도시에 있는 유일한 샘은 기혼샘이었다. 당시 그 샘물은 히스기야 터널을 통해 실로암으로 흘러갔다.

(2) 물동이를 들고 있는 한 남자가 사도들의 관심을 즉시 끌었을 것이다. 동양의 관습을 아는 사람들은 물 항아리는 여자가 머리에 이고 다닌다는 것을 알고 있다. 왜 여기 남자인가? 보낼 수 있는 여자가 없었던 남자였나? 그가 에세네 수도승이었을까?

(3) 제자들은 유월절을 위해 다락방이 "준비된" 것을 발견했다. 이것은 그 방에 누룩이 든 빵이 있었고 방이 모두 깨끗이 치워졌다는 것을 의미했다. 빵을 준비하는 것은 누룩이 든 빵의 행방을 잘 모르는 손님이 아니라 주

---

101) B. Pixner, "Das letzte Abendmahl Jesu" in *Wege des Messias*, 219-28.

인의 의무였다. 모든 빵 부스러기를 제거하는 의식은 항상 니산월 14일인 "준비의 날"에 행해진다. 요한복음에서 "준비의 날"(요 19:31)은 오늘날 성금요일로 알려진 날이다. 최후의 만찬방의 주인들에게는 훨씬 더 이른 날이었을 것이다. 그들은 에세네인이었기에 우리가 추측하는 것처럼 희년의 책의 태양력을 사용하고 있었기에 그날은 화요일이었다.

가버나움에 머무는 동안 예수는, 우리가 보았듯이, 성전 달력을 사용하는 경향이 있었다. 그러나 예수는 에세네력의 영향을 받은 베다니에서 와서는 에세네력이 통용되는 시온산으로 갔던 것이다. 때문에 예수와 제자들이 에세네인들의 관습에 따른 것은 놀라운 일이 아니다.[102] 따라서 최후의 만찬 식사가 유월절이었다는 공관복음과 예수가 (공식적인) 유월절 전날에 돌아가셨다는 요한복음 모두 옳은 견해다.

지난 몇 년 동안의 고고학적 발견과 쿰란 연구는 이 해결책을 처음 제안한 소르본(Sorbonne)의 고 애니 자우베르(Annie Jaubert) 교수가 제안한 이론에 신뢰를 더했다.[103] 그 이후로 다른 사람들도 이를 채택했다.[104] 자우베르 교수의 견해에 따르면 예수의 재판은 산헤드린 앞에서의 종교 재판과 빌라도 앞에서의 일반 재판 등 모두 3일 동안 진행되었다.

자우베르 교수는 고대 전승에서 이러한 사실을 확인했다.[105] 예수가 죽은 다음 해에 유대 기독교인들은 예루살렘에서 수요일("신랑이 끌려갈 때"〈막 2:20〉)과 금

---

102) 에세네 성스러운 식사(1QS 6.4–5 참조, 1QSa 2.11–22), 예루살렘 원시 공동체의 일상 식사(행 2:46), 예수님의 최후의 만찬 사이에는 몇 가지 흥미로운 유사점이 있다. K. Stendahl, *The Scrolls and the New Testament*, 65–93, 259–65을 보라.

103) "La date de la dernière Cènc", *RHR* 146 (1954) 140–73; *La date de la Cène, calendrier biblique et liturgie chrétienne* (*EBib*; Paris, 1957 [ET: The Date of the Last Supper (New York, 1965)]

104) 예컨대, B. Schwank, "War das letzte Abendmahl am Dienstag der Karwoche?", *Bibel und Kirche* 13 (1958) 34–44; M. Black, "The Qumran Calendar and the Last Supper" in *The Scrolls and Christian Origins: Studies in the Jewish Background of the New Testament* (BJS 48, Chico, 1983), 199–201; E. Ruckstuhl, *Chronology of the Last Days of Jesus: A Critical Study* (New York, 1965); "Zur Chronologie der Leidens-geschichte" in *Jesus im Horizont der Evangelien* (Stuttgarter Biblische Aufsatzb nde 3; Stuttgart, 1988), 141–218; "Zur Frage einer Essenergemeinde in Jerusalem und zum Fundort von 7Q5" in *B. Mayer, Christen und Christliches in Qumran?*, 131–37.

105) *Didascalia Apostolorum* 5.12–18; Epiphanius, *AdvHaer*, 51:26; Victorinus of Pettau, *De fabrica mundi*, 3 (CSEL 49, 4)

요일에 금식하며 수난의 사건을 기념했다.(참조, 신 8:1) 토요일 밤에는 그리스도의 부활을 큰 환희로 축하하며 그날 밤 철야 동안 그리스도의 재림을 기대했다. 소아시아의 일부 교회들은 요한의 전승을 따르고 니산 14일에 랍비 유대인들과 함께 축하했다. 서로 다른 두 전승을 따르는 과정에서 기독교계는 심각한 분열을 겪었는데,[106] 소위 부활절 날짜 논쟁(*HE* 5.23)은 니케아 공의회(325년)가 열릴 때까지 해결되지 못했다.

결론

예수는 당시 여러 토라 학파에서 최고라고 여겨지는 것을 한데 모아 자신의 가르침을 더하여 지상을 변화시킬 복음의 메시지를 만들었다. 예수는 자신의 표현을 빌리자면 "집주인이 보물 창고에서 새것과 낡은 것을 내어놓듯이"(마 13:52) "서기관과 같이" 행동했다. 예수는 학자들이 오랜 세월 동안 수집한 유대 민족의 풍부한 보물을 활용하기도 했다. 시온산에서의 유월절 식사는 그의 행적과 메시지를 장식하는 것이었다. 예루살렘의 남서쪽 언덕에서 첫 번째 공동체가 그의 사역을 이어갔다. 게힌놈 계곡 위에 솟은 이 언덕은 기독교의 요람이자 세계 복음화를 위한 출발점이 되었다. 비잔틴 시대 이전인 4세기 초, 가이사랴의 역사가 유세비우스(Eusebius, 265~340년)는 유대-기독교 전승을 이어받아 이렇게 선언할 수 있었다.[107]

> "[복음의 율법이] 예루살렘과 인접한 시온산에서 나온 것은 사실이며,
> 우리 구주이신 주께서 자주 머물며 많은 가르침을 주셨던 곳이다."

---

106) 참고. J. Danielou, *The Theology of Jewish Christianity*, 343-44.
107) DE I 4 (D. Baldi, *ELS*), 473-74.

11장 _ 예수의 사회경제적 배경

D. A. 피엔시

지난 20년(1992년 당시 기준-역자주) 동안 성경에 대한 사회학적 연구에 관한 관심이 높아진 것은 성경에 나타난 역사가 종교적일 뿐만 아니라 사회경제적으로도 영향을 받았다는 통찰에서 비롯되었다. 성경 역사 연구에서 이러한 요소들을 이해하지 못한다면 해석이 풍부해지는 가능성을 놓치는 것이다. 새로운 방법론의 초기 주창자 중 한 명인 H. 크라이시그(Kreissig)는 제2성전시대의 유대인을 종교적, 사회적으로 구분하지 않고 "마치 그들이 종교로만 살았던 동질 집단이었던 것처럼" 묘사하는 연구들을 한탄했다.[1]

헤로디아 팔레스타인의 사회경제적 상황을 연구한 학자들은 크라이시그 교수의 불만에 동의했다. S. 프레이네하스(Freynehas)는 알렉산더부터 하드리아누스(Hadrian)까지 갈릴리를 농민 사회로 이해하려고 노력한 설명을 작성했다. R. A. 호슬리(Horsley)와 J. S. 핸슨(Hanson)은 유대인의 반란을 농촌 농민과 도시 엘리트 사이의 계급 갈등으로 이해하려고 했다. S. 애플바움(Applebaum), A. 벤-데이비드(Ben-David), 그리고 D. E. 오크만(Oakman)은 농업 노동자의 경제적 곤경을 강조한다. B. 말리나(Malina)는 신약 시대 팔레스타인의 농민 범주와 가치를 묘사하여 이 사회의 타자성을 인식하게 한다.[2]

---

1) Kreissig, *Die sozialen Zusammenhange des judaischen Kreiges* (Berlin, 1970), 89. 보다 최근의 연구로는 J. H. Charlesworth, *The Old Testament Pseudepigrapha and the New Testament* (Cambridge, 1985), 특히 19-23을 보라.

2) Freyne, *Galilee from Alexander to Hadrian* (Wilmington, Del., 1980); Horsley and Hanson, *Bandits, Prophets, and Messiahs* (Minneapolis, 1985); Applebaum, "Economic Life in Palestine" in S. Safrai and M. Stern, *The Jewish People in the First Century* (Assen/Amsterdam, 1974-76) Vol. I.2, 631-700; Oakman, *Jesus and the Economic Questions of His Day* (Lewiston/Queenston, 1986); Ben-David, *Talmudische Ökonomie* (Hildesheim, 1974); Malina, *The New Testament World: Insights from Cultural Anthropology* (Atlanta, 1981).

예수는 고대 농경 사회의 전형적인 조건에서 살았다. 이러한 배경에서 예수를 이해하는 것은 연구에 새로운 윤곽들을 추가하는 것이다. 예수는 수많은 종교 집단과 대화했을 뿐만 아니라 특정 사회경제적 계층과도 교류했다. 예수의 비유에는 신학적 통찰력뿐만 아니라 경제적 내용도 담겨 있었다. 예수의 생활 방식은 단순히 순회 설교의 필요성을 반영한 것이 아니라 의식적인 사회경제적 선택의 결과이기도 했다.

이 글에서는 두 가지 질문에 답함으로써 예수를 갈릴리라는 사회경제적 환경에 배치하고자 한다. 안티파스 세습 정권 당시 갈릴리의 사회경제적 환경 구조는 어떠했는가? 예수는 어느 사회경제적 계층에서 왔나? 먼저 갈릴리 사회의 구조를 스케치해 보겠다. 그런 다음 예수의 사회경제적 기원에 대한 어떤 증거가 있는지 살펴볼 것이다.

갈릴리 사회의 경제 구조

그레코-로마 사회

갈릴리 사회의 경제 구조는 다른 지중해 세계와 본질적으로 유사했다. 고대 제국의 농업 경제는 놀라울 정도로 익숙한 패턴을 따랐다. 그러므로 그리스와 로마 사회에 관한 연구를 통해 얻은 통찰력을 활용할 수 있다. 저명한 고전학자들의 연구는 헤롯 안티파스의 갈릴리를 역사적, 경제적 배경에 배치하는 데 특히 유용할 수 있다.[3]

사회학적 모델을 사용할 때도 마찬가지다. 고대 사회 연구에 사회학적 이론을

---

3) 예컨대, M. Rostovtzeff, *The Social and Economic History of the Roman Empire* (Oxford,1957); G.E. M. de Ste. Croix, *Class Struggle in the Ancient Greek World* (Ithaca, N.Y., 1981). A. H. M. Jones, *The greek City from Alexander to Justinian* (Oxford, 1940); 같은 저자, *Cities of the Eastern Roman Empire* (Oxford, 1971); R. MacMullen, *Roman Social Relations* (New Haven, 1974); P. Brunt, *Italian Man Power* (Oxford, 1971); J. M. Frayne, *Subsistence Farming in Roman Italy* (London,1979); P. Garnsey, ed., *Non-slave Labour in the Greco-Roman World* (Cambridge, 1980); K. D. White, *Roman Farming* (London, 1970); M. Grant, *A Social History of Greece and Rome* (New York, 1992); G. Alfoldy, *Die romische Gesellschaft* (Weisbaden, 1986).

적용하는 것은 신중해야 하지만, 이러한 시도를 통해 흥미로운 통찰력을 얻을 수 있다. 사회학적 모델이 고대의 자료로부터 정보를 얻고 현대 사회학 이론을 신중하게 절충적으로 선택했다면, 이 시도로 흥미로운 통찰력을 얻을 수 있다. 이론을 통해 우리는 단순히 과거를 현재에 맞추는 데 그치지 않는다는 것을 합리적으로 확신할 수 있다. 반면에 사회학이나 인류학을 무시하는 것은 분명히 민족 중심주의를 불러일으킬 수 있다. G. E. 렌즈키(Lenski)의 연구4는 이러한 기준을 잘 충족시킨다.

갈릴리 사회의 구조는 일반적으로 농경 사회에 대한 렌즈키의 연구와 같이 경제적 지위에 크게 의존하고 있다. 신학자들에게 중요한 범주 중 일부는 언급되지 않았을 수도 있다.

갈릴리에는 대다수의 유대인 외에도 다양한 지리적, 민족적 배경을 가진 이방인이 있었지만(스트라보〈Strabo〉16.2.34), 이 사회경제적 분류의 목적상 이 차이는 무의미한 경우도 있다. 부유한 상인은 인종적 출신에 관계없이 거의 같은 수준이다. 그렇듯 가난한 일용직 노동자는 유대인이든 페니키아인이든 아라비아인이든 그리스인이든 같은 처지였다.

고대 제국의 사회는 도시와 농촌으로 나뉘어 있었다. G. 알푈디(Alföldy)를 비롯한 많은 역사가가 이 상황에 주목했다.5 동로마 제국의 농촌 인구는 일반적으로 이집트의 콥트어,6 소아시아의 리카오니아어 또는 켈트어,7 시리아 및 팔레스타인의

---

4) G. E. Lenski, *Power and Privilege* (New York, 1966). J. D. Crossan, *The Historical Jesus: The Life of a Mediterranean Jewish Peasant* (San Francisco, 1991), 44f을 참조하라. Crossan은 또한 Lenski의 연구를 정보에 근거하지 않은 민족 중심적 안경으로 예수의 세계를 보는 것에 대한 견제 수단으로 사용했다. Crossan은 "렌즈키의 마스터 모델 전체 또는 일부에 대해 분명히 논쟁을 벌일 수 있지만, 나는 고대 농업 제국의 세계에 선진 산업 경험의 전제를 부과하는 위험을 제거하기 위한 기본적인 학문으로 받아들인다."라고 썼다. 로마 사회 구조에 대한 설명은 법적 지위에 근거한 J. Gager (Kingdom and Community [Englewood Cliffs, N.J., 1975], 93-113) 그리고 Alföldy (Die römische Gesellschaft, 10)의 설명도 도움이 되지만 Lenski의 분석은 사회경제적으로 더 미묘한 차이가 있다.

5) Alföldy, *Die römische Gesellschaft* (Wiesbaden, 1986), 10.

6) MacMullen, *Roman Social Relations*, 46; A. H. M.Jones, *The Greek City from Alexander to Justinian* (Oxford, 1940), 293.

7) Jones, *Greek City*, 290; 행 14:11.

아람어8 등의 모국어와 관습을 유지했다.9

반면에 도시 사람들은 그리스어를 사용했으며, 많은 이들이 글을 읽을 줄 알았고 대부분은 그레코로만 사회의 위대한 제도와 사상을 접하고 있었다. 이는 특히 귀족들에게 해당하였지만, 도시 빈민들도 어느 정도는 마찬가지였다. 드 생 크로아(De Ste. Croix)에 의하면, 도시 빈민들은 어떤 식으로든 "교육받은 사람들과 섞여 있었을 수" 있었다.10 갈릴리 도시에서는 회당뿐만 아니라 극장, 원형극장, 경마장, 법정에서도 이러한 혼합이 일어날 수 있었다.11 따라서 도시 빈민들조차도 시골 농민들과는 다른 문화적 경험을 했다. L. 화이트(White)가 관찰했듯이, 중세 농경 사회에서 도시는 "원시주의의 바다 위에 있는 문명의 산호섬이었다."12

이러한 고대 사회에 대한 설명은 고전 역사가들에게 전형적이지만, 하부 갈릴리 지역에서는 다소 수정되어야 한다. 우선, E. 마이어스는 그리스어가 이 지역에 강력하게 유입되었음을 보여주었다.13 제국의 다른 지역에서는 두드러지게 나타나는 도시와 농촌 사이의 언어적 차이가 갈릴리 지역에서는 덜했으나 여전히 존재했다. 둘째, 에드워즈(D. Edwards)는 하부 갈릴리 지역 도시와 농촌 사이의 경제적 상호성과 문화적 연속성을 설득력 있게 주장했다.14 에드워즈는 이 지역에서도 도시와 농촌 사이에 문화적 차이가 있었다고 주장한다.15 한 도시에 사는 것과 다른

8) Schürer–Vermes II, 26쪽: "팔레스타인 유대인의 주요 언어로서 아람어가 모든 수준에서 두드러진다는 것은 이제 증거에 의해 확고하게 뒷받침된다." 북아프리카, 영국, 갈리아, 스페인 등의 모국어에서도 마찬가지였다. Rostovtzeff, *Social and Economic History*, 193f; Jones, 〈Greek City〉, 290f; P. Brunt, *Social Conflicts in the Roman Republic* (New York, 1971), 170–72을 보라. 상부 갈릴리에서 거의 독점적인 언어였던 아람어에 대해서는 E. M. Meyers, "Galilean Regionalism as a Factor in Historical Reconstruction" BASOR 221 (1976) 93–101을 보라.

9) De Ste. Croix, *Class Struggle*, 10, 13; Rostovtzeff, *Social and Economic History*, 193, 343; R. MacMullen, *Roman Social Relations* (New Haven, 1974), 46.

10) De Ste. Croix, *Class Struggle*, 13.

11) Schürer–Vermes, Vol. II, pp. 46, 48, 54f를 보라. 요세푸스(*Ant* 15.268)는 극장과 원형극장이 유대인의 관습과 이질적이라고 선언했지만, "유대인 인구의 다수가 극장을 자주 찾지 않았다고 가정해서는 안 된다."고 말했다. 도시에 사는 도시 프롤레타리아트의 혜택에 대해서는 Jones, *Greek City*, 285을 보라. 갈릴리 도시와 그 공공 기관에 대한 설명은 SBL 1988 Seminar Papers (Atlanta, 1988), 160–68을 보라.

12) White quoted in de Ste. Croix, *Class Struggle*, 10.

13) Meyers, "Galilean Regionalism as a Factor in Historical Reconstruction," 97.

14) Edwards, "First Century Urban/Rural Relations in Lower Galilee: Exploring the Archaeological and Literary Evidence", *SBL 1988 Seminar Papers* (Atlanta, 1988), 169–82.

15) Edwards, "First Century Urban/Rural Relations in Lower Galilee: Exploring the Archaeological and Lit-

도시에 사는 것이 문화적으로 같지 않다는 것을 이해하기 위해 도시와 국가 사이에 급진적인 문화적 격차를 가정할 필요는 없다.

서로 다른 문화적 경험하는 도시인이 시골 농민에 대해 우월감을 느끼는 것은 자연스러웠다. 렌즈키에 의하면, 농업 사회에서 도시 엘리트들이 농민을 인간 이하의 존재로 여기는 것이 일반적이었다.**16** M. 로스토프체프(Rostovtzeff)의 관찰에 의하면, 로마 제국의 도시 거주자들이 농부를 열등하고 문명화되지 않은 존재로 여겼다.**17** 랍비 맥뮬런(MacMullen)은 도시인이 농민을 "무례하고 무지한 존재"로 여겼다고 기록했다.**18**

팔레스타인

팔레스타인에서도 이런 태도가 만연했을까? L. 핀켈스타인(Finkelstein)의 주장에 따르면, 예루살렘의 모든 주민은 부유하든 가난하든 시골 농민을 경멸했다.**19** 예루살렘 출신인 요세푸스에게서 그러한 경멸을 발견할 수 있다. 요세푸스는 대제사장이(『전쟁사』 4.239,241) 팔레스타인의 시골 지역 출신인 열심당원들**20**을 "학살당한 희생자"와 "인간 폐물(off scourings, 찌꺼기)"이라고 부르도록 했다."**21** G. 콘필드(Cornfeld)의 "온 나라의 찌꺼기와 쓰레기들"이라는 번역은 이 단어의 어조를 잘 포착하고 있다. 이 말이 대제사장의 말이든 요세푸스의 말이든, 도시 엘리트 계층의 누군가가 시골 하층민을 칭한 말이다. 요세푸스는 열심당원을 "노예, 폭도, 사생아"라고 불렀는데, 콘펠드는 이를 "노예, 인류의 찌꺼기, 사생아 쓰레기"로 표

---

erary Evidence", 176을 보라. "농촌과 도시 주민들 사이에 이데올로기적 긴장이 존재했을 수 있지만… .", 179에서 그는 하부 갈릴리에 "대체로 보수적이며 아람어를 사용하는 농촌 지역이 있었다."고 주장한다.

16) Lenski, *Power and Privilege*, 271.

17) Rostovtzeff, *Social and Economic History*, 192.

18) MacMullen, *Roman Social Relations*, 32; ones, *Greek City*, 295f도 참조하라.

19) Finkelstein, *The Pharisees* (Philadelphia, 1962), 24. 팔레스타인에 대해서는 S. Applebaum, "Judea as a Roman Province: the Countryside as a Political and Economic Factor," *ANRW* II.8, 370f 그리고 G. Theissen, *Sociology of Early Palestinian Christianit* (Philadelphia, 1978), 47-58을 보라.

20) 이 결론은 Horsley와 Hanson가 설득력 있게 주장한다. Bandits, 220-23. 특히 *War* 4.135, 419-39, 451을 보라.

21) Cornflower, *Josephus: The Jewish War* (Grand Rapids, 1982), 227.

현한다.22 요세푸스의 시기는 예수와 안티파스 시대보다는 다소 늦었지만, 1세기 초에는 이와 같은 태도가 널리 퍼져 있었을 가능성이 높으며, 이는 고대에 일반적이었다.

요세푸스가 유대인 전쟁을 농촌의 약탈로 비난한 데에는 변명하려는 목적이 있었겠지만, 그가 희생양을 비난한 방식은 교훈적이다. 그는 이 구절에서 다른 어떤 구절과 마찬가지로 사회경제적 근거로 그들을 공격했다.

갈릴리 자체에서 그러한 태도가 만연했다는 직접적인 증거는 없다. 도시와 마을 사이의 경제적 호혜성이 더 컸기에 하부 갈릴리에서는 도시 속물주의가 덜 두드러졌을 것이다. 그렇다고 그 지역에 도시 속물근성이 전혀 존재하지 않았다고 단정해서는 안 된다.23 갈릴리 지역이 그레코-로마 세계에서 흔히 볼 수 있었던 도시적 편견에서 벗어났을 가능성은 작다.

고대 농경 사회는 받는 자(즉, 엘리트)와 주는 자(즉, 농촌의 대규모 농민)라는 두 그룹을 중심으로 구조화되는 경향이 있었다. 이 사회의 전체 구성은 아래에서 설명하겠지만 여러 사회경제적 계층과 하위 그룹으로 구성된 복잡한 구조였으나, 다른 계층은 위에 나열된 두 가지 주요 그룹 중 하나를 지향했다.

이 두 계층 사이의 사회경제적 격차는 일반적으로 엄청났다. 렌즈키는 "농경 사회를 관찰하는 거의 모든 사람, 특히 폭넓은 비교 관점에서 농경 사회를 바라보는

---

22) *War* 5.433; 388 of his edition.
23) 갈릴리 '암 하아레쯔'(땅의 사람들)에 대한 기원후 2세기 랍비들의 진술은 그러한 결론을 내리지 않도록 주의해야 한다. '암 하아레쯔'를 폄하하는 발언은 종교적 차이뿐만 아니라 사회적 차이도 반영할 수 있다. 히브리어로 '하아레쯔 암'은 교양이 없거나 예의가 없다는 뜻이다.(참조. M. Jastrow, *A Dictionary of the Targumim, he Talmud Babli and Yerushalmi, and the Midrashic Literature*, [2 vols.; London, 1895–1903; 재판. New York, 1950], 1:148) 그들은 일관되게 무지하고 가르칠 수 없는 존재로 묘사된다. 그들의 아내들은 "파충류와 같다." G. F. Moore, *Judaism* (Cambridge, 1954) Vol. I, p. 60; Vol. II, 72f, 157 그리고 G. Vermes, *Jesus the Jew* (London, 1973), 54f을 참조하라. 특히 "랍비는 기근 동안 창고를 열었지만 암 하아레츠들에게는 아니었다."라고 한 E. E. Urbach, "Class Status and Leadership in the World of the Palestinian Sages", Proceedings Of the Israel Academy of Sciences and Humanities 2 (1968) 71과 J. H. Heinemann, "The Status of the Laborer in Jewish Law and Society in the Tannaitic Period" *HUCA* 25 (1954) 267을 보라. A. Oppenheimer가 (The Am Ha-aretz [Leiden, 1977], 18–21)에서 주장한 바와 같이 암 하아레츠는 사회 계급이 아닌 종교적 명칭이었지만,(The Am Ha-retz [Leiden, 1977] 18–21) 그들 대부분은 농촌 거주자였다. Finkelstein, *The Pharisees*, 24f, 754–61 그리고 S. Zeitlin, "The Am Haaretz: A Study in the Social and Economic Life of the Jews Before and After the Destruction of the Second Temple", *Jewish Quarterly Review*, N.S. 23 (1932) 45–61을 보라.

사람에게는 한 가지 사실이 깊은 인상을 남긴다. 바로 현저한 사회적 불평등(the marked social inequality)의 현실이다."[24] 갈릴리가 전형적인 농경 사회와 어느 정도 일치하는지 또는 어느 정도 벗어나는지 이제 입증해야 한다.

갈릴리의 엘리트

갈릴리의 엘리트는 헤롯 안티파스와 그의 가족, 그리고 다른 일부 부유한 가문으로 구성되었다. 그들은 거의 늘 부재지주[25]나 정부 관리로 도심에 살았다. 그들의 부는 토지에 대한 세금이나 임대료의 형태로 농민의 나머지 생산물에서 비롯되었다.

갈릴리 사회의 최상위에는 분봉 왕 안티파스와 그의 가족이 있었다. 안티파스는 세금과 페레아(Perea)의 넓은 사유지, 대평원(Great Plain), 갈릴리에 있는 땅에서 연간 200달란트의 수입을 올린 것 같다.(『고대사』17. 318)[26] 그의 가족은 정치 권력뿐만 아니라 부에서도 다른 모든 엘리트 계층을 능가했다. 이들은 고위 관료 등에게 막대한 토지 보조금을 지급하고,[27] 군대를 지휘하고, 세금을 부과했기에 다른 귀족들에 대한 그들의 권력은 막강했다.

엘리트 계급 내의 또 다른 사회 집단은 귀족이 아닌 귀족 그룹이었다. 이들은 장로(막 15:1, 행 4:5), 지도자(『생애』194), 첫 사람(『생애』9.185, 막 6:21), 주목할 만한 사람(『전쟁사』2.318,410), 권력자(『전쟁』2.316, 411), 계급과 출생에서 첫 번째인 사람(『고대사』20.123), 명예로운 사람(m.Yoma[28] 6:4)이라고 불렀다. 이들과 그

---

24) Lenski, *Power and Privilege*, 210. Lenski의 강조다.

25) (역주) absentee landlords. 농지 외지인 예루살렘에 거주하면서 땅을 소작인들에게 빌려주고 소작세를 받는 지주들

26) Perea에 대해서는 당시 아그리파 1세의 전 지사 중 한 명인 Crispus 소유의 부동산이 있었다. (*Life*, 33) 대평원과 관련하여 아그립바 2세의 누이인 Berenice의 영지에 대한 언급이 있는 *Life*, 119를 참조하라. 이 땅은 헤롯 가문의 구성원에게 물렸다. 갈릴리에 대해서는 *Ant*, 18.252와 *Herod Antipas* (Cambridge, 1972), 70을 보라. 또한 D. A. Fiensy, *The Social History of Palestine in the Herodian Period': The Land is Mine* (Lewiston/Queenston/Lampeter, 1991), 21~73 그리고 J. H. Charlesworth, *Jesus Within Judaism* (New York, 1988), 139-48을 보라.

27) 헤롯 대왕이 Ptolemy of Rhodes에게(*War*, 1.473, 667, 2.14-16,24, 64) 또 아그 Agrippa I세가 Crispusd 에게 행했던 것처럼(*Life*, 33)

28) (역주) 속죄일 요마(Yoma)는 세데르 모 애도(축제의 순서)에 있다. 총 8장으로 구성되어 있으며, 첫 7장에

가족들은 사제나 왕족이 아닌 엘리트 계층으로, 부와 영향력, 업적으로 인해 지역 사회의 지도자였다. 그중에는 지방 치안판사와(『전쟁사』 2.237=『고대사』 20.123; 생애 134; 생애 246, 278 참조)29 세금을 징수하는 농부들을 돕는 이들도 있었다.(『고대사』 20.194;『전쟁사』 2.405)30

티베리아스에는 귀족이 아닌 귀족들이 분명히 존재했다. 요세푸스는 전쟁 발발 당시 티베리아스에는 가장 하찮은 사람들로 구성된 그룹, 유스투스(Justus)가 이끄는 그룹, 존경받는 시민 등 세 그룹이 있었다고 말한다.(『생애』 32-39) 후자 그룹에는 율리우스 카펠루스(Julius Capellus), 미아리스(Miaris)의 아들 헤롯, 가말루스(Gamalus)의 아들 헤롯, 콤수스(Compsus)의 아들 콤수스가 있었다. T. 라작(Rajak)31의 추측에 의하면, 요세푸스가 나열한 첫 번째 사람은 그의 이름으로 보아 로마 시민이었고 다음 두 사람은 헤로디아 가문 출신이다. 라작은 또한 콤수스의 동생 크리스푸스(Crispus)가 아그립바 1세(『생애』 33)의 전 총독이었다. 이들은 분명히 티베리아스의 상류층 출신이다.32

이러한 사회 집단은 세포리스에도 당연히 존재했던 것 같다. 우리에게는 헤로디아 시대의 세포리스의 지도자들에 대한 정보는 없다. 세포리스에 대한 후기 랍비 자료는 귀족 계급을 나타낸다. A. 뷜러(Büchler)33는 이러한 지도층 시민들을 "위대한 자," "세대의 위대한 자," "파르나심(Parnasim)" (즉, 지도자 또는 관리자)이라고 불렀다고 확인했다. 이 위대한 사람들은 대지주였다. 뷜러가 인용한 탈무드 구절에서 기원전 3세기의 현자는 재산에 따라 지주, 소작농(עם הארץ), "빈자"(가난

<hr/>

서는 속죄일 당일 성전에서 대제사장을 위한 준비와 봉사에 관해 설명한다. 마지막 장에서는 금식의 법칙, 속죄일의 다른 금지 사항, 회개의 과정에 관해 설명한다. (www.sefaria.org)

29) Jeremias, *Jerusalem in the Time of Jesus*, trans. F. H. Cave and C. H. Cave (Philadelphia, 1969) 22.

30) Jeremias, *Jerusalem*, 228; S. W. Baron, *A Social and Religious History of the Jews* (New York, 1952), Vol. I, 274; J. S. McLaren, *Power and Politics in Palestine* (Sheffield, 1991), 204-6.

31) T. Rajak, "Justus of Tiberais," Classical Quarterly N.s. 23 (1973) 345-68. H. G. Kippenberg, *Religion und Klassenbildung im antiken Judäa* (Göttingen, 1978), 129f 참조.

32) M. Goodman, *State and Society in Roman Galilee* (Totowa, N.J. 1983), 33에 의하면, 막 6:21은 갈릴리의 귀족들을 가리키는 것이 맞는 것 같다. 이 언급은 아마도 티베리아에 더 구체적으로 관련되어 있을 것이다.

33) A. Buchler, *The Political and Social Leaders of the Jewish Community of Sepphoris in the Second and Third Centuries* (London,1909), 7-10.

<hr/>

한 자)의 세 가지 사회 계층을 구분한다.34 아마도 규모 있는 모든 도시에는 기살라 (Gischala)의 요한(『생애』 43-45)35이나 가바라의 시몬(『생애』 123-25)처럼 부유하고 영향력 있는 시민이 있었을 것이다.

농업 기술이 낙후된 고대 농경 사회는 소수의 엘리트 집단만 존재할 수 있었다는 점을 강조하는 것이 중요하다. 나머지 생산물은 너무 빈약했다. J. H. 카우츠키 (Kautsky)의 진술은 전형적인 상황을 정확하게 평가하고 있다:

> 귀족은 농업에 종사하지 않고 농민을 통제하여 생산물 일부를 가져갈 수 있는 농업 경제에 속한 사람들로 구성되는 것으로 간단히 정의 할 수 있다. 물론 각 농민은 상대적으로 적은 나머지 생산물만을 생산하고 평균 귀족은 농민보다 훨씬 더 많이 소비하기에 인구의 극히 일부만이 귀족이 될 수 있다.36

따라서 엘리트 집단은 부와 권력에서 매우 중요했지만, 인구의 극히 일부에 불과했다.

랍비 맥뮬런, G. 알푈디, 랍비 릴링거(Rillinger) 등은 로마 제국의 상류층(원로원, 기사, 중소 지주계급⟨decurions⟩)이 전체 인구의 1%를 넘지 않았다고 추정한다.37 카우츠키(Kautsky)의 주장대로 농경 사회의 특성상 대규모 엘리트 계층이 존재하지 않았기에 갈릴리에서도 이 비율이 거의 그대로 적용되었을 것이다.

---

34) b.Hull 92a; *Büchler*, *Political and Social Leaders*, 35. The comments of S.S. Miller, *Studies in the History and Traditions of Sepphoris* (New York University, Ph.D., 1980), 141-71의 의견도 이와 관련하여 흥미롭다.

35) U. Rappaport, "John of Gischala: From Galilee to Jerusalem", *JJS* 33 (1982) 479-93을 보라.

36) J.H. Kautsky, *The Politics of Aristocratic Empires* (Chapel Hill, N.C., 1982), 79f.

37) MacMullen, *Roman Social Relations*, 89; R. Rillinger, "Moderne und zeit-genössische Vorstellungen vor der Gesellschaftsordnung der römischen Kaiserzeit" Saeculum 36 (1985) 302; G. Alföldy, ⟨Römische Sozialgeschichte⟩, (Wiesbaden, 1975), 130. Lenski, *Power and Privilege*, 228에 의하면, 다른 농경 사회에서도 비슷한 수치를 제시한다.

유지층(The Retainners)

렌즈키[38]가 "소작인"이라고 부르는 계급은 엘리트와 농민 사이에 존재했다. 렌즈키는 대부분의 농경 사회에서 유지들이 서민과 지배 계급 사이에서 중재를 위해 고용되었다고 주장한다. 렌즈키는 농민과 소규모 장인들은 자신의 문제가 주로 유지들에게서 오는 것인지 아니면 상층부에서 오는 것인지 확신할 수 없었기에 유지들이 엘리트에 대한 하층민의 적대감을 일부 완화했다고 주장한다.

유지들은 상류층의 재정과 정치 문제를 관리하고 상류층의 목표를 집행했다. 렌즈키는 이 봉사를 위해 유지들은 "경제적 나머지 생산물을 공유했다."라고 말한다. 즉, 유지들은 일반 대중보다 경제적으로 더 높은 지위에 있었다. 그러나 거의 모든 사회적 구분이 그렇듯이 하층 귀족과 상류 유지층 사이의 경계는 모호했으며, 하층 유지와 상층 농민 사이의 경계도 모호했다.

F. 헤렌브뤼크(Herrenbrück)가 주로 세수 징수를 담당했다고 주장한 소작농이나 통행료 징수원에 대해 이야기할 때, 세금 징수원은 유지의 분명한 예였다.[39] 가이사랴에 살았던 세리 요한(『전쟁사』2. 287), 여리고에 살았던 세리 삭개오(눅 19:1-10), 갈릴리의 레위(눅 5:29)가 이 부류에 속했다. 처음 두 예는 유지들이 상당한 부자가 될 수 있음을 보여준다.

또 재산 감독관이나 집행관이 갈릴리 사회에서 중요한 역할을 했을 것으로 예상해야 한다. 집행관 직책은 제국 전역에 널리 알려져 있었다.[40] 누가복음에는 이 중요한 관리들이 두 번 언급된다.(12:42-48, 16:1-8) 눅 16:1-8에 나오는 부정직한 집행관의 예가 특히 두드러진다. 여기서 우리는 집행관이 주인의 경제 문제에 대해 얼마나 광범위한 권한을 행사했는지 알 수 있다. 집행관은 노예일 수도 있고 자

---

38) Lenski, *Power*, 243-48. Lenski는 농경 사회의 평균 보유자 수를 인구의 5%로 추정한다.(245)

39) F. Herrenbruck, "Wer waren die Zollner?" ZNW 72 (1981) 178-94. Cf. M. Stern, "The Province of Judea," S. Safrai and M. Stern, *The Jewish People in the First Century* Vol. I.1, 308-76.

40) 라틴어 vilicus에 대해서는 A. H. M. Jones "Colonus" in *OCD*. For 그리스어 oικονόμος에 대해서는 LSJM and O. Michel's "oικονόμος"을 보라. *TDNT*. 히브리어 איקונומוס 와 אגטד에 대해서는 Jastrow을 보라. 이 그리스어의 광범위한 유통에 대해서는 E. Ziebarth, "oικονόμος" PW XVII, 2, Col. 2118f을 보라.

유민일 수도 있기에**41**, 마 12:2과 마 24:45에 언급된 노예도 집행관일 가능성이 크다.**42**

많은 집행관이 천민 출신이었음에도 그들의 행정 기술은 부재중인 집주인에게 매우 귀중한 것이 틀림없다. 콜루멜라(Columella, 기원전 1세기)는 집행관과 그의 아내가 갖추어야 할 자질에 대해 자세히 설명했다.(11.1.3-29, 12.1.1-6) 그들은 냉정하고 방종하지 않은 성격을 가져야 하며 열심히 일해야 한다. 그들은 모범을 보이고 권한을 사용하여 모든 사람이 종일 일을 하도록 해야 한다.**43**

세 번째 유형은 사법 치안판사로 S. 프라인(Freyne)의 『전쟁사』 21.571과 눅 12:58(마 5:25)에서 이들을 발견했다.**44** 눅 18:2에 등장하는 한 재판장이 이 유형일 수 있다. 사법 치안 판사들은 법적 분쟁을 판결했으며 규모에 관계없이 거의 모든 마을에서 봉사했다. 이 관리들에는 로마와 헤로데의 군인들도 추가해야 한다.**45** 왕궁의 하급 관리들도 유지들이었을 것이다.**46**

지배 계급과 유지들은 도시와 시골 모두에서 하층민 위에 군림했다. 그들은 농민과 다른 사람들로부터 임대료와 세금을 징수했고, 주로 도시에서 부유하고 사치스럽게 살았다.

농촌 농민

고대 농경 사회 인구의 대부분은 로스토프체프가 단언했듯이 농촌 농민에 속해 있었다.**47** 예컨대, 맥뮬런(MacMullen)의 주장에 따르면 고대 이탈리아 인구의 75%가 농민이었다.**48** 드 생크루아(De Ste. Croix)는 한 사람이 농사 안 짓고 살 수

---

41) Jones, "Colonus."
42) Michel, "οἰκονόμος" *TDNT*.
43) 참조. Cato, *Agr*. CXLIIf.
44) Freyne, *Galilee*, 198. 참조. 이 지역 재판관들은 랍비 문헌에도 등장한다. b.Shab 139a와 E. E. Urbach, "Class-Status and Leadership", 67쪽을 보라.
45) 로마 군인들에 대해서는 Mt 8:5-13을 헤롯 군인들에 대해서는 *Ant*. 18.113f을 보라.
46) 이 관리들에 대한 설명은 Jeremias, *Jerusalem*, 88-90을 보라.
47) Rostovtzeff, *Social and Economic History*, 346.
48) MacMullen, *Roman Social Relations*, 253.

있을 만큼의 식량을 생산하려면 10명이 필요하다고 추정했던 중세 학자 L. 화이트 (White)의 수치를 받아들였다. 이 수치는 농경 사회의 사회학자들과 일치한다.[49] 상부 갈릴리의 도시화에 관한 J. A. 오버만(Overman)과 D. R. 에드워즈(Edwards) 의 연구에 비추어 볼 때,[50] 우리는 맥뮬런의 낮은 수치에 다소 기울고 싶을 수도 있 지만, 여전히 1세기 갈릴리 인구의 대다수를 차지하는 것은 농촌의 농업 노동자들 일 것이라는 결론이다.

농업 노동자에는 소규모 자유 소유자, 소작농, 일용직 노동자, 노예가 포함되 었다. 소작농(t.Pe' a[51] 2:2 참조)은 보통 생계형 농부였지만, 일부는 다소 부유했을 수도 있다. 고대 갈릴리에서 농장을 조사한 결과, 농장의 크기는 1에이커에서 15에 이커까지 다양했으며, 대부분 4에이커 정도였다.[52] 이 규모는 S. 다르(Dar)가 사마 리아를 조사한 결과와 일치한다.[53] A. 벤-데이비드(Ben-David)의 결론에 의하면, 농민이 6~9명의 대가족이라면 간신히 생계를 유지할 수 있을 정도다.[54] 그런데도 요세푸스의 언급에서, 갈릴리의 소작농들이 굶주리지는 않았으나 가까스로 생계 를 유지한 것으로 보인다는 프라인(Freyne)의 주장은 옳을 것이다.[55]

로마 제국의 다른 지역에 분명히 존재했던 것처럼 헤로디아 팔레스타인에도 많

---

49) De Ste. Croix, *Class Struggle*, 10; L. White, "Die Ausbreitung der Technik 500-1500" in *Europäische Wirtschaftsgeschichte: Mittelalter*, ed. C. M. Cipolla 그리고 K. Borchardt, Bd. 1 (Stuttgart, 1978), 92. 또한 G. Sjoberg, *The Preindustrial City* (Glencoe, III., 1960), 83. Sjoberg는 농경 인구의 10% 이상이 도 시에 살지 않았다고 단언한다. 때로는 5% 미만이었다. Lenski의 수치도 비슷하다(*Power and Privilege*, 199).

50) Overman, "Who were the First Urban Christians?" *SBL 1988 Seminar Papers*, (Atlanta, 1988), 160-68; Edwards, "First Century Urban/Rural Relations in Lower Galilee: Exploring the Archaeological and Lit-erary Evidence", SBL 1988 *Seminar Papers* (Atlanta, 1988), 169-82.

51) (역주) Pe' ah는 미쉬나와 탈무드의 세데 제라임(씨앗의 순서)의 두 번째 소절이다. 이 소책자에서는 토라 의 계명에 따라 밭, 포도원 또는 나무를 수확할 때 가난한 사람에게 주는 선물의 법에 관해 설명한다. 이 소책자는 또한 일반적으로 자선을 베푸는 법에 대해서도 다루고 있다.

52) B. Golomb and Y. Kedar, "Ancient Agriculture in the Galilee Mountains" IEJ 21 (1971)136-40.

53) S. Dar, *Landscape and Pattern* (Oxford, 1986), 46, 60-76; 특히 262을 보라.

54) Ben-David, *Talmudische Ökonomie*, 44.

55) Freyne, *Galilee*, 193f, 208.

은 대규모 영지가 존재했다는 문학적56, 비문적57, 고고학적58 증거가 충분하다.59 대규모 영지에는 값싼 노동력이 필요했기에 소작농, 일용직 노동자, 노예 등 다양한 조합으로 농장을 운영했다.

예수의 비유가 갈릴리의 평범한 삶을 묘사한 것이라면, 갈릴리에도 대영지에서 일하는 노동자들이 있었다. 헤르츠(J. Herz), 헨겔(M. Hengel), 찰스워스가 입증했듯이,60 악한 소작인(막12:1-12), 부자 바보(눅12:16-21), 포도원 일꾼(마 20:1-15), 가라지(마 13:24-30), 탕자(눅 15:1-32)의 비유 등61은 소작인, 일용직, 노예가 있는 대규모 농지의 상황을 묘사하고 있다.62 또한 갈릴리에는 안티파스 자신의 대규모 소유지뿐만 아니라 제국의 영지(『생애』71-73장)도 있었을 가능성이 크다.

따라서 우리는 부재지주와 그의 가족을 부양할 수 있을 만큼 큰 영지63가 기원전 1세기에 갈릴리에 존재했다는 결론을 내릴 수 있다. 이 결론의 결론은 이러한 영지에서 일하는 사람들이 극심한 빈곤에 처해 있기도 했었다는 것이다.

소작농은64 (אריס) 지주 소유지의 작은 부분을 경작하고 수확량의 25~50%(m. Pe'a 5:5, t.BMes9:11)를 지주에게 냈다. 일용직 노동자와 고용인은 특히 수확기에 일자리를 구하는 매우 가난한 노동자들이었다.(t.Maas 2:13, 2:15, t.BMes 7:5f,

---

56) 수집된 증거에 관해서는 Fiensy, *Social History*, 21-73를 보라.
57) 헤프지바 비문 참조. Y. H. Landau, "A Greek Inscription Found Near Hefzibah" IEJ 16 (1966) 54-70을 보라
58) 특히 Dar, *Landscape and Pattern*, 230-45을 보라.
59) MacMullen, *Roman Social Relations*, 6; P. A. Brunt, *Social Conflicts in the Roman Republic* (New York, 1971), 34; M. I. Finley, *The Ancient Economy* (London, 1973), 99을 보라.
60) Herz, "Grossgrundbesitz in Pal stina im Zeitalter Jesu" PJ 24 (1928) 98-113; Hengel, "Das Gleichnis von der Weingartnern Mc 12:1-12 im Licht der Zenonpapyri und der rabbinischen Gleichnisse" ZNW 59 (1968) 1-39; J. H. Charlesworth, *Jesus Within Judaism*, 139-48.
61) 언급된 거액의 돈과 농산물도 참조하라. 이것들은 다음을 나타낸다. 큰 재산(참조: 눅 16:1-12; 마 25:14-30; 눅 7:41-43; 마 18:21-31; 막 10:17-22) 그러나 사회경제적 조건을 결정할 때 비유만을 너무 강조하는 것을 경계하는 Freyne의 말은 옳다. *Galilee*, 165 참조.
62) A. Alt, *Kleine Schriften* (M nchen, 1959), 395; Rostovtzeff, *Social and Economic History*, 664, 주 32; 그리고 Hochner, *Herod Antipas*, 70을 보라.
63) 부재지주로서 살려면 보통 최소 50에이커의 땅이 필요했다. K. D. White, *Roman Farming* (London, 1970), 385-87을 보라.
64) 특히 Ben-David, *Talmudische Ökonomie*, 63에 따르면, 다른 형태의 임대는 아마도 토지 기업가였을 것이다.

m.BMes65 7:4-7:7, m.Pe' a 5:5) 농업 노예는 제국의 다른 지역보다는 적었지만, 갈릴리에도 존재했다.(마 13:27; 눅 17:7)

농업이 농촌 생계의 가장 중요한 것임에는 분명하지만, 농업만이 유일한 것은 아니었다. 목자들도 있었다. 그들의 일부는 양떼를 소유했지만 다른 목자들은 일용직 노동자나 노예(눅 17:7, 요 10:11f)로서 대지주의 양떼나 마을에서 모인 양떼를 돌보는 일을 했다.

갈릴리 시골 사람들의 사회경제적 지위는 여유 있는 사람들(충분한 토지를 가진 사람들)부터 최저생활수준(the subsistence level, 한 해 농사의 수확량이 거의 또는 전혀 없는 사람들), 빈곤한 사람들(가난한 일용직 노동자와 거지들)에 이르기까지 다양했을 것이다.

마을과 도시 무역

도시와 마을에는 부재지주 외에 상인, 장인, 도시 일용직 노동자와 같은 다른 사람들이 살았다. 부유한 상인들은 결국 귀족 계급으로 진입했다. 소규모 상인에는 J. 예레미아스(Jeremias)가 "소매상인"이라고 불렀던 사람들과 소규모로 외국 또는 지역 무역에 종사하는 사람들이 포함된다.66

갈릴리의 주요 수출 품목 중 하나는 생선이었다. 갈릴리 바다에는 유대인과 이방인 모두가 먹을 수 있는 다양한 종류의 생선이 있었다.(『전쟁사』 3.508, 520; m.AZ67 2:6) 이 생선들은 소금에 절인 후(스트라보68 16.2.45, m.AZ 2:6, m.Ned69 6:4) 팔레스타인 전역에 팔렸다. 일용직 노동자인 어부(막 1:19-20)부터 어선 선주, 생선을 판매하는 상인에 이르기까지 많은 사람이 이 무역에 관여했다. 요세푸

---

65) (역주) t.BMes와 동일하다.
66) Jeremias, *Jerusalem*, 35-51, 100.
67) (역주) Abodah Zarah는 네지킨에 위치한 탈무드의 네 번째 질서인 탈무드에서 손해를 다루는 소책자의 이름이다. 이 소책자의 주요 주제는 이방인들 사이에서 살아가는 유대인과 관련된 율법이다.
68) (역주) Strabo(기원전 64 또는 63-기원후 24년경)는 그리스 지리학자, 철학자, 역사가다.
69) (역주) Nedarim(서약)은 미쉬나와 탈무드의 나심 순서의 마셰트로 그 주제는 유대교에서 일종의 서약 또는 맹세인 네더(neder)와 관련된 율법이다.

스 의하면 갈릴리 바다에서 230척의 배를 모을 수 있었다.(『전쟁사』 2.635) 복음서에서도 어업이 번성했음을 증명한다.(막 1:16-17, 마 4:17-22, 눅 5:11)[70]

갈릴리에는 직물 산업도 있었다. 리넨(Linen), 곡물, 올리브유가 수출되었다.[71] 도자기 또한 중요한 무역 품목이었다. 케파 하나냐(Kefar Hanania)와 케파 시친(Kefar Shichin)의 도자기는 특히 유명했으며(m.Kel[72] 2:2; b.BMes 74a; b.Shab[73] 120b), 갈릴리와 골란 전역에 판매되었다.[74] 이러한 무역에 필요한 유통에는 활발한 상인 계층이 필요했을 것이다.

사회경제적 지위에서 상인 바로 아래에는 장인 또는 수공업자가 있었다. 이 노동자들은 기술 덕분에 일반 미숙련 노동자들보다 더 높은 임금을 요구할 수 있었지만 대부분 상인만큼 편안하지는 않았다. 고대 세계의 공예품에는 가죽 제품, 천 제품이나 도자기 제작이 포함되었다.[75] 목공, 석공, 금속 세공도 두드러졌다. 이러한 모든 무역은 팔레스타인의 자료에서도 증명된다.[76]

역사가들은 대부분 장인이 열심히 일했지만 소박하게 생활할 수 있을 정도의 수입만 얻을 수 있었다는 데 동의한다.[77] 그들은 대개 부유하지는 않았지만 굶주리지

---

70) Hoehner, *Herod Antipas*, 67; W. H. Wuellner, *The Meaning of Fishers of Men* (Philadelphia, 1967), 45-63; K. W. Clark, "Sea of Galilee" *IDB* Vol. II, 349를 보라.

71) Hoehner, *Herod Antipas*, 68; 그리고 Edwards, "First Century Urban/Rural Relations in Lower Galilee", 175을 보라.

72) (역주) Kelim(그릇)은 여섯 번째 질서인 타호롯(순결)에 속하며, 다양한 도구와 그 순결에 관해 설명한다. 30개의 챕터로 구성되어 있으며 미쉬나 중 가장 많은 분량이다.

73) (역주) 바벨로니아 탈무드, Shabbat

74) Adan-Bayewitz, "Kefar Hananya, 1986" IEJ 37 (1987) 178f; 그리고 Adan-Bayewitz and I. Perlman, "The Local Trade of Sepphoris in the Roman Period IEJ 40 (1990) 153-72을 보라.

75) H. Michell, *The Economics of Ancient Greece* (Cambridge, 1957), 170-209을 보라.

76) J. Klausner, *Jesus of Nazareth* (London,1925),177, 40개 이상의 거래 목록을 보라.

77) A. A. Burford, *Craftsmen in Greek and Roman Society* (New York, 1972), 138-43; C. Mossé, *The Ancient World at Work* (New York, 1969), 79; R. Hock, *The Social Context of Paul's Ministry* (Philadelphia, 1980), 35. Dio Chry., *Or*. 7.112f은 직업을 아는 사람은 생계를 걱정하지 않는다고 말한다. Lucian, *Dial. Meret*. 6.293은 대장장이 필레누스가 살아있는 한 그의 가족은 모든 것을 충분히 가지고 있었다고 말한다. b.Sanh 29a에서 탈무드는 필요한 직업을 아는 한 기근에 대한 두려움이 없다고 말한다. 탈무드 1:11에서는 직업에 대한 지식을 주변에 벽이 있는 포도밭에 비유한다. Did 12:3f는 기술이 없는 사람은 재정적 도움이 필요할 수 있다고 가정한다. 또한 G. Glotz, *Ancient Greece at Work* (New York, 1976)에 의하면, 델로스의 장인들은 기원전 4세기와 3세기에 비숙련 노동자들보다 하루에 두 배나 많은 수입을 올렸다.

도 않았다. 그러나 장인들은 자신의 기술이 특별히 수요가 많거나[78] 노예를 고용하여 제품을 대량 생산할 수 있는 경우 어느 정도 부유해질 수 있었다.[79] 고고학은 팔레스타인에서도 부유한 장인 가문을 발견했는데, 예루살렘 북쪽 기밧 하 미브타르(Givat ha-Mivtar)의 무덤 1에 묻힌 성전 건축가 시몬의 가족이다.[80] 이 장인 가족은 힘든 육체노동을 했지만 다소 비싼 지역에 무덤[81]과 납골당[82]을 모두 사들일 만큼 경제적으로 성공한 가문이다.

장인들은 그리스인이나 로마인들 사이에서 높은 사회적 지위를 누리지 못했다. 헤로도토스(Herodotus, 기원전 5세기)는 이집트인들과 다른 외국인들이 장인을 사회적 지위가 낮은 존재로 여겼으며 그리스인들도 이 태도를 받아들였다고 기록한다.(2.167) 아리스토텔레스(기원전 4세기)는 일부 공예품이 사회에 필요하다고 인정한다.(『정치학』 4.3.11-12, 참조: 플라톤, 국가 2.396b-371e) 그런데도 아리스토텔레스는 장인들을 열등한 존재로 간주한다. 장인은 노예와 비슷하며(『폴리스』 1.5.10), 그들과 일용직 노동자, 시장 사람들은 다른 계급, 심지어 농부들(『폴리스』 6.2.7;7.8.2)보다 열등한 존재임이 분명하다.

크세노폰(Xenophon, 기원전 4세기)은 소크라테스가 장인들을 폄하하도록 했다. 소크라테스는 어떤 도시에서는 장인들이 시민이 될 수 없다고 말한다.(Oec. 4.1-4) 디오 크리소스톰(Dio Chrysostom, 기원전 1세기, Or. 7.110 참조), 사모사타의 루시안(Lucian of Samosata, 기원전 2세기, Fug. 12f 참조), 셀수스(Celsus, 기원전 2세기, 오리겐, c. Cels. 6:36 참조) 같은 후기 그리스 작가들 뒤에서도 같은 태도를 찾아볼 수 있다. 키케로(Cicero, 기원전 1세기, Off. 1.42 및 Brut. 73 참조)

---

78) Burford, *Craftsmen*, 141쪽과 Hock, *Social Context*, 34는 3층짜리 집의 절반을 살 수 있을 만큼 벌었던 직공 트리폰(POxy 2.264)의 사례를 인용한다.

79) Moss, *The Ancient World at Work*, 90f는 고대 아테네에서 유명하고 부유한 무두질공 세 명을 언급한다.

80) 이 무덤과 그 내용물은 V. Tzaferis, "Jewish Tombs at and near Givat ha-Mivtar, Jerusalem" *IEJ* 20 (1970) 18-22; N. Haas, "Anthropological Observations on the Skeletal Remains from Givat ha-Mivtar" *IEJ* 20 (1970) 38-59; J. Naveh, "The Ossuary Inscriptions from Givat ha-Mivtar" *IEJ* 20 (1970) 33-37 을 보라.

81) P. Smith and J. Zias, "Skeletal Remains from the Late Hellenistic French Hill Tomb" *IEJ* 30 (1980) 115을 보라. 그들은 이곳이 무덤을 구입하기에 비싼 지역이었다고 지적한다.

82) Tzaferis, "Jewish Tombs" 30은 부유층만이 납골당을 살 수 있었다고 지적한다.

와 리비(Livy, 기원전 1세기, 20.2.25 참조)[83]와 같은 로마의 중요한 저자들도 이러한 태도를 반영하지만, 키케로도 장인들이 도시에 유용하다는 점을 인정한다.(『국가』2.22)

이러한 태도는 이러한 직업 중 일부가 신체에 미치는 영향, 즉 좌식 생활로 인해 신체를 훼손하거나 연약하게 만드는 데서 비롯되었다.(『소크라테스』,『크세노폰』, 4.1-4;『디오크리소스』, 7.110) 또한 장인은 농민 농부와는 달리 도시의 적절한 수호자로 간주하지 않았다.(소크라테스,『향연』, 4.1-4) 그러나 이것은 장인에 대한 엘리트들의 태도였지 장인 자신이나 다른 계층의 태도가 아니었다는 점을 명심해야 한다.

팔레스타인 유대인들 사이에서도 같은 태도가 널리 퍼져 있지는 않았던 것 같다. 랍비 문헌은 육체노동(m.Ab 1:10; ARN B XXI, 23a)과 아들에게 기술을 가르치는 것(m.Kid[84] 4:14; t.Kid 1:11; b.Kid 29a)을 모두 칭찬한다. 장인들은 종종 특별한 인정을 받았고(m.Bik[85] 3:3; b.Kid 33a), 많은 현자가 장인이었다. 요세푸스도 장인을 높이 평가했던 것 같다. 그는 성전(『고대사』3.200, 8.76)을 건축하고, 제기(祭器,『고대사』12.58-84)를 만들고, 탑(『전쟁사』5.175)을 건축한 장인들의 기술을 칭찬한다. 요세푸스는 장인들을 "기술자"라는 경멸적인 용어로 지칭하지 않는다.[86]

알렉산드리아의 기독교학자 오리겐(3세기)이 예수가 목수였다는 사실을 부인하려 했다는 점도 흥미롭다.(c. Cels 6.36) 반면에 저스틴(Justin, 2세기)은 예수는

---

83) 특히 See especially Hock, *Social Context*, 35f; Burford, *Crafismen*, 29, 34, 39f; 그리고 MacMullen, *Roman Social Relations*, 115f를 보라.

84) (역주) Kiddushin은 미쉬나와 탈무드의 소책자이며 나심의 명령에 속한다. 이 소책자의 내용은 주로 할랄 약혼 및 결혼과 관련된 법적 조항을 다루고 있다.

85) (역주) Bikkurim 또는 '첫 열매'는 고대 이스라엘 사람들이 드린 희생 제물이다. 의 처음 수확한 과일을 성전으로 가져와 제단 옆에 놓고 특별한 선언문을 낭독했다.

86) 장인으로서의 랍비 현자들에 대해서는 A. Buchler, *Economic Conditions of Judea after the Destruction of the Second Temple* (London,1912), 50; Klausner, *Jesus of Nazareth*, 177. H. Strackd와 P. Billerbeck, *Kommentar zum Neuen Testament aus Talmud und Midrasch, Vol. II* (München, 1924), 745f을 보라. 장인에 대한 랍비적 견해에 대한 자세한 인용은 Krauss, *Talmudische Archaeologie*, Vol. II, 248-51을 보라. 용어의 경멸적인 의미에 대해서는 LSJM 그리고 MacMullen, *Roman Social Relations*, 138와 각각에서 인용한 내용을 보라.

기독교 철학자이자 변증가였지만 또한 목수였다는 사실을 기꺼이 인정하고 예수가 멍에와 쟁기를 만들었다고 주장했다.(Dial. *Trypho* 88.8) 주스티누스는 유대와 갈릴리 사이의 반유대 지역인 사마리아에서 자랐기에 장인에 대한 그리스 엘리트 주의적 관점을 갖고 있지 않았던 것 같다.

도시 중심부와 작은 마을 모두에 관련된 장인 외에도 도시에는 숙련되지 않은 일용직 노동자들도 있었다. 일부는 짐을 나르거나 메신저, 장인을 보조하는 일을 했다. 일부는 어린이, 병자, 죽은 자를 돌보는 파수꾼으로 돈을 받기도 했다. 심지어 거름 채취꾼과 가시나무 채취꾼에 대한 언급도 찾을 수 있다.[87] 이들은 기술이 부족하여 생계를 유지할 수 없었다.[88]

부정하고 타락한 계급

렌즈키에 따르면, 위의 모든 계급 아래에는 부정하고 타락한 계급이 존재했다. 이들은 도시와 시골 모두에서 발견되었으며 직업, 유전 또는 질병으로 인해 "일반 대중보다 열등한" 사람들로 구성되었다.[89]

멸시받는 직업은 매춘부, 배설물 처리가, 나귀꾼, 도박꾼, 선원, 무두질공, 행상인, 목동, 약탈자 등이었다. 유전으로 인해 일반인보다 열등한 집단에는 주로 불법적으로 태어난 사람들이 포함되었다.[90] 미쉬나 카두신(M.Kid)[91] 4:1에는 제사장부터 사생아, 기브온 사람, 출신에 대해 비난받을 때 침묵해야 하는 사람, 주운(버려진) 아이 등 비천한 네 사람에 이르기까지 출생의 위계가 나열되어 있다. 일반적으

---

87) Krauss, *Talmudische Archaologie*, Vol. II, 105f와 이곳에 인용된 많은 참고 문헌을 보라.

88) D. Sperber, "Costs of Living in Roman Palestine" *Journal of the Economic and Social History of the Orient 8*, (1965) 248-71을 보라. Sperber는 숙련된 노동이 일반적으로 비숙련 노동보다 더 많은 임금을 받았다는 것을 보여준다.(250 참조) 기원전 4세기와 3세기에 델로스의 장인들이 비숙련 노동자들보다 하루에 두 배나 많은 임금을 받았다는 Glotz, *Ancient Greece at Work*, 359를 보라.

89) Lenski, *Power and Privilege*, 280f.

90) 눅 7:37-39, 마 21:31. 허용되지 않는 직업에 대한 랍비 목록 참조: m.Kid 4:14; m.Ket 7:10; m.Sanh 3:3; b.Kid 82a; b.Sanh 25b. 또한 Jeremias, *Jerusalem*, 303-12을 보라.

91) (역주) 키두신(kiddushin, קידושין)은 미쉬나와 탈무드의 마세케트 또는 소책자이며 나심의 명령에 속하며 주로 할랄 약혼 및 결혼과 관련된 법적 조항을 다루고 있다.

로 사생아(ממזר)로 번역되는 히브리어 단어는 사생아를 가리키지 않는다. 이 사람은 간음자나 근친상간자의 자녀다.(레 18장과 20장에 정의되어 있다) 사생아는 "여호와의 회중에 들어올 수 없다."(신 23:3)[92] 즉, 이스라엘 백성과 결혼할 수 없었다.

이 비천한 네 사람 중 두 번째는 여호수아(수 9:27)가 성전 노예로 삼은 기브온 족속의 후손이었다. 후대의 랍비 율법(b.Yeb[93] 78b)에 따르면 이들도 이스라엘 공동체에서 제외되었다.[94] 세 번째는 아버지가 누구인지 모르기에 자신의 혈통에 대해 책망할 때 침묵해야 한다.(m.Kid 4:2)[95] 고아는 길에서 데려온 아이로 아버지와 어머니를 알 수 없다.(m.Kid 4:2)[96]

미쉬나 예바모스(Yehamoth) 4:13은 조상에 대한 기록이 보관되었음을 나타낸다. 랍비 시므온 벤 아자이(2세기)는 예루살렘에서 특정 사람이 사생아라는 것을 나타내는 호적을 발견했다고 보고한다. 이 용어에 대한 정확한 정의는 현자들에 의해 논의되었지만, 이 용어에 붙은 낙인은 그렇지 않았다. "모든 남자 후손에게…, 영원히 지울 수 없는 낙인이 찍혔다."[97] 예컨대, 미쉬나의 한 구절은 사생아나 기브온 사람과 결혼한 이스라엘인에게 채찍질을 요구한다.(m.Mak 3:1)

멸시받는 사람들의 또 다른 범주는 질병으로 인해 더럽고 타락한 계층에 포함된 사람들이다. 여기서 우리는 특히 팔레스타인에 많았던 나병환자들을 생각해야 한다.[98] 그런 사람들은 제사장에 의해 부정하다고 선언되었고(레 13:11,25), 멀리서 "부정하다!"라고 외치며 다른 모든 사람과 떨어져 있어야 했다.(레 13:45f) 나병환자들은 사회적으로 배척받는 삶을 살았다.

---

92) L.N.D. Dembitz, "Bastard," in *JE*.

93) (역주) Yehamot, Yevamot

94) Jastrow, 943 נתין 을 보라.

95) Jastrow, 1637 שתוקי .

96) Jastrow, 89, אסופי . B.BMes 87a는 남자가 서자와 결혼해서는 안 된다고 말한다.

97) Jeremias, *Jerusalem*, 342. 이 용어들에 대한 그의 정의는 337-44을 참조하라.

98) 막 1:40; 14:3; 눅 17:12; 막 3:1; 삿 1:5; 스 14:3; 잠 13:3; 5ApocSyrPss 155 (OPT II, 629면 참조) 이 단어는 일반적으로 전염성 피부병에 사용되었던 것 같습니다. J. Zias, "Death and Disease in Ancient Israel" BA 54 (1991) 147-69을 보라.

소모품

렌즈키에 따르면 사회 구조의 가장 밑바닥에는 (희생시켜도 되는) "소모품(expendables)"이 있었다. 이 그룹은 "범죄자, 거지. 불완전 고용된 순회 근무자"로 구성되었다. 렌즈키는 이 계층에 대해 이렇게 말한다. "농경 사회는 일반적으로 지배 계급이 고용하는 것이 수익성이 있다고 생각하는 것보다 더 많은 사람을 생산했다. "렌즈키는 16세기부터 18세기까지 유럽의 통계를 바탕으로 대부분의 농경 사회에서 인구의 약 5~10%가 이 부류에 속했다고 추정한다.[99]

소모품 목록의 첫 번째는 도적이었다. 헹겔은 팔레스타인의 도적을 사회학적 용어로 설명한 최초의 학자 중 한 명이다. 우리가 고려하고 있는 시기에 도적질은 그레코로만형 세계 전반에 걸쳐 문제였다. 도적 떼는 도망친 노예, 탈영병, 빈곤한 농민들에 의해 증가했다.[100] 한 사회학자인 E. J. 홉스봄(Hobsbawm)은 일반적으로 농경 사회에서 도적 현상을 "조직화한 사회적 항의의 원시적 형태"라고 설명했다.[101] 이 논문은 가장 최근에 R. 호슬리(Horsley)와 J. S. 핸슨(Hanson)이 기원전 1세기 팔레스타인에 관한 연구에서 채택했다.[102]

고대 세계의 도적이 사회적, 경제적 요인에 뿌리를 두고 있었다는 사실은 부인하기 어렵다.[103] 팔레스타인에서도 가난과 고난에서 비롯된 도적의 사례를 찾을 수 있다. 그러나 호슬리와 핸슨이 묘사하는 로빈 후드의 영웅적 위상을 도적들에게 부여하는 것은 신중해야 한다.[104] 그들은 도적들이 종종 농민 마을 사람들의 지지와 보호를 받았으며 심지어 그들의 영웅이었다는 것을 보여주려고 노력했다. 헤롯 대왕에 의해 처형된 히스기야(Hezekiah)와 그의 부하들(『고대사』 14.168)과 유대인 순례자들을 살해한 사마리아인 무리에 대한 정의를 실현하기 위해 갈릴리 사람들

---

99) Lenski, *Power and Privilege*, 281-83.

100) Hengel, *The Zealots*, D. Smith 번역 (Edinburgh, 1989), 33f.

101) E. J. Hobsbawm, *Primitive Rebels* (New York, 1965), 13.

102) Horsley와 Hanson, *Bandits*. 90.

103) R. MacMullen, *Enemies of the Roman Order* (Cambridge, 1966) 255-68; B. D. Shaw, "Bandits in the Roman Empire" *Past and Present*, 102 (1984) 3-52을 보라.

104) Horsley와 Hanson은 팔레스타인의 도적들을 "Jewish Robin Hoods"라고 말한다. (*Bandits*, 74)

이 의지했던 엘레아자르 벤 디나이(『고대사』 20.118-36; 『전쟁사』 2.228-31)가 그 두 가지 예다.

호슬리와 핸슨은 히스기야와 그의 부하들을 처형하자 항의가 폭풍처럼 일어났다고 지적한다. 그러나 다음과 같은 경우에 항의하는 사람들은 히스기야는 살해당한 사람들의 친척이었으며, 그들의 항의는 주로 헤롯이 이 사람들을 재판 없이 즉결 처형한 것에 대한 것이었다. 도적을 좋아하지 않는 산 헤드인 조차도 헤롯이 이 문제를 처리하는 방식에 경악을 금치 못했다.(『고대사』 14.165-67) 게다가 요세푸스는 헤롯이 히스기야를 제거함으로써 그 지역에 안전과 평화를 주었기에 마을과 도시에서 헤롯을 찬양했다고 기록한다.(『고대사』 14.160) 요세푸스는 여기서 농민보다는 도시 엘리트의 관점을 제시하면서 진실을 과장했을 수도 있지만, 많은 농민이 영웅 숭배만큼이나 두려움 때문에 산적을 존경했고 히스기야가 처형되었을 때 전반적인 안도감이 있었을 수도 있다.

엘레아자르 벤 디나이(Eleazar ben Dinai)의 경우, 농민들은 쿠마누스(Cumanus)가 그들에게 정의를 베풀겠다고 협박한 후에야 최후의 수단으로 그를 의지했다. 반면에 미쉬나(m.Sot 9:9)는 벤 디나이를 살인자로 기억한다. 아마도 그는 지역 영웅이거나 심지어 "자유의 투사" 또는 열심당원이었을 수도 있지만,[105] 입증하기는 어렵다.

산적들이 민중의 의지를 대변하는 사회적 시위자로서의 몇 가지 사례를 만들어낼 수 있다고 해도 일반적으로 산적에 대한 판결은 바뀌지 않을 것이다. 유대인 자료에서 도적은 일반적으로 공포와 적대감의 대상으로 간주하였다. 그들은 무고한 사람들을 수탈하는 위험하고 무자비한 범죄자였다. 랍비 자료, 요세푸스, 신약성경 모두 이러한 태도를 반영한다.[106]

---

105) H. Bientenhard은 *Sota* (Berlin, 1956), 153-55에서 Eleazar ben Dinai를 열심당 자유 투사로 간주했다.
106) 예컨대, 막 14:48; 눅 10:30; 요 10:1; 고후 11:26; m.Shab 2:5; t.Taan 2:12; m.BMes 7:9; War 2.253; 4.135; 406; Ant 14.159; 17.285, 256을 참조하라. 고대의 일부 작가들은 산적과 해적 지도자들을 영웅으로 낭만화했다. 그러나 도적들은 일반 백성들에게도 엄청난 고통을 안겨주었다. Hengel, *The Zealots*, 25-34을 보라.

팔레스타인에도 거지가 자주 등장한다. 그들은 절름발이(행 3:2, 요 5:3, 막 6:8, 눅 16:20) 또는 눈먼 자(요 9:1, 마 21:14, 막 10:46)이며 시골의 길가(막 10:46) 나 도시의 거리와 골목길(눅 14:21)에 앉아 있다. 거지들이 가장 좋아하는 장소는 성전(행 3:2)이었는데, 이는 성전에서 자선을 베풀면 특히 공덕을 쌓는 것으로 여겨졌기 때문이다.[107]

이 글의 첫 번째 부분을 마무리하면서, 부자와 빈자의 수치적 차이는 엄청났으며 아마도 인구의 약 1%만이 엘리트 계층에 속했을 것이다. 인구의 몇 퍼센트가 극빈층에 속해 있을까? 다른 사회의 통계를 바탕으로 추정할 수 있을 뿐이다. 맥뮬런은 14~15세기 유럽에서는 인구의 1/3이 '습관적 궁핍(habitual want)'에 시달렸다고 말한다. 맥뮬런에 따르면, '습관적 궁핍'에 처한 사람은 "하루 수입의 대부분을 당장 필요한 것에 바쳤으며, 재산이나 소유물을 축적할 수 없었다."[108]

맥뮬런은 로마 제국 전체 인구의 약 1/3이 빈민층이었다고 추정한다. 이 수치는 안티파스의 갈릴리 지역과 다소 차이가 있을 수 있지만 큰 차이는 아닐 것이다. 이 수치에는 많은 소모품뿐만 아니라 도시 및 농촌 노동자 중 대부분의 일용직 노동자와 소작농도 포함되었을 것이다. 나머지 대부분은 어느 정도 빈곤한 삶을 살았지만, 최소한 신체적 필요는 충족했다. 평균적인 농민이나 장인은 엘리트 계급에 비해 매우 가난했지만 궁핍하지 않았고 습관적 궁핍에 처하지도 않았다.

예수는 어디에 적합했을까?

예수는 갈릴리의 사회경제적 구조에서 어디에 적합했을까? 과거에 많은 학자는 예수를 갈릴리 사회에서 가장 가난한 계층 출신으로 묘사했다.[109] 다른 학자들은

---

107) Jeremias, *Jerusalem*, 116f.

108) MacMullen, *Roman Social Relations*, 93.

109) A. Plummer, The Gospel According to Luke (New York, 1901), 32, 65을 참조하라. 그러나 플러머는 기민하게 덧붙인다: "여기(눅 2:24)나 신약성경의 다른 어느 곳에서도 우리 주님이나 그분의 부모가 극도로 가난한 사람들 가운데 있었다는 증거는 없다." W.Manson, *The Gospel of Luke* (New York, 1930), 20f; H. Branscomb, *The Teachings of Jesus* (New York, 1931), 213f; J. W. Bowman, *Jesus' Teaching*

예수의 가난에 사회적 또는 정치적 활동의 차원을 추가했다.110 또 다른 사람들은 예수가 중산층 출신이라고 주장한다.111 적어도 한 학자는 예수가 부유층에 속한다고 주장했다.112 많은 학자는 예수가 가난했다고 가정하거나 다양한 해석이 가능한 누가복음서의 몇 구절을 지나치게 강조한다.113 다른 학자들은 산업 사회에만 적합한 경제 용어("중산층")를 현명하지 않게 사용한다.

예수의 사회경제적 기원을 이해하려면 고대 갈릴리에서 예수가 장인이라는 것이 무엇을 의미했는지 살펴봐야 한다. 다음으로 복음서 자체에서 예수의 배경에 대한 힌트를 찾아야 한다.

우리는 예수가 목수(테크톤, ἑκτων)였을 가능성이 크다고 생각해야 한다. 이 주장은 마 6:3에서만 발견되며, 마 13:55의 병행 구절에서 그는 "목수의 아들"이라고 불린다. 예수가 목수였다는 역사적 확률은 여전히 높다. 하나를 제외한114 모든 주요 그리스어 사본과 많은 초기 버전에는 이렇게 기록되어 있다: "이 사람이 목수 아니냐?"115 이 구절은 예수가 고향에서 거절당하는 장면을 묘사한 본문에서 발견되는데, 초대교회에서 지어낸 이야기는 아닐 가능성이 크다. 셋째, 마태복음의 구절

---

in its Environment (Richmond, Va., 1963), 27; R. Batey, *Jesus and the Poor* (New York, 1972), 5. P. H. Furfey, "Christ as TEKTON", *CBQ* 17 (1955) 215 등도 예수는 가난했지만 당시 대부분의 사람들과 마찬가지로 가난했다고 결론지었다.

110) R. von Pohlmann, *Geschichte der sozialen Frage und des Sozialismus in der antiken Welt*, Vol. II (München, 1925), 467-73; A. Mayer, *Der zensierte Jesus* (Olten, 1983), 21-45. 이러한 관점에서 예수에 대한 최근의 다른 연구들이 있지만 저자들이 예수의 사회 경제적 배경을 어떻게 보는지 알 수는 없다. 예컨대, A. Trocme, *Jesus et la Revolution Non-violente* (Geneva, 1961); J. H. Yoder, *The Politics of Jesus* (Grand Rapids, 1972); P. Hollenbach, "Liberating Jesus for Social Involvement" *Biblical Theology Bulletin*, 15 (1985) 151-57; D.E. Oakman, *Jesus and the Economic Questions of His Day*; R. Horsley, *Jesus and the Spiral of Violence* (San Francisco, 1987) 등을 보라.

111) M. Hengel, *Property and Riches in the Early Church*, J. Bowden 번역 (Philadelphia, 1974), 27; 그리고 J. P. Meier, *A Marginal Jew* (New York, 1991), 282.

112) G. W. Buchanan, "Jesus and the Upper Class" NovT 7 (1964) 195-209.

113) 학자들은 특히 마리아가 바친 예물(누가 2:24)이 가난한 사람의 예물인 것처럼 보인다고 지적한다. 그러나 우리는 가난의 의미에 대해 조심해야 한다. 현대인에게는 가난해 보일 수 있는 것(즉, 가난하거나 거의 가난해 보이는 것)이 고대인에게는 매우 평균적이었을 수 있다. 기껏해야 이 헌금은 당시 예수의 가족이 부유하지 않았다는 것을 보여줄 뿐이다.

114) 기원전 3세기의 파피루스 45에는 마 6:3의 본문이 마 13:55의 본문과 같이 읽혀 있다.

115) B. M. Metzger, *A Textual Commentary on the Greek New Testament* (London/New York, 1971), 88f; 그리고 C. E. B. Cranfield, *The Gospel According to St. Mark* (Cambridge, 1963), 194f를 보라. 반대 주장에 대해서는 V. Taylor, *The Gospel According to St. Mark* (Grand Rapids, 1966), 299-301를 보라.

("이 사람이 목수의 아들이 아니냐?")이 더 정확하거나 진본이라고 주장하더라도, 아버지는 보통 아들에게 기술을 가르쳤기에 마가복음의 의미를 실제로 뒷받침한다.116 따라서 우리는 예수가 장인 계급 출신이라는 결론을 내릴 수 있다.117

그리스-로마 사회의 목공예

목수118로서 예수는 가구, 도구, 농기구, 관개용 수차, 주택용 비계, 심지어 배와 같은 목제품을 만드는 데 능숙했을 것이다.119 도끼, 끌, 드릴, 톱, 정, 망치, 다림줄 등 다양한 도구를 알고 사용했을 것이다.120 예수의 기술은 100년 전의 목수들과 다르지 않았을 것이다.

기원후 1세기 갈릴리의 목수는 어떤 일을 했을까? 전통적인 컨셉은 지역 농민들을 위해 멍에와 쟁기를 주로 만들었던 소박한 마을 목수의 모습이다.121 이런 일을 했다면 예수는 마을을 떠난 적이 거의 없었을 것이다.

그리스 역사가 크세노폰은 마을 목수의 일을 묘사한 다음 대도시의 장인(신발 공장에서 일하는 것으로 보인다)의 삶과 비교한다:

> 작은 도시에서는 같은 사람들이 의자, 문, 쟁기, 테이블을 만들고, 같은
> 사람이 (집을) 짓는 경우도 많으며, 그런 식으로 자신을 먹일 수있는 충

---

116) Burford, Craftsman, 82; Kausner, Jesus of Nazareth, 178.

117) 목수를 뜻하는 아람어 용어는 탈무드에서 때때로 학자를 은유적으로 표현할 때 사용되기도 하지만 (Vermes, Jesus the Jew, 21f 참조), 그리스어 목수는 체조 선수, 시인 또는 의사와 같은 예술의 대가를 가리킬 때 사용되기도 한다.(LSJM 참조) 그러나 막 6:3의 용어는 분명히 그런 의미로 사용되지 않았다. 마가의 요점은 예수가 목수였기에 나사렛 주민들이 그의 말을 듣지 않았다는 것이다. 그렇지 않으면 이 구절은 의미가 없다.

118) 그리스어 : τέκτων, 히브리어 : חרש, 아람어 : נגרא, 라틴어 : faber.

119) C. C. McCown, "O TEKTON" in S. J. Case, ed. 〈Studies in Early Christianity〉, 〈New York/London, 1928), 173-89; Furfey, "Christ as TEKTON"; 그리고 H. Blumner, Technologie und Terminologie der Gewerbe und Kunste, Vol. II (Leipzig, 1879), 311-47를 보라.

120) C. U. Wolf, "Carpenter" IDB, Vol. I, p. 539; 그리고 Burford, Craftsmen, 39f.

121) 예컨대, Furfey의 견해("Christ as TEKTON", 213)와 Kausner의 견해(Jesus of Nazareth, 233)가 그러하다. 가장 최근에는 S. S. Miller가 "Sepphoris, the Well Remembered City" BA 55 (1992) 74-83에서 이 이견해를 주장한다.

분한 고용주를 확보할 수 있다면 만족한다. 많은 일에 능숙한 사람이 모든 일을 잘하는 것은 불가능하다. 그러나 대도시에서는 많은 사람이 각 직업을 요구하기에 한 가지 기술로 한 사람을 지원할 수 있다. 그리고 많은 경우 (하나는 완전한 기술이 필요하지 않지만) 하나는 남성용 신발을 만들고 다른 하나는 여성용 (신발)을 만든다. 누군가는 단순히 신발을 꿰매는 것만으로 자신을 지탱할 수 있다. 어떤 사람은 (부품을) 나누고, 어떤 사람은 신발 조각만 잘라내고, 또 다른 사람은 조각을 이어 붙이는 일만 한다. (Xe., Cyr. 8. 2. 5)

마을 장인과 도시 장인의 차이는 직업적 특성뿐만 아니라 경제적 안락함의 측면에서도 큰 차이가 있을 수 있다. 예수의 배경에 대한 전통적인 이해는 크세노폰이 묘사한 작은 마을 장인의 배경이었다. 하지만 목수 기술이 있었기 때문에 예수는 마을을 벗어나 도시로 나아가 목수로 일하며 도시 문화를 배웠을 수 있다. 그렇다면 도시에서의 목수 일이 예수의 경제적 지위를 높이지 않았을까? 예수는 마을의 목수였을까, 아니면 건축업에도 종사했을까?

여행하는 장인[122]

S. J. 케이스(Case)[123] 이래로, 예수의 배경에 관한 다른 견해가 존재했다. 나사렛은 작은 마을이었지만 갈릴리에서 가장 큰 도시 중 하나인 세포리스에서 불과 3~4마일 떨어진 곳에 있었다. 케이스는 젊은 시절 예수가 세포리스의 재건과 이후 티베리아스 건설에 참여했다고 주장했다. 세포리스는 기원전 3년에 로마인들에 의해 파괴되었다가 안티파스에 의해 웅장하게 재건되었다.(『고대사』18.27) 케이스의 추론에 의하면 세포리스와 같은 도시를 재건하는 데는 수년이 걸리기에 목수

---

122) (역주) 여행하는 장인은 오늘날의 Job nomad이다.
123) *Jesus: A New Biography* (New York, 1968), 199-212.

가족이 그곳에서 장기적으로 중요하고 수익성 있는 일을 찾을 수 있었을 것이다. R. 베이티(Batey)는 최근에 케이스의 논문을 받아들여 자신의 세포리스 발굴 작업에서 이를 뒷받침했다.[124]

고대의 장인들이 대규모 건설 프로젝트에 참여하기 위해 고향 마을에서 이동했다는 것은 잘 알려져 있다. 또한 예수와 그의 가족은 기원후 18년에서 23년 사이에 건설이 시작된 티베리아스 같은 갈릴리의 다른 마을에서 일했다는 것도 매우 그럴듯하다. 예수와 그의 가족은 기원후 18~23년 사이에 건축을 시작한 티베리아스 같은 갈릴리의 다른 도시에서 일했을 가능성이 크고[125] 예루살렘에서도 일했을 가능성도 있다.

지중해 세계에는 장인들이 멀리 떨어진 건축 현장으로 이동하는 분명한 예가 있다. 신전이나 기타 공공 건축물을 짓기 위해서는 대부분의 경우 주변 도시에서 장인들을 데려와야 했다. 특히 기원전 4세기부터 목수, 석공, 조각가 등 건축업에 종사하는 장인이 전반적으로 부족했다. 이러한 부족으로 인해 장인들은 도시에서 도시로 이동해야 했다. A. 버포드(Burford)는 아스클레피오스 신전(기원전 370년경)을 건축하기 위해 아르고스, 코린도, 아테네, 파로스, 아르카디아, 트로이젠에서 석공, 목수, 조각가를 수입한 그리스의 에피다우로스(Epidauros) 시의 사례를 예로 들었다. 아르고스는 기원전 418년에 긴 성벽을 완성하기 위해 아테네의 석공들을 고용해야 했고, 아테네는 기원전 390년대에 성벽을 재건하기 위해 메가라(Megara)와 테베(Thebes)의 목수와 석공들이 필요했다.

버포드에 따르면 장인 부족 현상은 로마 시대에 특히 심각했다. 북아프리카, 소아시아, 페르시아, 팔미라의 도시들은 건축 프로젝트를 위해 장인을 수입했다. 현

---

124) Batey, "Is Not This The Carpenter?" *NTS* 30 (1984) 249-58; "Sepphoris: An Urban Portrait of Jesus" *BAR* 18 (1992) 50-62; *Jesus and the Forgotten City* (Grand Rapids, 1992), 특히 65-82을 보라. Sepphoris에 대해서는 E. M. Meyers, E. Netzer, C. L. Meyers, "Sepphoris 'Ornament of all Galilee'" *BA* 49 (1986) 4-19; E. M. Meyers, E. Netzer, C. L. Meyers, Sepphoris (Winona Lake, Ind., 1992); J. Strange, "Sepphoris" *ABD*, Vol.V (New York, 1992), 1090-93를 보라. Sepphoris의 역사에 대해서는 Miller, *Studies in the History and Traditions of Sepphoris*를 보라.
125) Tiberias에서 건축이 시작된 날짜에 대해서는 Overman, "Who were the First Urban Christians?", 163을 보라.

지 장인들은 자신이 할 수 있는 만큼 이바지했다. 버포드는 "공공사업과 같은 특이한 프로젝트의 경우 아테네조차도 자체적으로 작업을 수행할 수 있을 만큼 충분히 숙련된 노동력을 보유한 도시는 없었다."라고 단언한다.[126]

이는 지중해 전역에서 마찬가지였기에 헤로디아 시대 팔레스타인에서는 주변 도시와 마을의 장인들이 대형 건축 프로젝트에 사용되었을 것으로 예상해야 한다. 이러한 예상은 요세푸스의 한 구절에서 확인할 수 있다. 요세푸스는 헤롯 대왕(기원전 37- 기원후 4년 재위)이 기원전 20년에 성전 건축을 위해 다음과 같은 준비를 했다고 전한다. "그는 돌을 운반할 마차 1,000대를 준비했다. 그는 가장 숙련된 일꾼 1만 명을 모아서…, 어떤 사람은 석공이 되고 어떤 사람은 목수가 되도록 가르쳤다."(『고대사』 15.390)

헤롯이 성전 건축을 준비하기 위해 목수와 건축업자를 모으고 훈련했다는 요세푸스의 묘사는 예루살렘에 이 대규모 건축 프로젝트에 필요한 장인이 부족했음을 암시한다. 또한 요세푸스(『고대사』 20.219f)에 따르면 알비누스(Albinus, 62-64년)가 집권할 때까지 성전 완공이 이루어지지 않아 18,000명의 장인이 일자리를 잃었다고 한다. 요세푸스의 수치는 다소 과장된 것일 수 있지만,[127] 성전 건축에는 기원전 1세기 대부분에 걸쳐 많은 장인이 필요했다.

요세푸스의 증거에 따르면, 성전 건축과 같은 대규모 공공사업 프로젝트에는 먼 도시에서 장인들을 모집하고 데려와서 장기간에 걸쳐 훈련해야 했다. 세포리스와 티베리아스 신전 건설에도 이와 비슷한 숙련된 노동력이 필요했을 것이다. 세포리스, 티베리아스, 막달라, 가버나움, 스키토폴리스[128] 등 하부 갈릴리의 도시화

---

126) Burford, *Craftsmen*, 62-67. 63에서 인용. 또한 Burford는 "The Economics of Greek Temple Building", *Proceedings of the Cambridge Philological Society*, 191 (1965) 21-34에서 고대 장인들의 이동성을 강조한다: "확실히, 수요가 있을 때 숙련된 장인들은 자동으로 프리미엄이 붙었다. … 따라서 고대 세계에서 숙련된 장인의 이동성은 특정 도시에서 숙련된 남성노동력의 영구적인 부족을 상쇄했다."(31)

127) 헤롯 성전과 같은 거대한 프로젝트에는 분명히 매우 많은 장인이 필요했다. 예컨대, 버포드는(*Craftsmen*, 62) 아테네의 작은 에레크테움이 기원전 408년에 마지막 단계를 완성하기 위해 100명의 장인이 필요했다고 말한다. 여기에는 석공 44명, 조각가 9명, 목각가 7명, 목수, 톱질, 소목공 22명, 선반공 1명, 화가 3명, 금세공 1명, 노동자와 기타 불특정 노동자 9명 등이 포함된다.

128) Overman, "Who Were the First Urban Christians?"

와 가이사랴 빌립보와 벳새다 율리우스 등 빌립의 족장 체제를 고려할 때 건축업에 종사하는 장인의 수요가 많았으리라는 것을 충분히 상상할 수 있다. 일반적으로 그레코-로마 세계에서는 장인들이 직업을 자주 옮기는 경우가 많았기에 갈릴리에서도 마찬가지였을 것으로 예상할 수 있다. 예수와 그의 가족이 때때로 예루살렘의 성전에서 일했을 가능성도 있다.[129]

베이티(Batey)는 목수들이 공공공사 건설에 필요했다고 주장한다. 이 공사에는 금고, 크레인 및 천장 빔용 발판과 폼을 세우는 작업이 포함되었다.[130] 이 주장은 위에 열거한 그리스 고전의 예뿐만 아니라 요세푸스의 주장에서도 확인된다. 요세푸스는 솔로몬 성전(『고대사』 7.66; 7.340; 7.377), 스룹바벨 성전(『고대사』 11.78), 헤롯 성전(『고대사』 15.390)을 건축하는 데 목수들이 얼마나 중요한 역할을 했는지를 강조한다. 또한 성벽을 쌓는 데에도 목수들이 눈에 띄게 등장한다.(『전쟁사』 3.173)

따라서 우리는 예수의 청년기와 성인기 초기에 지속적인 대규모 건축 프로젝트가 수차 있었음을 확실하게 말할 수 있다. 둘째, 이러한 프로젝트에는 멀리 떨어진 도시와 마을에서 온 숙련된 목수들의 도움이 필요했을 것이라는 확신은 합리적이다. 예수와 그의 대가족은 세포리스와 티베리아스, 다른 갈릴리 도시들, 심지어 예루살렘에서도 쉽게 일할 수 있었을 것이다. 이 가족은 도시 문화를 경험하고 성전 건축가 시몬의 장인 가족과 같은 수준의 경제적인 여유를 누릴 수 있었을 수도 있다.

---

129) D. E. Oakman은 *Jesus and the Economic Questions of His Day*, 186-93에서 예수가 예루살렘 사람들과 사교적으로 접촉한 것은 그가 사역을 시작하기 전에 여러 번 그곳에 있었다는 것을 나타낸다고 주장한다. Oakman은 베다니(예루살렘 근처, 막 14:3; 눅 10:38-42; 요 11:1)와 다락방 주인(막 14:12-16)에 있는 예수의 친구들을 지적한다.

130) Batey, *Jesus and the Forgotten City*, 68-82.

예수의 생활 수준

그러나 어느 정도 경제적 여유가 있었을 가능성이 있었다고 해서 예수의 가족이 경제적으로 여유 있게 살았다는 것을 증명하는 것은 아니다. 복음서에서 예수가 가난한 마을의 장인 가정이 아니라 상류층 장인 가정에서 태어났다는 어떤 근거가 있는 것은 아니다.

뷰캐넌131은 예수가 부유한 사람들 사이에서 자주 발견된다고 주장했다. 예수는 일용직 노동자를 고용할 만큼 부유한 어부 세베대의 아들인 야고보와 요한을 제자로 부르셨다.(막 1:19f) 세리 레위는 예수를 위한 연회를 주최하고 식탁에 기대었고132 제자가 되었다.(마 9:9-11) "바리새인의 통치자 중 한 사람"이 예수를 초대하여 함께 식사했다.(눅 14:1-6) 가버나움 회당장 야이로와 이름 모를 로마 백부장이 예수에게 다가왔다.(막 5:22f, 마 8:5) 세리장 삭개오도 예수를 위해 식사를 대접했다.(눅 19:1-10) 나사로(또는 문둥병자 시몬)는 베다니에서 예수를 위한 연회를 주최했다.(막 14:3, 요 12:2) 베다니에서 예수님을 위해 기도했다.(막 14:3, 요 12:2) 안티파스 궁정 관리의 아내인 요안나는 예수의 제자였다.(눅 8:3) 산헤드린의 일원으로 알려진 니고데모는 비밀리에 예수의 제자였다.(요 3:1f; 7:50; 19:39) 마지막으로 예수의 시신을 장사한 아리마대 요셉은 공회원이자 부유한 사람으로 묘사된다.(막 15:43, 마 27:57)

예수가 이렇게 부유한 사람들 사이를 쉽게 이동할 수 있었다는 것은 비슷한 사회적 상황에서의 경험과 어느 정도 경제적 여유가 있는 사람들과의 교제가 초기에 있었음을 시사한다. 또한 마을 농민에 대한 도시의 속물근성을 고려할 때, 마을의 단순한 목수가 위에 나열된 수준의 사람들의 손님이 될 수 있는지 합리적으로 궁금

---

131) "Jesus and the Upper Class", 205f에서 Buchanan은 고후 8:9을 근거로 예수가 부유한 가정에서 왔고 주장한다: "예수는 부자였음에도 가난해졌다." 그러나 뷰캐넌이 이 말이 역사적 예수의 사회경제적 지위를 가리킨다고 결론을 내린 이유는 설득력이 떨어진다.

132) 식사 중에 기대는 것은 로마인과 다른 사람들이 채택한 그리스 관습이었다. 소파에 기대어 식사하는 것은 일반적으로 지위와 부의 표시였다. 가난한 사람들은 보통 똑바로 앉거나 매트 위에 앉아서 먹었다. E. Badian, "Triclinium" OCD을 보라. 마 22:10f; 26:7; 막 6:26; 요 12:2도 보라.

해할 수 있다.

이 본문에서 예수 자신이 부유했거나 엘리트 계층의 일원이었다는 것을 알 수 없다. 예수는 그런 사람들을 알 수 있는 위치에 있었을 뿐이다. 도시 환경에서 부유한 후원자들을 위해 일한 경험이 있는 순회 장인이라면 그런 사람들과 쉽게 친해질 수 있었을 것이다.

일부 주석가들은 예수의 가르침에서 그의 도시 및/또는 부유한 배경에 대한 증거를 찾으려 했으나 그 증거는 설득력이 없다. 로마에 대한 예수의 중립적 입장과 모든 유형의 사람들과 기꺼이 어울리려 했던 그의 태도가 예수가 세포리스와 다른 도시들과 교제했음을 증명한다고 주장하는 이들도 있다.[133] 예수가 **위선자**(hypocrite, 그리스 연극 용어)라는 용어를 사용한 것에서 세포리스의 연극에 익숙했음과 왕의 비유에서 안티파스를 직접 관찰했음을 찾아낸 이들이 있다.[134] 또 세포리스의 은행 및 사법 시스템이 예수의 비유에 영향을 주었다고 생각하는 이들도 있다.[135] 심지어 뷰캐넌은 예수의 비유가 부유한 배경을 배신한다고 믿기까지 한다. 엄청난 부(마 18:32-35), 거액의 투자(눅 16:1-9), 대저택의 사업 관행(눅 16:1-9)에 대해 말하는 비유는 부자들의 사정에 대해 잘 알고 있음을 나타낸다고 뷰캐넌은 주장한다.[136]

이러한 항목들은 확실히 암시적이지만, S.S. 밀러(Miller)[137]는 현명하여 이를 증거로 받아들이지 않도록 주의할 것이다. 예컨대, 예수가 세포리스를 잘 알고 있었다는 사실을 이미 입증했다면 이러한 배경이 예수의 행동과 가르침 뒤에 있다고 정당하게 주장할 수 있다. 그러나 그 반대의 주장을 사용하기는 어렵다. 많은 출처 (여행자, 민속 전승 등)에서 예화 (비유)를 얻을 수 있으므로 예수는 예컨대, 왕에 대

---

133) 예를 들면, Case, *Jesus*, 206-10를 보라.

134) Batey, *Jesus and the Forgotten City*, 83-104, 119-34. B. Schwank, "Das Theater von Sepphoris und die jugenjahre Jesu" *Erbe und Auftrag* 52 (1976) 199-206을 보라.

135) Schwank, "Das Theater von Sepphoris."

136) "Jesus and the Upper Class", 204f에서 Buchanan은 이렇게 말한다: "그러나 하층 계급을 반영하는 예수의 가르침이 거의 없다는 것은 인상적인 사실이다."(204)

137) Miller, "Sepphoris, the Well Remembered City."

해 말할 때 안티파스를 관찰할 필요가 없었다. 또한 그가 위선자라는 단어를 사용했기에 극장을 방문한 것도 아니다.

반면에 예수가 지리적으로 사역을 집중한 지역에 대한 밀러의 주장은 약간 조정해야 한다. 밀러는 예수가 주로 "나사렛, 나인, 가나, 특히 갈릴리 바다 지역, 가버나움, 고라신, 벳새다."에서 설교했다고 단언한다. 눈에 띄게 빠진 것은 세포리스와 티베리아스 방문에 대한 암시다."**138**

그러나 예수는 고향인 나사렛에서 단 한 번만 설교한 것으로 기록되어 있으며(마 13:53-58, 막 6:1-6, 눅 4:16-30), 이 노력은 반대에 부딪혔다. 분명한 것은 예수는 그곳에서 다시는 설교하지 않았다는 것이다. 마찬가지로 예수가 나인에 있었다는 언급은 단 한 번(눅 7:11), 가나에 있었다는 언급은 두 번(요 2:1, 4:26) 있다. 이 장소들이 예수 사역의 중심이었다고 말하는 데 주저하는 이들이 있다.

예수는 갈릴리 바다 유역에 집중한 것으로 보인다. 가버나움은 "시골 마을"이 아니라 인구 12,000~15,000명의 번성하는 어업-비즈니스 도시였다.**139** 복음서는 다른 두 대도시인 벳새다와 고라신에서의 사역을 가버나움과 같은 용어로 묘사한다.(마 11:21~23, 눅 10:13~15) 예수는 가장 중요한 제자 중 한 명이 막달라 출신 마리아였기에 요세푸스가 인구가 4만 명이라고 말한 도시 막달라에서도 설교했을 가능성이 크다.(마 27:56, 61; 막 15:40, 47; 16:1, 9; 눅 8:2; 24:10; 요 19:25; 20:1, 18) 따라서 예수는 갈릴리의 도시와 큰 마을에서 자주 발견된다. 예수는 갈릴리 지방의 시골에서도 순회 설교를 했으나 주로 바다 주변 지역에 집중했다.

복음서에는 예수를 세포리스나 티베리아스에 명시적으로 배치하지 않은 것은 사실이다. 이 침묵은 이 도시들이 예수의 어린 시절이나 사역에서 중요한 역할을 하지 않았음을 나타낸다고 밀러는 단언한다.**140** 오버만(Overman)과 베이티는 안티파스와 그의 관리들로부터의 위험 때문에 예수가 의도적으로 이 도시들을 피했다

---

138) 위의 책, 79.
139) Overman, "Who Were the First Urban Christians?", 162을 보라. Miller, "Sepphoris, the Well Remembered City", 79에서 가버나움은 시골 마을이라 부른다.
140) Miller, "Sepphoris, the Well Remembered City", 81.

고 주장한다.**141**

　　그러나 예수가 티베리아스에서 설교했다는 힌트는 적어도 하나가 있다. 안티파스의 관료인 추자(Chuza)의 아내 요안나는 예수의 제자가 되었다.(눅 8:3) 추자와 그의 가족은 티베리아스에 살았을 것이다. 요안나는 근처 막달라나 다른 도시에서 예수의 설교와 가르침을 들었을 수도 있지만, 그녀가 예수의 제자들과 함께 있었다는 것은 갈릴리의 수도인 티베리아스에의 예수의 사역 가능성에 마음을 열어야 함을 시사한다. 그렇다면 복음서에 기록되지 않은 티베리아스에서 설교했다면 세포리스에서도 설교하지 않았을까?

　　복음서에서 지리에 관한 침묵을 근거로 한 주장은 매우 신중하게 이루어져야 한다. 복음서는 예수가 첫 번째 기적을 행한 가나(요 2:1)와 같이 상징적인 중요성을 지닌 도시와 마을을 강조하는 신학적인 작품이다. 따라서 예수가 한두 번만 방문했던 마을이 복음서에서 강조되는 것은 그곳에서 중요한 일이 일어났기 때문일 수 있다. 반대로, 예수가 자주 방문했던 도심은 신학적으로 중요한 일이 거의 또는 전혀 일어나지 않았기에 거의 언급되지 않거나 전혀 언급되지 않았을 수 있다. 만약 세포리스와 티베리아스가 예수의 사역에 중요하지 않았다면 복음서에서 빠진 것을 이해할 수 있다. 이 두 도시의 많은 이방인 인구는 설교하는 장인에게 깊은 인상을 받지 못했을 가능성이 크다. 이 두 도시에 관한 복음서의 침묵에 대해 우리가 실제로 말할 수 있는 것은 저자들이 예수를 그곳에 명시적으로 배치하지 않았다는 것이다. 그 이상의 어떤 것도 설득력이 없다.

결론

　　결론적으로 예수는 문화적으로 도시와 농촌으로 나뉘는 경향이 있는 농경 사회에서 살았으며 인구의 압도적 다수가 농촌에 거주했다고 말할 수 있다. 고대 그리

---

141) Overman, "Who were the First Urban Christians?", 167f; Batey, "Sepphoris: An Urban Portrait of Jesus", 56.

스-로마 세계에 만연했던 편견이 팔레스타인에도 존재했다면, 도시 주민들은 시골 농민을 열등한 존재로 여겼다. 도시 환경에 자주 노출되었던 장인 예수를 도시 속물들의 시선으로 바라보지 않았을 수도 있다. 하지만 예수에게는 다른 문화적, 사회적 장벽이 있었다. 장인은 엘리트주의자인 그리스인과 로마인들에게 경멸의 대상이었고, 갈릴리 도심의 이방인 거주자들은 예수에게 큰 관심을 기울이지 않았을 것이다. 반면에 유대인들은 장인을 훨씬 더 존중했던 것 같다.

예수는 사역을 시작하기 전에는 경제적으로 궁핍하지 않았을 것이다. 우리는 그와 그의 형제들이 힘든 육체노동을 했지만, 생필품이 부족하지 않았을 것으로 예상해야 한다. 팔레스타인, 특히 갈릴리에서 진행된 대규모 건축 프로젝트는 일할 충분한 기회를 제공했을 것이다. 그의 가족은 성전 건축가 시몬의 가족처럼 다소 편안했을 가능성도 있다. 복음서의 특정 본문은 그런 방향으로 우리를 기울게 할 수 있다.

하지만 엘리트들의 눈에 예수는 여전히 가난했을 것이다. 그들의 호화로운 생활 방식에 비하면 예수는 매우 단순하고 겸손하게 살았을 것이다. 예수와 엘리트 계층 사이의 사회경제적 거리는 비록 그가 편안한 장인 집안 출신이었다고 해도 엄청나게 컸다.

12장 _ 바울과 예수의 관계

J. P. 아놀드

서론

특정 학계에서는 바울이 예수의 생애와 가르침에 관심이 없거나 거의 없었다는 것을 자명하게 여긴다. 바울은 나사렛 예수에 대해 거의 알지 못했고 예수의 행적과 가르침에 관심이 없었다는 것이다. 바울은 가말리엘에게 배웠을지는 모르지만, 예수에게서는 절대 배우지 않았기에 주 그리스도의 죽음과 부활만을 전했다. 이러한 관점에서는 바울 신학의 '그리스도라는 산(Christic acid)'은 역사적 나사렛 예수를 녹여 버린 것이다.[1]

최근 몇 년 동안 많은 학자가 1세기의 이 두 유대인 저명인사 간의 관계를 보다 호의적으로 재평가하면서 그들 사이의 연속성을 대단히 강조하고 있다. 다양한 학문과 방법론을 대표하는 이러한 연구는 기존의 범주와 전제를 해체하고 1세기 팔레스타인 예수 운동의 역사적, 사회학적 현실을 더 정확하게 반영하는 해석으로 대체하고 있다.[2]

이러한 연구들은 여러 측면에서 불연속성의 패러다임에 도전했다. 형식비평은 예수 자료가 복음서 저자들을 통해 언급되는 순간부터 의문을 제기하는 것을 전제로 한다.[3] 그 지속적인 존재감과 영향력에도 불구하고, 튀빙겐 학파가 주장해 온

---

1) Victor Paul Furnish, "The Jesus-Paul Debate: From Baur to Bultmann", B/RL 47 (1965) 342-81.

2) David L. Dungan, *The Sayings of Jesus in the Churches of Paul: The Use of Synoptic Tradition in the Regulation of Early Church Life* (Philadelphia, 1971); Dale C. Allison, "The Pauline Epistles and the Synoptic Gospels:The Pattern of the Parallels" NTS 28 (1982) 3-32; A. J. M. Wedderburn, "Paul and Jesus: Similarity and Con,tinuity", NTS 34 (1988) 161-82.

3) Birger Gerhardsson, *Memory and Manuscript: Oral and Written Transmission in Rabbinic Judaism and*

바울 서신과 예루살렘 기독교 사이의 깊은 튜빙겐 캐즘(the Tübingen chasm)은 여전히 존재감과 영향력을 유지하고 있지만, 갈라디아서 등 바울 서신을 연구하며 서신의 우발적 성격을 결정짓는 역사적 · 사회정치적 요인에 주목하는 학문적 접근에 의해 도전받고 있다.4 이러한 연구는 바울이 예수의 말을 특징적으로 사용하고 예루살렘 사도들에 대한 예수의 말을 부분적으로 설명하는 서신의 상황적이고 논쟁적인 특성을 인정하고 있다. 최근의 장르 및 미디어 분석은 바울 서신에서 서신형식의 중요성에 대한 통찰력을 제공한다.5 바울 수사학에 대한 이러한 연구는 바울의 서신을 낭독할 때 청중이 예수의 말에 대한 바울의 언급과 암시를 어떻게 듣고 이해했는지를 이해하는 데 도움이 된다.

이 글에서는 바울과 예수 사이의 연속성을 강조하기 위해, 주로 예수에 대한 바울의 지식과 전승 자료의 사용과 관련하여 위의 주제를 살펴볼 것이다. 예수에 대한 바울의 긍정적인 관심을 보여주는 바울-예수 모델에 대한 주요 반론을 파악하고 이에 대응할 것이다. 또한 바울을 예루살렘 사도들, 예수의 가족, 그리고 궁극적으로는 예수 자신과 단절시켰다는 게르드 뤼데만(Gerd L demann, 1983)의 최근 개정판인『튀빙겐 스펙터(The Tübingen specter)』에 대해서도 대응할 것이다.6

둘째, 바울 서신에서 예수의 말과 이야기를 명시적으로 인용하는 경우가 드물다는 당혹스러운 질문에 미디어와 장르 연구의 결과를 적용할 것이다. 위기 상황에 대한 논쟁적 대응으로서 바울 서신의 조건부 성격은 바울이 예수 자료를 선택적으로 사용한 것과 관련이 있을 것이다. 이 글은 예수의 전승과 말이 바울에게 미친 긍정적인 역할을 조명하고자 한다.

Early Christianity (Uppsala, 1964); The Origins of the Gospel Traditions (Philadelphia, 1979)

4) Hans J. Schoeps, Paul: The Theology of the Apostle in the Light of Jewish Religious History (Philadelphia, 1961); Walter Schmithals, Paul and James (London, 1965), 71~72; J. Phillip Arnold, Jewish Christianity in Galatians: A Study of the Teachers and Their Gospel (Rice University Dissertation, 1991)

5) Walter Ong, Interfaces of the Word: Studies in the Evolution of Consciousness and Culture (Ithaca, 1977); Orality and Literacy (New York, 1982); The Presence of the Word: Some Prolegomena for Cultural and Religious History (New Haven, 1967); Werner Kelber, The Oral and Written Gospel (Philadelphia, 1983); Kevin B. Maxwell, Bemba Myth and Ritual: The Impact of Literacy on an Oral Culture (New York, 1983)

6) Gerd L demann, Opposition to Paul in Jewish Christianity (Philadelphia, 1989)

연구 검토

연구에 대한 간략한 검토를 통해 해석학적 문제를 강조하고 연구에 대한 의미를 명확히 할 수 있다. 바울 기독교와 예루살렘 기독교 사이에 박힌 쐐기는 1831년 바우어(F. C. Baur)가 그의 연구『그리스도파(*Die Christuspartei*)』에서 나사렛 예수와 바울을 단절시킨 것이기도 하다.[7] 바우어의 주장에 따르면, 계시를 통해 주의 복음을 받았고 부활하신 하늘의 주님을 직접 만나는 기쁨을 누렸기에 바울은 예루살렘 기독교와 역사적 예수와의 연결이 필요하지 않다. 바울 서신에는 예수의 삶과 가르침에 대한 직접적인 언급이 거의 없기에 바우어는 바울이 역사적 예수에 대해 무관심했다고 추론했다. 부활하신 그리스도의 하늘 계시는 예루살렘의 전승과 예수에 관한 이야기에 대한 순종을 무의미하게 만들었다. 정적들의 공격과 튀빙겐 후계자들의 수정에도 불구하고 바우어가 바울 기독교와 예루살렘 사도들 사이에 끼워 넣은 쐐기는 바울과 예수 사이의 연속성을 찾으려는 노력을 계속 방해하고 있다.[8]

바우어가 초기 기독교를 분열시킨 이후 다른 학자들은 바울과 예수 사이의 틈을 확대했다. "다메섹 도상" 경험에 관한 여러 연구는 바울의 개종을 유대 종교를 거부하고 보편적 사명을 지닌 해방 복음을 받아들인 것으로 묘사했다. 바울의 "종교적 천재성"이 그를 유대교의 제약에서 벗어나 새로운 신앙을 창조할 수 있게 했다고 주장했다.[9] 예수가 유대교 안에 속해 있었기에 바울과 나사렛인들 사이의 거리는 점점 더 멀어졌다.

이 접근법의 정점은 1904년 윌리엄 브레데(William Wrede)의 바울 서신에서 찾아볼 수 있다.[10] 바우어와 튀빙겐 학파의 영향을 받은 브레데는 바울이 "개종" 이전에 예수를 부인하면서 그리스도를 믿었다고 추측했다! 어떻게 그럴 수 있을까? 브

---

7) Ferdinand Christian Baur, "Die Christuspartei in der korinthischen Gemeinde", *ZTK* 5 (1831) 61-206.
8) Lüdemann, *Opposition*, 44-52, 97-104, 112-15.
9) Furnish, "Debate", 342-81.
10) ET, William Wrede, *Paul* (London, 1907)

레데는 그리스도인 이전의 바울은 하늘에 계신 그리스도를 "이미 믿었다."라고 설명한다.11 바울은 다메섹 도상에서 이 하늘에 계신 그리스도를 부활하신 주 예수와 동일시했다. 나중에 바울은 설교와 서신에서 신자들에게 하늘에서 부활하신 그리스도에 대한 신비로운 참여를 누릴 것을 촉구했다. 브레데는 바울이 1세기 팔레스타인의 길을 걸었던 예수에 대해 아무런 관심이 없었다고 결론지었다. 이러한 연구 결과, 바울은 예수뿐만 아니라 야고보, 베드로, 유대교 자체를 포함한 예루살렘 교회와도 단절된 '고독한 천재'로 나타났다.12

빌헬름 하이트뮐러(Wilhelm Heitmuller)와 불트만은 바울을 예수와 거리를 유지하면서 유대교와 기독교 안에 위치시키기 위해 바울을 기독교의 헬레니즘 계열 안에 위치시킴으로써 바울이 예수를 경시한 것으로 추정되는 것을 설명했다. 그들은 이 기독교 분파는 역사적 예수에 대해 진정한 관심이 없었다고 주장했다. 바울을 이러한 배경에 놓음으로써 예수의 삶과 가르침에 대한 무관심을 설명하면서 바울에 대한 역사적 맥락을 제시할 수 있었다.13

불트만은 메시아로서의 예수의 성육신, 죽음, 부활이 바울에게 중요하다는 데 동의했지만 "역사적 예수에 대한 종말론적이고 윤리적 설교는 바울에게 아무런 역할을 하지 않았다."라고 주장한다.14 불트만의 주장은 다음과 같다.

---

11) 같은 책. 151-53. 바울은 지혜와 같은 중개적 인물에 대해 추측했을 수도 있다. 바울은 그렇게 난해한 유대 전승에 열심이 있었을까? 고린도전서에서 지혜에 대한 추측과 아담에 대한 그의 친숙함은 "유대인 기독론"에 대한 이전의 관심을 암시할 수 있다. 그러나 바울의 그리스도가 역사적 예수를 제거했다고 가정하는 것은 잘못이다.(참조: 고전 13:9-11; 갈 4:1-3; A. Segal, *Paul the Convert: The Apostolate and Apostasy of Saul the Pharisee* [New Haven, 1990])

12) Furnish, "Debate", 342-81.

13) Wilhelm Heitmuller, "Zum Problem Paulus und Jesus", *ZNW* 13 (1912) 320-37; Rudolf Butlmann, *Faith and Understanding* (New York, 1969), 221. 어떤 학자들은 고후 5:16을 바울이 하늘에 계신 그리스도를 위해 역사적 예수를 거부했다는 의미로 해석한다. 그러나 바울은 예수에 대한 현재의 이해가 이제 예수를 약속하신 그리스도이신 분으로 인정한다는 점에서 기독교 이전의 견해와 다르다. 그의 인식에 질적인 변화(고후 5:17)가 일어났다. Dieter Georgi, *The Opponents of Paul in Second Corinthians* (Philadelphia, 1986), 253-54, 주-160, 특히 276-77을 보라. 또한 Bultmann, *Theology* I, 238; "The Significance of the Historical Jesus for the Theology of Paul", ET in *Faith and Understanding* I (London, 1966), 241을 보라.

14) Bultmann, "The Primitive Christian Kerygma and the Historical Jesus" in *The Historical Jesus and the Kerygmatic Christ Essays on the New Qeust of the Historical Jesus?*, ed. by Carl E. Braaten and Roy A. Harrisville (New York, 1964), 20. David B. Capes, "Tradition From Jesus to Paul" 8, Southwestern Baptist Theological Seminary에서의 미간행 연구논문 참조.

바울이 예수와 그의 사역에 관한 가르침을 얻기 위해 예수의 제자들 또는 예루살렘 교회와 소통하려는 노력을 기울이지 않았다. 예수 이야기에서 바울에게 중요한 것은 예수가 유대인으로 태어나 율법 아래서 살았고 십자가에 못 박혔다는 사실뿐이다.[15]

불트만에게 있어 바울의 "케리그마의 그리스도는 역사적 예수를 대체했다."[16] 귄터 본캄(Günther Bornkamm)도 바울이 역사적 예수에 관심이 없었다는 견해를 지지했다. 보른캄은 1969년에 쓴 『바울』에서 이렇게 말한다:

바울은 역사적 예수의 가르침을 설명하기 위해 조금도 노력하지 않았다. 바울은 나사렛 랍비, 세리와 죄인들과 함께 식사한 예언자이자 기적의 사역자, 산상수훈, 하나님 나라의 비유, 바리새인 및 서기관과의 만남에 대해 언급하지 않았다. 그의 서신에는 주기도문도 언급되어 있지 않았다. 역사 속의 예수는 분명히 무시되었다. 바울 자신도 예수를 만난 적이 없다.[17]

바울과 예수의 관계에 대한 이러한 부정적인 평가에 대해 바울과 예수 사이에 연속성이 있다고 보는 학자들의 반격이 처음부터 시작되었다. 1858년 초에 하인리히 파렛(Heinrich Paret)은 바울이 예수에 대한 의존과 관심을 보여주려는 논문으로 바우어의 입장에 대응했다.[18] 파렛은 예수와 바울 사이의 이분법을 거부하는 사람들이 제기할 많은 주장을 예상했다. 그는 바울 서신의 구절들이 실제로 예수의 생애와 가르침에 대한 지식을 입증한다는 것을 보여 주려고 했다. 그는 바울의 서신과 그의 원래 선교 설교(missionary preaching)를 차별화함으로써 역사적 예수에 대

15) Bultmann, *Theology of the New Testament* (2 vols ; New York, 1951-1955), vol. I, p. 188.
16) Bultmann, "Primitive", 30.
17) G nther Bornkamm, *Paul* (New York, 1969), 110, 238.
18) Furnish, "Debate", 342-81.

한 바울의 언급이 상대적으로 적은 것을 옹호했으며, 페이겟(Paget)은 전승적인 예수 자료를 많이 포함하고 있다고 믿었다.[19]

최근에는 바울과 예수의 긍정적인 관계에 대한 인식이 W. D. 데이비스(Davies), 크리스터 스텐달(Krister Stendahl), 비르거 게르하르트손(Birger Gerhardsson), 데이비드 던간(David Dungan), J. D. G. 던(Dunn)과 같은 학자들의 연구를 통해 드러났다.[20] 데이비스는 1948년에 바울 서신에서 예수의 가르침이 전승적인 자료에 엮인 25개의 사례가 나타난다고 결론지었다.(고전 11:23, 15:3) 그는 바울이 Q와 유사한 예수의 말모음을 언급하는 6개의 사례를 발견했다. 바울은 1세기 유대교를 배경으로 가장 잘 이해된다는 데이비스의 결론과 함께, 이러한 관찰은 사도와 예수 사이의 연속성을 강조했다.[21] 두 인물 모두 초기 랍비 유대교에 속해 있었기에 헬레니즘 유대인 바울과 초기 팔레스타인 유대인 그리스도인 사이의 튀빙겐 이분법은 완화되었다.[22]

바울과 예수를 유대인 배경에 비추어보아야 한다는 주장은 애스톤 프리드리히센(Aston Fridrichesen), 스텐달(Stendahl), 게르하르트손(Gerhardsson)과 같은 학자들이 포함된 스칸디나비아 학파의 상당한 지지를 받았다.[23] 이 학자들은 1세기 기독교인들이 예수의 가르침을 유지하고 전승하기 위해 랍비 학교에서 개발된 전문적인 기법을 의도적으로 사용했다고 주장했다.

스텐달은 1954년 마태복음 연구에서 마태복음이 랍비 전승을 전승하는 기술을 훈련받은 학식 있는 기독교 학교에서 제작되었다고 결론지었다.[24] 스텐달은 전승

---

19) 같은 책.
20) W. D. Davies, *Paul and Rabbinic Judaism: Some Rabbinic Elements in Pauline Theology* (London, 1965) K. Stendahl, *The School of St. Matthew and Its Use of the Old Testament* (Philadelphia, 1968); Gerhardsson, *Memory; Origins*; D. Dungan, *Sayings*; J. D. G. Dunn, *Unity and Diversity in the New Testament: An Inquiry into the Character of Earliest Christianity* (London, 1990); Peter J. Tomson, "The Halakhic Jesus Traditions in Paul and Their Implications for His Christology," 1992년 San Francisco, the Society of Biblical Literature Annual Meeting에서 발표된 논문.
21) Davies, *Paul*, 136-49.
22) 같은 책, 2-16.
23) Dungan, *Sayings*, xxvi-xxix.
24) Stendahl, *School*, 13-35.

의 연속성을 지지하며 다음과 같이 썼다:

> 그러므로 '사도들의 가르침', 바울의 '길'(고전 4:17), 마가의 기본 가르
> 침…, 보다 성숙한 요한 학파에서 구약성경에 대한 독창적인 해석을 학
> 문의 면류관으로 삼은 다소 정교한 마태 학파에 이르기까지 예수 학파로
> 부터 끊어지지 않는 계보가 있을 수 있다.[25]

게르하르트손은 1961년『기억과 사본(Memory and Manuscript)』에서 전승을 전
승하는 주된 초점이 교회의 예배가 아니라 전승 행위 자체에 있었다는 증거를 제시
했다. 바울 서신에서 전승 자료의 신중한 보존을 나타내는 특정 용어를 사용한 것
은 바울 자신이 예수 자료의 보존에 기여했음을 나타낸다.[26]

1971년, 스텐달의 제자인 데이비드 던간은 게르하르트손과 스칸디나비아 학파
의 주요 주장을 뒷받침하는 논문 '바울 교회에 나타난 예수의 말씀(The Sayings of
Jesus in the Churches of Paul)'을 발표했다. 던건은 바울이 역사적 예수에 대해 알고
있었을 뿐만 아니라 예수에 관한 전승 자료를 신중하게 보존하는 데 중요한 역할
을 했다고 주장한다.

던간은 예수의 가르침에 대한 바울의 두 가지 중요한 언급을 바탕으로 연구를
진행했다: 고전 7:10-11(이혼을 반대하는 예수의 말)과 고전 9:14(사도들을 지지
하는 예수의 말)[27] 바울은 고전 7장에서 이혼을 반대하는 예수의 명령을 권위 있고
구속력 있는 말이라고 언급한다. 그는 예수의 말을 자신의 말과 신중하게 구분하
여 예수의 가르침을 높이 평가한다는 것을 보여준다. 바울은 예수의 말에서 함축
적인 의미를 끌어낼 때 예수를 인용한 것이 아니라는 점을 주의 깊게 지적한다.(고

---

25) 같은 책, 34.
26) 참조: 고전 11:23; 15:3. Gerhardsson은 예수께서 제자들에게 랍비들의 방식을 따라 말씀을 암송하라고
    가르쳤다고 주장한다. 이러한 말과 행동은 구전 및 문서 형태로 신중하게 보존되었으며 사도들을 통해
    바울과 다른 사람들에게 전승되어 결국 복음서에서 절정에 이르렀다. Gerhardsson, *Memory*, 288-323;
    Origins, 27-41을 보라.
27) Dungan, *Sayings*, 3-131.

전 7:12) 바울은 자신의 말이 교회에 대한 권위가 부족해서가 아니라 예수의 말이 질적으로 더 높은 가치를 지니고 있기에 이렇게 한다. 따라서 바울이 예수의 말을 사용한 것은 예수의 말씀이 바울 교회에서 중요한 역할을 했다는 것을 보여준다. 던간은 바울이 예수의 가르침에 호소하는 것에서 결론을 내린다:

> 바울은 공관복음서로 이어진 전승에 정면으로 서 있으며, 예수의 말 자체에서 실제로 명령하신 것을 이해하는 방식뿐만 아니라 공관복음서 편집자들이 그 말을 사용하는 것을 예시하는 방식에서도 공관복음서 편집자들과 한마음을 가지고 있다.[28]

던간의 작품이 등장한 이후 다른 학자들도 바울이 전승적인 예수 자료를 사용하고 전승했으며, 그중 일부는 예수 자신에게서 나온 것일 수 있다고 판단했다. 가장 최근의 통찰력 있는 연구 중 하나는 데일 앨리슨 주니어(Dale Allison, Jr.)의 연구다. 1982년 앨리슨은 바울이 예수의 개별적인 말을 암시했을 뿐만 아니라 그가 매우 친숙한 예수 자료를 더 많이 접할 수 있었다고 결론지었다.[29] 앨리슨은 바울이 눅 6:27-38, 막 9:33-50 등에 나오는 예수 자료를 알고 사용했음을 보여준다. 이 자료는 예수의 선교 지침, 평지 설교, 공동체 윤리, 열정에 관한 것이다.[30]

앨리슨은 또한 바울이 이러한 예수 전승을 의식적이고 의도적으로 사용한 것은 전승적인 예수 자료(롬 12-14장, 살전 4-5장, 고전 11:23-24)에 대한 그의 지식을 보여주는 패턴을 드러낸다고 관찰한다. 그는 바울이 공동체를 설립할 때 이 자료를 회중에게 "전달"했다고 주장한다. 따라서 바울은 종종 청중이 예수와 다윗과의 관계(롬 1:3), 유대인 어머니(갈 4:4), 배신(고전 11:23), "밤"(고전 11:23), 유월절 만찬(고전 11:23-24), 종말론적 예언(딤전 4:15-16)과 같은 중요한 사실을 이미 알고 있다고 전제하는 경우가 많다고 설명한다. 앨리슨은 던간을 통해 바울이 역사

---

28) 같은 책, 139.
29) Allison, "Epistles", 3-32.
30) 같은 책, 특히 15.

적 예수의 이야기, 행적, 말을 보존하는 데 큰 관심을 가졌던 전승의 중요한 일부였다는 강력한 사례를 제시한다.

바울의 예수 전승 활용

데이비스, 던간, 게르하르트손, 앨리슨 등이 구축한 "연속성 합의"는 바울 서신의 텍스트 증거와 이를 통한 합리적 추론에 근거한다. 이 증거는 세 가지다.

첫째, 바울은 보존된 서신에 더 많은 내용을 가르쳤다. 바울은 자신이 "받은" 중요한 전승을 "전달"했다고 말한다.(고전 11:23 및 15:3) 난해한 주제에 대한 그의 언급은 그가 청중에게 제공한 전승적인 해석에 대한 청중의 사전 지식을 전제한다는 것을 나타낸다. 바울이 사용한 용어는 다음과 같다. 바울이 παραλαμβάνειν, παραδιδόναι, παραδόσεις, παρέδωκα와 같은 용어를 사용한 것은 예수 자료를 받아 보존하고 전하는 전승에서 자신의 역할을 암시하는 기술적인 용법을 나타낸다. 이러한 전승은 바울의 최초 선교사 설교에만 국한된 것이 아니라, 바울과 그의 동료들이 회중을 설립하고 그들에게 서신을 쓸 때까지 계속되었다.

둘째, 바울은 자신을 가르친 다른 그리스도인들로부터 이러한 전승을 "받았다.". 이것은 복음의 계시가 "인간에게서 온 것이 아니다."(갈 1:12)라는 그의 진술을 부정하는 것이 아니라, 바울도 다른 사람들로부터 예수에 관한 자료를 받았다는 사실을 인정하는 것이다. 이 자료의 출처는 팔레스타인 이외의 헬레니즘권에만 국한되지 않고 예루살렘의 "기둥들"(예수의 형제 야고보, 사도 베드로와 요한(갈 1:18; 2:9)과 바울보다 "먼저 그리스도 안에 있던"(롬 16:7) 가족들도 포함되었다.

셋째, 예수에 대한 이러한 전승 중 일부는 바울 서신에 명시되어 있게 논의되어 있으며 예수에 대한 자세한 데이터를 포함하고 있다. 이러한 자료들은 바울이 역사적 예수에 대한 정보를 인식하고 신중하게 사용했음을 보여준다. 예수의 다윗 혈통(롬 1:3), 출생(갈 4:4), 유대인 어머니(갈 4:4), 할례(갈 4: 4); 토라 준수(갈

4:4); 제자들의 가르침(고전 11:23); 종말론적 관심사(살전 4:15-16); 사랑의 윤리
와 악에 대한 무저항 강조(갈 5:14, 6:2; 롬 12:14, 17, 21; 13: 8-10); 결혼에 대한
인정(고전 7:10); 제자들이 뚜렷한 메시지를 전할 것이라는 인식(고전 9:14); 제자
들을 위한 재정적 이득에 관한 말(고전 9: 14); "성찬식 만찬"의 제도와 이 예배가
밤에 이루어졌다는 점(고전 11:23-24); 밤에 배신(고전 11:23); 주기도문(갈 1:4;
골 3:13); 제자들이 깨어 있지 않았다.(살전 5:6; 롬 13:11, 12; 골 4:2)

　　이러한 예들은 대부분 상세한 분석을 받았다. 예컨대, 빅터 퍼니쉬는 바울이 예
수 전승을 사용했다는 증거로서 가치가 거의 없다고 생각한다. 그는 예수의 말에
대한 암시를 식별할 때 주의와 자제를 권고하며, 바울 서신에서 예수의 가르침에
대한 직접적인 언급이나 인용이 "상대적으로 드물다."라고 주장한다.[31]

　　앨리슨과 피르스테트는 이러한 사례 중 일부는 바울이 이러한 개별 암시에서 가
져온 전승적인 예수 자료의 전체 블록을 알고 사용했음을 보여준다고 주장한다.[32]
던은 이렇게 썼다:

> 그렇다면 바울은 이 시점에서 예수에 관한 상당히 광범위한 전승을 끌어
> 낼 수 있었고 그의 개종자들도 그것에 익숙했다고 가정할 수 있을 것 같
> 다. … 이것은 바울이 처음 새 교회를 세웠을 때 전수한 전승에 예수에 관
> 한 전승이 상당 부분 포함되어 있음을 시사한다.[33]

　　예수와 바울의 연속성은 특히 신학과 구원론에서 예수와 바울의 가르침에서 유
사점을 발견한 학자들에 의해 더욱 명확해진다. 역사적 예수에 대한 바울의 관심
을 부정했던 불트만조차도 예수와 바울의 메시지에서 유사점을 발견했다. 불트만
과 다른 학자들은 예수와 바울이 외부 규범으로부터 상대적으로 자유로웠다는 점

---

31) Furnish, *Theology and Ethics in Paul* (Nashville,1978), *According to Paul* (Cambridge, 1993), 40.
32) Allison, "Epistles," 6, B. Fjarstedt, *Synoptic Traditions in 1 Corinthians: Themes and Clusters of Theme Words in 1 Corinthians 1-4 and 9* (Uppsala Dissertation, 1974) 참조
33) Dunn, *Unity*, 68.

과 사랑의 중심성을 가장 중요한 덕목으로 상호 인정했다는 점에서 유사점을 발견했다.[34]

이 문제에 관한 1988년 기사에서 웨더번은 두 가지 근거를 들어 바울과 예수 사이의 연속성을 주장했다. 첫째, 그는 두 사람 모두 율법에 대한 예언자적 비판을 제시했다고 주장했다. 둘째, 둘 다 공개적으로 "외부인"을 받아들였다. 예수는 "죄인"과 "부정한 자"를 받아들였고, 바울은 "경건하지 않은 자"와 이방인을 받아들였다.[35]

에베르하르트 융겔의 말을 인용하여 브루스는 바울과 예수가 공유한 몇 가지 주제를 설명한다. 그는 하나님의 은혜의 우위와 믿음의 중요성에 대해 예수와 바울이 서로 강조한 점을 강조한다. 그는 믿음으로 의롭게 되는 것에 대한 바울의 가르침과 하나님 나라에 대한 예수의 비유를 비교한다. 두 비유 모두 율법의 옛 시대가 새로운 믿음의 시대로 넘어가는 것을 선포하는 종말론적인 느낌이 강하다. "이 모든 것에서 바울은 동시대 그리스도인 대부분보다 예수의 가르침의 내면성을 더 분명하게 보았다."[36]

연속성과 비연속성

일부 학자들은 이러한 연구 결과를 받아들이고 바울과 예수에 대한 이해에 통합하기를 꺼리는 것 같다.[37] 그들이 예수의 명제에 저항하는 주된 이유는 무엇인가? 두 가지 주요 질문이 해결되지 않은 채로 남아있다. 첫째, 바울과 예수를 포함한 예루살렘 그리스도인들 사이의 불연속성은 얼마나 급진적이었는가? 둘째, 바울이 그렇게 많은 말을 접할 수 있었는데 왜 예수의 말만을 언급했을까? 바울과 예수의

---

34) Bultmann, *Existence and Faith* (New York, 1960), 189-95.
35) Wedderburn, "Continuity," 174-75.
36) F. F. Bruce, *Paul Apostle of the Heart Set Free* (Grand Rapids, 1984), 95-105.
37) Calvin J. Roetzel, *The Letters of Paul: Conversations in Context* (Atlanta, 1975), 33-37. 그리고 Furnish, *Theology*, 51-67을 보라.

긍정적인 관계를 더 온전히 확립하기 위해서는 이 두 가지 중요한 문제를 직시하고 다루는 것이 필수적이다.

튀빙겐 재검토

비판과 수정이 있었지만, 바울과 사도들 사이의 바우어의 쐐기는 특히 1983년 게르드 뤼데만(Gerd Lüdemann)에 의해 부활한 이후 현대 학계에서 강력한 위치를 차지하고 있다.[38] 바우어가 예루살렘의 "기둥"(야고보, 베드로, 요한)에서 바울을 분리한 것은 바울과 예수를 분리하는 첫 단계가 되었다. 바울이 역사적 예수에 대한 전승을 습득했을 가능성은 예수의 형제 야고보, 그리고 원래 제자들인 베드로와 요한과의 관계가 신학적으로나 지리적으로 가깝다는 것과 비례하여 증가한다.

바울과 예수 및 그의 제자들을 분리하는 모든 이론은 갈라디아서에서 예루살렘 공동체와 그 '기둥' 사도인 야고보, 베드로, 요한에 대한 바울의 발언을 어떻게 이해하느냐에 따라 성패가 갈린다. 갈라디아서에서 바울은 예루살렘과 거리를 두고 안디옥에 있는 베드로가 "야고보에게서 온 사람들"(2:12)로부터 할례를 받지 않은 이방인들과의 교제를 끊으라는 설득을 받았을 때 공개적으로 그를 책망하는 장면이 나온다.

튀빙겐 학파는 갈라디아서를 바울의 다른 서신들과 함께 읽어야만 예루살렘의 "기둥" 사도들이 바울의 서신 전체에서 바울의 반대자라고 주장할 수 있었다. 바울의 서신 어디에도 바울의 "반대자들"을 예수의 가족이나 사도라고 밝히지 않았다.[39] 갈라디아서 밖에서 바울은 베드로와 야고보를 부활에 대한 그리스도인의 증인으로 인정하며 인용한다.(고전 15:1-5) 고린도전서 앞부분에서 바울은 베드로가 고린도 회중을 섬긴 것에 대해 후회하지 않는다고 표현한다.(9:5) 그리고 "주님의 형제들"을 그리스도인으로서 마땅히 해야 할 행동의 예로 들었다.(9:5) 바울은 갈라디아서에서조차 자신의 "반대자"를 예수의 가족이나 사도라고 밝히지 않았

---

38) Ludemann, *Opposition*, Xv-32, 38-39, 113-15.
39) 예컨대, 바울은 고후 12:11에서 라이벌 사도들을 절대로 밝히지 않는다.

다.

바울과 예루살렘

갈라디아서의 자서전 부분에서 바울이 자신의 복음을 "인간적인 출처로부터"(1:12) 받았다는 사실을 부인하고 있기에 역사적 예수에 대한 전승에 대한 그의 무관심을 확인시켜 준다고 주장됐다.**40** 바울은 부활하신 주님으로부터 하늘의 계시를 받는 것으로 만족했다.

갈 1:12-13이 바울과 예루살렘 기독교 지도자들 사이에 의도적으로 거리를 둔 것은 확실하다. 바울이 거리를 둔 이유는 무엇일까? 역사적 예수와 자신을 단절시키기 위한 것일까? 그가 예수의 말과 행동에 관심이 없다는 것을 보여주기 위한 것일까? 전혀 그렇지 않다! 바울은 단순히 이방인들에게 예수에 관한 복음을 전할 수 있는 자신의 권위가 예루살렘 지도부에 의존하지 않는다는 것을 증명하고자 했다.

이 서신에서 논쟁 중인 문제는 갈라디아와 이방 세계에 대한 사도적 사명에 대한 바울의 권위의 원천에 관한 것이지, 예수 전승에 관한 관심이나 예루살렘 "기둥들"과의 그리스도인 교제 및 신학적 동의에 관한 것이 아니다. 갈라디아의 "반대자들"은 이방인을 향한 바울의 복음 선교를 공격하고 바울을 예루살렘 지도부에 종속 역할을 맡겼다. 바울은 자신의 복음, 권위, 인격에 대한 그들의 명예 훼손에 대응하여 이방인 선교의 신성한 기원과 예루살렘 사도들과의 동등함을 주장한다. 바울이 갈라디아서에서 설정한 거리는 바울과 예루살렘 사이의 신학적 불일치나 예수에 대한 무관심을 반영하지 않는다. 오히려 이방인 사도직의 타당성, 권위, 자유를 증명하는 것이다.**41**

바울은 자신의 복음 전파 권한이 예루살렘에 의존하지 않는다는 사실을 확인한

---

40) Bultmann, *Theology*, I, 188.

41) H.D. Betz, *Galatians : A Commentary on Paul s Letter to the Churches in Galatia* (Phiadelphia,1979), 98-99, 229; W. Schmithals, *Paul and the Gnostics* (Nashville, 1972), 29-32; Arnold, *Jewish Christianity*, 89-95; J. D. G Dunn, "The Relationship Between Paul and Jerusalem According to Galatians 1 and 2," in *Jesus, Paul and the Law : Studies in Mark and Galatians* (Louisville, 1990), 108-28.

후, 자신의 복음 계시의 내용이 예수의 형제와 제자들이 전파한 내용과 완전히 양립할 수 있음을 보여준다. 바울은 갈 2:6-9에서 자신의 복음 메시지와 예루살렘 지도자들의 메시지의 유사성을 주장한다. 그의 복음 전승은 예루살렘의 "기둥들"이 "아무것도 더하지 않고" 전적으로 받아들일 수 있는 것이었다. 실제로 지도자들은 바울에게 완전한 교제를 제공하고 그를 동등하게 대했다.

갈 1:18-19에서 바울은 베드로와 2주간 함께 지냈고 야고보와 함께 방문했다고 밝히고 있다. 바울이 베드로와 함께 십자가의 현장, "빈 무덤", 유월절 만찬 또는 배신에 대해 방문하거나 논의했는가? 던은 1:18에서 ἱστορῆσαι(히스토레사이, 방문하려고)를 사용한 것은 바울이 베드로를 방문하여 "의심할 여지 없이 주로 지상에서의 예수 사역에 대한 배경 정보를 얻기 위해 베드로를 방문했음을 나타낸다."[42] 바울이 나중에 이방인 교회에 "전달"할 전승(구두 또는 문서)을 습득할 좋은 기회였다.(고전 15:1-5 참조)!

"거짓 형제들"과 "기둥들"

바우어의 이론을 검증하기 위해 일부 학자들은 갈 2:4의 "거짓 형제들"(및 / 또는 바울의 갈라디아 "반대자들")을 2:9의 기둥 사도들과 동일시한다.[43] 그러나 갈라디아서 본문에서는 그러한 동일시를 찾을 수 없다. "거짓 형제들"과 갈라디아의 반대자들은 신학적으로 기둥의 오른쪽에 있었다. 예수 운동의 이 날개는 토라를 준수했으며 율법이 유대인과 이방인 모두에게 성령 안에서 종말론적 생명을 제공한다고 믿었다. 초기 예수 운동의 세 번째 세력인 이 유대-기독교 전승은 능력과 계시의 저장소인 토라에 대한 이방인의 순종을 주장했다.[44]

---

42) 같은 책, 108-10.

43) Tüingen 해석에 대한 검토를 위해서 Lüdemann, 〈Opposition〉, 1-63, 97-103을 보라.

44) Charles H. Cosgrove, *The Cross and the Spirit: A Study in the Argument and Theology of Galatians* (Macon, 1988), 38-52; Arnold, *Jewish Christianity*, 130-48, 202-42. 갈라디아서의 토라를 준수하는 '교사들'을 율법의 행위로 하나님 앞에 '바로 서기' 위해 노력한 단순한 '율법주의자'로 축소해서는 안 된다. 그 대신, 그들은 율법을 준수하는 그리스도인을 더 큰 영의 경지로 인도하는 신성한 길로 여겼던 유대 기독교를 대표하며, 그 카리스마적인 사람은 성령의 계시를 받는다. 갈라디아서의 논쟁은 어떻게(종말론적 삶으로서의 "의") 의롭다고 함을 얻는지에 관한 것이지, 어떻게 법적으로 의롭다고 함을 얻는지

이 해석이 옳다면, 기원후 50년경 초기 예수 운동에는 적어도 세 개의 영향력 있는 그룹이 존재했다. 오른쪽에는 디도(2:3)와 다른 이방인 개종자들에게 할례를 받고 "토라의 멍에"(긍정적으로 이해)를 지거나 (바울의 표현대로) 율법에 "종노릇" 하라고 요구한 "거짓 형제들"이 있었다.(2:4) 왼쪽에는 이방인 개종자들은 율법에서 벗어나며 "할례를 받을 필요가 없다."(2:3)라고 주장하는 바울주의자들(1:1)이 있었다. 이방인이 율법에서 벗어난다는 것을 인정하면서도(2:6, 9) 유대인 신자들에게 토라를 지키도록 권장하는 야고보, 베드로, 요한 등 중간 입장을 취하는 기둥들이 있었다.

갈라디아서 2장에 묘사된 예루살렘 모임에서 기둥들과 바울은 바울의 율법 없는 복음에 "아무것도 더하지"(2:6) 않는 합의를 끌어냈다. 오히려 그들은 바울이 이방인들에게 복음을 전할 권리를 인정하고 바울과 바나바에게 "교제의 오른손"(2:9)을 건넸다. 바울은 기둥들이 자신의 선교를 지지했다고 말함으로써 "거짓 형제들"이 이방인들이 유대 율법을 지켜야 할 필요성을 기둥들에게 설득하지 못했음을 암시한다.

바울이 자신에게 유리한 편견을 가지고 이 이야기를 썼다고 해도, 기둥들이 이방인에게 율법에 대한 순종을 요구하면서 "거짓 형제들"의 편을 들었다고 믿을 수는 없다. 이방인 선교에 관해 바울주의자들과 기둥들 사이에 모종의 합의가 이루어졌다. 본문은 이 합의가 바울이 예루살렘의 가난한 자들을 "기억"하기만 하면 율법이 없는 복음을 이방인들에게 계속 전할 수 있는 권리를 인정했음을 확인시켜준다. 이 협정의 존재는 예수 운동의 좌파와 중심이 기원후 50년경에 토론과 논의를 통해 협력적인 교제로 발전했음을 보여준다.(2:9)

바울은 기둥파와 바울주의자들 사이의 합의에 대해 "거짓 형제들"이 어떻게 반응했는지 보고하지 않지만, 우리는 토라를 준수하는 "거짓 형제들"이 합의에 동의했다고 가정해서는 안 된다. 본문은 기둥들과 바울주의자들 사이의 합의에 그들

에 관한 것이 아니다. 바울은 믿음이 성령을 가져온다고 주장한다. 교사들은 토라가 성령을 전달한다고 답한다.(갈 3:3-5, 14, 21)

을 포함하지 않는다. 2:5에서 "거짓 형제들"과 바울이 전혀 합의하지 않았다고 추론한다. 그들의 갈라디아 동맹자들, 즉 바울을 반대하는 율법 교사들은 거짓 복음을 전한 것에 대해 저주를 받았다.(1:8, 9) "거짓 형제들"이 율법을 준수하는 태도를 타협하고 할례에 대한 요구를 철회했다면 바울은 갈라디아 청중에게 분명히 알렸을 것이다! 그러한 정보가 없다는 것은 "거짓 형제들"이 합의를 거부했음을 나타낸다. 초기 예수 운동에 참여한 이들은 기독교 복음에 대한 자신들의 해석이 옳다고 믿었기에 바울과 기둥들의 의견에도 불구하고 이방인들에게 율법에 대한 순종을 계속 요구했다.

안디옥 에피소드

기원후 50년경 합의 당시 기둥 사도들을 우파 "거짓 형제들"의 일부로 간주하는 것은 명백히 어불성설이라는 점을 인식한 뤼데만은 야고보가 나중에 이 "거짓 형제들"과 갈라디아 "반대자들"로 대표되는 반바울 율법준수파에 합류했다고 믿는다. 그의 이론을 뒷받침하기 위해 뤼데만은 베드로의 부재 동안 야고보의 권력은 더욱 강해졌다고 주장한다. 회의 이후 베드로가 예루살렘을 떠나면서 토라를 준수하는 신학에 대한 야고보의 보수적 성향이 "거짓 형제들"의 "우익" 세력과 합쳐져 강력한 율법 준수 예루살렘 공동체를 형성했다. 뤼데만은 야고보의 지도력 아래 이 서클이 나중에 갈 2:11-12에 언급된 안디옥 사건을 일으켰다고 믿는다.[45] 본문은 다음과 같이 말한다:

> 게바 [베드로]가 안디옥에 이르렀을 때 책망을 받을 일이 있기로 내가 그를 대면하여 책망하였노라 야고보에게서 온 어떤 사람들이 이르기 전에 (τινας ἀπὸ Ἰακώβου) 게바가 이방인들과 함께 먹다가 그들이 오매 그가 할례자들을 두려워하여(τοὺς ἐκ περιτομῆς) 떠나 물러가매…

---

45) Ludemann, *Opposition*, 38-39. "그러므로 안디옥에서의 사건은 주님의 형제 야고보의 반바울적 행동으로 분류되어야 한다."

뤼데만은 예루살렘 방문자들이 이방인들에게 할례와 다른 유대 율법에 대한 순종을 요구했다고 주장한다.[46] 그들은 베드로와 일부 바울주의자들에게 바울의 복음을 거부하고 야고보와 지명파의 할례파를 따르도록 설득했다. 이런 식으로 뤼데만은 2:9에서 기둥들과 바울 사이의 명백한 합의가 어떻게 무너졌는지 설명하려고 시도한다. 이를 통해 뤼데만은 유대인 기독교인들과 이방인 회중과 함께 독단적인 바울을 반대하고 바울과 예수 사이의 본질적인 불연속성을 유지할 수 있었다.

뤼데만이 옳다면, 야고보는 나중에 "거짓 형제들"과 갈라디아 "반대자들"로 대표되는 예수 운동의 "우익"을 지지했어야 한다. 그렇다면 바울의 반대자들은 갈라디아의 적들, 즉 "거짓 형제들"과 기둥 사도들로 구성되었을 것이다! 이 도발적인 해석은 예수의 초기 추종자들을 예수 또는 예수의 원래 추종자 또는 가족인 야고보, 요한, 베드로, "열두 제자"와 역사적 또는 신학적 연관성이 거의 또는 전혀 없는 침입자인 바울에 맞서는 것으로 만들 수 있다.

뤼데만의 해석이 타당하다면, 교사들의 복음 전승이 바울의 전승보다 초기 예수 전승과 더 유사하다고 의심해야 한다. 기둥들, "거짓 형제들", "야고보에게서 온 사람들", 그리고 교사들이 모두 예수에게 충실하여지려면 율법을 준수해야 한다는 데 동의했다면 바울을 왜 믿어야 할까? 바울은 자신이 예수의 원래 추종자가 아니었다는 것을 기꺼이 인정한다. 토라 선생들의 복음이 바울의 복음보다 예수의 가르침에 더 충실했거나 연속적이었는가? 야고보가 바울주의자들과의 초기 합의를 깨뜨렸다는 뤼데만의 주장은 갈라디아 서신에 강력한 근거가 없다. 베드로가 예루살렘에 없었다고 해서 야고보가 바울과 바나바와 맺은 합의를 거부한 것이 설명되지 않는다.

야고보의 신학적 입장에 대한 뤼데만의 설명을 거부하는 데에는 몇 가지 중요한 이유가 있다. 첫째, 갈라디아서 구절은 야고보가 바울주의자들과 동의하지 않았다거나 야고보가 의견을 바꿨다고 말하지 않는다. 갈 2:9은 야고보, 베드로, 요한이 바울주의자들과 동의하고 "친교의 악수"로 합의를 인정했다고 말한다. 둘째,

---

46) 같은 책.

뤼데만이 갈라디아서에서 야고보의 처지가 바뀌었다는 유일한 증거는 그가 안디옥으로 "야고보에게서 온" 사람들과의 관계이다.(갈 2:12) 이것은 야고보가 바울과의 합의를 배신하고 유대인-기독교인 "거짓 형제들"의 편에 섰다고 믿을 만한 충분한 이유가 되지 못한다.

바울은 예루살렘 협정 당시 야고보가 "거짓 형제들"의 편을 들지 않았다고 암시하므로, 2:12에 안디옥에 온 사람들은 안디옥의 바울파 회중에 대한 야고보의 공식 명령을 이행했을 가능성이 크다. 바울은 2:9의 지지 이후 2:12의 안디옥 에피소드에 야고보를 연루시키지 않았을 것이다!

2:12의 구절에 대한 몇 가지 대안적인 해석은 예루살렘 방문자들의 존재를 더 효과적으로 설명한다. 본문은 "야고보에게서 온 사람들"이 야고보의 신학적 관점을 대변하거나 율법을 시행할 공식적인 권한을 가지고 있다고 명시하지 않았다.[47] 방문자들은 야고보가 보낸 공식 대표단이 아니라 율법을 준수하는 야고보의 동료였을 수 있다. 따라서 이방인이 율법을 준수해야 한다는 그들의 주장은 2:9에 반영된 야고보와 온건한 지도자의 입장을 대변하지 않을 수 있다.

안디옥 에피소드를 가장 잘 설명하는 해석은 야고보의 사람들이 안디옥 회중에게 율법을 지키라고 촉구한 이유에 초점을 맞추고 있다. 이 설명은 2:9의 야고보와 바울의 합의와 예루살렘에서의 방문을 고려한 것이다.

갈 2:12에는 베드로가 이방인 그리스도인들과 함께 식사하기를 거부하고 "할례자들을 두려워하여" 그들에게서 "떠나 물러가" 있었다고 기록되어 있다. 이는 베드로와 바나바를 비롯한 예루살렘 방문자들이 유대인의 관습과 정체성을 열렬히 지키는 비기독교인 유대인들로부터 더 큰 핍박을 받을 것을 두려워하여 이방인들과의 식탁 교제를 중단했음을 의미한다. "할례"(τοὺς ἐκ περιτομῆς)가 유대인 그리스도인을 가리킨다고 생각해서는 안 된다.[48] 2:7-9에서 세 번이나 같은 용어가 비기독교인 유대인을 구체적으로 지칭한다. 바울은 이 용어를 유대인 그리스도인을

---

47) Schmithals, *James*, 67, 주 12에서 논의되었다.
48) 같은 책, 66의 정확한 분석을 참조하라.

지칭하는 데 사용한 적이 없으며, 비기독교인 유대인을 지칭할 때만 사용한다. 따라서 바울은 베드로와 바나바가 야고보나 방문자 또는 유대인 기독교 할례파가 아닌 비기독교인 유대인들로부터의 박해(갈 6:12)를 두려워했다고 믿었다!

쥬엣, 슈미탈스, 던은 안디옥 사건을 당시의 사회 정치적 위기의 관점에서 이해해야 한다고 주장한다.[49] 이 시기에는 열광주의자들의 불안과 유대 민족주의가 극에 달하고 있었다. 그리스도인의 생존을 위해서는 예루살렘의 유대인 공동체와의 우호적인 관계가 필수적이었다. 이러한 관계를 유지하기 위해 야고보는 예루살렘의 동료들("야고보의 사람들")이 안디옥으로 여행하는 것을 허락하여 안디옥 유대인이나 이방인 그리스도인들이 박해의 구실을 피할 수 있도록 협조하도록 했다. 베드로와 일부 바울주의자들이 신속하게 협력했다는 것은 그들이 이 문제를 신학적인 문제로 생각하지 않았고 협정을 거부한다는 의미도 아니었다는 것을 나타낸다. 이는 율법과 유대 민족주의에 열광하는 일부 비기독교 유대인들의 새로운 박해 위협에 직면하여 예루살렘에 대한 유연성과 협력을 표현하는 즉흥적인 조치였다.

바울은 베드로와 그의 동조자들에게 신학적 오류나 "거짓 복음"을 전파했다고 공격하지 않았다. 그는 박해에 직면하여 그들이 위선(2:13)을 행하고 있다고 비난한다.[50] 바울에게 위선이란 베드로와 일부 바울주의자들에게는 협력과 타협의 정신이었다. 그들은 박해를 완화하기 위해 예루살렘 공동체와 협력했다. 안디옥에서 바울과 베드로 사이에 율법에 대한 신학적인 이견이 있었다는 증거는 없다.

토라에 대한 이방인의 순종 문제에 대해 바울과 야고보 사이에 근본적인 차이가 있었다고 단정할 수는 없다. 야고보, 베드로, 요한, 바울이 맺은 합의는 안디옥에서 원칙적으로 거부되지 않았다. 박해의 위협을 해소하기 위해 야고보는 안디옥에 유대인과 이방인 그리스도인 간의 식탁 교제를 중단할 것을 요청했다. 몇몇 바울주의자들은 이 실용적인 프로그램에 동의했다. 바울에게 이러한 타협은 위선적이

---

49) Robert Jewett, "The Agitators and the Galatian Congregations", NTS 17 (1971) 196–218; Schmithals, *James*, 66; Dunn, "The Incident at Antioch (Gal. 2:11–18)" In 〈Law〉, 129–82.

50) Schmithals, *James*, 71–72.

며 비겁함에서 비롯된 것이었다. 바울의 두려움과 허세는 안디옥에서 "패배"를 가져왔고, 전승에 따르면 나중에 그가 체포되어 죽는 데 이바지했다.[51]

우리는 바우어에서 루데만에 이르는 튀빙겐 학파의 주장에 동의할 수 없다. 야고보가 베드로의 부재로 더 많은 권력을 얻게 되자 신학의 변화를 겪었거나 이방인들에게 "잠재적인" 토라 준수 정책을 시행하기 시작했다는 주장에 동의할 수 없다. 안디옥 사건은 야고보의 영향 아래 예루살렘 공동체와 안디옥 회중이 비기독교 유대교에 대한 불쾌감을 덜 주기 위해 협력한 것으로 이해하는 것이 더 낫다. 바울의 항의는 바울의 복음과 야고보의 복음 사이의 근본적인 반대를 반영하지 않는다. 몇 년 후 바울은 야고보뿐만 아니라 베드로와 바나바에 대해서도 긍정적으로 기록한다.[52] 바울은 예루살렘의 "가난한 자들"을 위해 헌금을 제공하기로 한 원래의 합의를 계속 존중한다.[53]

이 해석이 야고보서와 바울의 반대자들과의 관계에 대한 우리의 이해에 어떤 의미가 있을까? 그리고 바울과 예루살렘 및 예수와의 관계는 어떠한가? 야고보는 "거짓 형제들"이나 이방인의 율법을 준수하는 복음 전승과 동일시되어서는 안 되기에 갈라디아 반대자들이 야고보나 그의 서클을 진정으로 대표한다고 믿을 수 없다. 갈라디아 교사들의 대안 복음은 야고보, 베드로, 요한, 바울이 전파한 복음과 같지 않다. 대신 갈라디아 교사와 "거짓 형제들"은 유대인과 이방인을 위한 토라 순종을 주장하는 예수 운동의 독립적인 법전 준수자 전승에 속해 있었다.

이러한 분석을 통해 바울과 예루살렘 "기둥들" 사이의 이분법은 존재하지 않았다는 결론을 내릴 수 있다. 바울과 예수의 제자 및 가족들 사이에는 신학적으로 큰

---

51) 행 20:22-28:30; 참조. 딤후 4:6-8.
52) 고전 3:22; 9:5, 6; 15:5-7; 참조. 골 4:10.
53) 고전 16:1-4; 고후 8:2-4; 9:3-15; 롬 15:25-28. 야고보와 예루살렘 교회가 헌금을 거부했다고 주장하는 이들이 있다. 그들은 누가가 이 거부에 대해 언급하지 않은 것은 바울과 예루살렘 사이의 긴장의 증거를 경시하려는 의도 때문이라고 생각한다. 그러나 누가가 바울이 로마에 대한 유대인의 반란 전날 예루살렘에 거액의 돈을 전달했다고 보도하지 않은 데에는 다른 이유가 있었을 수 있다. 설령 그 헌금이 열심당에 동조하는 유대인 기독교인들의 손에 들어가지 않았다고 해도 누가는 그런 가능성이 있다는 인식을 피하고 싶었을 것이다. 행 24:2, 5, 12에서 선동은 바울에 대한 비난의 일부이다. 바울은 24:17-18에서 수집이 선동과 관련이 없다고 설명한다.(Contra Lüdemann, *Opposition*, 59-60; pace Dunn, *Unity*, 256-57.

차이가 존재하지 않았다. 예루살렘 기독교 공동체는 예수의 삶과 가르침을 복음 선포의 중요한 부분으로 여겼다. 예수의 가족과 제자들인 야고보, 베드로, 요한은 바울의 복음이 자신들의 복음과 양립할 수 있다고 생각했다. 따라서 바울의 복음에는 예수의 행적과 가르침이 배제된 것이 아니라 포함되었다는 결론을 내리는 것이 합리적이다.

바울이 예수의 말을 암시하는 이유

바울과 역사적 예수의 연속성을 받아들이는 데 있어 두 번째 주요 장벽은 바울이 그의 서신에서 예수의 말을 직접 인용하지 않았다는 점과 관련이 있다. 바울은 서신에서 세 가지 방식으로 예수의 말을 언급한다. 두 번의 직접 인용(고전 11:24, 25)과 몇 번의 명시적 언급(고전 7:10, 9:14, 11:23, 고전 14:37, 살전 4:15-16), 그리고 데이비스가 열거한 대로 20여 차례의 암시다.[54] 바울은 왜 거의 항상 예수의 말을 **암시**(allude)하기만 할까? 알베르트 슈바이처의 말을 빌리자면, "바울의 마음속에 예수의 말이 그렇게 많이 맴돌고 있다면, 왜 그는 항상 예수의 말로 인용하지 않고 의역만하여 그 권위 뒤에 자신을 숨기는 것일까?" 자신의 권위 뒤에 있는 것일까?"[55] 던건은 단순히 "주님의 말씀을 암시적으로 **인용**(cite)하는 바울의 특징적인 방식"이라고 결론지었다.[56] 그러나 이것이 **왜** "바울의 특징적인 방식"이었을까? 이 질문에 대한 적절한 답변이 없기에 데이비스, 던간, 게르하르트손, 앨리슨이 바울이 예수 자료를 알고 보존했다는 증거에 저항하기 위해 종종 제기되는 질문이다.[57]

우리는 이에 대해 두 가지 답변을 제시한다. 첫 번째는 구전 담화의 본질과 서신 장르에 관한 월터 옹(Walter Ong)과 다른 학자들의 미디어와 수사학 연구에 빛을

---

54) Davies, *Paul*, 136-49.
55) Dungan, *Sayings*, xxiv. 바울은 종종 성경을 암시하고 인용한다. 그러나 고대의 문자 텍스트를 사용하는 것이 최근에 유래한 구전 격언 전승의 수사적 사용과 비교할 수 있는지는 의문이다. *Ellis, Paul s Use of the Old Testament* (Grand Rapids, 1957)을 보라.
56) Dungan, *Sayings*, 149.
57) Roetzel, *Letters*, 33; Bornkamm, *Paul*, 109-12; Furnish, *Theology*, 51-67.

지고 있다.**58** 두 번째는 다양한 서신이 쓰인 바울의 "상대"의 성격과 다양성에 관한 것이다.**59** 이 두 가지 문제에 대한 검토는 바울의 서신이 예수의 말을 더 직접적이고 더 자주 인용하지 않는 이유에 대한 중요한 통찰을 제공한다.

미디어, 장르, 수사학

미디어 연구에 대한 슈바이처, 불트만, 보른캄, 퍼니쉬의 무관심은 바울 서신의 내용에서 서신 매체가 갖는 중요성을 인식하는 데 장애가 되었다. 옹, 켈버, 맥스웰의 최근 연구는 단어가 전달되는 특정 매체가 메시지의 내용을 어떻게 형성하는지 조사했다.**60** 특정 매체는 특정 메시지를 전달하고 표현하는 데 다른 매체보다 더 도움이 된다. 구두 또는 문자를 전달하는 매체는 커뮤니케이션을 형성하는 데 도움이 된다.

바울과 1세기의 다른 기독교 작가들에게 서신이라는 장르의 기능은 이야기를 전하거나 예수의 말을 인용하는 것이 아니었다. 바울은 서신이라는 장르의 특수한 기능을 사용하여 흩어져 있는 회중들과 연락을 유지하고 그들에 대한 사랑과 그들을 다스리는 권세, 그리고 그들을 위한 지침을 상기시켰다. 그는 논문이나 복음서, 명언집을 쓰지 않았다.**61**

대신 바울은 회중들에게 자신의 **"사도적 재림**(apostolic paousia)**"**을 드러내는 매체로 서신이라는 장르를 사용했다.**62** 이 수단을 통해 바울은 청중들에게 자신이 실제로 그들 가운데 있을 때 전승을 전달했음을 상기시켰다. 그는 간접적인 언급과 암시를 통해 이러한 전승의 특정 항목을 회상하여 그들의 기억 속에 떠올렸다. 서

58) Ong, *Interfaces*; Kelber, *Oral*; Maxwell, *Myth*.

59) Ellis, "Paul and His Opponents", in *Christianity*, *Judaism*, *and Other Greco-Roman cults: Studies for Morton Smith at Sixty*. ed. J. Neusner (Leiden, 1975)

60) Ong, *Interfaces*; Kelber, *Oral*; Maxwell, *Myth*.

61) William G. Doty, *Letters in Primitive Christianity* (Philadelphia, 1973), 21-68; William A. Beardslee, *Literary Criticism of the New Testament* (Philadelphia, 1970)

62) Robert W. Funk, "The Apostolic Parousia: Form and Significance" In *Christian History and Interpretation: Studies Presented to John Knox*, ed. W. R. Farmer, C.F.D. Moule, and R. R. Niebuhr (New York, 1967)

신은 종종 필요한 경우 그가 직접 (구두로) 회중들에게 자신의 서면 해법을 설명하고 확장할 임박한 방문을 약속한다.**63** "원시 기독교 공동체에서 그의 서신을 나중에 읽는 것은 서신에 있는 자료의 스케치를 완전히 설명하고 확장하는 기회가 되었을 것이다."**64**

서신이라는 장르는 일정한 제한을 가함으로써 기록된 내용을 조절했다. 바울은 예수의 말을 나열하거나 예수의 비유를 인용하거나 예수에 관한 이야기를 서술하지 않음으로써 의식적이든 무의식적이든 서신 장르를 존중하는 태도를 보인다. 바울의 예수에 대한 언급은 이 매체의 한계에 국한되어 있으며 간접적인 언급과 암시 등 적절한 수사를 사용하는 것이 특징이다.

옹(Ong)은 구전-구술의 세계와 현대인이 살고있는 텍스트화된 세계를 대조했다. 현대 독자들은 종종 텍스트에 대한 편견을 넘어 수사학과 구술의 역동적이고 살아있는 세계에 참여하기가 어렵다. 바울이 예수의 말을 정말로 알고 있다면 '직접 인용'을 사용하라고 요구하는 것은 설교자 바울이 살았던 수사학의 영역에 시대에 뒤진 텍스트 카테고리들을 강요하는 것이다.

수사학에는 능력과 예술성을 측정하기 위한 높은 기준이 있다. 수사학은 구두 및 서면 연설을 쉽게 하는 기법과 전략을 만들어낸다. 운율, 자음, 케이던스, 반복, 간접성, 암시 등의 니모닉 장치가 중심적인 역할을 한다. 역할. 텍스트에서 흔히 볼 수 있는 정적인 형식을 강요함으로써 수사적 순간을 통제하려는 시도는 구술 사건을 방해하여 그 고유의 역동성을 죽이고 얼어붙게 한다. 바울 수사학의 표준과 전략은 그 자체로 인정되고 존중되어야 한다.

바울의 암시는 청중의 기억을 자극하고 커뮤니케이션 사건에 더욱 역동적으로 참여하게 한다. 바울의 말이 결국 청중에게 전달되었을 때, 청중은 바울의 존재를 생성하고 경험하게 된다. 이런 식으로 바울은 자신이 선택한 매체의 수사학적 규범에 따라 실제로 슈바이처와는 반대로 예수의 말의 권위 뒤에 자신을 숨겼다.

---

63) 같은 책, 249-68.
64) Douty, *Letters*, 46.

논쟁과 상황

바울이 예수의 말을 명시적으로 인용하기를 주저하는 이유에 대한 두 번째 답변은 서신의 상황적, 문맥적 성격에 관한 것이다. 바울의 서신에 대한 빈도 분석[65] 결과 갈라디아서보다 고린도전서에서 예수의 말과 전승에 대한 언급이 더 많이 발견되는 것은 우연이 아니다. 고린도전서에는 적어도 12개의 언급이 있지만 갈라디아서에는 두 개 정도만 있어 서신의 크기에 비해 차이가 크다. 두 서신 모두 분명 논쟁적이기에 빈도의 차이는 문맥, 즉 논쟁적 상황과 관련이 있을 수 있다.[66]

고린도전서 1장: 반대자들과 예수의 말

제임스 로빈슨 등의 학자들의 고린도전서 분석에 따르면, 바울이 언급한 위기에는 고린도의 반대자들이 예수의 말 전승을 사용하거나 "오용"한 것이 포함되어 있다.[67] 버거 피어슨은 이 반대파를 성령의 역할과 지혜의 중요성을 강조하는 율법이 없는 복음을 통해 실현된 왕국을 누리는 진정한 종말론자("영적인 자들")로 정확하게 파악했다.[68] 그러한 복음은 "영적인 자들"을 해방해 토라나 기독교 공동체에서 발견되는 규범적인 삶의 구조에서 벗어난 반율법주의적 존재[69]를 누리도록했다. 그 증거로 영 안에서 종말론적 삶을 깨달은 "영적인 자들"은 치유, 은사, 예언과 같은 카리스마적인 은사를 경험했다. 로빈슨은 이러한 신학적 관심을 Q를 통한 유대인의 지혜 사변에서 도마복음과 '아버지의 윤리'에 이르는 궤적에서 추적하며, 이 모든 것이 역사적 내러티브 맥락과 무관한 지혜의 말의 중심적 중요성을 강조한다. 바울은 고린도에서 Q 및 도마복음과 유사한 방식으로 자유롭게 떠도는

---

65) (역주) a frequency analysis은 문자 또는 문자열의 출현 빈도를 단서로 문의를 해독하는 방법이다.

66) Davies, *Paul*, 136-49.

67) James M. Robinson, "Kerygma and History in the New Testament" in *Trajectories through Early Christianity* (Philadelphia, 1971), 20-70, 특히 40-46.

68) Birger A. Pearson, *The Pneumatikos-Psychikos Terminology in I Corinthians* (SBLDS 12; Chico, Cal., 1973)

69) (역주) 반율법주의(antinomianism)란 구원받은 사람은 십계명에 포함된 도덕법을 따를 필요가 없다고 주장할 정도로 믿음과 신적 은총에 의한 구원의 원리를 받아들이는 사람을 말한다. 반율법적 존재(antinomian being)은 자신의 행동과 관계없이 믿음만으로 천국에서 영원한 안전을 보장받을 수 있다고 믿는다.

예수의 말을 인용하는 "반대자들"을 만났다.[70]

바울은 예수의 말에 대해 자신의 복음 전승을 옹호해야 하는 곤란한 처지에 있게 된다. 바울은 고린도에서 고린도 교인들의 재정적 지원에 대한 자신들의 주장을 뒷받침하기 위해 예수의 말을 알고 사용하는 반대자들을 만났다. 그래서 바울은 본문에서 이러한 구전 인용을 문맥화하려고 시도했다. 서신의 구조에 포함하면 자유롭게 떠돌아다니는 구전의 역동성과 힘이 진정되고 문맥의 통제 아래 놓이게 된다. 바울은 자신이 물려받은 전승의 예수를 사용하여 반대 전승의 예수를 침묵시킨다.

고린도전서에서 예수의 말에 대한 몇 가지 중요한 언급에서 바울은 이러한 말의 "오용"에 대한 우려를 드러낸다. 바울은 반대자들이 "왕국의 내시들"이라는 말에서 독신에 대한 예수의 인정을 사용한 것에 대해 결혼이 모든 사람을 위한 것이 아니라는 데 동의한다.(7:8) 그러나 바울은 독신은 특별한 "은사"를 소유한 사람들에게만 해당한다고 제한함으로써 이 말의 사용 자격을 재빨리 제한한다. 다음으로, 바울은 이혼을 반대하는 예수의 명령에 동의하지만 몇 가지 예외를 허용한다. 9:14에서 바울은 예수의 말이 "복음을 선포하는 자들은 복음으로 살아야 한다."라고 가르치지만, 바울은 그렇게 하지 않는다고 고백한다.(9:15) 13:2에서 바울은 산을 옮기는 믿음이 제자들에게도 가능하다는 예수의 말을 암시하지만, 바울은 예수가 묘사한 것과 같은 믿음을 가지고도 "아무것도 아닌 것"이 될 수 있다고 반박한다.

이런 식으로 고린도 상황은 바울이 예수의 말을 선택하고 사용하는 방식과 빈도에 영향을 미쳤다. 반대파도 예수의 말을 인용하는 어색한 상황에 부닥친 바울은 예수의 말을 그가 받은 예수의 전승에 충실하다고 생각되는 문맥에 맞게 신중하게 배치했다. 논쟁적인 상황은 바울이 이 서신에서 예수의 말을 사용하는 데 조건이 되고 제한이 되었다. 예수의 말의 정확한 의미를 둘러싼 논쟁을 확대하여 얻을 수 있는 것이 거의 없다는 것을 깨달은 바울은 예수의 죽음과 부활의 신학적, 윤리적 의미로 초점을 전환했다.(고전 1:11-12)

---

70) Robinson, "History" 56-57; LOGOI SOPHON. *On the Gattung of Q* in *Trajectories*; 71-113.

갈라디아서: 반대자들과 예수의 전승

바울이 갈라디아 교인들에게 보낸 서신의 논쟁적인 성격은 예수 자료에 대한 그의 견해도 설명해 준다. 바울은 토라를 가르치는 유대인-기독교인 교사들을 "반대자"로 만났다. 그들의 "다른 복음"에 따르면 이방인이 예수로 개종하려면 유대인의 할례 의식에 복종하고 토라의 일부분에 순종하며 안식일과 기타 성일을 지켜야 했다.(6:12; 4:10) 이 토라 교사들은 이방인 개종자들이 따라야 할 모델로 아브라함과 모세의 성경적 예를 들었다.(2:6-19) 그리고 예수는 주요 역할 모델이었다.

갈라디아 교사들에게 예수의 삶과 가르침이 어떤 역할과 기능을 했는지 살펴본 후, 그들의 예수 전승에 대한 바울의 반응을 살펴볼 것이다. 이 조사는 갈라디아서에서 바울이 예수의 말을 명백히 무시한 것을 설명하여 바울의 예수 자료 사용을 조명할 것이다.

갈라디아의 교사들은 예수가 유대인과 이방인 모두에게 할례를 받고 토라에 순종하라고 가르쳤다고 선포한 것 같다. 교사들은 예수를 중심적이고 모범적인 역할로 격상시켰다. 교사들이 예수의 긍정적인 역할을 옹호했다는 것은 1:7에서 교사들이 예수에 대한 복음의 메시지를 "왜곡"한다고 말하는 대목에서 알 수 있다. 그들은 살전 2:15에 나오는 불신자들처럼 예수를 거부하거나 거역했다는 비난을 받지 않는다. 이 서신은 어디에도 예수를 거부한 교사나 갈라디아 교인들을 비난하지 않는다. 오히려 이 서신은 교사들이 예수에 대해 "다른 복음"을 전했다고 주장한다.

이 기독교 교사들이 전파한 예수 전승의 유형은 4:4과 5에 나와 있다. 구절은 "그러나 때가 차매 하나님이 그 아들을 보내사 율법 아래 있는 자들을 속량하시고자 여자에게서 나게 하셨으니 이는 율법 아래 있는 자들을 속량하려 하심이라"라고 말한다. 갈 4:4-5은 예수의 역할과 기능에 관한 바울 이전의 전승적인 자료의 보고로 오랫동안 여겨져 왔다.[71]

---

71) Betz, *Galatians*, 205-6, ns. 38, 40.

E. 슈바이처와 다른 사람들은 바울의 편집과 전승의 사용을 분석했다.[72] 이러한 연구에 따르면 4:4에는 바울 이전의 자료가 포함되어 있지만 4:5의 대부분은 바울의 편집과 해석으로 구성되어 있다. 전승적인 자료의 이데올로기는 특히 여기에서의 논쟁에서 바울의 생각에 도움이 되지 않았다. 이 구절에 따르면, 한 유대인 여인이 할례와 모세의 율법에 따라 유대인 아들을 낳았는데, 이스라엘의 하나님이 속박된 사람들을 해방하기 위해 그를 보냈다고 한다.(4:4, 5) 예수님에 대한 이러한 이해는 교사들이 토라에 대한 순종을 옹호하는 것과 가장 잘 어울린다.

바울이 왜 자신의 주장을 약화하는 전승을 소개했을까? 그러한 인정은 바울이 신자들을 율법에서 해방하신 그리스도(5:1, 2; 6:15)에 대해 마지막으로 언급하고 싶은 것처럼 보일 것이다. 그러나 우리는 율법에 대한 바울의 논쟁에서 그리스도가 "율법 아래" 태어날 때부터 율법에 복종했다는 진술을 삽입한다. 예수의 탄생과 율법에 대한 순종 사이의 밀접한 연관성은 예수가 출생 후 정확한 달력 날짜에 의식을 수행해야 하는 토라에 따라 출생시 할례를 받았음을 시사한다. 바울이 예수가 할례를 포함하여 율법에 순종하셨다는 것을 분명히 확인한 것은 갈라디아 교인들에게 예수가 행한 것과 정확히 일치하는 것을 금지했다는 난제를 일으킨다!

바울이 갈라디아 사람들에게 이 정보를 처음으로 제공했다고 믿기 어렵다. 왜냐하면 그것은 자신의 견해를 전복시키는 경향이 있기 때문이다. 교사들이 갈라디아 사람들에게 예수가 순종하고 추종자들에게 율법을 지키도록 가르친 전승을 알렸을 가능성이 훨씬 더 크다.

갈라디아서 4:4

4:4과 5에서 접하고 재구성한 전승은 율법에 대한 긍정적인 평가를 전달하기 위해 **율법 아래**(ὑπὸ νόμον)라는 문구를 사용했다. 바울은 율법 없는 복음과 양립할 수 있는 방식으로 전승을 재해석하기 위해 고심하고 있다. 그의 수사학적 전략은 서신의 앞부분에서 청중이 "율법 아래에"라는 문구에 대해 부정적인 평가로 반응

---

72) Eduard Schweizer, "νηός" TDNT, (10 vols., Grand Rapids, 1964-1976), vol. VIII, 363-92.

하도록 조건화했다. "저주 아래"(3:10), "율법의 저주 아래"(3:13), "죄 아래"(3:22), "초등교사 아래"(3:25)와 같은 유사한 구절의 이전 경멸적인 사용은 독자들이 4:4와 5의 경멸적인 사용에 대비할 수 있도록 준비시켜 준다. 따라서 교사의 긍정적인 문구인 **율법 아래**는 바울에 의해 부담, 저주, 감옥, 그리고 마침내 노예라는 부정적인 의미로 반복적으로 오염된다.

4:4에서 예수가 "율법 아래서 나게하셨다."라는 사실을 알게 된 독자는 이를 후회한다. 바울은 이 전승의 역사성을 거부하거나 부정하지 않고, 4:5에서 "율법 아래서" 예수의 삶과 죽음이 유대인과 이방인을 율법에서 구속한다고 주장한다. 바울은 예수의 율법 순종에 대한 교사들의 긍정적인 평가를 재해석하기 위해 갈라디아 청중이 이 문구를 다소 부정적으로 들도록 재구성하여 "율법 아래"라는 표현을 새롭게 해석한다. 4:4-5의 언어는 율법에 대한 모든 문제에서 유대인으로서 교사들의 전승에서 예수가 누렸던 역할을 바로잡는다.

교사들은 예수를 율법의 교사로 묘사하는 전승에서 유익을 얻었다. 그들은 예수에 대한 이해를 뒷받침하기 위 4:4에서 "율법 아래"라는 구절과 전승의 나머지 요소를 사용하거나 소개했다. 이 전승은 예수를 평생 토라에 순종한 사람으로 묘사함으로써 그들의 목적에 부합했다.

교사들은 또한 예수를 "여자에게서 나게하셨다."(4:4)라고 묘사하는 전승으로부터 이익을 얻었다. 이 전승은 예수가 유대인 여성에게서 인간으로 태어났다는 특수성과 출생 후 8일 만에 할례를 받아야 한다는 율법적 필요성에 주목했다. 이 필요성은 예수를 언약의 수혜자로 식별하고 아브라함과 모세와 함께 토라에 순종하는 것으로 예수를 배치했다. 교사들에게 할례 의식은 아브라함 언약과 시내산, 예수의 복음 사이의 공통분모였다.

예수에 대한 교사들의 전승에서 예수의 복음은 원래의 언약을 비준했다. 따라서 교사의 복음에는 예수의 "새" 복음에서 "옛" 언약과 "새" 복음의 단절이 없었다. 그들의 복음은 하나님의 역사의 완벽한 연속성을 보존했다.

갈라디아서 6:2

예수가 율법의 지배를 받았기에 율법 교사들에게 예수 자신이 율법의 교사 역할을 했다는 가정은 타당하다. 6:2의 **"그리스도의 법"**(τὸν νόμον τοῦ Χριστοῦ)이라는 구절이 이 해석을 뒷받침한다.[73] 비바울적인 문구는 단 한 번만 등장하며 율법에 대한 논쟁에서 모순적으로 보인다. 바울은 서신 전체에서 그리스도 안에 있는 사람은 할례를 받거나 율법에 순종하거나 "율법 아래 있을 필요가 없다."라고 거듭 강조했다. 그러나 6:2에서 그는 독자들에게 "그리스도의 율법"을 성취하라고 명령한다. 바울은 예수를 율법의 교사로 묘사하지 않기에 이 구절은 모순된 느낌을 준다.

바울은 "그리스도의 법"이라는 구절을 다음과 같은 구호로 인용하고 있을 가능성이 크다.[74]

첫째, 이 개념은 바울의 글에서 여기에만 나타난다.

둘째, 바울이 아닌 일부 기독교 전승에서는 예수 그리스도를 율법의 교사로
    여겼다.(예: 2세기 유대인-기독교인 케르기마타 페트로우)[75, 76]

셋째, 교사들은 율법을 지키는 것과 그리스도에 대한 순종을 결합했다.

넷째, 교사들은 "율법 아래서 태어난" 예수 그리스도의 모델을 "죄의 대리
    인"인 바울의 무법자 그리스도와 대조했다.(2:17, 4:4)

---

73) Donald Allen Stoike, *"The Law of Christ:" A Study of Paul's Use of the Expression in Galatians 6:2.*, (Dissertation, School of Theology at Claremont, 1971)

74) 참조. Betz, *Galatians*, 300-1.

75) (역주) kergymata Petrou는 클레멘트의 인식과 강론에 통합된 유사 클레멘타인의 기본 문서(3세기에 작성된 가상 문서)의 출처로 여겨진다. 유사 클레멘타인은 4세기에 최종 형태를 갖추게 된다. 이 강론들은 클레멘트와 베드로가 야고보에게 보낸 서신과 함께 Parisinus Graecus 930과 Vaticanus Ottobonianus 443에서 발견된다.

76) the Kerymatat Petrou에 대해서는, *"Pseudo-Clementine Literature"* in *Ante-Nicene Fathers*, vol. VII (Buffalo, 1886), 75-360; G.Strecker, *"The Kerygmata Petrou"* in *New Testament Apocrypha*, vol. II, ed. Edgar Hennecke and Wilhelm Schneemelcher (Philadelphia, 1965), 102-11을 보라. the *"Book of Elkesai,"*에 대해서는 *sNTA* II, 745-50을 보라. 마태복음으로 대표되는 기독교 전승은 또한 예수를 율법의 교사로 묘사한다.(참조. 5:2, 17-20)

베츠가 말했듯이, "그리스도의 법"이라는 개념이 바울의 복음 선포와 가르침의 일부였다면 바울은 서신 앞부분에서 그것을 소개했을 것이며 다른 서신에도 등장했을 것이다. 또한 바울은 1:7-8에서 "다른 복음"이 아니라 "다른 그리스도의 율법"에 반대했을 가능성이 크다. 우리는 "그리스도의 율법"이 예수의 가르침에 대한 교사들의 이해를 반영한다는 베츠의 의견에 동의한다.

바울이 교사들의 어휘에서 "그리스도의 율법"을 가져오지 않았더라도, 그것은 율법의 교사로서 예수 그리스도에 대한 교사들의 이해를 표현한다. 바울이 이 단어를 효과적으로 사용했다는 것은 갈라디아 교사들이 예수를 순종을 가르치는 분으로 여겼다는 것을 전제로 한다. 갈라디아서에서 바울의 복음은 예수를 **순종해야만** 하는 분으로 묘사하지 않고 십자가에 못 박히시고 부활하신 주님을 믿는 사람으로 묘사한다.**77** 바울은 6:2에서 율법을 주시는 그리스도의 이미지를 사용한 것은 독자들이 이해할 수 있다고 믿었기 때문이며, 이는 그의 청중이 예수를 율법의 교사로서 이해하는 데 유리한 성향이 있었음을 암시한다. 바울은 이러한 친숙함을 인식하고 청중의 공감을 불러일으킬 수 있는 문구를 직접 만들거나 빌렸다. 베츠는 결론을 내린다. "그리스도의 율법이라는 개념의 독특한 위치 때문에 이 개념이 여기서 논쟁적으로 사용되었을 가능성이 가장 크다."**78**

교사들은 "그리스도의 율법"으로서의 예수의 가르침을 포함하여 그들의 예수 전승을 이방인들에게 전했다. "그리스도의 율법"은 이전의 계시와 언약을 보완했다. 그들의 예수는 할례를 받고 토라를 준수하는 교사로서 언약을 비준했다. 교사들에게 "그리스도의 율법"은 토라, 특히 할례와 유대 절기에 대한 순종을 확증했다.(4:10) 예수에 대한 교사들의 이해는 언약과 토라에 대한 복종을 강요하는 그들의 복음과 일치했다. 교사들의 복음은 탄생과 삶과 가르침이 토라를 해명하고 모범을 보인 예수를 선포했다.

율법에 대한 예수의 가르침은 그들의 대안적 복음에 대한 주요 해석학이었을 것

---

77) 갈 1:1; 2:20; 3:13; 6:14, 17.

78) Betz, *Galatians*, 300-1.

이다. 교사들은 그리스도에 관한 복음을 선포한 **유대인 기독교인**이었기에, 예수의 토라를 준수하는 삶과 메시아적 율법이 복음의 내용을 규정했다. 메시아적 교사로서 예수는 율법에 대한 해석을 통해 제자들에게 토라의 적용 가능성과 중요성을 결정했다. 데이비스는 이렇게 말한다:

> 메시아 운동은 필연적으로 율법을 받아들일 수밖에 없다는 것을 인식하는 것이 기본입니다. … 율법이 완전하고 불변하며 영원하다는 확고한 교리에도 불구하고 일부 사람들은 엘리야가 율법의 모호함을 설명할 메시아의 선구자가 될 것이며, 메시아 시대 또는 다가올 시대에는 율법의 어려움이 설명될 것이며, 특정 **제정이 적용되지 않으며 계명에 변화가** 있을 것이라고 기대했습니다.[79]

교사들은 율법에 대한 순종을 주장했지만, 토라의 613개 명령이나 많은 구전 해석에 대한 순종을 요구하지는 않았을 것이다. 교사들은 토라에 순종하는 사람이 "아브라함의 아들"(3:17)이 되는 할례와 "하나님의 이스라엘"(6:16)에 참여하는 성스러운 달력이라는 두 가지 주요 기둥을 추출하였다. 이 법은 성스러운 것과 불경한 것을 구분하는 거룩함과 순결의 영역을 확립했다. 교사들은 갈라디아인들에게 이 법들에 대한 순종이 그들을 하나님의 백성으로 받아들인다고 알려주었다. 교사들에게 예수의 가르침, 즉 "그리스도의 법 가르침", 즉 "그리스도의 법"에는 구원론적 탐구를 "완성" 또는 "완전"(3:3)하는 데 필요한 것이 포함되어 있다. 그의 가르침은 토라를 이해하고 순종해야 하는 해석학을 확립했다.

바울의 응답

스승의 복음에 대한 이러한 이해를 고려할 때 바울이 토라에 대한 예수의 가르침을 인용하지 않은 것이 놀라운 일일까? 분명히 바울은 예수가 토라를 지켰고 토

---

79) Davies, *Jewish and Pauline Studies* (Philadelphia, 1984), 101.

라에 대한 예수의 말이 일반적으로 긍정적이라고 믿었다. 바울은 자신의 주장을 뒷받침하는 예수의 말을 거의 찾을 수 없었다. 이방인이 하나님 백성의 일원이 되기 위해 할례를 받고 토라에 순종할 필요가 없다는 예수의 어떤 말도 그의 입장을 입증하지 못했다.[80] 이방인 개종자들은 반드시 할례를 받고 토라를 지켜야 하는가? 라는 바울이 직면한 어려운 문제를 예수는 다루지 않았다.

바울은 예수가 팔레스타인의 토라를 준수하는 유대인들에게 한 말과 모범에 근거해 자신의 주장을 펼치면 명분을 잃을 수 있다는 것을 알고 있었다. 그리고 그는 자신의 주장을 증명하기 위해 말을 '창조' 하기에는 예수의 전승을 너무 존중했다. 그래서 그는 논쟁의 초점을 예수에 대한 교사들의 전통에서 예수의 죽음과 부활의 종말론적 의미로 옮겼다.

바울은 "새 창조"에서는 이방인들이 다른 시대에 속하는 토라 규례를 따를 필요가 없다고 주장한다.(1:4, 6:16) 이제 새 시대에는 믿음의 능력이 도입되었으므로 "관리인"은 이제는 필요하지 않다.(3:4) 역사적 예수에서 종말론적 그리스도로의 바울의 이러한 전환은 바울의 중요한 해석학적 움직임이다.

그러나 바울은 역사적 예수를 갈라디아 반대자들의 손에 일임하는 것에 만족하지 않았다. 그의 예수 자료 모음에는 그의 주장을 입증하고 복음을 구할 수 있는 적어도 다음과 같이 하나의 참고 문학이 포함되어 있다. "네 이웃을 네 몸과 같이 사랑하라 하신 이 한 말씀이 온 율법이 다 이루었나니"(5:14) 여기서 바울은 **토라의 의도에 대한**(ἐν ἑνὶ λόγῳ) 예수의 가르침을 인용하여 당면한 문제에 적용한다. 토라의 목적에 대한 예수의 가르침에서 바울은 이방인이 할례를 받지 않고 613개의 계명을 모두 지키지 않더라도 사랑으로 서로를 섬긴다면 토라를 성취한 것이라는 논란의 여지가 있는 결론을 내린다.

---

80) Dungan 참조: "바울이 토라에 대한 자신의 입장을 뒷받침하기 위해 예수의 어떤 말도 인용하지 않은 이유는 그런 말이 없었기 때문이다."(*Sayings*, 150, 주-2)

바울, 예수, 힐렐

바울은 5:14에서 이 인용문을 인용하면서 레 19:18과 그의 전임자 힐렐의 유사한 교훈에 빚을 졌을 수 있다. 율법을 이행하는 것과 사랑의 명령을 연관시키는 것은 예수의 구전 전승(마 22:34-44, 5:17)과 분명히 통한다. 바울의 언급은 단순히 레위기를 다시 언급하거나 레위기에서만 파생된 것이 아니다. 또한 앞 구절의 "그러나 사랑으로 서로 종이 돼라"라는 구절은 복음서에서 예수와 예수가 사용한 종의 이미지를 반영한다. 6:2에서 바울은 이방인들에게 다시 한번 서로 섬기라고 촉구한다. "서로 짐을 지라 그리하여 그리스도의 법을 성취하라." 5:14에서 처음 주어진 이 사랑의 명령을 6:2에서는 "그리스도의 법"이라고 부른다. 옛 율법이 사랑으로 성취된 것처럼 예수의 새 율법도 마찬가지다.**81**

바울이 6:2에서 "그리스도의 법"을 인용한 것은 그가 5:14에서 사랑의 "한 말씀"을 인용할 때 주로 레위기나 힐렐의 가르침이 아니라 예수의 가르침을 염두에 두고 있음을 확인시켜 준다. 바울은 율법을 뒷받침하기 위해 교사들이 인용하는 예수의 많은 말에 맞서 이방인과 율법 문제에 적용될 수 있는 예수의 가장 중요한 말, 즉 율법의 여러 계명의 근본적인 의도에 대한 예수의 말을 인용한다. 바울은 교사들이 예수의 말을 효과적으로 사용하는 것에 대항하기 위해 필사적으로 사랑이라는 한 단어에 집중하여 많은 말에 대한 주요 해석학을 제시한다. 바울은 예수의 가르침이 이방인을 위한 자신의 할라카를 확증한다고 믿었다.

바울, 예수, 힐렐은 모두 토라 준수의 기초이자 의도로서 사랑의 윤리를 강조했다. 바울은 갈 5:14와 6:2에서 전승적으로 힐렐에게 부여된 계율과 밀접한 친밀감을 표현하고 있다. "네게 미운 것은 남에게도 미워하지 말라 이것이 온 율법이고 나머지는 모두 해석이다."**82** 이러한 해석 전승은 다른 1세기 유대인 학파와는 대조적이다. 바울이 갈라디아의 반대자들과 "거짓 형제들"과 싸웠듯이, 예수도 에세네

---

81) Kelber, *Oral*, 155; B. H. Brinsmead, *GalatiansDialogical Response to Opponents* (Chico, Cal.,1982), 178-81; Bruce, *Paul*, 110.

82) b.Shab 31a에 나오는 힐렐의 말에 대한 비판적 연구에 대해서는 Jacob Neusner, *The Rabbinic Traditions About the Pharisees Before 70* (Leiden, 1971), 338을 보라.

파, 힐렐과 샴마파 사람들과 토라의 목적과 의도를 놓고 충돌했다. 중요한 차이점은 남아있지만, 힐렐, 예수, 바울, 이 세 유대인 해석가들은 사랑의 윤리가 토라를 성취하는 데 중요하다는 데 동의한 것으로 보인다. 바울에게는 이러한 토라 해석이 이방인이 율법을 성취하는 원리가 되었다.(갈 5:14, 6:2)

바울은 자신이 예수의 "그리스도의 법"으로 거슬러 올라가 가말리엘을 거쳐 힐렐로 이어지는 전승의 계보에 있다고 믿었다.[83] 가말리엘과의 연관성을 고려할 때, 특히 랍비 자료에서 가말리엘과 힐렐을 밀접하게 연관시키고 있기에 바울은 힐렐 계열로서 훈련을 받았을 가능성이 있다. 바울의 서신에는 힐렐 학파와 관련된 가르침이 반영되어 있다. 예컨대, 힐렐은 샴마이나 에세네파보다 이방인에 대해 더 개방적이고 포용적인 접근을 촉구했다는 것이 일반적으로 받아들여지고 있다.[84] 실제로 일부 사람들은 바울이 그리스도인의 부르심을 받기 전에 이미 힐렐계열 유대인 선교사로서 이방인 선교를 하고 있었다고 결론을 내렸다. 헨겔은 "우리는 힐렐계열 바울이 그리스도인이 되기 전에 유대인 선교에 헌신했을 가능성을 진지하게 고려해야 한다."[85] 어쨌든 이방인에 대한 바울의 개방성과 토라에 대한 유연한 접근 방식은 바울이 그리스도인 이전 시대에 예루살렘의 힐렐과 가말리엘을 중심으로 한 유대계와 관련이 있었음을 나타낼 수 있다.

맥락과 상황(Contexts and Situations)

고린도전서와 갈라디아서를 쓰게 된 이유를 조사한 결과, 바울이 예수 자료를 사용하거나 사용하지 않은 데에는 논쟁적인 상황이 큰 영향을 미쳤다는 사실을 확인했다. 고린도전서에서 바울은 갈라디아서보다 훨씬 더 많은 예수의 자료를 더 많이 인용한다. 바울은 고린도전서에서 지혜, 자유, 기적, 금전적 이득에 대한 '사

---

83) 행 22장 3절에 따르면 가말리엘은 바울이 그리스도인으로 부름을 받기 전에 바울의 스승이었다. 최근 학계에서는 바울과 가말리엘의 관계에 대한 타당성을 부정하고 있다. (참조. Martin Hengel, *The Pre-Christian Paul* [Philadelphia, 1991], 27-39)
84) 같은 책, 28, 43-53, 특히 주-157.
85) Hengel, "Die Ursprunge der christlichen Mission", *NTS* 18 (1971-72) 23. 또 갈 5:11을 보라.

도적 권리'를 강조하기 위해 예수의 말을 사용하는 반대자들과 맞서기 위해 이렇게 했다. 이러한 상황에서 바울은 예수 말의 "오용"에 저항하는 자신을 발견했다. 그는 예수의 입술에서 나온 본래의 의도에 충실할 수 있는 방식으로 그 말을 문맥화할 수 있었다.

바울은 11:23-24에서 자신의 예수 자료를 소개하여 고린도 교인들이 독립적인 반율법주의자들[86]로서 불화하지 않고 "그리스도의 몸"의 지체로서 공동체 안에서 살아가도록 가르치려는 노력을 뒷받침한다. 예수의 이 말은 바울의 섬김에 대한 이해를 확인시켜 준다. 바울이 전승적인 공식으로 예수의 말과 가르침에 호소하는 것은 그가 예수를 얼마나 높이 평가했는지를 보여준다.

그러나 갈 5:14을 제외하고는 바울이 예수의 말을 인용하지 않을 수 없는 근본적으로 다른 상황이 발생했다. 이러한 맥락에서 바울은 예수의 모범과 말을 주장하고 토라의 중요성을 강조하는 율법 준수 전승을 만났다. 성공적인 이방인 선교가 가져온 어려운 문제들을 전혀 언급하지 않은 율법을 준수하는 예수의 삶과 말에 직면한 바울은 침묵을 지켰다. 그는 5:14에서 할례를 옹호하는 사람들에게 해답을 줄 수 있기를 바라며 예수에 대한 한마디를 했다.

바울이 예수 전승을 사용하는 범위와 방식은 논쟁적인 상황과 신학적 맥락에 따라 서신마다 다르다는 결론을 내린다. 때때로 서신의 성격은 바울이 자신이 소유하고 있고 이전에 청중에게 전달했던 예수 자료를 사용하는 데 영향을 미쳤다. 이 자료는 바울에게 여전히 권위를 지니고 있었지만, 그의 임무는 해석학적이었다.

결론

최근 몇 년 동안 몇 가지 중요한 연구를 통해 예수와 바울 사이의 연속성은 뒷받

---

86) (역주) antinomians는 자신의 행동과 관계없이 믿음만으로 천국에서 영원한 안전을 보장받을 수 있다고 믿는다.

침되었으며, 바울의 서신을 검토한 결과 예수 전승에 대한 바울의 관심과 사용이 확인되었다. 루드만의 튀빙겐 이론 수정에 대한 우리의 반박은 그 결함을 설명하고 고린도의 "영적인 자들"과 예루살렘의 "거짓 형제들"을 포함하는 예수 운동의 다양성에 비추어 그 거부를 촉구했다. 우리의 재건은 바울과 예루살렘 기둥 사도들 사이의 교제와 복음의 일치를 주장한다. 더는 바울이 역사적 예수에 대한 전승을 습득할 기회나 동기가 없었다고 주장할 수 없다.

서신이라는 장르는 예수의 목소리를 전달하는 데 도움이 되는 매체가 아니었다. 암시라는 수사적 장치는 바울이 청중의 기억 속에 예수에 관한 중요한 전승을 떠올리게 하는 수단으로 잘 활용되었다. 바울 서신이 쓰인 구체적인 상황에 따라 바울이 사용한 예수의 말의 양과 종류가 부분적으로 결정되었다. 이는 바울이 만난 반대파의 성격에 따라 그때그때 달라졌다.

바울에게 '그리스도라는 산(acid)'은 역사적 예수를 녹이지 않았다. 대신 예수에 대한 바울의 관심과 예수와의 연속성이 확인된다. 바울이 역사적 예수와 긍정적인 관계를 맺은 것은 예수에 관한 전승 자료를 전하고, 이방인 개종자들의 필요를 위해 이 전승을 **적용하고**, "다른 예수"와 "다른 복음"을 표방하는 반 예수 전승에 맞서 이 전승을 **변호한 것**에서 알 수 있다.[87] 매체, 장르, 수사학적 전략은 예루살렘과 팔레스타인 예수 운동의 다른 출처로부터 전승한 예수 전승을 바울이 전하는 양과 종류 모두에 영향을 미쳤다.

---

87) 골 후 11:4; 갈 1:6.

3부 · 힐렐과 예수의 격언들

Hillel and Jesus

13장 _ 예수와 고고학의 말들

J. F. 스트레인지

오늘날 어떤 고대 문서도 역사적, 지리적, 사회적 맥락을 떠나서는 해석될 수 없다는 것은 학계의 일치된 합의이다.[1] 이 주장이 광범위하게 인정되고 있지만, 신약성경 연구 분야에서 사회적, 역사적 맥락을 발전시키는 고고학의 역할은 거의 인정되지 않고 있다. 이는 비평가가 바울의 생애 연대기에서 어떤 시점을 개발하든, 아니면 "역사적 예수"에 대한 새로운 관점을 시도하든 마찬가지다.

신약 학문의 일반적인 오류

최근의 역사적 예수 연구는 성전을 논의하거나 복음서의 여행 서사의 성격 또는 식사 관습에 대한 논의에서조차 고고학을 거의 언급하지 않는다. 이는 특히 도미닉 크로산의 흥미로운 연구와 존 마이어(John Meier)의 두 권의 저서뿐만 아니라 복음서나 역사적 예수 연구에 대한 대부분의 최신 주석에서도 마찬가지다.[2] 이는 역사적 예수 연구가 전혀 역사적이지 않고 다른 것임을 암묵적으로 인정하는 것과 같

---

1) 이 논문은 1992년 6월 8일 예루살렘에서 열린 힐렐과 예수 심포지엄에서 처음 읽혔다. 당시 참석자들의 논평과 비평으로부터 많은 도움을 받았고, 콜비 칼리지의 롱스태프 교수(Professor T. R. W. Longstaff of Colby College), 센터 칼리지의 맥콜로 교수(Professor T. McCollough of Centre College) 등의 논평을 통해 더욱 발전할 수 있었다. 그 후 1992년 7월 29일 스페인 마드리드에서 열린 신약성경학회 연례 회의에서 신약성경 고고학 세미나에서 수정된 형태로 읽혔다. 이 책은 그 세미나에서 나온 의견과 토론으로부터 많은 도움을 받았다. 활기차고 깊이 있는 대화를 나눈 세미나 참석자들, 특히 사회자인 로즈 칼리지의 R.R. 베이티(R.R. Batey of Rhodes College)와 하딩 종교대학원의 R. 오스터(R. Oster of Harding Graduate School of Religion)에게 감사를 표한다.

2) 참조. J. D. Crossan, *The Historical Jesus: The Life of a Mediterranean Peasant* (San Francisco, 1991); J. Meier, *A Marginal Jew: Rethinking the Historical Jesus* (New York, 1991) 그리고 *A Marginal Jew: Rethinking the Historical Jesus*, Vol. II (Mentor, Message와 Miracles) (New York, 1994) 예외로는 J. H. Charlesworth, *Jesus Within Judaism* (New York, 1988); J. H. Charlesworth, ed., *Jesus and the Dead Sea Scrolls* (New York, 1992)을 참조하라.

다.

이 글에서는 역사적 예수 연구에서 하부 갈릴리의 지형이나 고대 도로 체계에 대한 조사에 근거한 결론으로 보이는 주장을 살펴볼 것이다. 이 진술을 검증 가능한 가설로 취급하고 경험적 맥락과 비교하면 이용 가능한 고고학적 증거에 근거한 것이 **아닌**(not) 것으로 밝혀진다. 이 경우 "경험적 맥락"은 고대 갈릴리의 지형적 상황을 의미한다.

1991년 예일 신학교에서 열린 세 번째 쉐퍼 렉처3에서 E. P. 샌더스는 최근의 역사적 예수 연구에 대해 몇 가지 비판적인 발언을 했다.4 샌더스는 예수를 견유학파 철학자 중 한 사람으로 분류한 F. 제럴드 다우닝(Gerald Downing)과 버튼 맥의 추측에 대해 반박하는 데 어려움을 겪었다.5 샌더스의 지적 중 하나는 갈릴리 마을 사람들은 장소적 제약이 심해 세포리스와 같은 인구 밀집 지역을 정기적으로 방문할 수 없었고, 따라서 실제로 갈릴리에 견유학파 철학자들이 있었다면 그들을 만날 수 없었을 것이라는 점이다. 그는 "나사렛에서 세포리스로 가는 데 반나절, 돌아오는 데 반나절 정도 걸렸을 것"이라고까지 주장한다.6 샌더스는 이 사실을 어떻게 알았을까?

지난 9년 동안 세포리스를 조사하고 발굴하는 동안, 몇몇 선수들과 사우스 플로리다 대학교 발굴팀원들은 나사렛에서 세포리스까지 걸어서 이동했으며, 일부는 전국을 횡단하고 일부는 새로난 도로를 이용했다. 조깅하는 사람들은 45분에서 2시간 정도 걸린다. 고대 도로가 나사렛에서 세포리스로 가는 현대 도로와 크게 달랐을 가능성은 거의 없지만 이는 중요하지 않다. 고대 마을을 구분하는 헤로디아 시대의 무덤으로 판단할 때 여행은 고대 나사렛의 남서쪽 가장자리에서 시작되었

---

3) (역주) Shaffer Lecture는 1929년 시카고의 John C. Shaffer가 아들인 켄트 쉐퍼 박사를 기념하기 위해 1907년 예수의 삶과 인격, 가르침에 관한 강의를 후원하기 위해 설립한 기금으로 계속되는 시리즈 강의다.

4) E. P. Sanders, "Jesus: His Religious 'Type.'" *Reflections*[Yale Divinity School Magazine] (1992) 4-12. Third Shaffer Lecture.

5) F. G. Downing, *Jesus and the Threat of Freedom* (London, 1987); Downing, *Christ and the Cynics: Jesus and other Radical Preachers in First Century Tradition* (Sheffield, 1988); B. Mack, *A Myth of Innocence: Mark and Christian Origins* (Philadelphia, 1988)

6) Sanders, "Jesus: His Religious 'Type'", 5, col. 2b.

다.7 우리가 실수한다면, 현대의 여행을 너무 짧지 않고 너무 길게 만드는 실수를 범하는 것이다. 어쨌든 샌더스의 발언은 실제 지형적 맥락과 비교했을 때 틀렸다.8, 9

존 윌킨슨(John Wilkinson)이 제공한 비잔틴 시대와 그 이후의 기독교 순례자들의 여행 요약을 참고하는 것도 도움이 된다.10 윌킨슨은 당나귀를 타거나 걸어서 여행하는 사람은 시간당 약 4km를 여행할 수 있다고 한다.

나사렛에서 세포리까지 걸어서 이동하는 데 반나절이 걸린다는 가설을 검증하고 반박하는 것은 간단한 문제다. 이 주장을 현장에서 검증할 생각을 하는 사람이 거의 없다는 것이 놀랍다. 샌더스의 나머지 주장도 틀렸는지는 또 다른 문제이지만, 이 검증된 '가설의 실패'는 그 주장의 권위에 의문을 제기한다.

기원전 1세기 전반에는 갈릴리에 로마 군인이 없었다는 주장이나 갈릴리에서 그리스어에 대한 지식은 물론 그리스 관습과 문화에 대한 직접적인 지식도 극히 제한적이었다는 주장 등 샌더스의 다른 주장도 현장 테스트가 가능할 수 있다.11

어쨌든 발굴이나 지표 조사, 심지어 물질문화에 대한 해석으로서의 고고학은

---

7) 1991년에 나는 어린 자녀를 둔 어머니들을 위해 그 거리를 "걸어서 1시간 30분 정도"라고 설명했다. J. F. Strange, "Two Aspects of the Development of Universalism in Early Christianity: The First to the Fourth Centuries," in *Religion and Global Order*, eds. R. Robertson and W. R. Garrett, *Religion and the Political Order IV* (New York, 1991) 나사렛에 대한 자세한 논의는 C. Kopp, *The Holy Places of the Gospels* (New York, 1963), 49–86을 보라. 또한 B. Bagatti, *Excavations at Nazareth: From the Beginnings till the XII Century* (Jerusalem, 1969), Fig. 3, 28을 보라. 가장 상세한 지도는 아마도 C. Kopp, "Beiträge zur Geschichte Nazareths," *The Journal of the Palestine Oriental Society* XVIII/3–4 (1938) 187–228, 그리고 plate XLIV; 193쪽의 지도에 있을 것이다.

8) 괄호 안에 우리 자원봉사자 중 한 명이 샌들을 신고 현대 나사렛에서 티베리아까지 걸어갔다고 덧붙이고 싶다. 이 여행은 6시간, 즉 대략 반나절이 걸렸다.

9) (역주) 나사렛의 중심 쇼핑몰에서 세포리스 중심 쇼핑몰까지의 거리는 10km로 현대인의 시간당 평균 걸음 속도(5.1km)로는 2시간 정도 걸린다. 특별한 목적을 가지고 빠른 걸음으로 가거나 걸음이 빠른 경우 1시간 30분 이내로 도착할 수 있다.

10) J. Wilkinson, *Palestine Pilgrims Before the Crusades* (Warminster, 1977), 16–20.

11) 기원전 4년부터 로마 군인 3개 군단이 유대(그리고 갈릴리)에 주둔했다는 주장에 대해서는 E. Schürer, *The History of the Jewish People in the Age of Jesus Christ* rev E. Schürer을, 티베리우스 시대부터 아우구스투스 통치 말기까지 4개 군단이 주둔했다는 주장에 대해서는 *The History of the Jewish People in the Age of Jesus Christ* rev와 ed. G. Vermes, F. Millar, and M. Black, Vol. 1 (Edinburgh, 1973), 362, 주 42를 보라. 같은 기간 동안 갈릴리에서 그리스어의 범위에 대한 다른 견해에 대해서는 E. Schürer, *The History of the Jewish People in the age of Jesus Christ* rev. 그리고 ed. G. Vermes, F. Millar, and M. Black, Vol. 2 (1979), 74–80을 보라. 또 77, 주–257을 보라. 그리스 문화 일반의 침투에 대해서는 같은 책, 2권, 1–80을 보라.

역사적 가설과 다른 가설을 시험할 때 역사적 지식을 발전시킬 수 있다.[12] 만약 역사적 예수 연구가 (학자로서 우리가 문학적 증거와 고고학적 증거에 대해 테스트할 수 있는) 가설을 개발하지 않는다면, 이런 연구들은 특별히 어떤 것과도 관련이 없이 학자들이 사적인 생각을 전달하는 일종의 사적인 코드를 개발하는 진공 상태에서의 운동이 된다. 이러한 학자들의 연구는 더 이상 전통적인 역사학이라는 더 넓은 해석학적 연구와 관련이 없다.

사회 고고학으로서의 "새로운 세계" 고고학

예수의 말의 맥락에는 고고학이 그 말의 사회적 세계를 재구성하는 데 이바지할 수 있는 모든 것이 포함된다. 그러나 고고학으로서의 고고학은 단지 문서의 학문이 아니다. 우리가 이해하고 실천하는 고고학은 현대의 학문이며 따라서 현대 세계의 한 구성 요소다. 예컨대 산상수훈의 고고학적 맥락에 관한 질문은 산상수훈에 고고학적 맥락이 없기에 의미가 없다.

적절한 질문은 예수의 가르침이 처음 발화되고, 기억되고, 틀을 짜고, 전승되고, 기록된 사회 구조와 사회적 관계의 세계는 무엇인가라는 질문일 수 있다. 그다음 질문은 이러한 세계를 재구성하는 데 고고학이 어떤 역할을 하는가 하는 것이다.

우리의 재구성은 문학, 화폐학, 비문, 오스트라카[13] 및 기타 문서 자료의 정보와 **고고학적 증거에서 발견된 패턴**을 통해 그 세계에 대해 이해할 수 있는 것에 대한 완전하고 상세한 분석 및 종합에 의존한다.

"고고학적 증거에서 발견된 패턴"이라는 문구에 주목하라. 이것이 현재 고고학의 새로운 요소다. 고고학자들은 발굴된 모든 것을 도록에 기록하고 출판한다고 해서 고고학이 끝나는 것이 아니다. 오히려 고고학은 고고학자들이 반복되는 패턴

---

12) J. F. Strange, "Some Implications of Archaeology for New Testament Studies" in *What has Archaeology to do with Faith?*, ed. J.H. Charlesworth and W.P. Weaver (Philadelphia, 1992), 23-59, 특히 29.
13) (역주) ostraca. 글쓰기에 사용된 도기(질그릇) 파편

을 진지하게 찾는 진지한 지적 활동이다. 유물 흩어짐의 분포 패턴. 이러한 패턴은 고고학을 탐구하는 사람들에게 사회적 현실을 드러내는 발자국, 즉 로고를 구성한다. 이 발자국을 통해 우리는 이곳을 밟았던 사람의 사회적 정체성, 지위, 상대적 부, 기타 여러 사회적 요인을 유추할 수 있다.[14]

계속 진행하기 전에 고고학에 대한 부적절한 이해가 지난 몇 년 동안 대화를 방해해 왔기에 무엇이 고고학이 아닌지도 언급해야 한다. 여기서 우리는 고고학자들과 신약학자들이 부적절하게 생각한 고고학에 관해 이야기한다.

오늘날 고고학은 단순히 유물을 복원하는 것도, 단순히 기념물을 공중에 드러내거나 땅을 파서 예술품을 발굴하는 것, 고대 도시의 잔해에서 '흥미로운 것'을 찾아내는 것도 아니다. 고고학은 최종 목표를 이루기 위해 이러한 것들을 대략 달성할 수는 있지만, 그러한 발굴, 즉 "모든 규정을 무시하고 이익과 식량만을 목적으로 하는 사냥(pot-hunting)"은 고고학이 아니다.

가장 정교한 형태의 고고학은 고고학적 기록과 문학 기록을 모두 읽고 이를 바탕으로 역사적, 경제적 또는 사회적 가설을 세운다. 고고학은 이러한 가설을 테스트함으로써 지식과 이해를 발전시킨다. 그렇지 않으면 고고학이 아니다. 즉, 일반적으로 고고학, 특히 신약 고고학은 고대 세계의 모든 역사학이 그렇듯이 지속적으로 수정될 수 있는 결론을 도출한다. 과거의 많은 발굴 보고서는 건축물과 유물에 대한 카탈로그에 불과했다. 오늘날 많은 고고학자는 이를 현대적 의미의 고고학으로 인정하지 않는다.

과거에는 많은 고고학자가 건축, 지층학, 도자기 연구에 집중했지만 고대 사회 현실의 재구성에는 관심이 없었다. 심지어 일부 고고학자들은 발견한 유물을 고대 문학과 연관시키는 데는 관심이 없고 건축, 생계 패턴, 도시 계획 또는 공간에 대한 통계 분석에만 관심을 보일 정도였다. 그러나 오늘날 많은 분야에서 고고학은 발견한 유물을 고대 문학과 연관시키는 새로운 목표를 포함하고 있다. 이 새로운 목

---

14) 사회 고고학의 목적에 대한 가장 중요한 진술은 여전히 C. Renfrew, *Approaches to Social Archaeology* (Cambridge, 1984), 10-14에서 찾을 수 있다.

표는 고고학이 신약성경 전반과 특히 예수의 말에 대한 주석에 상당히 이바지할 수 있는 위치에 놓이게 한다.[15]

다시 말해, 사회 고고학자의 목표는 과거의 사회 시스템과 관계를 재구성하는 것이다.[16] 고고학은 발굴을 통해 과거의 인간 활동과 가치, 더 나아가 인간의 사고에 대한 물리적 증거까지도 제공한다.[17] 고고학은 과거의 행동과 가치에 대한 재구성을 통해 유물을 남긴 고대인의 가치, 경제, 사회 조직과 관계, 미학, 일상 종교에 대한 스냅샷을 우리에게 제공해준다. 이러한 재구성은 문학 텍스트에서 발견되는 것과는 다른 중요한 정보를 제공한다. 문학 텍스트는 '역사를 만드는' 비정형적인 개인에 초점을 맞추는 경향이 있지만, 고고학은 문학 텍스트에서 언급되지 않거나 눈에 띄지 않는 사람과 집단의 활동에서 정보를 제공한다.[18]

우리는 고고학적 데이터를 해석하는 작은 단계에서부터 고대 세계에 대한 관점을 점진적으로, 한 조각씩 쌓아간다. 이 과정은 주로 분석적이고 과학적이지만 직관적이기도 하다. 이 과정에는 강력하고 정보에 입각한 상상력과 연습이 필요하다.[19]

고고학은 이론적 접근 방식이 어떻게 작동하는지 이해하기 위한 고유의 은유를 제공한다. 그 은유는 층서학[20]이다. 가장 겸손하고 가장 유용하지 않은 이론적 수준인 레벨 1에서는 고고학을 예로 들어 설명한다. 이 수준의 연구에서 고고학자는 신약성경에서 언급된 것, 예컨대 컵이나 두루마리 또는 예루살렘의 성전산과 같은 말의 맥락에서 설명한다.

두 번째 이론적 수준인 레벨 2는 주석에 훨씬 더 중요하다. 이 수준에서는 신약

---

15) 최근 신세계 고고학에서 텍스트를 사용하려는 시도에 주목하라: B. J.Little, ed., *Text-Aided Archaeology* (Boca Raton, Fl., 1992)

16) Renfrew, *Approaches to Social Archaeology*, 3.

17) C. Renfrew, *Towards an Archaeology of Mind: An Inaugural Lecture Delivered Before the University of Cambridge on 30 November 1982* (Cambridge, 1982)

18) J.F. Strange, T. R. W. Longstaff, and D. E. Groh, *Excavation Manual for Area Supervisors* (Tampa, Fl., 1992), 1.

19) 앞의 종합은 I. Hodder, *Reading the Past* (Cambridge, 1986)로부터 많은 도움을 받았다.

20) (역주) stratigraphy(層序學)은 지층의 분포, 상태, 역사 및 화석 등을 연구하여, 지층의 시간적, 공간적 상호 관계 및 발달사를 밝히는 학문이다.

성경에 언급된 **관행**을 재구성하는 것이다. 두 가지 예는 바울 서신에서 공개적으로 기도하거나 예언할 때 머리를 가리는 것과 복음서에서 중요한 사람과 식사할 때 머리를 가리는 것이다.**21** 이 단계가 첫 번째 단계와 다른 점은 이제 우리는 고대의 가치와 고정관념을 유추하고 있다는 것이다. 텍스트는 이러한 가치와 행동의 맥락에서 읽어야 한다.

고고학의 세 번째이자 가장 정교한 이론적 수준인 3단계에서는 신약성경의 전승 안에서 예수의 말이나 다양한 층위의 사회 세계를 재구성하는 것을 발견할 수 있다.

지난 50년 동안 로마 시대 고고학자들의 관심사는 가장 낮은 이론적 수준인 삽화 때문에 지배됐다. 그 결과, 역사적 예수 학자들은 팔레스타인 고고학의 빈약한 이론적 입장에 대한 문제를 제외하고는 팔레스타인 고고학을 거의 사용하지 않았다.

역사적으로 건축에 대한 고고학적 관심은 한 가지 예를 들자면, 주로 신약학자들이 1단계 수준인 삽화를 통해 재구성한 종이에 국한되어 있었다. 예컨대, 일부 학자들은 가버나움, 가말라, 헤로디움, 마사다에서 발견된 1세기 회당으로 추정되는 유적을 사용하여 복음서 연구자에게 '신약 배경 연구' 의 한 가지 세부 사항, 즉 특정 복음서 본문에서 **회당**(synagogue)이라는 용어가 무엇을 의미하는지 소개했다.(그림 18-21) 이러한 처리는 종종 이러한 발견을 해석하는 데 매우 부적절했다. 예컨대, 1991년 헬레니즘 회당이 발견되었다는 이스라엘 언론의 발표는 한 학회에서 신약성경에서 회당이라는 단어가 항상 특정 유형의 건축물을 지칭한다는 주장을 펼치는 데 사용되었다.**22** 그러나 최근에는 문제의 발견이 단지 기원전 2세기 후

---

21) R. E. Oster, "Use, Misuse, and Neglect of Archaeological Evidence in Some Modern Works on 1 Corinthians (1 Cor. 7,1-5; 8,10; 11,2-16; 12,14-26)" *Zeitschriff fur die neutestamentliche Wissenschaft*, 83/1-2 (1992) 52-73; K. Dunbabin, M.D., "Triclinium and Stbadium" in W.J. Slater, ed., *Dining in a Classical Context* (Ann Arbor, Mich., 1991), 121-48.

22) 고대 이스라엘의 1세기 회당 문제에 대한 새로운 해결책은 Z. U. Ma'oz, "The Synagogue in the Second Temple Period, Eretz Israel 23 (1992) 331-44 [Hebrew] and English summary 157-58. "회당은 헤롯 시대 이전에는 주요 도심과 지방 수도에만 세워졌으며 제2성전 파괴 이전에는 마을에 회당이 세워지지 않았다."(157)

반의, 아마도 종교적 연관성이 있을 수도 있고 없을 수도 있는 커다란 빈방이었을 뿐이라는 주장이 제기되고 있다. 논쟁은 여전히 격렬하다.

오늘날 회당 건축뿐만 아니라 모든 건축물에 대한 고고학자의 관심에는 적어도 세 가지 다른 관심사가 포함된다.[23] 첫째, 건물을 짓고 사용했던 공동체의 경제, 가치, 미학 측면에서 건물의 기능은 무엇인가? 건물은 종교의식, 사회 조직 또는 사회적 관계에서 어떤 기능을 하는가? 이 건물은 무엇을 드러내는가? 이 건물이 세워진 지역의 경제에 대해 무엇을 알 수 있는가? 환경과 관련된 사람들의 가치관이나 사회적 지위 및 집단에 대한 태도에 대해 무엇을 알 수 있는가? 정체성? 미학은 어떤가? 이 사람들의 종교와 어떤 관련이 있나? 고대 사회에서 이 건물의 용도를 분석하면 어떤 사회 조직이 드러나는가?

둘째, 건물의 내부 및 외부 공간의 구성과 사용은 지역 경제, 가치관 등에 대해 무엇을 알려주는가? 건물 내 공간은 정확히 어떻게 구성되어 있는가?[24] 얼마나 많은 사람이 이 공간을 사용할 것으로 예상되는가? 그들은 무엇을 할 것인가? 공공 공간인가, 개인 공간인가, 아니면 그 중간인가? 공적 공간과 사적 공간 이외의 범주(예: 공식적, 비공식적)에 따라 공간이 구성되어 있는가?[25] 이 공간을 사용하는 데 성별 또는 기타 사회적 문제가 있는가?

셋째, 이 건물은 우리가 '마을', '도시' 또는 '도시라고 부르는 공간 '의 총체적 구성에 어떻게 들어맞는가? 고대의 의식적 또는 무의식적 "도시 계획" 측면에서 이 건물의 역할은 무엇인가? 주변 구조물과 어떤 관계가 있을까? 도시 내에서 명성이 높은 공간, 중간 공간 또는 낮은 공간에 있나? 도시 배치의 기하학적 구조나 조직

---

23) 고대와 현대 건축과 건축 공간을 "실존적" 범주에서 해석하려는 신선한 시도는 C. Norberg-Schulz, *Meaning in Western Architecture: Selected Essays* (New York, 1980)에서 찾아볼 수 있으며 특히 3장에서는 로마 건축을 다루고 있다.

24) 성스러운 공공 공간에 대한 분석은 J. R. Branham, "Sacred Space under Erasure in Ancient Synagogues and Early Churches" *The Art Bulletin*, 75/3 (1992) 375-94. O. Grn, E. Engelstad, and I. Lindblom, *Social Space: Human Spatial Behaviour in Dwellings and Settlements* (Odense, Denmark, 1992)을 보라.

25) 고대 공간 연구에 유용한 현대 건축 공간에 대한 분석은 S. M. Low and E. Chambers, eds. *Housing, Culture and Design:A Comparative Perspective* (Philadelphia, 1989)을 특히 13장과 17장을 보라.

을 따르고 있는가, 아니면 다소 변칙적인가?26

텍스트에 대해서도 비슷한 질문을 던진다. 첫째, 이 텍스트는 고대 공동체의 가치, 경제, 미학, 종교, 사회 조직 및 관계를 어떻게 반영하고 있는가? 텍스트 내에서 이러한 표현은 어느 정도까지 암시적이고 또 명시적일까? 둘째, 텍스트의 내부 구성이나 장르가 이 다섯 가지 범주에 따라 텍스트의 설정을 어떻게 반영하는가? 셋째, 이 텍스트가 더 넓은 텍스트 문맥에 어떻게 '적합'한가? 텍스트 앞뒤의 텍스트와 어떤 관련이 있나?

고고학과 역사적 예수 연구의 분리를 이해하려는 모든 시도에서 또 다른 문제를 해결해야 한다. 신약학 연구와 구약학 연구 사이에는 구조적인 불균형이 존재한다. 신약학에서 "이스라엘의 역사" 또는 "이스라엘 종교의 역사"가 타나크(히브리 성경학)27이나 구약학에서 "이스라엘의 역사"에 상응하는 부분이 어디 있을까? 신약 역사학자나 신약 주석가들은 누가 신약 시대의 주요 고고학 세계를 일상적으로 읽는가?

고고학 연구의 혜택을 받으려면 복음서 학자는 복음서 기록이 실제적이고 관찰 가능한 의미에서 시간과 공간을 매개한다고 믿어야 한다. 예수의 말의 내면세계나 신약성경 저술과 저자의 세계 또는 등장인물의 세계 사이에 경험적 상관관계가 없다면 두 탐구 분야 사이에 어떤 관계도 존재할 수 없다.

반면에 고고학적 증거와 역사적 예수 연구의 상관관계는 복음서의 역사성에 대한 특정한 견해에 의존하지 않는다. 모든 역사학이 그렇듯이 여기에도 해석의 여지가 있다.

---

26) 세계 고고학 이론에서 위의 일련의 질문은 "중간 범위 이론"이라고 불리는 것과 일치한다. P. Kosso, "Method in Archaeology: Middle-Range Theory as Hermeneutics," *American Antiquity* 56(4) (1991) 621-27을 참조하라.

27) (역주) Tanakh(히브리어 성경)는 토라, 네비임, 케투빔으로 구성된 히브리어 경전의 정식 모음집이다.

고고학이 역사적 예수 연구에 정보를 제공하는 방법

이제 고고학이 역사적 예수 연구에 제공하는 정보의 종류에 대한 몇 가지 구체적인 예를 살펴보자. 주석가들은 자신의 연구에 가치 있고 필요한 다양한 정보를 이용할 수 있다.

첫째, 우리는 갈릴리가 소통이 잘 안 되고 주요 도시가 없는 목가적이고 고립된 지역이라는 관점을 버려야 한다. 시카고 대학의 셜리 잭슨 케이스(Shirley Jackson Case)가 하부 갈릴리 한가운데에 세포리스의 존재가 그 지역에 대한 기존의 견해를 반드시 수정해야 한다고 주장하는, 한 세대의 학자들을 설득하지 못한 이유는 여전히 분명하다. 세포리스는 이제 더욱 분명하게 헬레니즘화 된 주요 도시다.[28] 세포리스는 기원전 55년 이후 헬레니즘과 그 이전의 역사를 간직한 주요 도시이자 로마의 중요한 연결 고리가 된 도시로 더욱 분명해졌다.

둘째, 도시 거주자와 시골의 농민 사이에 뚜렷한 차이가 있다는 관점을 버려야 한다. 부재지주만 도시에 살았던 것이 아니라 농부들도 도시에 살았다. 그들은 새벽에 도시 문이 열리면 밭을 돌보기 위해 도시를 나왔다.

셋째, 세포리스 자체에는 안티파스 시대부터 극장이 있었다. (그림 22) 또한 히브리 대학의 제브 와이즈(Zev Weiss)와 에후드 네처(Ehud Netzer)는 1992년 발굴 시즌에 다음과 같은 사실을 발견했다. 측면 기둥이 있는 로마 거리, 도시의 로마 특성에 대해 의심의 여지가 없는 발견. 자체 발굴을 통해 주요 시장 건물을 발견했다. 이 건물은 폭이 약 40m에 달하며 모자이크로 장식되어 있었다.[29] 이 건물은 바루스에 의해 도시가 파괴된 후 헤롯 대왕이 사망한 이후에 세워진 것으로 추정된다. 그

---

28) S. J. Case, *Jesus: A New Biography* (Chicago, 1927)

29) J. F. Strange, D. E. Groh, and T. R.W. Longstaff, "Sepphoris (Zippori), 1987," Notes and News, *Israel Exploration Journal* 38/3 (1988); 같은 저자, "Sepphoris (Zippori), 1988," Notes and News, *Israel Exploration Journal* 34 (1984) 51–52; J. F. Strange and T.R.W. Longstaff, "Sepphoris (Zippori)--Survey, 1984," Notes and News, *Israel Exploration Journal* 34 (1984) 269–70; 같은 저자, Sepphoris (Zip-"Sepphoris (Zippori), 1986 (II)," Notes and News, *Israel Exploration Journal* 35 (1985) 297–99; 같은 저자, "Sepphoris (Zippori), 1986 (II)," Notes and News, *Israel Exploration Journal*, 3714 (1987)278–80.

렇다면 기원후 1세기에는 분명 인상적인 광경이었을 것이며, 고대 마을에서 세포리스로 걸어서 두 시간 거리에 있는 나사렛 단층 꼭대기에 올라갔을 때 나사렛에서 이 건물을 볼 수 있었을 것이다.

"언덕 위의 도시는 숨길 수 없다." 바로 서쪽과 티베리아스로 내려가는 내리막 길의 동쪽을 제외한 갈릴리 지방의 거의 모든 지점에서 이 도시는 언덕 위에 있는 도시를 볼 수 있었다. 약 1.2km² 밖에 안 되는 작은 도시였다면 하부 갈릴리 지역의 배경을 이보다 더 지배할 수는 없었을 것이다.

고대 갈릴리에는 기원 후 21년부터 티베리아스와 세포리스라는 두 도시에 정치적으로는 아니더라도 경제적으로 의존했던 작은 마을과 지역이 밀집되어 있었다. 사우스 플로리다 대학교의 세포리스 발굴 조사에서 우리는 세포리스에서 1.5km 이내에 그러한 의존 마을 두 곳을 찾아냈다. 하나는 세포리스의 남서쪽에 있고 다른 하나는 북쪽에 있다. 우리는 북쪽에 있는 고대 유대인 마을이 시킨 것임을[30] 확인했다.[31] 다른 시킨들도 발견되고 기록되기를 기다리고 있다.[32]

요점은 근접성이 친숙함을 낳는다는 것이다. 즉, 갈릴리 마을 주민들은 티베리아스는 아니더라도 거의 뒷마당에서 세포리스를 볼 수 있다. 이 두 도시는 마을 주민들에게 중요한 서비스를 제공했다. 그중 하나가 장날이었다. 장날은 상품과 서비스 교환하는 것뿐 아니라 뉴스, 가십 및 기타 사회적 거래에도 중요하다.

데이비드 아단-바예위츠(David Adan-Bayewitz)가 논문 연구를 통해 발견한 놀라운 사실 중 하나는 세포리스에서 10마일도 채 떨어지지 않은 케파 하난야(Kefar Hananya) 마을에서 생산된 생활 도자기가 갈릴리 각 지역과 골란고원에서도 발견

---

30) (역주) 갈릴리에 있던 Shikhin은 기원전 4세기에 버려졌다. 이 마을은 지역 수도인 세포리스 바로 옆에 있었으며, 나사렛에서 북서쪽으로 약 8km(5.0마일) 떨어진 곳에서 유적이 발견되었다. 광범위한 도자기 작업의 증거와 회당도 발견되었다.

31) J. F. Strange, D. E. Groh, and T. R. W. Longstaff, with a contribution by D. Adan-Bayewitz, "University of South Florida Excavations at Sepphoris: Shikhin의 Location and Identification", *Israel Exploration Journal*. 1부와 2부에 게재됨.

32) M. Avi-Yonah, *Gazetteer of Roman Palestine*. Qedem 5 (Jerusalem, 1976), 지도 1, 2, 4. 106-7, 109를 보라. 나는 이 책에 영토 윤곽이 표시되지 않은 세포리스의 도시 영토에서 확인된 42개의 마을을 세어 본다. 세포리스와 티베리아의 도시 영토에 대해서는 이 장의 그림 1과 같은 책, The Holy Land from the Persian to the Arab Conquest, rev. ed. (Grand Rapids, 1977), 134을 보라.

되었다는 것이다.**33** 이 도자기는 고대 세포리스에서 매일 사용되던 도자기의 거의 75%를 차지한다. 또 다른 10%의 도자기는 대부분 저장 항아리와 요리 냄비 형태로, 북쪽으로 1.5km 떨어진 유적지에서 확인된 작은 마을인 시킨에서 제조되었다. 저장 항아리 형태의 마지막 소량은 오늘날 아코-프톨레마이스(Acco-Ptolemais)의 동쪽과 라마의 서쪽에 있는 나흐프라고 불리는 고대 유적지에서 제조되었다.**34**

중성자 활성화 분석을 통해 일상적인 도자기의 출처를 확인할 수 있고 갈릴리와 요단강 건너편에서 발견된다는 것은 갈릴리와 그 너머에 밀집된 무역 네트워크가 존재한다는 것을 암시하기에 놀랍고 중요한 사실이다. 수 세기 동안 갈릴리의 세 작은 마을 사람들은 아코(Acco)에서 카트레이인(Qatsrein), 메이론(Meiron)에서 나사렛에 이르는 일반 가정에서 사용하는 대부분의 일반용품을 제조했다.

이 고고학적 자료의 함의는 놀랍다. 갈릴리의 마을 사람들은 고립된 채로 살지 않았고, 상품과 서비스의 교환뿐만 아니라 아이디어의 교환까지 가능한 지역 무역 네트워크 속에서 순회 유대인 행상인들은 이 마을에서 저 마을로 이동하면서 최신 도자기나 의류 유행을 공유하고 날씨보다 훨씬 더 많은 것을 논의했다. 우리는 순회하는 견유학파 철학자를 거론할 필요가 없이 여행하는 영업사원을 언급할 뿐이다.

세포리스의 광장에서 발견된 특정 유물에서도 비슷한 고고학적 자료를 유추할 수 있다. 우리는 폰투스의 비티니아에서 주조된 동전뿐만 아니라 이국적이고 먼 곳에서 유래한 상품 자체의 파편도 발견했다. 한 가지 예를 들자면, 이탈리아 동부에서 제조된 고급 붉은색 도자기는 세포리스의 1세기 매장지에서 잘 드러난다. 그렇다고 해서 상인들이 이탈리아에서 직접 세포리스를 방문했다는 것을 의미하지는 않지만, 세포리스를 비롯한 갈릴리가 국제적인 규모의 주요 로마 무역 네트워

33) D. Adan-Bayewitz, "Kefar Hananya, 1988", Notes and News, *Israel Exploration Journal* 37 (1987) 178-79; D. Adan-Bayewitz and I. Perlman, "The Local Trade of Sepphoris in the Roman Period", *Israel Exploration Journa*l 40/2-3 (1990) 153-72; D. Adan-Bayewitz, *Common Pottery in Roman Galilee: A Study of Local Trade* (Bar-Ilan Studies n Near Eastern Languages and Culture; Ramat Gan, 1993)
34) Oral communication from D. Adan-Bayewitz.

크에 참여했음을 시사한다. 지역 무역 네트워크는 국제 네트워크에 얽혀 있었다.

이 시점에서 세포리스의 동쪽에 있는 주요 남북 도로(아마도 Netzer와 Weiss가 제안한 카르도35) 옆에서 우리가 발견한 초기 로마 건물로 추정되는 건물의 중요성에 대해 다시 논의하는 것이 유용할 수 있다. 가능하면 위에서 제안한 건축물에 관한 질문의 순서를 따라 이 건물에 대해 예비적으로 논의할 수 있다.

필드 V 건물에 대한 가장 간단한 해석은 그것이 시장이라는 것이다. 그렇다면 이 건물은 세포리스 시의 주요 경제 및 사회 거래의 중심지 역할을 했다. 이 건물은 역사 전반에 걸쳐 아름답게 꾸며져 있었으며, 이는 건물이 도시의 중심적인 위치를 차지했음을 확인하는 경향이 있다. 도시의 의식. 세포리스 시민들이 많은 돈을 들여 석고를 칠하고 페인트칠을 했기에 매우 가치 있는 건물이었다,

대리석으로 외관을 덮고 아름다운 바닥을 깔았다. 그러한 건물이 지어졌다는 것은 도시의 계획 기관인 불레(βουλή)을 의미한다. 다른 한편으로는, 임대료를 징수하고 유지보수를 보고 필요할 때 배수구를 청소하는 관료제도 있었음이 틀림없다. 이 건물은 정부의 중심지 역할을 했다. 관료제뿐만 아니라 모든 종류의 사회적 관계의 중심지 역할을 했다.

건물 내부 공간은 크게 세 구역으로 구성되어 있다: 주축의 양쪽에 있는 상점, 상점 두 줄 사이의 건물 서쪽에 있는 모임 공간(아마도 주 출입구 근처), 그리고 직사각형 기둥으로 둘러싸인 건물 중앙에 있는 지붕이 있지만 개방된 넓은 공간이다.

이 세 구역에 대해 많은 것을 말할 수는 없으며, 우리가 말할 수 있는 것은 매우 잠정적임이 틀림없다. 하지만 건물의 주축 양쪽에 뒷방이 있는 일렬로 상점이 있는 것은 확실하다. 시장 양쪽에 수십 개의 상점이 있을 수도 있다. 장날에는 쇼핑객이 밀집하여 통행량이 많은 곳이었을 것이 분명하며, 이 지역의 바닥이 많이 수리된 것을 설명할 수 있다. 또한 모자이크의 검은색 띠는 표면적으로는 건물 내 공간에서 공간으로 교통량을 유도하기 위한 것으로 이해하면 도움이 된다.

35) cardo, 지중해 연안국에서 자라는 아티초크의 일종으로 잎과 줄기가 식용으로 쓰임

건물 자체의 아름다운 장식은 품격있는 공간을 암시하지만, 성별이나 사회적 지위에 따라 방문객을 차별화한다는 힌트는 어디에도 없다. 건물의 규모가 크고 세포리스의 주요 도로 옆에 있는 것을 보면 이곳이 공공 공간이었음을 알 수 있다.

둘째, 주 출입구가 있는 건물의 서쪽 끝에 있는 공간은 기둥으로 둘러싸인 약 3.6m×4.4m 넓이의 직사각형 정원이 하나 이상 있는 아름다운 모자이크 바닥으로 꾸며져 있다. 이 정원 자리는 많은 사업가에게 편안하고 쾌적한 장소를 제공하라는 비투비우스(Vituvius)의 유훈을 연상시킨다.[36]

3세기와 4세기에는 바닥 모자이크의 이미지가 유대교, 이교도, 기독교로 구분되지 않았다. 다시 말해, 이 세 종교의 신자들은 다른 종교의 상징과 마주치지 않고 이곳에서 쇼핑을 할 수 있었다. 이것이 1세기 층(the first-century floors)의 바닥 모자이크들에서도 마찬가지였는지는 아직 알 수 없다.

건물 중앙의 넓은 지붕 공간은 사람들이 궂은 날씨에도 서서 이야기할 필요가 없도록 일상적인 거래를 위한 공간을 제공했을 수 있다. 반면에 4세기 층에는 이 직사각형 기둥에서 동전, 작은 못, 유리 용기 조각 등 세 가지 종류의 유물이 놀랍게도 많이 나온다.

서쪽 열의 기둥을 따라 발굴된 사각형에서 모자이크 바닥과 건물이 버려진 후 바닥에 씻겨 내려간 잔해에서 주로 4세기 중반에 만들어진 200여 개의 청동 동전을 발견했다. 건물이 버려진 후 바닥에 씻겨 내려간 200여 개의 청동 동전, 주로 4세기 중반에 만들어진 것으로 추정되는 이 동전들은 다음과 같다. 같은 층에서 발견된 약 6cm의 청동 및 쇠못 100개와 잘 연관되어 있다.

가장 간단한 설명은 이곳에 목제 가구가 세워져 있었고, 아마도 가판대가 있었으며 활발한 무역이 이루어졌다는 것이다. 이것은 건물의 역사 후반에 있기에 이 활동이 바로 이 장소에서 수백 년 동안 계속되었을 가능성은 거의 없어 보인다. 반면에 모든 동안 세포리스 시민과 도시 방문객이 높은 수준의 경제 활동에 전념하는 특별한 공공 공간이 필요했다는 것을 의미하지는 않는다. 더욱이 도시의 대부들은

36) Vitruvius, *On Architecture*, V.1.5 (on the basilica)

이것을 매우 매력적으로 만들기 위해 많은 돈을 기꺼이 지출했다.

유리는 어떤가? 대부분은 창문 유리였고, 나머지는 병, 항아리, 주전자, 청동 프레임에 매달기 위해 고안된 유리 램프, 운구엔타리아[37]로 만들어졌다. 유리 용기는 향수 산업뿐만 아니라 일상적인 사회생활에서 포도주와 기타 레크리에이션 음료를 마시는 것과도 잘 어울린다. 여기서 이러한 사회적 차원을 놓쳐서는 안 된다.

이 건물은 두 개의 주요 거리와 두 개의 측면 거리가 교차하는 주요 요소로서 세포리스의 "도시 계획"인 도시의 전체 공간 조직에 적합한 것으로 보인다. 사면이 모두 거리로 둘러싸여 있다. 이 거리는 다른 모든 구조물과 분리되어 있다. 그중 두 개는 잘 포장되어 있어 교통량이 많다. 이거리 중 하나인 카르도는 오늘날에도 현대 츠포리(Tsippori, 세포리스)와 고대 도시로 가는 길을 제공하는 열매가 많은 와디의 일반적인 방향으로 대략 남서쪽으로 이어진다. 이 길은 도시 외곽의 도로로 바뀌면 고대 야피아와 나사렛으로 연결되는 도로로 안내한다.

시장 북쪽의 골목길은 세포리스 언덕을 올라가 극장 무대 구역으로 이어진다. 남쪽의 또 다른 골목길은 언덕을 올라가서 극장 입구 근처에서 극장의 곡선과 접점을 이룬다. 시장 서쪽의 메인 스트리트는 큰 돌 블록으로 잘 포장되어 있다. 포장시기는 그 재질로 보아 기원전 1세기로 거슬러 올라간다. 북쪽의 샛길은 잘게 부순 석회암으로 포장되어 있다. 측면 도로로 이해하는 데 도움이 된다.

즉, 이 건물은 고대 세포리스의 도시 계획의 기하학적 구조에 잘 맞는다. 그것은 예외는 아니지만 적어도 도시의 동쪽에서 계획을 추론하는 데 도움이 된다. 이를 통해 동쪽의 도시 블록 또는 한 구획이 40m×60m의 배수(倍數)라는 가설을 세울 수 있다

앞서 언급한 분석은 고고학적 발굴이 없었다면 알 수 없었던 사실을 명확하게 보여준다: 이제 우리는 로만 갈릴리(Roman Galilee)에서 뉴스와 소문이 어떻게 퍼져나갔는지 훨씬 더 잘 이해할 수 있게 되었다. 특히 세포리스에는 로마 시대의 경

---

37) (역주) unguentaria은 헬레니즘과 로마 유적지, 특히 묘지에서 자주 발견하는 작은 세라믹 또는 유리병이다.

제 관리를 위한 계획과 건축의 모범이 있었다는 사실을 알게 되었다. 이 계획과 건축의 결과 중 하나는 사실상 비공식 커뮤니케이션 센터가 세워졌다는 것이다. 이 기관은 단순한 건물을 넘어 군중 참여, 인간 상호 작용, 집단 영향력을 장려하고 기대했다. 경제 및 기타 사회적 교류에 참여하러 온 사람들은 이곳에서 교류하면서 더 나은 시민이 되고, 법과 질서를 비롯한 로마의 이상에 더욱 깊이 헌신하게 될 것이라는 기대가 있었을 것이다.

위의 모든 논의는 예수의 말의 배경을 이해하는 데 고려되어야 한다. 그러한 증거가 있음에도 갈릴리 사람들이 장소에 얽매여 있었다고 주장하는 것은 별 소용이 없다. 또한 갈릴리 사람들이 매일 다른 마을을 방문하는 유랑민이었다는 것을 암시하지도 않는다. 다만 예수의 말의 지리적, 정치적, 종교적, 문화적 배경의 타당성을 입증할 가능성을 열어줄 뿐이다. 그것은 역사성 자체에 관한 질문에 답하지는 않지만 그렇다고 그 역사성을 부정하지도 않는다. 다시 말하지만, 이는 고고학 자료가 밝혀낸 새로운 해석의 차원으로 우리의 학문을 개방하는 문제다.

그림 18. 가버나움. 프란치스코회 소유지에서의 발굴 현장.
S = 회당; 2 = 제2 인슐라(Insula No. 2); H = 가옥 위에 세워진 팔각형 교회

그림 19a. 1993년에 촬영된 감라(Gamla) 회당의 모습

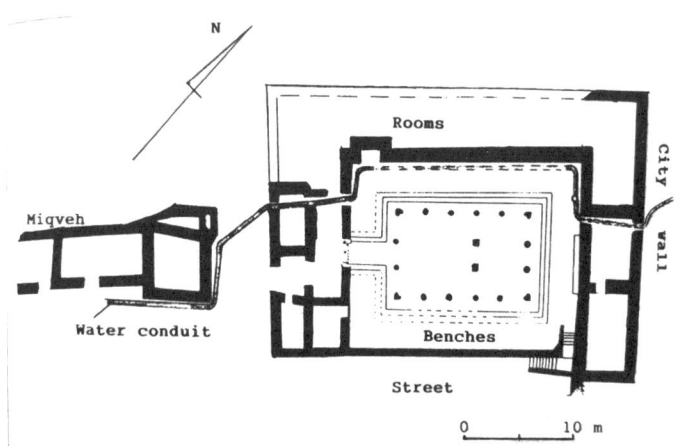

그림 19b. 감라 회당 (1992년)

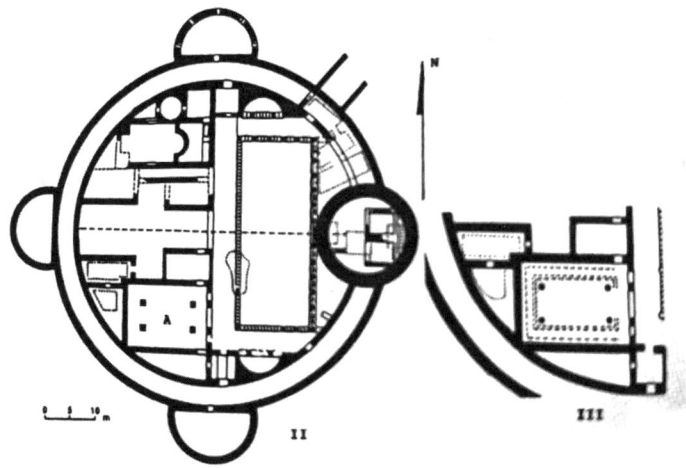

그림 20. 헤로디움

    Ⅰ : 북쪽에 하부 헤로디움이 포함된 지역의 전체 지도

    Ⅱ : 요새–궁전의 평면도

        A: 트리클리니움(triclinium, 연회실)

    Ⅲ : 개조 이후의 트리클리니움 확대도. 벽을 따라 세 줄의 석조 좌석이 추가되었다. 마사다의 사례와의 유추에 따르면, 이러한 개조는 제1차 유대 반란(주후 66–70년) 당시 전투원들에 의해 이루어진 것으로 보인다.(G. Forester와 E. Netzer의 연구에 근거함)

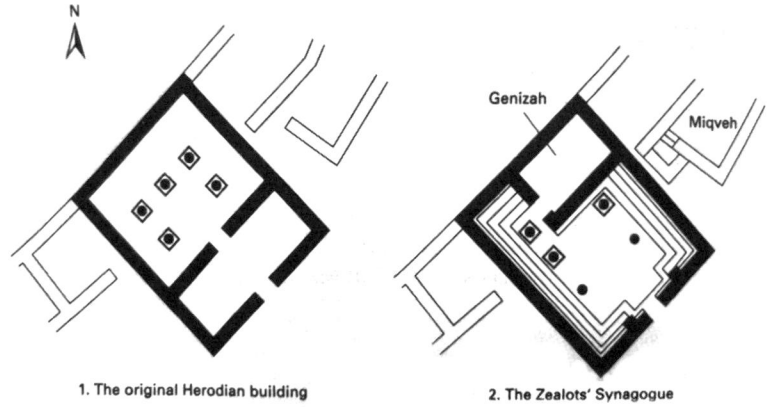

그림 21. 마사다의 회당. 열심당원들이 기존 건물을 회당으로 어떻게 변형했는지를 보여준다.

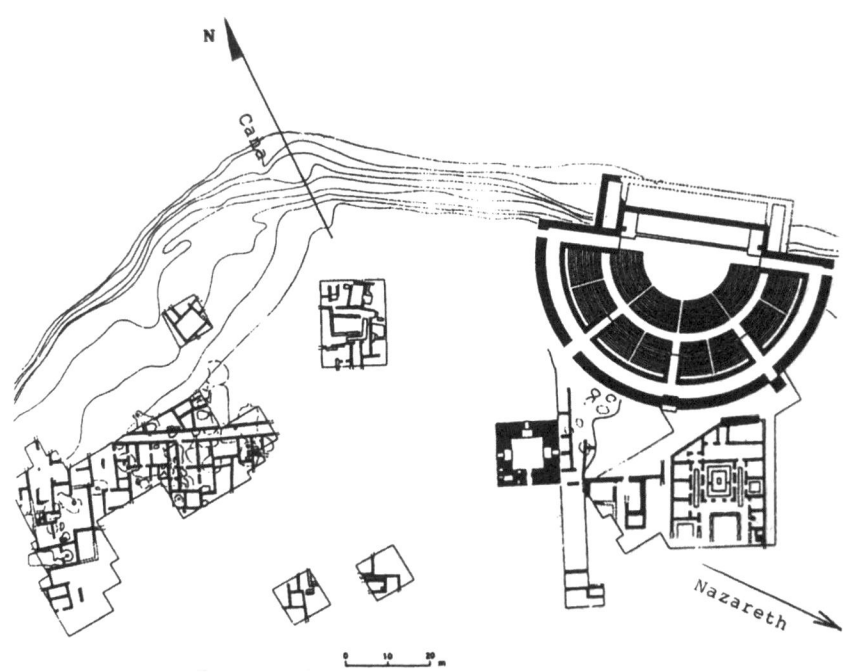

그림 22. 세포리스. 1992년 말의 발굴 현장. 극장은 주후 1세기로 거슬러 올라가며 헤롯 안티파스에 의
해 건설되었을 가능성이 있으나, 남쪽에 위치한 대형 저택은 주후 3세기에 속한다. 가나는 북
쪽으로 약 10.5km, 나사렛은 남동쪽으로 약 5.6km 떨어져 있다.

14장 _ 힐렐 전승에 있는 말과 전설

C. 사프레이

말(Sayings)과 전설(Legends)은 복음서 연구에서 잘 정립된 두 가지 장르다. 힐렐 전승과 관련하여 이 둘을 살펴보기 전에 랍비 문헌의 맥락에서 이 둘을 정의해야 한다. 이 예비 논의에서 말은 이야기나 전설을 동반하지 않는 단일 발화[1] 또는 말모음으로 정의할 수 있다.[2] 논의 대상인 말은 네 가지 범주로 나눌 수 있다.

힐렐 말의 유형

A. 힐렐에게서 유래한 말들. 대표적인 예는 당연히 '아버지의 윤리 1'과 '아버지의 윤리 2'[3]이지만 ARN의 모음집도 있다.[4]

B. 힐렐에게서 유래되지 않은 발화들. 하나 이상의 격언이 장로 힐렐에 관한 이야기나 전설에 통합된 경우. 문학에서 두 가지 경우를 찾아볼 수 있다:

B.1. 생명의 위험에 처한 경우 안식일 금지의 폐지에 관한 말목록(שׁ פקוח נפש דוחה נת) 여기에 랍비 나단의 이름으로 된 말[5]이 가난한 젊은 힐렐이 예루살렘의 학교에 어떻게 합류했는지에 관한 이야기를 마무리한다.[6]

B.2. 7년 차 말의 일반적인 부채 탕감에 포함되지 않는 다양한 문서와 상황(m.

---

1) (역주) single utterances란 한 사람이 연속적으로 말하는 것으로, 그 앞이나 뒤에 상대방의 침묵이 있는 것을 말한다.

2) Y. Fraenkel, דרכי המדרש והאגדה (Jerusalem, 1991), 396–404; 661의 주(note)들.

3) 1:12–14:2:4–7.

4) A 12 (Schechter, 48, 54, 55), B 24 (Schechter, 48); B 27 (Schechter, 54–55)

5) Mekhilta de R. Ishmael, Ki Tisa 1 (Horovitz, p. 341] on: תִּשְׁמֹרוּ אֶת שַׁבְּתֹתַי (Ex 31:13); and (343] on: 31:16 (שָׁמְרוּ בְנֵי יִשְׂרָאֵל אֶת הַשַּׁבָּת); t.Shab 15:16, Tosefta에는 이 격언은 없다. 또 Midrash haGadol to Exodus (p. 669); Yalkut to Ex 31:13; Lekah Tov to Ex (101)을 보라.

6) b.Yoma 35b.

Shevi' it 10:3 [פדוזבול איגו משמש]의 첫 문장은 10:1에서 시작하는 목록의 마지막 항목이다) 언제, 왜 탕감이 선언되었는지 등 자세한 이야기는 아래에서 자연스럽게 다룰 것이다.

C. 랍비 문헌에서 발견되는 힐렐에게서 유래한 개별적인 말들. 랍비 탄후마 바르 아바(Tanhuma bar Abha)는 잠언 25:7에 대한 미드라쉬로 다음과 같은 힐렐의 말을 인용한다. השפלתי הגבהתי הגבהתי השפלתי 7 벤 아자이(Ben Azai)가 힐렐의 말과 같은 말을 자세히 설명할 때, 그는 계속 힐렐의 말을 인용한다.8 따라서 초기에는 알려지지 않은 탄나이틱 문학9은 그런데도 힐렐의 삶을 전승하는 길을 찾았다.10

D. 힐렐이 기술했으나, 알려지지 않았거나 기존의 이야기와 전설에 숨겨져 있을 가능성이 있는 특정 말들.

다음 논의에서 우리는 힐렐 전승의 이야기들 사이의 다른 문학적 연관성을 놓치지 않고 위에서 설명한 분석 순서를 유지한다.

A. 힐렐에게서 유래한 말들

처음 여섯 가지 예는 모두 첫 번째 범주의 말에 속한다.

ARN의 구절에 나오는 다양한 이야기와 전설을 하나의 문학적 현상으로 간주할 수 있다. 여러 가지 방법 중에서,11 ARN은 이 방법을 채택했다.12 즉, 힐렐의 말을 정교하게 다듬어 그의 개인적인 연구와 삶에 관한 전설로 재구성하는 것이다.13 두

---

7) ExRab 45:5.

8) LevRab 1:5.

9) (역주) Tannaitic Literature은 기원전 10년에서 220년 어간에 쓰인 초기 랍비 문헌으로 미쉬나, Baraita, 토세프타, Tannaitic Midrash 등이 포함된다.

10) 이 격언의 전승에 관해서는 이 책에 나오는 S. Safrai의 저서들을 참조하라.

11) כיצד는 버전 A에서 눈에 띄는 문학적 오프닝 방법이다.(Schechter, 2, 18, 19, 21, 27 (bis), 33 등) 또는 / 은 B에서 발견되는 오프닝 문학적 표현이다.(Schechter, 2, 18, 23, 27, 28, 29 등; 그러나 A, 14, 34 등에서도 참조) 또는 וכן אתה מוצא. (Schechter, 18)

12) 이 문학적 장치의 변형은 힐렐의 말과 함께 다른 인물에 관한 이야기를 소개하는 것이다: Aharon(A, B; Schechter, 48–52), Eunomos the Gardi와 Rabban Gamaliel(B. 셰흐터, 49), Beith Rama의 의인(A B; Schechter, 56쪽), Belshazar(B; Schechter, 56), R. Joshua(B; Schechter, 56) 등이 있다.

13) 참조. Schechter, 54–55.

버전에서 모두 같은 공식으로 시작하는 4개의 예를 찾을 수 있다.: מעשה בהלל הזקן (장로 힐렐에 관한 이야기)에서는 ARN에 인용된 말을 통해 소개한다.

1. 그들을 토라에 가까이 데려가라

버전 B에서 이 말[14]은 다음을 설명하는 기회로 사용된다. 예루살렘 성문에 앉아서 일하는 농민들과 철학적 또는 도덕적 토론을 하면서 그들이 토라 연구에 참여하도록 유도하는 힐렐의 "습관"을 설명한다.[15] "힐렐이 그들을 하늘의 날개 아래로 데려올 때까지 평생 그렇게 했다."[16] 힐렐은 자신의 말대로 살았던 것으로 묘사된다.

2. 내가 있으면, 모두가 있다.

ARN A에서,[17] '노력에 따른 보상'[18]이라는 말이 포함된 전설을 보면 힐렐이 자신의 신념에 따라 행동하고 사람들에게 올바른 토라의 길로 나아가도록 동기를 부여하는 끈질긴 모습을 볼 수 있다.[19] 이러한 지속적인 행동은 "내가 여기 있으면 모두가 여기 있다."라는 말의 표현이다. 힐렐의 시장에서의 존재 자체가 다른 사람들을 교화시키는 원동력이 되었다. 한번은 힐렐이 시장 가격을 논의하고 있을 때 상인 중 한 명이 "보상은 노력에 따른다."[20]라는 힐렐의 말을 인용하며 반박했다. 이전설에서 이 말은 도덕적 의미보다는 현실적인 의미를 담고 있지만, 전체 이야기에는 더 깊은 영적 의미가 담겨 있다.

---

14) m.Ab 1 :12.
15) 이것은 힐렐 이야기에서 반복되는 주제이다.(17번 참조)
16) ARN B 26 (Schechter, 54)
17) ARN A 12 (Schechter, 55)
18) 이 두 격언은 전설적인 내용 없이 격언 형식으로 ARN B 27 (Schechter, 55)에 결합되어 있다.
19) 위의 주-13 참조.
20) 아래의 주-21 참조.

중간 결론 I

위의 두 이야기 모두 힐렐을 그리스의 스승이자 철학자인 소크라테스의 틀에 넣음으로써,[21] 전설 속 말의 문학적 기능을 더욱 강조한다. 힐렐은 유명한 철학자로 묘사되지만, 전설은 그가 거리의 겸손한 사람들의 위대한 스승이었음을 강조한다.[22]

3. 보상은 노력에 따른다

이 말은 '아버지의 윤리' 5:22에 나오는 벤 백(Ben Bag)의 짧은 아람어 격언 모음집에 등장한다.[23] 이 말은 두 버전의 ARN에도 인용되어 있다,[24] 힐렐의 다른 말과 함께…,[25] 이것은 옥수수 상인이 힐렐에게 한 대답에 포함되었다. 물건을 운반한 거리에 따라 돈을 낸다. 다시 한번, 비슷한 도덕적 의미에서 이 말은 대화에 통합되어 있다. 그러나 이번에는 바빌론에서 온 순례자[26]가 힐렐을 비웃는 예루살렘의 당나귀 마부에게 힐렐이 대답하는 대목에 등장한다: "'보상은 거리 길이에 따른 것이다.' 그리고 그는 계속했다: '내 발은 적어도 당나귀와 비슷한 보상을 받을 자격이 있지 않은가?'" 이 말은 히브리어에 포함되어 있으며[27] 결론은 아람어로 반복된다. "따라서 힐렐은 '보상은 노력에 따른다' 라는 말을 성취했다." 여기서 다시 한번 우리는 힐렐의 삶을 그에게서 유래한 격언에 비추어보려는 의식적인 시도를

---

21) Demetrius of Byzantium는 소크라테스가 작업장과 시장에서 도덕적 문제에 관해 토론하곤 했다고 말하는데(Diog. Laer. 2.20), 소크라테스가 좁은 통로에서 Xenophon을 만나 음식에 관한 대화를 시작했다는 이야기이다. 그 만남의 결과로 Xenophon은 그의 제자가 되었다.(2.48) Diogenes는 소크라테스가 여행하지 않고 모든 상황에서 모든 사람과 논쟁하는 데 시간을 보냈다고 설명한다 (2.22) N. Glatzer, *Hillel the Elder*(New York, 1957), 51를 보라. 또 이 책에서 S. Robinson의 논의도 참조하라.

22) A. H. Weiss, דור דור ודורשיו (Wilna, 1911), 150-53.

23) 이 격언의 발전과 그 전승에 대한 간략한 논의는 J. Goldin, "The End of Ecclesiastes: Literal Exegesis and its Transformation" in *Studies in Midrash and Related Literature* (New York, 1988), 4-6를 보라.

24) Schechter, 55.

25) 이 이중 전승에 대한 논의는 B. Z. Bacher: אגדות התנאום Vol. 1 (Jerusalem, 1882), 7쪽을 보라.

26) B 27 (Schechter, 55-56)

27) 랍비 전승은 히브리어와 아람어가 힐렐 전승에서 서로 얽혀 있다는 것을 알고 있다.(A; Schechter, 55); עוד הי דברים היה אומר בלשון הבבליים (B; Schechter, 56); אף הוא אומר בלשון ארבעה דברים Bacher는 여기서 힐렐의 바빌로니아 기원과 관련이 있다고 본다. Bacher, אגדות התנאים 를 보라(8쪽)

하고 있다.[28]

4. 내가 여기 있으면 모든 것이 여기 있고, 내가 여기 없으면 누가 여기 있겠는가?

이 말은 말 목록27에 인용되어 있으며[29] 힐렐에 관한 이야기의 서두로 사용된다. 이 말은 힐렐과 그가 초막절의 중간 날을 축하하는 몇몇 사람들 사이의 대화에 등장한다. 이 말은 대화에도 등장한다. 힐렐은 이 격언의 전반부를 성전 축제에 참여한다는 이유로 교만하게 자기를 중요하게 여기는 사람들을 향해 말한다. 후반부는 그들이 이전의 책망을 마음에 새긴 후 힐렐이 위로하는 내용이다.[30]

ARN에서는 이 말의 각 절반이 첫머리에 인용되어 이야기와 함께 설명된다. 힐렐 자신은 두 그룹에게 각각 다른 미드라쉬로 접근해야 하는데, 처음에는 욥 25:3에 대한 미드라쉬를, 나중에는 시 22:4에 대한 미드라쉬를 한다. y.Sukkah에서 이 말은 두 경우 모두 힐렐의 말의 일부다.

힐렐은 여기서 미드라쉬뿐만 아니라 아람어로 된 그의 말의 적절한 부분을 다소 다른 표현으로 포함한다:

הלל הזקן, כד הוה חמי לון עבדין בפחז, הוה אמר לון: דאנן הכא מאן הכא, ולקילוסן הוא צריך?
והכתיב אלף אלפין ישמשוניה וריבוי ריבוון קדמוהי יקומון. כד הוה חמיולון עבדין בכושר הוה
אמר די לא בן הכא מאן הכא, שאף על פי שיש לפניו כמה קילוסין כמה קילוסין הוא קילוסין של
ישראל יותר מכל. מה טעם? נעים זמירות ישראל

장로 힐렐은 그들이 거만하게 행동하는 것을 보며 이렇게 말하곤 했다:
"내가 여기 있는데, 누가 여기 있단 말이냐?" 그들은 낙담하며 말했다:
"그분께 그들의 찬양이 필요한가요?" 수천만이 그를 섬기고 수만만이

---

28) 이 격언과 연결되지 않은 비슷한 이야기는 b.Hag 9b; W. Bacher, אגדות התנאים을 보라(6)
29) 아람어, ARN B 27(Schechter, 55); 반은 히브리어, 반은 아람어, ARN A 12 (Schechter, 55)
30) ARN B 27 (Schechter, 55); y.Suk 5:4 (55b-c)

그 앞에 서 있다고 기록되어 있지 않은가?[31] 그(힐렐)는 그들이 뒤처지는 것을 보았을 때,[32] 그들에게 말하곤 했다: 내가 여기 없으면 누가 여기 있겠느냐? 그분 앞에 많은 찬양이 있지만, 이스라엘의 찬양을 가장 좋아한다. 왜 그럴까? 이스라엘의 노래가 즐겁기 때문이다.(삼하 23:1)이스라엘의 찬양을 가장 좋아하신다. 왜 그럴까? 이스라엘의 노래가 즐겁기 때문이다.(삼하 23:1)

따라서 두 버전의 이야기에서 우리는 두 가지 다른 문학적 위치에서 기능하는 이 말을 만나게 된다.[33]

5. 내 마음이 사랑하는 곳으로, 내 발이 나를 인도한다. 당신이 내 집에 오면 나도 당신의 집에 갈 것이고, 당신이 내 집에 오지 않으면 나도 당신의 집에 가지 않을 것이다

이 예는 심하트 베트 하쇼에바[34]와 힐렐의 전승에 속한다. 미쉬나[35]는 "의인과 행위의 사람들"의 횃불을 들고 춤을 추는 것을 언급한다. 토세프타[36]는 유명한 무용가들과 그들의 노래의 맥락을 자세히 설명하고 식별하는데, 그 중 힐렐이 포함되어 있다.[37] 힐렐의 노래의 정확한 가사를 기억하고 있는 것으로 추정된다.[38]

힐렐의 이 두 구절에는 성경 구절이 덧붙여져 있다.

למקום שלבי אוהב לשם רגליי מוליכות אותי. אם אתה תבוא לביתי, אני אבוא לביתך, אם אתה לא

---

31) ARN에서 이 진술은 욥 25:3으로 뒷받침된다.
32) ARN에서: שגשבר לבם (그들의 마음이 아프다)
33) 위의 3 : לפום צערא אגר 를 보라
34) (역주) Simhat Bet hashoeva(물그릇 집의 기쁨)는 수코트 중간 날에 유대인들이 개최하는 특별한 축제다.
35) m.Suk 5:4
36) t.Suk 4:2-5.
37) t.Suk 4:3.
38) 이 전승을 이 말의 원래 배경으로 읽는 학자들이 있다. A. H. Weiss, … (Wilna, 1911), 151. B. Z. Bacher, אגדות התנא, Vol. 1 (Jerusalem, (1882), 4; N. Glatzer, *Hillel the Elder* (New York, 1957), 39; M. Z. Fuchs, שמחת בית השואבה Tarbiz 55 (1985) 173-207.

תבוא לביתי, אני לא אבוא לביתיך, שנ בכל המקום אשר אזכיר את שמי אבא אליך וברכתיך

(출 23:1)39

이야기를 확장하고 풍성하게 하기 위해 짧은 말 목록이 포함된 것으로 보인다. 이러한 문맥은 성전/하나님/인간관계와 관련된 모든 말에 특정한 의미를 부여한다.40 전승은 힐렐의 말을 성전에서 노래할 텍스트로 변환했다. 토세프타에서는 두 구절만 이런 식으로 다루었지만, 후대의 아모라 전승에서는 세 구절, 심지어 네 구절까지 다루었다.

6. 다른 사람을 익사하게 했으니 그대도 익사하고, 그대를 익사시킨 자의 종말은 익사하는 것이다

미쉬나는 이 말을 이야기적 맥락을 제공하기 위해 고안된 짧은 이야기와 함께 소개한다. 힐렐은 강둑에서 물에 떠다니는 해골을 보고 이 말을 했다고 한다. 이 말과 이야기, 그리고 추정되는 상황 사이의 밀접한 관계가 구체적인 상황을 암시한다고 생각할 수도 있다.41 그러나 이야기 자체의 비현실적인 정취와 격언과의 인위적인 근접성을 고려할 때 정반대의 주장을 할 수도 있다.42

우리는 여호수아와 관련된 격언에 관한 또 하나의 전승을 통해 두 번째 접근 방식을 뒷받침할 것이다.43 여기서도 여호수아가 길을 가다가 물 위에 떠 있는 해골을 보고 같은 도덕적 교훈을 이야기했다. 힐렐의 이야기와 비슷한 이 기이한 이야

---

39) b.Suk 53a에는 힐렐의 말 중 세 가지가 포함되어 있으며 위에서 언급한 말을 추가한다.(15번 참조): אם אני כאן הכל כאן, ואם איני כאן מי כאן? 이 바빌로니아 전승에는 사본에서 잘 증명된 미쉬나 단편 이야기 m.Ab 2:6도 포함된다.

40) '힐렐' 이야기는 아니지만 비슷한 해석을 보려면 ARN A 12 (Schechter, 55), ARN B 27, למקום שלבי אוהב (내 마음이 좋아하는 곳으로)를 참조하라. 위에 인용된 본문에서 볼 수 있듯이 אם תבוא לביתי (내 집에 오면)이라는 문구에 내포된 하나님과 인류의 관계는 제의적(cultic) 의미로 이해되어서는 안 된다.

41) 따라서 Y. Fraenkel, דרכי האגדה והמדרש (Jerusalem, 1991), 401에서 Fraenkel은 그러한 일들이 힐렐이 그 자리에서 격언을 만들어내도록 자극했고, 이야기 형식으로 전승된 것은 다른 사람들도 같은 방식으로 격언을 만들어내도록 격려하기 위한 것이라고 주장한다. Fraenkel은 H. Fischel, *Story and History* (Bloomington Ind., 1969), 59–88을 인용한다.

42) D. Flusser, משלי ישו והמשלים בספרות חז"ל in יהדות ומקורות הגצרות (Tel Aviv, 1979), 157–58.

43) ARN B 27 (Schechter, 56)

기에서, 화자는 여호수아를 물의 근원에 두는 데 주의를 기울이지 않았지만, 그 이야기에 대한 미약한 틀을 제공한 후 같은 말을 인용한다.**44** 다른 경우와 마찬가지로, 이 말은 랍비적 성격이 다르더라도 새로운 이야기 설정을 획득하는 것 같다.

B. 힐렐에게서 유래하지 않는 말들

이 시점에서 우리는 두 번째 범주, 즉 힐렐 이야기에 포함되었지만, 힐렐에게서 유래하지 않은 것이 분명히 아닌 말로 넘어간다.

7. 프로즈볼 대출**45**은 일곱째 해까지 취소되지 않는다**46**

미쉬나에는 힐렐의 개인적인 경험과 그 미드라쉬적 함의가 담긴 이 할라카적 진술이 이어진다.**47**: 힐렐은 백성들이 기록된 토라를 따르지 않는 것을 보았다.(신 15:9) 그래서 그는 7년째 해가 끝날 무렵 부채 탕감을 효과적으로 취소하는 문서인 프로즈볼을 제정했다. 이 랍비 학습에서 성경을 두 번 사용한 것은 다소 인상적이지만 이 연구의 범위를 벗어난다.**48** 여기에 관련된 개인적인 이야기는 이 할라카 미쉬나와 본 논문과 관련이 있다.

여기서 미쉬나에 독특한 사례가 있다고 주장할 수는 없지만,**49** 이 사례를 힐렐의 말과 전설의 틀에 포함해야 한다. 탈무드에 인용된 할라카 한 구절로 유추할 수 있다.**50** 신명기에 대한 미드라쉬나 심지어 개인적인 어조가 프로즈볼에 대한 판결을 확립하는 데 역할을 했을 가능성도 있지만, 미쉬나의 문학적 형식은 이 미쉬나

---

44) Schechter, ad loc., 광고 위치, 전승에 카피리스트 오류가 있는지 궁금하다.
45) Danby는 그의 부록 I, *A Glossary of Untranslated Hebrew Terms* (795, 주−34)에서 해석과 함께 음역한다: 힐렐은 채권자가 법정에서 선언하고 증인이 서명하는 Prozbol 규칙을 제정했는데, 이는 문제의 대출금이 칠 년 법의 조건에 따라 송금되지 않을 것이라는 취지의 선언이었다.
46) Danby에 따는 번역임.
47) m.Shevi 10:3.
48) J. Neusner, "From Exegesis to Fable in Rabbinic Traditions about the Pharisees," JJS 25 (1974) 263−69. Neusner는 미쉬나의 주석 부분을 힐렐 이야기 전개에서 가장 이른 시기의 것으로 간주한다. 힐렐의 가르침에서 가르침과 의사결정에 대한 "새로운" 접근 방식에 관해서는 이 책에서 S. Schwartz의 논의를 보라.
49) 참조. m.RH 4:1; m.' Eduy 1:12−14; m.Ber 2:5−7, 그리고 기타 다수 many others.
50) y.Shevi 10:2 [39c].

를 본 연구의 범위 안에 넣었다. 힐렐 이야기는 부차적이고 파생적인 이야기일 가능성이 크다. 따라서 여기서 힐렐의 격언으로 제시되지는 않지만, 그런데도 힐렐의 생애 이야기에서 나타나는 발화이다.

8. 그를 위해 안식일 하나를 더럽히면 더 많은 안식일을 지키게 될 것이다

이 말은 탄나잇 미드라쉼 모음집에서 나단의 이름으로[51] 등장한다. "생명을 구하다."[52] 그리고 살아있는 아기와 죽은 다윗 왕을 비교하는 다른 곳에서도 등장한다. 후자는 랍비 시므온 비 가말리엘의 이름으로 된 별도의 말일 것이다.[53] 따라서 탄나이트 전승에서 이 말을 전승한 저자나 최초의 현자는 모호하지만, 그 형식은 다소 명확하다. 출 31:16에 대한 단일 미드라쉬이거나 피쿠아흐 네페쉬[54]를 주제로 한 일련의 미드라쉬에 포함되었다. 미드라쉬 격언으로서의 문학적인 삶은 잘 증명되어 있다.

긍정형으로 된 말[55]의 첫 번째 부분[56]은 힐렐이 셰마아야와 아브탈리온 학교의 학생으로서 시작되었다는 전설의 마지막 결론 문장이다.[57] 이 이야기의 저자나 문장의 정체성은 모호하다. "그들이 말하되"로 소개된다. 이것은 내러티브 내에서 그 행사에 참석한 사람들이 말했을 수도 있지만, 의식적인 인용이나 탄나잇 인용에 대한 보다 기술적인 표현일 수도 있다.[58] 따라서 우리는 힐렐에 관한 후기 전설[59]

---

51) b. Yoma 85b: R. Simeon b. Menasia; y. Yoma 8:5 [45b]: אית דבעי מימר
52) Mekhilta de R. Ishmael, Ki Tisa 1 (Horovitz, p. 341) 이 말이 없는 비슷하지만, 더 짧은 컬렉션의 경우 : t. Shab 15:16. 또 G. Porton, *The Traditions of Rabbi Ishmael* II (Leiden, 1977), 136-37을 참조하라.
53) 이 격언은 두 가지 다른 방식으로 작동하는 것으로 볼 수 있다. 한편으로는 갓 태어난 살아있는 아기를 위해 안식일을 더럽히지만, 다윗 왕이 죽었으니 그를 기리기 위해 안식일을 더럽혀서는 안 된다는 논리적 결론이 될 수 있다. 다른 한편으로는 토라가 말한 것처럼 갓 태어난 살아있는 아기를 위해 안식일을 모독하는 그것이 전제될 수 있다.
54) (역주) Piquah Nefesh는 '영혼을 구하다' 또는 '생명을 구하다' 라는 뜻으로, 할라카에서는 인간 생명 보호가 사실상 유대교의 다른 어떤 종교 규칙보다 우선한다는 원칙을 말한다.
55) 문법적 언어 변화는 아래의 주 82를 보라.
56) Mss에서 다른 버전이 증명되지 않았다. 부분적으로 힐렐의 말을 재활용한 그것에 관해서는 이 책에서 D. Flusser를 보라.
57) b. Yoma 35b. 아래의 주 76을 보라.
58) Y. N. Epstein, מבוא לנוסח המשנה (Jerusalem, 1948), 726-53, 특히 752을 보라.
59) S. Safari, "Tales of the Sages in the Palestinian Tradition and the Babylonian Talmud," *Studies in Aggadah and Folklore Literature*, Scripta Hierosolymitana, 22 (1971) 209-32. S. Safrai, מעשה חכמים

에 포함된 이 말에서 힐렐에 관한 말과 전설의 유사한 현상 기원은 다르지만[60] 말과 전설의 유사한 현상 힐렐이 이 말의 저자임을 추측할 수도 있다.

C. 힐렐에게서 유래하지 않은 랍비 문헌 속에 밀들

카테고리 C에는 힐렐의 개별적인 말에 대한 세 가지 예가 있다.

9. 네 이웃을 네 자신처럼 사랑하라, 이것은 토라의 위대한 규칙이다

이 특정 공식은 랍비 아키바의 이름으로 전승에 보존되어 있다. 반면에 부정적 공식은 랍비 아키바라는 이름[61]으로 ARN B에 나타나고 바빌로니아 전승에선 힐렐이라는 이름으로 나타난다.[62] 따라서 바빌로니아 버전에서 이 말은 개종할 가능성이 있는 사람들을 가르치는 장로 힐렐의 인내심에 관한 긴 이야기나 전설에서 찾아볼 수 있다. 이 말은 힐렐 이전에 지혜와 윤리 문학에 분명히 존재했다.[63] 초기 유대 자료 속에 있는 다소 초기의 전승임을 고려할 때, 나는 이 부분에서도 힐렐의 말로 이 말을 포함하고 싶다.[64] 그렇지만 여기서 우리는 예루살렘의 학자로서 힐렐에 관한 이야기 안에 유명한 대중적 말이 통합된 사례를 다시 만나게 된다. מאי דסגיא עלך은 아키바나 힐렐을 위해 만들어진 것처럼 토라 연구의 첫 번째 지침이 된다. 전설에서 כלל (규칙)은 모든 후속 학습이 축적되어야 하는 첫 번째 원칙, 또는 학습 과정의 시작을 의미하는 것으로 받아들여진다.[65]

10. 나의 높임은 나의 낮춤이고, 나의 낮춤은 나의 높임이다

이 말은 후대의 시므온 비 아자이의 말과 해석에 등장한다. 시 113:5~6에 첨부

במסורת הארציישראלמוד הבבלי," ארץ", ישראל וחכמיה בתקופת המשנה והתלמוד (Jerusalem, 1983), 161~80.

60) 이 격언에 기인한 모든 이름은 힐렐 학파와 그 부속 학파에 속한다.

61) ARN B 26 (Schechter, 53)

62) b.Shab 31a.

63) 이 책의 P. Alexander를 참조하라.

64) 그러므로 B. Z. Bacher, אגדות התנאים, vol. 1 (Jerusalem, 1882), 3; 또 D. Flusser, התורה בדרשתו על ההר, in יהדות ומקורות הגצרות(Tel Aviv, 1979), 228을 보라. But 이 책에 나오는 P. Alexander의 논의를 보라.

65) 유사한 해석에 대해서는 m.Ab 6:1과 많은 등가물; Didache의 반대; 및 기타 많은 것을 보라.

된 미드라쉬의 형태로 이미 존재했다.**66** 이 말은 랍비 전승에서 다양한 형태로 발전했는데,**67** 그중 하나가 이 글에서 다루고자 하는 내용이다. 우리는 바빌로니아 탈무드의 결론 부분에서 이 말을 접하게 된다. 이 말은 할라카의 증거를 통해 추론하려는 시도의 일부로 등장한다. 그 주장은 할라카가 결국 힐렐 학파를 따른다는 것인데, "둘 다(두 학파의 법령) 살아 계신 하나님의 말씀인데 힐렐 학파의 장점은 무엇인가?"**68** 이 논의는 세 가지 도덕적 발언으로 마무리되며, 그중 하나는 논의 중인 다음과 같은 말이다.**69**

[그것은] 당신에게 그것을 가르치기 위해 온다:

a. 자신을 낮추는 자는 복이 있나니 그를 들어 올리시고, 자신을 높이는 자는 복이 있나니 그를 낮추실 것이다.

b. 위대함을 구하는 사람은 위대함이 그를 암시하고 위대함을 피하려고 하는 사람은 위대함이 그를 구한다.

c. 때(또는 기회)를 재촉하는 자는**70** 때(또는 기회)가 그를 재촉하고, 때를 피하는 자는 때[또는 기회]가**71** 그를**72** 재촉한다.

물론, 이 말은 여기서 다른 문법적 형태로 공식화되었지만, 원래의 어휘를 보존하고 있다.**73** 이러한 맥락에서 이 말은 힐렐 자신의 삶이 아니라 학파의 행동에서 나타난다. 전체 구절을 제자들 사이에서 스승의 말이 사회적으로 성취된 것으로 이해해야 한다. 문학적 관점에서 볼 때, 이 말은 사회적, 종교적 자기 이해의 고유한 부분

---

66) LevRab 1:5; 또 ExRab 45:5을 보라.
67) 이 책의 S. Safrai를 보라.
68) b.ʾErub 13b.
69) 세 진술이 모두 힐렐의 말일 가능성에 관해서는 이 책의 D. Fluser을 보라.
70) שיהד
71) Lit: stands.
72) 다른 버전에 대해서는 b.Ber 64a.
73) 유사한 문법적 변화는 b.Ned 55a; ARN A 11 (Schechter, 46면); ExRab 45:5; Midrash Mishlei 20:3; PesRab 14:6을 참조하라. Maʾasc Rav Kahana 6 (Wertheimer, 306) Midrash R. Akiba on the תגין(letters), ch. 17; on 'ע', Wertheimer, 475쪽을 보라.

으로서**74** 학파 교육에 통합되어 있다.**75**

11. 나쁜 소식을 두려워하지 말자.(시 112:7)

바빌로니아 탈무드에는 예지력과 하나님의 안전에 대한 절대적인 신뢰에 관한 מעשה בהלל הזקן (장로 힐렐의 이야기)라는 공식으로 시작되는 이야기가 나온다.**76** 예루살렘 탈무드에서는 시 73의 인용문만을 힐렐의 말로 인정하며,**77** 미쉬나와 관련하여**78** 이미 소란이 들리는데도 위험에서 구해달라고 기도하는 것은 헛된 기도라고 말한다. 예루살렘 탈무드에 따르면 개인적 재난이 아니라고 생각할 수 있는 믿음을 가져야 한다고 한다. 바빌로니아 탈무드에서는 이를 힐렐의 깊은 믿음을 나타내는 이야기로 바꾼다.**79** 예루살렘 탈무드에서 우리는 추가적인 문학적 요소, 즉 힐렐의 말이 결론 문장으로 나오는 것을 보게 된다.**80**

중간 결론 II

분명히 우리는 여기서 힐렐 전승의 문학적 발전의 흔적을 발견했다. 다른 말에 비슷한 아이디어가 붙어있는 것을 발견하는 것은 놀라운 일이 아니다. 따라서 "사람들을 신성한 날개 아래로 데려오는 것"은 #1(לתורה מקרבן) 뿐만 아니라 #2(אם אנין)와 관련하여 나타난다. 마찬가지로, 같은 격언이 2번과 4번, 5번, 또는 2번과 3번에서

---

74) 이 격언은 후기 아모라 문학(Amoraic literature)의 다른 인물 목록에 대한 행동 선언으로 읽혀진다. Pirqe de R. Eliezer 51:1 (Abraham and Nimrod), Agadot Bereshit 29:1 (Pharoah, Abraham, the sons of Eli the priest, Samuel, Hannah, the nations)들을 참조하라. 전승의 문학적 관점에서 볼 때, E. E. Urbach가 이 말을 힐렐의 생애사와 개인적 행동의 모토로 읽은 것은 흥미롭다.(The Sages [Jerusalem, 1969], 529 [in Hebrew])

75) 이 문맥에서 하나님은 이 격언에 추가되었다. 이 말은 신성한 보상과 처벌의 영역에서 이해된다. 비슷한 맥락에서 격언의 또 다른 재 작업과 힐렐의 다른 전승에 관해서는 이 책의 S. Safari를 보라.

76) b.Ber 60a.

77) y.Ber 9:4[14b].

78) m.Ber 9:3.

79) N. Glatzer, *Hillel the Elder* (New York, 1957), 34. 이 말과 그 전개에 대해서는 J. Neusner, "From Exegesis to Fable in Rabbinic Traditions about the Pharisees", *JJS* 25 (1974) 263–69를 보라. 또 See also 곧 Tarbiz에 실릴 Safrai와 Flusser의 글도 보라.

80) 유사한 문학적 구조에 대해서는 위의 (#8) 및 (#10)과 위의 주–53을 보라.

같은 말이 두 개 이상의 힐렐 이야기에서 반복된다.

이야기에 등장하는 말은 다양한 문학적 기능을 보여준다. 특히 ARN 전설 #1-4와 #7에서 일부 이야기의 시작을 알리는 핵심 단어이기도 하다. 또한 힐렐이 직접 말하거나(#3, 4, 5, 6, 9, 11), 힐렐에게 하는 말(#2, 8)로서 이야기 대화의 일부가 되기도 한다. 마지막으로, 전설의 문학적 특성을 의식적으로 인식한 힐렐의 말에 비추어 이야기를 요약하는 역할을 한다.(#8, 10, 11)

그러나 이 접근법의 진정한 이점은 힐렐에 대한 기존 이야기를 말을 각색한 이야기로 식별하고 결과적으로 그 말이 힐렐의 진짜 격언일 가능성이 있음을 식별할 수 있을 때 드러날 것이다. 이 논문의 다음 예시와 마지막 예시에서 이 작업을 수행하고자 한다.

12. 심령을 지켜라

이 문장은 장로 힐렐과 그의 무한한 인내심에 관한 일련의 이야기에서 한 번 등장한다. 이 시리즈는 균형 잡히고 잘 구성된 문학 작품의 모든 특성이 있다. 한쪽에는 힐렐의 유명한 인내심이 타협될 수 있는지 알아보기 위한 내기의 결과로 발생하는 세 가지 말도 안 되는 유사 문화인류학적 질문[81]이 등장한다. 다른 한편에서는 성가신 미래 개종자에 대한 힐렐과 샴마이의 각기 다른 태도를 비교하는 세 가지 만남이 있다. 이 연재는 전체 구절을 요약하는 문장으로 끝난다.[82] 논의 중인 인용문, והוי זהיר ברוח은 이 여섯 번의 만남에 대한 전체 연재의 제목으로 사용될 수 있지만, 모든 버전에서 이 인용문은 연재의 첫 번째 부분, 즉 힐렐 자신이 대화 상대방을 향한 토론에서 등장한다. 이 단어는 다양한 버전에서 다른 의미를 담고 있다.[83]

바빌로니아 탈무드 안식일 편에 힐렐은 상대에게 이 부분의 마지막 문장에서 이렇게 말한다: "당신의 심령을 지켜라! 힐렐은 당신이 그의 계좌에서 두 번 400주즈

---

81) ARN B에는 소위 동물학적인 질문이 추가되어 있으며 첫 번째 부분과 약간 다른 끝이 있다.
82) ARN, 60-62; b.Shab 31a. 눈에 띄는 변형에도 일반적인 구조는 보존된다.
83) P. Alexander는 황금률에서 비슷한 현상을 지적한다. 이 책에서 그의 에세이를 보라.

를 잃을 가치가 있으며 화를 내지 않을 것입니다." 여기에서 표현은 "화를 내지 마십시오."또는 "자신을 억제하고 저주하지 마십시오."라는 의미로 여겨진다. 이 버전에서는 세 번의 만남을 모두 요약한 것이다: 힐렐은 숭고한 인내를 대표한다.

ARN A에서도 비슷한 표현이 마지막 대화의 시작 부분에 나오는데, 여기서 힐렐이 대화 상대에게 지루한 질문을 계속하라고 격려하는 장면을 볼 수 있다:

> 그는 [상대방이] 그에게 말했다: "이스라엘에 당신 같은 사람이 이제는
> 없게 하소서!" [힐렐]이 그에게 말했다: "조심하고 자신을 억제하십시오.
> 당신이 묻고 싶은 것이 무엇입니까?"

다시 말해, 이스라엘을 저주하지 말고 질문을 하라는 뜻이다. 두 버전 모두 비슷한 내용과 맥락을 제시하지만, 문학적 입장과 강조점이 달라졌다. 그리고 ARN A에서는 경쟁 자금(the competition money)의 역할이 줄어들고 이스라엘의 인내심에 대한 우려가 있음을 강조한다.

세 번째 버전[84]에서는 공식이 다소 변경되어[85] בברוחך הזהר로 바뀌고 각 자극적인 질문에서 후렴구로 4번 이상 발생한다. 힐렐은 질문을 독려하고 상대방은 자신의 질문을 잊어버렸다고 주장한다. 이에 힐렐이 대답한다. (여기서는 "지혜를 모아라." 라고 읽어야 한다) 마침내 질문이 나온다. ARN B는 시리즈의 균형 잡힌 구조에서 벗어나지만, 우리가 "말" 을 식별하는 이 표현이 문학적 구조의 일부라는 전승을 유지한다.

세 가지 버전 모두 이 표현이 이야기 속에서 두드러진 위치를 차지하지만, 문맥상 의미는 다르다. 이는 이 표현이 모든 전설 이전에 독립적으로 존재했음을 나타낸다. 이 표현을 하나의 전설 안(within)에서 "말"로 간주할 수 있을까?

우리는 이전에 언어적 변형이 말들(sayings)의 문학적 특징이라는 것을 관찰한 바

---

84) ARN B.
85) 보조 양식 הוי 은 생략한다. 아래 설명 참조.

있다.**86** 이 말에서 우리는 특이한 권고하는 형태 הוי가 규칙적인 명령형 הזהר과 교환되는 것을 발견한다. הוי의 사용은 "아론의 제자가 הוי돼라" 라는 즉각적으로 힐렐에게서 유래한 잘 알려진 말을 떠올리게 한다.**87** 이 문법적 특징이 결정적인 증거로 간주할 수는 없지만, 힐렐의 일반적인 철학, 즉 자각과 개인적 책임을 표현하는 또 하나의 말이 될 수 있다는 점에서 흥미로운 가능성이 있다.

결론

열두 가지 사례 모두에서 우리는 다양한 말들의 독특한 문학적 역학을 추적했다. 또한 장로 힐렐과 힐렐 학파에 관한 이야기와 전설에서 이러한 말들이 어떻게 재활용되는지 추적했다. 이러한 문학적 비평 또는 형식비평은 자연스럽게 이야기 속 다양한 요소의 역사성에 의문을 제기한다.**88** 그러나 마지막 사례에서 그 역학 관계는 힐렐의 가르침을 재구성할 가능성으로 우리를 되돌려 놓았다. 이 이야기의 전설적 또는 신화적 성격은 과거 연구에서 이미 인정된 바 있다.**89** 그런데도 문학적 접근 방식이 이 이야기의 역사적 가능성을 무시할 필요는 없다. 오히려 역사적 사실과 전설적 표현의 조합에 대해 한 가지 각도를 더 조명하거나 더 명확한 통찰력을 제공할 수 있다.**90**

---

86) 위의 #3, 8, 10. 참조.

87) m.Ab 1:12.

88) Y. Dernburg, משא ארץ ישראל (St. Petersburg, 1896), ch. 11, 92-101 ; Y. Fraenkel, דרכי המשגה (Berlin, 1923), 37-39.

89) Y. Dernburg, משא ארץ ישראל (St. Petersburg, 1896), 95. J. Neusner, "From Exegesis to Fable in Rabbinic Traditions about the Pharisees", JJS 25 (1974) 263-69를 보라

90) 유사한 논쟁에 대해서는 이 책의 C. Evance의 글을 참조하라.

15장 _ 힐렐의 말들: 그 전승과 재해석

S. 사프레이

하가다에 나오는 힐렐의 말은 제2성전이 파괴되기 이전 세대의 다른 현자들의 말과 비교했을 때 상대적으로 많다. 힐렐의 말은 그의 동시대 경쟁자인 샴마이의 말보다 더 많고, 성전 파괴 이전에 살았던 다른 현자들의 말보다 훨씬 더 많다. 그 중 대부분은 '아버지의 윤리'에서 발견된 세 부분으로 이루어진 한 구절에 불과하다. 힐렐의 말은 그다지 많지 않음에도 다양한 맥락에서 여러 곳에서 인용되고 여러 세대의 현자들의 말속에 흩어지어 다양한 방식으로 해석된다.

이 연구의 목적은 힐렐의 말이 어떤 방식으로 전해졌는지, 그리고 여러 세대에 걸쳐 어떻게 이해되고 해석되었는지를 지적하는 것이다. 우리는 그 격언들이 초기의 출처와 문맥에서 드러나는 의미에 따라 해석되고 이해되었는지, 아니면 때때로 그 의미를 축소하고 메시지를 더 단순하게 다루고 후대의 현자들의 의견에 맞게 조정하는 방식으로 재해석되었는지 살펴볼 것이다.

I

'아버지의 윤리' 1:13에서 우리는 힐렐의 말을 배운다. 그 중에 מוסיף ייסוף(더하지 않는 자는 멸망할 것이다)[1]라는 말이 있다. 바빌로니아 탈무드의 타아니트[2] 말미

---

1) 이것은 카우프만의 읽기다. 많은 읽기: ייסוף. 많은 버전, 특히 미쉬나의 읽기: יסוף. 분명히 바빌로니아 탈무드 해석의 영향을 받은 것 같다.
2) (역주) Ta'anit는 미쉬나, 토세프타, 탈무드의 한 권(소책자)을 말한다. 유대교에서 이것들은 랍비 문헌의 기본 작품이다. Ta'anit의 소책자는 주로 금식일과 그 관습 및 기도에 대해 다루고 있다.

와 바바 바트라3 121b에서 게마4라는 아브(Ab) 15일 축제의 성격을 다루며, 이날에는 "태양의 힘이 쇠퇴한다." 라고 명시하고 있다. 그리고 덧붙인다: "그리고 지금부터 더하는 사람은 더하고 더하지 않는 사람은 모일 것이다." 5 모이는 것은 무엇인가?6 랍비 요셉이 가르쳤다. "그의 어머니가 그를 묻을 것이다." 분명히 이 본문과 랍비 요세프(Yosef)는 밤이 길어지고 낮이 짧아지기 시작하여 "밤에 낮을 더해야"(라시7)하기에 아브 15일부터 공부를 늘려야 한다는 것을 이해했다. 밤에서 낮으로 공부 시간을 늘리는 사람은 "그의 삶에 생명을 더할 것"(라시)이지만, "더하지 않는 사람은 모일 것" 이다. 즉, 그는 젊어서 죽을 것이고 "그의 어머니가 그를 묻을 것이다." '아버지의 윤리' 의 미쉬나를 해석하는 사람 중 일부는 랍비 요세프를 명시적으로 언급하든 언급하지 않든, 타아니트(Ta' anit)의 구절과 그 유사 구절에 비추어 힐렐의 말을 해석한다.8

이 말은 ARN에도 두 버전 모두에 등장한다. A 버전(12장, 28a절)은 "그리고 그는 또한 바빌로니아 말로 네 가지를 말하였다."라는 제목 아래의 말 목록에 이 말이 포함되어 있다. B 버전(27장, 28b)은 "그가 바벨로니아어로 말한 다섯 가지 더" 라는 제하에 이 말을 포함하고 있다.9 두 버전 모두 "늘리지 않는 자는 지는 자"라고 읽는다. ARN에서 힐렐의 처벌 위협의 요점은 공부를 늘리지 않는 사람은 젊어서 죽고 그의 어머니가 그를 묻으리라는 것이 아니다. 오히려 그가 공부를 늘리지 않으면, 구절의 계속해서 알 수 있듯이, 패배하고 그의 공부가 해를 입게 되리라는 것이다: "그것은 첫 번째를 잊어버리게 할 것이다."(버전 A); 또는 "결국 그는 잊을

---

3) (역주) Baba Batra은 탈무드의 네지킨 순서에 따른 탈무드 세 권 중 세 번째 권으로, 재산의 소유자로서 개인의 책임과 권리를 다루고 있다. 유대교의 구전 율법의 일부다.

4) (역주) Gemara는 탈무드의 필수 구성 요소로, 미쉬나에 대한 랍비들의 분석과 해석을 모아 63권의 책으로 엮은 것이다.

5) 이 구절은 LamRab, Petihta35, (fol.18b)에서도 같이 나타난다. Ta' anit, Baba Batra, 그리고 초기 권위자들의 모든 사본에 ואספ : ראשונים 그러나 LamRab에서: יסוף. 참조. ed. Malter, 146.

6) אספ 는 바빌로니아 탈무드의 모든 버전에 나타난다.

7) (역주) 슐로모 이츠차키는 흔히 약어 Rashi로 알려진 프랑스의 랍비로 탈무드와 히브리 성경에 대한 포괄적인 해석을 저술했다.

8) 예컨대, Rashi, Maimonides, meiri, Mahzor Vitri, Itzhak of Toledo, Bahye ibn Paquda 등의 주석을 보라.

9) 두 버전은 순서가 다르다. 버전 B에는 다음과 같은 격언이 추가되었다: ודשמש ולא מקיים חייב קטולי קטילי (그리고 누구든지 사용하지만 이행하지 않는 사람은 죽어 마땅하다.)

것이다."(버전 B)

יסוף라는 표현은 "그것은 줄어들 것이다."(즉, 그의 학습이 줄어들 것이다)로 이해해야 한다. 이 말의 첫 부분은 ARN A에서 다음과 같이 해석된다. "이것은 어떻게 되는가? 한 사람이 한 권의 소책자 또는 두 권 또는 세 권의 소책자를 배우면 늘지 않는다고 가르친다." ARN B가 있다: "토라의 한 구절을 배웠지만 계속 공부하지 않는 사람은 그 끝은 잊어버리는 것임을 가르치기 위해서이다." 문맥상 한 구절을 배운 사람은 그 구절을 복습해야 한다는 뜻인지, 아니면 다른 구절도 배워야 한다는 뜻인지는 불분명하다. ARN은 힐렐의 "더하지 않는 자"라는 말을 해석하고 있기에 학생이 배운 것에 추가해야 한다는 의미로 받아들이는 것이 더 합리적이다.

어쨌든 두 버전 모두에 따르면 힐렐이 요구하는 더하기는 하루의 시간을 더하는 것이 아니라 공부 자체에 대한 더하기이다. יסוף 또는 יסוף יי [10]라는 표현은 그가 죽을 것이라는 뜻이 아니라 그의 학습이 줄어들 것이라는 의미다. 미쉬나 자체에서 볼 때, "그리고 공부하지 않는 사람은 죽어 마땅하다."라는 형벌은 공부를 전혀 하지 않는 사람들을 위한 것이기에 공부를 늘리지 않는 사람에게 사형을 위협하는 의도가 아니라는 것이 분명하다. 그러나 "한 권 또는 두세 권"을 더하라는 것인지, 아니면 "토라의 한 구절"을 더하라는 것인지 의문을 가질 수 있다.

힐렐이 학습을 늘려야 하는 의무에 대해 말한 것은 토라를 새롭게 해석하여 늘리라는 의미로 해석하는 것이 더 합리적일 것 같다. 따라서 토라에 더하지 않는 사람은 토라가 줄어들 것이다. 탄나임(Tannaim)의 가르침에는 토라를 연구할 때 혁신적이어야 한다는 많은 예가 있다. 랍비 예호수아는 야브네에서 온 현자들에게 "오늘 학문의 집에서 어떤 새로운 발견을 하셨습니까?"라고 물었다. 방문한 현자들이 새로운 것이 없다고 정중하게 대답하자 랍비 예호수아는 "학문의 집에 새로운 것이 없다는 것은 불가능하다."라고 말한다. [11]

---

10) 위의 주-1을 보라.

11) t.Sot 7:9; y.Sot 3(18d); y.Hag 1(75d); b.Hag 3a; Mekhilta Bo, 15:58; ARN A 18(34a) 뛰어난 혁신가 중 한 명은 아니었던 Eleizer ben Hyrcanus 조차도 자신을 찾아오는 현자들에게 "오늘 학문의 집에서 어떤

'아버지의 윤리 2', 미쉬나 8장에서 라반 요하난 벤 자카이는 제자들의 칭찬에 관해 이야기한다. 그는 랍비 엘리에셀 벤 히르카누스를 "한 방울도 떨어지지 않는 시멘트로 만든 물통"이라고 부른다.[12] 그러나 랍비 엘르아살 벤 아라크는 "넘쳐나는 샘물"과 같다고 말하며, 한 해석에 따르면[13] "스스로 혁신을 만들어냈다."[14] 미쉬나의 쉬운 텍스트에 따르면 랍비 요하난 벤 자카이는 랍비를 다음과 같이 평가했다. 미쉬나의 평문에 따르면 랍반 요하난 벤 자카이는 랍비 엘르아살 벤 히르카누스, 즉 "시멘트로 만든 물통"을 그의 제자 중 첫 번째로 꼽았다. "이스라엘의 모든 현자가 저울의 한 저울에 있고 엘리에셀 벤 히르카누스가 다른 저울에 있다면, 그는 그들 모두를 능가할 것이다." 하지만 미쉬나에는 또 다른 전승도 있다: "아바 사울은 그의 이름으로 말하기를, 이스라엘의 모든 현자가 엘리에셀 벤 히르카누스와 함께 저울의 한쪽 저울에 있고 엘르아살 벤 아라크가 다른 쪽 저울에 있다면, 그가 그들 모두를 능가할 것이라고 말했다."

ARN B에 따르면, "아바 샤울은 랍비 아키바의 이름으로 그는 [그렇게] 말한 것이 아니라 '이스라엘의 모든 현자들이 저울의 한 저울에 있고 엘르아살 엔 히라카누스가 그들과 함께 있다면, [그런데도] 랍비 엘르아살 벤 아라크의 손가락이 그들 모두를 능가할 것이다.'라고 말하곤 했다."라고 전한다. 미쉬나의 계속되는 내용을 보면 랍반 요하난 벤 자카이는 랍비 엘르아살 벤 아라크를 자신의 주요 제자로 여겼던 것으로 보인다.

미쉬나 9장에는 라반 요하난 벤 자카이가 제자들에게 "너희는 가서 사람이 쪼개야 할 선한 길이 무엇인지 알아보라."고 말했다고 기록되어 있다. 그리고 그는 또한 그들에게 "사람이 피해야 할 악한 길이 무엇인지 나가서 보라."고 말했다. 이 두 제자의 대답에 대해 그는 "나는 엘르아살 벤 아라크의 말을 승인한다. 그의 말에는 당신의 말이 포함되어 있기 때문이다."라고 말한다. 랍반 요하나 벤 자카이가 랍비

새로운 것을 배웠습니까?"(m. Yad 4:3)라고 묻는다.
12) 미쉬나에 나오는 두 버전의 ARN(A 14 29b; B 29, Ibid.) 참조.
13) 같은 책.
14) Rabbi Yonah of Gerona의 해석 참조.

엘르아살 벤 아라크의 의견을 선호했다는 미쉬나 구절의 이어서, 랍비 요하난의 아들이 죽었을 때 그의 제자들이 그를 위로하러 왔지만, 그는 "랍비 엘르아살 벤 아라크가 들어올 때까지 그들의 위로를 거절하고, 그를 보고 그의 종에게 말했다고 아르나는 말한다. 그는 위대한 사람이고 나는 그를 [대적] 할 수 없으니 그릇을 가지고 나를 따라 목욕탕으로 오라."

랍비 요하난 벤 자카이 이전에 랍비 엘르아살 벤 아라크가 מעשי מרכבה(전차의 장)에 대해 설명한 전승에서 우리는 그가 실제로 최고의 제자였다는 결론을 내릴 수 있다. 토세프타, 랍비 시몬 벤 요하이의 메킬타, 탈무드에 나오는 전승15은 뛰어난 제자들이 암송한 내용과 관련이 있다. 랍반 요하난 벤 자카이는 랍비 엘르아살 벤 아라크를 가장 높이 평가한다: "우리 조상 아브라함이여, 엘르아살 벤 아라크가 당신의 후손인 것을 기뻐하라." 라며 "이스라엘의 모든 현자를 저울의 한쪽에 놓고 랍비 엘르아살 벤 아라크를 다른 한쪽에 놓는다면, 그는 그들 모두를 능가할 것" 이라고 증언했다. 메킬타에는 두 번째 버전이나 다른 의견에 대한 언급이 없다.

랍비 엘르아살 벤 히르카누스를 최고의 제자로 삼는 전통은 랍비 엘르아살 벤 아라크가 랍반 요하난 벤 자카이와 그의 동료들을 야브네로 데려가지 못하여 "그의 이름이 토라에서 쇠퇴했다."(ARN A) 또는 "그의 이름이 지혜에서 쇠퇴했다."(ARN B)고 기록된 이후 발전했다고 추정할 수 있다.

요약하자면, 랍비 엘르아살 벤 아라크, 즉 '넘치는 샘' 은 토라를 재해석하고 새로운 통찰을 추가했던 랍반 요하난 벤 자카이가 가장 존경하는 인물이다. 랍반 요하난 벤 자카이는 랍비 엘르아살 벤 아라크의 제자였지만 자신도 스승으로서 "지혜의 아버지이자 여러 세대의 아버지"라고 불렸다.16

힐렐의 이 말을 해석할 때 중요한 점은 "더하다."라는 동사가 토라의 말씀을 가

---

15) t.Hag 12:1-2; y.Hag 2 (77b); b.Hag 14b; Mekhilta de R. Shimon Bar Yohai, 158-59. 이 구절은 Sche3chter가 JQR (1904) 443-45에 출판한 Cambridge 사본에 따라 Hoffman의 the Mekhilta 판에 인쇄되었다. Tosefta and the Mekhilta에는 Rabi Elazar ben Arakh만 언급되어 있다. 탈무드에서는 이야기가 확장되어 Rabban Yohanan의 다른 제자들도 "전차"에 대해 논의했다. 참조. D.J. Halperin, The Falls of the Chariot (Tubingen, 1988), 13-17.

16) ARN B 14 (29a)

리키며, 이는 구전으로 전해지는 말씀을 확장하고 기록된 말씀에 덧붙인다는 의미라는 것이다. 토세프타 메길라(Megillah) 2:4117에 의하면 "랍비 예후다는 말하기를, 구절을 문자 그대로 번역하는 사람은 속이는 사람이며, 더하는 사람은 신성 모독하는 사람이다." 여기서 **더한다**는 것은 기록된 구절 이상으로 구절을 확장하는 것을 의미하며, 공개 낭독에서 토라를 통역할 때는 그렇게 하지 않을 수 있다. 마찬가지로 토세프타 베라코트에 의하면(4:18)18 "랍비 예호수아의 문간에 앉아 있던 네 명의 늙은 [학자]에 대한 이야기…, 그들은 랍비 아키바가 가르친 것에 대해 토론하고 있었는데…, 그들은 스스로 추가했다." 유사하게 토세프타 안식일(8:4)19에서 랍비 아키바와 문바즈(Munbaz)는 법의 한 점에 대해 의견이 일치하지 않았다. 문바즈는 자신의 견해를 설명하며 "아키바 랍비는 나에게 '나는 당신의 말에 나를 더합니다'라고 말했고, 반대 의견을 뒷받침하기 위해 추가적인 이유를 덧붙였다."라고 말했다. 미쉬나 킬라임에서는 함께 심을 때 킬라임(금지 명령)으로 간주되지 않는 범주들로 소책자를 시작한다. 미쉬나욧(Mishnayot) 1~3에는 다양한 종류의 채소가 나열되어 있지만, "랍비 아키바가 마늘과 야생 마늘을 추가했다."라는 등의 미쉬나가 나열한 종류와 같은 다른 쌍이 있다. "야생 마늘"과 미쉬나가 열거한 것과 같은 종류의 다른 쌍을 말한다.

할라카 미드라심20과 탈무드에 나오는 몇 가지 추가 예로 충분할 것이다. 랍비 이스마엘의 메킬타의 첫머리21에서 랍비 아키바는 경전을 해석하고 하나님이 이스라엘의 공로로 모세에게 말씀하셨다고 결론을 내린다. 이에 대해 벤 아자이는 "나는 선생님의 말씀에 응답하는 것이 아니라 거기에 더하는 것이며, 모세뿐만 아니라 모든 선지자와 함께 이스라엘의 덕으로 말씀하셨습니다."라고 말한다. 랍비 아

---

17) The baraita는 b.Kid 49a에는 약간의 차이점이 있다.
18) 이 baraita와 같은 힐렐의 미드라쉬에 대해서는 Beth Hamidrash, part 5, 95 참조.
19) b.Shab 62b에서도 비슷하다.
20) (역주) the halakhc midrashim. 미드라쉬 할라카라고도 한다. 고대 유대교 랍비들의 토라 연구 방법으로, 전승적으로 전해 내려오는 613개의 미츠봇을 히브리어 성경에서 그 출처를 확인하고, 이 구절을 율법의 진위를 증명하는 것으로 해석하여 해석하는 방식이다.
21) Masekhta de Pisha, Ch. 1, 5.

키바는 시프레 베할로카22에서23 "랍비 시몬 하테이마니는 '나는 랍비 아키바의 말을 무효화하는 것이 아니라 그 말에 덧붙이는 것' 이라고 말했다."라는 해석을 제시한다. 바빌로니아 탈무드(d.Ber 46a)에는 식사 후 손님이 주인을 대신하여 낭송하는 축도가 나오는데, 랍비[예후다 하−나시]가 말을 덧붙였다고 기록되어 있다. 예루살렘 탈무드(y.Sot 9 [23a])에는 이 원칙이 다음과 같은 관용구로 나와 있다: "선생님의 말씀에 이것을 더한다고 말하는 사람처럼."

　힐렐의 말은 개인이 새로운 통찰력을 찾고 자신이 받은 가르침에 추가할 것을 요구하고 토라에 추가하지 않는 사람은 그의 토라가 감소하지만 ARN에서는 이 말이 이미 기술적으로 받아들여져 마치 전도지를 추가하거나 성경 구절을 검토해야 한다고 말하는 것처럼 기술적으로 받아들여졌다. 아모라 랍 요세프의 해석에 따르면 이 요구는 공부에 시간을 추가하라는 요구로 이해되었으며 יוסף는 사형 위협을 의미하는 것으로 간주하였다: ייאסף. 다시 말해: 배운 것에 통찰력을 더하라는 힐렐의 고귀한 요구는 양, 시간, 처벌이라는 측면에서 기계적으로 재해석되었다.

　'아버지의 윤리 2, 미쉬나 7'에 나오는 힐렐의 "토라가 많을수록 생명도 많다."라는 말도 이런 맥락에서 해석해야 한다. 보통 이 말은 잠 3:2에 "수명이 나와 함께 있으니 수명이 네게 더하리라."라는 말씀처럼 토라를 공부하는 사람은 수명이 더해진다는 의미로 받아들여진다. 그러나 이 미쉬나에 나오는 일련의 표현들(살이 많을수록 벌레가 많아지고, 재산이 많을수록 불안이 많아진다 등)은 상과 벌을 제시하는 것이 아니라 힐렐이 본 세상의 상태를 묘사한 것이다. 여기서 더 많은 토라는 토라에 더하고, 토라를 늘리고, 토라 자체를 늘리고, 더하고, 창조하는 것을 의미한다. "더 많은 생명"은 토세프타 소타24와 위에 인용한 병행 구절에 나타나는 표

---

22) (역주) Beh'alotkha는 유대인의 연간 토라 읽기 주기에서 36번째 주간 토라 부분이며 민수기의 세 번째 부분이다. 파라샤는 성막의 메노라, 레위인의 봉헌, 두 번째 유월절, 구름 기둥과 불기둥이 이스라엘 백성을 인도한 방법, 은나팔, 이스라엘 백성이 여행을 떠난 방법, 이스라엘 백성의 불평, 미리암과 아론이 모세에게 질문하는 방법 등에 대해 이야기한다.

23) Paragraph 103, 101.

24) (역주) Sota는 가정법을 다루는 세데르 나심(여성의 명령)에 있는 소타, 즉 남편이 간통을 의심하는 여성과 관련된 법에 관해 설명하는 소책자이다.

현처럼 영원히 사는 토라의 말씀을 가리킨다.25

"학문의 집(아카데미)에서의 혁신"과 "열매를 맺고 번성하는 토라의 말씀"은 "세상에 생명"을 가져다주는 묘목과 같으며, 샴마이 학파와 힐렐 학파 사이의 논쟁 אלהים חיים לו ואלו דברי에 대해 말하는 "메아리(bat qol, echo)"에서 유래한 언어이다.26 이것은 "이것과 저것 모두 하나님의 말씀"이라는 뜻이 아니다. חיים이라는 단어는 하나님에 대한 설명이 아니라(이 문맥에서는 적절하지 않을 것이다) 샴마이 아카데미와 힐렐 아카데미의 말을 특징짓는 것이다. 여기서 가르치는 것은 비록 의견이 일치하지 않더라도 두 사람의 말은 모두 신성하고 살아 있다는 것이다. 같은 표현이 다른 곳에서도 나오는데, 거룩하신 분, 그분은 "이것도 저것도 모두 하나님의 살아 있는 말씀이다."27 분명히 하나님은 자신을 특징짓는 것이 아니라 분쟁의 선함을 특징짓고 계신다.

이 힐렐의 말은 이미 가진 자의 성장과 확장에 대한 예수의 가르침에서도 표현된다.28 바울과 서방 교회 교부의 가르침29에서와 마찬가지로 공부보다는 천국과 신앙에 적용되고 있다.30 그러나 천국은 원래 예수의 말에 나타나지 않았을 수 있으며 힐렐과 더 유사할 수 있다. 즉, 예수는 토라 연구와 연구를 통한 토라의 창의성에서 일반적인 토라의 삶으로 개념을 확장 중일 수 있다.31

II

레위기 라바 1:16에는 다음과 같은 구절이 나온다: 랍비 레비는 [이렇게] 경전에 대한 [해석을] 펼쳤다: "귀인을 위하여 자리를 비키려고 내려가는 것보다 그가 너

---

25) 위의 주-7을 보라.
26) y.Ber 1(72b) 및 병행 구절; b' Erub 13b 및 병행 구절. 참조, m.Yoma 35b.
27) M.Gitt 6:2.
28) 마 13:12; 13:32,29; 막 4:55; 눅 8:10. 참조: B. T. Viviano, *Study as Worship* (Leiden, 1978), 24-25.
29) 엡 4:15 및 기타 여러 곳.
30) Viviano (위의 주-21과 아래의 주-25을 참조하라.
31) D. Flusser, *Judaism and the Origin of Christianity* (Jerusalem, 1988), 263-335; 379-80.

희에게 '이리로 올라오라' 고 말하는 것이 나으니라"(잠 25:7) 랍비 아키바는 시몬 벤 아자이의 이름으로 가르쳤다: 네 자리에서 두세 걸음 떨어져 앉고, 그들이 올라 가라고 하니까 내려가되, 그들이 내려가라고 하니까 올라가지 말고, 그들이 올라 가라, 올라가라고 하고 내려가라, 내려가라고 말하지 않는 것이 낫다. 힐렐은 이렇 게 말했다. "나의 낮아짐은 나의 높아짐이고, 나의 높아짐은 나의 낮아짐이다." 그 증거는 무엇인가? "누가 자기 보좌를 그렇게 높이 세우면서 그렇게 낮게 보려고 하 느냐"(시 113:5−6) 이 미드라쉬에서 힐렐의 말은 벤 아자이의 말, 즉 사람이 자신을 낮추고 높아지는 것이 더 낫다는 말과 연결된다. 랍비 레비는 "주님께서 모세를 부 르셨다고 말했다." 모세는 자신을 낮추었고 주님은 그를 부르시고 그를 높이셨다.

이 구절에 대한 미드라쉬 탄후마[32]에서는[33] 랍비 탄훔의 이름으로 같은 강론의 첫 부분이 인용되어 있다. 여기에는 힐렐의 강론이 추가되지 않은 채 자신의 자리 에서 두세 자리를 비워야 한다고 명시되어 있다:

> '귀족을 위해 자리를 비켜주라' 라고 말하는 것보다 '이리 올라오라' 라 고 말하는 것이 더 낫다' 라는 성경 구절이 의미하는 바가 바로 이것이다. 랍비 탄훔은 이렇게 말한다: '두세 걸음 거리를 두어 그들이 올라가라고 말하도록 하고, 올라가지 마라 그들이 너에게 말하지 않도록 하라: "내 려가라."…, 마찬가지로 모세는 거룩하신 분−축복을 받으실 분−께서 그를 부르실 때까지 올라가지 않았다. 그리고 그분께서는 모세를 불렀 다.

다른 한편으로, 우리는 이 강론이 셰모트라바[34](45장)에 나오는 힐렐의 말로 시

---

32) (역주) Midrash Tanhuma는 토라 전체에 대한 강해 미드라쉬의 명칭으로 여러 버전 또는 모음집으로 알려 져 있다.

33) TanYash 1. ed., Buber, par. 2.

34) (역주) Shemot Rabba는 출애굽기의 미드라쉬로, 인쇄판에는 52개의 파라시요가 포함되어 있다. 파라시 오(parsha라고도 함)는 공식적으로 다나크어(히브리어 성경)의 마소라 본문에서 성경의 한 부분을 의미 한다.

작된다는 것을 알게 된다: 랍비 탄후마 바르 아바는 [이렇게 경전 해석을 시작했다]: "그분께서 여러분에게 '이리 올라오라'라고 말씀하시는 것이 '내려가라'라고 말씀하시는 것보다 낫다. 힐렐은 말한다: 내가 낮아지는 것이 곧 내가 높아지는 것이고, 내가 높아지는 것이 곧 내가 낮아지는 것이다. 더 높이 올라가라고 말하고 더 낮게 내려가라고 말하지 않는 것이 낫다."

일부 미드라심에서 힐렐의 이 말은 남자가 뒷자리에 앉는 것이 합당하다는 생각과 연결되어 있지만, 사실 이 두 말은 별개의 말이다. 잠언의 구절에 대한 강론과 레위기의 첫 구절에 힐렐의 말이 나오지 않기에 이것은 분명하다. 이 말은 힐렐의 말에 대한 언급 없이 ARN에서[35] 두 번, 바빌로니아 탈무드에서 한 번 찾을 수 있다. ARN에서 우리는 쉐마이어의 "권위를 경멸하라"는 말을 확장한 것을 읽는다.(ARN B 10): "랍비 요세가 말한다: 위로는 내려가고 아래로는 올라가라―사람이 자신을 낮추면 높아지는 것이고, 자신을 높이면 강등되는 것이다.".[36] 벤 아자이의 말 중 25장(I 버전만 해당)에는 "그는 '두세 걸음 내려와 앉으라'라고 말하곤 했는데, '내려가라고 말하는 것보다 올라가라고 말하는 것이 더 낫다'라는 말이 있듯이 '귀인을 위해 자리를 마련하기 위해 내려가는 것보다 '이리 올라오라'라고 말하는 것이 낫다' (잠언 25:7)라는 말이 있다."

바빌로니아 탈무드('Erubin 13b)의 전승은 특별한 경우다. 이 전승은 미쉬나(m.Suk 2:7)에 언급된 샴마이 학파의 장로들과 힐렐 학파의 장로들이 랍비 요하난 벤 하호라니를 찾아갔던 이야기를 소개한다. 이 구절은 힐렐 학파가 할라카가 "타협하고 자기중심적이기에 …," 뿐만 아니라 샴마이 학파의 말을 자신의 말보다 우선시하기에 "그들의 견해에 부합하는 특권을 얻었다."라고 결론지었다. 말이 계속된다: "자신을 낮추는 사람은 거룩하신 분께서 그를 높이시고 자신을 높이는 사람은 거룩하신 분께서 그를 낮추신다는 것을 가르치기 위해서이다." 이 사상은 부분적으로 여러 곳에서 발견되며, 특히 자신을 낮추는 사람은 거룩하신 분께서 그를

---

35) A 11 (23b);B 22(23b)
36) 더 명확한 ARN B를 기준으로 필사함.

들어 올리신다는 점을 강조한다.37

힐렐의 말은 연회 예절이나 더 높은 지위에 정중하게 도달하는 방법 또는 하나님의 섭리를 이해하는 방법을 다루지 않는다. 이 말은 그 자체로 존재하며, 높아지기를 추구하는 것은 그 자체로 타락이지만, 스스로 낮아지기를 추구하는 것은 그 자체로 높아진다는 것을 가르친다: "나의 낮아짐이 곧 나의 높아짐이고, 나의 높아짐이 곧 나의 낮아짐이다." 힐렐의 특징적인 방식으로 이 아이디어는 추상화가 아니라 일인칭으로 제시된다. 그는 그것을 그대로 자신에게 적용한다. 이 격언은 상과 벌을 다루는 것이 아니라 윤리와 철학의 종교적 사상을 담고 있다. 굴욕은 그 자체로 높임이고, 높이는 것 자체가 굴욕인 것처럼 굴욕은 그 자체로 높임을 받는다는 뜻이다. 교사와 강론자들은 힐렐의 말을 적절한 종교적 행동에 대해 말하는 구절(잠언)이나 종교적 성격을 띠고 신의 섭리의 방식을 말하는 구절(시편)과 연결했다.

힐렐의 말과 연회에서의 적절한 행동 사이의 연관성은 이미 신약성경과 예수의 행동과 가르침에 관한 전승에 나타난다. 눅 14:1-13을 보면 예수는 주요 바리새인 중 한 사람의 집에서 열린 안식일 만찬에 초대받았다는 내용이 나온다. 먼저 안식일에 병든 사람을 고쳤고, 그들이 식탁의 머리에 앉기로 한 것을 보시고 비유를 말했는데(7-10절), 일인칭 대신 "누구든지 자기를 높이는 자는 낮아지고, 누구든지 자기를 낮추는 자는 높아지리라"(11절)라고 말했다.38 랍비 전승에서와같이 이 아이디어는 만찬 비유에 대한 언급 없이 신약에서만 발견되지만 누가 18:14과 마 23:12의 강론에 대한 결론으로 발견된다.39

요약하자면, 이미 초기에 힐렐의 말은 연회에서의 행동과 일반적인 행동에 대한 설교에 추가되었지만 이러한 맥락으로 인해 그 의미가 축소되어 사람이 어떻게

---

37) Derekh Eretz Zuta, Ch. 9 (Higger, Tractate Yirat Het, 80); b.ʾErub 54a; b Sanh 17a; Midrash Hillel Beit Hamidrash, part. 5, 91), 기타.

38) Strack과 Billerbeck은 그들의 주석에 많은 출처를 제시하는데, 그중 일부는 이 문제와 관련이 있다.(2권, 203-7) 그러나 이들은 힐렐의 말이나 연회의 비유와 그 설명을 언급하지 않는다.

39) 신약성경에서도 하나님은 겸손한 자나 자신을 낮추는 자를 높이신다는 생각을 발견할 수 있다.(참조, 마 5:19; 18:4)

더 고귀한 곳에 도달해야 하는지 가르치게 되었다. 그러나 이 말의 주된 축소는 자신에 대한 개인적인 책임을 줄이고 교만과 겸손의 중요성을 줄이는 것이다.

III

토세프타 수카(t.Suk) 4:3는 다음과 같이 기록이 있다.**40** "장로 힐렐이 말했다: 내 마음이 사랑하는 곳으로 내 발이 나를 인도하리니 너희가 내 집에 오면 나도 너희 집에 가고, 너희가 내 집에 오지 않으면 나도 너희 집에 가지 않으리니 '내 이름이 거론되는 곳마다 내가 너희에게 가서 너희에게 복을 주리라'(출 20:21)라는 말씀과 같이 말이다."

이 **바라이타41**는 **심하트 베이트 하쇼에바**(물그릇 집의 기쁨)**42**의 성막 축제 동안 성전에서 일어난 일에 관해 이야기하는 것 중 하나다. 그 내용이 성전을 언급했다고 추정할 수 있다. 따라서 우리는 바빌로니아 탈무드(b.Suk 53a)에서 다음을 명시적으로 발견한다: "그들이 장로 힐렐에 대하여 말하기를, 그가 물을 길어 올리는 축제를 기뻐하며 말하기를, 내가 여기 있으면 모두가 여기 있고, 내가 없으면 누가 여기 있느냐,**43** 내 마음이 사랑하는 곳으로 내 발이 나를 인도하리라.**44** 너희가 내 집에 오면 나도 너희 집에 가고, 너희가 내 집에 오지 않으면 나도 너희 집에 오지 않겠다. '내 이름이 언급되는 모든 곳에서 내가 너희에게 와서 너희에게 복을 주겠다'(출 20:24)라고 하였다."

이 두 말씀의 주체는 하나님과 힐렐 중 누구일까? "내가 여기 있으면…?"이라고 말하는 사람과 "네가 내 집에 오면…"이라고 말하는 사람은 누구일까? 라시는

---

40) 이 구절은 Rabbi Eliezer ben Yaaqov의 이름으로 Yitro의 끝 부분인 Mekhilta 243쪽에 부분적으로 나온다. 또한 힐렐의 말 중 부분적으로 ARN에 있다. ARN A 12 및 B 27 (fol. 28a) 참조.

41) (역주) baraita는 미쉬나에 포함되지 않은 랍비 유대교의 구전 토라의 전승을 가리킨다. 따라서 바라이타는 미쉬나의 여섯 가지 명령 중 '외부'의 가르침을 의미한다.

42) (역주) Simchat Beit HaShoeivah는 수코트 중간 날에 유대인들이 개최하는 특별한 축제이다

43) 이 격언은 *Simhat Beit Hashoeva*의 문맥이 없는 ARN A의 힐렐의 말 중에서 발견된다.

44) 바빌로니아 탈무드의 텍스트에 관해서는 Lieberman's commentary on the Tosefta, 887-88을 보라.

이 구절을 힐렐이 하나님의 이름으로 이렇게 말했다고 해석했다. "그는 거룩하신 분의 이름으로 대중에게 설교하여 그들이 죄를 짓지 않도록 축복하실 것이다. 내가 여기 있으면 모두가 여기 있다 (즉, 내가 이 집을 원하고 내 임재가 그 안에 머무르는 한 그 명예가 유지되고 모두가 여기에 올 것이다); 그러나 당신이 죄를 지으면 나는 내 임재를 제거할 것이고 누가 여기에 오겠는가?" 그리고 실제로 탈무드의 일부 버전에서 찾을 수 있다.: "또한 거룩하신 분께서 말씀하시기를 너희가 내 집에 오면 복이 있으리라."**45** 그러나 이것은 과대 교정에 불과하며**46** 주요 텍스트에서 하나님은 화자로 언급되지 않는다.(예: 뮌헨과 세일롯의 단편들에서):**47** "그는 말하곤 했다." 토사피스트 ("내가 여기 있다면")는 이렇게 쓴다: [라시]는 그의 논평에서 힐렐이 거룩하신 분의 이름으로 축복받으실 분의 이름으로 이렇게 말했다고 썼지만 예루살렘 탈무드에서는 그가 자신에 대해 말한 것이 분명하며 자신을 칭찬할 필요가 있는가?" 토사피스트들**48**은 "내가 여기 있으면…," 이라는 말에 대해서는 라시와 동의하지 않지만 "네가 내 집에 오면…," 이라는 말에 대해서는 동의한다. "그리고 누가 '네가 내 집에 오면 나도 네 집에 가겠다' 라고 말했느냐?"라고 말한다. 그것은 '내 이름이 거론되는 곳마다 내가 너희에게 임하여 너희를 축복하리라' 라는 성구에서 설명할 수 있는 신성한 임재일 수밖에 없다."라고 말한다.**49**

두 버전의 ARN에서 힐렐의 말은 이런 식으로 해석되었다. 버전 A 12, 28a에서는 다음과 같이 읽는다:

> 그는 이렇게 말하곤 했다: 당신이 내 집에 오면 나도 당신의 집에 가겠
> 다. 내 마음이 사랑하는 곳으로 내 발이 나를 인도한다. 당신이 내 집에

---

45) 참조. Ms. Munich B; Ein Ya'aqov, first edition; Aggadot Hatalmud, Kad Hagemah, item *Azeret* (Ed. Chavel, 296) and elsewhere. 참조. Diqduqei Hasoferim, 172, 주-6.

46) S. Lieberman이 Tosefia Kifshutah, Part 4 (New York, 1962), 888쪽에서 정확하게 지적한 것처럼.

47) Tarbiz 6 (1935) 493.

48) (역주) Tosafist라는 문자 그대로 "추가"를 의미한다. 제목에 대한 이유는 현대 학자들 사이에서 논쟁의 여지가 있다.

49) Lieberman은 이 해석을 받아들이고 Tosafists의 견해를 본문의 평이한 의미로 간주한다.

오면 나도 당신의 집에 갈 것이다. 어떻게 그럴 수 있는가? '내 이름이 거론되는 곳마다 내가 너희에게 와서 너희에게 복을 주리라' 라고 말씀하신 대로 아침저녁으로 회당과 학문의 집에 가는 사람들, 즉 거룩하신 분이 다가올 세상을 위해 그들에게 복을 주시는 사람들이다.

버전 B가 있다:

> 그는 말하곤 했다: 너희가 내 집에 오면 나도 너희 집에 가겠다 – 타작마당과 포도주 틀을 떠나 세 번의 성지 순례를 위해 예루살렘으로 올라가는 이스라엘을 가리키며, 거룩하신 분이 그들에게 다시 오셔서 '내가 너희에게 가서 너희에게 복을 주겠다' 라고 말씀하신 대로 그들에게 복을 주신다.

두 버전 모두에서 이 말은 이스라엘이 자신의 집에 오는 것을 조건으로 하나님께서 다음과 같은 축복을 주신다는 의미로 받아들여진다. "너희가 내 집에 오면 내가 너희 집에 가서 너희에게 복을 주겠다." 그러나 A 버전에서는 이 표현이 회당과 학문의 집에 적용되고, B 버전에서는 예루살렘의 성전에 적용된다.[50]

현자들은 어떤 경우에도 신성한 존재의 이름으로 하나님의 이름으로 말하지 않는다. 현자들은 백성이나 하나님에게 말하지만, 결코 그분의 이름으로 말하지 않는다. 현자들은 성경의 도움으로 또는 성경 없이 자신의 의견을 표현하지만, 결코 하나님을 대변하지 않는다. 하나님이 말씀하신 것을 반복하고 싶을 때, 그들은 그 앞에 다음과 같이 서문을 붙인다: המקום אומר (영원한 분이 말씀하셨다) 또는 שכינה אומרת (신성한 존재가 말씀하셨다) 및 이와 유사한 표현을 사용한다.

---

50) ברל מקום의 두 가지 다른 해석은 이미 Mekhilta Masekhta de baHodesh, Ch.11, 243에 나온다: בכל מאום כאן אמרו כל עשרה בני אדם שנכנסין לבית הכנסת שכינה. 그럼에도 다음을 보라: וגוי שאני נגלה עליך בבית הבחירה 힐렐의 말은 Mekhilta에 אליך עמהם .. ומנין אפילו שנים .. ומנין אפילו אחד שנאמר בכל המקום אשר אזכיר את שמי אבוא. Rabbi Eliezer be Yaaqov의 이름으로 나온다.

"내 이름이 언급되는 모든 곳에서"라는 구절은 하나님이 자신의 이름을 언급하지 않고 사람들이 언급하기에 사람 이외의 다른 것에 관해 해석해서는 안 된다.**51** 하나님은 이 구절에서 자신의 이름이 언급되는 모든 곳에서 오셔서 축복하실 것이라고 약속하신다. 같은 구절에서는 은과 금으로 신상을 만드는 것을 금지하고 "너희는 나를 위해 흙으로 제단을 만들라"라고 요구하면서 "내 이름이 언급되는 모든 곳에서 내가 너희에게 임하여 너희에게 복을 주겠다."라고 약속하신다.**52**

성막 축하 행사에서 모두가 하나님 앞에서 찬송할 때 힐렐은 하나님께 이렇게 말한다. "주님께서 우리 집에 오셔서 주님의 임재가 머무르게 하시면 제가 주님의 집에 갈 수 있지만, 주님께서 우리 집에 오지 않으시고 우리가 주님의 영광을 위해 지은 집에 주님의 임재가 머무르게 하지 않으시면 주님의 집에 가는 것이 아니라 돌과 나무로 지은 집에 가겠습니다."

일인칭으로 두 문장을 제시하는 토세프타의 전승에서 힐렐이 한 문장에서는 자신에 대해, 다른 문장에서는 하나님을 대신하여 말하고 있다고 가정할 이유가 전혀 없다. 바빌로니아 탈무드에 나오는 바리타도 같이 세 문장으로 구성되어 있다:

(1) 내가 여기 있다면…,

(2) 내가 사랑하는 곳으로…,

(3) 내 집에 오면…,

---

51) Mikra Kifshutto, 174에서 A. B. Ehrlich의 주석. 참조. 그는 주석의 서두에서 "Rabbenu Yona가 이미 그의 책 중 하나에서 '내 이름이 언급되게 하겠다'는 것은 당신이 언급할 것이라는 의미라고 말한 것 같다."라고 썼다. Rabbenu Yona의 토라 주석에는 이 구절에 대한 설명이 없다. 그가 어디서 그런 언급을 했는지는 알 수 없다.

52) Onkelos는 אזכיר라는 단어의 번역을 피한다. Yonatan도 마찬가지로 다음과 같이 번역한다. אתרא דאשרי שכינתי ואנת פלח קדם בכל. 그러나 그는 인간의 행동을 강조한다. "예루살렘 번역"은 마치 구절이 תזכיר(즉, בכל דתדכרו)라고 말한 것처럼 읽는다. 마찬가지로, Neophyte는 די תדכרון ית שמי בצלו로 번역하여 첨가한다. 시리아어와 사마리아어 번역에서도 마찬가지다. Ms. A (Ed. Tal, 307) Saadia Gaon의 번역은 להזכיר את שמי רשות이다. 'Abot 3:7의 Midrash Shmuel에서 Rabbi Yom Tov ben Avrahm-Ashvili의 이름으로 כמו תזכיר אוכיר יש אומרים כמו תזכיר로 번역한다. Ms. Or Beaphla는 אל תקרי אזכיר אלא תזכיר로 번역한다.(Torah Shelema, 165)

힐렐은 앞의 두 문장에서 분명히 자신에 대해 말하고 있기에 세 번째 문장에서도 자신에 대해 말하고 있는 것이 틀림없다.

이 말을 하나님에게 할 때 대담하고 심지어 거만하게 들릴 수 있으며, 그 평범한 의미에 따라 해석되지 않을 수 있다. 힐렐의 말에는 놀라운 종교적 힘이 있지만 오만함은 없다. "내 집에 오면"을 하나님이 말씀하신 것으로 해석하는 것은 이미지의 축소를 포함한다: 하나님은 우리에게 자신의 집으로 오라고 요청하고 자신의 집에 오는 사람에게 호의를 베풀어 그 사람의 집으로 오겠다고 약속하신다. 이런 식으로 고상한 말이 사소한 흥정으로 바뀐다.

16장 _ 힐렐과 성경: 권위에서 주석까지

D. R. 슈워츠

힐렐의 성경 사용을 논의할 때, 역사적 힐렐과 그의 이미지가 추가된 후대의 힐렐을 항상 구별해야 한다.[1] 이에는 다양한 주석적 어려움이 따르나 아래에서 논의할 자료에서는 어느 것도 그리 어렵거나 중요하지 않다. 자료 부족이 더 어려운 문제이다. 야곱 노이스너 교수가 『70년 이전의 바리새인들에 관한 랍비 전승』(1권, 9-10장)에서 수집한 힐렐에 관한 105개의 페리코파[2] 중 성경 구절이 전혀 포함되어 있지 않은 것은 1/3(35개)에 불과하다. 그 35개 중 절반 정도만이 힐렐이 성경 인용이나 성경에 대한 성찰로 사용한 것으로 인정한다.

게다가 힐렐의 가장 잘 알려진 진술은 놀라울 정도로 비성경적이며 반성경적이기까지 하다. 따라서 그의 격언(apothegms)의 중심 랍비 저장소인 미쉬나 경전(the Mishnaic tractate) Ab에서는 성경의 인용이나 구절에 대한 암시를 찾을 수 없다. 다만 이 '랍비'들의 진술에서 성경이 아닌 모국어인 아람어(1:13, 2:7)사용은 드물게 발견할 수 있다. 또한 힐렐의 격언 중 다른 곳에서 다시 등장하는 수사학적 장르로서 비성경적 장르인 '역설(1:14)'도 발견할 수 있다.[3]

이와 비슷하게, 유명한 이야기(b.Shab 31a)에 따르면 힐렐이 토라와 한 가지 규칙을 요약해 달라는 요청을 받았을 때 그의 대답은 성경의 "네 이웃을 네 몸과 같이 사랑하라"(레 19:18)가 아니라 "네게 싫은 것을 남에게도 행하지 말라"는 부정적으로 표현된 황금률의 아람어 버전이다. 이에 따라 에듀요트 1:1-3에 기록된 샴마이와의 율법적 분쟁 모음집에는 어떤 구절이나 주석도 인용되지 않았다. 주제 자체

---

1) 나는 내 친구인 Paul Mandel이 제공한 통찰력과 J. Neusner의 획기적인 저서인 *The Rabbinic Traditions about the Pharisees Before 70*, 3 vols. (Leiden, 1971)의 특별한 유용성을 인정하고 싶다.
2) (역주) pericopae는 성경 구절에서 선택-발췌한 것들을 말한다.
3) 그중에서도 t.Ber 2:24과 7:24; t.Suk 4:3, ed. Zuckemandel (5, 17, 198); b.Suk 53a을 참조하라.

와 병행 본문에서 알 수 있듯이, 관련된 것이 없는 것 같다.4

힐렐의 가르침이 비성경적이라는 점은 랍비 전승에서 힐렐을 가장 유명하게 한 네 가지 법적 견해들이 성경의 율법을 우회할 수 있는 혁신안으로 구성되어 있다는 관찰을 통해 확인할 수 있다.

1) 힐렐은 신 15:2-3에도 불구하고 안식년이 지나도 빚을 탕감할 수 있도록 허용했다.

2) 성벽 도시에 있는 주택은 현재 소유권자로부터 재매입하라는 성경의 요구를 이행할 수 없음에도 불구하고 원래 소유자에게 반환할 수 있도록 허용했다.(레 25:29-30)5

3) 힐렐의 다른 두 가지 유명한 법적 견해에 관해서는, 하나는 유월절 전날이 안식일일 때에도 유월절 희생 제사를 지내야 한다는 힐렐의 주장이다.(아래, 제1부 참조) 그는 성경 주석을 근거로 이 의견을 정당화하려고 했지만, 전승에 호소하는 방식으로만 이 의견을 전달했다.

4) 힐렐의 또 다른 유명한 율법적 견해인 유월절 희생 제물의 적절한 섭취에 관한 견해는 주해로 제시된 것이 아니라 구절(출 12:8/민 9:11)의 평범한 의미에 부합하는 관습으로 제시되었으며, 후에 랍비 요하난과 같은 현자가 이의를 제기한 주장이다. 힐렐의 관습은 유월절 전례(하가다)에 부록

---

4) t.'duy 1:1(Zuckermandel 편집, 454)에 따르면, 힐렐이나 샴마이의 의견 모두 성경 구절에 근거한 것이 아니며, 오직 "현자들"의 의견만이 민 15:20에 근거한 것으로 알려져 있다. 같은 구절에 대한 서로 다른 주석에서 힐렐과 샴마이의 의견을 도출하려는 시도에 대해서는 A. Schwarz, *Die Erleichterungen der Schammaiten und die Erschwerungen der Hilleliten: Ein Beitrag zur Entwick-lungsgeschichte der Halachah* (Vienna, 1893), 26-29을 보라. 그러나 제시된 해석은 너무 난해하여 보다 명확한 증거 없이는 받아들이기 어렵고, 중세 출처인 Schwarz 인용에도 불구하고 Yerushalmi에는 없다. (B. Ratner, Aha-wath Zion We-Jeruscholaim, Traktate Terumoth und Challa [Vilna,1904], 126-27 [히브리어]을 보라) 그렇지 않으면 힐렐과 샴마이 사이의 분쟁의 근거로 제시된 구절이 없다. 아래의 주-33 보라.

5) 주요 본문은 전자의 경우, m.Shevi 10:3, m.Gitt 4:3, and SifDeut 113 (ed. Finkelstein, pp. 173-74), 후자의 경우, m.'Arak 9:4 and SifLev, SifBehar 4:8 (ed. Weiss, p. 108d) 참조. 아래의 주-42 참조. 일반적으로 두 가지 제정에 대해서는 I. Ben-Shalom, "Hillel the Elder: His Personality and Accomplishments on their Contemporary Background," *Leaders and Leadership in Jewish and World History*, ed. I. Malkin and Z. Tzahor (Jerusalem, 1992), 117-21 (히브리어)를 보라.

으로 들어갔으며, 축도로 성화되지 않은 회고담일 뿐이다.6

이로부터 적절한 결론은 힐렐을 구전 전승의 현자로 간주해야 한다는 것이다. 요세푸스가 바리새인들을 "조상들의 전승"과 (성경이 아닌) 율법의 거장으로 묘사한 것처럼,7 막 7장과 갈 1:14 및 빌 3:5의 비교와 같은 본문에서도 같은 특징이 드러난다. 또한 힐렐의 가르침의 특징은 윤리적이든 율법적이든 힐렐과 바리새 전승의 교사들의 권위 위에 서 있지만, 구전 율법의 우선권이 아니라는 점은 개종하기 위해 힐렐에게 왔지만, 성문 율법만을 배우기를 원했던 이방인의 유명한 이야기에서 강조된다.8 읽을 수 있기 위해서라도 교사에게 의존해야 한다는 것을 보여준 힐렐 요령(trick)의 핵심은 구전 율법이 우선권을 가진다는 것이다.

그러나 힐렐의 출세를 묘사하는 두 그룹의 전승은 힐렐이 성경을 매우 직접적인 방식으로 다루는 것을 보여준다. 이 두 가지 전승은 여기서 특별한 논의가 필요하다. "I"9에서는 "힐렐이 바빌로니아에서 올라오게 된(즉, 팔레스타인으로 이주하게 된)" 율법적 주제를 언급하는 전승들, 즉 율법적 문제의 해결이 힐렐이 이주한 이유였다고 하는 전승들을 연구할 것이다. 이러한 전승은 팔레스타인에서 토라가 잊혔다는 3세기의 진술(b.Suk 20a)에 비추어 이해되어야 한다. 따라서 에스라와 명시적으로 비교되는 바빌로니아 사람이 그 지식을 회복하는 데 필요했다. 기록된 토라, 즉 오경을 잊을 수 없듯이,10 힐렐 해석의 필요성에 대한 이 특징화는 구전 토라, 또는 구전 토라와 성경의 결합을 의미한다.

6) b.Pes 115a 그리고 S. Lieberman, *Tosefta Ki-Fshutah*, 10 vols. (New York, 1955–1988), vol. 4, 510 (히브리어); cf. Neusner, *Rabbinic Traditions*, vol. 1, 257–58, 280–81.

7) Josephus, *War* 1.5.2 §110; 2.8.4 §162; *Ant* 13.10.6 §297; 13.16.2 §408; *Life* 38 §191. 또한 *War* 2.17.3–4 §§411–17, *Ant* 18.1.3 §12 (여기서 성경만을 따르는 사두개파와의 대조에 대해서는 G. Baumbach, "The Sadducees in Josephus," *Josephus, the Bible, and History* [ed. L. H. Feldman and G. Hata; Detroit, 1989], 177–78) 그리고 *Ant* 20.9.1 §201 (이 율법 주의자들을 바리새인으로 식별하려면 "The Name of the Pharisees," *JBL* 102 [1983] 413–14, 주 9 참조) 일반적으로, 같은 책, "The Pharisaic Paradosis" *HTR* 80 (1987) 63–77 참조.

8) b.Shab 31a; ARN A 15 (Schechter 편집, 61)

9) (역주) I. "이 때문에 힐렐이 바빌로니아에서 올라왔다."

10) "그것은 말아서 구석에 놓아두고 공부하고자 하는 사람은 누구나 와서 공부할 수 있다."(b.Kid 66a)라는 랍비 문구를 보라.

안식일에 드리는 유월절 제사에 관한 논쟁과 관련하여 "II"에서 논의한 다른 그룹의 전승에 대해서도 같은 결론을 내린다. 이들은 일부 현자들("바티라의 아들들")이 자신들이 관련 율법을 잊어버렸기에 힐렐에게 호소하고 힐렐이 그 지식을 보여주자 힐렐을 지도자(나시)로 삼았다고 주장한다.[11] 그런데도 "힐렐이 바빌로니아에서 올라온 이유"는 모두 성경을 다루며 유월절 제사에 관한 논쟁과 마찬가지로 성경과 관련이 있다. 따라서 성경과 구전 율법 사이의 관계는 조사가 필요하다.

I. "이 때문에 힐렐이 바빌로니아에서 올라왔다."

힐렐이 어떤 할라카 문제[12] 또는 문제들 때문에 바빌로니아에서 올라왔다는 개념은 랍비 문헌의 세 구절에서 발견된다. 그중 두 구절은 토세프타와 시프라에서 나병과 관련된 문제만을 다루고 있다. 세 번째는 예루살미(Yerushalmi, 예루살렘 탈무드)에서 그 문제와 다른 두 가지 문제를 다루고 있다. 먼저 나병 문제를 다루겠다.

레 13장의 율법은 제사장에게 나병의 진단을 맡기고, 나병에 걸린 것으로 의심되는 사람을 2주간 격리하고 나병으로 인해 불결하다고 선언할 수 있는 전권을 부여한다. 또한 나병이 완치되거나 나병에 걸리지 않았다고 판정된 후에도 나병에 걸리지 않았다고 선포할 수 있는 권한이 있었다. 그러나 제사장이 레 13:37의 "그는 정결하니 제사장은 그를 정결하다고 선언할 것이요"를 근거로 잘못하여 병에 걸린 사람을 정결하다고 선언하면 어떻게 될까?

---

11) 문제의 현자들이 바빌로니아 출신이었을 가능성이 크다는 점은 주목할만하다. 그들은 힐렐을 "다시"라고 단순하게 임명하지 않고 "그들 위에 다시"라고 임명했다고 한다. 즉, 논의와 임명은 제한된 틀 안에서 이루어졌을 수 있다. 여기서 그 함의를 추적할 수는 없다. 참조: Ben-Shalom, "Hillel the Elder" 116; H. Albeck, "The Sanhedrin and its President," Zion 8 (1942/43) 166-67 (히브리어) 그리고 E. Nodet, *Essai sur les origines du Judaisme, de Josue aux Pharisiens* (Paris, 1992), 230-36.

12) (역주) halachic issue는 유대인 생활의 모든 측면을 지배하는 포괄적인 법률 시스템인 유대인 율법, 즉 할라카와 관련된 주제이다.

t.Neg 1:16(Zuckermandel 편집, 619쪽)

(a) 제사장이 정결한 사람을 부정하다고 선언하거나 부정한 사람을 정결하다고 선언하고 [격리] 주말에 그를(ובזקק לו)[13] 처리 [검사]한 경우 (b) [그때] 부정한 사람을 부정하다고 선언하거나 정결한 사람을 정결하다고 선언했음에도 그는 아무것도 하지 않았다. (c) [성경]은 부정에 대해 "그는 부정하며 제사장은 그를 부정하다고 선언해야 한다." (레 13:37)라고 말한다. 이것이 힐렐이 바빌로니아에서 올라온 이유 중 하나다.

sifLev, 타즈리아[14] 9:16

(Weiss 편집, 66d-67a, Ms, Vatican 66, 275)

(a) "그는 정결하다."(레 13:37) 아마도 [사람들은] 그[이전에 격리되었던 사람]가 단순히 떠나서 자기 길을 갈 수 있다고 추론할 수 있는데, 그러므로 [즉, 그러한 추론을 배제하기 위해] "제사장은 그를 정결하다고 선언할 것이요"(레 13:37)라고 되어 있다. (b) 그러나 "제사장이 그를 정결하다고 선언할 것이요"에서 아마도 제사장이 부정한 사람에 대해 "정결하다."라고 말하면 그가 정결할 것이라고 [추론할 수 있으므로] "그는 정결하고 제사장은 그를 정결하다고 선언할 것이다."라고 말한다. 이 일 때문에 힐렐은 바빌로니아에서 올라왔다.

y.Pes 6:1,33a

힐렐이 바빌로니아에서 올라온 세 가지 이유 때문이다. (a) "그는 정결하다."–

---

13) Zuckermandel의 판본은 여기서 ⋯, (여는 연결사 없이) 읽지만, 그 판본(478에 따르면)은 다른 증인들과 마찬가지로 실제로 연결사를 사용하여 읽는 Vienna 사본에 근거한다.(J. Krengel, "Variae Lectiones zur Tosefta", MGWJ 45 [1901] 28; S. Lieberman, Tosefth Rishonim [4vols.; Jerusalem, 1936-1939], 3권, 167 [히브리어] 참고) 이 점이 중요하다. 연결사가 없으면 ⋯, 제사장은 Tosefta의 앞 단락에서 여섯 번처럼 그 사람을 재검토해야한다는 지시이다. (아마도 Zuckermandel의 오류를 일으킨 연관성) 연결사를 사용하면 단락 (a) 전체가 단락 (b)에 의해 판결 된 경우가 된다. 연결사가 없는 텍스트는 어쨌든 어렵다. 법이 어떻게 누군가에게 사제가 잘못했다는 것을 알도록 의무를 부과할 수 있을까?

14) (역주) Tazria는 유대인의 연간 토라 읽기 주기에서 27번째 주간 토라 부분이며 레위기의 네 번째 부분으로 레 12:1-13:59에 해당한다.

아마 [사람들은] 그가 단순히 떠나서 자신의 길을 갈 수 있다고 추론할 수 있으므로 "제사장은 그를 정결하다고 선언할 것이다." (b) "제사장은 그를 정결하다고 선언할 것이다."–아마 [사람들은] 제사장이 부정한 사람에 대해 "정결하다."라고 말하면 그가 정결할 것으로 생각할 수 있으므로 "그는 정결하고 제사장은 그를 정결하다고 선언할 것이다."고 말한다. 이 때문에 힐렐은 바빌로니아에서 올라왔다.

(y.Pes에는 다른 두 가지 문제가 있으며 아래에서 설명하겠다.)

즉, 제사장이 누군가가 부정할 때 정결하다고 선언하거나 정결함에도 부정하다고 선언하고 일주일 후 같은 제사장이 그 사람을 정확하게 진단했다면, 법은 그 제사장은 "아무것도 하지 않았다."라고 규정한다.

18세기의 고전적인 랍비 주석서에서 제시된 두 가지 근본적으로 다른 이해가 현대 독일 주석가에 의해 이 율법에 대한 해석으로 이어졌다.[15] 이 해석은 잘못 진단된 사람을 불결한 사람으로 취급하여 격리하고, 일주일이 지난 후 재검사를 통해 증상이 발견되어 부정한 것으로 판명되면, 2주간 격리라는 성경의 요구를 충족시키기 위해 2주간 격리해야 한다고 해석한다. 첫 주는 실수로 부과되었으므로 자격이 없다. 제사장이 "아무것도 하지 않았다."라고 규정할 때 단락 (b)가 말하는 것은 검역의 첫 번째 부과에 관한 것이다.

S. 리버만(Lieberman)이 제시한 다른 설명[16]은 첫 번째 검사에서 제사장의 실수로 인해 그러한 진단에 다시 관여할 자격이 박탈되었다는 것이다. 따라서 제사장이 그 남자를 다시 검사한다면 그의 판단이 정확하더라도 법적 타당성이 부족하

---

15) D. Pardo, *Hasdei David*, 4/2 (Jerusalem 1970/71), 15 (히브리어); 바빌로니아 탈무드 표준판 Vilna (Romm) 판의 Tractate Niddah 다음에 인쇄된 R. Elijah of Vilna의 Tosefta 주석 ; 그리고 W. Windfuhr, Ahilot/Negaim (Die Tosefta 6/9 = Rabbinishche Texte 1/15; Stuttgart, 1959), 358, 주-101 참조

16) Lieberman의 공식(위의 주 10)은 너무 전신체적이어서 확신이 어렵다: "그것은 일주일이 끝날 때 그 병자가 제사장의 말과 같지만, 처음에 그[제사장]가 그를 불결하다고 제대로 선언하지 않았기에 그의 [두 번째] 진술, 즉 ‘[그는] 부정하다’는 말은 효과가 없고 그는 정결하다는 것을 의미한다." (나의 괄호 안의 보충 설명-D.R.S.) Lieberman은 J. Neusner의 *A History of the MishnaicLaw of Purities* (SJLA 6; 22 vols.; Leiden, 1974-1977), vol. 6, 58에서 그 뒤를 잇고 있다. 그러나 Neusner의 קקין번역은 오해의 소지가 있다. 그 의미는 Tosefta의 앞 구절에서 분명하게 드러난다.

다. 따라서 처음에 부정하다고 잘못 선언했다가 올바르게 선언한 사람은 두 선언 중 첫 번째 선언은 잘못되었고 두 번째 선언은 그러한 관행에서 자격이 박탈된 제사장에 의해 이루어졌기에 여전히 정결하다. 법적 결과의 관점에서 볼 때, 사건 내 제사장은 "아무것도 하지 않았다."

분명히 후자의 해석이 더 바람직해 보인다. 고전적인 해석은 "그는 아무것도 하지 않았다."라는 간결한 진술에 더 많은 것을 읽는다. 오직 문맥에서 제거함으로써 두 번째 시험이 아닌 첫 번째 시험에 적용될 수 있다. 그 해석에 따르면, 단락 (c)에 인용된 증거 본문(prooftexts)이 단락 a-b의 진술을 뒷받침하는 것은 거의 불가능하다. 그러나 리버만의 해석에 따르면 "그는 아무것도 하지 않았다."라는 문장은 제사장이 한 모든 일 (두 시험 모두)에 적용된다. 본문의 요점은 사람이 무엇보다도 정결하거나 부정하다는 것이다. 제사장의 진술은 그 상황을 증명할 뿐이다. 틀렸다면 아무런 가치가 없다.

또한, 정결하다고 잘못 선언된 남자가 일주일 후에 검사를 받으러 돌아갈 수도 있지만, 그렇지 않을 **가능성이** 훨씬 더 크다. 첫 번째 진단이 잘못되었다는 것을 어떻게 알 수 있으며 왜 문제를 찾아야 할까? 기본적으로 나병으로 의심되는 사람의 상태와 관련된 첫 번째 해석은 단락 (a)에 설명된 두 가지 경우 중 하나, 즉 부정하다고 잘못 선언된 사람에 대해서만 논의한다. 객관적으로 불결했지만 먼저 정결하다고 선언된 남자의 경우와 관련하여 아포도시스(apodosis, "그는 아무것도 하지 않았다.")를 적용할 수 없다. 고전적 해석의 이러한 한계는 그 옹호자 중 한 명(빌나의 랍비 엘리야)이 명시적으로 지적한 것으로, 그 수용 가능성을 의심한다.

반면 리버만의 설명은 결국 율법의 문법적 주체인 제사장의 지위에 초점을 맞추고 있다. 이 해석은 (a)항에서 언급 한 두 가지 오류 모두에 똑같이 적용된다. 제사장이 정결한 사람을 부정하다고 선언하든 부정한 사람을 정결하다고 선언하든 그는 자격이 박탈된다. 이런 식으로 이해하면 율법은 토세프타 문맥(Toseftan context)에 더 잘 맞는다. 앞 단락은 일반적으로 같은 제사장이 연속적인 주간 시험을 수행해야 하지만 아프거나 사망하면 교체해야 한다고 말한다. 그 후, 이 해석에 따라 본문은 원래 제사장이 교체되어야 하는 또 다른 경우를 제시한다.

힐렐이 팔레스타인으로 이주한 이유로 알려진 토세프타 법17)의 요점은 제사장의 문둥병 판정을 받은 사람은 이제는 제사장직을 수행할 자격을 박탈해야 한다는 것이라고 결론을 내린다. 이 점은 강조되어야 하며, 자연적인 상황만으로는 충분하지 않다고 말하는 다른 버전과 대조된다. 아래에서 이러한 다른 버전에 대해 자세히 다룰 것이다.

어느 해석에서든 성경 일부에 (c)를 사용하는 것은 아주 원시적이다. 이것은 주석이 아니라 두 구절의 인용일 뿐이다. 반 구절. 또한 불순물과 관련하여 인용된 텍스트는 존재하지 않는다. "그는 정결하니 제사장이 그를 정결하다고 선언할 것이요"라는 구절은 레 13:37에 있지만, "그는 불결하니 제사장이 그를 부정하다고 선언할 것이요"라는 성경 구절은 없다. (가장 가까운 후보로는 레 13:44이 있는데, 여기에는 본문이 다르고 격리가 없다.)

따라서 주석가는 이 경우 그를 속인 기억에서 일하고 있는 것 같다. 또는 주석자가 성경 본문이나 주석자의 임무에 대해 자유분방한 개념을 가지고 있었을 수도 있다. "그는 정결하니 제사장이 그를 정결하다고 선언할 것이다."라는 구절은 CD 5.7-11의 저자가 성경에서 고모와의 결혼을 금지한 것(레 18:13)이 삼촌과의 결혼을 금지하는 것을 의미한다고 생각했을 수 있다.

이 전승을 인용한 다른 두 랍비 저작인 시프라와 예루살렘 탈무드는 명확하고, 균형 잡혀 있으며, 명시적인 주석을 포함하고 있다는 세 가지 점에서 토세프타와 대조적이다.

첫째, 객관적으로 잘못된 진단의 타당성을 직접적으로 다루고 있다. 토세프타가 두 번의 연속적인 검사를 언급함으로써 야기된 모호함이 전혀 남아 있지 않다.

---

17) (역주) Toseftan law는 2세기 후반 미쉬나 시대와 타나임으로 알려진 유대 현자들의 구전 율법이다.

둘째, 시프라와 예루살렘 탈무드는 대칭을 통해 힐렐의 진술을 확장한다. 토세프타가 제사장이 자연을 지배할 수 없다고만 주장했던 것에 자연은 제사장 없이는 할 수 없다는 주장을 추가한다.

마지막으로, 이 가르침을 뒷받침하기 위해 시프라와 예루살렘 탈무드는 현존하는 구절이나 다른 구절을 인용하는 데 국한하지 않는다.

시프라와 예루살렘 탈무드는 성경을 인용하고 명시적인 주석을 거친다. 시프라와 예루살렘 탈무드는 레 13:37의 두 절 각각의 명백한 의미를 지적하고 그 의미 사이의 모순을 지적한다. 하나는 현실로 충분하다는 것을 암시하고 다른 하나는 제사장의 선언으로 충분하다는 것을 암시한다. 시프라와 예루살렘 탈무드는 성경이 현실과 선언을 모두 주장한다는 결론을 내림으로써 이 문제를 해결한다.

따라서 시프라와 예루살렘 탈무드의 버전은 모든 면에서 개선된 버전이다. 이 버전은 분명하고, 실제 텍스트를 인용하고 있으며, 같은 구절의 두 반쪽의 모순되는 의미를 두 번째 이야기 수준에서 다루는 명시적인 주석을 통해 깔끔하게 대칭적인 요점을 만든다. 역사가라면 토세프타 버전(Toseftan version)이 힐렐 자신에 더 가까운 시작에 가깝다고 의심해야 한다. 토세프타는 여기서 원칙의 진술은 중요하지만, 성경적 근거는 중요하지 않았고 제사장에게 공평하여질 염려가 없었던 초기 단계를 나타낸다. 토세프타 버전은 제사장에게 현실의 우월성을 지적하는 데 만족하고 있으며 현실이 제사장에 의해 인증될 필요성에 대해서는 언급하지 않는다.

힐렐 시대에 현자들과 제사장들(바리새인들과 사두개파)이 이 점을 논박하는 것을 상상할 수 있지만, 제사장의 반대가 거의 없었던 후대의 랍비들에게는 그렇지 않았다.[18] 토세프타에 따르면, 힐렐의 의견의 요점은 제사장들의 선언이 독립적

---

18) 현자들과 사제들 사이의 경쟁에 대해서는 일반적으로 S. A. Cohen, *The Three Crowns : Structures of Communal Politics in Early Rabbinic Jewry* (Cambridge, 1990), 특히 147-78을 보라. 제2성전이 파괴된 후(70년) 제사장으로서의 권위에 대한 제사장의 주장에 대한 증거를 찾기가 어렵다. D.R. Schwartz, *Studies in Jewish Background of Christianity* (WUNT 60 ; Tubingen, 1992), 54-55, 주-49 참조.

인 구성적 효력을 갖지 않는다는 것이다. 제사장은 진단을 내리는 의사와 같으며, 그 진단은 자연적 사실에 의해 반증 될 수 있다. 제사장은 판결에 독립적인 권위를 가진 판사와 같다.[19] 이것은 현자들이 권한을 주장한 법률문제에 대한 자신 선언의 효력에 대한 현자들의 의견과 완전히 대조된다. 달력상의 결정이든 일반적인 법률에 관한 것이든, 제사장은 자신의 선언이 객관적으로 잘못되었을지라도 구성적 효력을 가지며 유효하다고 주장했다.[20] 특히 m.Bek 4:4의 솔직한 진술에 주목하라: 현자가 판단을 내릴 때 "정결한 그것이 부정하다고 선언하거나 부정한 것을 정결하다고 선언하는" 잘못을 저지른 경우, 그가 한 일은 (손해를 입은 당사자에게 변상해야 할 수도 있고 그렇지 않을 수도 있지만) 완료된 것이다. 이것은 그러한 상황에서 제사장 랍비들이 말한 "그는 아무것도 하지 않았다."와 정반대다.

또한 제사장들이 학파 정치의 일반 원칙과 구체적인 주석적 근거를 들어 자신들에게도 같은 구조적 권위를 주장하고자 하는 것을 상상할 수도 있다: 현자들이 의지했던 신 17:8ff은 제사장들[21]을 재판관으로 언급함으로써 시작된다.(9절) 따라서 현자들이 그 성경에 근거하여 자신들을 위해 주장하는 것은 무엇이든 제사장들에게도 부여되어야 한다. 힐렐은 제사장 선언의 타당성이 신 17장이 아니라 레 13장에서 파생되었고, 따라서 현실에 의해 제한되었다고 주장함으로써 현자들이 주장하는 독점을 옹호하고 있다.

힐렐의 팔레스타인 이주와 같은 분수령이 된 것은 바로 이 점과 당파적 논쟁의 중요성이 반영되어 있다. 후대에 와서 그 점은 두들겨 맞을 필요가 없는 죽은 말(a dead horse)이었다. 시프라와 예루살렘 탈무드에서 볼 수 있듯이 제사장 선언도 "없

---

19) 다음 논의는 나의 에세이, "Law and Truth: On Qumran/Sadducean and Rabbinic Views of Law," *The Dead Sea Scrolls: Forty Years of Research*, ed. D. Dimant and U. Rappapor (Leiden and Jerusalem, 1992), 229-40을 보라.

20) 이에 대한 가장 설득력 있는 진술은 m.RH 2:8-3:1a; b.BMes 59b; 그리고 다음 주(note)를 보라.

21) SifDeut 17:11(Finkelstein 편집, 207, 주(note)에서 인용한 유사 구절)에 대한 SifDeut 154 참조: "'그들이 말하는 율법에서 오른쪽이나 왼쪽으로 떠나지 말라' -오른쪽이 왼쪽이고 왼쪽이 오른쪽임을 보여주더라도 그들에게 순종하라." 성전 두루마리(56.4)에 있는 신 17:10-11의 의역은 재판관의 결정이 "토라 두루마리에 나와야 하고" "진실해야 한다."라고 덧붙인다. 따라서 11QTemple은 권한 있는 당국의 결정이 무조건 유효하다는 랍비적 견해에 반박하는 것으로 보인다.

으면 아니다."22라고 시작하여 현자들이 주석을 대칭적으로 완성하는 것을 막을 당파적 정치는 존재하지 않았다.

*　　*　　*

예루살렘 탈무드에서 나병 문제에 대한 설명은 "이 때문에 힐렐이 바빌로니아에서 올라왔다."라는 진술로 결론을 내린다. 두 가지 문제가 더 추가되어 그가 팔레스타인으로 이주했다고 알려진 세 가지 문제가 완성된다.

이 본문 배열은 의심스럽고 이 두 가지 문제는 실제로 힐렐이 처리한 것인지 의구심을 불러일으킨다. 여기 힐렐의 주석에 대한 자세한 내용이 후대의 현자들에 의해 다른 곳에 기록되어 있다는 사실도 마찬가지다.23 그런데도 이 두 본문은 토세프타의 힐렐에 대한 그림과 반대되는 예루살렘 탈무드의 힐렐에 대한 그림을 공식화하는 데 도움이 될 것이다.

한 본문은 "여호와께서 자기의 이름을 두시려고 택하신 곳에서 소와 양으로 네 하나님 여호와께 페사흐(Pesach24, 유월절 제사)를 지내라."(신 16:2)라고 되어 있고, 한 본문은 이렇게 말한다. "너희 어린 양은 흠 없고 일 년 된 수컷으로 하되 양이나 염소 중에서 취하고."(출 12:5) 어떻게 이렇게 다를 수 있을까? 페사흐에는 양을, 하기가25에는 양과 소를 제물로

---

22) (역주) 라틴어 a sine quo non은 "없으면, 아니다.(Without which, not)"로 번역할 수 있다. 횡설수설처럼 들릴 수 있지만, "(무언가) 없이는 (다른 무언가가) 불가능하다."라는 뜻이다.

23) W. Bacher, Die Agada der Tannaiten (2 vols.; 2nd ed.; Strassburg, 1903), 1권, 2-3, 주 4; I. Gafni, *The Jews of Babylonia in the Talmudic Era* (Jerusalem, 1990), 75-76 (히브리어) 참조. 마찬가지로 힐렐의 가장 유명한 동료와 관련하여, "three things which Shammai the Elder expounded(샴마이 장로가 설명한 세 가지)"(SifDeut 203 [Finkelstein 편집, 239])에 대한 원래의 전승에는 성경적 근거가 포함되어 있지 않다는 것이 밝혀졌다. 후대의 현자에 의해 몇 가지 주석과 함께 하나가 추가되었다. M. D. Herr, The Problem of War on the Sabbath," *Tarbiz* 30 (1960-61) 249-52 (히브리어); E. E. Urbach, "The Derasha as a Basis of the Halakha and the Problem of the Soferim," *Tarbiz* 27 [1957-58] 176, 주-35 (= 같은 저자, *The World of the Sages: Collected Studies* [Jerusalem, 1988], 60, 주-35 [둘 다 히브리어])을 보라.

24) (역주) Pesach는 두 가지 뜻이 된다. 첫째는 '유월절 제사'이고 둘째는 '희생 제물로 드리는 양'이다.

25) (역주) the hagigah(חגיגה)는 "축제 제물"을 말한다.

바친다. 한 본문에는 "6일 동안은 누룩 없는 **빵**을 먹으라"(신 16:8)라고

되어 있고, 다른 본문에는 "7일 동안은 누룩 없는 **빵**을 먹으라"(출 12:15)

라고 되어 있다. 어떻게 이럴 수 있을까? 새 [곡물]은 6일, 오래된 [곡물]

은 7일이다.(참조, 레 23:14)

여기에 간단한 주석이 있다. 성경 구절 사이의 모순이 드러나는 명백한 문제와

그에 대한 해결책도 마찬가지로 간단하다. 문제 해결을 정당화하거나 어긋나는 요

소를 다른 상황에 할당하는 것을 증명하려는 시도는 없다.

위의 텍스트에 이어 예루살렘 탈무드는 다음과 같이 확장되어 다소 극적인 결론

을 내린다:

그리고 그는 설명하고 동의하게 하고 [팔레스타인으로 이민] 가서 율법

을 받았다.

[ודדש והסכים וצלה וקבל הלכה].

이 리드미컬한 문구의 의미에 대해 열렬한 논쟁이 있었다. 우리의 목적상, 우리

는 "그가 동의하게 했다."라고 표현한 והסכים라는 단어를 다루는 것으로 충분하

다. 어떤 사람들은 다른 곳과 마찬가지로 "그는 전승에 동의하도록 의견을 일으켰

다." 또는 "그는 전승에 동의했다."(심지어 전승을 듣기 전에도)라는 의미라고 주

장했다. 그러나 이 요약 의견 앞에 나오는 두 가지 사례에서는 전승이 언급되지 않

는다. 문맥상, 이 주석은 각각의 경우에 힐렐이 두 성경 구절이 일치하도록, 즉 서

로 모순되는 것을 멈추게 했다는 것을 의미한다.**26** 힐렐이 나병과 관련하여 레 13:37

---

26) 첫 번째 해석은 Schwarz의 해석이며 *Erleichterungen*, 18-19. 두 번째 해석은 Bacher의 해석이다: Die
   Agada, 2와 같은 책, Die exegetische Terminologie der jüdischen Traditionsliteratur (2 vols; Leipzig,
   1905), 1권, 133. 우리가 채택한 세 번째 해석에 대해서는 A. Geiger, "Sadducäer und Pharisäer," Jüdische
   Zeitschrift fur Wissenschaft und Leben 2 (1863) 48: "er deutete und glich (die streitenden Verse)aus." 를
   보라. 또 다른 해석에서 M. Friedmann은 힐렐이 Nasi가 되는 데 "동의"했다고 주장했다. Sifra에서 "힐
   렐이 바빌로니아에서 올라온 이유"에 대한 전승에 대한 그의 다소 자세한 토론을 참조하라: Der alteste

의 두 구절이 서로 모순되는 결론을 암시하는 것으로 먼저 보여준 다음 두 구절을 모두 주장함으로써 모순을 해결한 사례에서 힐렐이 한 일이 바로 이것이다. 이 경우의 모순은 더 미묘하다. 그것은 단지 암시적일 뿐이고 먼저 드러나야 하기 때문이다. 그런데도 힐렐이 한 일은 모순을 지적하고 그것을 정당한 방법으로 해결한 것뿐이라고 한다.

따라서 예루살렘 탈무드는 힐렐을 오경의 상호 모순을 해결하려고 시도한 사람으로 묘사한다. 그러나 우리는 지금까지 힐렐이 성경에 거의 관심이 없고 자유롭지 않은 것으로 보았다. 주요 예외, 즉 그의 이민의 표면적인 이유는 현자들과 제사장들과의 경쟁에서 분명히 중요했던 문제와 관련이 있었다. 이 예외를 설명하기 위해, 우리는 제사장의 선언이 현실을 조건으로 한다는 힐렐의 주장에 대해 우리가 제기한 논쟁적 틀을 고려할 때 바리새 전승의 증거 또는 바리새 현자의 개인적인 권위는 제사장들에게 깊은 인상을 주지 못하기에 성경적 증거를 적용할 필요가 있었다고 제시한다.

그러나 후대의 랍비 전승은 종파적 문제에는 관심이 적고 경전 주석에 더 관심이 많았다. 그들의 선호는 시프라와 예루살렘 탈무드에 반영되어 있는데, 시프라와 예루살렘 탈무드는 현실은 제사장들에 의해 확인되어야 한다는 대칭적인 결론을 추가함으로써 주석을 명시적으로 만들고 완성한다. 또한 예루살렘 탈무드는 힐렐의 진술에 단순한 모순을 주석적으로 해결하는 두 가지 다른 사례를 추가하여 힐렐의 진술에 대한 견해를 주석으로 강조한다. 당파적 변호인은 성경의 주석자가 되었다.[27]

이제 우리는 힐렐이 성경에 근거하여 직접 논쟁하는 또 다른 주요 전승으로 넘어간다. 여기에서도 전승 자체와 그 전승이 기록된 맥락에서의 관련 논쟁은 랍비

Midrasch zu Levitilaus (Breslau, 1915), 7-8 (히브리어) 더 많은 문헌은 Gafni, *Jews of Babylonia*, 74-75, 주-90을 보라.

27) 율법에 성경적 정당성을 부여하는 데 대한 Yerushalm의 관심에 대해서는 J. Neusner, "Accomodating Mishnah to Scripture in Judaism: The Uneasy Union and Its Offspring," *Backgrounds for the Bible* (ed. M. P. O'Connor 그리고 D. N. Freedman; Winona Lake, Indiana, 1987), 39-53를 보라.

들이 힐렐을 그들의 주석 전승 안에 두려고 했지만, 사실 그 자신의 접근 방식은 상당히 달랐다는 것을 보여준다.

II. 안식일에 유월절 제사를 드리는 것에 대한 힐렐의 정당화

힐렐이 안식일에 유월절 희생 제물을 바치는 것을 정당화했다는 전승은 성경의 또 다른 율법 사이의 충돌에서 비롯된 것이다. 이번에는 문자 그대로의 모순이 아니라 우선 순위의 문제였다.[28] 한편으로 제4 계명과 다른 오경 본문은 안식일에 일을 금지하고 있으며, 도살도 일이다. 반면에 출 12:6은 첫 번째 유월절을 위해 니산 열네 째 날에 첫번째 유월절 희생 제물인 페사흐를 도살할 것을 명시적으로 요구했으며, 민 9:2-3은 첫 번째 유월절 규정(rules)을 이후의 모든 해에 적용한다. 니산 14일이 안식일에 해당하면 어떤 규칙이 우선 적용되는가? 자료들에 따르면, 바티라(Bathyra)의 아들들[29]은 힐렐에게 이 질문을 던졌다. 힐렐은 **페사흐**를 실제로 행해야 한다고 대답하며 여러 가지로 이 의견을 변호했다.

힐렐이 팔레스타인으로 이주하게 된 동기가 된 것으로 알려진 전승과 마찬가지로 이 전승은 랍비 문헌의 여러 부분에서 나타난다. 토세프타에서 가장 원시적인 버전을 다시 찾아볼 수 있다.

(니산의) 열네 번째 날이 안식일이었다. 바티라의 아들들은 장로 힐렐에게 물었다: "유월절이 안식일보다 우선합니까?"[30]

---

28) 이러한 전승의 교훈적, 문학적 측면에 관한 연구는 J. Fraenkel, "Hermeneutic Problems in the Study of Aggadic Narrative," *Tarbiz* 47 (1977/78) 149-57 (히브리어) 참조. 보다 역사 지향적인 다른 문헌은 Ben-Shalom, "Hillel the Elder," 116, 주 61; 추가 Nodet, Essai, 226-36. 여기서는 안식일에 페사흐를 가져와야 한다는 힐렐의 증거를 다루는 이러한 전승의 첫 부분만 공부할 것이다. 칼(the knives)을 어떻게 가져올 수 있는지에 대한 구체적인 질문을 다루는 속편에서는 성경에 대한 언급이 없는데, 그 자체가 흥미로운 점이다. (참조. 아래의 주-33)

29) n.9를 보라.

30) Lieberman의 판(edition)에 따른 본문, t.Pes 4:13-14, 165. Zuckermandel 판에는 미미한 차이만 존재한다.(4:1-2, 162)

(a) 헬렐이 바티라의 아들들에게 말하기를, "그러면 안식일보다 우선하는 **페사흐**는 일 년에 한 번 뿐입니까? 우리는 일 년에 300번이 넘게 **페사흐**를 드립니다. **페사흐**가 안식일보다 우선합니다!" 성전 법정에 있던 모든 사람들이 헬렐 주위로 모였다. 헬렐은 그들에게 말했다. "**페사흐**는 공적인 제사이고 **타미드**(영원히 매일 드리는 제사)도 공적인 제사입니다. 타미드가 공적인 제사이기에 안식일에 우선하는 것처럼, **페사흐**도 공적인 희생제(sacrifice)이기 안식일에 우선합니다."

(b) 또 한 가지: **타미드**에 대해서는 "정해진 때에 내게 제사할 것"(민 28:2)이라고 기록되어 있고, **페사흐**에 대해서는 "정해진 때"(민 9:2 또는 9:3)라고 기록되어 있는데, "정해진 때"라고 기록된 타미드가 안식일보다 많이 우선해야 하는 것처럼, "정해진 때"라고 기록된 유월절도 안식일보다 많이 우선해야 합니다.

(c) 그리고 칼 바호머**31**의 주장도 있다: [생략] 으로 인해 [엄중한 처벌]을 받을 수 없는 타미드가 안식일보다 우선하기에, [생략]으로 인해 추방될 수 있는 페사흐가 안식일보다 더 우선해야 한다는 것은 논리적이지 않은가?

(d) "더 나아가, 나는 유월절이 안식일에 우선한다는 [가르침]을 선생님들로부터 받았다."

여기에는 네 개의 주장이 제시되는데, 그중 처음 세 가지 주장은 **페사흐**와 **타미드**의 비교에 근거한 것이다. 첫 번째와 세 번째는 이 두 가지 희생 제사에 관한 율법에 근거하여 **타미드**의 법률을 '유추 (a)' 또는 '주장 (c)'를 통해 **페사흐**에 적용한다. 반면 두 번째 주장 (b)은 이 제사에 관한 본문의 비교를 기반으로 한다. 네 번째 주장은 전승에서 나온 것이다.

이 주장 중 첫 번째와 네 번째만이 헬렐의 주장이라고 분명히 말한다. ("그가 말

---

31) (역주) "qal vahomer, a minori ad maju(작은 규모에서 큰 규모로)" 더 작거나 구체적인 것에서 더 크거나 일반적인 것으로. 이것은 특정 사례 또는 소량에서 참인 것이 일반적 또는 대량에서도 참이어야 한다는 명제에 기반한 추론의 한 유형이다.

했다."와 "내가 받았다."라는 표현에 주목하라) 대조적으로 두 번째는 외부 자료를 소개하는 표준 공식인 "다른 것"에 의해 소개된다. 이 두 번째 주장은 실제로 탄나이트 문헌의 다른 곳에서 힐레과 동시대 랍비 중 한 명이 논쟁을 벌인 후 새롭게 채택된 것으로 발견된다.32 따라서 이 두 번째는 힐렐이 역사적으로 제공한 주장에 포함되지 않을 것이다. 이 주장을 제외하면 율법에서 두 주장을 하나씩 분리할 때 지적되는 불연속성을 텍스트에서 제거할 수 있다. 언어적 비유를 제거하면 힐렐은 세 가지 주장이 남는데, 그 중 어느 것도 텍스트에 근거하지 않는다. 두 개는 법에 근거하고 하나는 전승에 근거한다.

팔레스타인과 바빌로니아 탈무드의 후기 버전에서는 모든 주장을 힐렐에게 분명히 돌리고 있기에 이 점을 강조해야 한다. 다른 버전은 텍스트에서 주장을 없애는 대신 각자의 방식으로 순서를 삽입한다.

예루살렘 탈무드 6:1,33a에서 각 주장은 공식적으로 분류되어 있다. 토세프타에서는 **칼 바호메르만**33을 **마이너 애드 마주스**34라 했지만, 예루살렘 탈무드에서 공적 제사와의 비교는 기술적으로 **헤크케쉬**(heqqesh, 비유)라고 부르고, '그 정해진 때'를 공동으로 사용한다는 주장에는 **게제라 샤바**35라는 전문 용어를 붙였다. 또한 토세프타에서 율법의 두 주장과 텍스트의 주장이 분리된 단절된 표현은 율법의 두 주장 다음에 텍스트의 주장이 오는 보다 논리적인 순서로 대체된다. 마지막으로 힐렐의 주장은 지속적인 관심의 대상이다. 힐렐의 주장은 그의 (다시 명명된) 주장을 차례로 반박하는 공동 논쟁자들에 의해 반박36되었기에 힐렐이 마지막 주장인 전승에 대한 호소를 제기해야 했던 이유를 설명할 수 있다.

---

32) Mekh. Bo 5 (ed. Horovitz-Rabin, 17); SifNum 65, 142 (ed. Horovitz, 61, 188)

33) (역주) Qal vahpmer(Qal wahomer)는 덜 중요한 것에 대해 어떤 것이 참이라면 더 중요한 것에 대해서도 참이라는 논리 및 해석의 원칙이다. 이 용어는 히브리어로 "가볍고 무겁다."는 뜻이다.

34) (역주) a minori ad majus는 라틴어로 "작은 규모의 주장에서 큰 규모의 주장으로"라는 뜻이다. 작은 규모에서 참인 것이 큰 규모에서도 참이라고 가정하는 추론의 한 유형이다.

35) (역주) gezerah shavah(유사한 법률, 유사한 판결)는 힐렐과 랍비 이스마엘의 두 번째 규칙이자 엘르아살 벤 호세 하겔리리의 일곱 번째 규칙이다.

36) 그들은 페사흐와 타미드가 완전히 비교할 수 없으며, 페사흐는 그 누락에 대한 더 가혹한 처벌에도 불구하고 모든 면에서 타미드보다 더 무거운 희생 제물이 아니라는 것을 보여주었다.

토세프타와 예루살렘 탈무드 모두 마지막 결정적 주장은 전승에서 나온 것이라고 주장한다. 예루살렘 탈무드는 다른 모든 주장을 약화함으로써 그 점을 강조했다. 이것은 우리의 출발점, 즉 전승을 근거로 주장하는 바리새파 현자로 돌아간다. 그러나 두 버전 모두 성경 본문의 주석에 근거한 주장을 사용하려는 시도를 보여준다. 토세프타는 성경 본문에서 한 가지 주장을 삽입하고 예루살렘 탈무드는 모든 주장을 힐렐에게 돌리고 이름을 부여하고 그 타당성을 토론한다. 따라서 토세프타에서 예루살렘 탈무드에 이르기까지, 우리는 전승의 지수에 관한 원전 이야기에서 주석가에 관한 이야기로 옮겨가는 것을 볼 수 있다.

이러한 발전은 바빌로니아 버전의 이야기에서도 계속되는데, 여기에는 전승에 대한 논쟁이 전혀 없다.[37] 실제로 예루살렘 탈무드는 바실라의 아들들이 힐렐에게 페사흐가 안식일에 우선한다는 사실을 "들었는지"를 묻는 것으로 논쟁을 시작하지만, 바빌로니아서는 힐렐에게 "알고 있는지"를 묻는다. "이에 따라 힐렐은 쉐마이어와 아브탈리온의 제자이기에 응답해야만 했지만, 힐렐은 논쟁만으로 자신의 주장을 전달한다.(**게제라 샤바** 〈여기서 이름 없음〉 및 칼 바호메르 〈그렇게 명명됨〉) 바호메르 〈그렇게 명명됨〉) 이것들은 허용된다. 스승으로부터 받은 전승에 호소할 필요도 없고, 호소하지도 않는다.[38] 법이나 텍스트를 근거로 주장하려다가 전승에 의존하는 현자는 인정된 주석적 방법으로 성공적으로 주장하는 현자로 대체되었다.[39]

---

37) b.Pes 66a. 바빌로니아 버전의 이야기는 또한 예루살렘 탈무드에 따르면 힐렐의 주장에 대한 반박으로 제시된 주장을 소개한 논평을 생략했다: "바빌로니아 사람에게서 어떤 이익이 있습니까?!" 그러나 당파적인 편집의 요점은 또 다른 문제다. Gafni, *Jews of Babylonia*, 75를 보라.

38) 더 정확하게는, 이야기 이후 바빌로니아 탈무드의 논의에서 힐렐이 전승을 받았다는 사실은 토세프타와 예루살렘 탈무드에서와 같이 율법 자체에서 주석 장치로 옮겨진다. *gezerah shavah*의 무분별한 사용에 대한 반응과 일치하여 힐렐은 그의 교사들로부터 이것을 받았다고 한다. 대조적으로, 다른 버전의 이야기의 명백한 의미는 그가 그들로부터 율법은 받았지만 뒷받침하는 주장은 받지 못했다는 것이다. Lieberman, *Hellenism in Jewish Palestine* (Texts and Studies 18; New York, 1950), 54, 주-58를 보라. 참조. M.Chernick, "Internal Restraints on Gezerah Shawah's Application," *JQR* 80 (1989/90)281, 주-51.

39) 이러한 경향을 더욱 발전시킨 또 다른 전승은 t.Sanh 7:11(Zuckermande 본, 427), SifLev, 서론 7항(Weiss본, 3a-b), ARN A 37(Schechte본, 110)에서 발견되는데, 심지어 힐렐이 Batyr의 아들들 앞에서 논쟁할 때 일곱 가지 해석학적 규칙을 사용했다고 주장한다. 이것은 동일한 Pesach/Sabbath 논쟁에 대한 명백한 언급이다. 비록 자료들이 그러한 논쟁을 세 가지만 보존하고 있지만, 일반적으로 힐렐은 일곱 가지를 모두 사용했다고 주장한다 (D. Patte, *Early Jewish Hermeneutics in Palestine* (SBLDS 22; Missou-

III. 힐렐과 같은 다른 두 사람, 그리고 그들의 재구성

전승으로부터의 주장을 주석으로부터의 주장으로 대체하는 것은 보통 랍비 아키바의 이름과 관련이 있는데, 그는 주석학을 발전시켜 거의 모든 전승을 성경으로 다시 읽어낼 수 있게 되었다. 그러나 135년경 순교한 아키바는 힐렐보다 약 1세기 후에 활약했다. 그 운명적인 세기 동안 엄청난 양의 물이 다리 밑으로 흘러갔다. 힐렐 자신의 접근법을 평가하려는 우리의 시도에서 팔레스타인과 바빌로니아 탈무드가 **페사흐**를 바치는 것에 관한 힐렐의 주장을 랍비 아키바와 악명 높은 보수적 동료인 랍비 엘르아살 벤 히르카누스 사이의 날카로운 대립을 기록한 미쉬나와 관련하여 이야기하는 것은 다행스럽고도 흥미로운 일이다.**40** Pes 6:1-2의 이 기록은 성경에 대한 힐렐의 접근 방식과 한 세기 후에 그 분야를 휩쓸었던 접근 방식 사이의 차이를 구체화하는 데 도움이 될 수 있을 것 같다.

m.Pes 6:1-2

유월절을 위한 이러한 일들은 안식일에 우선한다: 가축을 도살하고, 피를 뿌리고, 내장을 긁어내고, 지방을 씻는 것들이다. 그러나 그것을 굽고 내장을 씻어내는 것은 안식일을 무시하지 않는다. [안식일] 제한 밖에서 그것을

---

la, Montana, 1975), 109-15) 의심은 일반적으로 (a) 힐렐이 규칙을 발명했는지 여부(예컨대, Schwarz, [Erleichterungen, 36, 주 1]가 'gewalriger Irrthum'이라고 부르는 개념: S. Lieberman, Hellenism, p. 54), and (b) whether Hillel knew them by their technical names (cf. Lieberman, Ibid., 61-62) 등에 대해서만 표현된다.

힐렐이 이러한 형식적인 주장을 사용한 것 같지는 않다. 대부분은 인용되지 않았고, 주장은 보존되지 않았으며, 가장 기본적인 것 중 하나인 "gezerah shavah ("지정된 시간"의 공유 사용)는 우리가 언급했듯이 힐렐이 아닌, 아마도 힐렐 이후의 기원으로 보인다. 반면에 나는 힐렐이 실제로 전승을 제외하고는 아무 논거도 제시하지 않았다고 주장하는 L. Ginzberg에는 동의하길 주저한다. 그의 "The Relation Between the Mishnah and the Mekilta", Studies in Memory of Moses Schorr, 1874-1941 (ed. L. Ginzberge과 A. Weiss; New York; 1945), 85-86(히브리어) 참조: J.Goldin, "Hillel the Elder", JR 26 (1946) 269. 주-48; 그리고 Neusner, Rabbinic Traditions, vol. 3, 98-99.

40) Eliezer에 대해서는, J. Neusner, Eliezer ben Hyrcanus:The Tradition and the Man (SJLA 3; 2 vols.; Leiden, 1973); Y. D. Gilat, R. Eliezer ben Hyrcanus: A Scholar Outcast (Ramat Gan, Israel, 1984)을 보라. 아래의 주 50-51을 보라. 우리가 집중하는 미쉬나 본문에 대해서는 Neusner, esp. vol. 1, 122-27; Gilat, esp. 266-71을 보라.

들어 올리고 가져와서 흠을 제거하는 것은 안식일에 우선하지 않지만, 랍비 엘르아살은 [안식일]에 우선한다고 말한다.

(I) 랍비 엘르아살이 말했다: "멜라카(melachah)[성경에서 금지한 일]로서 [다른 안식일에도] 금지된 도축이 안식일에 우선한다면, 쉐벗(shavut)[41][랍비들의 안식일 금지] 때문에 [오직] 금지된 이 노동이 안식일에 우선하지 않아야 하는 것이 논리적이지 않은가?"

(I/A) 랍비 여호수아가 랍비 엘르아살에게 말했다: "[축제의] 율법들이 [멜라카가 허용될 때 쉐벗이 허용될 필요가 없다는 것을] 증명하라, 왜냐하면 그들은 멜라카는 허용하지만 쉐벗은 금지하고 있기 때문이다."

(I/A/1) 랍비 엘르아살이 그에게 말했다. "여호수아, 이게 무엇이요? 허용된 것에서 명령받은 것까지 어떤 증거를 가져올 수 있는가?" [즉, 랍비들이 단지 허용된 것을 행하기 위해 쉐벗 노동을 금지했다는 사실이 율법에 따라 요구되는 페사흐와 같은 것을 잡기 위해 쉐벗 노동을 금지한다는 것을 암시할 필요는 없다.]

(I/B) 랍비 아키바가 대답했다. "뿌리는 행위는 [멜라카가 허용될 때 쉐벗이 허용될 필요가 없다는 것을] 증명해 주는데, 왜냐하면 그것은 [죽음−불순물의 영향을 받은 사람들을 정결하게 하라는] 명령이며, 쉐벗으로만 금지되어 있지만 [그런데도] 안식일을 [유월절 전야가 안식일인 경우에도] 무시하지 않기 때문이다. 그러므로 당신[엘르아살]은 이러한 [노동]에 대해 놀라지 말아야 하는데, 비록 그것들은 명령에 따라 금지되어 있고 쉐벗으로만 금지되어 있지만, 안식일을 무시하지 않는다."

(I/B/1) 랍비 엘르아살이 랍비 아키바에게 말했다. "그러나 나는 그

---

41) (역주) shevut은 말 그대로 "휴식"을 뜻한다. 엄밀히 말해 일은 아니지만, 안식일의 정신에 맞지 않거나 안식일을 크게 모독하는 행위로 이어질 수 있기에 피해야 하는 모든 활동을 포함한다. 할라카어로 슈부트는 랍비적 금지 사항이다.

사건에 대해서도 논쟁할 것이다. 멜라카로 금지된 도살도 안식일에 우선한다면, 쉐벗으로만 금지된 (피를) 뿌리는 일도 안식일에 우선하지 않아야 하지 않겠는가?"

(I/B/1/i) 아키바가 엘르아살에게 말했다. "또는 그 반대도 마찬가지다: 쉐벗으로만 금지된 뿌리는 행위가 안식일에 우선하지 않는 것처럼, [쉐벗보다 더 엄격하게] 멜라카로 금지된 도살도 안식일에 우선해서는 안 되는 것이 논리적이지 않은가?"

(I/B/1/i/a) 랍비 엘르아살이 랍비 아키바에게 말했다. "아키바, 당신은 토라에 기록된 '저녁에, 정해진 시간에'(민 9:3) – 평일이나 안식일이나 마찬가지라는 뜻 – 을 뿌리 뽑았습니다."

(I/B/1/i/a/α) 그[랍비 아키바]가 엘르아살에게 말했다. "랍비님, 도살과 비슷한 [노동]에 대한 '정해진 시간'을 저에게 알려주십시오."

II. 랍비 아키바는 안식일 전날에 할 수 있는 [유월절을 위한] 어떤 노동도 안식일에 우선하지 않으며, 안식일 전날에 할 수 없는 도살은 [성경이 특별히 니산월 14일에 하도록 요구하기에] 안식일에 우선한다는 규칙을 선포했다.

이 논의는 "1"에서 논의한 전승에서 힐렐이 안식일에 **패사흐**를 도살할 수 있다는 점을 암묵적으로 출발점으로 삼고 있다. 이 얍니아 현자들(Jabnean sages)의 질문은 제사 준비에 필요한 부수적인 노동까지 허용되는지다. 랍비 엘르아살은 변호사가 압수 영장에 명시되지 않더라도 경찰이 수색할 수 있는 권한은 압수를 위해 필요하고 권리 침해가 덜한 수색에 해당한다고 주장하는 것처럼, 주요 금지가 중단되면 사소한 금지도 중단된다고 주장한다. 반면에 랍비 아키바는 **페사흐** 도살을 일반적인 안식일 노동 금지에서 제외하기 위해 성경의 특별한 승인이 필요했던 것처럼, 다른 노동에 대해서도 성경의 특별한 제재가 필요하다고 주장한다. 엘르아살은 그러한 다른 제재를 "가져올"(인용) 수 없기에 그러한 다른 노동은 일반적인 안식일 금지 때문에 금지된 상태로 유지된다.

여기서 두 가지 점이 중요하다. 첫 번째는 아키바가 이 논쟁에서 승리하지 못했다는 점이다. 그는 자신의 출발점, 즉 법에는 항상 성경의 뒷받침이 필요하다는 자신의 주장만 했을 뿐이다. 아키바가 보조 노동의 허가에 대한 성경적 지원을 요구한 것은 자신의 가정에 따라 이루어진 것이다. 랍비 엘르아살은 그러한 성경적 지원이 있거나 필요하다고 주장한 적이 없다. 오히려 랍비 엘르아살은 도살에 관한 율법에서 칼 바호메르에 의한 율법을 추론했다고 주장했다. 아키바는 텍스트를 원했고, 엘르아살은 법에 적용되는 논리를 제시했다. 이 미쉬나에서 랍비 엘르아살은 율법에서 시작하여 랍비 아키바가 그를 끌어들일 때만 텍스트(I/B/1/i/a)를 인용하는데, 이에 대해 랍비 아키바는 텍스트에 대한 엄격한 해석을 주장했다.[42] 위에서 제시한 것처럼, 우리는 여기서 힐렐과 같은 접근 방식이 성경에 대한 아키바의

---

42) 여기서 우리는 본문과 해석의 문제를 제기해야 한다. 우리는 R. Akiba의 요점은 도살과 달리 부수적인 노동을 니산 열네 째 날에 해야 한다는 성경 본문이 없다는 것이라고 가정했다. R. Eliezer이 인용한 본문은 도살만을 언급하고 있다. 그러나 R. Elieze 이 인용한 본문은 민 9:3에서 세 번째와 네 번째 단어(⋯, "너희는 그것을 [Pesach을] 행할지니라")가 생략된 것으로 보인다. 이 본문은 Pesach의 "행함"에 대해 매우 일반적으로 언급하고 있기에(2절 참조), R. Akiba가 어떻게 도살에만 적용된다고 주장할 수 있는지 궁금해진다. 아마도 그 답은 출 12:6에 언급되지 않은 gezerah shavah가 도살만을 가리키는 것일 수 있다.

그러한 gezerah shavah에 대한 증거가 없는 상황에서, 일부 주석가들은 미쉬나의 본문이 잘못되었으며 R. Elieze이 힐렐의 원래 gezerah shavah를 암시하면서 만 인용했다고 제시한다.(특히 그중에서도 Y. T. Lipmann Heller의 "Tossefot Yomtov" 주석, ad loc) 이 주장은 민 9:3 읽기에 대한 사본의 지지에도 불구하고 미쉬나의 일부 인쇄본에 영향을 미쳤다. 그러나 민 9:2-3의 언급이 어떻게 도살로 제한되었는지 여전히 궁금해진다. 그것은 또한 어떻게, בין הערבים 본문에 스며들었는지에 대한 의문을 제기한다.

또 다른 가능성은 R. Akiba가 민 9:2-3이 도살만을 의미하지는 않는다는 주장이다. 오히려 그는 그것이 정해진 시간이 있는 Pesach과 관련된 모든 노동을 가리킨다고 생각했다. 그러나 도살은 시간이 정해져 있고 논쟁의 여지가 있는 Shevat 노동은 그렇지 않기에 안식일에 할 수 없다고 결론을 내린다. 그러나 "랍비님, 도살과 비슷한 [노동]에 대한 '정해진 시간'을 알려주세요"라는 R. Akiba의 말은 R. Eliezer이 도살에 대한 것을 인용했음을 나타내는 것 같다. 위와 같이 본문을 확대하거나 수정하지 않는 한, R. Eliezer이 인용한 것은 민 9:2-3의 일반적인 진술일 뿐이다.

주장에 의해 패배하지는 않더라도 통과되는 것을 볼 수 있다.

이러한 우회는 두 번째 흥미로운 지점에서 설명된다. 이 미쉬나 논쟁은 이 문제를 그 뿌리로 되돌려 놓았고, 랍비 엘리에셀은 안식일에 **페사흐**를 도살할 수 있다는 허락의 근원을 제공하도록 만들어졌다. 그러나 그가 인용한 것은 힐렐의 **게제라 샤바**와 마찬가지로 **페사흐**와 관련하여 "정해진 시간에"(민 9:3)라는 성경적 용법에 근거한 성경 주석(I/B/1/i/a)뿐이다. 타미드의 율법과 **페사흐**의 율법을 비교한 힐렐의 두 가지 주장과 쉐마이어와 아브탈리온의 전승에 대한 호소에 근거한 힐렐의 주장은 모두 실패로 돌아갔다. 힐렐에 기인한 게제라 샤바조차도 약간의 아키바 주석으로 대체되었다: 랍비 엘르아살이 유월절 도살을 정당화하는 것은 **타미드**와 **페사흐**에 관한 구절에서 같은 구절이 반복되는 것이 아니라, 후자에 표면적으로 "불필요한" 언어가 있다는 것, 즉 전형적인 아키바의 주장 방식에서 비롯된 것이다. 랍비 엘르아살은 모든 규칙과 도구가 아키반인 법정에서 힐렐의 접근 방식을 변호하기 위해 만들어졌다.**43**

*　　*　　*

아키바의 동시대 경쟁자인 랍비 이스마엘의 상황도 비슷하다. 랍비 이스마엘은 이미 광범위하게 명시적이고 세련된 성경 주해의 움직임을 대표했지만, 여전히 성경을 원칙적으로 마치 사람의 말처럼 평이하게 읽어야 한다고 주장했다. 랍비 이스마엘은 "성경에 '내가 해석할 때까지 조용히 있으라' 라고 말하는 사람들"에 대해 불평했다고 한다."**44**

예컨대, 아키바와 이스마엘은 b.Sanh 51b에서 논의한다. 레 21:9, "창녀 노릇

---

43) 이 논쟁에서 힐렐과 Eliezer의 친밀감에 대해서는 Neusner, *Eliezer*, vol. 1, 126을 보라.

44) SifLev, Tazria 13:2 (ed. Weiss, p. 68b) 성경 주석가로서의 이스마엘에 대해서는 G. Porton, *The Traditions of Rabbi Ishmael* (SJLA 19; 4vols; Leiden, 1976-1982), vol. 4, 160-211을 보라. (특히 아키바와의 대조에 대해서는 205-9을 보라.) Porton은 그가 184에서 인용한 작품과 같은 문헌에서 자주 발견되는 것보다 덜 대조적이라고 본다. 주 197; 또한 L. Finkelstein, *Akiba: Scholar, Saint and Martyr* (New York, 1936), 308-12을 보라.

으로 자신을 모독하는 제사장의 딸은 그 아버지를 모독하는 것이니 불에 태워지리라"의 적용에 대해 논의할 때, 이스마엘은 관련 율법의 논리적 주장만을 사용하여 제사장의 약혼한 딸에게만 적용된다는 것을 보여주지만, 아키바는 "그녀의 아버지"도 등장하는 신 22:21과의 언어적 비유(게제라 샤바)에 의존하여 레 21:9가 미혼 여성에게는 적용되지 않는다는 것을 보여주려고 노력한다. 지금까지는 논쟁의 여지가 없고 방법만 다를 뿐이다. 그러나 아키바는 계속해서 레 21:9의 첫 번째 연결사(copula)에 제사장의 결혼한 딸들을 이 율법의 조건에 포함하는 기능을 부여한다.(레 20:10의 교살에 해당하는 다른 간음한 기혼 여성들과는 대조적으로)

일반적으로 인간의 말에서처럼 여는 접속사[45]를 무시하는 것을 선호했던 랍비 이스마엘은 아키바에게 "당신이 '딸'이 아니라 '그리고 딸'이라고 해석한다고 해서 이 여자를 꺼내서 불태워야 합니까?"라고 격렬하게 대응했다고 한다.[46] 그러나 아키바의 압도적인 힘을 멈출 수 없었고 바빌로니아 탈무드는 몇 줄 후에 이스마엘이 그 여는 접속사로 무엇을 했는지에 대해 대담하게 묻고 있다. 물론 이 이야기는 답을 제공한다.

페사흐에 대한 미쉬나 토론에서 랍비 엘르아살이 그랬던 것처럼, 또 다른 보수주의자 역시 아키바의 노선을 따라 리모델링되었다. 둘 다 다르지만, 우리가 보았듯이 힐렐과 그가 해석자로 길들여진 방식을 연상시킨다. 따라서 힐렐의 제자들인 "힐렐 학파"와 관련하여, 우리는 노이스너와 함께 마지막으로 "아키반이 힐렐 학파의 의견을 뒷받침하는 주석 자료를 제공하고, 심지어 '아키반 원칙'의 적용에 대한 이견을 집의 이름으로 공식화하는 경향"에 주목할 수 있다.[47]

---

45) (역주) opening conjunctions란 예컨대, "and", "but", "or", "for", "nor", "yet" or "so" 등과 같이 새로운 문장을 시작할 때 사용되는 접속사들을 말한다.

46) 여기에 말장난이 있다. "제거하다.(Take her out)"는 처형(창 38:24-25 참조)과 탈무드 논의의 앞부분 몇 줄에 명시된 것처럼, 결혼한 간음한 여인의 목을 조르는 것을 규정하는 레 20:10의 기본 규칙에서 제사장의 결혼한 딸을 주석적으로 "제외"하는 데 모두 사용되었다. 레 20:10은 처형 방식을 명시하지 않았다. 그러한 경우 랍비들은 신속성이나 시체를 그대로 남겨두기에 교살을 부과했다.

47) Neusner, 〈Rabbinic Traditions〉, vol. 2, 98; 또 40-42를 참조하라. A. Guttmann은 힐렐의 주석 활동에도 불구하고, 페사흐/안식일 논쟁과 27번에서 인용한 자료들에 따르면, 그의 제자 1세대에 의한 그러한 증거가 거의 없다는 사실에 놀라움을 표했다. 그들에게 기인한 대부분의 것은 실제로 Akiban 또는 그 이후의 기원이다. 그의 Rabbinic Judaism를 보라: *A Chapter in the History of the Hlakhah from Ezra to Ju-*

IV. 주석에서 우화로?

지금까지 우리는 힐렐에 대한 성경의 제한적 중요성에 대한 우리의 주장을 힐렐에 기인한 율법적 의견을 검토한 것에 근거했다. 우리는 특히 초기 버전에서 성경이 거의 등장하지 않는다는 것을 보여주었다. 후대의 전승은 그의 의견에 성경적 근거를 제공하는 경향이 있었다.

노이스너 교수의 『70년 이전의 바리새인에 관한 랍비 전승』에 실린 몇 가지 관련 논평으로 그림을 간략하게 완성하겠다.[48] 노이스너는 주석이 이야기보다 앞섰다고 주장했다. 하지만 우리는 위에서 힐렐의 율법적 의견과 관련하여 의견이 일반적으로 주석보다 앞선다고 주장했다. 일부 겹치는 부분이 있지만, 이제 이야기와 관련된 증거를 검토하겠다.

y.Ber 9:3,14a에 따르면, 여행을 마치고 집으로 돌아오는 사람이 마을에서 외치는 소리를 들으면 "과거에 대해 간구하는 자는 헛된 기도"(m.Ber 9:3)이기에 그 소리가 자기 집에 들리지 않게 해달라고 기도해서는 안 된다고 명시되어 있다. 그러나 그는 "나는 이것이 내 집에 있지 않다고 확신합니다."라고 말할 수 있다. 그런 다음 "힐렐은 '나쁜 소문을 듣고도 두려워하지 않으리라'라고 말한다." 즉, 시

---

dah I (Detroit, 1970), 74-75, 95-99. 그러나 Guttmann과 함께 이것을 반대나 상황 변화의 결과로 설명하기보다는 우리가 제시한 것처럼 출발점에 결함이 있다고 추론할 수 있다; 위의 주 27 참조. 또한 바리새파와 사두개파 사이의 논쟁은 성경 주석과 관련이 없다는 E. E. Urbach의 주장("The Derashah" 181-82 [= World of the Sages, 65-66])과 "랍비 전승은 지난 세기 동안 성경에 대한 애정을 보이지 않았다."는 E. Nodet의 최근 판단(Essai, 6)에 주목하라.

48) Neusner는 또한 힐렐 자료만을 다룬 "From Exegesis to Fable in Rabbinic Traditions about the Pharisees,"에서 몇 가지 주장을 제시했다. 이 글은 *JJS* 25 (1974) 263-69에 실렸다.

여기서 Neusner의 출발점은 행 2:33-34의 주석과 막 12:35-37의 이야기 사이의 유사성에 대한 비유이다. 그는 후자가 전자에서 발전했다는 B. Lindars의 주장을 따른다.(참조. New Testament Apologetic: The Doctrinal Significance of the Old Testament Quotations [Philadelphia, 1961], 45-47) Lindars의 주장은 다윗이 자신의 후손을 "나의 주"라고 부르지 않았다는 마가의 가정은 시 110편이 예수님을 암시한다는 사도행전의 입증에 의존한다는 것이다. 그러나 마가가 시 110편에서 다윗이 우월한 존재를 언급하고 있다는 이전의 전승에 의존하고 있다고 하더라도, 그 전승이 행 2장에 반영된 기독교 전승일 필요는 없다. Lindars가 쓴 후에 출판된 쿰란의 멜기세덱 본문은 그러한 가정이 기독교 이전에도 통용되었음을 보여준다. 참조. D. Flusser, *Judaism and the Origins of Christianity* (Jerusalem, 1988), 86-92, 301-5. Lindars에 대한 비판은 D. M. Hay, *Glory at the Right Hand: Psalm 110 in Early Christianity* (SBLMS 18; Nashville/NewYork, 1973) 106-7. 어쨌든 랍비적 증거는 그 자체로 판단되어야 한다.

112:7의 구절이 율법에 대한 주석이나 귀국하는 여행자에게 추천하는 대체 본문으로 덧붙여진다. 이와는 대조적으로, 바벨로니아 탈무드 베라코트(b.Ber) 60a의 유사 구절에는 귀환하는 힐렐이 도시에서 외치는 소리를 듣고 "나는 이것이 내 집에 있지 않다고 확신한다."라고 말한 이야기가 있다. 그런 다음 "성경은 그에 대해 '나쁜 소문을 듣고도 두려워하지 않을 것'이라고 말한다."라는 말이 이어진다.

노이스너 교수는 다음과 같이 주장한다. "이것은 힐렐 주석이 힐렐 내러티브로 변형된 전형적인 예다."[49] 그러나 두 버전 모두에 주석은 없고 구절의 인용만 있다. 둘째, 역사적으로 이 구절의 사용이 힐렐에게서 기인해야 한다는 것도 전혀 명확하지 않다. 즉, 팔레스타인 버전이 두 버전 중 더 원시적이라는 것은 분명하지 않다. 바빌로니아 버전은 탄나이트 전승(바라이타, 1안에서 소개됨)으로 제시되지만, 팔레스타인 버전은 타나이트 전승이라고 주장하지 않는다. 성경 주해가 이야기로 구체화하였다고 가정하기보다는 경건한 사람 힐렐이 성경의 도움 없이 하나님에 대한 확신을 표출한 이야기가 후대의 전승으로 성경을 이야기 속으로, 심지어 힐렐의 입속으로 가져오는 것을 선호한 사람들에 의해 개선되었다는 가정이 더 경제적이다.[50]

자신의 결론에서 노이스너는 "힐렐 주석을 힐렐 내러티브로 변형"하는 것이 "표준"이라고 주장한다. 그는 "주석에서 크리아(chria)로"라는 제목 아래 네 가지 사례를 더 인용한다.[51] 다음과 같이 그는 말한다. "익명의 주석에 간결한 크리아 또는 전기적 격언[52]이 수반되는 경우, 즉 명명된 주해자가 주석을 수행하는 경우"를 의

---

49) *Rabbinic Traditions*, vol. 1, 294.

50) Neusner는 JJS article, 265에서 다음과 같이 썼다. "나는 바리타(the baraita)가 타나이트적 속성이 부여되지 않은 팔레스타인 탈무드 전승보다 늦게 나왔고 그것에 근거하고 있다는 것을 당연하게 생각한다. 단어 대 단어의 일치로 볼 때 이는 거의 확실하며, 익명의 가르침에서 명명된 가르침으로의 이동은 바빌로니아가 팔레스타인에 의존한다는 결정적인 증거인 것 같다." 바빌로니아 탈무드의 바라이타가 팔레스타인 탈무드의 비바라이타보다 더 늦게 텍스트를 보존할 수 있다는 점은 인정해야 하지만, 바라이타가 타나이트어라는 추정에 대한 반박은 당연한 것으로 받아들여서는 안 되며 각각의 경우에 제시되어야 한다. 단어 대 단어의 대응은 본질적으로 어느 쪽이든 잘라낼 수 있다.

51) 3권, 42-43. 이 제목은 H. Fischel의 영향을 나타낸다. Neusner, *Rabbinic Traditions*, vol. 3, 330-32; 그리고 *Essays in Greco-Roman and Related Talmudic Literature* (ed. H. A. Fischel; New York, 1977), 특히 451-53(Fischel on Hillel and chriae.)

52) (역주) biographical apophthegm는 전기에 등장하는 유명한 인물의 말이나 격언.

미한다. 그러나 이러한 경우의 주석은 익명이기에 현자가 주석을 작성했다고 가정해야 하는 이유는 명확하지 않다. 아마도 현자의 수행에 성경적 지원을 제공하기 위해 주석이 제공되었을 것이다.

노이스너는 아가딕(aggadic, 비법률적) 자료와 관련하여 "어떤 성경 주석도 사건이나 스승에 대한 비법률적 이야기를 생산하지 않는다."[53] 법률적 자료에 관해서는 왜 달랐어야 할까? 어쨌든 노이스너가 "주석에서 크리아까지(From Exegesis to Chria)"에서 정리한 다섯 가지 사례를 살펴보면 첫 번째 사례는 관련이 없으며(샴마이 이야기가 보여주는 주석은 익명이 아니라 그에게 기인한 것이다), 다섯 번째 사례(신뢰하는 여행자에 관한 것)는 이미 기각했다. 이제 세 가지가 남았다. 첫 번째 이야기에는 주석이 없고, 나머지 두 이야기는 주석보다 앞선 이야기일 가능성이 크다:

1. 힐렐이 출 12:8/민 9:11을 이행하기 위해 모든 유월절 음식을 어떻게 포장했는지에 대한 전승에서 힐렐은 그 구절을 인용한 적이 없다고 한다.[54] 물론 그가 성경의 명령을 이행하려고 의도했다고 가정해야 하지만, 그 구절에서 그의 실천을 도출하기 위한 주석이 제공되거나 필요하지는 않다.

2. 힐렐의 프로스불 제도에 대한 여러 초기 보고서에서 근본적인 주석은 부채의 소멸을 "네 것"(신 15:3)으로 제한하고 법원에 허위로 채무를 공탁하여 법을 피하는 방법의 혁신을 허용한다. 이 주석은 익명으로 작성되었다. 이 이야기는 후기 미드라쉬 탄나임에서 힐렐에게만 기록되어 있다.[55] 여기서 필요한 것은 가난한 사람들을 돕기 위해 하나님이 원하시는 일, 즉 하나님이 원하실 것으로 생각한 일을 한 현자에 관한 이야기다. 후대의 전승은 이 구절에 해석을 덧붙여 결국 그의 입에 오르내리게 되었다.

---

53) Vol. 3, 64.
54) 이 텍스트의 개요는 Neusner, *Rabbinic Traditions*, vol. 1, 280-81를 보라.
55) Hoffmann, 80을 보라. 다른 텍스트는 위의 주-4 참조.

노이스너는 이와 관련하여 미쉬나 10:3을 인용한다.**56** 미쉬나 10:3에 따르면 힐렐은 사람들이 안식년으로 인해 자선 대출이 취소되는 것을 원하지 않아서 자선 대출을 삼가고 있는 것을 보고 프로스불을 제정했다고 한다. 미쉬나는 그들의 행동을 다음과 같이 특징짓는다. 미쉬나는 그들의 행동을 신 15:9 위반으로 규정하지만, (a) 힐렐이 인용하지 않았고, (b) 주석 없이 인용되었으며, (c) 이 구절이나 다른 구절이 금지 조항을 생성하는 방법이 없다.**57**

3. 다른 이야기에 따르면, 힐렐은 가난한 귀족에게 말과 노예를 공급하여 신 15:8에서 가난한 사람들에게 "그가 부족한 모든 것"을 공급해야 한다는 요구 사항을 충족시켰다.**58** 그러나 힐렐은 이 구절을 인용한 적이 없다고 한다. 예루살렘 탈무드에서도 이 구절은 전혀 인용되지 않는다. 시프레, 토세프타, 바빌로니아 탈무드에는 이 구절이 주석과 함께 인용되어 있는데, 주석에서 말하는 대로 행동한 힐렐에 관한 이야기는 세 출처 모두에서 적절한 행동이 매우 자비로운 갈릴리 사람들에 관한 이야기로 설명되어 있다. 앞의 사례에서와 마찬가지로, 경건한 사람들이 가난한 사람들을 돌보는 이야기는 이차적으로 성경의 지원을 받았다는 것이 더 설득력이 있다.**59**

따라서 내러티브에 있어서도 법적인 견해와 마찬가지로, 자신이 그렇게 해야 한다고 생각했기에 그렇게 한 역사적 힐렐이 성경이 그렇게 해야 한다고 말했기에 그렇게 한 랍비적 힐렐로 길들었다고 결론짓는 것이 가장 합리적이다.

---

56) *Rabbinic Traditions*, vol. 3, 42.

57) Neusner의 JJS article(위의 주34) 266-69 참조. 여기서 그는 힐렐의 혁신에 관한 두 가지 버전이 독립적으로 유포되었다고 주장한다. 하나는 그것을 주석적으로 도출하고 현자의 독립적인 권위에 기인한다. Neusner에 따르면, 후자는 정치적 이유로 왕자 R. Judah에 의해 선호되었고, 따라서 그의 미쉬나에 포함되었다.(m.GNitt 4:3) Neusner는 여기서 m.Shevi 10:3에 대해서는 언급하지 않는, 미쉬나의 다른 곳에서 같은 맥락에서 반대되는 경향이 표현된다면 이상할 것이다.

58) SifDeut 116 (ed. Finkelstein, 175); t.Pe'a 4:10 (ed. Zuckermandel, 23; ed. Lieberman, 58); y.Pe'a 8:8, 21a; b.Ket 67b.

59) Neusner가 지적했듯이(*Rabbinic Traditions*, vol: 1, 286; JJS [above, note 34] 265-66), 바빌로니아 이야기는 힐렐을 더욱 영웅적으로 만들면서 앞의 버전을 발전시킨다. 그러나 그렇다고 해서 전체 이야기가 늦어지고 주석만 일찍 남는 것은 아니다.

V. 결론

우리는 힐렐의 이름과 관련된 할라카 경전 주석(halachic scriptural exegesis)의 두 가지 중심 복합체와 힐렐에 관한 이야기에서 힐렐의 성경 사용을 살펴보았다. 성경에 대한 그의 접근 방식이 텍스트가 아니라 성경의 내용에 의해 지배되었다.

힐렐이 성경 본문에서 결론을 도출하거나 그에 근거한 법칙을 제시할 때, 그는 성경을 평이하게 읽은 것을 바탕으로 직접 결론을 내렸다. 출 12:8/민 9:11과 같이 문제가 없는 본문은 주해가 필요 없었다. 그러나 힐렐은 발생하는 모든 문제에 대한 해답을 성경에서 찾을 필요가 없었다. 벤 백-백[60](m.Ab 5:22)이나 아키바와는 달리 힐렐은 모든 것이 성경에서 찾을 수 있다고 생각하지 않았다. 오히려 성경 읽기를 제한하는 같은 유형의 상식적 접근 방식은 안식년에 빚을 탕감하지 않고 성벽도시에 있는 집을 반환하는 것에 관한 유명한 법령에서 볼 수 있듯이 전승이나 자신의 권위에 근거한 판결을 허용하기도 했다. 이러한 판결은 평범한 성경 독자인 힐렐이 성경의 기본적이고 자선적인 목적을 달성하기 위해 성경의 율법 문장에서 근본적으로 벗어난 것이다.

다시 말해, 서기관(sopherim)이 성경의 세부 사항에 관심을 기울였다면(참조. b.Kid 30a), 힐렐은 "서기관 중 한 사람으로서" 가르친 것이 아니라 성경에서 직접, 또는 전승에 근거하여, 또는 가장 특징적으로 "권위를 가진 사람으로서" 가르쳤다.[61] 그러나 우리가 보았듯이, 1세기 후인 얍네브(Jabneh)에서 랍비 유대교의 주요 접근법은 성경에 모든 신성한 법을 고정하려고 하는 접근법이 되어 있었다. 유대교에서 텍스트에 얽매인 접근법이 승리한 중요한 이유가 힐렐과 같은 창시자가 다른 종교를 선호했던 종교의 유대교 탈퇴 때문이라고 제시하는 것은 대담하지 않을

---

60) (역주) Ben Bag-Bag은 Zugot 후기 또는 탄나잇 초기 시대의 랍비 현자이자 장로 힐렐의 제자였다.
61) 막 1:22에서 서기관으로서 가르치는 것과 권위를 가지고 가르치는 것 사이의 대조에 대한 정확한 의미는 만족스럽게 해결되지 않았다. 나는 위의 구분을 과감하게 제시한다; 참조: A. W. Argyle, "The meaning of exousia in Mark I: 22, 27", ExpTim 80 (1968/69) 343. 알려진 바가 많지 않은 "서기관들"에 대한 최근의 논의에는 A. J. Saldarini, *Pharisees, Scribes and Sadducees in Palestinian Society* (Edinburgh 1988), 특히 11장과 Schwartz, *Studies*, 89-101을 보라.

것이다.

얍네브인 랍비들은 모두 하늘에서 들려오는 하나님의 음성이라고 인정한 지시를 받아들이기를 단호히 거부했다.[62] 이들은 그것을 따랐다는 이유로 엘르아살을 파문하였을 정도다. (b.BMes 59b) 여기에서도 유월절 논쟁에서와 마찬가지로, 랍비 엘르아살은 힐렐 학파의 전형적인 접근법, 즉 할라카가 항상 하늘에서 들려오는 음성에 달려 있다는 교리를 따르는 것으로 보인다.[63] 하늘의 음성이 힐렐을 성령에 합당하다고 칭찬한 것처럼,[64] 힐렐 학파는 또한 하늘의 음성에 관한 증거를 받아들였다.[65] 그리고 힐렐 학파의 견해는 또한 남편이 죽었다는 하늘에서 들려오는 증언에 근거하여 여성이 재혼하는 것을 허용한다.[66]

그렇다면 여기서 우리는 힐렐 학파와 보수적인 엘르아살이 성경 밖에서 하나님의 뜻에 대한 진정성 있고 규범적인 표현을 찾고 있다. 달리 말하면, 우리는 힐렐 학파와 엘르아살이 하나님이 자신의 뜻을 자신이 선택한 대로 드러내도록 허용하고 그것을 구속력 있는 것으로 받아들이는 것을 볼 수 있다. 하나님의 새로운 개입을 받아들이려는 의지가 어떤 결과를 초래할지 다시 생각하지 않는 한, 종교인에게는 상당히 합리적이다.[67] 그러나 하늘에서 들려오는 목소리와 자신의 권위에 대한 가르침은 1세기 기독교의 부상과 모든 관련이 있었다. 이는 2세기에 이르러서는 랍비 유대인들에게도 금기시되었다.

---

62) 하늘의 음성의 도구성에 대해서는 Lieberman, *Hellenism*, 194-99의 흥미로운 논의를 보라.

63) b.ʿErub 13b와 유사점을 보라.

64) t.Sot 13:3 (ed. Zuckermandel, 318-19)과 유사본을 보라.

65) 참조. t.Nez 1:1.

66) 참조. m.Yeb 16:6; b.Yeb 122a. R. Eliezer은 shammuti 또는 shammati, 예 b.Shab 130b)였던 것으로 알려져 있는데, 이 용어는 종종 "샴마이 학파(Shammaite)"를 의미하는 것으로 받아들여진다. 따라서 R. Elieze은 종종 힐렐 학파와 경쟁했던 학파에 속하는 것으로 여겨진다. 그러나 이 용어에 대한 해석의 일반적인 타당성과 그 진술은 Gilat이 R. Eliezer, 462-73에서 동일한 주제에 대한 그의 보다 긍정적인 리뷰에서 언급하지 않은 연구인 A. Guttmann, *Studies in Rabbinic Judaism* (New York, 1976), 163-74 (= HUCA 28[1957] 115-26)에 의해 거부되었다. 이 점들에 대한 평결이 무엇이든, 여기서 Eliezer의 의견은 명백히 힐렐 학파이다. Neusner, *Rabbinic Traditions*, vol. 2, 221-22을 보라.

67) 비슷하게, 우리는 m.Be 4:3-4에서 R. Eliezer이 고정된 전례를 지시하려는 동료들의 시도에 맞서 자발적인 기도를 옹호하는 것을 발견할 수 있다. R. Eliezer은 분열주의자들에 대해 걱정할 필요가 없는 한, 종교인들에게 하늘에서 들려오는 목소리만큼이나 합리적인 내면의 목소리의 규범적 중요성을 옹호한다. 미쉬나에 따르면 R. Eliezer의 Jabnean 동료들은 그를 무시했다.

가톨릭 신자나 재세례파 신자라면 누구나 알 수 있듯이, 내면이나 하늘에서 들려오는 음성을 듣는 것과 성경을 모국어로 읽는 것은 치명적인 조합이다. 안정된 종교에 혼란을 일으킬 수 있다. 제2성전이 파괴되고 기독교가 부상한 2세기 무렵, 유대교는 대단히 혼란스러웠고 랍비들은 안정이 절실히 필요했다.[68] 랍비들은 아키바와 이스마엘에 대해 "성경은 인간의 언어로 말하지 않는다."라고 주장했지만 "모든 것이 그 안에 있다."라며 하늘에서 들려오는 목소리조차도 성경을 방해할 수 없다고 주장했다. 이러한 주장을 받아들임으로써 랍비 계급은 하나님의 뜻에 대한 해석을 독점하게 된다. 랍비들만이 그들이 선포한 책을 일반 언어가 아닌 학자들만 접근할 수 있는 언어(예: 라틴어)로 읽을 수 있게 될 것이다. 이러한 독점을 통해 안정성을 확보할 수 있었다.

힐렐의 방식은 전승에 목소리를 내면서도 평신도처럼 성경을 합리적으로 읽으면서 얻은 의견과 함께 내부와 외부의 목소리와 같이 통제할 수 없는 출처에 상당한 권위를 부여했다. 이런 방식은 사라져야 했다. 남은 것은 그의 이름뿐이었고, 후대의 랍비들은 때때로 자신의 방식에 권위를 부여하기 위해 힐렐의 이름을 사용했다.

---

68) 이것은 Jabneh를 권위주의적 리더십에 의해 만장일치가 강요된 장소로 보든, 아니면 "대연합"이 공통의 우산 아래 서로 다른 경향을 포괄하는 장소로 보든 상관없이 사실이다.: S. J. D. Cohen, "The Significance of Jabneh: Pharisees, Rabbis, and the End of Jewish Sectarianism," *HUCA* 55 (1984) 27–53.

17장 _ 예수와 황금률

P. S. 알렉산더

힐렐과 예수를 비교하려면 먼저 황금률의 문제를 다루어야 한다. 힐렐과 예수 모두 황금률을 인용했으며, 모두 비슷한 상황에서 황금률을 율법의 요약으로 사용했다고 알려졌다. 시대 전환기에 영향력 있는 두 팔레스타인 유대인 교사들 간의 이 분명한 합의는 놀랍고, 꼼꼼히 조사할 가치가 있다. 관련하여 분명한 질문이 생긴다. 힐렐과 예수가 황금률을 말했다는 전승들은 신뢰할 수 있는가? 율법의 의미는 무엇이며 그 저자는 누구인가? 황금률(the Rule)이 율법(the law)의 총합이라는 주장에는 무엇이 포함되었나? 황금률은 1세기 유대교나 유대교와 기독교의 관계에 대해 어떤 빛을 비추어 주는가? 이 글에서 이러한 질문 중 몇 가지에 답하려고 노력할 것이다. 먼저 황금률 자체를 정의해야 한다.

황금률은 단어들이 고정된 형태를 이루고 있는 것이 아니라 다양한 방식으로 표현할 수 있는 명제다. 이 용어의 기원은 의외로 모호하다. 마7:12의 "무엇이든지 남에게 대접을 받고자 하는 대로 너희도 남을 대접하라"라는 말씀에 처음 사용된 것 같지만, 다른 모든 형태의 도덕적 격언을 포괄하는 의미로 급속히 확장되었다. 이 격언은 일상적인 연설과 문학에서 고전적인 마태복음 문구 대신 "남에게 대접받고 싶은 대로 하라"와 같이 더 짧고 간결한 버전으로 자주 인용된다.[1]

---

1) "황금"이라는 수식어는 규칙의 가치, 우수성 또는 유용성을 표현한다.(참조: 황금 분할, 황금 구간, 황금 수, 황금시대) "황금률"이라는 명칭은 눅 7:12에 처음 적용되었는데, 이는 눅 6:31의 유사 구절이 아니라 바로 이 구절에서 격언의 우수성이 암시되기 때문이다.("율법과 선지자는 이것이니이다.") 이 용어의 사용은 분명히 현대적이다. 인용된 가장 초기의 예는 Gibbon, *Decline and Fall of the Roman Empire*, 54장, 주(note): "칼빈은 자신이 하고 싶은 대로 하라는 황금률을 위반했다." 그러나 1741년 Isaac Watts("우리의 복되신 주님께서 우리에게 주신 도덕의 위대한 원리")와 1674년 R. Godfrey("황금률은 너희가 행하고 싶은 대로 행하라")에 의해 그 용법이 예상되었다. 1542년 R. Recorde가 "황금률"이라고 한 것은 마 7:12이 아니라 수학적 비례 법칙인 3의 법칙을 가리켰다; 옥스퍼드 영어 사전, 2판, 6권, 656쪽, "황금률"을 보라. 이 용어를 르네상스 또는 중세 시대로 거슬러 올라가려는 시도 (A. Dihle, "Golden Regel", *Reallexikon fur Antike und Christentum*, XI [Stuttgart, 1981], col. 930)는 순전히 추측에 불과하다. 마

황금률이 같은 기본 아이디어를 표현하는 것으로 생각되는 다양한 언어적 표현을 아우른다는 사실은 주로 개념적 측면에서 정의된다는 것을 의미한다. 따라서 황금률의 역사를 추적하는 것은 사상의 역사를 추적하는 것이며, 사상의 역사는 안정적이고 독특한 형태의 단어를 전달하는 것보다 훨씬 더 밝혀내기가 어렵다. 때문에 문제가 복잡해질 것임은 조사 초기에 의심의 여지가 없어야 한다.

황금률, 역사적 힐렐, 그리고 역사적 예수

힐렐과 역사적 예수를 황금률과 연결할 수 있는 증거는 무엇일까? 힐렐의 경우, 그 증거는 생각보다 훨씬 약하다. 고전 랍비 문헌 전체에서 이 격언이 힐렐에게서 유래된 텍스트는 단 한 곳, 즉 b.Shab 31a뿐이다. 이 간단한 사실만으로도 우리는 잠시 생각에 잠길 수 있다. 바빌로니아 탈무드는 힐렐 시대 이후 적어도 500년 후에 수정되었다. 이렇게 너무 늦은 자료에 근거하여 역사적 힐렐을 추론하는 것을 극도로 경계해야 한다.

이러한 경계는 출처가 확인된 문학적 맥락을 분석하여 충분히 보강된다. 출처의 역사성과 관련된 문제의 범위와 깊이를 명확히 하기 위해서는 관련 텍스트 전체를 제시해야 한다. 이 구절의 언어는 대부분 단순하고 우아한 히브리어다. 그러나 특정 단어와 구절(번역본에 밑줄로 표시됨)은 아람어로 되어 있다.

(A) 랍비들의 가르침(타누 랍바난2): 남자는 항상 힐렐처럼 온화해야 하고 샴마이처럼 조급해서는 안 된다.

7:12의 격언을 "황금률"로 지정한 것은 영국에서 유래했을 것이다. 거기에서 독일과 프랑스로 넘어갔다. L. J. Philippidis, Die "Goldene Regel" religionsgeschichtlich untersucht, Inaugural−Dissertation zur Erlangung der Doktorw rde der Hohen Philosophischen Fakult t der Universitar Leipzig (Leipzig, 1930), 11−15을 참조하라.

2) (역주) tanu rabbanan이란 타누 시대의 브리아타(briata)로 표현된 가르침으로, 후기 아모리아 시대에 비해 상대적으로 더 높은 수준의 권위를 지니고 있다.

(B) 한번은 두 남자가 "가서 힐렐을 화나게 하는 자는 400주즈를 받으리라"라고 서로 내기를 했다. 그들 중 한 남자가 말했다. "내가 그를 화나게 만들겠다."

그날은 안식일 전날이었고 힐렐은 머리를 감고 있었다. 그 남자가 힐렐의 집 문을 지나가면서 외쳤다. "힐렐, 여기 계십니까? 힐렐이 여기 계십니까?" 힐렐은 옷을 입고 나와 그에게 물었다. "내 아들아, 무엇을 구하는가?" 그가 말했다. "물어볼 것이 있습니다." 힐렐이 말했다. "내 아들아, 물어보아라." 그가 힐렐에게 물었다. "바빌로니아 사람들의 머리는 왜 둥그런가요?" "아들아, 훌륭한 질문이다." 힐렐이 말했다. "그것은 그들에게는 숙련된 산파가 없기 때문이다."

그 남자가 떠나서 한참을 머뭇거리다가 돌아와서 말했다. "힐렐. 여기 계십니까? 힐렐이 여기 계십니까?" 힐렐은 옷을 입고 나가서 그에게 말했다. "내 아들아, 무엇을 구하는가?" "물어볼 것이 있습니다." "내 아들아, 물어보아라." 그가 힐렐에게 말했다. "팔미레인의 눈은 왜 충혈되어 있습니까?" 힐렐이 답했다. "아들아, 훌륭한 질문이다." "그들은 모래가 많은 곳에 살기 때문이다."

그 남자는 떠나서 한참을 머뭇거리다가 돌아와서 말했다. "힐렐. 여기 계십니까? 힐렐은 여기 계십니까?" 힐렐은 옷을 입고 나가서 그에게 말했다. "내 아들아, 무엇을 구하는가?" "물어볼 것이 있습니다." "내 아들아, 물어보아라." "왜 아프리카 사람들의 발이 넓습니까?" 힐렐이 말했다. "아들아, 훌륭한 질문이다. 그들은 물이 많은 습지에 살기 때문이다." 그 남자가 말했다. "물어볼 것이 많지만, 당신이 화를 낼까 두렵습니다." 힐렐이 옷을 입고 그 앞에 앉아 말했다. "물어보고 싶은 것은 모두 물어보아라." "당신이 이스라엘의 나시라고 부르는 힐렐이오?" "그렇다." 그 남자가 말했다. "그렇다면 이스라엘에 당신 같은 사람이 이제는 없기를 바랍니다!" 힐렐이 물었다. "왜 그러는가, 아들아?" 그 남자가 불평했다. "왜냐하면 네가 당신 때문에 400주즈를 잃었기 때문입니다." 힐렐이 말했다. "자제하라! 힐렐이 화를 내는 것보다 당신이 힐렐 때문에 400주즈를 잃고, 또 사백 주를 더 잃는 것이 낫다."

(C) 랍비들은 이렇게 가르쳤다.(타누 랍바난): 한번은 어떤 이방인이 샴마이 앞에 와서 "당신은 토라를 몇 권이나 가지고 있습니까?"라고 물었다.

샴마이가 말했다. "두 가지다. 성문 토라와 구전 토라다." 이방인이 말했다. "성문 토라는 믿지만, 구전 토라는 믿지 않습니다. 성문 토라만 가르치는 조건으로 저를 개종시키십시오." 샴마이는 화를 내며 그를 꾸짖어 나가라고 명령했다.

그가 힐렐 앞에 갔을 때 힐렐은 그를 개종자로 삼았다. 첫날 힐렐은 그에게 '알레프(א), 베트(ב), 기멜(ג), 달렛(ד)'을 가르쳤다. 다음 날 힐렐은 글자의 순서를 뒤집었다. 이방인이 항변했다. "어제는 내게 이렇게 가르치지 않았습니다. 이 문제에 대해서 나를 의지해서는 안 되겠소?" 힐렐이 대답했다. "그렇다면 구전 토라에 대해서는 나를 신뢰하라."

(D) 또 한 번은 어떤 이방인이 샴마이 앞에 와서 말했다. "제가 한 발로 서 있는 동안 토라 전체를 가르쳐 주는 조건으로 저를 개종자로 삼아 주십시오." 샴마이는 손에 들고 있던 건축업자의 큐빗으로 그를 쫓아냈다. 그가 힐렐에게로 가자 힐렐은 그를 개종자로 만들었다. 힐렐은 그에게 말했다. "네가 싫어하는 것은 네 이웃에게 하지 마라. 이것이 토라 전부다. 나머지는 해석이다. 가서 배우라!"

(E) 또 한 번은 어떤 이방인이 학교 뒤편으로 지나가다가 한 선생이 "그들이

만들 옷은 이러하니 곧 흉패와 에봇이라"(출 28:4)고 낭송하는 소리를 들었다. 그 이방인이 물었다. "이것이 누구를 위한 것입니까?" 그들이 말했다. "대제사장을 위한 것입니다." 이방인은 스스로 말했다. "내가 가서 개종자가 되어 대제사장으로 임명되리라" 그는 샴마이 앞에 가서 이렇게 말했다. "나를 대제사장으로 임명해 주시는 조건으로 개종자가 되게 해 주십시오." 샴마이는 손에 들고 있던 건축업자의 큐빗으로 그를 쫓아냈다.

그 이방인이 힐렐 앞에 갔을 때, 힐렐은 그를 개종자로 삼았다. 힐렐이 그에게 말하기를, "정부의 예술3을 모르는 사람은 왕으로 임명될 수 없다. 가서 정부의 예술을 공부해라!" 그래서 그는 가서 책을 읽었다. "높이 올라가는 이방인은 죽일지니라"(민 1:51)는 말씀에 이르렀을 때, 그는 힐렐에게 물었다. "이 구절이 누구에게 적용됩니까?" "이스라엘 왕 다윗에게도 해당한다."라는 대답이 돌아왔다. "'가까이 오는 나그네를 죽이라' 라는 말씀이 성경에서 전능자의 아들이라 불리며, 그의 사랑으로 '내 장자 이스라엘'(출 4:22)이라고 지칭한 이스라엘에게 적용된다면, 지팡이와 가방을 들고 오는 단순한 개종자에게는 얼마나 더 적용되겠는가!" 그래서 그는 샴마이 앞에 가서 말하기를, "내가 대제사장이 될 자격이 있었겠습니까? 토라에 "가까이 오는 나그네는 죽여야 한다."라고 기록되어 있지 않습니까?" 그는 힐렐 앞에 가서 그에게 말했다. "온화한 힐렐, 나를 셰키나4의 날개 아래로 데려온 당신의 머리에 축복이 있기를 바랍니다!"

(F) 얼마 후 세 개종자가 한자리에 모였을 때, 그들은 말했다. "샴마이의 조급함은 우리를 세상에서 쫓아낼 뻔했지만, 힐렐의 온유함은 우리를 셰키나의

---

3) (역주) the art of government, 정치는 집단적 결정을 내리고 집행함으로써 사회 내에서 통제권을 행사하는 정부의 예술이다.
4) (역주) Shekhinah는 "거처" 또는 "정착"을 의미하는 히브리어의 영어 음역어로, 한 장소에 하나님의 임재를 나타낸다.

날개 아래 데려다 주었습니다!"

이 비정상적으로 긴 페리코페는 머리말 A와 맺는말 F의 포함으로 명확하게 구분된다. 이 단원의 목적은 "사람은 항상 힐렐처럼 온화해야 하고 샴마이처럼 조급해서는 안 된다."는 명제를 일련의 예시(ma'aśîm)를 통해 설명하는 것이다. 예화는 두 그룹으로 나뉘는데, 첫 번째 그룹은 섹션 B로, 두 번째 그룹은 C, D, E로 대표되는데, 이는 C의 시작 부분에 반복되는 **탄나이틱 전승**(tānû rabbānan)이 이를 잘 보여준다. B는 힐렐만을 다루지만, C, D, E는 구조적으로 유사하고 힐렐과 샴마이를 대조하며 개종이라는 주제로 연결된다. 모든 개별 일화는 한때 독립적으로 존재했을 수도 있지만, 여기서는 효과적이고 일관된 통일성으로 통합되었다.

이 페리코페가 바블리의 편집자가 구성한 것이 아니라 전승에서 어느 정도 그대로 이어받은 것이라는 데는 의심의 여지가 없다. 이에 대한 증거는 편집자가 이 자료가 원래 탄나이틱이라고 주장했음을 보여주는 공식 **타누 라바난**뿐만 아니라 페리코페가 현재 첨부된 미쉬나 레마5와 전혀 관계가 없다는 이상한 사실에서도 찾을 수 있다. 이 페리코페는 레마에서 생성되거나 영향을 받은 것이 아니라 다른 곳에서 블록으로 들어온 것임이 틀림없다.

실제로 두 개의 유사한 자료 블록은 ARN A 15와 B 29에서 완전히 자리 잡고 있다. 여기에 있는 것과 같은 큰 내러티브 구조는 랍비 문헌에서는 비교적 드물지만 ARN의 특징이다. 또한, 페리코페는 ARN에서 미쉬나 '아버지의 윤리'의 적절한 **'보조 정리'**(lemma)'에 첨부된다: "쉽게 화를 내지 말라." 이 보조 정리가 페리코페를 생성했다는 것은 상상할 수 없다. ARN A와 B의 페리코페 버전은 서로 상당히 다르며 b.Sab.의 버전과도 상당히 다르다. 바블리 버전은 ARN A의 버전에 훨씬 가깝고 이를 재작업한 것으로 가장 그럴듯하게 설명할 수 있다.6

---

5) (역주) Mishnaic lemma는 미쉬나에서 용어집에 사용되는 단어나 구(phrase)를 말한다.

6) 페리코페(the pericope)의 섹션 A와 B는 후기 자료인 Kallah Rabbati 10:3과 Sefer Ha-Ma'aśiyyôt 84 (M.Gaster, *The Example of the Rabbis* [New York, 1968], 55f)에 평행하게 배치되어 있다. 섹션 E는 Sef-Ma'as 31에서 평행하다.(Gaster, 23) 주로 히브리어 텍스트에 아람어가 침입한 것은 당혹스럽다. 황금률

흥미롭게도 바블리 판의 D(힐렐과 황금률 이야기)는 ARN 판에 없는데, 이는 ARN 문맥에 완전히 적합했을 것이다. 결론은 피할 수 없어 보인다. D는 ARN 이후 페리코페에 침입한 것이다. 우리는 그 기원에 대해서만 추측할 수 있지만, 아키바에 대한 비슷한 이야기가 ARN B 26에서 전해지는 것은 흥미롭다. 바빌로니아의 전승 편집자가 고의적이든 잘못된 기억을 통해서든 아키바 이야기를 힐렐에게 옮겼을 가능성이 크다.

페리코페에 대한 전승–역사적 분석은 힐렐과 황금률에 관한 일화의 늦고 비역사적인 성격을 시사한다. 페리코페의 스타일은 같은 방향을 가리킨다. 이 단원은 역사학의 틀림없는 요소를 반영하며 힐렐과 샴마이가 먼 과거에 속해 있고 고정관념으로 축소되었던 시대, 즉 전자는 학자적 미덕의 모범으로, 후자는 그의 장식으로 가장 그럴듯하게 날짜가 지정된다. 섹션 A의 고정관념은 특히 강하다. 거기서 힐렐은 수수께끼와 그에 답할 수 있는 현자의 오래된 역할을 하는 것으로 묘사된다.

결국 전승의 역사성에 관한 주장은 매우 강력하나 결정적인 증거는 전혀 없다. 이렇게 의심할 여지 없이 조금 전의 주장에 흔들리지 않고 랍비들의 특별한 기억력을 동원하여 이 탈무드 단원이 초기의 믿을 만한 전승을 담고 있으며 심지어 힐렐의 아람어 **이프시시마 베르바[7]**를 보존할 수 있다고 주장하는 사람들은 늘 존재할 것이다. 이 탈무드 단원이 초기의 믿을 만한 전승을 담고 있으며 심지어 힐렐의 아람어 이프시시마 베르바를 보존할 수도 있다고 주장하는, 다르게 기억하는 권위자가 비슷한 이야기를 한다면 어떨까? 힐렐과 아키바 모두 황금률을 인용할 수 없었을까?

자체가 아람어로 인용되었다는 사실은 쉽게 설명할 수 있다: 아람어는 랍비 사회에서 격언이 통용되던 언어였던 것 같다.

격언의 형태는 Tobit(4:15)에서 볼 수 있는 것과 비슷하다. Tobit이 원래 아람어로 작성되었는지 히브리어로 작성되었는지는 여전히 미지이지만, Jerome은 아람어만 알고 있었다. 이것은 아람어 시대에 팔레스타인에서 아람어 텍스트가 널리 퍼져 있었음을 시사한다. 일부 고대 작가들은 힐렐이 Tobit을 의식적으로 인용했다고 추정하지만, 그 격언이 일반적인 용어로 사용되었을 가능성이 더 크다. 더 당혹스러운 것은 내러티브의 일부가 아람어로 되어 있다는 사실이다. 이 현상은 페리코페의 세 가지 기록 모두에서 발생한다.

7) (역주) ipsissima verba(바로 그 어구, the very words), '문자 그대로의 인용'을 뜻하는 라틴어

마지막 분석에서 그러한 견해는 결정적으로 반박할 수 없으며, 역사학[8]은 증거나 논쟁의 문제가 아니라 판단의 문제다. 모든 증거를 검토 한 결과, 힐렐 자신이 황금률을 인용한 적이 있다고 말할 수 있는 좋은 역사적 근거가 없으며 후기 랍비 소설(fiction)에서만 인용했다는 결론을 내릴 수 있다.

예수가 황금률을 인용했다는 증거는 훨씬 더 강력하다. 이 황금률은 산상수훈(마 7:12)과 평지 설교(눅 6:31)에서 모두 발견된다. 이 두 본문을 비교함으로써 제기되는 복잡한 출처와 편집에 대한 비판적 문제를 여기서 다룰 수는 없다. 피츠마이어(Fitzmyer)의 그럴듯한 결론을 제시하는 것으로 충분할 것이다:

> 두 설교에는 많은 차이점이 있음에도 불구하고 'Q'가 계승한 핵심 설교를 주장하고 두 전도자가 각각 자신의 방식으로 재 작업했다고 주장하게 만드는 기본적인 유사점이 있다. 이러한 유사점은 전승이 예수가 사역 초기에 전한 확장된 설교 일부를 보존하고 있음을 시사한다.[9]

황금률은 "핵심 설교"에 속한다.

두 복음서에서 황금률의 내용은 거의 같지만 정확한 표현은 다르다. 그 차이점은 다음과 같이 비교할 수 있다:

마태: Πάντα οὖν ὅσα ἐὰν θέλητε ἵνα ποιῶσιν ὑμῖν οἱ

누가: καθὼς θέλετε θέλετε ποιῶσιν ὑμῖν οἱ

마태: ἄνθρωποι οὕτως καὶ ὑμεῖς ποιεῖτε αὐτοῖς

누가: ἄνθρωποι   ποιεῖτε αὐτοῖς ὁμοίως

여기 변형 중 마태복음의 πάντα οὖν은 부차적일 것이다. 마태복음의 οὕτως와 누

---

8) (역주) historical sholarship은 학자들이 사건, 인물, 문화를 이해하기 위해 역사적 자료를 연구하고 그 결과를 문서화하여 공유하는 과정으로 "2차 자료(secondary sources)"라고도 한다.

9) J.A. Fitzmyer, *The Gospel According to Luke*, vol. I (AB; New York, 1981), 627.

가복음의 ὁμοίως는 모두 부차적일 수 있다. 두 단어 모두 저자의 특징이 있기 때문이다. 두 단어 모두 저자의 특징이기에. 재개 부사(The resumptive adverb)는 그리스어 스타일을 향상하게 시키지만 필요한 것은 아니다. 마태복음 ὅσα ἐὰν에 비해 누가복음의 καθὼς는 겉으로 보기에 독창적일 가능성이 더 크다. 따라서 두 버전 뒤에는 각 복음서 기자가 자신만의 독특한 방식으로 스타일을 지정한 'καθὼς θέλετε ἵνα ποιῶσιν ὑμῖν οἱ ἄνθρωποι, ποιεῖτε αὐτοῖς'라는 공식이 있을 수 있다.**10** 이 진술을 예수의 모국어이자 황금률이 팔레스타인 유대인들 사이에서 분명히 유포된 언어인 아람어로 되돌리는 데 아무런 문제가 없다.**11**

예수의 황금률 사용 전승이 건전하다는 견해를 어느 정도 뒷받침하는 간접적인 논거가 있다. 사랑이라는 개념이 초기 기독교 가르침에서 중요한 부분을 차지하는 것은 사실일 것이다. 사랑에 대한 강조는 다양한 초기 기독교 텍스트에서 발견된다. 이 개념은 너무나 보편적이어서 예수 자신의 가르침에 반영된 것으로 보는 것이 합리적이다. 보다 구체적으로, 예수가 레 19:18의 사랑의 명령에 큰 비중을 두었다는 증거와 초기 기독교 저술가들이 이 사실을 기억하고 깊이 생각했다는 증거가 있다. 갈 5:14에서 바울은 사랑의 계명을 지킴으로써 율법 전체가 성취된다고 주장한다. 갈 6:2에서 그는 다음과 같은 용어로 이 개념을 다시 한번 강조한다: "서로 짐을 지라 그리하여 그리스도의 법을 성취하라." 여기서 "그리스도의 법"은 역사적 의미에서 그리스도께서 모든 법 중에서 가장 근본적인 것으로 제정하신 법, 즉 사랑의 계명을 가리킬 수 있을까? 바울은 롬 13:9에서 이 주제로 돌아와 다른 모든 계명이 "네 이웃을 네 몸과 같이 사랑하라"라는 문장에 요약되어 있다고 주장한다. 다른 관점에서 글을 쓴 야고보 역시 사랑 계명의 중요성을 강조한다. 그것은

---

10) 편집 문제에 대해서는, W. D. Davies and D. C. Allison, *The Gospel According to St. Matthew*, vol. I (ICC; Edinburgh, 1988), 688; I. H. Marshall, *The Gospel of Luke* (Exeter, 1978), 261을 보라.

11) G. Dalman, *Jesus-Jeshua: Studies in the Gospels*, P. P. Levertoff 번역. (London, 1929), 226은 다음과 같은 반박을 제시한다: kol ma de-ʾattun baʾayin deyaʾ bedun lekhon bene nasha hakheden ʾuph ʾattun hawon abedin lehon. 이 격언의 수정에 대한 논의에 비추어, 이것을 kema deʾattunbaʾayin de-yaʾ bedun lekhon bene nasha hawonʾ abedin lehon로 다듬을 수 있다. 더 나아가 T.W. Manson, *The Sayings of Jesus* (London, 1949), 18-19을 참조하라.

"왕의 법"이다: "'네 이웃을 네 몸과 같이 사랑하라' 라는 성경 말씀대로 왕의 법을 진정으로 이행하는 사람은 잘하는 사람이다."(약 2:8) 마 22:34-40과 막 12:28-34 에서도 같은 후렴구가 나온다.

이 합의는 인상적이며 예수 자신에게서 유래한 기독교 전승의 아주 초기 요소를 가리킬 것이다. 그러나 아래에서 살펴보겠지만, 초기 유대교에서 황금률은 단순히 사랑 계명의 변형으로 간주하는 경향이 있었다. 실제로 롬 13:10에서 바울이 사랑의 계명을 황금률의 부정적인 형태인 "사랑은 이웃에게 악을 행하지 않는다."라는 표현으로 설명한 것은 주목할 만한 사실이다. 결과적으로 황금률은 예수의 가르침에 잘 들어맞으며, 사랑 계명의 중심을 강조하는 예수의 가르침과 일치한다.

그렇다면 우리는 증거의 비대칭성에 직면하게 된다. 예수가 황금률을 인용했다는 것은 잘 입증된 사실이며 가능성이 매우 크다. 힐렐이 인용했을 가능성도 절대적으로 배제할 수 없다. 이는 우리는 그러한 부정적 주장을 할 수 있는 상황이 아니기 때문이다. 그러나 힐렐이 그랬다는 확실한 증거는 없다. 역사적 힐렐과 역사적예수가 황금률을 어떻게 사용했는지 비교하고 대조하는 데 논리가 없다는 결론은 피할 수 없다. 황금률은 예수의 가르침에 대해 우리를 깨우쳐 줄 수 있지만, 힐렐의 가르침에 대해서는 우리를 깨우쳐 줄 수 없다.

황금률의 기원과 독창성

이제 황금률의 독창성에 관한 질문으로 넘어간다. 논의를 위해 앞서 언급한 의구심은 접어두고 힐렐과 예수가 실제로 황금률을 인용했다고 가정해 보겠다. 두 스승의 공식이 그들만의 독창적이었을까? 황금률은 종교나 윤리에 획기적인 발전을 가져왔을까? 황금률은 힐렐이나 예수의 가르침에서 무엇이 특징적인지 정의하는 데 유용할까?

이 모든 질문에 대한 답은 단호히 부정적이어야 한다. 황금률은 힐렐과 예수 시대 훨씬 이전에 발견되었다. 황금률은 고대 세계에 널리 퍼져 있었기에 힐렐이나 예수가 황금률을 사용했던 것이 사실일지라도 당시에는 독창적이거나 독특한 도덕 원칙을 말하는 것으로 볼 수 없는 윤리적 상식을 인용한 것이었을 것이다. 실제로 기독교(마 7:12)와 유대교 자료(b. ab 31a) 모두에서 독창성에 관한 주장은 명백히 부정된다. 황금률은 기독교 주석자들이 너무 자주 무시하는 오래된 가르침의 요약으로 제시된다.

고전적인 형식에서 황금률은 히브리어 성경이나 고대 근동의 문학에서 찾을 수 없다. 디흘레(Dihle)가 오랫동안 주장한 견해에 따르면,12 이 규칙은 그리스 세계에서 공식화되었고 헬레니즘 시대의 유대인 문학으로 넘어갔다는 것이다. 신뢰성에 심각한 의문이 제기되는 디오게네스 라에르티우스(Diogenes Laertius)의 탈레스 통치론13(LEP 1.36)을 제쳐두더라도, 지중해 세계에서 가장 먼저 암시된 것은 헤로도토스(Herodotus)의 역사서이다. 헤로도토스(3.142)는 마에난드리우스(Maenandrius)가 사미아인들(the Samians)에게 이렇게 말하는 장면을 묘사한다. "폴리크라테스(Polycrates)의 왕권과 지배권을 내가 단독으로 가지고 있다는 것은 알려져 있으며, 너희의 통치자가 되는 것은 내 권한이다. 그러나 내 안에 있는 한, 나는 이웃에게 비난받을 만한 일을 스스로 하지 않을 것이다."

헤로도토스가 스파르타 사절단에 보낸 크세르크세스(Xerxes)의 답신(7.136)에 대한 보고서에서 이 규칙의 또 다른 반향을 발견할 수 있다. 이 두 가지 초기 언급의 유사함은 주목할만하다. 이는 헤로도토스 시대에 이미 이 황금률이 일반화되어 있었음을 시사한다. 이 규칙에 대한 추가 언급은 나중에 이 소크라테스의 저서에서 나타나며, 그 이후로 그리스와 라틴 문학에서 상당히 널리 퍼져 있다.14

황금률에 대한 최초의 유대교 증거(Jewish attestation)는 토빗서의 가르침을 구성

---

12) A. Dihle, Die 'Golden Regel´: Eine Einfuhrung in die Geschichte der antiken und fruhchristlichen Vulgarethik (Gottingen, 1962) D. A. Russell의 귀중한 리뷰는 Gnomon 35 (1963) 213-5를 보라.

13) (역주) the Rule of Thales

14) 참고 문헌 목록은 Dihle, Goldene Regel, 85-102; 그의 요약 기사는 Reallexikonfur Antike und Christentum, vol. XI, 933-36쪽. 또한 Philippidis, Goldene Regel religionsgeschitlich untersucht, 42-55.

하는 지혜의 말 모음집(주로 기원전 200년경에 작성된 것으로 추정됨)에서 찾을 수 있다.: "내 아이야, 너는 모든 일을 할 때 네 자신을 조심하고 모든 행동에 신중을 기하라. 그리고 너 자신이 싫어하는 것은 아무에게도 하지 마라." 또 다른 초기 언급(기원전 150년경)은 아리스테아스(Ariateas) 207이다:

> 왕은 큰 기쁨으로 대답을 받고 다음 손님을 보며 물었다. "지혜의 가르침이 무엇인가?" 그 손님은 대답했다. "왕께서 악이 왕에게 닥치지 않기를 바라지만 모든 복에 참여하기를 바라는 것처럼, 왕께서는 악인을 포함한 신하들에게도 같은 원칙으로 행동해야 하며, 고귀한 사람과 선한 사람을 온화하게 훈계해야 합니다. 하나님은 자비로 모든 사람을 자신에게로 이끄시기 때문입니다."

여기서 황금률을 통치자와 신하 사이의 관계에 특별히 적용하는 것은 초기 그리스 작가들의 정치적 맥락에서 황금률이 자주 사용되었음을 반영하는 것일 수 있다.[15]

연대기상 황금률이 그리스 세계에서 유대교로 전해 내려왔다는 견해가 우세한 것처럼 보이지만, 이 점에 대해 지나치게 독단적인 태도를 보이는 것은 잘못이다. 이러한 문화적 전승(전승이라고 한다면)은 매우 신중하게 평가되어야 한다. 유대인들이 황금률을 차용했을 수 있는 그리스 문화는 레반트[16] 및 고대 근동의 일반 문화와 단절된 자율적인 개체가 아니었다.

고대 근동의 현존하는 문학에 황금률의 내용이 없는 것은 우연일 수 있다. 황금률의 한 버전은 아르메니아의 지혜서 아히카르(Ahiqar)에서 발견된다.[17] 물론 그곳

---

15) Herodotus 3.142; Isocrates, Nicocles 49와 61; *To Nicocles* 24; *Panegyricus* 81; cf. Cassius Dio 52. 34.

16) (역주) 고대 Levant는 서쪽의 지중해, 남쪽의 아라비아 사막, 동쪽의 메소포타미아에 접해 있는 황소자리 산맥 남쪽의 서남아시아 지역이다. 황소자리 산맥에서 시나이 사막과 헤자즈까지 남북으로 약 640km), 지중해와 하부로 강 사이 동서로 약 1,000km에 걸쳐 있다.

17) "아들아, 네게 악하게 보이는 것은 네 동무에게도 하지 말며 네 것이 아닌 것은 남에게도 주지 말라"(F. C. Conybeare, J. R. Harris, A. S. Lewis, *The Story of Ahiqar* [London, 1898], 34) 여기서 복음서에 대

에 황금률이 존재하는 것은 기독교의 영향 때문일 수 있다. 반면에 이 시점의 아르메니아어 버전은 다른 기록에서 증명되지 않은 초기 아히카르 자료를 보존하고 있을 수도 있다. 물론 이를 단언하기는 어렵다. 게다가 토빗의 연대는 확실하지 않다는 점을 명심해야 한다. 주장된 바와 같이 토빗이 페르시아 시대에 만들어졌다면 황금률의 그리스 기원은 힘을 잃는다.[18]

황금률에 대한 가장 오래된 증거는 공자 논어(기원전 551~479년)에서 찾을 수 있다.: "자공이 '평생 실천의 규칙이 될 수 있는 한마디 말씀이 있습니까?'라고 물었다. 스승은 '호혜가 바로 그런 단어가 아닌가? 네가 네 자신에게 행하고 싶지 않은 것은 남에게도 행하지 말라' (논어 15:23)"라고 대답했다.[19] 공자에 대한 기록이 역사적으로 정확하다면, 이 언급은 황금률의 확산에 대한 단순한 확산 주의 모델을 효과적으로 파괴한다. 왜냐하면 이 모델로는 거의 같은 시기에 그리스(헤로도토스)와 중국(공자)에서 황금률이 발생한 것을 어떻게 설명할 수 있기 때문이다. 이 황금률은 많은 문화권에서 발견된다. 이를 볼테르가 이미 언급한 바 있다: "열정을 상쇄하는 보편적인 이유는 …, 모든 사람의 마음에 이 법을 각인시킨다: 당신이 원하지 않는 일을 하지 말라".[20] 황금률에 인간 또는 자아가 사물의 척도라는 것을 암시하는 것처럼 보이는 전형적인 헬라적 요소가 있다고 제시하는 것은(플라톤의 프로타고라스, 테아테투스 160D 참조) 황금률을 지나치게 해석하는 것이 될 수 있다.

황금률은 그리스인들로부터 차용해온 것이지만 유대교 내에서 쉽게 길들었다. 이렇게 쉽게 길들었다는 것은 황금률에 담긴 사상이 유대교에 이질적이지 않았다는 사실을 직접적으로 반영하는 것이다. 정확한 공식은 발견되지 않았지만, 황금률의 실체는 입증되었다. 이미 암시했듯이, 레 19:18의 소위 사랑의 계명("네 이웃

한 명백한 언어적 반향이 없다는 것은 주목할 만하다.

18) 토빗의 날짜 문제에 대한 최근 조사에 대해서는 C. A. Moore, "Tobit," *ABD*, vol. VI (New York, 1992), 591을 보라.

19) J. Legge 번역, *The Chinese Classics*, vol. I (Hong Kong, 1960), 301.

20) Voltaire, "Essai sur les moeurs et l'esprit des nations" (1765), in *Oeuvres Complétes*, vol. IV (Paris, 1784), 289.

을 네 몸과 같이 사랑하라")이 이 길듦의 과정에서 중심적인 역할을 한 것으로 보인다. 황금률은 이 계명에 대한 언급 또는 재탕으로 취급된 것으로 보인다. 몇 가지 예를 통해 이러한 현상을 설명할 수 있다.

(1) 눅 6:31은 황금률을 인용하고 있지만, 눅 6:32-38의 황금률에 대한 주석은 사랑의 계명과 관련하여 공식화된 것 같다. 위에서 초기 기독교 문학에서는 때때로 사랑 계명(롬 13:9)의 관점에서, 때때로 황금률(마 7:12)의 관점에서 극단적인 법은 가장 큰 불의다(the summum ISU)를 정의하고 있다는 점에 주목했다. 이 두 가지 관점이 상호 배타적이거나 모순되는 관점이라고 보기는 어렵다. 오히려 황금률과 사랑의 계명은 단순히 같은 원리에 대한 대체 진술로 보였을 것이다.

(2) 디드(Did) 1:2: "삶의 방식은 이러하니, 첫째는 너를 지으신 하나님을 사랑하고, 둘째는 네 이웃을 네 몸과 같이 사랑하라. 그리고 남에게 해를 끼치고 싶지 않은 것은 무엇이든지 남에게도 해서는 안 된다." 여기서 사랑의 계명과 황금률의 병치에서 후자는 전자를 조명하기 위한 것이다.

(3) 타르존(TarJon)에서 레 19:18로 "너는 복수를 하지 말며, 네 동족에게 원한을 품지 말고, 네 이웃을 사랑하라[haber]. 네가 네 자신에게 미워하는 것을 네 이웃에게도 하지 말라." 히브리어 원문에서 כמוך의 의미를 명확히 하기 위해 황금률의 구체적으로 어떻게 기능하는지 주목하라.

(4) 황금률과 사랑의 명령을 동일시하는 네 번째 예는 b.사브 31a에 함축되어 있을 수 있다. 힐렐에게 한 발로 서서 토라 전체를 요약해 달라고 요청하는 이방인에게 실제로 토라에 없는 격언, 즉 황금률로 대답하는 것은 역설적이다. 아마도 요점은 힐렐이 이방인을 **쉐키나**의 날개 아래로 끌어들이기 위해 이방인이 쉽게 알아볼 수 있는 원칙으로 토라를 요약하기를 교활하게 선택했다는 것이다.

이 구절 뒤에는 롬 2:14-15에서 바울이 말한 것과 비슷한 교리가 있을까? "율법이 없는 이방인이 본성으로 율법의 일을 행할 때는 이 사람에게는 율법이 없어도 자기가 자기에게 율법이 되나니 이런 이들은 그 양심이 증거가 되어 그 생각들이 서로 혹은 고발하며 혹은 변명하며 그 마음에 새긴 율법의 행위를 나타내느니라." 힐렐은 이방인의 타고난, 하나님이 주신 도덕적 감각에 호소하고 있는가?[21] 이것은 본문을 너무 강하게 압박하는 것일 수 있다. 한 가지 확실한 것은 황금률이 토라의 본질을 합리적으로 만족스럽게 설명하지 못한다면 본문은 의미가 없다는 것이다. 황금률을 토라의 요약으로 사용하는 것은 사랑의 명령을 다시 진술한 것으로 간주하는 것으로 가장 잘 설명할 수 있다. 랍비 문헌의 다른 곳에서는 사랑의 계명을 요약문으로 인용한다.(GenRab 24:27, SifQed 4:12 [Weiss 89b], y.Ned 9:3 [41 c. 36-38]) 초기 그리스도인들처럼 랍비들도 황금률과 사랑의 계명을 같은 기본 원칙의 다른 공식으로 보았을 수 있기에 이것은 b.Šab 31a에서 힐렐의 견해와 모순되지 않는다.

황금률을 사랑의 계명을 재구성한 것으로 간주하는 것은 사랑 계명의 언어적 모호성을 해결하는 데 도움이 되며, 사랑의 계명을 보편적으로 해석하는 데 유리하다. 사랑의 계명은 의외로 모호하다. כמוך은 תבהאו("네 자신을 사랑하는 것과 같이 네 이웃을 사랑하라")를 수정하는 것일까, 아니면 רצה("네 자신과 같은 이웃을 사랑하라")에 해당하는 것일까? רצה 의 의미는 무엇일까? "당신의 동료 유대인"을 의미하는가? 아니면 "친구는 되되 적은 되지 말라"는 뜻인가? 또는 "네 동료 남자나 여자, 그들이 누구든?" 이 모든 해석은 다음에서 찾을 수 있다. 초기 유대인의 전승. 그러나 황금률은 כמוך이 사랑의 방식을 표현하고 사랑의 명령에 보편적인 참조가 주어져야 한다는 견해에 가장 쉽게 자리 잡은 것 같다. 황금률은 보편적인 해석을 공식화하는 데 사용되었을지 모르지만, 그것이 보편적인 해석을 생성했다고 제

---

21) 참조. J. Jeremias: "Hillel benutzt offensichtlich die stoische Lehre vom αγραΦos νόμος (vgl. Röm. 2,14), wenn er die G.R. für das göttliche Urgesetz erklärt"("Goldene Regel," *Die Religion in Geschichte und Gegenwart*, vol. II [Tübingen, 1958], col. 1688). Jeremias, "Paulus als Hillelit," *Neotestamentica Et Semitica:Studies in Honour of Matthew Black*, E. E. Ellis and M. Wilcox, eds. (Edinburgh,1969), 89f. 유대이즘의 불문법에 대해서는 I. Heinemann, "Die Lehre vom ungeschriebenen Gesetz im jüdischen Schrifttum", *HUCA* 4 (1927)149-71을 보라.

시하는 것은 너무 멀리 나아가는 것이다. 초기 유대 현자들은 황금률의 도움 없이도 자신의 강한 도덕적 감각을 따라 그러한 보편적 해석에 도달할 수 있었다. 따라서 사랑의 계명이 유대교에서 황금률을 길들이는 데 중요한 역할을 했다는 것을 알 수 있다. 그러나 황금률의 핵심인 상호성의 원칙을 표현한 초기 유대 문학의 격언이 이 계명만 있는 것은 아니다. 랍비 문헌에 국한하더라도 황금률의 원리를 구체적인 상황에 적용한 것으로 볼 수 있는 수많은 격언을 찾을 수 있다. 다음은 이를 설명하는 예시다:

(1) "네 친구[하버]의 명예를 네 자신의 명예만큼이나 소중히 여기라"(m.Ab 2:10)

(2) "사람이 자기 집을 돌보듯이, 친구의 집도 돌보아 주어야 한다. 그리고 자기 아내와 자녀가 나쁜 평판을 받기를 바라는 사람이 없듯이, 이웃의 아내와 이웃의 자녀가 나쁜 평판을 받기를 바라는 사람도 없어야 한다."(ARN A 16)

(3) "네 이웃의 재산을 네 재산과 같이 소중히 여기라"(m.Ab 2:12)

(4) "남이 네 것을 빼앗지 않기를 원한다면 그의 것을 빼앗지 말라"(ARN B 30)

(5) "비방을 받고 싶지 않으면 남을 비방하지 말라"(ARN B 29)

(6) "남자가 너나 네 것을 해치는 것을 원하지 않는다면, 너도 그를 해치지 말아야 한다."(ARN B 26)

(7) "남에게 대접을 받고자 하는 대로 너희도 남을 대접하라. 남이 네 장례식에 참석하도록 장례식에 참석하고, 남이 너를 위해 애도하도록 애도하며, 남이 네 장례식에 관심을 두도록 장례를 치르고, 자비롭게 행동하여 자비로운 사람이 네게 자비로운 사람이 되게 하라"(전 7.2.5, 참조. t.Meg 4(3):16; t.Ket 7:6; y.Ket 7:5 [31b.54])

황금률에 의해 표현된 정서가 초기 유대교에 철저하게 자리 잡고 있었다는 사실을 부인할 수 없다. 황금률은 외부에서 빌려온 것이지만 유대교에서 쉽게 받아들여졌다.

황금률의 독창성에 관한 마지막 까다로운 질문이 있다. 힐렐은 황금률의 부정적인 형태("남에게 대접받고 싶지 않은 것을 남에게 하지 말라")를, 예수는 긍정적인 형태("남에게 대접받고 싶은 대로 남에게 해라")로 인용한다. 이 두 가지 공식 사이에 중요한 차이가 있을까?

기독교 작가들은 일반적으로 차이가 있다고 주장해 왔다. 그들은 긍정적 형식은 이웃을 사랑하라는 긍정적 명령을 포함하고 있지만, 부정적 형식은 그렇지 않다는 점에서 긍정적 형식이 부정적 형식보다 훨씬 우월하다고 주장해 왔다. 예수가 실제로 긍정적인 형식을 사용한 최초의 사람이라고 주장하기까지 하는 이들도 있었다. 이 견해에 따르면 힐렐과 예수 사이에는 틈이 생긴다. 힐렐은 윤리적 상식을 인용했을지 모르지만, 예수는 그렇지 않았기 때문이다. 19세기의 한 기독교 작가는 이 사건을 이렇게 설명한다:

> 논리학을 처음 접하는 사람이라면 부정적인 명령, 즉 우리 자신에게 싫은 것을 다른 사람에게 행하지 말라는 금지와 우리가 우리에게 바라는 대로 다른 사람에게 행하라는 긍정적인 방향 사이에는 엄청난 차이가 있다는 것을 인식해야 한다. 황금률은 우리 자신이 원하는 선을 다른 사람에게 베푸는 사랑과는 아직 거리가 멀기에 황금률의 관점을 뛰어넘지 못하지만, 그리스도인의 말은 인간 본성이 할 수 있는 절대적인 사랑에 가장 가까운 접근 방식을 구현하여 우리 자신이 소유하고자 하는 타인에 대한 우리의 행동의 시험이 된다.[22]

이 입장을 지지할 수 없는 데에는 여러 가지 이유가 있다. 우선, 예수가 황금률

22) A. Edersheim, *The Life and Times of Jesus the Messiah*, vol.I (London, 1906), 535-36.

을 긍정적인 형식으로 공식화한 최초의 사람 또는 유일한 사람이라는 것은 사실이 아니다. 아리스토텔레스 207권은 부정적 형식과 긍정적 형식을 모두 결합하고 있다. "당신이 악이 당신에게 닥치지 않기를 바라면서 모든 복에 참여하기를 바라는 것처럼, 당신은 잘못을 저지른 사람들을 포함하여 당신의 시민들에게 같은 원칙에 따라 행동해야 한다." 디오게네스 라에르티우스(5.21)에 따르면 아리스토텔레스는 친구들에게 어떻게 행동해야 하는지에 관한 질문에 "그들이 우리에게 행동해야 하는 것처럼"이라고 대답했다. 이 논리가 진정으로 아리스토텔레스의 것이 아니더라도 디오게네스나 그의 출처가 기독교 텍스트의 영향을 받았을 가능성은 작다. 기독교의 영향은 사실상 황금률의 긍정적인 버전인 "사람이 자기 영혼을 위해 주님께 구하는 것은 모든 살아있는 영혼에게 똑같이 행하라"라는 에녹 후서 61:2에서도 같이 배제할 수 있다. 그러나 황금률 사례 대부분이 유대교와 고대의 이교도 저자들이 황금률 대부분을 부정적인 형식으로 제시하고 있다는 점이 흥미롭다.

둘째, 타인에 대한 관대함의 개념이 황금률의 부정적인 형식으로 명시적으로 표현되지 않더라도 그 개념 자체는 유대교에서 이질적이지 않다. **사랑의 친절**(gemilut hasādim)을 베푸는 행위는 기독교 윤리만큼이나 유대교 윤리의 일부다. 달리 주장하는 것은 터무니없다. 동료를 사랑하라는 긍정적인 명령은 히브리어 성경, 사랑의 계명 및 그와 유사한 구절(예: 레 19:34)뿐만 아니라 랍비 문헌에서도 찾아볼 수 있다.: "힐렐은 이렇게 말한다: '아론의 제자가 되어 평화를 사랑하고 평화를 추구하며 인류를 사랑하고 그들을 토라로 인도하라'"(m.Ab 1:12; 참조. ARN A와 B, ad loc) 이스라엘이 그들의 아버지 야곱이 그들에게 한 말(참조, 창 49:28)을 주의 깊게 살펴본다면, 어떤 나라와 왕국도 그들을 지배할 수 없을 것이다. 야곱이 그들에게 뭐라고 말했나? "너희는 하늘나라를 받아들이고, 하늘을 경외하는 마음으로 서로 경쟁하며, 사랑의 친절로 서로에게 행동하라."[23]

셋째, 두 가지 공식의 차이가 분명하고 그렇게 중요하다면, 고대에 더 많은 공식이 만들어지지 않았다는 것은 놀라운 일이다. 앞서 언급했듯이, 롬 13:10의 바울

---

23) SifDeut §323 (Finkelstein ed., 372)

은 부정적인 형식을 반영하는 것으로 보인다. 부정적인 형식은 도마복음(로기온 6장)에서 발견되며, 신약성경에서 황금률이 두 번 나오는 것은 긍정적이라는 사실에도 불구하고 교부들에게 공통적이다.24 이러한 미묘한 차이에 대한 무관심은 중세를 거쳐 홉스, 로크, 칸트 등 17세기와 18세기의 철학자들에게까지 이어졌다. 철학자들은 황금률에 거의 관심을 보이지 않았고 긍정적 버전과 부정적 버전 사이의 중대한 차이점을 인식하지 못한 것 같다.25

19세기와 20세기에 이르러서야 기독교 저술가들은 긍정적 형식의 우월성과 독창성을 주장하기 시작했다. 이러한 주장의 맥락은 논쟁적이었다. 이는 성경에 대한 새로운 역사적 비판적 접근 방식에 맞서 기독교가 유대교와 구별되며 유대교의 기원을 초월했다는 전승적인 주장을 유지하려는 시도의 일환이었다. 일부 유대인 작가들이 이에 화답했다. 예컨대, 아하드 하암(Ahad Ha-Am)은 긍정적 형식은 인간에게 객관적인 도덕적 가치를 박탈하기에 유대교의 도덕적 근거와 정면으로 모순된다고 주장하면서 부정적 형식의 우월성을 촉구했다.26

---

24) Dihle, "Goldene Regel," *Reallexikon fur Antike und Christentum*, vol. XI, cols. 938-39을 보라.

25) Locke, Essay on Human Understanding, Book 1, chap. 3, §4 (ed. Nidditch, 1975, 68)는 이 규칙을 긍정적인 형태로 인용하고 있다: "…, 가장 흔들리지 않는 도덕의 규칙이자 모든 사회적 미덕의 기초인, 남에게 행하고 싶은 대로 행해야 한다는 것…." Hobbes, Leviathan, Part I, chap. 15 (ed. Oakeshott, 1955, 103)는 이를 부정적으로 인용한다: "…,모든 사람을 변명할 수 없게 하기 위해, 그것들[자연법칙]은 가장 평균적인 능력으로도 이해할 수 있는 하나의 쉬운 요약으로 축소되었다; 즉, '네가 네 자신에게도 하지 않았을 것을 남에게도 하지 말라.'" Kant, Grundlagen zur Metaphysik der Sitten, chap. II (Gesammelte Schriften, Band IV, Berlin, 1903, 421)는 이 규칙을 보다 엄격한 형태로 다시 언급한다: "처리의 최대치가 자연법칙에 대한 당신의 의지에 의해 결정되어야 하는지 여부도 그렇게 처리하라." 중세와 현대의 규칙 사용에 대한 유용한 조사에 대해서는 Heinz-Horst Schrey, "Goldene Regel III. *Historisch und ethisch*," *Theologische Realenzyclopädi*, vol. XIII (Berlin, 1984), 575-78을 보라.

26) 다음과 같은 Ahad Ha-Am의 강력한 비판은 길게 인용할 만하다. "기독교 주석자들은 복음서의 긍정적 원칙인 '무엇이든지 남에게 대접을 받고자 하는 대로 너희도 남에게 대접하라'를 자랑스럽게 지적하면서, '네게 미운 것을 네 이웃에게 대접하지 말라'는 힐렐의 부정적 원칙만을 가진 유대교를 폄하하고 있다. Montefiore에 의하면 긍정적 원칙이 부정적 원칙보다 더 많은 의도를 담고 있는지, 아니면 힐렐과 예수가 같은 의미로 말한 것인지는 결정할 수 없다. 그러나 적어도 그는 힐렐의 말이 갑자기 긍정적인 형태로 어딘가에서 발견된다면 유대인들은 '오히려 기뻐할 것'이고 기독교인들은 '오히려 미안해 할 것'이라고 확신한다…, 그러나 우리가 더 깊이 살펴보면 이 점에 대한 두 교리의 차이는 더 많고 적은 것이 아니라 도덕의 기초에 대한 견해 사이에 근본적인 차이가 있음을 알 수 있다. 힐렐이 자신의 원리를 부정적인 형태, 즉 진실은 유대교의 도덕적 기초가 긍정적 원칙을 지지하지 않는다는 것이다. 만약 긍정적인 말이 힐렐에게서 유래한 어딘가에서 발견된다면, 우리는 기뻐할 수 없어야 한다. 우리는 유대교의 정신에 반대되는 말을 힐렐의 입에 넣는 "발견"의 진정성을 비난해야 할 것이다. 구별의 근원은 내가 말했듯이 추상적인 원칙에 대한 유대교의 사랑에 있다. 복음서의 도덕법은 인간을 자신과 타인에 대한 자연스러운 태도와 함께 개별적인 모습으로 바라보고 이러한 태도를 뒤집고, 개인의 삶에서 '타자'를 '자아'로

마지막으로, 황금률은 너무 부정확한 원칙이어서 철학적 무게를 지닐 수 없다. 지나치게 강조해서는 안 된다. 정교한 언어적 형식에도 불구하고 그 내용은 정교하지 않다. 디를레가 올바르게 보았듯이, 그것은 철학적 원리가 아니라 천박한 윤리(Vulgärethik, Vulgar ethics)의 한 부분이다.[27] 철학자들은 황금률에 대해 큰 관심을 두지 않았다. 20세기에 철학적 관심이 거의 없었던 것은 신학적 논쟁을 통해 유발되었다. 불트만은 황금률이 "순진한 이기주의의 도덕성을 구현한다."라고 말하면서 황금률의 철학적 약점을 지적했다.[28]

자신의 자아, 즉 필요와 욕구를 타인에 대한 행동의 기준으로 삼는 것은 분명히 위험으로 가득 차 있다. 철학자 L. J. 러셀은 다음과 같이 주장하면서 이 문제를 대담하게 지적했다.

> 황금률은 그 자체로 어떤 사람이 되어야 바람직한 사람인지에 대한 힌트를 제공하지 않는다. 황금률은 도발 받기를 좋아하는 다투기 좋아하는 사람이 다른 사람을 도발하고, 친근함과 동정심을 싫어하는 사람이 다른 사람을 대할 때 차갑고 동정심 없는 태도를 보이도록 승인한다; 음모와 날카로운 거래의 그물망에 빠져들기를 좋아하는 사람은 이런 식으로 습관적으로 남을 대하는 것을 승인한다.[29]

대체하고, 평범한 이기주의를 버리고 거꾸로 된 이기주의를 포기하도록 요청한다. 이타주의와 이기주의는 모두 객관적인 도덕적 가치로서의 개인을 부정하고 그를 주관적인 목적을 위한 수단으로 삼지만, 이기주의는 '타자'를 '자아'의 이익을 위한 수단으로 삼는 반면, 이타주의는 그 반대의 역할을 한다. 유대교는 도덕법에서 이러한 주관적 태도를 제거하고 추상적이고 객관적인 토대, 즉 개인을 도덕적 가치를 지닌 존재로 간주하고 '자기'와 '타자'를 구분하지 않는 절대적 정의에 기초했다…, 내가 나를 위해 다른 사람의 삶을 망칠 권리가 없듯이, 나도 다른 사람을 위해 내 삶을 망칠 권리가 없다. 우리 둘 다 사람이고, 정의의 보좌 앞에서 우리 둘의 삶은 동일한 가치를 지니고 있다." 참조: "Judaism and the Gospels (1910)" Ten Essays on Judaism by Achad Ha-Am, trans. L. Simon (New York, 1973), 235-36. 히브리어 원문은 에세이 "알 세테 하세임"("두 의견 사이에서 멈춤")에서 찾을 수 있다. "Al šetê ha-se"ippîm" ("Halting Between Two Opinions") in Kol Kitbe Aha Ha-Am (Tel Aviv, 1947), 374. 황금률에 대한 클로드 Montefiore의 견해는 그의 Synoptic Gospels, vol. II (London, 1917) 119-20과 그의 Rabbinic Literature and Gospel Teaching (London, 1930), 150f을 보라. 또한 I. Abrahams, Studies in Pharisaism and the Gospels, First Series (Cambridge, 1917), 18-29을 보라.

27) Dihle, Goldene Regel, 30-40.
28) R. Bultmann, The History of the Synoptic Traditions, J. Marsh 번역. (Oxford, 1963), 103.
29) L.J. Russell, "Ideals and Practice (I)," Philosophy 17 (1942) 110.

행동 규범은 자아를 초월하여 일종의 보편성을 가져야 한다. 이 문제는 기독교 주석자들에 의해 일찍이 발견되었다. 고대 라틴어에서는 마 7:12을 "무엇이든지 선한 것은…," (omnia ergo quaecumque vultis ut faciant vobis homines bona, ita et vos facite illis)이라고 번역한다. 이 추가는 중요한 의미를 지니며 객관적인 도덕적 기준을 도입하려는 시도다. 어거스틴은 산상수훈에 대한 주석에서 "소망"과 "소원"을 구분해야 한다고 주장한다. 그는 사람이 아무리 원할지라도 선하지 않은 것은 스스로 원하거나 바랄 수 없다고 주장한다.[30]

19세기에 널리 알려진 두 개의 기독교 주석은 이 문제를 해결하기 위한 두 가지 다른 계략을 보여준다. 하나는 다음과 같이 촉구한다.

> 격언의 정확한 의미는 상식을 참조하는 것이 가장 좋다. 물론 우리의 변덕스럽고 욕심 많은 기분에 따라 사람들이 우리에게 해주기를 바라는 것, 우리 자신이 그들에게 해주기를 바라는 것이 아니라 공정한 판단력을 발휘하고 그들의 입장에 서서 그들이 우리에게 해주기를 바라는 것, 우리가 그들에게 해주어야 하는 것이 합리적이라고 생각하는 것만이 상식이라는 것이다.[31]

또 다른 사람은 황금률에서 상정하는 자아는 어떤 자아나 모든 자아가 아니라 정화되고 구속된 자아라고 제시한다:

> 암묵적 제한은 필연적이다. 우리는 모든 사람의 욕망을 따를 수 없으며,

---

30) Augustine, De Sermone Domini in Monte secundum Matthaeum 2.74 (Patrologia Latina XXXIV, col. 1303): "그러므로 이 문장은 완전하고 절대적으로 완벽한 것으로 이해되어야 한다. 너희의 뜻이 무엇이든 간에, 말씀하신 것은 습관적이고 산발적인 것이 아니라 올바르게 말씀하신 것이기 때문이다. 의지는 재물에만 있고 악행이나 죄악에 있어서는 의지가 아니라 욕망이라고 부르는 것이 옳다. 성경이 항상 옳게 말하기 때문이 아니라, 필요한 경우에는 다른 것을 이해하지 못하도록 자신의 말을 지키는 것이다."

31) D. Brown, A Commentary, Critical, Experimental and Practical, on the Old and New Testaments, ed. R. Jamieson, A. R. Fausset and D. Brown, vol. III (Grand Rapids, Mich., 1976), 47f.

그 욕망이 어리석고 경박하거나 정욕이나 정열의 방종을 수반할 수 있기에 그들이 우리의 욕망을 따르라고 바랄 필요도 없다. 이 규칙은 우리 자신의 의지가 먼저 정화되었을 때만 안전하며, 따라서 우리는 다른 사람에게서 정말 선한 것만을 바랄 수 있다. 어리석음의 상호주의는 분명히 그리스도의 마음과는 전혀 다른 것이다.[32]

이 모든 특별 탄원은 황금률의 결함과 황금률을 너무 강하게 강요하는 위험성을 강조하기 위한 것일 뿐이다. 신학자와 철학자들은 황금률을 마음껏 해석할 수 있지만, 황금률은 대중적인 말이며 신학이나 철학 체계의 무게를 감당하도록 요구해서는 안 된다는 사실이 남아있다. 예수의 황금률에 대한 긍정적인 공식화가 심오한 도덕적 돌파구였다면, 19세기까지 신학자든 철학자든 그 누구도 그 사실을 발견하지 못한 듯한 것은 매우 이상한 일이다.

최고의 법(THE SUMMUM IUS)으로서의 황금률

우리의 분석은 필연적으로 역사적 힐렐과 역사적 예수를 비교하는 데 황금률은 전혀 쓸모가 없다는 결론에 이르게 된다. 힐렐이 황금률을 인용했다는 증거는 극도로 흔들린다. 설사 그가 그랬다고 해도, 그는 고대의 길거리 도덕주의자라면 누구나 쉽게 입에 올릴 수 있는 격언을 말했을 뿐이다. 예수가 황금률을 인용했다고 믿을 만한 근거는 더 많지만, 예수가 황금률을 긍정적으로 공식화했다는 것은 흔히 주장하는 것처럼 그렇게 혁신적인 것은 아니다.

사실 유대교와 기독교 전승은 힐렐과 예수가 황금률을 인용했으며, 두 스승 모두 황금률을 어떤 의미에서 율법의 요약으로 볼 수 있다고 제시했다고 주장한다. 이 놀라운 합의에는 설명이 필요하다. 그것은 역사적 인물들 사이가 아니라 그들

---

32) E. H. Plumptre, *A New Testament Commentary for English Readers*, ed. C J. Ellicott, vol. I (3d ed., London [c. 1881]), 41.

이 영향을 받은 종교 공동체에 의해 투영된 인물들의 이미지 사이에 정당하게 조명하는 비교가 있음을 시사한다. 우리는 힐렐에 관한 전승과 예수에 관한 전승을 정당하게 비교하고 대조할 수 있다. 여기서 포괄적인 비교는 할 수 없다. 우리는 황금률이 최고의 법이라고 주장함으로써 두 전승에서 의미하는 바를 명확히 하려고 노력하는 것으로 만족할 것이다.

b.Šab 31a에서 이방인은 힐렐에게 한 발로 서 있는 동안 토라 전체를 가르쳐 달라고 요청한다. 분명히 그는 힐렐이 율법을 한마디로 요약해 주기를 원한다. 힐렐은 황금률을 인용하고 그것이 "토라 전체"라고 주장함으로써 의무를 다하는데, 그 의미는 황금률이 토라 전체의 근간이 되는 근본 원리이며, 나머지 토라는 그 원리에 대한 "해석(pērâš)"에 불과하며 그 의미를 끌어내어 구체적인 상황에 적용한다는 뜻으로 보인다. 황금률과 토라 사이의 관계를 설명하기 위한 본문과 주석의 비유는 암시적이지만 모호하다.

그러나 ARN B 26에서는 언어가 더 정확하다. 거기서 황금률은 "토라 전체의 위대한 원리(כלל גדול)"로 묘사된다. 케랄33은 랍비 문헌에서 일련의 구체적인 판결의 근간이 되는 일반 원칙을 가리키는 전문 용어다. M.Ket 3:9에 간단한 예가 나와 있다:

만약 어떤 사람이 '내가 그런 사람의 딸을 유혹했다' 라고 말한다면, 그는 스스로 인정하고 수치심과 흠에 대한 [보상]을 해야 하지만 [규정된] 벌금은 내지 않는다. 어떤 사람이 '내가 도둑질했다' 라고 말하면, 그는 자비로 그 값을 갚아야 하지만, 두 배나 네 배나 다섯 배로 배상하지 않는다.

[그가 말하기를] '내 소가 이러한 사람 또는 '이러한 사람의 소' 를 죽였다고 하면 자비로 배상해야 한다.

['내 소가 이러한 사람의 소를 죽였다' 라고 말한다면, 그는 자비로 배상하지 않는다. 이것이 일반적인 원칙(eh ha-Kell)이다. ' 피해 비용보다 더 큰 비용을

---

33) (역주) Kelal은 랍비 유대교에서 토라의 본질적인 의미 또는 미쉬나에 나오는 일련의 할라코트를 요약하는 것이다. 가르침의 이상 중 하나는 derek qezarah, 즉 짧은(est) 방식을 따르는 것이다. 가장 잘 알려진 예는 힐렐의 "내게 해주고 싶지 않은 것은 무엇이든지 남에게도 해 주지 마라"일 것이다.

지불해야 하는 사람은 자비로 내지 않는다. '

여기서 케랄은 명세서에 구현된 원칙을 간결하게 설명하는 기능을 한다.

m.Ket[34] 3:9의 **케랄**은 범위가 제한되어 있으며 제한된 세부 사항만을 다룰 것이다. 그러나 **케랄림**(kelālim)을 찾기 시작하면 자연스럽게 더 포괄적인 원칙에 관한 질문이 생긴다. 여러 가지 제한된 **케랄림**에 직면했을 때, 이 모든 것을 포괄하는 더 일반적인 **케랄**이 있는지 물어볼 수 있다. 랍비 문헌에서는 더 폭넓게 적용되는 이차적 케랄림을 **"위대한 원칙"**(kelālim gedolim)이라고 부르는 것으로 보인다.[35]

토라 전체의 바탕을 이루는 하나의 "위대한 케랄"이 존재하는지에 대한 궁극적인 질문을 던지기 전까지는 이 여정에서 논리적으로 멈출 곳이 없다. 이것은 분명히 ARN B 26의 문제다. 벤 아자이는 하나님의 형상대로 사람을 창조한 것(창 5:1)이 토라의 "위대한 원리"라고 말하지만, 아키바는 사랑의 계명(우리가 보았듯이 종종 황금률과 동일시되는)이 그러한 지위를 가지고 있다고 주장하는 창세기 라바 24:7(참조. SifQed 4:12 [Weiss 89b])에서도 이 문제가 제기된다. 문맥과 b. ab 31a 및 ARN B 26과의 유사점은 이 논쟁이 위대한 원칙에 관한 것이 아니라 모든 것 중 가장 위대한 원칙에 관한 것임을 나타낸다.

토라의 궁극적인 원칙에 대한 이러한 탐색은 b.Mak 23b-24a에 생생하게 묘사되어 있다:

랍비 심라이는 이렇게 설교했다: 모세에게 전달된 계율(미스보트)은 613개,

---

34) (역주) ketubah는 유대인의 결혼 계약서다. 전승적인 유대인 결혼엔 필수적인 것으로 신부와 관련된 신랑의 권리와 책임이 명시되어 있다. 현재는 이스라엘을 제외하고는 민사 법원에서 거의 강제 집행되지 않는다.

35) 예컨대, "안식일에 관한 큰 원칙[kelal gadol 'ameru]이 정해졌다."(m.Shab 7:1)를 참조하라. 뒤에 나오는 **케랄**은 사실상 모든 복잡한 안식일 법규를 포괄하는 것으로 보인다. 마찬가지로, b.BQam 46a에서 "증명 책임은 원고에 있다."(참조. m.BAM 3:11)라는 원칙이 "법학의 위대한 원칙"(kelal gadol ba-din)으로 묘사될 때, 문제의 **케랄**은 분명히 높은 수준의 일반성을 지니고 있다.

음수(태양의 일수에 해당)는 365개, 양수(인체의 기관수에 해당)는 248개였다.…

다윗이 와서 기록된 대로 열한 가지 [교훈]에 근거하여 말하였다: "주님, 누가 주의 장막에 거하며, 누가 주의 거룩한 산에 거하겠습니까? (1) 정직하게 걷고, (2) 의를 행하며, (3) 마음에 진실을 말하는 자다. (4) 혀에 악을 품지 않고, (5) 이웃을 헐뜯지 않고, (6) 이웃을 헐뜯는 말을 하지 않고, (7) 멸시하는 자의 눈에는 멸시를 받지만, (8) 주를 경외하는 자를 존중하는 자. (9) 자기의 상처에 맹세하고 변하지 않는 자, (10) 고리대금업을 하지 않는 자, (11) 무고한 자에게 뇌물을 받지 않는 자. 이런 일을 행하는 자는 절대로 흔들리지 않을 것이다."(시 15:1−5)…

주님을 경외하는 자. (9) 자기의 해를 맹세하고도 변하지 않는 사람, (10) 고리대금업을 하지 않는 사람, (11) 무고한 자에게 뇌물을 받지 않는 사람. 이런 일을 행하는 자는 결코 움직이지 아니하리로다."(시 15:1−5)….

그런 다음 이사야가 와서 기록된 대로 여섯 가지를 근거로 삼았다: "(1) 공의를 행하며 (2) 정직히 말하는 자, (3) 토색한 재물을 가증히 여기는 자, (4) 손을 흔들어 뇌물을 받지 아니하는 자, (5) 귀를 막아 피 흘리려는 꾀를 듣지 아니하는 자, (6) 눈을 감아 악을 보지 않는 자"(사 33:15)

그러자 미가가 와서 기록된 대로 세 가지를 근거로 삼았다: "사람아, 주께서 선한 것이 무엇이며 주께서 너희에게 요구하시는 것이 무엇이냐 오직 (1) 정의를 행하며 (2) 인자를 사랑하며 (3) 겸손히 네 하나님과 함께 행하는 것이 아니냐"라고 말씀하셨다. (미 6:8)….

다시 이사야가 와서 기록된 대로 두 가지를 근거로 삼았다: "주께서 이같이 말씀하시되 (1) 정의를 지키고 (2) 의를 행하라"(사 56:1)

그런 다음 아모스가 와서 그것들을 하나에 근거했다: "여호와께서…, 이처럼 말씀하시기를 나를 찾으라 그리하면 살리라"(아모스 5:4)

이에 대해 랍비 나만 비 이삭(R. Nahman b. Isaac)은 반대했다: [토라 전체를 지켜서 나를 찾으면 [그렇게] 살 수 있다는 뜻이 아니겠는가? 오히려 하박국은 와서 기록 된대로 하나의 [교훈]에 근거하여 모든 것을 근거로 삼았다: "의인은 그의 믿음으로 말미암아 살리라"(합 2:4)

　토라의 기본 원칙에 관한 관심은 랍비 문헌에만 국한된 것이 아니다. 이는 필로에서도 드러난다. 필로는 십계명과 "특별법"(즉, 제의법과 **카슈루트36**를 포함한 구체적인 **미쯔바들**(misvot)을 구분한다. 필로는 후자가 전자에 포함될 수 있다고 주장한다: "우리는 십계명이 성경에 기록된 특별법을 요약한 것으로서 율법 전체를 관통한다는 사실을 잊지 말아야 한다."(De Decalogo 154; 참조. De Specialibus Legibus 1.1)
　초기 기독교 텍스트에서도 비슷한 우려를 발견할 수 있다. 막 12:28에서 한 서기관이 예수에게 "어느 것이 제일 큰 계명이오?"라고 묻는다. "이스라엘아 들으라 우리 하나님 여호와는 하나이시니 너는 마음을 다하고 목숨을 다하고 뜻을 다하고 힘을 다하여 주 너의 하나님을 사랑하라"(신 6:4-5)라고 예수는 대답한다. 이어서 두 번째 계명은 "네 이웃을 네 몸과 같이 사랑하라"(레 19:18)라고 덧붙였는데, 이 계명은 다른 모든 율법의 근간이 되는 토라의 첫 번째이자 근본적인 원리를 담고 있다는 위계적 의미로 받아들여야 할 것 같다. 마 22:34ff의 비유는 전체 율법과 선지자들이 하나님을 사랑하고 이웃을 사랑하라는 계명에 "의존"한다고 말한다. 전

---

36) (역주) kashrut는 유대인이 섭취할 수 있는 음식과 유대 율법에 따라 음식을 준비하는 방법을 다루는 일련의 식생활 법규이다. 섭취할 수 있는 음식은 kosher로 간주된다: 섭취할 수 없는 음식은 treif로 표기한다.

자가 후자에서 파생되었거나 후자에 대한 표현이라는 의미로 보인다.

갈 5:14은 약간 다른 언어를 사용한다: "온 율법은 '네 이웃 사랑하기를 네 자신 같이 하라 하신 말씀에서 이루어졌다." 롬 13:8-10은 나머지 율법의 "요약"으로서 하나의 율법이라는 개념을 소개한다:

> 이웃을 사랑하는 사람은 율법을 다 이루었느니라 간음하지 말라, 살인
> 하지 말라, 도둑질하지 말라, 탐내지 말라 한 것과 그 외에 다른 계명이
> 있을지라도 네 이웃을 네 자신과 같이 사랑하라 하신 그 말씀 가운데 다
> 들어있느니라. 사랑은 이웃에게 악을 행하지 아니하나니 그러므로 사랑
> 은 율법의 완성이니라.

마 7:12(눅 6:31에는 없지만)에서 황금률은 토라의 본질로 제시된다: "율법과 선지자는 이것이니이다." 황금률의 부정적인 형태가 삽입된 행 15:29의 서양 본문에도 비슷한 사상이 숨어 있을 수 있다. 보간자의 목적은 아주 간단할 수 있다. 이 문맥은 이방인 개종자들이 어떤 토라의 계명을 지켜야 하는지에 관한 질문과 관련이 있다. 그 보간자는 b. ab 31a에 나오는 힐렐의 이야기처럼 황금률을 의도적으로 이 계명의 '이방인' 버전으로 선택했다고 제시하고 싶었다.

케랄레 하 토라[37]의 많은 부분은 성경에서 가져온 명제이며, 실제로 그 자체가 성경의 오역일 수 있다. 이 경우 토라의 일부 율법은 다른 율법보다 더 보편적이고 근본적이어서 더 구체적이고 구체적인 율법보다 뒤에 놓일 수 있다. 그러나 성경에 명시적으로 언급되지 않은 독립적인 원칙을 구체적인 법칙에서 추론하여 공식화하는 것도 허용되는 것으로 보인다. 이 두 가지 유형의 케라림 사이에는 명백한 구분이 없다. "비성경적" 케랄은 "성경적" 케랄만큼 유효한 것으로 취급된다.

케랄레 하 토라에 대한 탐색은 **"계명의 이유"**(ta ame ha-misvot)에 관한 유대교 내의 오랜 논쟁과 관련이 있다. 특정 법률이 제정된 이유를 묻는 것은 당연한 일이

---

37) (역주) kelale ha-Torah는 "토라의 모든 것(all of the bible)"이라는 뜻이다.

다. 그 목적은 무엇일까? 이 질문에 대한 한 가지 대답은 특정 법률이 도덕적 또는 합리적 원칙을 구체적으로 표현한다는 것이다. **케랄레 하 토라**를 적당히 높은 수준의 추상화까지 추구한다면, 도덕적 명제만이 다양한 구체적인 법률을 포용할 수 있을 만큼 충분히 보편적이고 추상적인 성격을 지니기에 거의 필연적으로 이를 도덕적 명제와 동일시할 것이다. 이 견해에 따르면, 주어진 계명의 이유는 단순히 일상 세계에서 도덕적 원리를 적용하기 위해서이다. 따라서 토라를 영원하고 보편적인 진리와 그 진리를 구체적인 법률의 형태로 구현한 것으로 보는 관점이 등장한다.

이 입장에서는 급진주의의 가능성이 명백하다. 중요한 것은 구체적인 법이 아니라 영원한 진리라는 주장의 길을 열어준다. 구체적인 법은 공간과 시간의 조건으로 근본적인 보편적 원리를 성공적으로 표현하는 한에서만 유효하다. 만약 그렇게 하지 못한다면 그것은 폐지되거나 수정되어야 한다. 따라서 **케랄림**은 율법에 대한 급진적 비판의 플랫폼으로 사용될 수 있다. 초기 기독교 작가 중 일부는 이 입장에 끌렸던 것으로 보이지만,**38** 랍비들에게는 그다지 매력적이지 않았다.

힐렐이 b.Sab 31a에서 **케랄**을 본문과 비교하고 나머지 율법을 주석과 비교하는 데 사용한 단어는 급진적으로 비틀어 볼 수 있다. 그런데도 할라키스트들**39**은 그러한 하가다에서 급진적인 결론을 도출하는 것을 거부할 것이다. 더 규범적인 할라카적 관점은 구체적인 할라코트**40**가 일차적이고 **케랄림**은 부차적이라는 것이다. 즉, 할라코트는 "텍스트"이고 **케랄림**은 "해석"이다. "해석" 비평의 방향은 항상 할라코트에서 케랄림으로 향해야지 그 반대가 되어서는 안 된다.**41**

---

38) 예컨대, 막 2:23-27의 주장은 **케랄**("안식일은 인류를 위해 만들어졌다.")에 호소하며 안식일에 옥수수 이삭을 따는 것이 금지된 일에 해당한다는 구체적인 (바리새적) 판결에 대항한다.(참조. b. ab 73a-b)

39) (역주) halakhists는 할라카법과 탈무드법을 엄격하게 준수하는 유대인을 말한다.

40) (역주) halakhot은 할라카의 복수다.

41) B.Kid 34aːên lemēdin min ha-kelālôt va-ʾafilu bemāqôm še-neʾemar bô hùs("예외가 실제로 명시되어 있어도 일반적인 판결에서 추론 할 수 없다.") 참조: 렘 1:2(40c.36)ː lêt kelālin de-Rabbî kelālin("랍비가 한 일반적인 진술은 일반적인 진술이 아니다.") 참조: Paulus, *Digest* 50.17.1ː Regula est, quae rem quae est breviter enarrat. Non ex regula ius sumatur, sed ex iure quod est regula fiat. Per regulam igitur brevis rerum narratio traditur, et, ut ait Sabinus, quasi causae coniectio est, quae simul cum in aliquo vitiata est, perdit officium suum.

할라키스트들 사이에서는 모든 미츠바[42]가 도덕적 또는 합리적 근거를 가져야 한다는 생각에 저항하는 경향도 있다. 붉은 암소의 율법[43]과 같은 일부 미츠봇은 그러한 근거가 없음에도 반드시 준수해야 한다.[44] 미츠바의 권위는 도덕성이나 합리성이 아니라 신성한 **하나님의 법**(ius divinum)으로서의 근본적인 성격에 있다.

결론

역사적 힐렐과 역사적 예수를 비교하는 것은 의심스러운 작업이다. 이 두 위대한 스승에 관한 전승을 비교하는 것은 그렇지 않다. 살펴본 바와 같이 이 비교는 두 전승의 뉘앙스를 조명하고 이끌어 낼 수 있다. 분석의 끝에서 가장 중요한 느낌은 두 전승의 융합에 대한 놀라움이다. 기독교인들은 일반적으로 사랑에 대한 예수의 가르침을 복음의 핵심으로 간주해 왔다. 랍비 문헌에서도 비슷한 사상을 발견할 수 있다. 유대-기독교 전승이라는 개념에 실체를 부여하는 중요한 신앙 공동체가 바로 여기에 있다.

---

42) (역주) mitzvah(계명)는 종교적 의무로 수행해야 하는 하나님의 계명을 의미한다. 유대 율법(할라카)은 대부분 이러한 계명에 대한 논의로 구성되어 있다. 이러한 계명은 613개에 달한다.

43) (역주) 율법에 의하면, 암소는 "흠이 없고 멍에를 메지 않은"(민 19:2) 암소여야 할 뿐만 아니라 뿔과 발굽, 속눈썹까지 붉은색이어야 했다.

44) Yohanan ben Zakkai와 붉은 암소에 관한 이야기는 Pesiqta deRab Kahana 4:7의 요점이다.

18장 _ 예수와 사해 두루마리[1]

H. 리히텐베르거

프란츠 델리취의 후계자이자 유대교연구소 델리취키움(the Institutum Judaicum Delitzschianum)의 소장으로서(1988-1993), 나는 프란츠 델리취가 1865-662년에[2] 여러 판으로 출판하고 1894년에 예히엘 리히텐슈타인(Jechiel Lichtenstein)이 히브리어로 번역한 "예수와 힐렐"에 관한 짧은 에세이를 간략히 살펴보고자 한다.

델리취는 예수와 힐렐의 유사점과 공통점(순서에 유의하라!)으로 시작하여 세 가지 주제에 관한 전승을 조사했다: (1) 힐렐과 예수는 어떻게 위대한 스승이 되었는가? (2) 바빌론인 힐렐과 나실인 예수의 가르침은 무엇이었을까? (3) 힐렐과 예수의 온유함에 관한 전승을 어떻게 이해해야 할까?

유대인이나 유대교의 대표자들(예: 바리새인)을 경멸적인 방식으로 묘사한 다른 기독교학자들과 달리, 델리취는 힐렐을 호의적으로 묘사했지만, 이는 힐렐과 비교하여 예수가 얼마나 우월한지를 보여주기 위해서였다.

> 그러므로 우리는 힐렐의 무덤에서 힐렐의 백성들이 '아아, 온유하고 경건하고 에스라의 제자여'라고 애통해하지만, 우리는 무죄하게 도살된 하나님의 어린 양을 찬양한다.… 힐렐은 죽었고 과거의 낡은 율법 체계의 대표자로 속하지만, 예수는 살아 있다.[3]

무엇보다도 선교의 기능을 가진 종교적 동기에서 출발한 힐렐의 인물됨이나 예수의 인물됨은 적절하게 설명될 수 없다. 이는 둘 다 비역사적인 접근 방식이었다.

---

1) J. H. Charlesworth가 편집한 장대한 책, *Jesus and the Dead Sea Scrolls* (New York, 1993)를 지금 보라.
2) *Jesus und Hillel: Mit R cksicht auf Renan und Geiger verglichen*, Franz Delitzsch (Erlangen, 1866)
3) *Jesus und Hillel*, 39; 히브리어, 44.

힐렐 또는 예수에게서 유래한 격언은 생각 없이 역사적 사실로 받아들여졌다. 결국, '온유함'이라는 토포스가 과연 역사적으로 비판적인 결론에 부합할까?

델리취의 에세이는, 부분적으로 "예수는 힐렐의 길을 걸었던 바리새인이었다. 그에게는 새로운 생각이 없었다. 그러나 힐렐은 진정한 개혁자의 모습을 보여주었고, 이 말은 힐렐을 더럽히지 않고 고귀하게 만들 것이다."[4] 라며 예수를 힐렐의 제자로 삼은 가이거에 대한 응답으로 쓰였다.

델리취가 가이거가 예수에 대한 자신의 견해가 힐렐에 대한 자신의 견해에 의해 형성되거나 의존하도록 허용했다고 비난한 것은 놀랍다. 가이거는 힐렐에 대한 자신의 견해가 예수와 비교하여 힐렐을 비하하는 자신의 견해에 크게 의존하고 있다는 사실을 깨닫지 못했다.

어떤 비교가 가능할까? 한계와 오류는 어디에 있을까? 이 글에서 나는 그러한 비교를 유익하게 만들 수 있는 몇 가지 기본 원칙을 제시하고자 한다.

나는 초기 유대 문학, 특히 사해 두루마리에서 예수나 초기 기독교의 대표자를 발견하는 것을 목표로 하는 그런 종류의 문학에서 예수에 대한 암시나 초기 기독교 교리 또는 인물을 찾으라고 제안하는 것이 아니다. 또한 "탈무드 문학 속의 예수"라는 훨씬 더 흥미로운 질문에 집중할 것을 제안하는 것도 아니다. 그 대신 초기 유대 문학에 비추어 예수의 인격, 교리, 운명을 어떻게 바라봐야 하는지를 근본적인 방식으로 질문해야 한다.

이 질문의 범위에 분명히 몇 가지 제한을 두어야만 한다. 사해 두루마리 등 70년 이전의 확실한 문학을 고려하여 조사 연대를 예수의 생애로 제한할 것이다.

사해 두루마리에 관한 논란의 여지가 있음에도 불구하고, 사해에서 발견된 두루마리는 우리가 알고 있는 제2성전시대의 가장 방대한 도서관이라고 확실하게 말할 수 있다. 사해 두루마리가 모든 사람이 알고 있던 것을 대변하는 것은 아니지만, 상당 부분 많은 사람이 또는 일부가 알 수 있었던 것을 대변하는 것은 분명하다.

---

4) 위의 책, 7.

예수와 쿰란 공동체 사이에 역사적 연관성이 명확하지 않더라도, 또 이상하게도 신약성경 문학에 쿰란 공동체에 대한 명시적인 암시가 없더라도, 우리는 초기 유대 시대에 흔했던 종류의 문학과 신학 사상을 고려해야 한다.

예수와 그의 추종자들이 쿰란 에세네파 및 에세네 문학과 관련이 있었는지에 대한 어려운 질문은 다루지 않겠다. 그러나 우리는 다양한 텍스트로 구성된 이 도서관에 반영된 1세기 유대교의 "그림"에 대해 알아볼 것이다. 그중 대부분은 쿰란 에세네파의 특별한 텍스트가 아니다. 이 도서관은 확실히 초기 유대인 문학의 다양성을 대표한다.[5]

이 질문에 접근하기 위해 우리는 신학적 이해의 본질부터 시작하여 몇 가지 예를 고려할 것이다.

시롯 '올랏 하-사바트[6]에서의[7] 왕이신 하나님과 예수의 하나님의 나라 복음[8]

('안식일 희생제사의 노래들')인 4큐시롯(4QŠirot)[9] 올랏 하사바트에서 하나님을 천사(mèlèk)와 그의 왕국(malkut)으로 자주 사용하는 것이 눈에 띈다. 이 노래들은 하늘 영역에 있는 하나님의 현재 왕국에 관한 이야기다. 그러나 이 현재의 왕국은 지상에 있는 하나님의 나라에 대한 종말론적 희망과 대조되는 것이 아니라, 특별한 방식으로 다가오는 왕국을 표현하고 기대한다. 천사들에게 찬양을 권면함으로써 공동체는 이미 하늘의 예배에 참여하고 있다. 이 아이디어는 호다욧(Ho-

---

5) 예수와 같은 사람이 그러한 문헌을 접할 수 있었는지도 한쪽에 남겨두어야 한다. 문제는 예수가 실제로 예루살렘이나 쿰란에서 그 문헌을 공부했는지가 아니라 갈릴리 유대인이 무엇을 "배울 수 있었는가"이다. 이 연구 문제는 Shmuel Safrai in his contribution to the Compendia Rerum Judaicarum ad Novum Testamentum: *Education and the Study of the Torah*, Vol II, 945-70에서 다루었다.

6) (역주) *Shiroth 'olat ha-shabbath*

7) *Songs of the Sabbath Sacrifice: A Critical Edition*, C. A. Newsom (Atlanta, 1985)를 보라.

8) A. M. Schwemer, "Gott als König und seine Königsherrschaft in den Sabbatliedern aus Qumran," M. Hengel and A. M. Schwemer, eds, *Königsherrschaft und himmlischer Kult im Judentum, Urchristentum und der hellenistischen Welt* (Tübingen, 1991), 45-118.

9) (역주) 4Q irot은 찬사 전례라고도 불리며 사해 두루마리에서 발견된 파편에 포함된 13곡의 노래로, 한 해의 첫 열세 안식일마다 한 곡씩 총 열세 곡이 수록되어 있다. 이 노래는 쿰란(4Q400-407, 11Q17)에서 9개, 마사다에서 1개 등 총 10개의 단편 사본으로 발견되었다. 연대를 확인하기는 어렵지만 기원전 100년경에 쓰여진 것으로 추정된다.

dayot, 감사찬송)과 다른 본문(예: 1QH 3.19-23)에서 알 수 있듯이 천사들과 함께 하는 공동체에 관한 생각과 일치한다.

이 땅에 하나님 나라가 임할 것이라는 기대는 현재 하늘에서 하나님의 통치와 일치한다. 이것은 분명히 주기도문을 조명한다: "뜻이 하늘에서 (천사들에 의해) 이미 이루어진 것 같이 땅에서도 이루어지이다."(마 6:12 참조, 누가복음에는 반영되지 않음)

4QŠirot에 나오는 하나님의 왕국 개념은 예수의 선포에서 하나님 나라의 임재와 미래에 대한 더 나은 이해를 열어준다. 또한 4QŠirot 올랏 하사바트의 성소(the heavenly) 예배에 대한 설명은 히브리서와 요한계시록의 성소 예배를 이해하는 데 매우 중요하며, 헤칼롯 문학에서도 마찬가지다.

정확히 100년 전(1892년-역자주), 29세의 요하네스 바이스(Johannes Weiß)[10]는 그의 소책자 *Die Predigt Jesu vom Reiche Gottes*(하나님의 나라에 대한 예언)에서 "예수 그리스도를 영접한 후의 하나님의 나라는 이 세상과 대척점에 서 있는 큰 나라"라고 썼다.[11] 물론 바이스는 문명의 발달로 이 땅에 하나님 나라가 성취될 것으로 보는 독일 문화개신교(German Kulturprotestantismus)에 반대했다. 동시에 그는 종말론적 기대라는 측면에서 예수의 견해가 가진 초월적 성격을 깨달았다.

그러나 이제 우리는 하늘에 있는 하나님 나라와 그 나라를 찬양하는 현재 인류의 참여, 그리고 현재의 찬양에서 다가오는 그 나라에 대한 기대가 일치한다는 것을 깨닫게 되었다.

의의 교사와 예수의 자의식/자기 인식[12]

의의 교사와 예수의 자의식(또는 플루서 교수의 표현대로 "자기 인식")에 대한 질문은 자주 다루어져 왔다. 여기서도 기독교학자들은 치명적인 해석학의 위험에

---

10) H. Merkel, "Die Gottesherrschaft in der Verkündigung Jesu," *Königsherrschaft*, 119-61, 특히 120-21를 보라.

11) "예수의 이해에 따르면 하나님의 나라는 이 세상과 모순적으로 대립하는 완전히 초월적인 실체이다."

12) G. Jeremias, *Der Lehrer der Gerechtigkeit* (Göttingen, 1963)을 보라.

처해 있다. 그들은 예수를 화려하게 그리기 위해 의의 교사의 열등함을 보여주거나 예수의 숭고한 자의식을 더욱 눈부신 색채로 묘사하기 위해 교사를 긍정적으로만 보여준다!

4QMMT가 의의 교사의 편지를 나타내면 공인 교사의 자의식이 더욱 분명해진다. 이 공동체의 지도자가 반대하는 그룹과 그 지도자를 비판하는 주장은 신성한 사명에 대한 확신과 교사 자신의 방식에 대한 정확성을 드러낸다:

> 너희는 이스라[엘]의 왕들을 기억하고 그들의 행위를 생각하라, 그들 중 누구든지 …, [토라]를 존중하는 자는 고난에서 구원을 받았느니라. 그리고 이들은 토라를 구하는 자들이었고 죄가 [사면되었다]. 다윗을 기억하라. 그는 명예로운 사람이었고 [그도] 많은 고난에서 구출되어 사면을 받았다. 또한 우리는 당신과 당신 백성의 유익을 위해 토라의 교훈 중 일부를 당신에게 썼다. 우리는 당신에게 토라에 대한 지혜와 지식이 있음을 보았기 때문이다. 이 모든 것을 고려하고 그분께서 당신의 조언을 확인하고 벨리알의 악한 계획과 조언을 당신에게서 멀리 떨어뜨리도록 그분께 구하라. 그리하면 마지막 때에 우리의 말 중 일부가 참됨을 발견하고 당신과 이스라엘의 안녕을 위해 그분 앞에서 정직하고 선한 일을 할 때 그것이 당신에게 의로 여겨질 것이다.[13]

토라를 해석할 때 예수와 의의 교사는 공인된 교사로서 활동했다. 의의 교사는 하나님의 마음에 합당한 길로 백성을 이끌었다.(CD 1.11 참조) 두 사람 모두 예언자 의식을 하고 있었다.(의의 교사에 관하여, 1편 합 7.1-8 참조) 교사는 임박한 종

---

13) 본문과 번역은 "An Unpublished Halakhic Letter from Qumran," E. Qimron and J. Strugnell, in *Biblical Archaeology Today: Proceedings of the International Congress on Biblical Archaeology* (Jerusalem, 1984), 400-7; "An Unpublished Halakhic Letter from Qumran," E. Qimron and J. Strugnell, in *Israel Museum Journal* 4 (1985) 9-12을 보라.; 또 *The Qumran Chronicle*, Appendix A, No. 2(Cracow, 1990) 와; 지금 E. Qimron and J. Strugnell (DJD 10; Oxford, 1994)을 보라.

말 직전에 자신의 사명을 완수하고 있었으며 최후의 심판에서 그의 공동체만이 구원받을 것이다. 언약을 맺고 회개하는 사람들은 속죄를 받고 구원을 받게 될 것이다. 의의 교사는 또한 인류의 죄와 하나님의 은혜를 알고 있었다. 예언자적 자의식을 가진 종말론적 설교자로서 두 사람 모두 이 마지막 시대에 하나님의 사자였다.

물론 차이점도 있었다. 첫째, 의의 교사는 제사장의 혈통과 자의식을 가졌다. 그의 공동체에서는 종교적 범주가 일상생활과 예배를 결정하고 입교와 배제의 규칙으로 작용했다.(특히 1QSa 2.3-9 참조) 또한 순결은 천사들과 함께하는 공동체의 전제 조건이었다.

둘째, 예수는 "가퉁"[14] 복(makarismos)을 사용하는 것을 지혜 문학과 묵시 문학에서 공유했다.[15] 실제로 예수는 지혜의 스승으로 묘사되는 경우들도 있었다. 예수는 복을 두 가지 방식 즉 단일 복과(예: 마 11:6) 시리즈로(예: 산상수훈의 시작 부분, 마 5:3-11) 사용했다.

사해에서 발견된 복들(makarisms)은 얼마 전까지만 해도 거의 알려지지 않았다. 그러나 최근 두루마리가 모든 학자에게 공개되면서 새로운 출판물과 원자료를 주의 깊게 다시 읽게 되었다.[16]

푸에흐(Puech)는 최근 오랫동안 알려진 문제인 마 5:3-11의 복들(총 9개)[17]과 눅 6:20-22의 복들(총 4개+4개의 애통) 사이의 관계를 해결하려고 시도했다. 누가가 원래의 숫자를 보존했으며 마태복음의 추가 자료는 대부분 구약에 의존한 확장으로 구성되었다는 것이 **일반적인 견해**(the opinio communis)다. 반면에 푸에흐는 마

---

14) (역주) '종' 또는 '계급'을 의미하는 독일어 명사인 Gattung은 성경 비평가들이 유형 또는 장르를 나타내는 데 사용되었다.

15) 비유도 주목해야 한다. 물론 가장 눈에 띄는 것은 초기 유대 문헌에 비추어 볼 때만 이해할 수 있는 예수의 포물선 화법이다.

16) E. Puech, "Un hymne essénien en partial retrouvé et les Béatitudes, *1QH* V, 12 - V, 18 (= col. XIII - XIV,7) et 4Q Béat", *RQ* 13 (1988) 59-88; E. Puech, "4Q 525 et les pericopes des Beatitudes en ben Sira et Matthieu," RB 98 (1991) 80-106; B.T. Viviano, "Beatitudes Found Among Dead Sea Scrolls", *BAR* 18 (1992) 53-55, 85.

17) (역주) makarism은 산상수훈에서처럼 누군가 또는 어떤 것이 복을 받았거나, 행복하거나, 운이 좋거나, 영광을 받거나 축하를 받아야 한다는 진술로 유대교와 기독교 학술 문헌의 전문 용어인 히브리어와 그리스어 문장에 사용된다.

태복음의 숫자가 4Q525[18]에 나타난 일곱(또는 여덟) 계열의 패턴을 반영하기에 마태복음의 숫자가 원본이라고 주장한다. 그러나 이 본문은 5개의 복들만 보존하고 있다.(다음 본문 참조) 따라서 이 본문과 푸에흐의 결론은 신약성경 연구를 전복시키지 않았다. 그런데도 이 본문은 신약성경의 마카리즘들에 반영된 유대 문학의 일종의 시를 보여주는 좋은 예다.

다음은 비비아노(Viviano)의 영어 번역본에 따른 푸에흐의 텍스트이다.[19]

I

[다윗 (또는 다윗의 아들 솔로몬)의 말(또는 잠언)은 하나님이 그에게 주신 지혜로 [지혜와 명철을 얻고] 이해하고 […,] 지식이나 지혜를 높이기 위해 […,] 말한 것이다…,

II

[복이 있다…,

[복이 있다…,

[복이 있다…,

[복이 있다…,

순수한 마음으로 진실을 말하고 혀로 비방하지 않는 자는 복이 있다.

그분의 율법에 집착하고 그녀의 변태적인 길에 집착하지 않는 자는 복이 있다.

그녀로 인해 기뻐하고 어리석은 길에 자신을 퍼뜨리지 않는 자들은 복이 있다.

깨끗한 손으로 그녀를 찾고 속이는 마음으로 그녀를 쫓지 않는 자는 복이 있다.

지혜를 얻고 지극히 높으신 분의 율법대로 행하며 그분의 길에 마음을 두는 자, 그분의 교훈을 소중히 여기고 그분의 시정을 기뻐하는 자, 그러나 불행의 고통(또는 환난의 고통)에도 그분을 배척하지 않고 나쁜 시기에 그분을 버리

---

18) (역주) 팔복(Beatitudes)

19) "Beatitudes", 55.

지 않는 자, 공포의 날에도 그분을 잊지 않고 영혼의 겸손으로 [그분을] 비난
하지 않는 자는 복이 있다.

III

그러므로 그는 항상 그녀를 생각하고 불행 속에서 그는 악한 (?) / 어리석음 /
불순종(?)의 길로 가지 않기 위해 [율법에 (?) 대한 모든 존재 동안 [그는 반성
하고 (?) 그것을 지키고 (?)] 그의 눈앞에서 묵상하고 [⋯,] 그녀와 함께 [⋯,] 그
의 마음이 그녀를 위해 불타오르고 [⋯,]. ⋯, 순금 면류관을 (그녀가) 그의 [
그]에게 씌우고 왕들과 함께 [그를] 내려놓을 것이다⋯, 그리고 ⋯, 그의 왕권
에 의해 [⋯, 그리고 형제들을 결정할 것이다⋯,] 이제 (나의) 아들들아, 내 말
을 듣고 내 입의 말을 거절하지 마라⋯,

이 본문은 토라와 지혜를 결합한 것이다.(시 24; 신 4:6; 4Q185[20] 참조) 산상수훈
(2)의 복들과 비교하면 몇 가지 특별한 특징이 드러난다: (1) 4Q525는 종말론적이지
않고 지혜적이며, (2) 마태복음과 누가복음과 달리 4Q525에는 현실의 역설적인 반
전이 없다. 다른 한편으로, 그들은 공통적으로 미래의 관점을 가지고 있으며 마지막
마카리즘은 다른 차원을 뛰어넘어 특별한 중요성을 가진 결론을 형성한다.

방법론에 대한 최종 성찰

유대교나 초대교회의 필요에서 비롯된 것이 아니라는 말은 점점 더 무의미하다
는 것이 증명되고 있는 곳에서만 진정한 예수 전승을 찾을 수 있다는 신약학계의
유명한 기준은 점점 더 무익한 것으로 판명되었다. 이 기준은 기독교 반유대주의
의 특수한 형태에 지나지 않을 것이다.

그 반대도 별 도움이 되지 않는다. 진정한 예수 전승은 초기 유대교에서 파생될

---

20) (역주) A Sapiential Teatament. 잠언, 욥기, 전도서, 집회서, 지혜서 등 구약 지혜 문학의 다섯 가지 주요
책으로 구성된 성경인 사피엔셜 서적이다.

수 있는 곳에만 존재한다는 것이다. 이것은 다시 가이거의 변증론적 입장으로 돌아가게 한다: "그[예수]는 결코 새로운 생각을 말하지 않았다. (Einen neuen Gedanken sprach er [Jesus] keineswegs aus.)"[21] 초기 유대교와 기독교 역사가들의 책임은 이와 같은 단순한 규칙으로 그러한 질문을 해결하기에는 너무 중요하다.

사해 두루마리로 대표되는 초기 유대교의 문학은 다양한 성격과 교리를 제시하며, 이 문학에서 우리는 예수의 자의식과 교리와 관련된 유추를 찾을 수 있다. 이는 우리의 지식을 풍부하게 하고 예수의 독창성과 개성을 감소시키지 않는다.

그러나 초기 유대 문학의 맥락에서 갈릴리 선지자를 이해하려면 힐렐을 대조하여 예수를 칭찬하려는 의도로 연구하거나 묘사하는 것은 역사적으로나 도덕적으로 잘못된 것임을 깨달아야 한다. 이 심포지엄이 역사적으로 기독교인들이 유대교에 대한 편견 없는 접근을 방해해 온 기독교 신학 해석학의 이러한 근본적인 결함을 바로잡는 과정을 시작하는 데 도움이 되기를 바란다.

---

21) "예수는 결코 진정으로 새로운 생각을 표현한 적이 없다."

19장 _ 예수의 가르침 재구성: 문제점과 가능성

C. A. 에반스

최근 몇 분기 동안 역사적 예수의 가르침과 활동을 회복할 가능성에 대한 낙관적인 분위기가 새롭게 대두되고 있다.[1] 초대교회가 주의 전승의 대부분은 아니더라도 많은 부분을 날조했다는 형식비평의 오래된 가정[2]은 이제 의문시되고 있다.[3]

초기 기독교 공동체가 직면할 필요를 충족하고 질문에 답하기 위해 전승이 만들어졌다는 가정은 중요한 검증이 필요한 것 같다. 초대교회를 괴롭히는 많은 문제가 있었다. 예수는 이에 대해 명확히 해명하지 않았다. 이 문제들에는 영적 은사, 교회 직분, 다양한 교리, 그리고 더 중요한 것은 이방인 문제에 대한 가르침 등이 있다. 만약 예수 전승이 한때 많은 형식과 편집 비판이 가정했던 것처럼 자유롭게 만들어졌다면 왜 예수의 가르침이 발견되지 않았는가? 이러한 논란의 여지가 있는 문제 중 일부를 해결했을 것이다. 이 관찰에서 도출되어야 하는 추론은 예수의 전

---

1) 참조. E.P.Sanders, *Jesus and Judaism* (Philadelphia,1985), 2쪽: "오늘날 지배적인 견해는 우리가 예수가 무엇을 성취하려고 했는지 꽤 잘 알 수 있고, 예수가 말한 것에 대해 많은 것을 알 수 있으며, 1세기 유대교의 세계에서는 이 두 가지가 의미가 있다는 것이다…,…,이것은 지식의 급격한 증가가 아니라 태도가 변화한 결과이다." H. Schurmann, "Zur aktuellen Situation der Leben-Jesu-Forschung", Geist und Leben 46 (1973) 300-10을 보라. 최근의 여러 연구들이 이를 뒷받침하는 것으로 보인다; B. F. Meyer, *The Aims of Jesus* (London, 1979); W. R. Farmer, *Jesus and the Gospel: Tradition, Scripture, and Canon* (Philadelphia,1982); B.D. Chilton, *A Galilean Rabbi and His Bible: Jesus Use of the Interpreted Scripture of His Time* (Good News Studies 8; Wilmington, 1984); M. J. Borg, *Jesus a New Vision: Spirit, Culture, and the Life of Discipleship* (San Francisco, 1987); R. A. Horsley, *Jesus and the Spiral of Violence: Popular Jewish Resistance in Roman Palestine* (San Francisco, 1987); J.H. Charlesworth, *Jesus within Judaism* (Anchor Bible Reference Library; New York, 1988); B. Witherington, *The Christology of Jesus* (Minneapolis, 1990); J.D. Crossan, *The Historical Jesus: The Life of a Mediterranean Jewish Peasant* (San Francisco, 1991); M. de Jonge, Jesus, *The Servant-Messiah* (Shaffer Lectures; New Haven, 1991); J.P. Meier, *A Marginal Jew: Rethinking the Historical Jesus. Volume One: The Roots of the Problem and the Person* (Anchor Bible Reference Library; New York, 1991)

2) M. Dibelius, *From Tradition to Gospel* (London, 1971), 특히 R. Bultmann, *The History of the Synoptic Tradition* (Oxford, 1971)에서 볼 수 있다.

3) 참조. R. Riesner, *Jesus als Lehrer: Eine Untersuchung zum Ursprung der Evangelien-Überlieferung* (WUNT 2.7; T bingen, 1981; 3rd ed., 1988)

승을 만들어내기 위한 목적으로 초기 기독교 공동체가 존재한 것이 아니었다는 것이다.[4]

내 판단으로는 예수 연구에 종사하는 사람들이 직면한 도전은 예수로부터 유래한 전승을 찾아내는 작업이 아니라 그 전승이 원래 무엇을 의미했는지를 확인하는데 있다.[5] 전승 대부분이 예수에게로 거슬러 올라간다는 데 모두가 동의하더라도 그 전승을 해석해야 하는 훨씬 더 큰 문제가 남는다. 초기 기독교 전승과 전승이 복음 전도자들에 의해 편집되고, 의역되고, 각색되고, 새로운 맥락에 적용되었을 뿐만 아니라, 전승 대부분은 맥락이 없다. 전도자들이 제공한 문학적 맥락조차도 거의 또는 전혀 도움이 되지 않는 경우가 많다. 마태복음과 누가복음에 공통으로 등장하는 말(즉, "Q")만 생각하면 되는데, 이 두 복음서에는 매우 다른 상황에서 등장한다. 다음 구절이 이 문제를 설명해 줄 것이다.

"독사의 자식들아, 누가 너희에게 경고했느냐…?"(마 3:7-10 // 눅 3:7-9)라는 요한의 예언적 발언은 해석자가 직면하는 문맥화의 불일치에 대한 명확한 예를 제시한다. 마태복음에서는 이 날카로운 말이 "많은 바리새인과 사두개인"을 향하고 있지만, 누가복음에서는 "무리"를 향하고 있다. 요한이 누구에게 이 말을 했는지 아는 것은 이 말의 정확한 해석을 위해 중요하다. 다행히도 이 경우에는 요세푸스에게 세 번째 증인이 있다. 이 유대 역사가에 따르면 요한은 군중에게 인기가 있었지만, 헤롯 안티파스에게는 위협적인 인물이었다고 한다.(『전쟁사』 18.5.2 §116-19, 참조. 18.5.4 §136, 막 6:17-29) 요한의 가혹한 비판은 원래 이스라엘의 통치자들에 대한 것이 아니라 백성들에 대한 비판이었을 가능성이 크다. 이 경우 마태의 상황화는 아마도 원래의 역사적 배경에 더 가까울 것이다.[6]

---

4) Pace M. E. Boring, *Sayings of the Risen Jesus* (SNTSMS 46; Cambridge, 1982) 더 나은 평가를 위해서는 D. E. Aune, *Prophecy in the Early Christianity and the Ancient Mediterranean World* (Grand Rapids, 1983), 153-88을 보라.

5) Dibelius(*From Tradition to Gospel*, 255)는 누가복음의 '므나의 비유'와 관련하여 "우리는 수많은 비유에 대한 원래의 언급을 알지 못한다."라고 올바르게 인정했다. 힐렐 연구와 관련하여 어느 정도는 같이 말할 수 있다. 이 초기 현자가 남긴 자료 대부분은 진본일 수 있지만, 편집, 각색, 문맥화 과정을 고려해야 한다. 출처가 남긴 그림은 필터링 된 그림이다.

6) 그래서 K. H. Rengstorf, *Das Evangelium nach Lukas*, (NTD 3; Gottingen, 1969), 55; E. E. Ellis, *The*

예수의 잃어버린 양 비유(마 18:12-14 // 눅 15:3-7)의 상황화는 또 다른 유용한 예를 제공한다. 마태복음 상황에서 이 비유는 예수를 따르는 제자들이 공동체에서 길을 잃고 방황하는 사람들(즉, 에클레시아, 참조: 마 18:17)을 찾아야 한다는 예수의 가르침에 이바지한다. 제자들은 용서하고 화해를 추구해야 한다는 것이 후속 자료의 가르침이다.(참조, 마 18:15-22, 23-35) 그러나 누가복음의 상황에서 이 비유는 예수가 죄인, 즉 아직 공동체의 일원이 아닌 사람들과 어울리는 이유를 설명한다.(참조, 눅 15:1-2) 예수는 이스라엘에서 잃어버린 사람들을 되찾기를 원한다. 누가복음의 상황에서 예수의 비판자들(이 경우에는 바리새인들)은 이스라엘의 종교적, 사회적 버림받은 이들에게 다가가는 예수의 행보에 반대 의사를 표명한 것에 대해 도전을 받는다. 누가복음에 따르면, 예수는 사람들을 자신의 공동체로 끌어들이는 것이 아니라 이스라엘을 다시 믿게 하는 것에 대해 이야기하고 있다. 이 경우 누가의 용법은 이방인이 아닌 이스라엘을 향한 예수의 지향과 일치하기에 원래의 용법에 가장 가깝다고 할 수 있다.(참조, 막 7:27)7

본 연구의 소박한 과제는 1세기 팔레스타인의 맥락에 더 민감한 방식으로 예수의 가르침을 재검토할 필요성을 강조하는 것이다.8 이 글은 두 부분으로 나뉜다. 첫 번째 부분에서는 예수의 가르침의 본질을 파악하는 데 있어 해석자들이 직면하

Gospel of Luke (NCB; Grand Rapids, 1974), 89; J. A. Fitzmyer, *The Gospel According to Luke I–IX* (AB 28; Garden City, 1981), 467. Fitzmyer는 "독사의 무리(brood of vipers)"라는 별명이 마태의 청중에게 더 쉽게 적용되는 것 같다고 언급한다.

7) 참조: G. Schneider, *Das Evangelium nach Lukas*, (2 vols., Gutersloch/Wurzburg, 1977) 2.324-25; J. Lambrecht, Once More Astonished: The Parables of Jesus (New York, 1981), 37-42. "이방인 가운데 아무데도 가지 말고 …, 오히려 이스라엘 집의 잃어버린 양에게로 가라"(마 10:5-6; 참조, 15:24)는 마태복음 선교사의 지시는 적어도 사역 초기에 예수의 사역 방식을 충실히 해석한 것이다. 물론 이 말이 예수에게서 비롯된 것이며 마태복음 전도자가 마가복음에서 발췌한 자료에 추가했을 가능성도 분명히 존재한다. 부활하신 그리스도께서 사도들에게 이방인들에게 가서 그들을 제자로 삼으라고 명령하신 복음의 결론을 고려할 때 마태가 그런 말을 지어냈을 것 같지는 않다.

8) 참조. G. Theissen, *Sociology of Early Palestinian Christianity* (Philadelphia, 1977); E. Bammel and C. F. D. Moule (eds.), *Jesus and the Politics of His Day* (Cambridge, 1984); R.A. Horsley, *Jesus and the Spiral of Violence: Popular Jewish Resistance in Roman Palestine* (San Francisco, 1987) S. Freyne, *Galilee, Jesus and the Gospels* (Philadelphia, 1988); D.E. Oakman, *Jesus and the Economic Questions of His Day* (Studies in Bible and Early Christianity 8; Lewiston, 1988); B. J. Malina and R. L. Rohrbaugh, *Social-Science Commentary on the Synoptic Gospels* (Minneapolis, 1992) 후자의 항목은 예수 연구에 없어서는 안 될 도구이다.

는 가장 중요한 문제를 간략하게 다룰 것이다. 두 번째 부분에서는 예수의 가르침을 회복할 가능성과 관련된 몇 가지 제안을 제시할 것이다. 여기서는 예수의 가르침을 재구성하는 데 있어 문제점과 가능성을 모두 보여주는 두 가지 비유를 살펴볼 것이다.

예수의 가르침 재구성의 문제점

형식 비평가들이 예수 전승의 많은 부분을 초대교회에 부여한 주된 이유 중 하나는 원래의 **삶의 자리**를 제대로 이해하지 못했기 때문이다. 초대교회가 예수의 가르침에 대해 내린 해석은 그 가르침의 원래 요지로 간주하는 경우가 많았고, 비판적으로 받아들여지는 일도 있었다. ("초대교회"는 예수 전승을 보존하고 결국 복음서를 출판한 세대와 복음서에서 현재 발견되는 예수 전승을 해석한 후속 세대를 모두 의미한다) 이런 식으로 이해된 이 가르침은 초대교회의 관심과 관점을 반영하여, 이 가르침은 예수가 아니라 1세대 기독교인들로부터 비롯된 것으로 결론지어졌다.[9]

이 논문에서 다루는 두 비유는 이 문제를 설명한다. 이 비유 (및 다른 비유들)'은 교회 대 이스라엘의 의미로 이해됐으며, 반유대주의적 의미로 학자들이 그 진위에 의문을 제기했기에 물론 역사적 예수는 어떤 의미에서도 반유대주의적이지 않았다고 올바르게 가정하는 예도 있다. 예수의 논쟁은 때로 거칠고 비판은 신랄했지만(마 23장 참조), 예수가 자신의 유대인 유산을 부인하거나 유대인이라는 이유로 동족을 비판했을 가능성은 거의 없다. 많은 이견이 존재하지만, 최근 학계의 합의는 예수가 이스라엘의 회복을 희망했다는 것이다.[10] 예수가 이스라엘을 위해 원했

---

9) 복음 이전 세대와 복음 이후 세대의 기독교인들은 모두 각자의 필요에 따라 예수 전승을 해석했다. 형식 비평가들은 이러한 경향을 올바르게 감지했지만, 이러한 경향을 전승의 비 진실성을 주장하는 것으로 간주하는 오류를 범하기도 했다.

10) 참조. Sanders, *Jesus and Judaism*, 77-119, 335-40; Borg, *Jesus*, 125-49; de Jonge, *Jesus, the Servant-Messiah*, 55-75.

던 것은 대부분의 1세기 유대인들이 원했던 것과 거의 일치했다. 이 회복이 어떻게 이루어질 것인지는 논쟁의 여지가 있지만, 어떤 형태로든 회복이 이루어지기를 원했다는 것은 널리 알려진 사실이다. 이러한 이유로 학자들은 이방인 또는 반이스라엘 관점을 견지하는 것처럼 보이는 비유는 진실하지 않다고 가정한다.

예수의 가르침에 대한 모든 조사는 자연스럽게 비유에서 시작된다. 복음서에서 비유가 예수의 일반적인 가르침 방식이었다고 주장할 뿐만 아니라(예: 막 4:2, 33-34), 비유가 예수 전승에서 가장 신뢰할 만한 부분으로 널리 간주하기 때문이다.[11] 랍비 비유와 1세기 팔레스타인에 관한 최근 연구는 예수의 비유 연구에 중요한 도움을 준다.[12] 이 작업은 본 연구의 균형을 맞추는 데 고려될 것이다.

우리가 다루고자 하는 두 비유는 탕자의 비유(눅 15:1-3, 11-32)와 므나의 비유(눅 19:11-17)다. 이 두 비유는 누가복음에만 나온다. 이 비유들은 여러 곳에서 고증되지 않았기에,[13] 그 진위는 다른 근거(예: 초기 기독교 주제 및 경향과의 유사성)를 통해 입증되어야 한다. 우리의 목적상, 이들은 좋은 테스트 사례가 될 것이

---

11) J. Jermias의 유명한 말을 떠올려 보자(*The Parables of Jesus*, [rev. Ed., New York, 1963], 11): "비유는 전승이라는 원초적인 반석의 한 조각이다." 최근의 연구들은 이러한 긍정적인 평가를 확인시켜 주었다; 참조. P. B. Payne, "The Authenticity of the Parables of Jesus," in R. T. France and D. Wenham (eds.), *Studies of History and Tradition in the Four Gospels* (Gospel Perspectives 2; Sheffield, 1980), 329-44; B. B. Scott, "Essaying the Rock: The Authenticity of the Jesus Parable Tradition," Forum 2/3 (1986) 3-53; C. L. Blomberg, *Interpreting the Parables*, (Downers Grove, 1990) Pace Jeremias, Scott ("Essaying the Rock"; 같은 저자, *Hear Then the Parable: A Commentary on the Parables of Jesus* [Minneapolis, 1989], 17-19), J. D. Crossan *Cliffs of Fall: Paradox and Polyvalence in the Parables of Jesus* [New York, 1980], 18-27), 그리고 다른 이들은 the ipsissima verba ("단어 자체") 보다는 ipsissima structura ("구조 자체")에 대해 이야기하는 것을 선호한다.

12) K. E. Baily, *Poet and Peasant: A Literary-Cultural Approach to the Parables of Luke* (Grand Rapids, 1976); 같은 저자, *Through Peasant Eyes: More Lucan Parables* (Grand Rapids, 1980); R. M. Johnston, "The Study of Rabbinic Parables: Some Preliminary Observations," SBLSP 15 (1977), 337-57; D. Flusser, *Die rabbinischen Gleichnisse und der Gleichniserz hler Jesus*, (2 vols., Bern and Frankfurt am Main, 1981); B. H. Young, *Jesus and His Jewish Parables: Rediscovering the Roots of Jesus' Teaching* (New York, 1989); H. K. McArthur and R. M. Johnston, *They Also Taught in Parables: Rabbinic Parables from the First Centuries of the Christian Era* (Grand Rapids, 1990); D. Stern, *Parables in Midrash: Narrative and Exegesis in Rabbinic Literature* (Cambridge, Mass., 1991) 최근 몇 년 동안의 발전은 이전 작품과 비교할 때 매우 분명하다; 참조. W.O.E. Oesterly, *The Gospel Parables in the Light of Their Jewish Background* (London, 1936)

13) Crossan(The Historical Jesus, pp. xxxi-xxxiii, Crossan은 (257, 410) 다중 증거의 기준을 매우 중요하게 여긴다. Crossan은 (257): "이 책에서 나의 방법론적 규율은 역사적 예수를 재구성하기 위해 단일 고증을 사용하는 것을 금지한다." 그의 방법론에 충실하게, Crossan은 이 논문에서 고려한 두 가지 비유를 고려하지 않는다.

다. 본문은 다음과 같다:

탕자의 비유(눅 15:1-3, 11-32)

모든 세리와 죄인들이 말씀을 들으러 가까이 나아오니 바리새인과 서기관들이 수군거려 이르되 이 사람이 죄인을 영접하고 음식을 같이 먹는다 하더라 예수께서 그들에게 이 비유로 이르시되 …,

또 이르시되 어떤 사람에게 두 아들이 있는데 그 둘째가 아버지에게 말하되 아버지여 재산 중에서 내게 돌아올 분깃을 내게 주소서 하는지라 아버지가 그 살림을 각각 나눠 주었더니 그 후 며칠이 안 되어 둘째 아들이 재물을 다 모아 가지고 먼 나라에 가 거기서 허랑방탕하여 그 재산을 낭비하더니 다 없앤 후 그 나라에 크게 흉년이 들어 그가 비로소 궁핍한지라 가서 그 나라 백성 중 한 사람에게 붙여 사니 그가 그를 들로 보내어 돼지를 치게 하였는데 그가 돼지 먹는 쥐엄 열매로 배를 채우고자 하되 주는 자가 없는지라 이에 스스로 돌이켜 이르되 내 아버지에게는 양식이 풍족한 품꾼이 얼마나 많은가 나는 여기서 주려 죽는구나 내가 일어나 아버지께 가서 이르기를 아버지 내가 하늘과 아버지께 죄를 지었사오니 지금부터는 아버지의 아들이라 일컬음을 감당하지 못하겠나이다 나를 품꾼의 하나로 보소서 하리라 하고 이에 일어나서 아버지께로 돌아가니라 아직도 거리가 먼데아버지가 그를 보고 측은히 여겨 달려가 목을 안고 입을 맞추니 아들이 이르되 아버지 내가 하늘과 아버지께 죄를 지었사오니 지금부터는아버지의 아들이라 일컬음을 감당하지 못하겠나이다 하나 아버지는 종들에게 이르되 제일 좋은 옷을 내어다가 입히고 손에 가락지를 끼우고 발에 신을 신기라 그리고 살진송아지를 끌어다가 잡으라 우리가 먹고 즐기자 이 내 아들은 죽었다가 다시 살아났으며 내가 잃었다가 다시 얻었노라 하니 그들이 즐거워하더라

맏아들은 밭에 있다가 돌아와 집에 가까이 왔을 때에 풍악과 춤추는 소리를

듣고 한 종을 불러 이 무슨 일인가 물은대 대답하되 당신의 동생이 돌아왔으매 당신의 아버지가 건강한 그를 다시 맞아들이게 됨으로 인하여 살진 송아지를 잡았나이다 하니 그가 노하여 들어가고자 하지 아니하거늘아버지가 나와서 권한대 아버지께 대답하여 이르되 내가 여러 해 아버지를 섬겨 명을 어김이 없거늘 내게는 염소 새끼라도 주어 나와 내 벗으로 즐기게 하신 일이 없더니 아버지의 살림을 창녀들과 함께 삼켜 버린 이 아들이 돌아오매 이를 위하여 살진송아지를 잡으셨나이다 아버지가 이르되 얘 너는 항상 나와 함께 있으니 내 것이 다 네 것이로되 이 네 동생은 죽었다가 살아났으며 내가 잃었다가 얻었기로 우리가 즐거워하고 기뻐하는 것이 마땅하다 하니라

한 므나의 비유(눅 19:11-17)

그들이 이 말씀을 듣고 있을 때에 비유를 더하여 말씀하시니 이는 자기가 예루살렘에 가까이 오셨고 그들은 하나님의 나라가 당장에 나타날 줄로 생각함이더라 이르시되 어떤 귀인이 왕위를 받아가지고 오려고 먼 나라로 갈 때에 그 종 열을 불러 은화 열 므나를 주며 이르되 내가 돌아올 때까지 장사하라 하니라 그런데 그 백성이 그를 미워하여 사자를 뒤로 보내어 이르되 우리는 이 사람이 우리의 왕 됨을 원하지 아니하나이다 하였더라 귀인이 왕위를 받아가지고 돌아와서 은화를 준 종들이 각각 어떻게 장사하였는지를 알고자 하여 그들을 부르니 그 첫째가 나아와 이르되 주인이여 당신의 한 므나로 열 므나를 남겼나이다 주인이 이르되 잘하였다 착한 종이여 네가 지극히 작은 것에 충성하였으니 열 고을 권세를 차지하라 하고 그 둘째가 와서 이르되 주인이여 당신의 한 므나로 다섯 므나를 만들었나이다 주인이 그에게도 이르되 너도 다섯 고을을 차지하라 하고 또 한 사람이 와서 이르되 주인이여 보소서 당신의 한 므나가 여기 있나이다 내가 수건으로 싸 두었었나이다 이는 당신이 엄한 사람인 것을 내가 무서워함이라 당신은 두지 않은 것을 취하고 심지 않은 것을 거

두나이다 주인이 이르되 악한 종아 내가 네 말로 너를 심판하노니 너는 내가 두지 않은 것을 취하고 심지 않은 것을 거두는 엄한 사람인 줄로 알았느냐 그러면 어찌하여 내 돈을 은행에 맡기지 아니하였느냐 그리하였으면 내가 와서 그 이자와 함께 그 돈을 찾았으리라 하고 곁에 섰는 자들에게 이르되 그 한 므나를 빼앗아 열 므나 있는 자에게 주라 하니 그들이 이르되 주여 그에게 이미 열 므나가 있나이다 주인이 이르되 내가 너희에게 말하노니 무릇 있는 자는 받겠고 없는 자는 그 있는 것도 빼앗기리라 그리고 내가 왕 됨을 원하지 아니하던 저 원수들을 이리로 끌어다가 내 앞에서 죽이라 하였느니라

이 비유들은 다 초대교회의 우화로 이해됐으며, 각각은 복음이 유대인에게는 거부당하지만, 이방인에게는 받아들여질 것임을 암시하기에[14] 일부 현대 성경 해석자들은 이 비유들이 초대교회의 창작물이라고 가정해 왔다.[15] 물론 누가는 이 비유들을 우화적인 방식으로 이해했음을 인정해야 한다. 그에게 탕자의 비유는 회개에 기초하여 이방인들을 교회에 포함하는 것을 가리키는 것이 아니었을 것이다. 므나의 비유는 부분적으로는 주의 재림의 지연에 대한 설명으로(19:11이 가리키는 것처럼), 부분적으로는 상과 벌에 대한 가르침으로(하인들과의 교환이 암시하는 것처럼; 참조, 특히 26절) 이해된 것이 분명해 보인다.

---

14) 예컨대, J.M. Creed, *The Gospel According to St. Luke* (London, 1930), 197을 보라. 므나의 비유와 관련하여, Creed(235)는 불충실한 시민은 "그리스도를 왕으로 거부한 유대인"이라고 말한다. T.W. Manson, *The Sayings of Jesus* (London, 1949), 317을 보라.

15) Dibelius, *From Tradition to Gospel*, 255; Bultmann, *History of the Synoptic Tradition*, 176, 195-96, J. T. Sanders, "Tradition and Redaction in Luke XV. 11-32," NTS 15 (1969) 433-38; 같은 저자, "The Parable of the Pounds and Lucan Anti-Semitism," TS 42 (1981) 660-68; L. Schottroff, "Das Cleichnis vom verlorenen Sohn," ZTK 68 (1971) 27-52; W. Schmithals, *Das Evangelium nach Lukas* (Zurich, 1980), 165; J. Drury, *The Parables in the Gospels* (London/New York, 1985), 142; M. Goulder, *Luke: A New Paradigm* (JSNTSup 20; Sheffield, 1989), 609-14; H. Raisanen, "The prodigal Gentile and His Jewish Christian Brother [Lk 15, 11-32]," in F. Van Segbroeck et al. (eds.), 〈The Four Gospels〉 1992 (F. Neirynck Festschrift; 3 vols., BETL 100; Leuven, 1992) 2.1617-36; V. Fusco, "'Point of View' and 'Implicit Reader' in Two Eschatological Texts [눅 19, 11-28; 행 1, 6-8]," in F. Van Segbroeck et al. (eds.), *The Four Gospels* 1992, 2.1677-96 등을 보라. 특별히 1687-91. 이 의견에 대한 조사는 J. A. Fitzmyer, *The Gospel According to Luke X-XXIV* (AB 28a; Garden City, 1985), 1084-85, 1228-33을 보라.

최근 일부의 학자들이 이 비유들에서 반유대주의적인 것을 발견했다. 잭 샌더스(Jack Sanders)는 탕자의 비유가 토라를 준수하는 유대인(큰아들로 대표됨)을 폄하하고 기독교 복음은 회개하는 이방인(탕자로 대표됨)에게 가는 것임을 보여주려는 의도라고 생각한다.16 샌더스는 므나의 비유를 공관복음 전승에서 반유대주의 정서를 가장 공격적인 예로 간주하고 있다. 그의 해석에 따르면, 이 비유는 하늘로 가신 예수가 자신의 충실한 종들에게 상을 주고 자신의 왕권을 거부한 동료 '시민'(유대인)을 멸망시키기 위해 다시 올 것이라는 우화이다.17

필자가 본 연구에서 보여주고자 하는 것은 많은 해석자가 이 비유들에 대한 비판적 해석의 요소들을 생각 없이, 심지어 무의식적으로 수용해 왔으며, 그 해석은 때로 종교적으로는 반유대교적이었고, 때로 민족적으로는 반유대주의적이었다.18 샌더스와 다른 사람들은 이 비유들에 대한 반유대교적/반유대주의적 이해가 이 비유들에 대한 원래의 이해이며, 따라서 이 비유들은 예수 자신에게로 돌아갈 수 없다고 가정해 왔다. 그러나 나는 우리가 비유를 원래의 상황에서 이해하지 못했다고 생각한다.19

---

16) J. T. Sanders, *The Jews in Luke-Acts* (Philadelphia, 1987), 108-9, 197-98.

17) Sanders, *The Jews in Luke-Acts*, 61-62, 208-9, 317; 참조. 같은 저자, "The Parable of the Pounds," 667. 이 누가의 비유들의 진위 여부에 대한 입장이 무엇이든, 나는 이 비유들이 반유대주의를 반영한다고 생각하지 않는다; C. A. Evans, "Is Luke's view of the Jewish Rejection of Jesus Anti-Semitism?" in D. D. sylva (ed.), 참조. *Reimagining the Death of the Lucan Jesus* (BBB 73; Frankfurt am Main, 1990), 29-56, 174-83; 같은 저자, *Luke* (NIBC 3; Peabody, 1990), 234-35, 286. 유대인들에 대한 누가의 태도에 대한 더 나은 평가는 D. L. Tiede, *Prophecy and History in Luke-Acts* (Philadelphia, 1980); R. L. Brawley, *Luke-Acts and the Jews: conflict, Apology, and Conciliation* (SBLMS 33; Atlanta, 1987); M. Salmon, "Insider or Outsider? Luke's Relationship with Judaism," in *J. B.* Tyson (ed.), *Luke-Acts and the Jewish People: Eight Critical Perspectives* (Minneapolis, 1988), 76-82, 149-50 등을 보라.

18) John Calvin은 자신의 *Commentary on the Harmony of the Gospels*에서 탕자 비유의 큰아들을 "유대 민족의 한 유형"으로 해석한다. 그는 므나의 비유가 "특히 유대인들을 책망하고 있는 것 같다."고 생각한다: 교회 초기 주석가 중 한 명인 오리겐은 좀 더 공평하게 해석하여, 므나의 비유에서 귀족을 미워하는 시민들은 "아마도 그를 믿지 않은 이스라엘과 그를 믿지 않은 이방인일 것"이라고 생각했다.(Comm. Matt. 14.12 [on Matt 25: 14-30]) 그러나 Cyril of Alexandria(PG 72.876)과 Theophilactus(PG 123.1029)의 예루살렘의 멸망에서 왕의 불충실한 시민들에게 내려질 형벌로 본 해석이 더 일반적이었다.

19) 나는 우리가 흔히 가정하는 것에 대해 신중하게 생각하지 않으면 안 되는지 궁금하다. 유대인 추종자 중 일부가 이스라엘의 메시아라고 생각하는 유대인 인물을 중심으로 한 유대인 운동, 유대인의 정신과 마음을 얻기 위해 경쟁하고 유대 경전의 관점에서 자신을 설명할 필요성을 느낀 운동이 한 세대에 걸쳐 반유대주의 종교로 변질될 것이라고 믿어야 할까? (이 질문과 관련하여 누가, 요한, 히브리서에 대한 비판적 논의를 참조하라) 이론적인 근거만으로는 이 명제가 이상하고 의문스럽다. 아마도 우리가 애초에 이러한 자료를 올바르게 이해했는지 자문해 보는 것이 더 현명할 것이다. 이러한 시도를 한 연구 모음은 C.

예수의 가르침을 재구성할 가능성

일단 탕자의 비유와 므나의 비유가 예수의 말이라 가정하고, 더 나아가 기독교 대 유대인 또는 교회 대 유대교에 대한 우화적 해석은 부차적이며 원래 예수의 삶과 사역 일부가 아니었다고 가정해 보자. 다음 비교 연구를 통해 분명히 알 수 있듯이 저는 그렇게 생각한다.

탕자의 비유

이 비유가 하나의 통일된 전체이며[20] 역사적 예수로부터 유래했다는 주장을 뒷받침하는 몇 가지 징후가 있다.[21]

첫째, 몇 가지 세부 사항에서 볼 수 있듯이 이 비유의 유대적 성격은 매우 분명하다. 팔레스타인 청중은 기근의 위험을 잘 이해했을 것이다.[22] 돼지를 먹이는 것에 내포된 타락은 돼지를 부정하게 여기는 유대인 청중에게 특히 더 크게 느껴졌을 것이다.(레 11:7-8; 신 14:8) 후대의 랍비들이 "돼지를 기르는 자는 저주를 받을 것이다."(b.BQam[23] 82b; 참조: m.BQam 7:7: "이스라엘 사람은 아무 데서나 돼지를

A. Evans 그리고 D. A. Hagner (eds), *Anti-Semitism and Early Christianity: Issues of Polemic and Faith* (Minneapolis, 1993)을 보라.

20) 참조. Bultmann, *History of the Synoptic Tradition*, 196; Manson, *The Sayings of Jesus*, 285. Sanders ("Tradition and Redaction in Luke XV. 11-32", 433-38)는 24-32절이 원래 비유의 일부가 아니라고 주장하지만, 그의 결론은 반박되었다; 참조: J. Jeremias, "Tradition und Redaktion in Lukas 15," *ZNW* 62 (1971)172-89; J. J. O'Rourke, "Some Notes on Luke xv. 11-32", *NTS* 18 (1971-72) 431-33; C. E. Carlston, "Reminiscence and Redaction in Luke 15:11-32," *JBL* 94 (1975)368-90.

21) 이 비유의 진위는 다음의 연구들 때문에 받아들여졌다. C. H. Dodd, *The Parables of the Kingdom* (London, 1935), 120; Manson, *Sayings of Jesus*, 285; Jeremias, *Parables of Jesus*, 128-32; I. Broer, "Das Gleichnis vom verlorenen Sohn und die Theologie des Lukas," NTS 20 (1973-1974) 453-62, 특히 461; Carlston, "Reminiscence and Redaction," 385-87; R. Pesch, "Zur Exegese Gottes durch Jesus von Nazaret: Eine Auslegung des Gleichnisses vom Vater und den beiden Sohnen (Lk. 15, 11-32)," in B. Casper (ed.), Jesus: Ort der Erfahrung Gottes (B. Welte Feslschrift; Freiburg, 1976) 140-89, 특히 150; H. Weder, *Die Gleichnisse Jesu als Metaphern. Traditions- und redaktionsgeschichtliche Analysen und Interpretationen* (FRLANT 120; Gottingen, 1978), 254; K.-W. Niebuhr, "Kommunikationsebenen im Gleichnis vom verlorenen Sohn," *TLZ* 116 (1991) cols. 481-94, 특히. col. 492, 주 32; 그리고 대부분의 주석자들.

22) J. Jeremias (*Jerusalem in the Time of Jesus* [Philadelphia, 1969], 140-44)에 따르면 기원전 169년부터 70년까지 팔레스타인에는 적어도 10번의 기근이 있었다.

23) (역주) Baba Quamma, Bava Kamma은 손해배상 및 불법행위와 같은 민사 문제를 다루는 네지킨(손해배

기를 수 없다.")라고 말한 것24은 예수 당시 토라를 준수하는 유대인 정서의 반영일 수 있다.

작은아들은 돼지에게 먹인 "쥐엄열매"를 먹을 수밖에 없자25 마침내 회개한다.(16-17절) 이 세부 사항은 랍비들의 "이스라엘 사람들이 쥐엄열매를 먹게 되면 회개한다."라는 말과 유사하다.26 "스스로 돌이켜"(17절) 라는 표현은 분명히 유대적 표현이다.27 아들의 회개의 말은 전적으로 유대인의 기도와 경건에서 비롯된 것이다.28 아버지에게 돌아가려는 아들의 결심은 또 다른 랍비들의 말과 유사하다: "[해외에 있는] 아들이 맨발로 [가난을 겪을 때] 그는 아버지 집의 안락함을 기억한다."(애가 라바 1:7 §34; "팔레스타인 랍비들"에게서 유래) 아들이 "하나님께" 대신 "하늘에" 죄를 지었다고 고백하는 것은 하나님과 그분의 이름에 대한 유대인의 존중을 반영한다.29 마태복음 전도자와는 달리 누가복음의 전도자는 하나님을 사용하는 것을 피하지 않는다. 그러므로 천국의 출현은 누가의 구성에 반대한다.

아들과 아버지의 화해 장면(20절)은 아마도 야곱과 에서의 화해 장면의 언어에 빚을 지고 있을 것이다. 야곱은 타르굼 전승에 따라 앞으로 닥칠 일을 두려워하며 하나님께 이렇게 고백한다: "나는 합당치 않다."(Neof, 창 32:11)30 그러나 잘못한 야곱은 잘 받아들여진다: "에서가 달려가서 그[야곱]를 만나서 껴안고 목에 엎드려

상) 순서로 구성된 탈무드 세 권의 소책자 중 첫 번째 책이다.

24) 디오클레티아누스(Diocletian)에 대한 모욕으로 황제는 젊었을 때 양치기였다고 한다 (y.Ter 8:10; GenRab 63.8 [25:24])

25) 즉, 더 달콤하고 건강에 좋은 세라토니아 실리쿠아(the ceratonia siliqua, 식용 꼬투리가 있는 상록 지중해 나무 열매―역자 주)가 아니라 쓴맛이 나고 거친 야생 캐롭을 말합니다; Bailey, *Poet and Peasant*, 172-73을 보라.

26) 참조. LevRab 13.4 (on Lev 11:2); 35.6 (on 26:3); SongRab 1:4 §3; Tanna Aha에서 유래.

27) 참조. TJos 3:9; b.Shab 104a; b.Sanh 102a. 그러나 이것이 "그가 회개했다."와 동등한지 여부는 논쟁의 여지가 있다; Bailey, Poet and Peasant, 173-75을 보라.

28) 참조. PrMan 8-14; Sir 17:24-25, 29; Wis 11:23; Jub 5:17-18. 28

29) 천국은 마카비서 1장에서 하나님을 대체하는 일반적인 용어이다.(참조, 3:18,60) 랍비 문헌에서 "천국"은 절대적으로(b.BMes 37a) 그리고 "천국"(b.Ber 13b; 참조, 마33b), "하늘에 대한 두려움"(m.Ab 1:3), "하늘의 영광"(b.Ber 13a), "하늘의 손으로"(b.Ber 33b), "하늘의 이름"(m.Ab 4:4) 등 여러 구절에서 자주 등장한다.

30) 히브리어는 "나는 너무 작다." "나는 합당하지 않다."라고 읽는다. 대상 1:17:16과 창 32:11의 미드라쉬와 GenRab 76:5에도 나타난다. 예수 전승의 타르굼 어법에 대해서는 Chilton, *A Galilean Rabbi*, 90-111 쪽을 보라.

입 맞추고 울었다."(창 33:4, 참조: 요셉과 야곱이 재회하는 장면인 29:13, 46:29, 아버지와 어머니가 돌아온 아들을 기쁨으로 맞이하는 장면인 대상 11:9-15) 성경에는 다른 암시도 있다.31 요셉 시대에는 큰 기근이 있었고(창 43:1), 바로는 요셉에게 반지와 겉옷을 입혔다.(창 41:41-42) 비유의 아버지가 "내 아들이 죽었다가 다시 살았다."(누가 15:24, 32)라고 외치는 것처럼 야곱은 "네 아들 요셉이 살았다."(창 45:26)라는 말을 듣는다. 회개한 아들에게 베푸는 관대한 대접(겉옷, 반지, 샌들, 살진 송아지)도 성경의 언어와 1세기 팔레스타인의 관습을 반영한다.32 아들이 죽었다는 아버지의 외침은 사회적, 영적으로 단절된 사람들을 "죽은 자"로 보는 유대인의 관점을 반영한다: "문둥병자, 눈먼 자, 자식이 없는 자, 가난한 자 네 사람은 죽은 자로 간주한다."33(GenRab 71.6 [30:1에 대한], 참조: 출애굽 라바 5.4 [4:19], 마 8:22 // 눅 9:60: "죽은 자를 떠나 자기 죽은 자를 장사하게")34

둘째, 몇 가지 일반적인 유대인의 유사점이 있다. 왕의 탕자의 비유를 떠올릴 수 있다:

이것은 악한 길을 택한 왕의 아들에 비유할 수 있다. 왕은 그에게 가정교사를 보내 '회개하라, 내 아들아' 라고 호소했다. 그러나 아들은 [메시지와 함께] '내가 어떻게 돌아갈 수 있겠습니까? 나는 아버지 앞에 가는 것이 부끄럽습니다. 그러자 아버지는 답장을 보냈다. '내 아들아, 아들이 아버지에게 돌아가는 것이 그렇게 부끄러우냐? 그리고 네가 돌아오는 것은 네 아버지에게 돌아오는 것이 아니냐?"(신명기 라바 2.24[신 4:30], 기원전 150년경 메이어(R. Meir)에 의해 작성됨)35

---

31) O. Hofius, "Alttestamentliche Motive im Gleichnis vom verlorenen Sohn," NTS 24 (1977-78) 240-48; Drury, Parables in the Gospels, 144-46; Goulder, Luke-A New Paradigm, 611-12.

32) Bailey, Poet and Peasant, 184-86; Fitzmyer, Luke X-XXIV, 1090을 보라.

33) H. Freedman 번역, "Genesis," in H. Freedman and M. Simon (eds.), Midrash Rabbah (10 vols., London and New York, 1983) 2.657.

34) 관련 배경에 대해서는 K. H. Rengstorf, Die Re-Investitur des verlorenen Sohnes in der Gleichniserzahlung Jesu: Luk. 15, 11-32 (Koln, 1967)을 보라.

35) J. Rabbinowitz 번역, "Deuteronomy," in Freedman and Simon (eds.), Midrash Rabbah, 7.53.

이 비유는 이스라엘에 대한 하나님의 부성애와 회개한 죄인을 다시 받아들이려는 하나님의 변함없는 의지를 설명하는 데 사용된다. 이 비유의 요점은 탕자의 비유와 완전히 일치한다. 고려해야 할 다른 비유로는 왕의 막내아들의 비유(SifDeut §352 [신 33:12에 대한]), 왕이 더 사랑했던 왕의 열두 아들의 비유(창세기 라바 98.6 [49:8에 대한]), 한 버전에 따르면 자신이 물려받을 "유산"으로 돌아온 왕자의 비유(SifDeut §345 [신 33:4에 대한]), 다른 버전에 따르면 아버지가 중간에 만난 왕자의 비유(Pesiq. R.36 44.9),37 그리고 마지막으로 유산을 아들들에게 나누어 준 아버지의 비유(b.Kid 61b, 기원후 120년경 랍비 하니나 벤 가말리엘의 저작)38

셋째, 탕자의 비유는 유대 율법과 상당히 일치한다. 신 21:15-17에 따르면, 어떤 사람은 작은아들을 더 사랑하더라도 큰아들에게 유산의 두 배를 할당했다. 탕자의 비유는 죽기 전에 유산을 나누는 관행을 포함하여 이 율법을 분명히 전제하고 있다.(참조: 집회서 3:19-33, 이 관행에 대해 조언하므로 전례가 없는 것이 아님을 암시하는 사람 중 하나; 참조. B.Mes 75b: 부르짖어도 응답받지 못하는 자들 중 하나는 "생전에 재산을 자식에게 양도하는 자") 큰아들이 탕자를 "이 당신의 아들"(30절)이라고 부르지 않고 "내 형제"라고 부르는 것은 아마도 그들이 이복형제임을 암시한다.(신 21:15-17에서 출발 지점을 제공한다)

바로 이어지는 구절은 "완고하고 반역적인 아들"(신 21:18-22)에 관한 것이다.

---

36) (역주) Pesikta Rabbati

37) 이 비유들은 익명으로 처리되었다. 이 비유들에 대한 최근의 논의와 예수의 비유 해석과 어떤 관련이 있는지는 McArthur and Johnston, *They Also Taught in Parables*, 83, 78-79, 194-95을 보라.

38) 탕자가 어머니에게 보낸 편지는 유쾌한 실제 비유를 제공한다.(papyrus 846, Berlin Museum; Fayûm, 2d century C.E.): "Antonis Longus가 어머니 Nilus께: 문안을 올립니다. 어머니의 건강을 위해 늘 기도합니다. 나는 매일 Serapis 신께 어머니를 위해 중보하고 있습니다. 어머니께서 대도시로 올라갈 것이라는 희망이 제게 없었다는 것을 알기를 바랍니다. 이런 이유로 나는 도시에 들어가지 않았습니다. 그러나 나는 누더기를 입고 다니기에 Caranis에 가는 것이 부끄러웠습니다. 제가 벌거벗었기에 편지를 썼습니다. 어머니, 간청하오니 저와 화해하소서. 또한, 나는 내가 무엇을 가져 왔는지 알고 있습니다. 나는 필요한 만큼 징계를 받았습니다. 제가 죄를 지었다는 것을 압니다. Arsin e 근처에서 어머니를 만난 Postumu에게 모든 것을 들었습니다. 내가 아직도 한 사람에게 한 오볼(obol, 고대 그리스의 주화)을 빚지고 있다는 것을 아는 것보다 내가 불구가 된 것을 모르십니까? …, 직접 오십시오!…, 나는 들었습니다…, 어머니께 간청합니다…, 나는 거의…, 어머니께 간정합니다…, 나는…, 그렇지 않기를 바랍니다…, Antonius Longus가 어머니에게…." 마지막 줄은 단편적이지만 편지의 요지는 매우 분명하다. Nilus의 아들은 예수님의 비유에 나오는 탕자가 고백한 것처럼 "내가 죄를 지었습니다."고 인정한다.(눅 15:18, 21) 그리스어 본문과 논의에 대해서는 A. Deissmann, *Light from the Ancient East* (New York, 1922), 187-92을 보라.

아들이 부모의 말에 귀를 기울이지 않고 방탕한 생활("폭식과 술주정뱅이")을 하면 재판과 돌팔매질을 당할 수 있다. 이 구절은 m.Sanh 8:1-5에서 해석되고 b.Sanh 68a-72a에서 자세히 논의된다. m.Sanh 8:1에 따르면, 반항적인 아들은 고기와 포도주로 배를 채우는 사람이며, m.Sanh 8:3에 따르면, "아버지의 것을 훔쳐서 이방인의 영역에서 먹는 사람"도 마찬가지다. 게마라에서 한 랍비는 이것을 "아버지와 어머니를 위해 따로 마련해 둔 돈에서 훔친 것"을 의미한다고 해석한다.(b.Sanh 71a) 유죄 판결을 받았지만 도망친 반항적인 아들은 "죽은" 것으로 간주한다.(b. Sanh 71b)

그런데 왜 반항하는 아들을 죽였을까? 왜 그렇게 가혹한 형벌을 내렸을까? 갈릴리 랍비 요세는 설명한다:

> 토라가 반역한 아들을 벳 딘으로 데려가 돌로 치라고 명령한 것은 단지 그가 [폭식하고 술주정뱅이라는 이유 때문이었을까? 아니다] 그러나 토라는 그의 궁극적인 운명을 예견했다. 결국 그는 아버지의 재산을 탕진한 후에도 [여전히] 익숙해진 [탐욕스러운] 욕구를 채우려 하지만 그렇게 할 수 없게 되자 길거리로 나가 도둑질을 하게 될 것이기 때문이다.**39**

SifDeut §218 (21:18에 대한)의 유사 구절은 다음과 같다: "아버지의 재산을 낭비했다고 해서 완고하고 반항적인 아들이 죽어야 한다고 말할까?"**40** 여기에는 하나의 죄가 다른 죄로 이어져 결국에는 멸망과 저주로 이어진다는 견해가 내포되어 있다.(참조: m.Ab 4:2) 그러므로 반역한 아들을 돌로 치는 것은 그가 아직 상대적

---

39) B.Sanh 72a; cf. SifDeut §218 [on 21:18]; §220 [on 21:21]; y.Sanh 8:7), J. Schacter and H. Freedman 번역, "Sanhedrin," in I. Epstein (ed.), *The Babylonian Talmud*, (18 vols., London, 1978) 12.488. : Yose 는 m.Sanh 8:5를 다음과 같이 해석한다: "완고하고 반항적인 아들은 [그가 결국에] 될 일 때문에 정죄를 받는다: 그를 무죄로 죽게 하고 죄로 죽지 않게 하라."

40) 번역. R. Hammer, *Sifre: A Tannaitic Commentary on the Book of Deuteronomy*, (Yale Judaica 24; New Haven and London, 1986), 229. Hammer(466, 주-8)은 Vatican ms. 32번이 이 구절을 생략하고 있다고 지적한다.

으로 결백할 때 자비를 베푸는 행위다.

위의 모든 할라카 전승이 1세기 초에 발현되었다고 가정하지 않더라도, 예수의 비유에 나오는 탕자는 "반항하는 아들"에 해당할 수 있었다고 보는 것이 타당하다. 말 그대로 아버지의 것을 훔친 것은 아니지만, 아버지가 생전에 소유하고 있어야 할 것을 가져간 것이다. 그는 사실상 아버지의 음식을 가져다가 외국에서 낯선 사람들과 함께 먹었다. 그는 아버지의 재산을 낭비한 것이 분명하다. 이 재산의 빠른 소비는 부분적으로 폭식과 술 취함 때문일 수 있다. 큰아들이 표현한 분노는 신 21:18-22의 교훈과 랍비들의 해석 측면과 일치한다. 그는 동생이 회복이 아니라 처벌을 받아야 마땅하다고 생각했을 가능성이 크다.

이 비유가 랍비 할라카와 중요한 방식으로 일치하는 부분은 결과에 있다. 돌로 치는 것은 반드시 저주를 초래할 죄의 삶을 단절하는 데 필요하다고 믿었다. 이러한 가혹한 형벌은 아들의 '운명'을 고려하여 내려져야 했다. 그러나 아들이 **회개하면** 모든 것이 바뀐다. 예수의 비유에 나오는 작은 아들은 처음에는 파멸로 끝날 것 같은 길을 떠났을지 모르지만 회개함으로써 모든 것이 깨끗하게 바뀌었고, 오만과 반항의 정신으로 집을 떠났을지 모르지만, 징계를 받고 통회하며 돌아왔다. 그의 아버지는 당연히 그리고 예상치 못하게 그를 용서했다. 아들의 회개가 그의 운명을 바꾼 것이다. 예수의 비유에는 랍비 전승과 일치하지 않는 것이 없다.

넷째, 탕자의 비유를 초대교회의 창작물로 보는 것에 반대하는 몇 가지 세부 사항이 구체적으로 제시된다. 작은아들의 죄는 이방인의 관점이 아니라 유대인의 관점에서 가장 잘 이해된다. 그는 아버지나 가족의 복지에 대해 거의 관심을 보이지 않고 자신의 몫을 미리 요청하고 집을 떠난다.(마 8:21 // 눅 9:59의 효도 표현과 대조된다): "내가 먼저 가서 내 아버지를 장사하게 하소서"(참조: 토 4:3; 6:14) 그의 행동은 초기 유대교에서 부모를 공경하라는 명령(출 20:12; 레 19:3; 신 5:16)에 명백히 어긋나는 것으로 이해되었을 것이다.(예: 출 20:12; 레 19:3; 신 5:16), 출 20:12 [바호데쉬(Bahodesh); §8]: "아버지와 어머니를 공경하는 것은 [하나님]께서 보시기에 매우 귀한 것이다. … 그는 부모를 공경하는 것이 하나님을 존경하는 것과 같다고 선언하셨기 때문이다."[41] 레위기 라바 6.2 [22:6에]: "부모를 공경하는 것은 [계명 중에서] 가장 중요한 것이다." 그리고 유대인들은 아들이 부모를 부양해야 할 의무가 있다고 생각한다 (필로, Decal. 23 §111-20) "부모를 전혀 생각하지 않는 인간은 부끄러워서 숨어 있어야 하고, 자신의 유일한 또는 일차적인 보살핌이 되어야 할 사람들을 소홀히 한 것에 대해 스스로를 비난하는 것이 마땅하지 않겠는가?"(참조. b.Ket 49b-50a)

실제로 작은아들이 자신의 재산 일부를 요구하고 이를 팔았다는 것은 작은아들이 아버지를 죽은 것으로 여겼다는 것을 암시할 수 있다.[42] 아버지가 나중에 한 말을 고려할 때 그 감정은 상호적이었을 수도 있다: "내 아들이 죽었다가 이제 다시 살았다."(24절, 참조, 32절) 작은아들은 이방 지역으로 여행을 떠나는데, 이는 그가 부모뿐만 아니라 이스라엘 땅 자체를 버렸다는 것을 암시한다. 이방인에게 붙어 돼지에게 먹이를 주는 것으로 보아, 청중은 이 아들이 안식일이나 유대인의 음식법을 지키지 않았다고 추측할 수 있다.[43] 그의 부도덕한 행동(13, 30절: "창녀와 함께 살면서")은 유대인의 감수성에 특히 불쾌감을 줄 수 있는 것이다.

회개 행위 자체(유대교 사상에서 회개는 기독교에서 회개만큼이나 중요한 위치를 차지함)를 제외하면[44] 작은아들에 대해 칭찬할 만한 것은 아무것도 없다. 그는 이방화되어 가는 기독교 공동체의 이기적인 초상화처럼 보이지 않는다. 더 중요한 것은 큰아들이 토라를 준수하는 유대인에 대한 부정적인 그림을 거의 그리지 않는다는 관찰이다. 작은아들의 귀환을 축하하는 행사가 진행되면서 큰아들이 밭에서 수고하고 있음을 알 수 있다.(25절) 우리는 그가 수년 동안 아버지를 충실히 섬겼

---

41) 이 전승은 Philo, Decal.에서 볼 수 있듯이 고대의 것이다. 23 §119: "부모는 하나님의 종이므로…, 종을 모욕하는 자는 주님도 모욕하는 것이다."

42) G. Bornkamm, Jesus of Nazareth (New York, 1960) 126; D.O. Via, The Parables: Their Literary and Existential Dimension (Philadelphia, 1967), 169; Bailey, Poet and Peasant, 165.

43) Jeremias, Parables of Jesus, 129.42

44) 회개의 탁월함과 중요성은 외경과 위경(Sir 44:16; Wis 11:23; 12:10; PrMan 8, 13), 랍비 문헌(m.Ab 4:17; m.Yoma 8:8; b.Yoma 86a; b.Ned 39b), 회당 전례(Amidah §5) 등에 충분히 기록되어 있다; 참조, J. Behm, TDNT 4.989-99.

으며 한 번도 불순종하지 않았다는 것을 알게 된다.(29절) 여기에는 비판을 암시하는 것은 조금도 없다.**45** 오히려 큰아들은 부모를 돌보아야 할 의무를 다했다. 더 중요한 것은 아버지가 아들에게 "항상" 함께하고 있으며 아버지가 가진 "모든 것"이 아들의 것이라고 확신한다는 것이다.(31절)**46** 큰아들의 유일한 잘못은 동생의 회개를 기뻐하지 않았다는 것이다. 다른 모든 면에서 큰아들은 충실함의 모델이다.**47**

큰아들은 유대인을, 작은아들은 이방인을 대표한다고 가정할 때, 이러한 세부 사항은 어떤 의미에서 유대교를 헐뜯는 것일까? 그렇지 않다. 그러한 해석은 거의 의미가 없다. 게다가 이 비유에는 기독론적인 요점도 뚜렷하게 기독교적인 것도 없다.

탕자의 비유가 큰아들보다 작은아들의 도덕적 우월성을 설명하기 위해 만들어졌다면, 실패한 것으로 판단되어야 한다. 기독교 메시지가 이방인에게는 받아들여지고 유대인에게는 거부당할 것이라는 점을 설명하기 위해 만들어졌다면, 이는 혼란스럽고 일관성이 없다. 반유대주의를 조장하기 위해 만들어졌다면 그것은 믿기 힘든 실패다. 큰아들이 아버지가 가진 모든 것을 완전히 소유하게 되었기에 때문이다. 오히려 이 비유가 진짜일 가능성이 더 크며, 한편으로는 기독교인 그리고/또는 이방인과, 다른 한편으로는, 유대인 간의 비교와 관련이 없을 가능성이 더 크다.

이 경우 누가복음 전도자가 비유를 배치한 문맥이 원래 의도에 맞을 가능성이

---

45) Pace Bailey, *Poet and Peasant*, 193-203. 내 판단으로는 베일리와 다른 사람들은 행간을 너무 많이 읽는다. 나는 이 비유가 잃어버린 두 아들에 관한 이야기라고 생각하지 않으며, 큰아들(pace J. D. M. Derrett, "Law in the New Testament:The Parable of the Prodigal Son", *NTS* 14 [1967-1968] 56-74, 특히 72-74)도 구약성경의 다양한 큰아들 악당을 모델로 삼은 것도 아니라고 생각한다.

46) Philo는 "연장자"를 신실하고 지혜로운 사람으로 정의하는 반면, "어린 자"는 어리석고 하나님을 반역하는 사람으로 정의한다는 점에 유의하는 것이 중요하다.(Abrah. 46 §274;Quaest. Gen. §65 [on 4:7])

47) 참조. F. Bovon, "The Parable of the Prodigal Son, Luke 15:11-32, First Reading" in Bovon and G. Rouiller (eds.), *Exegesis: Problems of Method and Exercises in Reading* (Pittsburgh, 1978), 43-73, 특히 61. Blomberg (Interpreting the Parables, 178-79)는 두 아들 모두 완벽한 역할 모델이 될 수 없다고 올바르게 말한다: 작은 아들은 어리석고 이기적이며 배려심이 없고 불충실했지만 적어도 회개할 줄 알았고, 큰 아들은 충실하고 정직했지만 용서할 줄 몰랐다; 참조. C. H. Talbert, *Reading Luke: A Literary and Theological Commentary on the Third Gospel* (New York, 1988), 150-51; 진정한 모델은 두 아들의 결점을 용서하고 받아들이는 아버지다.

크다. 현재 문맥에서 이 비유의 요점은 예수가 "죄인"과 어울린다고 비난한 바리새인들에게 대답을 제공하는 것이다.(눅 15:1-2) 요점은 토라를 준수하는 유대인은 죄인이 자신의 잘못을 깨닫고 화해를 구할 때 기뻐해야 한다는 것이다. 실제로 토라를 준수하는 유대인의 우선순위는 결코 줄어들거나 위협받지 않는다. 예수의 비유는 한 유대인의 종교적 권위를 다른 유대인의 종교적 권위에 비유한 것이다.**48**

한 므나의 비유

므나의 비유는 마태의 달란트 비유(마 25:14-30)와 불확실한 관계를 맺고 있다. 마태의 비유와 누가의 비유가 마태가 아닌 공통의 출처인 Q에서 가져온 편집된 버전인지는 분명하지 않다.(많은 주석자들이 그렇게 생각하지만)**49** 그런데도 이 비유들의 유사성으로 인해 두 비유를 비교하는 것은 필요하고 유익한 일이다. 더 중요한 것은 누가복음에서만 발견되는 귀족이 신하들에게 거부당하는 주제가 있다는 점이다.(참조, 12, 14, 24a, 27절)

이러한 세부 사항은 다른 비유의 단편일 가능성이 크지**50** 누가복음 전도자나 초기 기독교 전승에 의한 우화적 장식이 아니다.(곧 분명해질 이유로)**51** 그렇다면 우

---

48) Räisänen ("The Prodigal Gentile" 1621)은 종말론이 전혀 없기에 이 비유의 진위를 의심한다. 이것은 설득력있는 반대가 거의 없다. 내 판단으로는 종말론의 유무의 중요성은 때로 진위성의 기준으로 취급된다. (예컨대., C. E. Carlston, "A Positive Criterion of Authenticity?" *BR* 7 [1962] 33-44, 특히 34)는 과장되어 있다. Räisänen (1636)은 결론에서 누가가 전승적인 자료로 작업했음을 인정한다.

49) Dodd, Parables, 146; S. Schulz, *Q. Die Spruchquelle der Evangelisen* (Zurich, 1972), 288-98; Fitzmyer, *Luke X-XXIV*, 1230. 옵션과 의견에 대한 편리한 요약은 J. S. Kloppenborg, *Q Parallels* (Sonoma,1988), 200을 참조하고, 마태와 누가 버전이 궁극적으로 공통된 비유로 돌아간다는 일반적인 견해에 대한 최근의 반론은 Blomberg, *Interpreting the Parables*, 219-21을 참조하라.

50) V. Taylor, *The Formation of the Gospel Tradition* (London, 1935), 105; Jeremias, *Parables*, 59; M. Zerwick, "Die Parabel vom Thronanwärter," Bib 40 (1959) 654-74; Ellis, *Luke*, 221-22; F. D. Weinert, "The Parable of the Throne Claimant (Luke 19:12, 14-15a, 27) Reconsidered," *CBQ* 39 (1977) 505-14; D. L. Tiede, *Luke* (ACNT; Minneapolis, 1988), 323.

51) Bultmann (*History of the Synoptic Tradition*, 195-96)은 이러한 세부 사항을 "예수의 출발과 재림에 대한 우화"로 간주했다. L. C. McGaughy ("The Fear of Yahweh and the Mission of Judaism: A Post-Exilic Maxim and Its Early Christian Expansion in the Parable of the Talents," *JBL* 94 [1975] 235-45)는 이 비유 전체가 26절의 말씀에 근거한 기독교적 교훈이라고 생각한다. Scott (*Hear Then the Parable*, 223)은 또한 이 자료를 누가의 장식으로 본다. 옵션과 주장에 대한 논의는 Fitzmyer(*Luke X-XXIV*, 1231)를 보라. E. Schweizer (*The Good News According to Luke* [Atlanta, 1984], 293)는 왕위 주장자 조각이 누가 스타일이 아니라고 지적한다.

리가 여기서 다루어야 할 것은 하나의 비유가 아니라 두 개의 비유다. 그런데 이 비유들은 누가복음에 의해 결합한 것일까, 아니면 그 이전의 전승으로 결합한 것일까? 므나의 비유가 발견된 문맥을 보면 이 질문에 대한 답을 찾을 수 있다.

이 비유의 청지기 주제는 재산의 올바른 사용이라는 앞의 주제(19:1-10)를 이어가고 있으며, 거부당한 왕의 주제는 예수 승리의 입성과 왕으로서의 선포(19:28-40)를 예상한다. 이러한 연결 기능은 누가가 실제로 이 비유들을 결합했음을 강력하게 시사한다.[52] 이러한 형식에서 이 비유는 예수를 이스라엘의 왕으로 제시하는 동시에(참조, 눅 1:32-33) 왜 그의 왕권이 아직 국가적으로 인정받지 못하는지를 설명한다.(참조, 행 1:6-7; 2:36; 3:18-21; 4:24-28)

우리는 이 두 비유(즉, [1] 돈을 맡긴 사람과 [2] 왕위 찬탈자)가 예수 시대와 배경에서 무엇을 의미했는지 생각해 보아야 한다. 두 비유 모두 원래는 이익을 취하지 않는 신하와 자신을 왕으로 인정하지 않는 시민들에게 분노한 폭군을 묘사한 것이었을 것이다. 누가복음 이전의 전승에서는 이 두 비유를 모두 영적인 의미로 이해했다. 즉, 종 비유는 청지기 비유(예수가 충실한 제자들에게 상을 줄 것)로, 시민 비유는 기독론적으로 이해하게 되었다.(예수는 자기 백성에게 버림받았다) 누가는 이 두 비유를 결합하여 예수가 자리를 비운 동안에는 즉시가 아니라 나중에야[53] 왕으로 인정받을 수 있으며, 예수를 따르는 제자들은 회계가 주어져야 한다는 것을 알고 충실한 청지기가 되어야 한다고 가르치는 것으로 이해한다.

대부분 해석자는 돈을 맡긴 사람의 비유가 예수에게서 유래한 것이라고 결론을

---

52) Manson (*Sayings of Jesus*, 313) 그리고 Jeremias (*Parables*, 59)는 청지기와 귀족의 비유가 누가가 아닌 전승에서 결합된 것으로 생각하는데, 그 이유는 전도자가 "이런 식으로 결합"하지 않기 때문이다. 그럼에도 누가가 관련 전승을 결합했다는 증거는 다른 곳에 있다: 막 1:2-8은 요한복음 설교(눅 3:1-17)를 확장하기 위해 Q(마 3:7-10 참조)와 L 자료(눅 3:10-14 참조)를, 막 6:1-6a는 나사렛 설교(눅 4:17-21[?], 25-27, 28-30[?])를 만들기 위해 L 자료(눅 4:16-30 참조)와 함께; 막 1:16-18은 L 자료(참고, 눅 5:9-30 참조. 눅 5:4-9)로 기적적인 물고기 잡기와 제자들의 부름(눅 5:1-11), 막 6:7-13, Q(참조: 마 11:20-24), L 자료(참조: 눅 10:17-20)로 70인의 파송(눅 10:1-20)을 만들었다.

53) *Pace* L. T. Johnson, "The Lukan Kingship Parable (Lk. 19:11-27)," NovT 24 (1982) 139-59. 이 견해에 대한 비판은 J. T. Carroll, *Response to the End of History: Eschatology and Situation in Luke-Acts*, (*SBLDS* 92; Atlanta, 1988), 100-3을 보라.

내렸지만, 많은 이들이 왕좌를 차지한 자의 자료에 대해 의구심을 표명했다.**54** 왕권 주장자 자료에 대해. 이러한 자료는 전도자의 신학과 편집에 잘 맞아**55** 전도자 자신이 제작한 것으로 볼 수 있다. 그렇게 볼 수도 있지만, 이 자료들도 **예수의 삶의 자리**에서 파생된 것으로 간주해야 하는 이유가 있다. 이어지는 논의에서는 누가 비유의 두 가지 요소를 함께 다룰 것이다.

첫째, 전체적으로 볼 때, 므나의 비유는 당대의 팔레스타인 역사를 반영하며, 특히 아버지의 왕국을 얻으려는 아르켈라오스의**56** 시도와 유사하다.**57** 귀족은 아르켈라오스가 로마로 간 것처럼 먼 나라로 갔다.(12절); 귀족은 아르켈라오스가 희망했던 것처럼 왕국(βασιλείαα)을 받고 돌아오기를 희망했다.(12절); 귀족은 하인들에게 가사 지침을 남겼다.(12, 13절), 아르켈라오스가 했던 것처럼 (『전쟁사』 2. 2. 1 §14, §19; 『고대사』 17.9.3 §219, 223); 귀족들은 아르켈라오스의 신하들이 그를 미워했던 것처럼(μισεῖν, misein) 그를 미워했다.(14절); 대사관(πρεσβεία)은 귀족(14절)의 뒤를 이어 파견되는데, 이는 아르켈라오스(『고대사』 17.11.1 §300)의 뒤를 이어 파견된 것과 마찬가지다: 사절들이 아르켈라오스에게 청원했던 것처럼 시민들은 귀족의 통치에 반대하여 외국에 청원했다.(14절); 귀족은 그를 반대하는 시민들을 죽였다.(κααςφζιν)(『고대사』 17. 11.1 §302); 귀족은 아르켈라오스가 여행하기 전에 했던 것처럼 그를 반대하는 시민들을 학살(κατασφάζειν)(27절)했다 (『고대사』 17.9. 5 §237,239: σφάζειν); 귀족은 아버지의 왕국의 절반을 받은 것처럼 왕국을 받았다.(15절); 귀족이 통치자로 돌아왔을 때(2.6.3. §93; βασιλεία), 그 귀족은 왕국을 받았다.(15절. 15; 『고대사』 17.13.1 §339), 그는 요세푸스가 아르

---

54) 간결한 논의는 Scott, *Hear Then the Parable*, 221-35을 보라.

55) D. L. Tiede, *Prophecy and History in Luke-Acts* (Philadelphia, 1980), 79; C. H. Talbert, *Reading Luke: A Literary and Theological Commentary on the Third Gospel* (New York, 1988), 177-79을 보라.

56) (역주) Archelaus(기원전 23-기원후 18년)는 9년 동안 가이사랴와 야파를 포함한 사마리아, 유대, 이두메아의 분봉왕으로 재위했다.

57) Scott (*Hear Then the Parable*, 223)은 "Archelaus의 신원 확인은 멀고 불필요한 일"이라며 반박하고 있다. 나는 두 가지 기본적인 이유로 동의할 수 없다. 첫째, Archelaus가 유배된 지 약 20년 후에 예수는 사역을 시작했다. 이것은 "멀리 떨어져 있다."고 보기 어렵다. 둘째, 유사점이 너무 많아서 무시하기에는 너무 가깝다는 것이다. Archelaus의 신원 확인이 "불필요하다."고 주장하는 것은 의문을 제기한다. 일시적 해석학에서 필요성을 인정하든 인정하지 않든 평행선의 존재는 설명이 필요하다.

켈라오스가 연간 공물로 600달란트를 받기로 한 것처럼 그의 수입을 모았다.(15-19절, 『고대사』 17.11.4 §320) 그리고 마침내 귀족이 돌아왔을 때, 그는 아르켈라오스가 "옛 원한을 잊지 않고"(『전쟁사』 2.7.3 §111) 반란군을 지원한 대제사장 요아살과 같은 반대자들과 화해한 것처럼(27절), 자신을 반대했던 사람들과 화해했다.(『고대사』 17.13.1 §339) 헤롯 안티파스도 왕위를 차지하기 위해 로마로 갔다가 반대에 부딪혔으므로 그의 경험은 비유에 나오는 귀족의 경험과 느슨하게 일치한다. 그러나 가장 일치하는 것은 아르켈라오스스다.**58**

이 비유의 유대적 요소는 다른 많은 지점에서 볼 수 있다. "장사하라"는 명령은 이 경우 그리스어 외래어 πραγματεία(참조, 창세기 라바 100:10 [50:22]**59** 및 출 21:1-24:18 [Mishpatim §9]**60**의 Tanhuma, 눅 19:13에 등장하는 언어적 동족어 πραγματεύομαι)를 사용한 유대어 어법과 일치한다. σουδάριον("냅킨" 또는 "스카프")에 돈을 넣는 것도 라틴어 외래어 sudarium(참조: b.Ked 67b**61** 및 m.BMes 3:10**62**)을 사용한 유대어 어법과 유사하며 눅 19:20에 사용된 단어다. 사업에 종사하지 않은 종에 대한 귀족의 비난, "네 입에서 내가 너를 정죄하리라"는 말은 랍비 비유 중 하나에 나오는 왕의 말과 매우 유사하다.(민수기 라바 16.21 [14:2])**63**

물론 예수나 1세기의 유대인이 헤롯 왕 중 한 명을 εὐγενής("고귀한 사람")이라고 불렀을 가능성이 있는지 궁금할 수도 있다. 밝혀진 대로 대략적인 사용법을 문서화할 수 있다. 70인역 성경에서 εὐγενής를 גדול로 번역한다. 욥 1:3에 "그 사람[즉, 욥]은 동방 사람 중에서 가장 고귀한 [εὐγενής =גדול]이었다." 라는 예가 있다. 요세푸스는 실제로 헤롯의 아들 알렉산더와 관련하여 이 단어를 사용한다.(『전쟁

---

58) 일부 어휘를 포함하여 몇 가지 유사점이 있지만, Josephus' Jewish War (2.2.1-7 §14-38; 2.6.1-3 §80-100)에서 Archelaus 유사점을 가져왔다고 생각하지 않는데, 그 이유는 몇 가지 중요한 차이점이 있기에 누가복음보다 출판이 몇 년 앞선 것으로 추정된다. 물론 고대 유물은 누가복음서 이후에 출판되었을 것이다.

59) "Rabbi Yohanan ben Zakkai는 사업 [עשה פרגמטיא]에 40년 동안 종사했다…."

60) "내게서 십만 (세겔)을 빌려서 사업 [פרגמטיא ותעשה]을 하십시오…."

61) "Rabbi Abba는 스카프에 돈을 감싸곤했다 [בהדוסא]…."

62) "누군가 다른 사람에게 돈을 안전하게 보관하기 위해 돈을 주고 그가 스카프에 싸면 [בסדרו]…," (so Rashi)

63) "네가 네 입으로 한 말을 내가 네게 전하리라. 그것은 네가 말한 대로 너에게 이루어질 것이다."

사』 1.26-522)64 랍비 문헌에서 גדולי רומי는 "로마의 고귀한 사람들"이라는 의미로 나타난다.(b.AZ 18a)65 따라서 누가의 비유에서 εὐγενής의 사용은 유대어 어법과 일치한다.

둘째, 몇 가지 일반적인 유사점은 다시 유대인 기원을 가리킨다. 아마도 가장 가까운 유사점은 갈릴리 사람 랍비 요세의 왕의 일꾼 비유일 것이다.(잠 16:11):

> 하나의 비유(A parable). 이것을 무엇에 비유할 수 있을까? 높은 탑을 세운 정원을 가진 혈육의 왕에게 비유한다. 그는 일꾼들을 정원에 배치하여 정원에 대한 애정을 보였고, 정원을 가꾸는 데 바쁘게 지내라고 명령했다. 그 후 왕은 탑 꼭대기로 올라가서 그들을 볼 수 있었지만 그들은 그를 볼 수 없었다. … 하루가 끝날 무렵 왕이 내려와 앉아서 그들을 심판하면서 '경작하는 자들은 앞으로 나와서 품삯을 받고, 호미질하는 자들은 앞으로 나와서 품삯을 받으라'고 말했는데, [그렇게 해서] 아무 일도 하지 않은 일꾼들만 남았다. 왕이 '이 사람들이 무슨 일을 했느냐'고 물었다. 그들은 대답하기를, '그들은 가득 찬 그릇을 빈 그릇에 비웠다.' '그들이 가득 찬 그릇을 빈 그릇으로 비우는 것이 나에게 무슨 유익이 있는가?' 왕이 물었다. '그들이 내 명령을 거역하였으니 내 일을 하지 말고, 그들을 끌어내어 처형하라!'66

왕의 청지기 비유(ARN A 14:6, 기원전 90년경 엘레아자르 벤 아라크의 작품)와 아내의 청지기 비유(아가서 라바 7:14 §1)도 주목할 만한 가치가 있다. 전자의 경우, 청지기는 자신이 맡긴 예금을 두고 고민한다. 후자에서는 충실한 아내가 남편

---

64) *Ant* 16.3.1 §69 참조. 요세푸스는 일반적으로 유대인 귀족과 관련하여 εὐγενής를 사용한다. 한 번은 "(로마) 귀족들의 피"(Ant 4.11.4 §647)를 언급한다.

65) "로마의 귀족들 [또는 위대한 사람들]"을 가리킨다. M. Jastrow (*A Dictionary of the Targumim, the Talmud Babli and Yerushalmi, and the Midrashic Literature*, [2 vols.; London, 1895-1903; 재판. New York, 1950] 1.211)는 "Roman dignitaries."이라고 번역한다.

66) B. L. Visotzky, *The Midrash on Proverbs* (Yale Judaica 27; New Haven과 London, 1992), 82에서 번역.

이 여행을 떠날 때 맡긴 돈을 더한다. 두 관리자의 비유(출 20:2 [바호데쉬 §5], 기원전 170년경 시몬 벤 엘레아자르의 작품), 왕의 딸들의 비유(아가서 라바 4:12 §1, 기원전 220−240년경 여호수아 벤 레위의 작품), 믿을 만한 바일리의 비유(시프레 신명기 §357 [34:5]) 역시 비슷한 점이 있다. 마지막으로 왕의 두 신하의 비유(신 6:4의 얄쿠트 시모니[67])는 몇 가지 유사점을 제시한다. 왕은 자신의 궁전과 정원을 두 명의 신하에게 맡기고 떠나간다. 한 신하는 왕을 사랑하고 부지런히 수고한다. 다른 신하는 왕을 두려워하여 아무것도 하지 않는다. 왕이 돌아오자 왕은 첫번째 신하에게 아낌없이 상을 내린다.

셋째, 므나의 비유의 두 구성 요소에는 예수의 사역의 맥락을 가리키는 특정 세부 사항이 있다. 이방인 교회는 아람어 외래어 מנה(보통 "파운드"로 번역됨)를 사용하지 않을 것이다. 게다가 마태복음과 누가복음이 기록된 상대적으로 부유하고 문학적 소양을 갖춘 청중들에게는 이 돈은 적은 금액이었을 것이다.(마태의 "달란트"와 비교하면 훨씬 더 큰 금액이다) 그러나 소외된 농민 청중[68]에게는 예수와 같은 유형의 청중이 많아 보일 수 있다. 귀족의 큰 이익은 1세기 팔레스타인에서 벌어진 이윤추구를 반영한다.[69] "착한" 종은 "작은 일에 충성"했기에 "열 도시를 다스리는 권세"(17절)를 갖게 될 것이라는 말을 들었을 때, 우리는 랍비 사상과 유사점을 발견할 수 있다: "하나님께서는 사람에게 위대함을 부여하기 전에 먼저 작은 일로 그를 시험하신 다음 그를 위대하게 승진시키신다."(출애굽기 라바 2.3 [3:1에 대한) 귀족의 왕권 찬탈에 반대하는 시민들을 죽인 것은 성경의 언어(삼상 15:33 참조)를 반영하며, 랍비들의 왕의 일꾼 비유에 나오는 언어와 유사이다.

넷째, 므나의 비유에 나타난 몇 가지 특징들은 전승적인 방식으로 해석할 경우 거의 의미가 없다. 주석가들은 일반적으로 예수가 청중들이 이 비유의 주인공이

---

67) (역주) Yalqut Shimeon(시몬의 모임)는 11세기에서 14세기 사이에 편찬된 타나크 서적에 대한 미드라쉬이다.

68) Scott, *Hear Then the Parable*, 224.

69) 참조. J. D. M. Derrett, "Law in the New Testament: The Parable of the Talents and Two Logia," *ZNW* 56 (1965) 184−95, 특히 190. 이 비유가 주는 막대한 이익은 의심할 여지없이 과장된 것이다.

주인의 돈을 불려준 하인이라는 것을 이해하도록 의도했다고 가정해 왔다. 이 종들은 예수를 따르는 제자들의 모델이다. "어떤 제자도 적극적인 청지기 정신이 필요하다는 점을 놓칠 수 없다."[70] 마태복음 버전에 대해 한 주석가는 다음과 같이 설명한다: "이 모든 것은 고백된 제자도의 실체를 보여주는 선행에 대한 호소를 구성한다."[71] 주인의 돈을 숨기고 은행가들에게 이자도 빌려주지 않은 종은 가난한 모델로 이해된다." 따라서 이 비유는 선한 일을 하지 않음으로써 자신의 직분을 속이는 제자들에게 예수가 내릴 형벌에 관한 위협적인 말로 끝을 맺는다.[72] 최근의 또 다른 주석가는 이 교훈은 "어떤 대가를 치르더라도 반드시 이익을 얻어야 한다는 것"이라고 말한다.[73] 이러한 해석에 본질적으로 동의하지만 실존주의적 용어로 더 표현한 브랜든 스코트(Brandon Scott)는 "세 번째 종의 주인에 대한 이미지는 종을 두려움에 얼어붙게 하여 미래를 박탈한다."고 말한다.[74]

전승적인 해석은 예수 당시 대다수 팔레스타인 사람들이 살았던 성경적 원리와 경제적 현실을 무시한다. 첫 번째 문제는 일반적인 문제다. 비유에 등장하는 부유하고 권력을 쥐고 있는 귀족은 영웅이나 롤모델로 존경받기는커녕 불신과 경멸의 대상으로 여겨졌을 것이다. 여호수아 벤 시라크의 정서는 예수의 말을 듣는 대부분의 농민 청중들의 견해를 반영했을 것이다: "부자는 당신이 그에게 유용할 수 있다면 당신을 착취할 것이다."(집회서 13:4); "상인은 잘못을 저지르지 않을 수 없고, 장사꾼은 죄가 없다고 선언되지 않을 것이다."(집회서 26:29) 예수도 비슷한 견해를 가지고 있었다는 분명한 증거가 있다. 누가의 평지 설교에서 예수는 "부자인 너희에게 화 있을진저!"(눅 6:24)라고 말한다. 예수는 성전의 환전상과 상인들에 대해 "너희가 [성전을] 강도의 소굴로 만들었다."(막 11:17)고 말했고, 요한복

---

70) D.L. *Tiede*, *Luke* (ACNT; Minneapolis, 1982), 323. 또 Evans, *Luke*, 284-87; Fitzmyer, *Luke X-XX-IV*, 1232-33을 보라.

71) R. H. Gundry, *Matthew: A Commentary on His Literary and Theological Art* (Grand Rapids, 1982), 505.

72) Gundry, *Matthew*, 510.

73) C. F. Evans, *Saint Luke* (TPI New Testament Commentaries; London/Philadelphia, 1990), 667.

74) Scott, *Here Then the Parable*, 234. Scott은 Via, *Parables*, 119을 인용한다.

음에서는 "이것들을 가져가라 내 아버지의 집을 장사하는 집으로 만들지 말라"(요 2:16)고 말했다. 다른 곳에서 예수는 제자들에게 "아무 대가도 바라지 말고 빌려주라"(눅 6:35)고 가르친다. 어떤 사람들은 독립적이고 아마도 진짜인 것으로 간주하는 관련 격언에서 예수는 "돈이 있으면 이자를 받고 빌려주지 말고, 돌려받지 못할 사람에게 주라"(도마복음 §95)고 말한다. 누가복음의 큰 잔치 비유(눅 14:15–24)에서 부자들은 초대를 거부하여 잔치를 맛보지 못한다. 다른 버전에 따르면 예수는 "장사꾼과 상인은 내 아버지의 집에 들어가지 못할 것이다."(도마복음 §64)라고 덧붙였다.[75] 부자와 나사로의 비유(눅 16:19–31)도 기억하라.[76]

그러므로 예수는 적어도 큰 틀에서는 부와 부유한 자에 대한 농민의 관점을 공유했다는 모든 증거가 있다. 이 비유에 대한 전승적인 해석은 서구의 자본주의적 가정에 무의식적으로 영향을 받아(리처드 로어보⟨Richard Rohrbaugh⟩가 지적한 것처럼)[77], 귀족이 엄격하고 까다롭더라도 옳은 일을 하고 있으며 그의 하인들은 정당한 방식으로 보상이나 벌을 받았다고 가정하고 있다. 그러나 전승적인 해석은 부와 관련된 농민의 가정을 현실적으로 고려하지 않았다. 로어보와 브루스 말리나(Bruce Malina)가 지적했듯이,

> 이 비유를 하나님의 나라가 기능하는 방식에 대한 설명으로 받아들인다면 농민 청중에게는 참으로 씁쓸한 소식이다. 그것은 그들이 가장 두려워하는 모든 것, 즉 하나님(과 예수)이 엘리트 금고를 위해 매일 더 많은

---

75) Crossan, *The Historical Jesus*, 261
76) 물론 예수는 자신의 주장을 하기 위해 악당을 이용할 수 있다. 예컨대, 부정직한 청지기(눅 16 : 1–8)를 생각해 보라. 예수의 제자들은 이 청지기의 모범에서 신중함의 교훈을 얻어야 하지만, 그의 신중함이 그의 인격의 도덕적 결점을 어떤 식으로든 완화시키지는 않는다. 예수의 제자들은 부정직해서는 안 된다. 억울한 과부를 마지 못해 옹호하는 불의한 재판관의 경우도 마찬가지다(눅 18:1–8). 이 비유는 그를 하나님과 비교하지만, 판사는 여전히 불의하고 모범적이지 않다. 이런 종류의 주장은 "작은 것부터 큰 것까지"이다. (예: "그러므로 너희가 악한 자라도 좋은 선물을 줄 줄 알거든 하물며 하늘에 계신 너희 아버지께서 구하는 자에게 좋은 것을 주시지 않겠느냐!" 마 7:11).
77) R. L. Rohrbaugh, "A Peasant Reading of the Parable of the Talents/ Pounds : A Text of Terror?" a paper read in New Orleans at the 1990 annual meeting of the Society of Biblical Literature. 더 간략한 버전은 Malina와 Rohrbaugh, *Social–Science Commentary*, 389–91을 보라.

생산을 강요하는 사람들에게 보상하고(그렇게 함으로써 이웃을 착취하고) 그렇지 않은 사람들의 생계를 빼앗는 지배자들과 똑같이 요구하고 착취하고 움켜쥐는 방식으로 운영된다는 것을 확인시켜 줄 것이다.[78]

다른 두 가지 구체적인 문제도 발생한다. 첫 번째는 "귀족"과 관련이 있다. 그는 자신이 왕으로 군림하는 것을 원하지 않는 신하들로부터 미움을 받는다.(눅 19:14) 그는 엄청난 이익을 기대하고, '가혹한' 사람이며, 남의 밭을 갈아엎고, 남이 타작한 곡식을 거두며, 고리대금에 대한 양심의 가책이 없다.(눅 19:21-22) 게다가 그는 무자비하다.(눅 19:27) 적어도 이 사람은 고리대금업에 대한 율법의 명시적 금지 규정(출 22:25, 레 6:2, 시 15:5 참조)과 1세기에 이 율법이 어떻게 해석되었는지(요세푸스, 아피온 2.27 §208 참조)를 지키지 않는 강경한 사업가(또는 통치자)였다. 그림이 더 나쁠 가능성이 더 크다. 이 남자는 분명히 억압적인 사기꾼이자 도둑이다. 어쨌든, 대부분 농민이었던 농경 청중[79]이 어떻게 이 비유(또는 이 비유들)를 듣고 사업가/귀족을 호의적인 의미로 이해했을지 상상하기 어렵다.[80] 미움을 받았던 아르켈라오스의 삶에서 끌어낸 세부 사항의 존재는 전승적인 해석을 더욱 문제시할 뿐이다. 이러한 세부 사항의 존재는 초기 기독교인이 왜 주인공이 아르켈로스를 모델로 한 비유를 만들었을지 이해하기 어렵기에 왕위 찬탈자 비유가 진짜임을 주장한다.

두 번째 문제는 하인들의 행동과 관련이 있다. 처음 두 사람은 주인의 돈을 두 배로 늘린다. 1세기 농민들의 생각에 이러한 이윤은 공정하지 않았으며, 높은 이자율, 소작농의 과도한 수익, 세금 또는 노골적인 절도를 통해서만 이루어질 수 있는

---

78) Malina와 Rohrbaugh, *Social-Science Commentary*, 389. 또 Horsley, *Spiral of Violence*, 14을 보라.

79) Oakman (*Jesus and the Economic Questions of His Day*, 207)는 예수님의 사역을 이렇게 묘사한다: "예수는 강력한 도덕적 전제 조건 없이도 권리를 박탈당한 많은 시골 빈민들에게 호소하고 그들의 이익을 대변했다."

80) 이점은 Rohrbaugh이 "A Peasant Reading"에서 잘 지적하고 있다.; 참조. Malina와 Rohrbaugh, *Social-Science Commentary*, 390-91.

것이다.**81** 세 번째 하인은 누구도 속이지 않았고 누구의 비용으로 이익을 얻지 않았다. 그는 주인의 돈을 안전하게 보관하고 주인에게 돌려주었다. 농부들의 눈에는 죄가 없고 랍비 할카에 관한 비난을 넘어섰지만,**82** 이 종은 주인의 눈에는 "쓸모 없는" 종으로 여겨져 벌을 받았다.

이러한 이유로 현재 정경 복음서에 나오는 이 비유가 잘못 이해된 것은 아닌지 궁금해할 수 있다. 유세비우스도 이 점을 궁금해했다. 그는 마태복음에 나오는 비유에 대해 언급하면서 나사렛 복음에서 발견되는 다른 관점에 대해 설명한다.(GNaz §18, 참조: 유세비우스, 테오파니아 [마 25:14-15]):

> 그러나 우리 손에 들어온 히브리어 문자로 된 복음은 [달란트]를 숨긴 사람에 대한 위협이 아니라 [주인]에게 세 명의 하인이 있었기에 불결하게 살았던 사람에 대한 위협으로 들어간다: [a]창녀와 피리 부는 소녀로 주인의 재물을 낭비한 사람, [b] 이득을 배가시킨 사람, [c] 달란트를 숨긴 사람; 따라서 [c'] 한 사람은 (기쁨으로) 받아 들여졌고 [b'] 다른 사람은 단지 책망만 받았으며 [a'] 다른 사람은 감옥에 던져졌다 – 마태복음 [25]에서 궁금하다: 26-30] 아무것도 하지 않은 사람에 대한 말씀 이후에 말한 위협은 그를 가리키는 것이 아니라 술 취한 사람들과 함께 잔치하고 술에 취한 첫 번째 사람을 가리키는 것일 수 있다 (참조. 마 24:48-49)

나사렛 복음의 비유는 달란트 비유(마 25:14-30)와 악한 종의 비유(마 24:45-51; 눅 12:45-48)를 결합한 것으로 보이며, 탕자의 비유(눅 15:11-32)의 영향을 받았을 가능성이 있다. 그러나 여기서 흥미로운 점은 유세비우스가 원래는 엄청난 이익을 얻은 사람(b'에 대해 책망(b')을 한 반면, 주인의 돈을 숨긴 사람(c'에 대해서는 용납〈c'〉을 한 것일 수 있다고 제시한 것이다.)

---

81) Oakman, *Jesus and the Economic Questions of His Day*, 37-91을 보라.
82) Dodd, *Parables*, 150는 세 번째 종은 "그의 조심성과 엄격한 정직성에 대해 칭찬을 받을 것으로 기대했다."고 올바르게 제시한다.

나는 비유의 역사가 다음과 같이 진행되었다고 제안하고 싶다: 첫째, 예수는 두 가지 비유를 말하는데, 하나는 돈을 맡긴 사람과 그의 하인에 관한 것이고(눅 19:13,15b-25//마 25:14-28), 다른 하나는 왕좌를 탐하는 귀족에 관한 것이다.(눅 19:12,14-15a) 이 비유들이 원래 청중들에게 어떻게 이해되었는지는 곧 살펴볼 것이다.

둘째, 돈을 맡긴 사람의 비유는 예수를 '사람'으로, 제자들을 '종'으로 가정하여 알레고리화 되었다. 이 비유는 원래의 요점을 잃었다. 이 비유는 그리스도인의 청지기 직분에 대한 교훈을 가르치는 것으로 이해되었다. 생산적이고 열매를 맺은 사람은 상을 받고 그렇지 않은 사람은 벌을 받게 될 것이다. 이 해석을 분명히 하기 위해 비유에 유대 격언 ("더 가진 사람에게 주어질 것이다.")이 추가되었다.(눅 19:26 // 마 25:29)[83]

셋째, 누가복음과 마태복음은 청지기 해석을 수용하지만 종말론적 함의를 강조한다. 누가는 11절("하나님의 나라가 즉시 임할 줄 알았기 때문")로 비유를 소개하고, 마태는 30절("무가치한 종을 바깥 어두운 데로 던지라")을 비유 결론에 추가함으로써 이를 달성한다.

넷째, 누가는 돈을 맡긴 자의 비유와 왕좌를 차지하려는 자의 비유를 융합했다. 누가의 융합 버전에서 "사람"(ἄνθρωπος)은 "귀족"(ανθρωπός Τις ειγενs)이 된다. 위에서 제시한 이유때문에 그렇게 했다.

그런 사람 이 비유는 팔레스타인 농민 청중에게 어떤 의미가 있었을까? 예수는 왜 토라를 지키지 않고 멸시받는 폭군들이 주인공인 비유를 말했을까? 멸시받는 폭군들이 어떤 의미에서 예수의 모델이 되었을까? 멸시받는 폭군들을 위해 일하며 그의 억압적인 활동을 돕는 하인들은 어떤 의미에서 예수를 따르는 사람들의 모델일까? 이러한 질문들은 이 비유에 대한 전승적인 해석의 틀 안에서 답하려 한다면 심각한 문제가 될 수 있다.

이것은 예수가 원래 의도한 바가 아닐 수도 있다. 나사렛 복음서에서 비유 형식

---

83) Scott, *Hear Then the Parable*, 224: 이 구절은 "종의 행동을 강조하는 내러티브의 요점"을 제공한다.

에 대한 유세비우스의 논의에 따르면, 예수의 원래 청중들은 돈을 숨긴 하인이 아니라 가장 많은 이익을 얻은 사람과 그의 하인이 진정한 악당이라고 생각했을 가능성이 있다. 예수는 원래 주인이 되지 않는(not) 방법과 종이 되지 않는(not) 방법을 설명하기 위해 비유를 말했을 것이다. 왕좌를 차지하려는 자의 비유도 마찬가지였을 것이다. 미움을 받고 무자비한 아르켈라오스와 같은 인물은 예수를 모델로 삼으려는 것이 아니라 예수와 대조하려는 의도였을 수 있다. 다시 말해, 원래의 맥락에서 농경 농민 사회의 세계관과 가정을 다시 기억할 때, 비유는 **예수가 선포한 왕국과 대조적으로** 현재 세계의 암울한 현실을 강조했을 수 있다

이 생각은 다른 곳에서도 예수의 가르침과 일치한다.(막 10:42-44):

> 이방인의 집권자들이 그들을 임의로 주관하고 그 고관들이 그들에게 권세를 부리는 줄을 너희가 알거니와 너희 중에는 그렇지 않을지니 너희 중에 누구든지 크고자 하는 자는 너희를 섬기는 자가 되고, 너희 중에 누구든지 으뜸이 되고자 하는 자는 모든 사람의 종이 되어야 하리라.

원래 문맥에서 이 비유는 예수의 왕권 스타일과 헤롯 왕조의 왕권 스타일을 대조적으로 제시했을 수 있다. 후자는 억압과 무자비함으로 유명했다. 그러나 예수는 왕권과 왕국에 대한 새로운 이해를 제시하셨고 추종자들도 그것을 받아들이기를 기대했다.

비유의 원래 요점이 청지기직과 책임에 관한 가르침과 어떻게 혼동되었는지는 어렵지 않게 알 수 있다.(참조: 마 24:45-47, 눅 12:35-38, 17:7-10) 지혜롭고 충성스러운 종은 주인의 집안 식구들을 적절하게 대하거나 이웃을 희생시켜 이익을 취하지 않는 등 마땅히 해야 할 일을 하며 보상을 받게 된다. 그러므로 보상이라는 주제가 이 비유들을 하나로 묶어 억압적인 주인과 귀족의 하인이 다른 비유의 하인과 마찬가지로 해석되게 되었을 가능성이 있다. 후자는 합당한 모델로 여겨졌지만

전자는 그렇지 않았다.

결론

탕자의 비유와 므나의 비유는 예수의 가르침을 분석하는 데 있어 중요한 문제를 보여주는 흥미로운 예시임이 입증되었다. 이 두 비유는 누가복음 전도자가 당시 교회를 괴롭혔던 문제들을 조명하는 우화로 이해했을 가능성이 높다. 탕자는 유대인 기독교인들에게 이방인 기독교인들을 받아들이도록 가르쳤으며, 따라서 교회론에 중요한 공헌을 했다고 믿었다. 므나는 그리스도인들에게 부지런하고 충실한 청지기가 되라고 경고했으며, 왕권 주장자는 유대인들에게 왕을 거부한 것에 대한 임박한 심판을 경고했다. 이 비유들은 기독론과 종말론에 기여했다.

예수가 이 비유들을 이런 의미로 사용했었을 가능성은 거의 없다. 그러나 이러한 사실이 비유 자체가 초대교회에서 만들어졌다는 것을 뜻하는 것은 아니다. 원래의 배경과 맥락을 잃은 비유는 은유적이고 상징적인 특성으로 인해 쉽게 재맥락화되어 새로운 문제와 질문에 대해 말하도록 만들어졌다. 예수 연구에 참여하는 사람들이 해결해야 할 과제는 이러한 이차적 적용을 인식하고 부모와 함께 점수를 매긴 원래 점수와 혼동하지 않는 것이다.

이 글에서 고려한 두 가지(또는 세 가지) 비유에 대한 논의가 예수 연구에 종사하는 사람들이 직면한 어려움 중 일부를 명확히 해주었기를 바란다. 위의 해석을 받아들이든 받아들이지 않든, 문맥을 더 잘 파악한 해석이 진짜 자료를 찾아내고 나사렛 예수에 대한 더 정확한 그림을 제시할 수 있다는 요점은 분명 설득력이 있다.[84]

---

84) 이 책의 편집뿐만 아니라 심포지엄을 조직하고 소집한 James H. Charlesworth 교수에게 감사를 표하고 싶다. 그의 관대함과 노력 덕분에 예루살렘에서의 체류가 즐겁고 고무적이었다.

20장 _ 힐렐의 기도와 예수의 기도

B. T. 비비아노

서론

기도는 가장 기본적인 종교 행위이자 신앙의 양식이다. 학문적으로 기도는 끊임없는 현상학적, 심리적, 정치적, 문학적 조사의 대상이 되어 왔다.[1] 그 표현의 다양한 형태는 논쟁과 갈등의 대상이 되어 왔다. 20세기에 논쟁의 기준을 확립한 고전적인 저작은 1918년 프리드리히 하일러(Friedrich Heiler)의 저서 『기도』다. 하일러는 기도의 두 가지 형태, 즉 신비적 기도와 예언적 기도를 이분법적으로 구분했다. 그런 다음 그는 이 두 가지를 서로 비교하며 장황하게 설명했다. 몇 가지 단락을 인용해 보겠다:

> 신비적 기도와 예언적 기도의 차이는 동기, 형식, 내용, 하나님에 대한 개념,
> 기도의 표준에 내포된 하나님과의 관계 등 모든 면에서 분명하게 드러난다.
> 신비적 기도는 무한자와의 연합에 대한 경건한 사람의 열망에 뿌리를 두고 있
> 으며, 예언적 기도는 마음의 깊은 필요와 구원과 은총에 대한 갈망에서 비롯
> 된다. 신비적 기도는 명상의 세련된 심리적 기술을 통해 인위적으로 준비된
> 다. 예언적 청원은 깊이 감동받은 종교적 영혼의 잠재 의식 깊은 곳에서 자발
> 적이고 격렬하게 터져 나온다. 신비적 기도는 조용하고 명상적인 기쁨이며,

---

1) 예를 들면, F. Heiler, *Prayer* (Oxford, 1932; Germ. orig.,1918); W. James, *The Varieties of Religious Experience* (New York, 1902); J. Danielou, *Prayer as a Political Problem* (New York, 1967); J. Heinemann, *Prayer in the Talmud: Forms and Patterns* (Studia Judaica 9; Berlin, 1977); H. G. Reventlow, *Gebet im Alten Testament* (Stuttgart, 1986); M. Greenberg, *Biblical Prose Prayer* (Berkeley, 1983)

예언적 기도는 열정적인 울부짖음과 신음, 격렬한 불평이며 탄원이다. 신비적 기도는 자기 자신에서 벗어나 무한하신 하느님 안으로 들어가 침잠하는 것이며, 예언적 기도는 가장 깊은 존재를 움직이는 심오한 욕구의 발화이다.

신비적 기도는 비전의 높이와 하나님과의 연합을 향해 한 단계씩 지쳐 올라가는 것이며, 예언적 기도는 아버지의 마음에 폭풍우처럼 몰아치는 공격이다. 신비적 기도는 곧은 길로 나아가는 것, 지속적인 발전, 정화, 깨달음, 연합을 의미하며, 예언적 기도는 내면의 변화, 급진적 혁명, 불안한 두려움과 간절한 갈망이 고요한 신뢰와 평온한 항복의 기쁨으로 넘어가는 것을 포함한다. 신비주의자의 하나님은 신비주의자가 완전히 흡수되는 무한하신 분, 지고의 하나님이시며, 예언적 기도의 하나님은 예배자가 자신의 존재의 모든 섬유로 묶여있는 살아 계신 주님, 절대적인 신뢰와 신뢰로 집착하는 친절한 아버지다.

신비적 기도는 하나님의 사랑의 불꽃 속에서 자아를 소멸시키고 무한의 빛에 녹아 헤아릴 수 없는 것의 흐름에 녹아드는 것이며, 예언적 기도는 도전적이고 명령하시는 하나님과 힘차게 씨름하는 것이다. 신비적 기도는 신성한 사랑하시는 분에 대한 열망으로 죽어가는 것이며, 다시 하늘 신랑의 부드러운 품에 안기는 축복받은 평온과 황홀한 기쁨이다; 예언적 기도는 영원한 왕과 주님의 위엄 앞에서 겸손한 경외심, 엄한 심판자 앞에서 죄로 가득 찬 영혼의 간절한 탄원, 사랑의 아버지께 진심으로 신뢰하는 자녀의 접근이다. 신비적 기도는 원시의 기도와 비교할 때 완전히 새로운 것이다: 자아로부터 완전히 분리되어 정상에 몰입하는 것; 예언자 예배에서 원시적 기도는 크게 세련되고 진실하며 고상하지만, 열정과 순진함, 극적인 활력을 지닌 원초적인 힘이 다시 나타난다. 원시 기도와 마찬가지로 예언적 청원은 본질적으로 필요와 구원과 축복에 대한 열망의 표현이며, 듣고 도우실 하나님에 대한 믿음이다.

그러나 이러한 모든 차이에도 불구하고 두 가지 유형 모두 최종적으로 공통된 특성을 드러낸다. 모든 신비적 기도는 최고의 선을 향한 상승이며, 모든 예언 자적 기도는 하나님 나라의 도래, 즉 모든 영적 가치의 실현에 대한 열망에서 그 정점을 찾는다. 원시적인 기도와는 현저한 차이가 있는데, 신비로운 헌신 과 마찬가지로 덧없고 일시적인 선이 아니라 궁극적이고 최고의 선을 향한 것 이기 때문이다. 그럼에도 여기에는 본질적인 차이가 존재한다. 후자의 끝은 정적인 최종 선이고 전자의 끝은 생명력 있고 역동적인 규모인 하나님의 왕국 이다. 신비주의자가 추구하는 최종선은 모든 구체적인 현실 너머, 모든 다양 성 너머에 있는 '하나', '유일자', 모든 현실을 지배하고 스며드는 예언자적 경건이 바라보는 그 선은 '모든 것 안에 모든 것이신 하나님'(고전 15:28)이라 는 다중성에서 나타난다.

사려 깊은 독자들은 이러한 이원론적 체계가 과연 그럴듯한지 궁금해할 것이다. 갈망과 그리움에는 공통점이 있지 않을까? 지친 등반과 폭풍우가 몰아치는 공격은 모두 격심한 분투를 뜻한다. 연합의 기쁨은 이상하게도 고요한 신뢰와 차분한 항복 의 기쁨과 닮았다. 무한하신 분은 죽지 않으셨다면 살아계신 주님과 같아야 한다. 1953년 지그문트 모빙켈(Sigmund Mowinckel)에 의해 자발성과 정해진 형식적인 기 도 사이의 명백한 갈등이 극복되었다:

종교의 발전에서 전례적 또는 의식적 기도는 "자유로운 기도"보다 더 큰 역할 을 해왔다. 이스라엘에서는 컬트적인 행사 외에는 자유 기도를 거의 찾아볼 수 없으며, 선지자들조차도 컬트적인 장소와 관련이 없으며, 기본적으로 예 레미야와 아모스에게만 현저한 정도로 나타난다. 그러나 정해진 기도 시간과 이슬람의 정해진 공식처럼 엄격하게 규정된 기도 생활 속에서도 숨겨져 있을 수 있다. 정확히 이슬람은 신자가 규정된 고백과 찬양(laudative salat)에 자신의 개인 기도를 추가할 수 있는 방법을 보여준다. 유대교에서도 같은 것을 볼 수 있는데, 사무엘의 어머니 한나가 제사 예배를 통해 '주님 앞에 마음을 쏟아부은' 것부터, 기도의 시간이 되었을 때 '하나님, 죄인인 저에게 자비를 베푸소서'라고 기도한 비유 속 세리(눅 18:13)에 이르기까지 더 나은 기도를 할 수 있는 것은 없다.[2]

정해진 형식은 아무런 장애가 되지 않으며, 오히려 도움이 되는 경우가 많다. 즉흥적이거나 사적인 기도라도 예배에서 정해진 기도의 형식을 통해 표현할 수 있으며, 개인이 마음속으로 느끼는 것이 자신의 말보다 더 잘 표현될 수 있다는 사실이 종종 증명되었다. 시간이 지남에 따라 많은 사람들이 기도의 삶이 주는 도움에 점점 더 감사하게 되었으며, 이는 예배 순서에서 사적(private)이고 개인적인(personal) 기도를 이끌어낼 수 있다는 것을 보여준다.[3]

사실, 이것은 너무 반대 방향으로 기울어져 있다. 모세 그린버그(Moshe Green-berg)는 모빙켈(Mowinckel) 이후 미묘한 차이를 잘 요약하고 자신의 의견을 덧붙였다: "정해진 의식적 기도와 자유로운 발상 사이에는 무엇인가가 있는데, 그것은…, 패턴화된 기도문이다."[4] 즉, 자발성은 기법의 전승에서 비롯된다는 것이다.

그러나 하일러의 이원론은 더 넓은 맥락에서 보아야 한다. 독자들은 약간의 지성적 역사(intellectual history)도 빼놓을 수 없다. 하일러가 기도에 대해 연구하기 16년 전, 훨씬 더 근본적인 연구가 등장했다. 그것은 윌리엄 제임스(William James)의 **종교적 경험의 다양성**(Varieties of Religious Experience)이다. 제임스는 개신교인으로 태어났지만 무소속(독자적)이었다. 이 책에서 그는 두 가지 종교적 유형, 즉 한 번 태어나 건강한 정신으로 종교적 경험이 조화롭게 발전하는 유형과 두 번 태어나 병든 영혼으로 결정적이고 폭력적인 회심에 이어 거듭남을 경험하는 유형으로 구

---

2) Heiler, *Prayer*, 283-85.
3) S. Mowinckel, *Religion und Kultus* (Götingen, 1953), 121.
4) Greenberg, *Biblical Prose Prayer*, 41-45.

분했다. 제임스는 예수를 한 번 태어난 사람으로, 바울과 루터는 두 번 태어난 사람으로 분류했다.

이 단계는 루터교 신학자들, 특히 스웨덴 대주교인 나단 쇠더블룀(Nathan Söder-blöm)을 위협했다. 당시 쇠더블룀은 스웨덴 교회에서 저항을 불러일으킨 대규모 모더니즘 프로그램에 참여하고 있었다. 자신의 우파적 성향을 보호하기 위해 쇠더블룀은 루터의 모습을 떠올렸다. 제임스에 맞서 쇠더블룀은 루터는 병든 영혼이 아니라 인격을 부정하는 신비주의자와는 달리 고의적인 자기 주장을 한 예언자적 인물이라고 주장했다. 하일러 자신도 인정했듯이 하일러의 구별은 바로 여기에서 시작되었다.5

하일러는 모더니즘에 대한 교황의 전면적인 정죄(1907년)로 인해 살아있는 신학 사상이 실질적으로 금지된 것에 대해 (이해할 수 있는) 반기를 든 뮌헨의 젊은 가톨릭 신자였기에 이러한 변증적 구별을 채택해야 할 필요성을 느꼈다. 당시 교회에는 하일러같은 사람을 위한 자리가 없었다. 그래서 하일러는 웁살라로 가서 쇠더블룀을 후원자로 삼고 반(semi) 개신교 신자(제2 바티칸 공의회까지)로서 새로운 경력을 쌓았다. 상황의 힘으로 인해 그는 더 나은 근거를 가진 제임스의 구별 대신 쇠더블룀의 다른 구별을 받아들이게 되었다.6

개념 형성의 역사에 대한 이 여행의 요점은 기도에 대한 학문적 논의가 이루어지는 용어를 명확히 하는 것이다. 결론을 미리 말하자면 이렇다. 힐렐과 예수 모두 제임스적 용어로 표현하자면 한 번 태어나면 건강한 마음을 가진 유형으로 분류할 수 있으며, 하일러의 용어를 빌리자면 둘 다 하나님을 사랑하고 하나님과 씨름하는 사람이라는 점에서 신비로운 순간과 예언적인 순간을 동시에 지니고 있다. 물론 이러한 이분법적 구분이 개념적 설명의 가능성을 완전히 소진시키는 것은 아니

---

5) Heiler, *Prayer*, 135.

6) G. Lanczkowski, s.v. "Heiler, Friedrich," *TRE* 14.638.41; H. Rollmann, "Evangelical Catholicity: Friedrich von Hügel, Nathan Söderblom and Friedrich Heiler in Conversation", *The Downside Review* 100 (1982) 274-79; Heiler의 구별에 대한 논의는 L. Bouyer, *Christian Mysticism*, I. Trethowan 번역, (Edinburgh, 1990), 2-3, 179, 207, 263-64을 보라.

지만, 이에 대해서는 나중에 더 자세히 설명하겠다.

힐렐과 예수에 따르면 기도는 아름다운 주제이다. 문제는 우리가 기도에 대한 예수의 가르침과 실천에 대해 많이 알고 있고, 더 많이 기록되어 있지만 기도에 관한한 힐렐에 대해서는 상대적으로 거의 알지 못한다는 것이다. 나는 힐렐에게서 유래한 전승뿐만 아니라 힐렐 학파와 샴마이 학파 사이의 학파 논쟁도 포함하도록 다소 광범위하게 해석할 것이다. 또한 이스라엘 이외의 지역에 거주하는 학생들에게 유용할 수 있는 유대인 기도의 몇 가지 측면에 대한 최근 이스라엘 학계에 대한 보고도 할 것이다. 예수와 관련해서는 성만찬 기도(성체 기도, the eucharistic prayer)의 기원에 대한 연구뿐만 아니라 두 성경에 나타난 하나님의 아버지 되심에 대한 최근 연구에 대한 보고도 포함하려고 한다.

힐렐과 힐렐 학파의 기도

학파들이 토론한다.

m.Ber 1:3에는 힐렐 학파와 샴마이의 학파(조명, "집") 사이에 다음과 같은 논쟁이 기록되어 있다:

A. 샴마이 학파는 말한다: 저녁에는 [셰마]를 암송할 때 모두 엎드려야 하지만 아침에는 일어나야 하는 곳인데, 이는 누울 때와 일어날 때(신 6:7)라고 기록되어 있기 때문이다. 그러나 힐렐 학파는 말한다: 너희가 떠나있을 때(신 6:7)라고 기록되었으므로 그들은 각기 자기 방식대로 그것을 암송할 수 있다. 그러면 왜 너희는 누울 때와 일어날 때라고 기록되어 있느냐? [그것은 남자가 보통 누워있는 시간과 남자가 보통 일어나는 시간을 의미한다.

B. 랍비 타르폰(Rabbi Tarforn)[7]이 말했다: 내가 한 번은 여행 중에 샴마이 학

---

7) (역주) 샴마이 학파의 신봉자였던 랍비 타르폰은 미쉬나 현자의 3세대에 속하는 인물로, 제2성전 파괴(70

파의 말에 따라 [셰마]를 암송하려다가 [그곳에서] 강도들 때문에 목숨이 위태로웠다. 그들은 그에게 말했다: 당신은 힐렐 학파의 말을 어겼으니 유죄 판결을 받아 마땅하다.[8]

미쉬나는 두 부분으로 나누어 볼 수 있다. 법률적 레마(A), 논쟁은 일상생활의 모든 세부 사항에서 하나님의 뜻을 행하려는 일반적인 바리새인 및 후기 랍비 목표의 일부로서 성경 본문을 세부적으로 이행하려는 샴마이 학파의 노력을 설명한다. 힐렐 학파의 반대 견해는 모든 사람이 **자신의 방식대로** 규범적인 기도를 암송하도록 허용하는 매우 광범위한 정책을 채택한다. 그들은 논의 중인 성경 구절(신 6:7)을 예배자 개개인에게 대략적인 지침만 제시하는 것으로 해석한다. 또한 태도(또는 공간, 샴마이 학파)에 관한 관심에서 시간(힐렐 학파)에 관한 관심으로 전환하는 것 같다.

이 율법 레마는 율법을 해석할 때 샴마이는 엄격함을, 힐렐은 온화함을 중시한다는 고정관념을 예시하는 데 가장 단순하게 사용될 수 있다. 그러나 이 경우의 불일치는 기도 공동체를 위한 공통의 규칙과 실천이라는 공동체적 가치를 강조할 것인지(샴마이 학파), 아니면 개인의 필요와 상황의 무한한 다양성을 강조할 것인지(힐렐 학파)에서 비롯된 것으로 볼 수도 있다. 후자의 견해는 일종의 랍비적 개인주의 또는 개인주의에 해당할 수 있다. 시대착오적이지 않다면, 힐렐 학파의 입장이 비코, 헤르더, 헤겔의 성찰이 이끌었던 도덕적 사고와 의무에 대한 문화적, 역사적

년)와 베타르 함락(135년) 사이에 Yavneh에서 살았던 인물이다.
8) C. Albeck, Mishnah, vol. 1, Seder Zeraim (Jerusalem, n.d.), 14-15; H. Danby, *Mishnah* (Oxford, 1933), 2; J. Neusner, *The Rabbinic Traditions about the Pharisees before 70*, *Part II*, *The Houses* (Leiden, 1971), 41-42. 이 번역은 이러한 초기 번역을 염두에 두고 내가 직접 번역한 것이다. 장로 힐렐에 관해서는 풍부한 문헌 중에서, 추가 참조가 제공되는 작은 선택을 참조하는 것으로 충분할 것이다: N. N. Glatzer, *Hillel the Elder: The Emergence of Classical Judaism* (New York, 1956; rev. 1966); E. Schurer, *The History of the Jewish People in the Age of Jesus Christ*, vol. 3, rev. G. Vermes et al. (Edinburgh, 1979), 363-67; H. L. Strack와 G. Stemberger, *Introduction to the Talmud and Midrash* (Edinburgh, 1991), 71-72; . Nodet, *Essai sur les Origines du Judaisme: De Josué aux Pharisiens* (Paris, 1992), 특히 226-36; M. Hengel, *The 'Hellenization' of Judaea in the First Century after Christ* (London, 1989), passim; E. E. Urbach, *The Sages: Their Concepts and Beliefs* (Jerusalem, 1975), 576-93, 948-57; 같은 저자, *The Halakhah: Its Sources and Development* (Jerusalem, 1986), 265-68. m.Ber 3:1 자체는 1. Knohl, "A Parasha concerned with Accepting the Kingdom of Heaven," *Tarbiz* 53 (1983/4) 11-31 (히브리어; 영어 요약, i-ii) 기사에서 잘 논의된다.

자격을 예상한 것으로 보고 싶을 것이다. 그리고 문화와 역사의 요소 외에도 의사 결정과 입법에서 고려할 수 있게 고려해야 하는 주관성과 개인적 경험이라는 도덕적 요소가 있다. 이러한 관점에서 볼 때 힐렐 계열의 입장은 단순히 더 관대할 뿐만 아니라 더 현명하다고 평가할 수 있다.(비록 전례주의자들의 절망이라 할지라도)9

랍비 타르폰이 샴마이 학파의 관습을 따르려고 노력했던 경험에 관한 이야기(B)는 힐렐 학파 견해가 자유주의적이고 무심하기까지 한 무정부주의적인 것으로 평가될 수 있기에 추가되었을 것이다. 종교적으로 진지한 사람들 사이에서 이러한 판결은 느슨하다는 비난을 받을 수 있기에 일반적으로 인기가 없거나 쉽게 방어할 수 있는 판결이 아니다. 따라서 이 사건에서 힐렐 계열적 결정은 초자연적인 것은 아니더라도 경험적인 뒷받침이 필요했다.

힐렐은 자유주의 바리새파 지도자였기에 힐렐의 결정 중 상당수는 헬레니즘적 색채가 뚜렷하게 드러난다. 마틴 헹겔(Martin Hengel)에 따르면, 이러한 결정은 히브리 성경뿐만 아니라 소크라테스의 인도주의적 전승에 근거한 것으로서 유대교와 헬레니즘의 종합이다.10 이러한 관점은 우리의 미쉬나를 새롭게 조명할 수 있다.

예수와의 비교에 관해서는 다음에 주목할 수 있다. 법적 관용의 수준에서는 마가복음을 통해 힐렐과 힐렐 학파 사람들처럼 예수가 항상 관용을 베푸는 경향이 있다. 마가복음의 예수는 전승 문제(7:1-23), 안식일 치유(1:16-34; 3:1-6), 죄인들과 식사(2:13-17), 금식(2:18-22), 안식일 노동(2:23-28), 이상한 귀신 쫓는 자(9:38-41), 세금 납부(12:28-34)에 대해 관대하다. 마가복음의 예수는 이혼에 관한 당시 유대인 교사들의 일반적인 관행보다 더 엄격하다.(10:35-45)

우리가 살펴본 미쉬나 본문과 가장 가까운 복음서 본문은 기도에 대한 가르침의 한 부분을 시작하는 마 6:5-6에서 찾을 수 있을 것이다.

---

9) 예컨대, J. Mahoney, *The Making of Moral Theology* (Oxford, 1987), 특히 5장, 'Subjectivity,' 그리고 6장, 'The Language of Law,' 175-258; J. Rohls, *Geschichte der Ethik* (T bingen, 1991), 특히 Part IV을 보라.

10) Hengel, *Hellenization*, 36-38, 42,52.

너희는 기도할 때에 외식하는 자와 같이 하지 말라 그들은 사람에게 보이려고 회당과 큰거리 어귀에 서서 기도하기를 좋아하느니라 내가 진실로 너희에게 이르노니 그들은 자기 상을 이미 받았느니라 너는 기도할 때에 네 골방에 들어가 문을 닫고 은밀한 중에 계신 네 아버지께 기도하라 은밀한 중에 보시는 네 아버지께서 갚으시리라 또 기도할 때에 이방인과 같이 중언부언하지 말라 그들은 말을 많이 하여야 들으실 줄 생각하느니라

명시적이든 암시적이든 유사점을 쉽게 찾을 수 있다. 명시적인 유사점은 기도에 대한 가르침의 맥락과 기도를 위해 서서 기도해야 한다고 말하는 사람들과의 의견 불일치 모두에 존재한다. 암묵적이기는 하지만 더 깊은 유사성은 기도의 자세에서 일정한 자유를 공통으로 강조하는 데서 감지할 수 있다. 힐렐 학파들은 이것을 직접적으로 가르친다: "누구나 각자의 방식으로 기도문을 암송할 수 있다." 마태복음에서 프라이버시를 강조한 것은 아마도 기도는 진실성이 가장 중요한 지극히 개인적인 문제라는 생각을 염두에 둔 것이었을 것이다. 완전한 프라이버시는 자세를 불필요하게 만드는 데 도움이 될 것이다.

이 기본 사상을 마태가 공식화함으로써 많은 독자는 예수가 모든 일반 기도나 전례 기도에 반대했다고 오해하게 되었다. 예수가 회당과 성전에서 정기적으로 기도했을 뿐만 아니라 산꼭대기나 정원에서 혼자 또는 소수의 제자와 함께 기도한 것은 그러한 결론을 배제한다.[11] "네 골방에 들어가 문을 닫고 기도하라"라는 공식은 사 26:20과 왕하 4:33의 칠십인역에서 유래한 것이다.

m.Ber와 마 6:5-6 사이의 차이점을 찾는 것도 성공할 수 있다. 복음서 구절은 이름 없는 동료 유대인 반대자들에 대한 논쟁적인 어조(회당에서 기도하는 것에 대한 언급은 그만큼 분명해짐)와 "위선자"라는 (연극적 기원의) 반대 용어의 사용을

---

11) J. Dupont, "Jesus es la Priere Liturgique," *Maison Dieu* 95 (1968) 16-49, 그의 *Études sur les Évangiles Synoptiques* (BETL 70;Leuven, 1985), 146-79에서 리프린트.

담고 있다. 미쉬나 구절, 특히 타르폰 이야기에는 암묵적인 논쟁의 여지가 있지만, 그 어조는 덜 거칠고 때로는 유머러스하기도 하다. 그렇다고 해서 힐렐 학파 사람들도 진지하지 않았다는 의미로 받아들여서는 안 된다. 복음서 구절은 보상과 비밀에 관한 관심, 그리고 하나님을 지칭할 때 아버지라는 용어를 사용한다는 점에서도 다르다. 비밀의 주제에 대해서는 이미 언급했다.

보상은 이 미쉬나의 주제는 아니지만, 랍비적 사고나 힐렐과 타르폰의 말과도 무관하지 않다. '아버지의 윤리'에 나오는 보상에 대한 직간접적인 여러 언급 중에서12 두 가지를 지적할 수 있다. 힐렐은 "사람이 좋은 이름을 얻었으면 하나님을 위해 어느 정도 얻은 것이요, 율법의 말씀을 얻었으면 다가오는 세상에서 생명을 얻은 것이다."(2:7)라고 말했다. 랍비 타르폰은 "하루는 짧고 할 일은 많으며 일꾼은 게으르고 품삯은 비싸고 집주인은 급하다."(2:15)라고 말했다. **이익**과 **품삯**은 (하늘의) 보상에 대한 은유다.13 아버지로서의 하나님에 대해서는 나중에 언급하겠다. 따라서 요약하자면, 기도에 관한 이 힐렐 학파의 미쉬나에는 마태복음에서 메아리를 발견할 수 있는 놀라운 자유로움이 있다.14

출 20:24b(일부 번호 매기기에서는 21b) 및 마 18:20

"두세 사람이 내 이름으로 모인 곳에는 나도 그들 중에 있느니라"(마 18:20) 이 구절은 그리스도인의 기도뿐만 아니라 다른 모임, 회의 및 판단(18:15-18의 문맥 참조), 성스러운 공부의 목적(아래의 랍비 유사 구절 참조)에 공통으로 중요한 기독론적 근거를 제시한다. 그닐카(Gnilka)가 말했듯이, "회합의 핵심은 바로 기도

---

12) 참조. mAb 1:3, 7; 2:1, 2, 7b, 8, 15; 3:12, 16; 4:1, 4, 16, 17, 22.

13) A. Marmorstein, *The Doctrine of Merits in Old Rabbinic Literature* (London, 1920, 리프린트 1968); S-B 4.484-500; *TDNT* 4.695-728; M. Smith, *Tannaitic Parallels to the Gospels* (Philadelphia, 1968), 49-73, 161-84에서 가치 있는 수정이 있음.

14) B. Gerhardsson, "Geistiger Opferdienst nach Mt 6, 1-6. 16-21," in *Das Nue Testament und Geschichte*, Festschrift, *O. Cullmann* (Zürich, 1972), 69-77; H.D. Betz, "Eine judenschrisliche Kult-Didache in Mt 6, 1-18," in *Jesus Christus in Historie und Theologie* (Festschrif, H. Conzeloaen)(Tübingen, 1975), 445-57; C. Dietzfelbinger, "Die Frommigkeitsregeln von Mt 6, 1-18 als Zeugnisse fruhchristlicher Geschichte," *ZNW* 75 (1984) 184-201; J. Scholsser, *Le Dieu de Jesus* (LD 129; Paris, 1987), 158-61; S-B 1.402.

다."**15** 또한 이 구절은 예수의 높은 자존감을 반영하기도 한다. 이러한 이유로 마태복음의 특별한 자료에서 나온 이 구절은 일반적으로 지상의 예수보다는 부활하신 그리스도에게 배정된다.

이 구절에 대한 주석의 일반적인 견해는 이 구절이 '아버지의 윤리'(3:2,6; 4:11; 5:17; 참조. 행 5:38-39)에 나오는 여러 랍비들의 말을 모델로 삼았다는 것이다. 가장 짧은 것은 랍비 하나냐 비 테라디온(R. Hananiah b. Teradion)에게서 유래한 것으로 다음과 같이 이어진다: "두 사람이 함께 앉아 율법의 말씀을 그들 사이에 말하면 신성한 임재가 그들 사이에 머물러 있다." 전도자나 그의 전승자가 이 구절과 관련 미쉬나욧(숫자는 다양함)을 모델로 삼았을 때, 그는 예수를 토라와 하나님의 계시된 뜻이자 신적 임재인 **쉐키나**와 동일시했다.**16** 다시 말하지만, 유대-기독교 용어 내에서 기독론적 주장은 실제로 매우 크다.

데이비드 플루서 교수는 두 편의 논문**17**에서 마 18:20과 출 20:24b(21b)의 관련 '아버지의 윤리의 말'의 깊은 뿌리를 지적한 그것이 장점이다.: "내가 내 이름을 기억하게 하는 모든 곳에서 내가 너희에게 와서 너희에게 복을 주리라"(RSV; NAB는 בכל המקום의 뉘앙스를 존중하기 위해 "어느 곳에서나"로 시작한다. 즉, 히브리어는 בכל מקום로 읽지 않는다) 확실히, 이 구절이 우리 본문의 유일한 근거는 아니다.(렘 3:17; 겔 43:7; 욜 2:27; 말 3:16; 11QTemple 46.12; 참조, 행 4:31 참조) 그러나 세 본문에는 장소, 이름, 신적 임재가 같이 조합되어 있다.

이 출애굽기 구절의 초기 해석과 후기 해석을 간략히 살펴볼 필요가 있다. 일반적으로 "(내 이름을) 기억하게 한다."로 번역되는 동사 אזכיר는 "언급한다."(NJPS),

---

15) J. Gnilka, *Das Matth usevangelium II* (HTKNT I.2; Freiburg, 1988), 140.

16) Gnilka는 마태가 '아버지의 윤리의 말'을 모델로 사용했다는 사실을 부인한다. 그러나 이것은 최근 W. D. Davies and Dale C. Allison에 의해 강력하게 재확인되었다. *The Gospel According to Saint Matthew* (ICC; Edinburgh, 1991), 2.789-90. 연대결정(dating)과 의존의 문제에 대한 논의는 B. T. Viviano, *Study as Worship* (SJLA 26; Leiden, 1978), 66-71; , 같은 저자 "The Origins of Christian Study," Cross and Crown 29 (1977) 216-26, 그리고 J. Sievers, "Where Two or Three.: The Rabbinic Concept of Shekinah and Matthew 18.20", in *Standing Before God* (Festschrift, J.Oesterreicher), eds. A. Finkel과 L. Frizzell (New York, 1981), 171-82을 보라.

17) D. Flusser, "Hillel's Self-Awareness and Jesus," "'I am in the midst of Them' (Mt. 18:20)," *Judaism and the Origins of Christianity* (Jerusalem, 1988), 509-14, 515-25.

"드러내다." "선포하다." 로도 번역되었다.(B. 차일즈 주석 참조) 타르굼 네오피티는[18] "네가 기도로 내 이름을 기억하는 모든 곳에서 내가 내 말씀으로 너에게 나를 드러내고 너를 축복할 것이다." 라고 전한다.

계시하신다는 의미로 해석되는 이 구절에서 우리는 세 가지를 주목한다. 시리아 페시타[19]처럼 תזכיר를 "너는 기억한다." 로 읽는다. 일부 주석가들은 이것이 더 나은 독해라고 생각한다. 기도의 맥락이 명시되어 있다. 그리고 계시는 멤라[20] 또는 말씀으로 매개된다. 어떤 사람들은 이 타르굼의 전문 용어가 단순히 완충어 또는 환유에[21] 불과하다고 생각하지만, 다른 사람들은 이 용어가 요한네스 로고스 기독론과 더 넓게는 하나님이 중개자를 통해 그의 백성을 구원하신다는 일반적인 기독교 사상에 기여했다고 생각한다. 타르굼 유사 요나단은 "내가 **나의 쉐키나**가 거하게 하는 모든 곳과 너희가 내 앞에서 숭배를 드리는 곳에서 내가 너희에게 나의 축복을 보내며 너희를 축복하리라" 라고 말한다. 여기서 **쉐키나** 또는 신적 존재가 명시되어 있으며, 문맥은 기도뿐만 아니라 일반적으로 숭배다.

출애굽기에 나오는 메킬타 데 랍비 이스마엘(The Mekilta de-Rabbi Ishmae), 소책자 바호데쉬 11장[22]에서는 מקום(maqom) 또는 장소를 성전으로 해석한다. 이것은 숭배의 중앙 집중화가 명령된 신 12:5와의 모순을 극복하기 위해 고안된 조화다. 반면에, 오래된 비평 주석자들은 웰하우젠의 모순에 관한 주장을 인정하면서도 이 구절은 제단이 아무 곳에나 세워질 수 있는 것이 아니라, 하나님께서 신격화나 승리를 이루신 곳(즉, 특별한 장소)에만 세워질 수 있음을 지적한다.[23] '아버지의 윤리'에서 "제단" 또는 하나님의 임재는 신격화와 승리를 기록한 토라 연구와 연관되

---

18) (역주) Targum Neofiti는 토라에 관한 서양 타르굼 또는 팔레스타인 타르굼 중 가장 큰 타르굼이다. 오경의 모든 책을 다루는 450개의 필사본으로 구성되어 있으며, 손상된 구절은 극소수다.

19) (역주) The Syriac Peshitta는 시리아어 성경, 기원전 3세기 말부터 시리아 기독교 교회에서 받아들여진 성경이다.

20) (역주) The Memra는 Logos와 또는 the Word와 같은 뜻의 단어이다.

21) (역주) metonomy(換喩)는 어떤 낱말 대신에 그것을 연상시키는 다른 낱말을 쓰는 비유이다.

22) Mek., ed. J. Z. Lauterbach (Philadelphia, 1933), 2.287.

23) 예컨대, S. R. Driver, *The Book of Exodus* (Cambridge, 1911), 207-8; P. Heinisch, *Das Buch Exodus* (Bonn, 1934), 161-63.

어 있다. 복음서에서 "제단" 또는 신적 임재의 장소와 토라는 한 사람과 동일시된다. 메킬타는 이어서 엘르아살 B 야곱의 교훈을 전한다: "네가 내 집에 오면 나도 네 집에 가겠으나 네가 내 집에 오지 않으면 나도 네 집에 가지 않겠다." 그런 다음 '10, 3 또는 2가 모여 토라를 공부하기 위해 하나님의 면전에서 '아버지의 윤리' 와 같은 가르침을 준다.

엘르아살 B 야곱이 메킬타에서 준 작은 교훈은, 플루서가 기민하게 지적했듯이, 다른 곳에서 힐렐에게 유래한다. 플루서는 힐렐이 자존감이나 자의식이 현저히 높았다는 것을 암시하는 세 가지 텍스트를 분리한다. 첫째, "내 마음이 사랑하는 곳으로, 내 발이 나를 인도하는 곳으로, 당신이 내 집에 오면 나도 당신의 집에 들어갑니다. 그러나 너희가 내 집에 들어오지 않으면 '내 이름이 기억되는 모든 곳에서 내가 너희에게 와서 너희를 축복하리라' 라고 말씀하신 대로 나도 너희 집에 들어오지 않겠다."[24] 둘째, "내가 여기 있으면 모든 것이 여기 있고, 내가 여기 없으면 무엇이 여기 있겠는가?"[25] 셋째, "내가 여기 있으면 모든 것이 여기 있다." 넷째, "나의 낮춤이 나의 높임이요, 나의 높임이 나의 굴욕이니, 이는 '앉은 자가 자기를 높여서 보는도다' (시 113:5f)라는 뜻이다."[26] 플루서는 힐렐의 자기 인식이 하나님의 형상대로 지음 받은 인간의 존엄성에 대한 인식에서 비롯되었다고 결론내렸다. 힐렐은 겸손한 것으로 알려지지만, 예수의 자기 평가는 전이되지 않았기에 그것은 모든 사람에게 패러다임이며 오만함의 표현이 아니다.

이 모든 것에 대해 우리는

---

24) t.Suk 4:3 ARN 12 (Goldin 번역, 69)

25) b.Suk 53a; ARN 12. 이 본문과 앞의 본문은 초막절의 맥락에서 나온 것으로, 개인적, 국가적 종교적 승리의 분위기에서 나온 것임을 유의하라. 막 9:2-8에 "노상 매점들(booths)"에 대한 언급이 있는 변형 이야기는 아마도 같은 맥락에서 일어났을 것이다.

26) LevRab 1, pp. 16-17, ed. M. Margoulies. 물론 완전한 문맥이 부족하기에 이 말의 해석을 확신할 수는 없다. Flusser가 힐렐의 자기 이해에 대한 단서로 이 말을 읽은 것은 널리 공유되지 않았다. 그러나 그 자체로 독립적인 조사를 수행하는 것은 너무 먼 곳으로 우리를 데려가는 것이며 현재 우리의 목적에 부합하지 않는다. 출 20:24(=21절)에 대한 자세한 내용은 the selection of Jewish commentaries in M. M. Kasher, *Encyclopedia of Biblical Interpretation*, vol. 9 (New York, 1979), 238-41, 특히. #438, 440, 443, 444의 유대인 주석들을 참고하라.

첫째, 힐렐의 의인화된 신중심주의는 우리가 이미 언급한 소크라테스 헬레니즘 휴머니즘과 그의 성경적 유산을 반영할 수 있다는 점을 언급할 수 있다.

둘째, 바울 역시 육체적으로 부재한 동안에는 항상 그리스도께 종속되어 있었지만(고전 5:3-5), 자신의 영적 존재에 대해 놀랍도록 대담한 방식으로 자신을 표현할 수 있었다는 점에 주목한다.

셋째, 기독교인들은 창 1:27에 근거한 인간의 존엄성에 대한 힐렐의 확신을 공유한다. 이러한 확신은 동서양 교회의 성인과 신비주의자들이 경험한 은혜로운 영혼의 환상을 통해 구체화한다.

넷째, 기독교인들은 하나님의 아들이라는 예수의 독특한 지위를 다른 사람에게 직접적으로 또는 위격적으로 양도할 수 없다고 보는 것은 사실이지만, 그런데도 기독교인들은 이 독특한 아들의 지위를 은혜를 통해, 세례를 통해 예수의 죽음과 부활에 편입됨으로써(롬 6:1-11) 그리고 아들 안에서 하나님의 아들과 딸로 입양됨으로써(롬 8) 공유할 수 있다고 믿는다.

다섯째, 마 18:20의 신빙성에 대해 플루서 교수와 동의하지 않는 기독교 주석자들(본 저자를 포함)은 독단적 또는 반독단적 근거가 아니라 복음서의 출처를 추정하는 문제에 대한 차이에 근거하여 그렇게 한다.

일반적인 두 출처설(즉, 마가복음과 Q가 공관복음서의 가장 초기 출처라는 가설)의 지지자들은 마 11:27과 마 13:32과 같은 본문에서 예수의 높은 자의식을 발견하는 경향이 있다. 그들은 마 18:20이 마태의 특별한 자료 일부라는 점(그 자체가 진위를 배제하지는 않지만)과 예수가 아닌 마태가 사용했을 것으로 추정되는 랍비 모델이 늦게 사용되었다는 점 때문에 이 본문들을 초기 본문으로 간주한다.

요약하자면, 출 20:24f, 민 3:2, 6, 마 18:20은 모두 종교적으로 매우 중요한 텍스트이다. 이 본문들은 모두 신성한 활동, 기도, 연구, 예배의 시간과 장소에서 신성한 내재에 관해 이야기한다. 공부할 때는 신성한 말씀과 씨름한다. 예배에서는 신이 정한 의식을 수행한다. 순수한 기도에서는 하나님 자신과 씨름한다. 이 모든 활동, 특히 기도에서 하나님의 영과 인간의 영은 만나고 교제한다. 힐렐 학파들과 예수를 따르는 초기 제자들은 출 20:24의 아름다운 약속에서 영감을 얻었다.

B.Bes[27] 16a

기도와 명시적으로 연결되어 있지는 않지만, 다음 바리타에는 주목할 만한 영성이 드러나 있다.

> 그것은 가르침을 받았다: 그들은 장로 샴마이에 관해 그가 평생 안식일을 기리기 위해 먹었다는 이야기를 들려주었다. 그래서 그는 좋은 동물을 발견하면 안식일을 위해 이것을 먹자고 말했다. 그 후에 더 좋은 것을 발견하면 두 번째는 안식일을 위해 제쳐두고 첫 번째를 먹었다. 그러나 장로 힐렐은 다른 특성이 있었다. 그의 모든 일은 하늘을 위한 것이었기 때문이다: 날마다 주께 영광을 돌릴지어다.(시 68:20) 샴마이 학파도 이렇게 가르쳤다: 한 주의 첫날부터 안식일을 준비하라; 그러나 힐렐 학파는 말한다: 날마다 주께 복을 받아라. (b.Bes 16a, Soncino 판, 81)

노이스너에 의하면, 이 이야기의 초기 형태가 다음에서 발견된다. 출 20:8에 대한 주석으로, 이후 작은 이야기로 발전했다.[28] 이 초기 형태에서는 힐렐은 등장하지 않고 샴마이가 주인공이다. 탈무드 버전은 힐렐 학파에 의해 확장되고 힐렐 학

---

27) (역주) Besah

28) J. Neusner, *Rabbinic Traditions*, Part I, The Masters, 185-87. 이전 버전의 출처는 다음과 같다. *Mekilta de R. Simeon b. Yohai*, ed. Epstein-Melamed, 148, 29-30줄, 출 20:8; 또 A. J. Avery-Peck and J. Neusner, "Die Suche nach dem historischen Hillel," Judaica 38 (1982) 194-214; in English, "The Quest for the Historical Hillel: Theory and Practice," in J. Neusner, *Formative Judaism* (BJS 37; Chico, Cal.: Scholars, 1982), 45-63을 보라.

파의 한 파에 의해 재구성되었다.**29**

글라처(Glatzer)는 말한다:

> 두 사람의 차이점은 태도에 있다. 샴마이는 안식일에 집중했고, 안식일
> 은 일주일 내내 그의 주의를 끌었다. 힐렐은 매일매일 새로운 약속과 처
> 리해야 할 새로운 요구가 마치 다른 날이 없는 것처럼 다가온다는 사실
> 을 깨달았다. 탈무드에 따르면, 하루하루를 축복으로 바꾸는 것이 인간
> 의 의무다.**30**

샴마이는 한 주 전체를 안식일 또는 안식일을 위한 준비 기간으로 삼는다. 힐렐
은 세속적인 것과 평범한 것의 신성함을 본다. 다시 한번 우리는 힐렐의 깊은 종교
적 관점과 놀라운 휴머니즘이 결합한 것을 볼 수 있다. 그는 로욜라의 이냐시오의
'행동하는 관상가'처럼 평생을 하나님을 위해 살았다. 현대적 의미에서 그는 모든
피조물은 거룩하며 하나님으로부터 온다는 창조 중심적 영성을 가지고 있다.**31**

"날마다."에 대한 시편의 언급은 힐렐에게 하루하루를 있는 그대로 받아들여야
한다는 것을 암시한다. 이는 현대의 치료적 관점과 일치한다. 우리는 이것을 예수
의 전승과 비교할 수 있다.: "내일은 내일이 알아서 할 테니 걱정하지 마라. 오늘에
만족하는 것은 그 자체로 악이다." 이 구절은 염려하지 말고 하나님의 섭리를 신뢰
하라는 부분(마 6:25-34)의 마지막에 나오는데, 힐렐의 전망을 급진화시킨 것으로
간주할 수 있다. 반면에, 오늘날에 관한 많은 복음서의 말씀은 힐렐과는 이질적으
로 종말론적으로 향한다. "그날에 많은 사람이 나더러 이르되 주여 주여 우리가 주
의 이름으로 선지자 노릇 하며 주의 이름으로 귀신을 쫓아내며 주의 이름으로 많은

---

29) 이 이야기의 진위가 의심스러운 이유는 스승들의 다른 관행이 훨씬 후대의 힐렐 학파와 샴마이 학파의
오리엔테이션 사이의 분쟁에서 법적 입장과 일치하기 때문이다. A.J. Avery-Peck and J. Neusner, "Die
Suche," 208.
30) N. N. Glatzer, *Hillel the Elder*, 34-35.
31) M. Fox, *Original Blessing: A Primer in Creation Spirituality* (Santa Fe,1983)

권능을 행하지 아니하였나이까 하리니 그때 내가 그들에게 밝히 말하되 내가 너희
를 도무지 알지 못하니…,"(마7:22-23)

최근 논의되고 있는 열다섯 번째 축도(에트 세마〈Et Semah〉 다윗)

이 표준 유대인 기도는 힐렐이 죽은 후인 기원후 50년에서 70년 어간에 만들어
졌지만, 이 심포지엄의 더 넓은 주제와 관련이 있기에 최근 이 기도가 불러일으킨
논의에 대해 간략히 언급하겠다.

싱어 번역본(the Singer translation)의 본문은 다음과 같다:

주의 종 다윗의 자손이 속히 나오게 하시고 주의 구원으로 그의 뿔을 일
으키소서 주의 구원을 위하여 우리가 날마다 소망하나이다. 구원의 뿔
을 번성하게 하시는 주여, 주께 복이 있나이다.[32]

32) S. Singer, *The Authorized Daily Prayer Book of the United Hebrews Congregations* (London, 1935),
44-54; 또 the comparative texts (주 15에는 불가능) in C. W. Dugmore, *The Influence of the Synagogue
upon the Divine Office* (London, 1944), 114-25을 참조하라; 이에 관한 논의는 I. Elbogen, *Der jüdische
Gottesdienst in seiner geschichtlichen Entwicklung* (Hildesheim, 1967), 27-60; S-B 4.2, pp. 208-49;
E. Schürer and G. Vermes, *The History of the Jewish People*, 2.454-63; K. G.Kuhn, *Achtzehngebet
und Vaterunser und der Reim* (WUNT 1; Tübingen, 1950); L. A. Hoffmann and K. Berger, s.v. "Gebet,"
III, Judentum, IV, Neues Testament, *TRE* (Berlin,1984)12.42-60; F. Manns, *La Prière d'Israël à l'Heu-
re de Jésus*, (SBF Analecta 22; Jerusalem, 1986), 141-55; J. Heinemann, Prayer, 218-27 and passim;
R.LeDéaut, et al., *The Spirituality of Judaism*, (St. Meinrad, Ind., 1977), 36-39; A. Z. Idelsohn, *Jew-
ish Liturgy and Its Development* (New York, 1932), 92-100을 보라.
유대인의 전례 기도에 대한 연구는 최근 몇 가지 유익한 비판적 충격을 받았다. Shemaryahu Talmon는
1927년 Yehezkiel Kaufmann의 연구에 근거하여 "The Emergence of Institutionalized Prayer in Israel,"에
서 히브리어 성경에 나타난 고대 이스라엘에는 제도화된 기도의 흔적이 없다고 주장했다.(*The World of
Qumran From Within*, (Jerusalem/Leiden, 1989, 200-43) 그들의 종교는 오히려 희생 제사 중 하나였으
며, 보통 어떤 성전(a temple) 또는 그 성전(the temple)에서 이루어졌다. 시편은 두 번째 성전에서 제사를
드릴 때 함께 드려졌다. (이 규칙의 예외는 단 6:10, 13) Talmon은 Qumran and in Sirach 51:21-35에서
the Amidah의 시작을 본다. 이 논문은 Ezra Fleischer, "On the Beginnings of Obligatory Jewish Prayer,"
Tarbize 59 (1990) 397-441, 영어 요약, iii-v에 의해 급진화되었다. 그에 따르면, 제 2 성전 기간 내내 의
무적인 유대인 기도는 없었다. 초기 회당은 기도의 장소가 아니라 대중이 모여 율법과 선지서를 읽고 공
부하는 포럼이었습니다. Qumran의 종파주의자들과 초기 기독교인들은 예외였다. 랍비 유대교에서 "공
식적인" 법정 기도는 제도적 혁신이자 새로운 계명인 Jamnia 시대(기원후 75~90년경)의 산물이다. 다니
엘서, 집회서, 신약성경의 증언은 현재의 필자로 하여금 그러한 과감한 수정안을 거부하게 만들지만, 더
큰 비판적 엄격함으로 우리를 초대한다.
최근 기사에서 M. Weinfeld는 기원전 70년 이전의 쿰란(4Q434-439, 참조: baraki napsi)에서 식사 후
히브리어 은총(birkat ha-mason)의 흔적을 발견했다고 주장했는데, 이는 기독교 성찬기도에 관한 마지

여기서 세 번 나오는 구원이라는 단어는 흥미로운 사실을 지적하기 위해 강조되었다. 기독교인이나 기독교에 관심이 있는 사람이 이 기도문을 읽으면 구원에 사용되는 히브리어 단어인 ישׁוּעה(yšw'h 또는 더 대중적인 음역에서는 예슈아〈yeshua〉)에 충격을 받는다. 독자는 자연스럽게 고유명사 예슈 또는 예슈아, 즉 예수와 더 익숙한 철자법을 떠올리고, 일반적으로 "하나님이 구원한다." 또는 "구세주"로 해석한다. 그런 기독교인 독자는 초기 유대 기독교인들이 이 단어를 암송할 때 어떤 느낌을 받았을지 궁금해할 것이다. 그리고 비기독교인 이웃들은 축도문에 대한 유대 기독교인들의 반응을 보면서 어떤 생각을 했을까? 70년 이후 이단자들에 대한 19번째 축도(일반적으로 유대인 그리스도인의 회당 예배 참여를 사실상 종식시킨 것으로 여겨지는)가 도입된 것을 더 쉽게 이해할 수 있을 것이다.33

한 이스라엘 학자가 대담한 가설을 제시하고 논쟁을 불러일으키기 전까지 이 문제는 의문과 추측의 영역에 머물러 있었다. 1984년 예후다 리베스(Yehuda Liebes) 교수는 히브리어로 제15 축도에 관한 논문을 발표하면서 다음과 같이 주장했다.34 제15 축도는 고대(기독교 이전)에 유래한 것이다. 다른 중간 축도들만큼이나 오래

막 섹션과도 관련이 있다. 안타깝게도 본문은 너무 단편적인 상태여서 그가 읽었는지 확신하기 어렵다. M. Weinfeld, "Grace after Meals in Qumran," *JBL* 111 (1992) 427–40 보라.

33) 이 주제에 대한 작금의 논의는 K. G. Kuhn's essay, "Giljinim und sifre minim," in *Judentum, Urchristentum, Kriche* (FS, J. Jeremias), ed. W. Eltester (*BZNW* 26; Berlin, 1960), 24–61; then taken up in W. D. Davies, *The Setting of the Sermon on the Mount* (Cambridge,1964), 256–315, 특히 275–79; P.Schäfer, "Die sogenannte Synode von Jabne: Zur Trennung von Juden und Christen im ersten/zweiten Jh. n. Chr." Judaica 31 (1975) 54–64, 116–24; reprinted in his *Studien zur Geschichte und Theologie des rabbinischen Judentums* (AGJU 15; Leiden, 1978), 49–65; B. Albrektson, "Reflections on the Emergence of a Standard Text of the Hebrew Bible", *Congress Volume Gottingen 1977* (VT Sup 29; Leiden, 1978), 49–65; G. Stemberger, "Die sogenannte Synode von Jabne und das fruhe Christentum," Kairos 19 (1977) 14–21; S. T. Katz," Issues In the Separation Of Judaism and Christianity after 70 C.E.: A Reconsideration," *JBL* 103(1984)43–76; T. C.G. Thornton, "Christian Understanding of the Birkath Ha–Minim,"" JTS ns 38 (1987) 419–31, R. Kimelman, "*Birkat Ha–Minim* and the Lack of Evidence for an Anti–Christian Jewish Prayer in Late Antiquity," in *Jewish and Christian Self–Definition*, ed. E.P.Sanders et al. (London, 1981), 2.226–44; W.Horbury, "The Benediction of the Minim and Early Jewish Controversy," *JTS* ns 33 (1982) 19–61.

34) Y. Liebes, "Who Makes the Horn of Jesus to Flourish," *Immanuel 21*, (1987) 55–67; 같은 저자의 "Mazmiah Qeren Yeshu'ah," *Jerusalem Studies in Jewish Thought* (=*JSJT*) 3 (1983/84) 313–48 (히브리어), 영어, 요약, v–vii; I. M. Ta–Shma,M.Krister, and S. Morag의 비평적 리뷰와 Liebes의 응답과 첨언, JSJT 4(1984/85), 영어 요약, xv–xx, xxxv, xxxvi.

되었다.**35** 다윗의 메시아가 오시기를 바라는 기도는 바로 앞의 예루살렘 재건을 위한 축복과 밀접하게 연결되어 있다. 이 기도는 원래 "다윗의 뿔(구원이 아닌)을 번성하게 하시는 이"라는 공식으로 끝났을 것이다.

이 기도의 뿌리는 시 132:17a, 겔 29:21, 그리고 히브리어 확장형인 집회서 51:12 viii**36**로 거슬러 올라간다.(하나님께서 다윗의 집안에 구원을 가져오고 구원의 뿔을 세우신 것에 대해 축복하신 누가복음 1:68-69도 참조하라) 그러나 1세기 유대 기독교인들은 마지막 구절의 문구를 예수를 암시하는 방식으로 "구원의 뿔을 번성하게 하시는 이"라는 형태로 변경하여 재림을 기원하는 기도가 되도록 했다. 당시에는 기도 공식이 확정되기 전이라 이러한 변경이 가능했지만, 비기독교인 유대인들에게는 불쾌감을 줄 수 있었다. 그래서 15번째 축도는 카이로 제니자**37**에서 발견된 팔레스타인 회고록에서 삭제되었다. 회고록은 구원에 대한 언급을 피하면서 다윗 왕국에 대한 기도와 앞날의 축복을 포함했다. 그러나 이 유대-기독교 버전은 어떻게든 바빌로니아 유대인들에게 전해져 표준 양식으로 받아들여졌다. 바빌로니아에서 점차 유대 세계 전체에서 규범적인 것으로 받아들여져 오늘날까지 사용되는 형식이다. 지금까지 리베스 교수에 따르면 기도문 전체가 아닌 결론 부분만 유대-기독교적 전통에 기원하고 있다는 점을 강조하는 것이 중요하다.

이러한 대담한 가설은 이내 이견을 불러일으켰다. 몇몇 학자들은 이 재구성을 역사적으로 믿을 수 없고 언어학적으로 불필요한 것이라며 거부했다.**38** 이에 대해 우리가 말할 수 있는 최소한의 것은, 이 가설이 믿을 수 없음에도 한동안 회당을 계

---

35) Schürer, History, 2.460, thinks that the framework of the Shemoneh 'Esreh "originated during the last three decades of the first century A.D." 그러나 우리는 S-B 4.218의 견해를 선호한다. 기도의 대부분은 기원후 1세기 전반에 알려졌으며, 가장 초기 부분(첫 번째와 마지막 축복)은 기독교 이전이다. 몇몇 축복문(12번째와 14번째)만이 성전 파괴 이후의 시기에 속한다. 전체는 기원후 90년경 Gamaliel 2세 시대에 최종 편집을 거쳤다.(축복의 문구와 심지어 그룹화까지 계속 발전했지만)

36) 시편 51편의 히브리어 단편에는 12절 뒤에 칠십인역이나 Vulgate에는 없는 16절이 추가되어 있다. 이 히브리어 추가 구절은 열여덟 가지 축복을 예상하거나 반영하는 것으로 생각된다. 여기 로마 숫자는 A. di Lella가 Sirach에 대한 AB 주석에서 사용한 숫자를 따른다. -ED

37) (역주) Cairo Geniza는 이집트 Fustat 또는 올드 카이로에 있는 the Ben Ezra 회당의 genizah 또는 창고에 보관되어 있던 약 40만 개의 유대교 사본 조각과 파티마 왕조의 행정 문서들을 모아 놓은 것이다.

38) 주-27에 나열된 비판적 견해를 보라.

속 자주 방문하고 자신의 메시아적 신념을 암시하는 일부 기도문에 대해 자신만의 해석을 내린 유대인 기독교인들이 제기한 문제를 설명하는 데 유용하다는 것이다. 계속되는 긴장은 의심할 여지 없이 하나의 요소로서 유대인 기독교 분열에 이바지했다. 이 외에도 라이베스의 가설(Leibes's hypothesis)은 팔레스타인 리셉션에서 15번째 축도가 삭제된 이유를 설명하는 데 도움이 될 수 있다.

유대 기독교 형태가 바빌로니아 전승을 통해 유대 세계로 퍼져나갔다면 아이러니한 일이다. 문제의 단어인 **예수아**는 지극히 평범한 히브리어로, 역사적 증거가 없는 어원을 제외하고는 예수와의 연관성을 전혀 암시할 필요가 없다. 레리베스의 말처럼 바빌로니아 유대인들이 **유대인** 기독교인들로 인해 곤란을 겪지는 않았을지 모르지만, 기독교에 대해 완전히 무지했던 것도 아니다. 당시 바빌로니아에는 많은 수도사와 수도원이 있었고 아프라핫(Aphrahat)과 에펨(Epherm)과 같은 뛰어난 지도자들이 있었다. 일부는 정통 가톨릭 신자였고 다른 일부는 마르시온파, 나중에 자코바이트-단성론자(Jacobite-Monophysite) 또는 네스토리안 신자였다.[39] 그들의 존재는 바빌로니아 유대 현자들을 경계하게 했을 것이다.

따라서 우리는 리베스의 가설이 믿을 수 없고, 아이러니하고, 어렵지만 불가능하지는 않다고 선언한다. 역사는 기묘한 아이러니로 가득하다. 전체 논쟁은 특정 가설이 증거에 미치지 못하더라도 기도에 관한 고대 유대인 자료를 비교 연구하는 것이 얼마나 가치 있는지를 보여준다.

예수의 기도

서론

예수는 분명 기도의 사람이었다. 우리는 힐렐의 기도 생활에 대해서 보다 예

---

39) 예컨대, J. M. Fiey, Assyrie chréienne, 3 vols. (Beirut, 1965-1968)와 이 저자의 다른 저작들과 기독교인에 대한 정보를 포함하고 있는 Jacob Neusner, *A History of the Jews in Babylonia*, 5 vols. (Leiden, 1965-1970)는 ; Arthur Vööbus, *A History of Asceticism in the Syrian Orient*, 2 vols. (CSCO 197; Louvain, 1958-1960)을 보라.

수의 기도 생활에 대해 훨씬 더 많이 알고 있다. 예수는 회당(예: 막 1:21)과 성전(막 11:11, 17)에서 공개적으로 또는 전례적으로 그리고 개인적으로도 기도하셨다: "동트기 전에 아주 일찍 일어나서 한적한 곳으로 가셔서 기도하셨다."(막 1:35, 참조: 겟세마네 동산에서의 기도, 막 14:32-42) 예수는 기도에 대한 공식적인 가르침도 제시했다. 초기 예는 다음과 같다:

예수께서 그들에게 대답하여 이르시되 하나님을 믿으라. 내가 진실로 너희에게 이르노니 누구든지 이 산더러 들리어 바다에 던져지라 하며 그 말하는 것이 이루어질 줄 믿고 마음에 의심하지 아니하면 그대로 되리라. 그러므로 내가 너희에게 말하노니 무엇이든지 기도하고 구하는 것은 받은 줄로 믿으라 그리하면 너희에게 그대로 되리라. 서서 기도할 때에 아무에게나 혐의가 있거든 용서하라. … (막 11:22-25; 참조: 마 6:5-15, 마 7:1-11)

이 마가복음 구절은 종종 느슨한 말의 연속이라고 말하지만, 나름의 논리와 일관성을 가지고 있다. 기도의 기본은 우주의 궁극적인 유익에 대한 신뢰와 순교자가 될 수 있는 용기를 포함하는 하나님에 대해 흔들리지 않는 믿음이다. 이러한 바탕 위에서 기도는 정권을 무너뜨리는 정치적 무기가 될 수 있다. 그러나 이 강력한 기도는 단순한 승리의 힘이 아니라 사랑과 화해를 가능하게 하는 기꺼이 상대를 용서하려는 의지와 연결되어야 하며, 실제로 그 전제 조건이 되어야 한다고 마지막 구절은 말한다. 이 마가 자료는 예수가 용서를 구하는 것을 넘어 우리를 학대하는 사람들을 위해 기도해야 한다는 더 놀라운 생각(눅 6:28b // 마 5:44)으로 나아가는 Q 자료에서 유사점을 발견할 수 있다.

Q 자료에는 주기도문과 기독교적으로 중요한 희년의 외침도 나온다. "천지의 주재이신 아버지여 이것을 지혜롭고 슬기 있는 자들에게는 숨기시고 어린아이

들에게는 나타내심을 감사하나이다 옳소이다 이렇게 된 것이 아버지의 뜻이니이다."(마 11:25-27 // 눅 10:21-22) 요한복음은 여기에 예수와 아버지 사이의 영원한 친교와 친밀한 기도를 암시하기 위해 사순절 후 기도를 추가한다. "아버지여 내 말을 들으신 것을 감사하나이다 항상 내 말을 들으시는 줄을 내가 알았나이다 그러나 이 말씀 하옵는 것은 둘러선 무리를 위함이니 곧 아버지께서 나를 보내신 것을 그들로 믿게 하려 함이니이다."(요 11:41b-42) 이에 대해 루돌프 불트만은 이렇게 말한다:

> 하나님과의 친교의 성격은 이것으로 분명하게 묘사된다: 그는 기도하지 않는 태도, 따라서 경건하지 않은 태도에서 자신을 일깨워야 하는 다른 사람들처럼 기도 요청을 할 필요가 없다; 그는 끊임없이 구하는 자로서, 따라서 받는 자로서 하나님 앞에 서 있기 때문이다.**40**

누가복음과 히브리어 성경의 아람어 타르굼(targums) 모두에서 흥미롭고 관련성이 높은 문학적 현상이 나타난다. 누가복음은 마가복음과 마태복음과 비교하여 예수의 기도 횟수를 늘린 것은 잘 알려져 있다. 예수는 세례 전(3:21), 열두 제자를 파송하기 전(6:12), 베드로의 고백 전(9:18), 변화 전(9:28-29), 주기도문을 가르치기 전(11:1), 물론 수난 전 감람산에서(22:40-44) 기도하셨다고 하는데, 이 마지막 경우는 일반적인 공관복음 전승의 일부이다. 베드로의 실족하지 않게 해달라는 기도는 누가가 수난 후 상황에서 베드로에게 특별한 권위를 부여하는 방식이다.(22:32) 마가복음에서와같이 예수는 한적한 곳에서 기도하지만(5:16, 6:12), 막 1:35에 해당하는 눅 4:42에서는 예수가 기도한다고 언급하지 않는 것이 이상하다.

기도의 횟수를 늘리는 누가의 성향을 고려할 때, 타르굼에서도 같은 현상이 나타난다는 것은 놀랍다. 마이클 마허(Michael Maher)는 두 편의 신중한 논문**41**을 통해

---

40) R. Bultmann, *The Gospel of John: A Commentary* (Philadelphia, 1971), 408.
41) Micheal Maher, "The Meturgemanim and Prayer," *JJS* 41 (1990) 226-46; "The Meturgemanim and Prayer (2)," *JJS*에 게재 예정. Maher 박사는 친절하게도 이 두 번째 부분의 사본을 볼 수 있도록 허락했

오경의 타르굼에서 26개의 일반적인 히브리 동사나 표현이 기도 용어로 변환되었지만, 절대적으로 일관된 방식은 아니라는 것을 보여주었다. 또한 타르굼은 아브라함, 이삭, 야곱, 모세, 아론, 제사장, 백성 등 기도하는 상황에서 족장들을 묘사하는 것을 좋아한다는 것을 보여주었다. 물론 그가 제시하는 모든 사례가 설득력이 있는 것은 아니다. 보다 균형 잡힌 그림을 얻으려면 토라를 공부하는 행위에서 족장들을 보여주고 그런 의미에서 동사의 해석을 늘리려는 경쟁적인 경향도 제시해야 할 것이다. 예컨대, 동사 דרשׁ(다라쉬)는 '찾다(to seek)' 또는 '찾아보다(look for)' 타르굼에서 '기도하다'와 '공부하다'라는 두 가지 의미를 모두 가질 수 있다. 그런데도 마허는 누가복음의 편집 절차와 유사한 본문에서 실제 경향을 지적했다.

주기도문

예수와 기도에 대해 가장 잘 알려진 사실은 예수가 제자들에게 하나님 나라의 도래를 위한 짧은 기도를 가르쳤다는 것이다.(마 6:5-15, 눅 11:1-4) 마태복음과 누가복음에서 이 기도의 본문은 기도에 관한 긴 교리문답에 삽입되어 있다. 여기서는 이 교리문답이나 더 친숙하고 자주 연구되는 마태의 기도문은 고려하지 않을 것이다.[42] 더 짧은 누가의 기도문은 일반적으로 Q의 출처에서 가져온 것으로 판단되며 초기 형태의 기도문으로 다음과 같이 이어진다: "아버지, 이름이 거룩히 여김을 받으시오며, 나라가 임하시오며. 우리에게 일용할 양식을 메일 주시고 우리가

다.

---

42) Ernst Lohmeyer, *Our Father* (New York, 1966); K. G. Kuhn, *Achizehngebet und Vaterunser und der Reim* (WUNT; Tübingen, 1950); R. E. Brown, "The Pater Noster as an Eschatological Prayer," in *New Testament Essays*, 12장 (New York, 1965), 275-320; Jean Carmignac, *Recherches sur le Notre Père* (Paris, 1969); J.J. Petuchowski and Michael Brocke, *The Lord's Prayer and Jewish Liturgy* (New York, 1979); Pierre Grelot, "La quatrième demande du Pater et son arrière-plan sémitique," NTS 25 (1978-1979) 299-314; 같은 저자, "L'arrière-plan araméen du Pater," RB 91 (1984) Birger Gerhardsson, "The Matthean Version of the Lord's Prayer: Some Observations," in *The New Testament Age* (Festschrift, Bo Reicke), ed. W. C. Weinrich (Macon, Ga., 1984), I, 207-20; David Flusser, "Qumran and Jewish 'Apotropaic' Prayers," IEJ 16 (1966) 194-205, repr. in his *Judaism and the Origins of Christianity* (Jerusalem, 1988), 214-29; W. D. Davies and D. C. Allison, *The Gospel According to Saint Matthew* (ICC; Edinburgh, 1988), 1.590-99 (추기, 追記) with literature on 621-24; Eugene LaVerdiere, "The Lord's Prayer in Literary Context," in *Scripture and Prayer*, (Festschrift, C. Stuhlmueller), eds. C. Osiek and Donald Senior (Wilmington, 1988), 104-16.

우리에게 빚진 모든 사람을 용서하듯이 우리 죄를 사하여 주시고 우리를 최후의 시험에 들게 하지 마옵소서.”

이 기도는 다섯 가지 요소로 나눌 수 있다.

첫 번째는 하나님에 대한 연설로, 신에 대한 예수 자신의 태도를 매우 특징적이고 계시적으로 보여줌으로 별도의 섹션에서 다룰 것이다.

두 번째 요소는 신성한 이름의 거룩함과 하나님 나라의 도래에 대한 두 가지 청원으로 구성되는데, 이 두 청원은 동의어적 병렬 관계에 있는 것으로 볼 수 있다. 하나님께서 택한 백성을 구원하여 그분의 능력을 나타내 달라는 의미에서 이름을 거룩하게 해 달라는 청원의 배경은 레 11:45, 사 5:16, 특히 겔 20:41, 36:22-28, 38:23에서 찾을 수 있을 것이다. “내가 너희를 인도하여 여러 나라 가운데에서 나오게 하고 너희가 흩어진 여러 민족 가운데에서 모아낼 때 내가 너희를 향기로 받고 내가 또 너희로 말미암아 내 거룩함을 여러 나라의 목전에서 나타낼 것이다.”

하나님 나라의 도래를 위한 기도는 단 7:13-14의 종말론적 비전과 실제로 다니엘서 전체에 대한 묵시적 비전을 전제로 한다. 이 기도는 하나님의 통치가 이 땅에 임하는 미래, 즉 마태복음이 올바르게 해석한 것처럼 정의와 평화를 향한 하나님의 뜻이 이 땅에서 실현되거나 승리하도록 기도한다. 계 21장에 나오는 하늘의 예루살렘이 땅으로 내려오는 장면은 이를 시각화하는 한 가지 방법이다. 두 개의 평행 청원은 정확히 같은 것, 즉 신성한 능력이 눈에 보이는 방식으로 지상에 나타나도록 기도하지만, 그 방식은 다르다. 첫 번째 청원은 망명 선지자들의 어휘로, 두 번째 청원은 기원전 2세기 셀레우코스-마카비 묵시론적[43] 용어로 기도한다. 선지자들은 이스라엘을 “열방에 대항하는” 존재로 생각하지만 다니엘은 세계 제국의 관점에서 생각한다는 점에서 차이

---

43) (역주) Seleucid-Maccabean apocalyptic은 ʻThe Seleucid Empire 치세에서의 마카비 묵시론적ʼ을 의미한다.

가 있다. 다니엘은 성전 신정 체제를 예루살렘 도시 국가라는 소소한 것으로 무시한다. 국가와 사회는 세계 제국들에서 찾아야 한다.(단 2:27-45, 7:2-8:17) 하나님의 통치와 왕국은 비록 현재는 가려져 있더라도 원칙적으로 전 세계에 존재한다. 주기도문에서는 모든 민족주의적 특수주의가 없다는 점을 제외하고는 이러한 구분이 보이지 않는다. 예언자적 관점은 다니엘적 관점 아래에 포함되어 있다.[44]

세 번째 요소인 빵을 달라는 청원에는 우리가 염려할 필요가 없는 몇 가지 언어학적 어려움이 포함되어 있다. 이는 심각한 해석의 차이를 지적한다. 일반적으로 생각하듯이 빵은 지상의 평범한 빵을 위해 기도하는 것인가, 아니면 다가올 하나님의 나라의 메시아 연회에 대한 언급으로 이해해야 하는가?[45] 확실하지는 않지만, 종말론적 해석은 앞선 청원들과 주제적 통일성을 형성할 수 있으며, 이러한 통일성은 최종 청원까지 확장될 수 있으며 일부 초기 증인들에 의해 뒷받침된다.

네 번째 요소는 비례적인 용서를 구하는 청원이다. 용서를 구하는 기도는 아미다[46]의 여섯 번째 축복에서 찾을 수 있지만, 용서하려는 의지에 비례해야 한다는 조건은 없다. 그것은 오히려 집회서 27:30-28:7에서 찾을 수 있다. 특히 "네 이웃이 잘못한 것을 용서하라 그리하면 네가 기도할 때 네 죄가 사하여지리라"는 집회서 28:2을 생각해 보라. 이 구절은 복음서 구절의 양쪽 절반에 특히 가깝고 확실히 기독교 이전의 것임이 분명하지만, 아미다의 본문은 그렇다고 할 수 없다. 문제의 용서는 종말론적 심판이 올 때 왕을 맞이할 준비를 하는 데 필요한 용서일 수 있다.

마지막 청원인 "우리를 시험에 들게 하지 마옵시고"는 계 20:7-10에 묘사된 것과 같은 최후의 시련, 종말론적 고통, 메시아의 탄생 고난 또는 종말의 시련

---

44) 최근 조사에 대해서는 B.T. Viviano, *The Kingdom of God in History* (Collegeville, Minn., 1988); 곧 출간 예정인 같은 저자 "The Kingdom of God in the New Testament," *ANRW*
45) Davies-Allison, *Matthew*, 607-10을 보라.
46) (역주) Amidah는 shemoneh esreh의 다른 명칭이다.

중에 굳건히 견딜 수 있도록 도와달라는 청원으로 해석할 수 있다. 그렇다면 이 청원은 신성한 이름의 거룩함, 즉 왕국의 도래를 요청하는 두 번째 요소에 다시 합류한다.

유대인의 전례 기도와 관련하여 우리는 몇 가지 가능성을 본다. 모두 기독교 이전의 연대기를 확보하는 데 어려움을 겪고 있다. 가장 가깝고 가장 확실하게 관련성이 있는 것은 카디쉬[47]로 그 초기 형태는 다음과 같다: "그분의 뜻에 따라 창조하신 세상에서 그분의 위대한 이름이 높임을 받으시고 거룩히 여김을 받으소서. 그가 당신의 생애와 당신의 시대와 온 이스라엘 집의 생애에 그의 왕국을 속히 그리고 곧 다스리기를 바랍니다. 아멘."

"아버지"라는 호칭이 없다는 점을 제외하면, 이 기도의 두 가지 청원은 주기도문의 전반부에 해당하지만, 이인칭이 아닌 삼인칭으로 되어 있다. 카디쉬의 연대에 대한 제안은 마카비 시대부터 기원후 6세기까지 다양하다. 다니엘서 2:20, 욥기 1:21, 시편 113:2에서 신성한 이름은 복을 받았지만 거룩하지 않다고 언급된다. M.Yoma 3:8은 다음과 같이 마무리 한다. "그의 나라 영광의 이름이 세세토록 찬송 받으실지어다."

확증은 불가능하지만, 주기도문의 처음 두 청원이 카디쉬의 영향을 받아 만들어졌다는 강한 의심이 남아있다. 예수 기도의 누가 양식에 18개의 축도가 미친 영향은 분명하지 않지만, b.Ber. 29a에서 볼 수 있는 축약된 형태는 마태나 그의 공동체가 기도를 확장하고 재구성하는 데 사용했다.

아바

신약성경에서 아버지를 뜻하는 아람어 강조형 및/또는 발성형은 하나님을 향한 강하고 담대한 호칭을 나타내는 문맥에서 막 14:36; 갈 4:6; 롬 8:15 등에서 세 번

---

47) (역주) Kaddish는 13세기 아람어 기도문으로, 모든 전승 예배에서 행해지는 기도다. 카디스는 아람어로 '성화'를 의미하며 '거룩한'이라는 뜻의 히브리어 카도쉬와 관련이 있다.

이나 사용되었다. 이를 통해 아람어로 하나님을 아바라고 부른 것은 예수 개인 기도의 특징이었다는 결론을 내릴 수 있다. 요아킴 예레미아스는 이를 근거로 예수의 효의식에 대한 정교한, 암묵적이기는 하지만 기독론을 구축했다.[48]

요아킴 예레미아스의 입장은 고대 근동의 종교 문학에서 하나님이 아버지로 불리기도 했다는 점에 주목하면서 시작한다. 그에 의하면, 구약성경에서 하나님은 약 15번 정도 아버지로 언급되는데, 고대 근동의 다른 종교 문학과 다른 점은 역사적 행위에서 하나님의 백성을 선택하는 맥락에서 언급된다. 그러나 기도에서 하나님을 아버지로 부르는 때는 없다. 랍비 문헌에서 하나님을 "우리의 하늘 아버지"로 언급하는 경우는 비교적 드물며 항상 집합적인 의미를 지니고 있다. 예레미아스는 "고대 팔레스타인 유대교 문학에서 '나의 아버지'가 개인적 호칭으로 사용된 증거는 없다."라고 결론 내린다.[49]

이와 대조적으로 사복음서에는 예수의 말에서 하나님에 대한 호칭으로 '아버지'가 170번 등장한다. 이 중 19건이 요한복음에서 발견된다. 후대의 복음서에서 이러한 사례가 증가하는 경향이 분명하지만, 이는 예수 전승의 초기 지층에서 예수의 종교적 언어의 특징이라고 보이는 것을 기반으로 한 것으로 추정된다. 이것은 구약성경에서 하나님의 가장 특징적인 이름이 테트러그래머탄[50](예컨대, YHWH─야훼 〈70인역에서는 κύριος, 주님〉)인 것과는 분명한 대조를 이룬다.

예수는, 마 11:27(눅 10:22), 마 16:17, 막 13:32, 눅 22:29(참조: 단 7:14, 삼하 7:14 // 대상 17:13) 등 네 가지 중요한 경우에 하나님을 "내 아버지"라고 불렀다. 이는 모두 예수에게 주어진 독특한 계시와 권위를 다루고 있다. "내 아버지"라는 말이 드물다는 것은 예수가 자신의 사명에 대한 궁극적인 신비에 대해 자주 언급하지 않았음을 보여준다. 그의 사명의 신비, 이 말들은 제자들에게만 말한 예수의 난해한 가르침에 속한다. 이 연구에서 예레미아스는 "예수는 끊임없이 하나님을 '내

---

48) Joachim Jeremias, *The Prayers of Jesus* (SBT 2.6; London, 1966), 11-65.
49) Jeremias, *Prayers*, 29.
50) (역주) Tetragrammaton, 히브리어에서 하나님의 이름을 나타내는 네 글자

아버지'라고 불렀으며, …. 그럴 때는 아람어 **아바**(abba)를 사용했다."**51** 이것은 종교 문학(유대교 종교 문학)에서 새로운 것으로, 그렇지 않으면 아바를 무례하게 사용하는 것을 피했다. 이 용법은 하나님과의 특별한 관계를 표현한다.

예레미아스가 글을 쓴 이후 고대 아람어 문학에서 **아바**를 사용한 주제에 대한 신중한 재검토가 이루어졌다.**52** 쟁점 중 하나는 어떤 종류의 아람어를 증거로 인정해야 하는가 하는 점이다. 성경이나 쿰란에서 발견되는 제국 아람어 또는 중기 아람어로 쓰인 텍스트만 기독교 이전 연대가 확실하기에 (Fitzmyer처럼)**53** 증거로 인정해야 할까? 아니면 알레한드로 디에즈-마초(Alejandro Diez-Macho)와 제자 베르메스(Geza Vermes)가 주장하듯이,**54** 타르굼도 탄나잇 시대의 구어에 간접적으로 접근할 수 있기에 인정해야 할까? S. A. 카우프만(Kaufman)은 당대의 문학적 언어는 항상 이전 시대의 구어체를 반영한다고 지적한 바 있다.**55** 따라서 카우프만에 따르면, 현재 형태의 타르굼은 아무리 빨라도 아모라어 시대**56**부터 시작되었지만, 1세기 갈릴리에서 사용되었던 아람어에 대한 최선의 접근법을 제시한다. 이런 이

---

51) 위의 책, 57.

52) Jacques Scholosser, Le Dieu de Jesus (LD 129; Paris, 1987), 105-209은 특히 179-209쪽을 주의 깊게 보고한다; Jacques Dupont, "Le Dieu de Jésus", NRT 109 (1987) 321-44; Georg Schelbert, "Sprachges-chichtliches zu 'Abba'" in *Mélanges D. Barthélemy*, ed. Pierre Casetti et al. (OBO 38; Fribourg/Göttingen, 1981), 395-447; Adrian Schenker, "Gott als Vater- Sohne Gottes; Ein vernachlässigter Aspekt einer biblischen Metapher", *Freiburger Zeitschrift fur Philosophie und Theologie 25*, (1978) 3-55; Dieter Zeller, "God as Father in the Proclamation and in the Prayer of Jesus" in *Standing Before God* (Festschrift, J. M. Oesterreicher), ed. Asher Finkel and Laurence Frizzell (New York, 1981), 117-29; J. A. Fitzmyer, "Abba and Jesus' Relation to God", in *À Cause de l'Évangile* (Festschrift, J. Dupont) (LD 39; Paris,1985), 15-38; James Barr, "Abba Isn't 'Daddy'", JTS ns 39 (1988) 28-47; Witold Marchel, Abba, Père!, (AnBib 19A; Rome, 1971); 참조. "Jesus Seminar," 보고서. R. J. Miller, "The Lord's Prayer and Other Items from the Sermon on the Mount", Forum 5 (1989) 177-86; Alon Goshen Gottstein, *God and Israel as Father and Son in Tannaitic Literature* Diss. Hebrew University, 1986 (Heb.; Eng. abstract pp. i-viii).

53) J. A. Fitzmyer, *A Wandering Aramean* (Missoula, 1979), 특히 86; 같은 저자 "The Aramaic Language and the Study of the New Testament," *JBL* 99 (1980) 5-21; 같은 저자와 D. J. Harrington, *A Manual of Palestinian Aramaic Texts* (BibOr 34; Rome,1978)

54) A. Diez Macho, "Le targum palestinien," *RevScRel* 47, (1973) 169-231; G. Vermes, *JTS* ns 31 (1980) 580-82.

55) S. A. Kaufman, "On Methodology in the Study of the Targums and their Chronology", *JSNT* 23 (1985) 117-24.

56) (역주) The Amoraic period(220~300-500년)의 아모라임 주석가들은 220년경 미쉬나가 완성된 이후부터 4-5세기 예루살렘 탈무드와 바빌로니아 탈무드가 완성되어 탈무드 시대가 막을 내릴 때까지 공동체 생활에서 활발히 활동한 영향력 있는 학자이자 교사들이었다.

유로 타르굼은 최근 연구에서 고려되고 있다. 그러나 이 경우에는 이전 자료에서 그려진 그림을 확인할 수 있을 뿐이다. **아바**는 하나님께 드리는 기도에는 사용되지 않는다.

탈무드의 한 가지 예외는 매력적이지만, 이 역시 하나님께 직접 언급하는 경우가 아니기에 그림을 바꾸지 않는다. 이는 b.Taan 23b에 나온다:

> 하닌 하네바(Hanin ha-Nehba)는 서클메이커 호니(Honi the Circlemaker)의 딸의 아들이었다. 세상에 비가 필요할 때면 선생님들은 학교 아이들을 그에게 보내곤 했는데, 아이들은 그의 코트 자락을 붙잡고 '아버지, 우리에게 비를 내려주세요. (אבא אבא הב לן מטרא)!'라고 말하곤 했다. 그는 하나님께 이렇게 말했다." 세상의 주인이시여, 비를 내리는 능력이 있는 아바와 그렇지 않은 아바를 아직 구별할 수 없는 사람들을 위해 비를 허락하십시오.

하나님에 대한 직접적인 호칭은 '세상의 주인'이라는 점에 유의하라.

> 슐로서(Schlosser)는 이 본문들을 주의 깊게 연구한 후 "…,우리는 더 이상 아바에 관한 신약성경의 독창성을 의심할 수 없다."라고 결론을 내립니다. 아바가 하나님에 대한 호칭으로 사용된 유대교 텍스트가 없을 뿐만 아니라, 기독교의 기원과 거의 동시대에 유대교에서 하나님에 대한 호칭으로 사용된 아바에 대한 증거조차도 없습니다. 사실은 거기에 있습니다. 그것이 무엇을 의미하는지 묻는 것은 남아있습니다."[57]

침묵을 해석하는 것은 어렵다. 예레미아스는 친숙함이나 무례함을 피하려는 랍

---

57) Schlosser, *Le Dieu de Jésus*, 200.

비들의 욕구라고 설명한다.58 오히려 슐로서는 조잡한 의인화를 피하고 신적 초월성을 보존하려는 욕구를 강조한다. 랍비들은 אבי(abi, 나의 아버지)' 또는 "하늘에 계신 아버지"를 선호했다. 예수의 사용법은 하나님의 즉시성, 친밀감, 직접적인 접근성뿐만 아니라 애정 어린 친숙함을 암시한다. 애정과 존중 사이에는 필연적으로 반대되는 것은 없다. 그 반대는 애정과 거리감 사이에 있다.59 이 모든 것에는 기독론이 내포되어 있다. 예수는 효심, 즉 자신이 하나님과 독특하게 친밀하다는 의식, 즉 자신이 어떤 절대적인 의미에서 아버지의 아들이라는 의식을 가졌다고 결론짓는 것이 안전하다.60

성만찬 기도(Eucharistic Prayer)의 기원

모든 것을 다 구하려는 것은 아니나 예수께 기도할 때 많은 그리스도인에게 최고의 기도인 성만찬 기도를 침묵하며 지나쳐서는 안 된다. 여기서 우리의 목표는 겸손한 것이다. 이는 최근의 연구 결과이다.61

---

58) Jeremias, *Prayers of Jesus*, 62.

59) Schlosser, *Le Dieu de Jésus*, 201-9.

60) 이 부분을 쓰고 나서 박사 학위 논문을 수정한 주요 책이 내 관심을 끌었다. 이 책은 초기 유대교의 정경/외경 및 위경 문헌에서 하나님을 아버지로 지칭하는 본문에 대한 철저한 검토를 바탕으로 합의에 대한 근본적인 수정을 시도한다. 나는 A. Strotmann, *"Mein Vater bist du!"*(Sir 51:10)를 참조한다: 정경과 비정경 초기 유대교 문헌에 나타난 하나님의 아버지됨의 의미에 대해 (Frankfurter Theologische Studien 39; Frankfurt am Main, 1991).

너무 늦게 도착해서 전체를 소화하기는 어려웠지만 다음과 같은 관찰을 할 수 있다. Dalman과 Jeremias에서 Schlosser에 이르는 연구 전승에 대한 그녀의 비판에서 그녀는 먼저 그들의 주요 요점을 인정해야 한다. 첫째, 그녀가 조사한 문헌에서 abba는 기도에 사용되지 않았다. (이 문헌의 대부분이 히브리어나 아람어로 보존되어 있지 않다는 사실로 부분적으로 설명할 수 있다) 둘째, 이 문헌에서 하나님은 보통 대명사로 아버지라고 불리지 않는다. 그녀는 "아버지"라는 은유를 하나님에게 적용할 때 순종을 요구하는 절대적인 권위 또는 도움이 되는 친절, 돌봄, 자비로 해석하는 연구 전승 내의 양극성 분석이 잘못되었음을 보여주기 위해 논쟁의 조건을 바꾼다. 이러한 움직임은 잘못 인도되는 경향이 다. 합의에 따르면 첫 번째 극(pole)은 구약과 유대인 쪽의 특징이고 두 번째 극은 예수의 특징이다. 이 양극적 분석이 초기 저자들에게 얼마나 중심적이었는지는 논쟁의 여지가 있지만, 어쨌든 Strotmann은 초기 유대교 문헌에서 하나님의 아버지 되심은 주로 피조물, 특히 이스라엘에 대한 하나님의 사랑의 돌봄을 표현하는 방식이라고 문맥을 통해 설득력 있게 주장해 왔다. 이러한 주장은 수정되었지만, 그녀는 매우 단편적이고 때로는 문맥상 불확실한 텍스트(예: 에스겔서 2장의 외경)의 중요성을 과장하는 위험을 완전히 피하지는 못했다.

Mary Rose D'Angelo는 최근 두 편의 논문에서 예수가 *abba*를 사용한 역사적 확실성에 의문을 제기한다.(*JBL* 111 [199] 611-30; *HTR* 85 [1992] 149-74) 그녀의 현대적 의제는 Horizons 19 (1992) 199-218에 명시되어 있다.

61) J.-P. Audet, "Literary Forms and Contents of a Normal Eucharistia in the First Century", *Studia Evan-*

성만찬는 하나님 나라를 미리 맛보거나 기대하기에(막 14:25, 마 26:29, 눅 22:18) 그리스도인들에게 현세 구원의 큰 축복이다. 그러나 성만찬 제도인 최후의 만찬에 관해서는 학자들이 축복과 관련된 많은 의문을 제기한다. 마가복음과 마태복음은 왜 예수는 떡은 축복(εὐλογήσας)했지만 잔에 대해서는 감사(εὐχαριστήσας)했다고 말했을까? 바울(고전 11:24)과 누가(22:17, 19)는 최후의 만찬에 대한 기록에서 축복이라는 용어를 빼고 감사만 사용하면서 다른 성찬식 맥락(눅 24:30, 고전 10:16, 14:16, 참조: 성찬식 전 군중을 먹이신 맥락, 막 6:61, 8:7, 마 14:19, 눅 9:16)에서는 축복을 다시 가져온 이유는 무엇일까? 잔에 대한 예수의 감사가 빵에 대한 축복보다 더 긴 이유는 무엇인가? 그리스도인들은 어떻게 최후의 만찬에서 성찬식으로 옮겼나? 즉, 왜 제도적인 말씀이 아닌 성만찬 기도문(또는 규범)이 있을까?

이 질문에 대한 답은 유대인 기도 형식의 진화를 통해 구약에서 신약으로 넘어가는 시기로 우리를 안내한다. 하나님을 축복하는 구약의 표준 형식은 ברוך יהוה(baruk YHWH), 주님 복 받으소서(삼인칭)이다. 몇몇 후기 본문(대상 29:10, 시 119:12, 마카비1서 4:30)에서만 "주여, 복 받으소서." ברוך אתה יהוה(baruk atta, YHWH), 이인칭, 직접 지정(direct address)이라는 공식을 발견할 수 있다) 이 후기 본문은 당시 회당에서 진행되던 예전적 축복의 형성에 대한 단서를 제공한다. 이러한 축복은 안정된 형태를 취한다: "주 우리 하나님이여, 복을 받으소서…" 또한 공적인 진술로서의 축복에서 하나님과의 더 직접적인 관계를 표현하는 개인적인 연설로서의 축복으로의 전환을 나타낸다.62 방금 인용한 짧은 형식은 나중에 חתימה(하티미, hatimah, 封하다〈닫다〉)이라고 불리는데, 이는 긴 기도를 마무리하는 데 사용되기

---

gelica (TU 73; Berline, 1959) 643-63의 확장판은 RB 65 (1958) 371-99에 실렸다; L. Ligier, "The Origins of the Eucharistic Prayer: From the Last Supper to the Eucharist", *Studia Liturgica 9*, (1973) 161-85; T. J. Talley, "From Berakah to Eucharistia: A Reopening Question", *Worship 50* (1976) 115-37; Talley, "The Literary Structure of the Eucharistic Prayer", *Worship 58* (1984) 404-20; H. Wegman, "Genealogie hypothetique de la priere eucharistique", *Questions Liturgiques 61* (1980) 263-78; C. Giraudo, *La Struttura Letteraria della Preghiera Eucharistica* (AnBib 92; Rome, 1981)

62) W. S. Towner, "'Blessed be YHWH' and 'Blessed art thou, YHWH': the Modulation of a Biblical Formula," *CBQ* 30 (1968) 386-99.

20장 _ 힐렐의 기도와 예수의 기도 · 487

도 하기 때문이다.

성만찬에 관한 질문으로 돌아가서, 마가복음과 마태복음에서 예수는 식사를 시작할 때 방금 인용한 짧은 축복 공식 또는 하티마를 낭송하면서 빵을 축복한다. 그리고 식사 마지막에는 축복, 감사, 간구 또는 청원의 세 부분으로 구성된 긴 비르카트 하마존(ברכת המזון, 식후 감사 기도)를 낭송하면서 잔을 통해 감사를 표한다.(give thanks) 바울과 누가는 디다케라는 초기 기독교 본문처럼 그리스도 안에서 하나님의 새로운 행위에는 먼저 감사가 필요하고 그다음에 축복과 간구가 뒤따라야 한다고 생각하기에 축복 용어를 삭제했다.

예수가 잔에 대해 한 말이 빵에 대해 한 말보다 긴 이유는 유대인 식사에서 처음에 짧게 기도하고 마지막에 길게 기도하는 것이 관습이었기 때문이다. 신약성경의 성찬문은 짧다. 초기 독자들이 익히 알고 있던 유대인의 기도문을 그대로 인용하지 않았다. 신약성경은 예식 매뉴얼이 아니다. 그러나 신약성경 외의 초기 성찬식 기도문(디다케, 사도신경, 히폴리투스⟨Hippolytus⟩, 아다이(Addai), 마리⟨Mari⟩)은 감사를 먼저 하고 축복과 간구의 기도가 이어지는 비르카트 하마존을 재배열한 것 같은 인상적이다. 이 긴 기도 안에 예수의 성만찬 제도에 관한 말이 어느 순간 삽입되었다. 이것이 최후의 만찬에서 성만찬 기도가 발전한 방식이다.**63**

결론

기도에 대한 힐렐과 예수의 접근 방식에 관한 탐색적 질문과 간단한 비교로 결론을 맺겠다.

기독교가 회당 예배를 "재구성"했는가? 성전 예배와 회당 예배 사이에 (의식적

---

63) 학문의 진화는 이렇게 진행되었다: Audet(주-49를 보라)은 유대인의 ברכה(berakah)와 그리스도교 성체성사 사이의 연관성을 탐구했다. Ligier와 Talley는 다른 이들 중에서 Joseph Heinemann, *Prayer in the Talmud*, (주-1을 보라)의 영향을 받아 식사 후 유대인의 은총에 תודה(토다, 감사)라는 요소를 추가하여 이를 구체화했다. 그들은 이 감사에는 과거의 하나님의 구원 개입에 대한 간략한 역사적 회상이 포함될 수 있다는 점에 주목한다. 이 문학적 사실은 결국 그리스도인들이 성찬기도에 제도의 말씀을 포함하여 최후의 만찬의 기억 또는 기념을 삽입하도록 용기를 주었다.

이든 무의식적이든) 융합에 영향을 미쳤나? 랍비들보다 레위인의 전승을 더 많이 유지했는가?

통상적인 기독교 성찬식은 일반적으로 회당 예배에서 유래한 것으로 알려져 있으며, 특히 두 부분 중 첫 번째 부분인 말씀의 예배는 축복과 시편으로 둘러싸인 경전 낭독, 보통 설교, 그리고 종종 신조로 이어진다. 이 마지막 부분은 회당에서 셰마를 암송하는 것과 일치한다고 할 수 있다. 그러나 두 번째 부분인 성찬식은 회당의 예배 순서에서 유래한 것이 아니라 앞서 살펴본 것처럼 유대인의 식사 축복, 특히 식사 후의 긴 은총에서 유래한 것이다. 이것은 유월절 식사를 재해석한 것은 아니나 유월절 맥락에서의 식사로서의 최후의 만찬과 일치한다.[64] 이 성찬기도는 제물 기도, 삼배의 성찬(Trisagion 또는 Sanctus)으로 끝나는 구원사적 서문, 주기도문과 관련된 종말론적 청원, 성찬례 자체, 마지막 기도, 축복 및 해산으로 둘러싸여 있다.

앞서 살펴본 바와 같이 주기도문은 카디쉬의 변형일 가능성이 크다. 성만찬 기도는 아미다에서 유래했을 수도 있고, 사 6:3에서 유래했을 수도 있다.[65] 그러나 헌금기도(적어도 일부 형식에서는), 빵과 포도주에 대한 제도의 말씀, 식사 자체는 모두 예수의 십자가 죽음과 성전에서의 제사, 제물, 식사 시스템 전체와 관련된 희생적인 의미를 지니고 있다. 이러한 제사적 발전은 제도("많은 사람을 위하여 흘리게 될 언약의 피")와 막 10:45과 같이 예수의 죽음에 구속적 의미를 부여하려는 본문에서 발견되는 사 53장의 말씀과 함께 일찍부터 시작되었다. 희생 제사의 발전은 의심할 여지 없이 성전이 파괴되어 죄에 대한 속죄 수단으로서의 성전이 사라짐으로써 더욱 고조되었다.

히브리인들에게 보내는 편지의 주요한 공헌은 레위기를 변형시켜 그리스도인들에게 레위기의 수준을 되찾아 준 것이다. 유대인들은 회당에서 속죄일 예배를 드리고, 성전 제사를 사랑의 행위와 토라, 특히 제사와 관련된 토라의 율법을 연구

---

64) J. Jeremias, *The Eucharistic Words of Jesus* (London, 1966)

65) B.D. Spinks, "The Jewish Sources for the Sanctus." HeyJ 21 (1980) 173; D. Flusser, "Sanctus und Gloria" in *Abraham Unser Vater* (Festschrift, Otto Michel) (Leiden, 1963), 129-52.

하는 것으로 대체함으로써 성전 상실로 인한 위기를 극복했다.**66** 미쉬나 제5부 **코다심67**의 제사 관련 성문 율법은 이의 증거다. 그리스도인들은 예배에서 피 흘리지 않는 희생을 계속했다. 축제 달력의 진화와 변화로 비교를 이어갈 수도 있지만, 이는 너무 먼 이야기다.**68**

　기도의 사람으로서 힐렐과 예수에 대해 우리가 가진 몇 가지 엿보기에서 우리는 힐렐이 더 창조적이고 자연에 대한 예리한 인식을 대표하지만 하나님의 백성을 모으고 개혁하여 가까운 장래에 다가올 종말론적 구속을 준비하려는 불타는 관심으로 각인되어 있다고 말할 수 있다. 두 사람 모두 하나님과 씨름하는 사람이자 하나님만을 소망으로 삼는 하나님을 사랑하는 사람이다.

---

66) ARN 4 (Goldin 번역., 32, 34)

67) (역주) Kodashim(קׇדָשִׁים)은 미쉬나, 토세프타, 탈무드의 주요 부분으로 예루살렘의 성전과 그 예배, 성전에서 드리는 희생 제물을 다루고 있다. 코다심은 히브리어로 '거룩한 것'을 뜻한다.

68) J. Daniélou, The Bible and the Liturgy (Notre Dame, 1956) 전례의 재구성 또는 재전례화에 관해서는 A. Vanhoye, *La Situation du Christ; Hébreux 1-2* (LD 58; Paris, 1969), 히브리서 서신에 관한 Vanhoye, *Old Testament Priests and the New Priest according to the New Testament* (Petersham, 1986)을 보라.

에필로그

힐렐과 예수: 회고와 전망

제임스. H. 찰스워스

심포지엄을 회고하고 앞에 실린 20장(chapter)들을 읽으면서 느낀 개인적인 성찰은 먼저 국제적인 학자 팀으로서 같은 방법론을 사용하고 유사한 질문을 하면서 함께 일하고 사고하는 것의 중요성에 중점을 두었다. 힐렐이나 예수를 연구하는 학자에게는 자신의 전문성을 뛰어넘는 능력이 요구되어 다른 영역의 전문가들 소유하고 있는 그들만의 통찰력과 데이터가 필요하다. 문헌학자는 고고학자가 필요하고, 신학자는 역사가에게 의존하며, 랍비 전문가는 쿰란 전문가에게 배우는 등 우리는 모두 다른 학문, 특히 사회학이나 인류학으로부터 배운다.

나는 힐렐과 예수에 대한 국제 연구팀이 다음과 같은 공통된 결론에 도달했다고 생각한다.

(1) 힐렐과 예수는 70년 이전 팔레스타인에 살았던 역사적 스승이자 독실한 유대인이었다.

(2) 두 사람 모두 제자들을 모았고 창조, 신, 도덕의 의미에 대한 풍부하고 효과적인 통찰력을 얻었다.

(3) 예수의 진정한 가르침을 확실하게 재구성하는 것은 극히 어려운 일이며, 힐렐의 경우는 더 어렵다. 두 사람 모두 글을 남기지 않았고, 이들의 추종

자들은 이들의 가르침에 관한 유동적인 구전 전승에 의존했을 뿐만 아니라 전승을 이어받은 사람들도 예수와 힐렐이 가르친 것을 기억하는 것을 편집했기 때문이다. 예수의 전승은 기원전 1세기 말 이전에 확실히 신뢰할 수 있는 형태로 기록되고 편집되었지만, 6세기 가이거(Geiger)조차도 "힐렐은 엄밀한 역사적 인물"이며 예수와 달리 "전설 뒤에 숨겨져 있지 않다."라고 결론을 내리는 것은 잘못이다.(Judenthum, 99-107)

(4) 힐렐과 예수는 각각 랍비 유대교와 기독교를 창시한 전승을 고수하고 계승하기 위한 관점과 헌신 그리고 방법을 제시했다.

(5) 르낭과 리거의 주장대로 예수가 힐렐에게서 배웠다고 결론을 내리는 것은 부적절하다.

(6) 예수가 황금률(마 7:12, 눅 6:31, 참조. 롬 13:10)을 가르친 것은 마태복음과 누가복음, 심지어는 Q보다 앞선 "핵심 설교"(nucleus sermon, 피츠마이어가 제안한 것처럼)로서 전승이 분명하기 때문일 것이다. 따라서 예수가 황금률을 가르친 전승은 예수 당시 10년 이내에 추적할 수 있다. 힐렐도 비슷한 가르침(b.Shab 31a)을 인정하지만, 힐렐의 것으로 기록된 유일한 텍스트는 적어도 500년 이상 후의 것이다. 따라서 전승을 기원전 1세기로 거슬러 올라가는 것은 어렵다.(17장 참조)

(7) 힐렐과 예수 사이의 유사점은 심오하나 그렇다고 해서 가이거와 포크가 주장한 대로 예수가 힐렐 학파이거나 바리새인이라는 의미는 아니다. 힐렐과 예수를 찾기 위해서는 신약성경과 랍비 문헌 이외의 문서도 연구해야 한다. 여기에는 초기 유대교의 텍스트, 특히 사해 두루마리와 구약 외

경 및 외경이 포함된다.

(8) 신약성경은 특히 바리새인들에 대한 묘사에서 논쟁적인 문서들이 곳곳에 있다. 복음서의 일부 구절이 암시하듯 바리새인들은 위선자가 아니었다. 많은 바리새인은 분명히 예수를 사랑하고 존경했으며, 일부는 분명히 예수를 따르고 믿었다. 신약성경의 이러한 논쟁적인 부분은 70년 이후 예수를 따르는 사람들과 힐렐을 따르는 사람들 사이의 긴장으로 형성된 것임이 분명하다.

(9) 힐렐과 예수를 역사적 인물로 비교하는 것은 종종 오해의 소지가 있다.(나와 고센 고트슈타인, 알렉산더가 입증하려고 시도하는 것처럼) 힐렐과 예수에 대한 전승을 실제로 비교하는 경우가 있는데, 이러한 전승은 대개 서로 다른 시대와 사회적 관심사를 반영한다.

이 심포지엄은 유망한 연구 분야는 길을 열었다. 우리는 힐렐과 예수를 쿰란의 의의 교사와 비교함으로써 힐렐과 예수에 대해 더 많은 것을 어떻게 어떤 방식으로 배울 수 있는지 분별해야 한다. 힐렐과 예수가 당대에 어떻게 부합했는지, 또 그들이 전환의 시대가 표준화의 시대가 되는 데 어떻게 도움이 되었는지에 더 많은 논의가 필요하다. 우리의 방법론은 정확하지 않을 수 있다. 게다가 공관복음서와 변증서 형태의 복음서와 후기 얌니안 형태의 랍비 문헌에서 예수나 힐렐에 관한 확실한, 적어도 신뢰할 수 있는 역사적 자료를 선별하는 방법을 모르기도 하다.

Hillel and Jesus

문헌색인

구약

창세기

1:27	470
4:7	443n1225
5:1	412
6:5	66n239
8:21	66n239
13:13	175
25:24	437n1203
25:28	72
29:13	438
30:1	438
32:11	437, 437n1209
33:4	438
38:24-25	381n1092
41:41-42	438
43:1	438
45:26	438
46:29	438
49:8	439
49:28	406
50:22	447
76:5	438n1209

출애굽기

3:1	449
4:19	438
4:22	393
8:15	102
12:5	369
12:6	372, 379n1088
12:8	360, 384, 386
12:15	370
15	219n649
16:4	76n268, 76n270
20:2	449
20:8	471, 471n1291
20:12	442
20:20[24]	92n325
20:21	354
20:24	90, 90n316, 92, 355, 469n1289, 471
20:24b(21b)	466-471, 469n1289
20:24f	471
21:1-24:18	447
22:25	452
23:1	334
28:4	393
31:13	328n909
31:16	328n909, 336
32:33	175

레위기

6:2	452
11:2	437n1205
11:7-8	436
11:45	480
12:1-13:59	363n1060
13	362, 368
13:11	259
13:25	259
13:37	362-363, 366-367, 370
13:44	366
13:45f	259
15:18	212
15:31	216
18	259
18:13	366
19	25, 65
19:3	442
19:12	71
19:14	65
19:18	65-66, 68, 306, 359, 397, 402, 415
19:32	65
19:32-34	65
19:34	406
19:39	65
20	259
20:10	381, 381n1092
21:9	380-381
22:6	442
23:14	370
25	65
25:1	65
25:17	65
25:29-30	360
25:36	65
25:43	65
26:3	437n1205

민수기

1:51	393
9:2	373, 379n1088

예루살렘 탈무드

인명/주제어 색인